사전이
필요없는
상공회의소
**한자
시험**
중급기본서

2017년 사전이 필요없는
상공회의소 한자시험 중급기본서3급 (4·5급 포함)

5판 1쇄 발행 | 2017년 1월

펴낸이 | 안동명, 정연미
펴낸곳 | 에듀멘토르

기획 | 교육교재팀
편집디자인 | 김은선
마케팅 | 김용준
경영지원 | 안윤진

내용문의 | mentorbook@naver.com

등록 | 2011년 3월 16일 제2009-16호
주소 | 서울시 광진구 중곡1동 647-21 3층
전화 | 02-711-0911
팩스 | 02-711-0920

ISBN | 978-89-94127-74-3 (13710)

가격 | 18,000원

ⓒ 에듀멘토르출판사

사전이
필요없는
상공회의소

중급기본서

강유경 저

머리말

우리말의 70%가 한자어로 되어 있다는 말을 많이 들어봤을 것입니다. 한자에 대한 기본적인 지식이 없을 경우 우리말의 적절한 사용이 힘든 경우도 왕왕 있습니다. 특히 공식 용어나 전문 용어의 경우 대부분이 한자어로 되어 있어, 한자에 대한 지식이 부족할 경우, 관공서나 직장의 업무 수행에 많은 문제가 생길 수도 있습니다. 그래서 요즘 여러 기업체에서는 신입 사원에 대한 한자 실력을 중요한 판단 기준으로 생각할 뿐만 아니라, 직원들에 대한 한자 사용 능력을 향상시키기 위한 많은 노력을 기울이고 있습니다.

특히 중국이 국제 사회의 주요 국가로 부상하면서 그 이웃한 우리나라에서는 중국어 능력이 경제 사회 면에서 많이 필요하게 되었습니다. 더불어 그 기본 능력인 한자 습득 능력이 더욱 절실하게 되었습니다. 중국어와 우리말의 한자어의 연관성은 매우 높아서 한자어에 대한 적정한 지식으로도 의사 소통이 가능하기 때문입니다.

이러한 상황에서 국내에서 여러 한자 검정 시험이 등장하여 한자 학습에 많은 열기를 띠게 된 것은 매우 고무적인 일이라고 할 수 있습니다. 그러나 기존의 한자 검정 시험이 전통적인 한자 학습 방법에서 탈피하지 못하여 비즈니스 현장에서 실무적으로 한자를 필요로 하는 사람들에게는 다소 부담이 된 것이 사실입니다.

그 와중에 한자 읽기 능력에 집중하는 상공회의소의 검정 시험이 등장한 것은 매우 다행한 일이라고 할 수 있습니다. 실제 업무에서 필요한 것은 한자의 뜻과 음을 정확하게 알고 읽는 것이 대부분이기 때문입니다. 특히 한자어를 읽고 그 뜻에 맞는 적절한 사용 능력을 기르는 것이 무엇보다 필요한 부분이라고 할 수 있습니다. 따라서 이 책은 한자를 익혀서 문장 속의 한자어를 정확히 읽고 사용할 수 있는 능력을 기르는데 중점을 두고 편찬되었습니다.

기존의 다른 학습서는 앞에 나왔던 한자라든가, 알지 못하는 한자가 나왔을 경우 자전을 찾아보는 불편함이 있었습니다. 본 책은 그러한 불편함을 해결할 수 있도록 각 한자의 훈·음은 물론 한자어를 이룬 한자의 훈·음도 모두 보여주어, 자전이 필요하지 않도록 구성하였습니다. 그러므로 한자와 한자어를 충실히 쓰고 익히면 상공회의소 급수 시험을 완벽하게 대비할 수 있습니다.

한자어 학습은 단순 한자어의 훈·음 이외에 문장에서의 활용 능력이 매우 중요합니다. 또한 상공회의소 한자 능력 시험에서도 문장에서의 한자어 활용 능력에 대한 문항이 다수를 차지하고 있습니다. 본 책은 그러한 의미에서 하단의 문장에서 한자어를 활용하며 학습한 바를 확인할 수 있도록 꾸며서 학습의 효과를 더욱 높게 하였습니다.

본 책은 급수 자격증에만 국한되는 왜곡된 한자 학습을 지양하고, 실제 생활에서 사용가능한 실생활 한자어 중심으로 꾸며, 시험 뿐만 아니라 일반 언어 생활에도 많은 도움이 될 것입니다.

수험생 여러분의 좋은 결과가 있기를 기대합니다.

편저자 씀

시험에 대해서

■ **시험의 검정 기준**

"상공회의소 한자" 시험의 검정 영역은 '한자', '어휘', '독해'의 세 영역으로 구성된다.

각 영역마다 등급별 대상 한자의 수와 수준의 정도에 따라 1, 2, 3, 4, 5급으로 구분한다. 그리고 각 영역의 평가는 객관식 5지 택일형으로 이루어진다.

급수	시험시간	시험과목	문항수	과목별 총점	과목별합격점수	전체총점	합격 점수
1급 배정한자 1,607 누적한자 4,908	80분	한자 어휘 독해	50 50 50	200 300 400	120 180 240	900	810
2급 배정한자 1,501 누적한자 3,301	80분	한자 어휘 독해	50 40 40	200 240 320	120 144 192	760	608
3급	60분	한자 어휘 독해	40 40 40	160 240 320	96 144 192	720	576
4급	60분	한자 어휘 독해	40 35 35	160 210 280	96 126 168	650	520
5급	60분	한자 어휘 독해	40 30 30	160 180 240	96 108 144	580	464

1. 한자 영역

■ **평가 방향**

한자 영역의 평가는 한자의 부수, 획수, 필순과 한자의 짜임 등 한자에 대한 기초적인 이해로부터 각 급수별 배정 한자를 바르게 읽고 쓰며 사용할 수 있는가에 중점을 둔다.

■ **한자 영역의 출제 범위**

출제 범위	세부 내용	등급별 출제 문항수				
		1급	2급	3급	4급	5급
漢字의 부수, 획수, 필순	漢字의 부수					2
	漢字의 획수					2
	漢字의 필순					2
漢字의 짜임	漢字의 짜임					2
漢字의 음과 뜻	漢字의 음		11			6
	음에 맞는 漢字		7			5
	음이 같은 漢字		7			5
	漢字의 뜻		11			6
	뜻에 맞는 漢字		7			5
	뜻이 비슷한 漢字		7			5
합 계		0	50	0	0	40

2. 어휘 영역

■ 평가 방향

어휘 영역의 평가는 각 급수별 배정 한자를 기준으로 한자어의 짜임, 한자어의 음과 뜻, 성어 등을 이해하여 바르게 읽고 쓰며 사용할 수 있는가에 중점을 둔다.

■ 어휘 영역의 출제 범위

출제 범위	세부 내용	등급별 출제 문항수				
		1급	2급	3급	4급	5급
漢字語의 짜임	漢字語의 짜임	1	2			
漢字語의 음과 뜻	漢字語의 음	1	2			
	음에 맞는 漢字語	1	2			
	음이 같은 漢字語	2	3	1	1	3
	여러개의 음을 가진 漢字	1	1	1	1	
	漢字語의 뜻	1	2			
	뜻에 맞는 漢字語	1	2			
	3개 어휘에 공통되는 漢字	2	6	1	1	8
	반의어 · 상대어		5	2	2	4
성어	성어의 빠진 글자 채워넣기		5			5
	성어의 뜻		5			5
	뜻에 맞는 성어		5			5
합 계		10	40	5	5	30

3. 독해 영역

■ 평가 방향

독해 영역의 평가는 각 급수별 배정한자를 기준으로 짧은 문장에 사용된 한자어의 음과 뜻을 이해하여 바르게 읽고 쓰며 사용할 수 있는가, 그리고 여러 개의 문장 또는 문단으로 이루어진 글을 한자, 어휘, 독해의 영역 및 세부 내용과 관련 종합적으로 이해할 수 있는가에 중점을 둔다.

■ 독해 영역의 출제 범위

출제 범위	세부 내용	등급별 출제 문항수				
		1급	2급	3급	4급	5급
文章에 사용된 漢字語의 음과 뜻	文章 속 漢字語의 음	3	7			6
	文章 속 漢字語의 뜻		5			6
	文章 속 漢字語의 채워넣기		5			3
	文章 속 틀린 漢字語 고르기		5			3
	文章 속 단어의 漢字표기	2	8			3
	文章 속 어구의 漢字표기		5			3
종합문제	종합문제	5	5	5	5	6
합 계		10	40	5	5	30

이 책의 구성과 활용방법

- **음과 훈** – 위의 한자의 모양을 보면서, 한자의 뜻과 음을 읽어 보자. 특히 두음 법칙이 적용되는 한자나 뜻이 다르면 음도 달라지는 한자는 유의하여 익힌다.

- **육서, 부수, 획수, 필순** – 한자의 훈과 음뿐만 아니라, 육서, 부수, 획수, 필순 등의 문제가 나온다. 그러므로 이에 대한 확실한 기초 학습이 필요하다.

- **육서** – 한자 육서의 종류를 말한다.

- **부수, 획수** – 한자의 부수와 그를 포함한 총획수이다. 보통 자전에서는 부수를 뺀 획수를 보여주지만 본서에서는 시험 유형을 고려하여 총획수를 넣었다.

- **한자 번호** – 5급 한자 600개 한자 중 1번째 한자를 학습하는 중이다. 지금까지 얼마만큼 익혔는지, 그리고 앞으로 얼마를 더 공부해야하는지 가늠할 수 있다. 끈기를 가지고 목표를 향해서 열심히 공부하자.

- **문장 속의 한자 읽어볼래요?** – 위에서 학습한 한자어들을 문장 속에서 확인하는 확인 학습이다. 문장에 나온 한자어의 음을 찾는 형식은 시험의 유형 중에서도 상당 부분을 차지한다. 위에서 익힌 한자를 복습하면서 동시에 시험 유형도 연습할 수 있으므로, 유형을 파악하면서 한자어의 음을 써 보자. 해답은 해당 한자의 뜻풀이된 한자어에서 찾아보자.

- **이 한자 기억해요?** – 2페이지 앞에서 배운 한자들이다. 한자의 뜻과 음을 써 보고, 모르는 한자는 앞에서 내용을 확인하며 복습한다. 해답은 2페이지 앞에 있는 한자이다.

상공회의소 한자급수 시험은 각 급에 따라 문제의 유형이 다르다. 그러므로 이에 알맞은 학습 방법이 필요하다. 이 책은 상공회의소 한자 급수 시험에 맞게 구성되었다. 각 급별로 한자를 분류한 것은 물론, 각 급의 문제 유형에 걸맞는 학습 요소만을 집중적으로 학습하도록 되어있다.

*표시된 한자어는 중급 한자 1,800자에 포함되지 않는 한자이다. 학습해야 할 한자가 사용되는 한자어가 너무 부족한 경우 부득이 이해를 돕기 위하여 사용하였다. 예) 肥沃*비옥 放蕩*방탕 淫談悖*說음담패설

○ **한자어** – 사용 빈도가 높거나, 시험에 나올 확률이 높은 한자어들은 뜻까지 제시하였다. 본 한자와 결합하는 다른 한자의 뜻과 음도 뒤에 제시하여 따로 자전을 찾을 필요가 없도록 편리하게 구성하였다. 하단의 한자어도 음을 읽으면서 한번씩 읽어 보자.

○ **필순** – 책 앞 부분에 있는 필순의 유형을 한번 읽고, 필순의 유형을 생각하면서 써 보자. 쓸 때에는 한자의 뜻과 음을 같이 읽으면 학습 효과가 더 좋아진다.

○ **정답페이지** – 이 한자 기억해요?의 정답이 해당 페이지에 있다.

연습문제

앞쪽에서 배운 한자들을 중급 시험 유형에 맞게 연습해 보는 부분이다. 실제 시험 유형에 맞게 익힌 학습 내용들을 점검하고, 틀린 부분은 다시 한번 확인하면서 실력을 다지도록 한다.

3급 · 4급 영역

3·4급은 5급의 학습 내용을 기초로 학습이 심화 발전되는 단계라고 할 수 있다. 한자의 수도 많아지고 따라서 한자어의 수도 많아진다. 그러므로 3·4급 한자들은 초급처럼 여러 요소들을 한번에 학습할 필요 없이 시험 유형 중심으로 대비할 수 있도록 필요한 요소만 나열하였다.

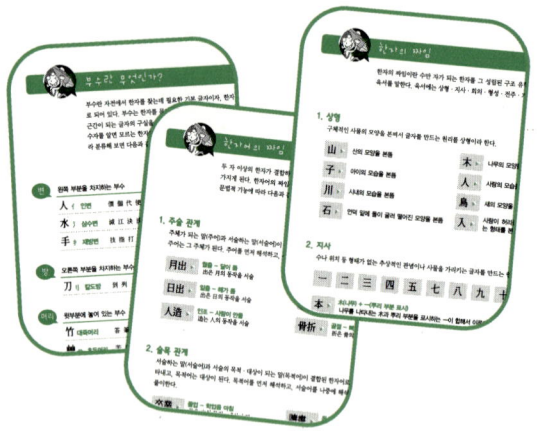

기초 이론 학습

부수의 종류, 한자의 짜임, 한자어의 짜임, 필순의 기본원칙 등과 같은 기초를 다져두면 한자를 쉽게 익힐 수 있다.

부록

시험 유형에 맞도록 앞에서 배운 한자들을 시험 유형에 적절한 형태로 재구성한 것이다.
① 반대자·유의자 – 많이 사용하는 한자 중심으로 정리되어 있으며 반의어·상대어를 학습하는데 도움이 된다.
② 반의어·상대어 – 많이 사용하는 한자어 중심으로 정리했으며 출제 비중이 높다.
③ 동음이의어 – 한자어의 뜻에 유의하면서 익힌다.
④ 일자다음어 – 여러 개의 음을 가진 한자를 순서대로 정리했다.
⑤ 사자성어 – 출제 비중이 높은 영역으로 겉 뜻과 속 뜻을 연결시켜 비유적인 쓰임새에 유의한다.
⑥ 색인 – 급수별로 나누어 정리해 놓았으므로 빠른 검색이 가능하다.

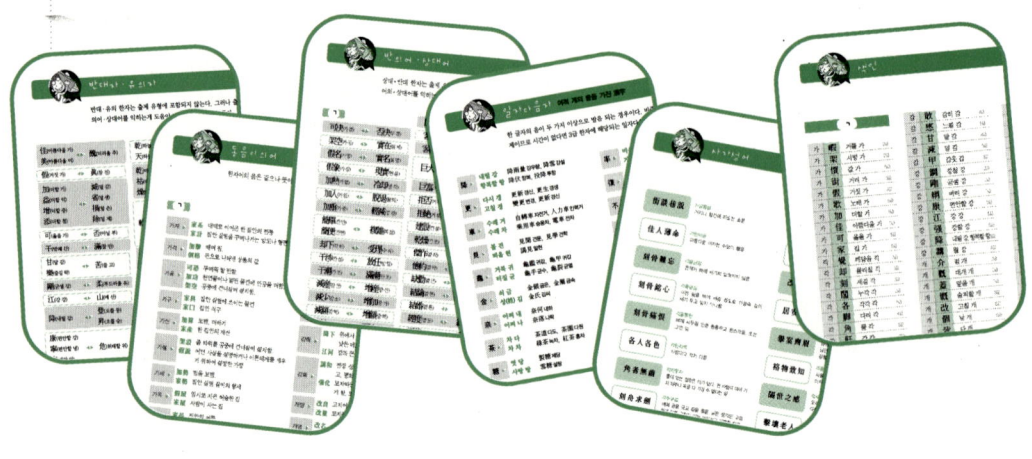

목차

04 머리말
06 시험에 대해서
08 이 책의 구성과 활용방법

Chapter 01 기초 이론 학습 12
  • 부수란 무엇인가? 14 • 한자의 짜임 19 • 한자어의 짜임 21
  • 필순의 기본원칙 24

Chapter 02 5급 한자 600 26

Chapter 03 4급 한자 300 178

Chapter 04 3급 한자 900 210

Chapter 05 기타 출제 유형별 정리 302
  • 반대자·유의자 304 • 반의어·상대어 307 • 동음이의어 311
  • 일자다음자 327 • 사자성어 329

Chapter 06 기출문제 350

Chapter 07 색인 및 정답 385
  • 색인 386 • 정답 404

CHAPTER 01

기초 이론 학습

한자를 익히기에 앞서 한자를 이루는 구성 요소와
한자가 예로부터 어떻게 생겨났는지,
한자를 쓰는 요령 등을 공부한다.

- 부수란 무엇인가? 14
- 한자의 짜임 19
- 한자어의 짜임 21
- 필순의 기본원칙 24

부수란 무엇인가?

부수란 자전에서 한자를 찾는데 필요한 기본 글자이자, 한자 구성의 기본 글자로서 214자로 되어 있다. 부수는 한자를 문자 구조에 따라 분류·배열할 때 그 공통 부분을 대표하는 근간이 되는 글자의 구실을 한다. 부수자들은 각각 의미 기능을 가지고 있다. 그러므로 부수자를 알면 모르는 한자의 뜻을 쉽게 추측할 수 있다. 부수가 한자를 구성하는 위치에 따라 분류해 보면 다음과 같다.

변 | 왼쪽 부분을 차지하는 부수
- 人 亻 인변 　價 個 代 使
- 水 氵 삼수변 　減 江 決 流
- 手 扌 재방변 　技 指 打

방 | 오른쪽 부분을 차지하는 부수
- 刀 刂 칼도방 　到 列

머리 | 윗부분에 놓여 있는 부수
- 竹 대죽머리 　答 筆
- 艸 艹 초두머리 　苦 落
- 宀 갓머리 　家 官

발 | 아랫부분에 놓여 있는 부수
- 皿 그릇명발 　盆
- 火 灬 불화발 　熱 然

엄호 | 위와 왼쪽을 싸는 부수
- 广 엄호 　廣

받침 | 왼쪽과 아래를 싸는 부수
- 廴 민책받침 　建
- 辶 책받침 　過 達

에운담 | 둘레를 감싸는 부수
- 囗 큰입구몸 　圖 四 固

제부수 | 한 글자가 그대로 부수인 것

角	車	見	高	工	口	金	己	女
大	力	老	里	立	馬	面	毛	木
目	文	門	米	方	白	父	非	飛
鼻	比	士	山	色	生	夕	石	小
水	首	手	示	食	臣	身	心	十
羊	魚	言	用	牛	雨	月	肉	音
邑	衣	二	耳	人	一	日	入	子
自	長	鳥	赤	田	足	走	竹	至
止	靑	寸	齒	土	八	風	行	香
血	火	黃	黑					

5급 한자 부수별 정리 (반복된 한자는 제부수 한자임)

부수에 대한 문제는 5급에만 해당되며 5문제가 할당되어 있다. 그래서 전체 214개의 부수중 5급 한자에 사용되는 152자만 다루었으며 그 부수가 사용된 5급 한자만을 정리해 두었다.

부수	명칭	해당 한자
一	한 일	一 不 上 七 下 世 三
丨	뚫을 곤	中
丶	점 주	主
乙	새 을	九
亅	갈고리 궐	事
二	두 이	二 五
亠	돼지해머리	京 交 亡
人	亻 사람 인	人 價 個 代 使 仕 今 令 仙 備 他 以 休 來 信 位 偉 作 低 住 例 保 俗 修 便 傳 億 仁
儿	어진사람 인	元 兄 光 充 先 兒
入	들 입	入 內 全 兩
八	여덟 팔	八 公 六 共 兵 典
冂	멀 경	再
冫	이수변	冬 冷
凵	위터진 입 구	出
刀	刂 칼 도	分 初 到 列 利 別 則 前
力	힘 력	力 加 功 助 勉 動 勇 務 勞 勤 勝 勢
匕	비수 비	北 化
十	열 십	十 南 協 午 卒 半 千
厂	민엄호	原
厶	마늘 모	去 參
又	또 우	反 友 受 取
口	입 구	口 可 古 句 史 右 各 吉 同 名 合 向 告 君 命 和 品 問 商 唱 單 善 喜
囗	큰입구몸	圖 四 固 回 因 國 園
土	흙 토	土 基 堂 城 在 地 場 增 報
士	선비 사	士
夂	천천히 걸을 쇠	夏
夕	저녁 석	夕 多 外 夜
大	큰 대	大 奉 夫 天 太 失
女	계집 녀	女 婦 姓 始 如 好 婚
子	아들 자	子 季 孫 學 字 存 孝
宀	갓머리	家 官 客 守 安 宅 完 定 宗 室 容 宿 害 密 富 實 察 寒
寸	마디 촌	寸 寺 尊 對
小	작을 소	小 少
尸	주검 시	展 屋
山	메 산	山 島
巛	개미허리	川
工	장인 공	工 巨 左

15

부수	이름	해당 한자
己 ▶	몸 기	己
巾 ▶	수건 건	常 師 席 市 希
干 ▶	방패 간	年 平 幸
广 ▶	엄호	廣 序 度 庭
廴 ▶	민책받침	建
弋 ▶	주살 익	式
弓 ▶	활 궁	强 弱 引 弟
彡 ▶	터럭 삼	形
彳 ▶	두인변	德 得 往 律 後 復
心 ▶	忄 마음 심	心 急 念 怒 感 必 志 忠 思 恩 患 悲 惡 惠 想 愛 意 慶 應 快 性 情
戈 ▶	창 과	成 戰
戶 ▶	지게 호	所
手 ▶	扌 손 수	手 擧 才 拜 技 指 授 接 打
攴 ▶	攵 등글월문	敬 收 數 改 放 故 敎 政 效 救 敗 敵
文 ▶	글월 문	文
斗 ▶	말 두	料
斤 ▶	도끼 근	新
方 ▶	모 방	方 族
日 ▶	날 일	日 景 早 明 星 是 昨 時 春 晝 暗
曰 ▶	가로 왈	曲 書 最 會
月 ▶	달 월	月 期 朝 服 望 有
木 ▶	나무 목	木 果 林 東 材 村 校 橋 根 極 案 業 植 榮 樂 樹 末 本
欠 ▶	하품 흠	歌 次
止 ▶	그칠 지	止 正 步 武 歲 歷
歹 ▶	죽을사변	死
殳 ▶	갖은등글월문	殺
母 ▶	말 무	母 每
比 ▶	견줄 비	比
毛 ▶	터럭 모	毛
氏 ▶	각시 씨	民
气 ▶	기운 기	氣
水 ▶	氵 물 수	水 永 求 減 江 決 流 深 洞 治 溫 浴 油 注 漁 洋 法 氷 波 淸 漢 湖 海 活 洗 消 滿 河
火 ▶	灬 불 화	火 熱 然 無
爪 ▶	손톱 조	爭
父 ▶	아비 부	父
牛 ▶	소 우	牛 物 特
犬 ▶	犭 개 견	獨
玉 ▶	王 구슬 옥	玉 王 理 現
生 ▶	날 생	生 産
用 ▶	쓸 용	用

田 ▸	밭 전	田 界 男 由 留 番 畫
疒 ▸	병질 엄	病
癶 ▸	필발머리	登 發
白 ▸	흰 백	白 百 的
皿 ▸	그릇 명	益
目 ▸	눈 목	目 相 眼 省 着 直 眞
矢 ▸	화살 시	短 知
石 ▸	돌 석	石 研
示 ▸	보일 시	示 禁 福 神 祖 祝 禮
禾 ▸	벼 화	科 私 秋 移 稅 種
穴 ▸	구멍 혈	空 窓 究
立 ▸	설 립	立 競 童 章
竹 ▸	대 죽	竹 答 笑 筆 第 節 等 算
米 ▸	쌀 미	米 精
糸 ▸	실 사	結 約 給 素 紙 絶 終 經 統 綠 線
网 ▸	罒 그물 망	罪
羊 ▸	양 양	羊 美 義
羽 ▸	깃 우	習
老 ▸	耂 늙을 로	老 考 者
耳 ▸	귀 이	耳 聞 聖 聲
肉 ▸	月 고기 육	肉 能 育
臣 ▸	신하 신	臣

自 ▸	스스로 자	自
至 ▸	이를 지	至 致
臼 ▸	절구 구	興
舟 ▸	배 주	船
艮 ▸	그칠 간	良
色 ▸	빛 색	色
艸 ▸	艹 풀 초	苦 落 英 葉 藝 藥 花 草 萬
虍 ▸	범 호	號
血 ▸	피 혈	血 衆
行 ▸	다닐 행	行 街
衣 ▸	옷 의	衣 表 製
襾 ▸	덮을 아	要 西
見 ▸	볼 견	見 觀 視 親
角 ▸	뿔 각	角 解
言 ▸	말씀 언	言 計 記 訓 訪 設 說 詩 試 話 誠 語 調 認 議 識 課 論 請 讀 變 談
豆 ▸	콩 두	豊
貝 ▸	소개 패	貴 賣 賞 財 貯 貨 貧 責 賞 質 賢
赤 ▸	붉을 적	赤
走 ▸	달아날 주	走 起
足 ▸	발 족	足 路

身	몸 신	身	
車	수레 거·차	車 輕 軍	
辰	별 진	農	
辵	⻌ 책받침	過 達 送 運 遠 逆 造 通 退 選 速 進 道 近	
邑	⻏ 고을 읍	邑 郡 都 部 鄕	
酉	닭 유	醫	
里	마을 리	里 野 量 重	
金	쇠 금	金 銀	
長	긴 장	長	
門	문 문	門 間 開	
阜	⻖ 언덕 부	陸 陰 限 防 陽	
隹	새 추	難 雄 集	
雨	비 우	雨 雪 電 雲	
靑	푸를 청	靑	
非	아닐 비	非	
面	낯 면	面	
韋	다룸 가죽 위	韓	

音	소리 음	音	
頁	머리 혈	頭 順 願 題	
風	바람 풍	風	
飛	날 비	飛	
食	𩙿 밥 식	食 養 飮	
首	머리 수	首	
香	향기 향	香	
馬	말 마	馬	
骨	뼈 골	體	
高	높을 고	高	
魚	고기 어	魚 鮮	
鳥	새 조	鳥	
黃	누를 황	黃	
黑	검을 흑	黑	
鼻	코 비	鼻	
齒	이 치	齒	

한자의 짜임

한자의 짜임이란 수만 자가 되는 한자를 그 성립된 구조 유형에 따라 여섯 가지로 분류한 육서를 말한다. 육서에는 상형·지사·회의·형성·전주·가차가 있다.

1. 상형
구체적인 사물의 모양을 본떠서 글자를 만드는 원리를 상형이라 한다.

木 ▶ 나무의 모양을 본뜸	山 ▶ 산의 모양을 본뜸
石 ▶ 언덕 밑에 돌이 굴러 떨어진 모양을 본뜸	人 ▶ 사람의 모습을 본뜸
入 ▶ 사람이 허리를 굽히고 동굴 안으로 들어가는 형태를 본뜸	子 ▶ 아이의 모습을 본뜸
鳥 ▶ 새의 모양을 본뜸	川 ▶ 시내의 모습을 본뜸

2. 지사
사물의 추상적인 개념을 본떠 만드는 원리를 지사라 한다.

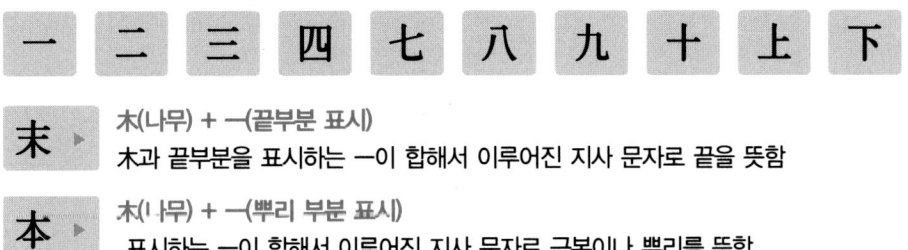

末 ▶ 木(나무) + 一(끝부분 표시)
木과 끝부분을 표시하는 一이 합해서 이루어진 지사 문자로 끝을 뜻함

本 ▶ 木(나무) + 一(뿌리 부분 표시)
표시하는 一이 합해서 이루어진 지사 문자로 근본이나 뿌리를 뜻함

3. 회의
이미 만들어진 두 개 이상의 글자에서 뜻을 모아 새로운 글자를 만드는 원리를 회의라 한다.

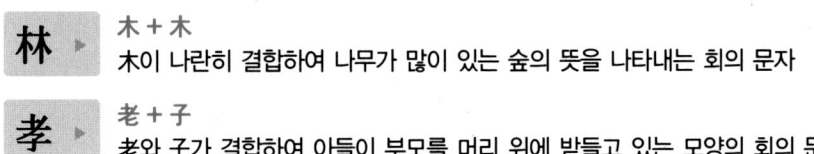

林 ▶ 木 + 木
木이 나란히 결합하여 나무가 많이 있는 숲의 뜻을 나타내는 회의 문자

孝 ▶ 老 + 子
老와 子가 결합하여 아들이 부모를 머리 위에 받들고 있는 모양의 회의 문자

4. 형성

이미 만들어진 글자를 결합하여 한쪽은 뜻을, 다른 한쪽은 음을 나타내는 글자를 만드는데, 이런 원리를 형성이라 한다.

형성자는 한자의 70%를 차지하여 대개의 한자는 두 개 이상의 문자가 뜻 부분과 음 부분으로 구성되어 있다. 형성자는 뜻 부분에서 그 글자의 뜻을 생각할 수 있고, 음 부분에서 그 글자의 음을 추리할 수 있어 알고 있는 한자를 바탕으로 새로운 한자의 뜻과 음을 쉽게 짐작할 수 있다.

景 ▶ 日(뜻), 京(음)	界 ▶ 田(뜻), 介(음)	功 ▶ 力(뜻), 工(음)
空 ▶ 穴(뜻), 工(음)	課 ▶ 言(뜻), 果(음)	洞 ▶ 水(뜻), 同(음)
頭 ▶ 頁(뜻), 豆(음)	想 ▶ 心(뜻), 相(음)	城 ▶ 土(뜻), 成(음)

5. 전주

이미 만들어진 한자만으로는 문화 문명의 발달로 무수히 늘어나는 사물과 개념을 다 표기할 수 없게 되었다. 그러자 기존의 문자 중에서 유사한 뜻을 가진 한자를 다른 뜻으로 전용하게 되었는데, 이를 전주라고 한다.

道 ▶ 본래 '발로 걸어다니는 길'의 뜻인데, 의미가 확대되어 '道德, 道理'에서의 '道'와 같이 '정신적인 길'이라는 뜻으로도 쓰임

惡 ▶ 본래 '악하다'는 뜻으로 음이 '악'이었으나, 악한 것은 모두 미워하기 때문에 의미가 확대되어 '憎惡, 惡寒'에서와 같이 '미워하다'라는 뜻으로 쓰이며, '오'라는 음으로 불림

6. 가차

이미 만들어진 한자를 원래 뜻에 관계없이 음만 빌어다 쓰는 것으로 아래와 같이 외래어 표기에 많이 사용되며, 의성어나 의태어 표기에도 쓰인다.

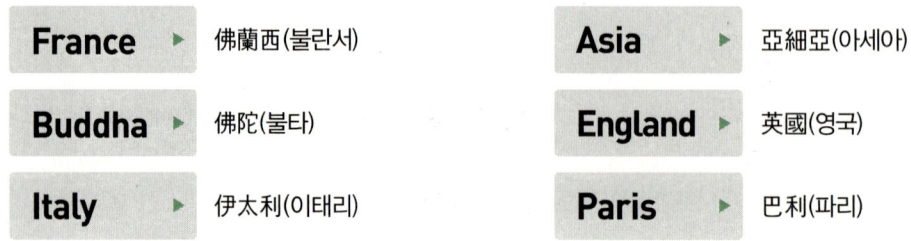

France ▶ 佛蘭西(불란서)	Asia ▶ 亞細亞(아세아)
Buddha ▶ 佛陀(불타)	England ▶ 英國(영국)
Italy ▶ 伊太利(이태리)	Paris ▶ 巴利(파리)

한자어의 짜임

두 자 이상의 한자가 결합하여 한 단위의 의미체를 형성할 때는 반드시 기능상의 관계를 가지게 된다. 한자어의 짜임은 그러한 기능상의 관계를 설명한 것이다. 한자어의 짜임은 문법적 기능에 따라 다음과 같이 분류할 수 있다.

1. 주술 관계

주체가 되는 말(주어)과 서술하는 말(서술어)이 결합된 한자어로 서술어는 행위·동작·상태 등을 나타내고, 주어는 그 주체가 된다. 주어를 먼저 해석하고, 서술어를 나중에 해석하여 '~가(이) ~함'으로 풀이한다.

月出 ▶ 월출 – 달이 뜸
出은 月의 동작을 서술

日出 ▶ 일출 – 해가 뜸
出은 日의 동작을 서술

人造 ▶ 인조 – 사람이 만듦
造는 人의 동작을 서술

夜深 ▶ 야심 – 밤이 깊음
深은 夜의 상태를 서술

年少 ▶ 연소 – 나이가 젊음
少는 年의 상태를 서술

骨折 ▶ 골절 – 뼈가 부러짐
折은 骨의 상태를 서술

2. 술목 관계

서술하는 말(서술어)과 서술의 목적·대상이 되는 말(목적어)이 결합된 한자어로, 서술어는 행위나 동작을 나타내고, 목적어는 대상이 된다. 목적어를 먼저 해석하고, 서술어를 나중에 해석하여 '~를(을) ~ 함'이라고 풀이한다.

卒業 ▶ 졸업 – 학업을 마침
業은 卒의 목적·대상이 됨

作文 ▶ 작문 – 글을 지음
文은 作의 목적·대상이 됨

修身 ▶ 수신 – 몸을 닦음
身은 修의 목적·대상이 됨

讀書 ▶ 독서 – 글을 읽음
書는 讀의 목적·대상이 됨

交友 ▶ 교우 – 벗을 사귐
友는 交의 목적·대상이 됨

敬老 ▶ 경로 – 늙은이를 공경함
老는 敬의 목적·대상이 됨

3. 술보 관계

서술하는 말(서술어)과 이를 도와 부족한 뜻을 완전하게 해주는 말(보어)이 결합된 한자어로, 서술어는 행위나 동작을 나타내고, 보어는 서술어를 도와 부족한 뜻을 완전하게 해 준다. 보어를 먼저 해석하고 서술어를 나중에 해석하여 '~이(가) ~함', '~에 ~함'으로 풀이한다.

有名 ▶	유명 – 이름이 있음 名은 有의 뜻을 완전하게 해 줌	無敵 ▶	무적 – 적이 없음 敵은 無의 뜻을 완전하게 해 줌
無罪 ▶	무죄 – 허물이 없음 罪는 無의 뜻을 완전하게 해 줌	無法 ▶	무법 – 법이 없음 法은 無의 뜻을 완전하게 해 줌
有能 ▶	유능 – 능력이 있음 能은 有의 뜻을 완전하게 해 줌	有限 ▶	유한 – 한계가 있음 限은 有의 뜻을 완전하게 해 줌

4. 수식 관계

꾸며주는 말(수식어)과 꾸밈을 받는 말(피수식어)이 결합된 한자어로, 앞에 있는 한자가 뒤에 있는 한자를 꾸미거나 한정하는 역할을 한다. 구성되는 한자의 성분에 따라 다음과 같이 나눌 수 있다.

1 관형어 + 체언

관형어가 체언을 수식하는 관계로 짜여진 한자어로, '~한 ~', '~하는 ~'로 해석한다.

靑山 ▶	청산 – 푸른 산 靑은 山을 꾸미는 말	落葉 ▶	낙엽 – 떨어지는 잎 落은 葉을 꾸미는 말
白雲 ▶	백운 – 흰 구름 白은 雲을 꾸미는 말	幼兒 ▶	유아 – 어린 아이 幼는 兒를 꾸미는 말

2 부사어 + 용언

부사어가 용언을 한정하는 관계로 짜여진 한자어로, '~ 하게 ~함'으로 해석한다.

必勝 ▶	필승 – 반드시 이김 必은 勝을 꾸미는 말	急行 ▶	급행 – 급히 감 急은 行을 꾸미는 말
過食 ▶	과식 – 지나치게 먹음 過는 食을 꾸미는 말	徐行 ▶	서행 – 천천히 감 徐는 行을 꾸미는 말

5. 병렬 관계

같은 성분의 한자끼리 나란히 병렬되어 짜여진 것으로 이것은 다시 '대립', '유사', '대등'으로 나눌 수 있다.

1 유사 관계

서로 비슷한 뜻을 가진 한자로 이루어진 한자어로, 두 글자의 종합된 뜻으로 풀이한다.

事業 ▸	사업 - 일 事와 業의 뜻이 서로 같음	衣服 ▸	의복 - 옷 衣와 服의 뜻이 서로 같음
樹木 ▸	수목 - 나무 樹와 木의 뜻이 서로 같음	恩惠 ▸	은혜 - 고마운 혜택 恩과 惠의 뜻이 서로 같음
溫暖 ▸	온난 - 따뜻함 溫과 暖의 뜻이 서로 같음	海洋 ▸	해양 - 큰 바다 海와 洋의 뜻이 서로 같음

2 대립 관계

서로 반대되는 의미를 가진 한자가 만나 이루어진 한자어로 '～와(과) ～', '～하고 ～함'으로 해석한다.

上下 ▸	상하 - 위아래 上과 下의 뜻이 서로 반대	大小 ▸	대소 - 크고 작음 大와 小의 뜻이 서로 반대
黑白 ▸	흑백 - 검은 빛과 흰 빛 黑과 白의 뜻이 서로 반대	强弱 ▸	강약 - 강함과 약함 强과 弱의 뜻이 서로 반대
貧富 ▸	빈부 - 가난함과 넉넉함 貧과 富의 뜻이 서로 반대	內外 ▸	내외 - 안과 밖 內와 外의 뜻이 서로 반대

3 대등 관계

서로 대등한 의미를 가진 한자가 만나 이루어진 한자어로 '～와 ～'로 해석한다.

花鳥 ▸	화조 - 꽃과 새 花와 鳥의 뜻이 서로 대등	松竹 ▸	송죽 - 소나무와 대나무 松과 竹의 뜻이 서로 대등
父母 ▸	부모 - 아버지와 어머니 父와 母의 뜻이 서로 대등	子女 ▸	자녀 - 아들과 딸 子와 女의 뜻이 서로 대등
兄弟 ▸	형제 - 형과 동생 兄과 弟의 뜻이 서로 대등	正直 ▸	정직 - 바르고 곧음 正과 直의 뜻이 서로 대등

필순의 기본 원칙

필순의 기본 원칙이란 하나의 글자를 쓰고자 할 때 그 글자를 이루어가는 기본적인 순서를 말한다.

1. 왼쪽에서 오른쪽으로, 위에서 아래로 쓴다.

川	내 천	총3획
	ノ 丿 川	

三	석 삼	총3획
	一 二 三	

2. 가로획과 세로획이 교차할 때에는 가로획을 먼저 쓴다.

十	열 십	총2획
	一 十	

土	흙 토	총3획
	一 十 土	

3. 삐침과 파임이 만날 때에는 삐침을 먼저 쓴다.

人	사람 인	총2획
	ノ 人	

父	아비 부	총4획
	ノ 八 父	

4. 왼쪽과 오른쪽의 모양이 같을 때에는 가운데를 먼저 쓴다.

山	메 산	총3획
	丨 山 山	

水	물 수	총4획
	亅 小 水 水	

5. 안과 바깥쪽이 있을 때에는 바깥쪽을 먼저 쓴다.

日	날 일	총4획
	丨 冂 日 日	

內	안 내	총4획
	丨 冂 內 內	

6. 꿰뚫는 획은 나중에 쓴다.

中	가운데 중	총4획
	丨 冂 口 中	

車	수레 거·차	총7획
	一 厂 币 亘 車 車 車	

7. 오른쪽 위의 점은 나중에 찍는다.

代	대신 대	총5획
	ノ 亻 仁 代 代	

武	군인 무	총8획
	一 二 于 天 正 正 武 武	

8. 삐침이 짧고 가로획이 길면 삐침을 먼저 쓴다.

右	오른쪽 우	총5획
	ノ 亻 ナ 右 右	

9. 삐침이 길고 가로획이 짧으면 가로획을 먼저 쓴다.

左	왼 좌	총5획
	一 ナ 左 左 左	

다음은 여러분들이 흔히 볼 수 있는 신문 기사이다. 이 기사를 보면 우리나라 글이 한자의 의존도가 얼마나 높은지 알 수 있을 것이다. 앞으로 배울 한자 1,800자에 포함되는 한자들을 읽어보며 자신의 현재 실력을 테스트해 보자. (해답 384페이지)

그의 想像(   )이 곧 未來(   )다. 來日(   )을 사는 男子(   ) 슈워츠 그가 말하는 人類(   )의 5가지 시나리오
아우슈비츠에서 世上(   )을 본 그가 시나리오로 未來(   )를 본다.
9·11과 소련 崩壞(   )를 미리 봤던 사나이.
그는 人類(   )의 未來(   )를 어떻게 보고 있을까.
그가 말하는 韓國(   ), 北韓(   ), 그리고 미디어의 來日(   )은 어떤 모습일까?

그의 人生(   ) 역시 한 편의 시나리오다. 유대계 헝가리인이었던 그의 父母(   )는 2次(   ) 世界大戰(   ) 當時(   ) 獨逸(   ) 나치의 아우슈비츠 收容所(   )로 끌려갔다. 임산부였던 그의 어머니는 1945年(   ) 그 곳에서 슈워츠를 낳았다. 하루에도 數百名(   )이 죽어 나가는 모진 곳에서 그의 父母(   )는 살아남아, 6年後(   )인 1951年(   ) 어린 아들과 함께 美國行(   ) 배에 몸을 실었다.
'機會(   )의 땅'에서 少年(   )은 數學(   )과 科學(   )에 남다른 才能(   )을 보였고, 줄곧 宇宙(   ) 飛行士(   )가 되겠다는 꿈을 꿨다. 結局(   ) 렌셀러폴리테크닉 大學(   )에서 宇宙航行學(   )을 專攻(   ), 아폴로 計劃(   )에 로켓 엔지니어로 參與(   )한다.
少年時節(   )의 꿈을 이룬 그의 눈은 宇宙(   )를 벗어나 먼 未來(   )로 향한다. SRI인터내셔널과 쉘(Shell)을 거치며 시나리오 플래닝 分野(   )에서 이름을 알리기 시작한 그는 1988年(   ), 하버드大(   ) 마이클 포터 敎授(   ) 등과 함께 글로벌비즈니스네트워크(GBN)를 設立(   )한다.
그는 오늘도 많은 企業(   )과 國家(   )들을 위해, 끊임없이 未來(   )를 對備(   )하는 시나리오를 쓰고 있다. 未來(   )를 향한 그만의 最高(   )의 武器(   )는 뭘까. 그에게 묻자 "肯定(   )의 힘"이라는 意外(   )로 '單純(   )한' 對答(   )이 돌아왔다. "肯定(   )의 힘을 믿었습니다. 손에 아무것도 쥐지 않은 채 유대인 收容所(   )에서 태어난 나는 오늘 벤츠 乘用車(   )를 몰고, 몇 百萬(   ) 달러짜리 집에서 삽니다. 結局(   ) 可能性(   )을 믿는 사람은 어디서든, 어떻게든 살아남아요. 그리고 成功(   )합니다."

世界的(   )인 未來學者(   ) 피터 슈워츠가 提示(   )하는 人類(   )의 未來(   ) 시나리오 몇 편을 들어봤다. 果然(   ) 이 중 어떤 시나리오가 '的中(   )'하게 될까?
 ■ 시나리오1. 可能性(   )에 挑戰(   )하는 企業(   )이 살아남는다
 ■ 시나리오2. 最惡(   )의 狀況(   )은 戰爭(   )·保護貿易(   )·氣象異變(   )
 ■ 시나리오3. '늙어가는 大陸(   )' 유럽이 걱정된다
 ■ 시나리오4. '隱退(   )'라는 槪念(   )에 革命的(   )인 變化(   )가 분다
 ■ 시나리오5. 油槽船(   )이 사라진다

*출처:조선일보
한자 1,800자를 익힌 후 똑같은 기사를 349페이지에서 다시 읽어 보자. 그러면 여러분의 향상된 한자 실력을 확인 할 수 있다.

CHAPTER 02

5급 한자 600

본 책은 각 페이지마다
문장 속에서 한자어를 읽는 문제를 배치하여
해당 한자를 한번 더 복습할 수 있도록 하였다.
그 뿐 아니라 24자를 마치고나면
50문항의 연습문제를 통하여 배운 것을 복습하고
시험에 익숙해질 수 있도록 구성하였다.

5급한자 600 | 001~012

001 | 가
價 값 가

高價고가 값이 비쌈(高 높을 고)
代價대가 값. 어떤 일을 함으로써 얻어지는 결과 (代 대신할 대)
物價물가 물건 값(物 물건 물)
市價시가 시장에서 팔리는 값. 시장 가격(市 시장 시)

價格 가격 價値 가치 單價 단가
原價 원가 定價 정가 評價 평가

형성문자 亻=人부 총15획

002 | 가
街 거리 가

街道가도 도시의 큰 길(道 길 도)
商街상가 상점이 많이 늘어서 있는 거리(商 장사 상)
市街시가 인가나 상가가 많이 늘어서 번창한 곳(市 시장 시)

街頭 가두 街販 가판 街路燈 가로등
街路樹 가로수 市街地 시가지 住宅街 주택가

형성문자 行부 총12획

003 | 가
可 옳을 가

可觀가관 볼 만함. 꼴불견임(觀 볼 관)
可能가능 할 수 있음. 될 수 있음 (能 능할 능)
可望가망 이룰 수 있을 듯한 희망 (望 바랄 망)
不可불가 옳지 않음. 할 수 없음(不 아닐 불)

可決 가결 可動 가동 可變 가변
可不 가부 可視 가시 許可 허가

형성문자 口부 총5획

004 | 가
加 더할 가

加工가공 재료나 제품에 손을 더 대어 새로운 물건을 만드는 일 (工 장인 공)
加入가입 단체나 조직 따위에 들어감 (入 들 입)

加勢 가세 加熱 가열 加重 가중
倍加 배가 增加 증가 參加 참가

회의문자 力부 총5획

005 | 가
歌 노래 가

歌手가수 노래를 부르는 일을 직업으로 삼는 사람(手 손 수)
校歌교가 학교의 기품을 높이기 위해 학생들에게 부르게 하는 노래(校 학교 교)

歌曲 가곡 歌詞 가사 歌謠 가요
祝歌 축가 歌唱力 가창력 愛國歌 애국가

형성문자 欠부 총14획

006 | 가
家 집 가

家計가계 한 집안의 생활(計 셀 계)
家長가장 집안의 어른(長 긴 장)
大家대가 전문 분야에 조예가 깊은 사람 (大 큰 대)
畵家화가 그림 그리는 일을 전문으로 하는 사람(畵 그림 화)

家系 가계 家內 가내 家門 가문
家勢 가세 家庭 가정 家族 가족

회의문자 宀부 총10획

· · · 문 장 속 의 한 자 읽 어 볼 래 요 ? · · ·

1 공공 요금을 올리니 일반 物價(   )도 슬그머니 고개를 들고 오른다.
2 전자 商街(   )와 같이 하나의 제품을 전문으로 파는 대형 商街들은 특정한 지역에 모여 있다.
3 과거 농경 사회에서는 온 가족이 함께 힘을 모아 농사를 지어야만 생활이 可能(   )했다.
4 정보 사회는 정보의 加工(   ) 기술이 고도로 발달한 사회이다.
5 우리는 歌手(   )들의 옷차림, 머리 모양을 똑같이 따라 하려고 한다.
6 그림 그리는 것을 좋아하는 승현이의 장래 희망은 畵家(   )이다.

· · · 이 한 자 기 억 해 요 ? · · · 정답 174

1 黃(   ) 2 皇(   ) 3 會(   ) 4 回(   ) 5 孝(   ) 6 效(   )

여기는! 價가 / 各각

007 | 각 — 各 (각각 각)
회의문자 · 口부 · 총6획

- 各界 각계 — 사회의 여러 분야(界 지경 계)
- 各國 각국 — 각 나라(國 나라 국)
- 各論 각론 — 각 세목에 대한 논설 (論 논할 론)
- 各自 각자 — 각각의 자기(自 스스로 자)
- 各種 각종 — 여러 가지 종류(種 씨 종)
- 各各 각각 · 各個 각개 · 各部 각부
- 各處 각처 · 各方面 각방면 · 各樣各色 각양각색

필순: ノ ク 夂 夂 各 各

008 | 각 — 角 (뿔 각)
상형문자 · 角부 · 총7획

- 角度 각도 — 각의 크기(度 법도 도)
- 對角 대각 — 어떤 각에 대해 마주 보는 각(對 대할 대)
- 三角形 삼각형 — 세 개의 직선이 세 개의 모서리를 이룬 도형. 세모꼴 (三 석 삼, 形 모양 형)
- 多角 다각 · 頭角 두각 · 四角 사각
- 視角 시각 · 直角 직각 · 號角 호각

필순: ノ ク ク 角 角 角 角

009 | 간 — 間 (사이 간)
회의문자 · 門부 · 총12획

- 空間 공간 — 비어 있어 아무 것도 없는 곳 (空 빌 공)
- 期間 기간 — 어느 일정한 시기에서 다른 시기까지의 사이(期 기약할 기)
- 中間 중간 — 두 사물이나 현상의 사이 (中 가운데 중)
- 間食 간식 · 間接 간접 · 山間 산간
- 世間 세간 · 時間 시간 · 人間 인간

필순: ｜ ｜ ｜ ｜ ｜ 門 門 門 門 間 間 間

010 | 간 — 干 (방패 간)
상형문자 · 干부 · 총3획

- 干滿 간만 — 썰물과 밀물을 아울러 이르는 말(滿 찰 만)
- 干城 간성 — 나라를 지키는 믿음직한 군대나 인물을 이르는 말(城 재 성)
- 若干 약간 — 조금. 얼마쯤(若 같을 약)
- 干涉 간섭 · 干潮 간조 · 干支 간지
- 干拓 간척 · 欄干 난간 · 干證 간증

필순: 一 二 干

011 | 감 — 感 (느낄 감)
형성문자 · 心부 · 총13획

- 感動 감동 — 느끼어 마음이 움직임 (動 움직일 동)
- 感情 감정 — 느끼어 일어나는 심정(情 뜻 정)
- 同感 동감 — 남과 같게 생각하거나 느낌 (同 한가지 동)
- 感氣 감기 · 感電 감전 · 交感 교감
- 所感 소감 · 情感 정감 · 直感 직감

필순: ノ 厂 厂 厂 厂 咸 咸 咸 咸 感 感 感 感

012 | 강 — 江 (강 강)
형성문자 · 氵=水부 · 총6획

- 江山 강산 — 강과 산(山 메 산)
- 漢江 한강 — 태백 산맥에서 시작하여 강원·충북·경기·서울을 거쳐 황해로 흘러들어가는 강 (漢 한수 한)
- 江南 강남 · 江東 강동 · 江北 강북
- 江西 강서 · 江村 강촌 · 八道江山 팔도강산

필순: 丶 氵 氵 江 江 江

• • • 문 장 속 의 한 자 읽 어 볼 래 요 ? • • •

1. 各界(   )의 인사들이 모여 各種(   ) 문화재를 잘 보존할 것을 촉구하는 기자 회견을 가졌다.
2. 공을 차는 힘의 세기와 角度(   )에 따라 공이 튀겨 나오는 거리나 방향이 다르다.
3. 국토는 선조들의 피와 땀이 어린 곳이며, 현재 살고 있는 국민들의 생활 空間(   )이다.
4. 서해안은 조수 干滿(   )의 차이가 심하다.
5. 친절한 사람의 말 한 마디는 사람의 마음을 感動(   )시킬 수 있다.
6. 한양은 남쪽으로 漢江(   )이 흐르고 북쪽으로는 북한산이 있어 외적을 막기에 적합한 곳이었다.

• • • 이 한 자 기 억 해 요 ? • • •   정답 175

1. 後(   ) 2. 訓(   ) 3. 休(   ) 4. 凶(   ) 5. 興(   ) 6. 希(   )

5급한자 600 | 013~024

013 | 강 — 強 강할 강
- 強力 강력 힘이 셈(力 힘 력)
- 強要 강요 강제로 요구함(要 요긴할 요)
- 強調 강조 어떤 부분을 특별히 힘주어 주장함(調 고를 조)
- 列強 열강 여러 강국(列 벌릴 렬)
- 強買 강매 強制 강제 強風 강풍
- 強行 강행 強大國 강대국 弱肉強食 약육강식

형성문자 弓부 총12획

014 | 개 — 改 고칠 개
- 改善 개선 잘못된 점을 고치어 잘되게 함 (善 착할 선)
- 改正 개정 고치어 바르게 함(正 바를 정)
- 改定 개정 정하였던 것을 다시 고쳐 정함 (定 정할 정)
- 改造 개조 고치어 다시 만듦(造 지을 조)
- 改閣 개각 改良 개량 改名 개명
- 改編 개편 改憲 개헌 改革 개혁

회의문자 攵=攴부 총7획

015 | 개 — 個 낱 개
- 個個 개개 낱낱
- 個別 개별 하나하나. 따로따로(別 다를 별)
- 個中 개중 여럿 있는 그 가운데 (中 가운데 중)
- 各個 각개 하나하나(各 각각 각)
- 個當 개당 個性 개성 個月 개월
- 個人 개인 個體 개체 別個 별개

형성문자 亻=人부 총10획

016 | 개 — 開 열 개
- 開發 개발 개척하여 발전시킴(發 필 발)
- 開通 개통 새로 낸 길. 새로 낸 전신·전화 등이 기능을 발휘하기 시작함(通 통할 통)
- 開花 개화 꽃이 핌(花 꽃 화)
- 公開 공개 일반에게 개방함(公 공평할 공)
- 開敎 개교 開放 개방 開場 개장
- 開催 개최 開學 개학 未開 미개

회의문자 門부 총12획

017 | 객 — 客 손 객
- 客死 객사 객지에서 죽음(死 죽을 사)
- 客席 객석 손님이 앉는 자리(席 자리 석)
- 客地 객지 자기 집을 멀리 떠나 있는 곳 (地 따 지)
- 過客 과객 지나가는 나그네(過 지날 과)
- 客氣 객기 客室 객실 主客 주객
- 客觀 객관 旅客船 여객선 觀光客 관광객

형성문자 宀부 총9획

018 | 거 — 去 갈 거
- 去來 거래 돈을 서로 주고 받거나 물건을 사고 파는 일(來 올 래)
- 去勢 거세 동물의 생식 기능을 잃게 함 (勢 형세 세)
- 過去 과거 지나간 때(過 지날 과)
- 收去 수거 거두어 감(收 거둘 수)
- 去就 거취 逝去 서거 除去 제거
- 撤去 철거 退去 퇴거

회의문자 厶부 총5획

· · · 문 장 속 의 한 자 읽 어 볼 래 요 ? · · ·

1 우리 조상들은 모든 행실의 근본으로 효를 強調(   )하였다.
2 통일벼는 정부에서 개발한 벼로, 식량 사정을 改善(   )하는 데에 많은 도움이 되었다.
3 현대 문학의 역사적 과정을 배우면, 個別(   ) 문학 작품을 감상하는 데 필요한 배경 지식을 얻을 수 있다.
4 지금까지 우리는 자연을 무분별하게 開發(   )하여 자연 환경을 오염시켰다.
5 소녀의 피아노 연주회를 보기 위해 모인 관객으로 客席(   )은 입추의 여지가 없었다.
6 재활용품을 분리 收去(   )하는 것은 자원 절약 방법이다.

· · · 이 한 자 기 억 해 요 ? · · ·   정답 28

1 價( ) 2 街( ) 3 可( ) 4 加( ) 5 歌( ) 6 家( )

여기는! 强강/擧거

019 | 거 擧 들 거
- 擧行 거행 — 명령에 따라 시행함. 행사나 의식을 차리어 치름 (行 다닐 행)
- 選擧 선거 — 대표자나 임원을 투표 등의 방법으로 뽑음 (選 가릴 선)
- 擧國 거국 擧動 거동 擧論 거론
- 擧事 거사 擧手 거수 暴擧 폭거

형성문자 手부 총18획

020 | 거 車 수레 거(차)
- 車道 차도 — 차가 다니는 길 (道 길 도)
- 車窓 차창 — 기차나 자동차의 창문 (窓 창 창)
- 風車 풍차 — 바람의 힘을 이용하여 동력을 얻는 기계 장치 (風 바람 풍)
- 人力車 인력거 — 사람을 태우고 사람이 끄는 수레 (人 사람 인, 力 힘 력)
- 車庫 차고 乘車 승차 駐車 주차
- 下車 하차 乘用車 승용차 自轉車 자전거

상형문자 車부 총7획

021 | 건 建 세울 건
- 建國 건국 — 나라를 세움 (國 나라 국)
- 建物 건물 — 거주하거나 그 밖의 목적으로 지어 놓은 집 (物 물건 물)
- 建議 건의 — 개인 또는 단체가 단체나 관청에 의견이나 희망을 냄 (議 의논할 의)
- 建立 건립 建設 건설 建造 건조
- 建築 건축 再建 재건 土建 토건

상형문자 廴부 총9획

022 | 견 犬 개 견
- 犬公 견공 — 개를 의인화하여 일컫는 말 (公 공평할 공)
- 軍犬 군견 — 군사적 목적을 위하여 특별한 훈련을 시킨 개 (軍 군사 군)
- 愛犬 애견 — 개를 귀여워함, 또는 그 개 (愛 사랑 애)
- 狂犬 광견 名犬 명견 犬馬之心 견마지심
- 忠犬 충견 鬪犬 투견 犬馬之養 견마지양

상형문자 犬부 총4획

023 | 견 見 볼 견/뵈올 현
- 見學 견학 — 실제를 눈으로 보고 배움 (學 배울 학)
- 意見 의견 — 어떤 일에 대한 생각 (意 뜻 의)
- 先入見 선입견 — 어떤 일에 대하여, 이전부터 머릿속에 들어있는 고정적인 관념이나 견해 (先 먼저 선, 入 들 입)
- 見聞 견문 發見 발견 所見 소견
- 外見 외견 會見 회견 謁見 알현

회의문자 見부 총7획

024 | 결 決 결단할 결
- 決心 결심 — 어떻게 하기로 마음을 굳게 작정함, 또는 그 작정한 마음 (心 마음 심)
- 決定 결정 — 어떻게 하겠다고 정함 (定 정할 정)
- 決算 결산 決行 결행 對決 대결
- 先決 선결 判決 판결 多數決 다수결

회의문자 氵=水부 총7획

문장 속의 한자 읽어 볼래요?

1 지역주의와 지역 감정은 역대 대통령 선거와 국회 의원 選擧(   ) 과정에서 나타난 바 있다.
2 영수는 아버지의 고향 마을로 가는 버스를 탔다. 車窓(   ) 밖으로 보이는 시골 풍경이 아름다웠다.
3 우리 조상들이 세운 최초의 국가는 4300여 년 전에 建國(   )된 고조선이다.
4 특별 군사 작전에 軍犬(   )들이 투입 되었다.
5 어떤 사회가 인간다운 삶을 실현할 수 있는가에 대해서는 사람마다 意見(   )이 다르다.
6 100미터나 200미터 달리기는 근소한 차이로 등수가 決定(   )되기 때문에 바람의 영향까지 고려해 1백분의 1초까지 측정한다.

이 한자 기억해요? 정답 29

1 各(   ) 2 角(   ) 3 間(   ) 4 干(   ) 5 感(   ) 6 江(   )

연습문제 1 | 지금까지 배운 내용을 문제로 풀어보세요

01-03 다음 한자(漢字)의 부수(部首)는 무엇입니까?

01 價 : ①人 ②木 ③水 ④土 ⑤貝
02 歌 : ①口 ②目 ③欠 ④可 ⑤二
03 可 : ①水 ②一 ③木 ④日 ⑤口

04-06 다음 한자(漢字)의 획수(劃數)는 모두 몇 획입니까?

04 干 : ①7 ②6 ③5 ④4 ⑤3
05 强 : ①10 ②11 ③12 ④13 ⑤14
06 個 : ①8 ②9 ③10 ④11 ⑤12

07-08 다음 필순(筆順)에 대한 설명에 가장 알맞은 한자(漢字)는 어느 것입니까?

07 왼쪽에서 오른쪽으로 쓴다.
①加 ②家 ③犬 ④去 ⑤客

08 가운데를 꿰뚫는 획은 나중에 쓴다.
①決 ②開 ③車 ④角 ⑤見

09-18 다음 한자(漢字)의 음(音)은 무엇입니까?

09 建 : ①건 ②견 ③간 ④각 ⑤강
10 街 : ①각 ②간 ③가 ④거 ⑤견
11 江 : ①공 ②강 ③경 ④견 ⑤결
12 改 : ①기 ②고 ③감 ④개 ⑤거
13 歌 : ①개 ②가 ③간 ④강 ⑤각
14 角 : ①견 ②경 ③강 ④각 ⑤간
15 干 : ①간 ②강 ③가 ④거 ⑤건
16 間 : ①견 ②강 ③가 ④각 ⑤간
17 開 : ①결 ②개 ③가 ④간 ⑤강
18 見 : ①견 ②각 ③가 ④거 ⑤갈

19-23 다음의 음(音)을 가진 한자(漢字)는 어느 것입니까?

19 가 : ①價 ②各 ③犬 ④去 ⑤決
20 각 : ①車 ②家 ③個 ④各 ⑤加
21 거 : ①客 ②加 ③擧 ④感 ⑤可
22 결 : ①可 ②車 ③感 ④決 ⑤客
23 강 : ①家 ②犬 ③强 ④個 ⑤去

24-33 다음 한자(漢字)의 뜻은 무엇입니까?

24 價 : ①값 ②길 ③다리
④장수 ⑤도로

25 建 : ①보다 ②가사 ③날다
④가다 ⑤세우다

26 各 : ①앉다 ②각각 ③개인
④노래 ⑤내리다

27 街 : ① 거리 ② 들판 ③ 하늘
　　　④ 지상 ⑤ 우주

28 江 : ① 실 ② 강 ③ 해
　　　④ 빛 ⑤ 내

29 決 : ① 베다 ② 나누다 ③ 자르다
　　　④ 구르다 ⑤ 결단하다

30 車 : ① 집 ② 바다 ③ 수레
　　　④ 기구 ⑤ 육지

31 可 : ① 옳다 ② 틀리다 ③ 다르다
　　　④ 나쁘다 ⑤ 그르다

32 開 : ① 열다 ② 닫다 ③ 이다
　　　④ 얹다 ⑤ 오다

33 個 : ① 별 ② 집 ③ 수
　　　④ 낱 ⑤ 공

34-38　다음의 뜻을 가진 한자(漢字)는 어느 것입니까?

34 느끼다 : ① 角 ② 家 ③ 感 ④ 干 ⑤ 改

35 노래 　: ① 見 ② 去 ③ 客 ④ 歌 ⑤ 犬

36 개 　　: ① 犬 ② 擧 ③ 改 ④ 間 ⑤ 見

37 강하다 : ① 去 ② 間 ③ 犬 ④ 强 ⑤ 感

38 더하다 : ① 客 ② 家 ③ 加 ④ 擧 ⑤ 角

39-48　다음 한자어(漢字語)의 음(音)은 무엇입니까?

39 代價 : ① 시가 ② 대가 ③ 정가 ④ 평가 ⑤ 고가

40 校歌 : ① 군가 ② 교가 ③ 단가 ④ 국가 ⑤ 인가

41 可觀 : ① 가관 ② 허가 ③ 가상 ④ 가능 ⑤ 참관

42 期間 : ① 인간 ② 감형 ③ 산간 ④ 중간 ⑤ 기간

43 干城 : ① 간만 ② 간로 ③ 간성 ④ 감성 ⑤ 간과

44 列强 : ① 강력 ② 강조 ③ 강골 ④ 열강 ⑤ 열도

45 公開 : ① 공개 ② 미개 ③ 개소 ④ 개장 ⑤ 공공

46 過客 : ① 객지 ② 객석 ③ 과객 ④ 객차 ⑤ 과정

47 建物 : ① 건조 ② 진로 ③ 건립 ④ 재건 ⑤ 건물

48 見學 : ① 회견 ② 발견 ③ 견습 ④ 견학 ⑤ 자학

49-50　다음 단어들의 '□'에 공통으로 들어갈 알맞은 한자(漢字)는 어느 것입니까?

49 □校, □學, □放 :
　　① 强　② 決　③ 開　④ 去　⑤ 感

50 □國, □物, □立 :
　　① 客　② 建　③ 街　④ 歌　⑤ 可

5급한자 600 | 025~036

025 | 결 結 맺을 결
- 結論 결론: 말이나 글에서 끝맺는 부분. 맺음말(論 논할 론)
- 結末 결말: 어떤 일이 마무리 되는 끝, 또는 그 결과(末 끝 말)
- 結合 결합: 둘 이상의 사물이 서로 관계를 맺어 합쳐짐(合 합할 합)
- 結局 결국 / 結氷 결빙 / 結社 결사
- 結實 결실 / 結婚 결혼 / 集結 집결

형성문자 / 糸부 / 총12획

026 | 경 京 서울 경
- 東京 동경: 고려 때의 행정 구역의 하나(東 동녘 동)
- 上京 상경: 시골에서 서울로 올라옴(上 윗 상)
- 入京 입경: 서울에 들어가거나 들어옴(入 들 입)
- 在京 재경: 서울에 있음(在 있을 재)
- 京城 경성 / 京鄕 경향 / 歸京 귀경
- 北京 북경 / 京畿道 경기도 / 京釜*線 경부선

상형문자 / 亠부 / 총8획

027 | 경 經 지날, 글 경
- 經過 경과: 시간이 지나감(過 지날 과)
- 經路 경로: 지나가는 길. 일이 진행되어 가는 형편(路 길 로)
- 經典 경전: 성인의 가르침. 종교의 가르침을 적은 책(典 법 전)
- 經歷 경력 / 經書 경서 / 經營 경영
- 經緯 경위 / 經濟 경제 / 經驗 경험

형성문자 / 糸부 / 총13획

028 | 경 慶 경사 경
- 慶事 경사: 기쁜 일(事 일 사)
- 慶祝 경축: 기쁘고 좋은 일을 축하함(祝 빌 축)
- 國慶日 국경일: 국가적인 경사를 축하·기념하는 날(國 나라 국, 日 날 일)
- 慶賀 경하 / 慶弔事 경조사 / 慶祝日 경축일
- 慶尙北道 경상북도

상형문자 / 心부 / 총15획

029 | 경 景 볕 경
- 光景 광경: 눈에 보이는 경치. 어떤 장면의 모습(光 빛 광)
- 絶景 절경: 더할 수 없이 훌륭한 경치(絶 끊을 절)
- 風景 풍경: 경치(風 바람 풍)
- 景觀 경관 / 景氣 경기 / 景致 경치
- 雪景 설경 / 夜景 야경 / 情景 정경

형성문자 / 日부 / 총12획

030 | 경 敬 공경 경
- 敬禮 경례: 공경의 뜻을 나타내는 인사의 하나(禮 예도 례)
- 敬愛 경애: 공경하고 사랑함(愛 사랑 애)
- 尊敬 존경: 남의 훌륭한 행위나 인격 따위를 높여 공경함(尊 높을 존)
- 敬老 경로 / 敬語 경어 / 敬遠 경원
- 敬意 경의 / 不敬 불경 / 敬天愛人 경천애인

회의문자 / 攵=攴부 / 총13획

• • • 문 장 속 의 한 자 읽 어 볼 래 요 ? • • • •

1 가족이란, 혼인과 혈연 또는 입양에 의하여 結合(   )된 집단이라고 할 수 있다.
2 고려는 평양을 서경, 경주를 東京(   )이라 하여, 개경과 함께 3경이라 하였다.
3 인체에 전류가 518mA가 흘렀을 때는 0.05초 이상, 52mA가 흘렀을 때는 5초 이상 經過(   )하면 사망할 가능성이 매우 높다.
4 명절이나 집안에 慶事(   )가 있을 경우, 음식 등을 나누며 이웃 간의 정을 두텁게 한다.
5 버스는 따사로운 햇볕을 담뿍 받으며 가을의 風景(   ) 속을 달렸다.
6 우리는 진심으로 아버지를 尊敬(   )합니다.

• • • • 이 한 자 기 억 해 요 ? • • • • • 정답 30

1 強(   )   2 改(   )   3 個(   )   4 開(   )   5 客(   )   6 去(   )

여기는! 結결 / 競경

031 | 경 競 다툴 경

競技 경기 기술이나 능력의 낫고 못함을 서로 겨루는 일(技 재주 기)
競走 경주 일정한 거리를 달려 그 빠르기를 겨루는 일(走 달릴 주)
競進 경진 서로 다투어 앞으로 나아감(進 나아갈 진)

競馬 경마 競賣 경매 競選 경선
競爭 경쟁 競合 경합 競技場 경기장

회의문자 立부 총20획

032 | 계 界 지경 계

世界 세계 지구 위의 모든 지역. 모든 나라(世 인간 세)
限界 한계 정해 놓은 범위(限 한할 한)
外界人 외계인 지구 밖의 다른 천체에서 온 사람(外 바깥 외, 人 사람 인)

境界 경계 業界 업계 天界 천계
學界 학계 分界線 분계선 新世界 신세계

형성문자 田부 총9획

033 | 계 季 계절 계

季節 계절 한 해를 날씨에 따라 나눈 그 한 철(節 마디 절)
四季 사계 봄·여름·가을·겨울의 사철(四 넉 사)

冬季 동계 秋季 추계 春季 춘계
夏季 하계 季刊誌 계간지 季節風 계절풍

회의문자 子부 총8획

034 | 계 計 셀 계

生計 생계 살아갈 방도(生 날 생)
合計 합계 합하여 셈함, 또는 그 수나 양(合 합할 합)
百年大計 백년대계 먼 장래를 내다보며 세우는 계획(百 일백 백, 年 해 년, 大 큰 대)

計算 계산 計策 계책 計劃 계획
設計 설계 時計 시계 會計 회계

회의문자 言부 총9획

035 | 고 告 고할 고

告發 고발 피해자가 아닌 사람이 범죄 사실을 경찰에 알림(發 필 발)
報告 보고 주어진 임무에 대하여 그 결과나 내용을 말이나 글로 알림(報 알릴 보)

告白 고백 告別 고별 告示 고시
告知 고지 廣告 광고 忠告 충고

회의문자 口부 총7획

036 | 고 考 생각할 고

考案 고안 새로운 방법이나 물건을 연구하여 생각해 냄, 또는 그것(案 책상 안)
考察 고찰 어떤 것을 깊이 생각하고 연구함(察 살필 찰)
思考 사고 생각함. 궁리함(思 생각 사)

考慮 고려 考試 고시 參考 참고
考古史 고고사 思考力 사고력 考古學者 고고학자

상형문자 老부 총6획

· · · 문 장 속 의 한 자 읽 어 볼 래 요 ?

1 우리는 토끼와 거북이의 競走(   ) 이야기를 알고 있다.
2 교통과 통신의 발달은 世界(   )를 한 마을처럼 이어 주었다.
3 자연의 季節(   )에만 봄이 있는 것이 아니라 인생에도 봄은 있다.
4 일제 시대 미국으로 건너간 동포들 중에는 품을 팔아 生計(   )를 꾸려 나가는 노동자가 많았다.
5 시민 사회를 잘 유지하기 위해서는 준법 정신과 질서 의식 및 강한 告發(   ) 정신이 있어야 한다.
6 책은 읽는 이의 경험이나 살아온 환경, 思考(   ) 방식에 따라 작품에 대한 생각이나 느낌이 다르다.

· · · 이 한 자 기 억 해 요 ?   정답 31

1 擧(   )   2 車(   )   3 建(   )   4 犬(   )   5 見(   )   6 決(   )

 **5급한자 600** | 037~048

037 | 고 古

- 古今 고금 : 예전과 지금을 아울러 이르는 말(今 이제 금)
- 古代 고대 : 옛 시대(代 대신할 대)
- 古木 고목 : 오래 묵은 나무(木 나무 목)
- 古典 고전 : 오랫동안 많은 사람에게 널리 읽히고 모범이 될 만한 문학이나 예술 작품(典 법 전)

古宮 고궁 古都 고도 古書 고서
最古 최고 太古 태고 古生代 고생대

예 고
회의문자
口부 총5획
一十十古古

038 | 고 固

- 固守 고수 : 차지한 물건이나 행세 따위를 굳게 지킴(守 지킬 수)
- 固有 고유 : 본래부터 있음. 어느 물건에만 특별히 있음(有 있을 유)
- 固定 고정 : 일정한 곳이나 상태에서 변하지 아니함(定 정할 정)

固執 고집 固着 고착 固體 고체
堅固 견고 完固 완고 確固 확고

굳을 고
형성문자
口부 총8획
丨冂冂冃冃周周固

039 | 고 故

- 故國 고국 : 조상 때부터 살던 나라 (國 나라 국)
- 無故 무고 : 아무런 까닭이 없음. 사고 없이 평안함(無 없을 무)
- 事故 사고 : 뜻밖에 일어난 사건(事 일 사)

故事 고사 故意 고의 故人 고인
故障 고장 故鄕 고향 變故 변고

연고 고
회의문자
攵=攴부 총9획
一十十古古扩扩故故

040 | 고 高

- 高價 고가 : 값이 비쌈(價 값 가)
- 高山 고산 : 높은 산(山 메 산)
- 高原 고원 : 보통 해발 고도 600미터 이상에 있는 넓은 벌판(原 근원 원)
- 高下 고하 : 높음과 낮음(下 아래 하)

高潔 고결 高校 고교 高貴 고귀
高度 고도 高速 고속 最高 최고

높을 고
상형문자
高부 총10획
丶一亠宁古古高高高

041 | 곡 曲

- 歌曲 가곡 : 서양 음악에서 시에 곡을 붙인 성악곡(歌 노래 가)
- 名曲 명곡 : 유명한 악곡. 뛰어난 악곡 (名 이름 명)
- 作曲 작곡 : 악곡을 지음, 또는 그 악곡 (作 지을 작)

曲目 곡목 曲線 곡선 曲調 곡조
曲解 곡해 序曲 서곡 新曲 신곡

굽을 곡
상형문자
日부 총6획
丨冂冃冄曲曲

042 | 곡 谷

- 谷口 곡구 : 골짜기의 어귀(口 입 구)
- 谷水 곡수 : 골짜기에서 흐르는 물 (水 물 수)
- 山谷 산곡 : 산과 산 사이의 움푹 들어간 곳. 산골짜기(山 메 산)

谷王 곡왕 谷風 곡풍 溪谷 계곡
陵谷 능곡 栗谷 율곡 深山幽谷 심산유곡

골 곡
회의문자
谷부 총7획
丶ハ夕公父谷谷

· · · 문 장 속 의 한 자 읽 어 볼 래 요 ?

1 시민이라는 단어는 古代(　　) 그리스의 도시 국가에서 처음 쓰였다.
2 사람들은 다른 사람과 구분할 수 있는 자기만의 固有(　　)한 특성을 가지고 있다.
3 규칙을 지키는 것이 事故(　　)를 줄이는 가장 큰 지름길이다.
4 부정 부패에 관해서 직위 高下(　　)를 막론하고 엄벌에 처하겠다는 정부의 담화문이 발표되었다.
5 안익태 선생은 일제 강점기에 우리 나라를 세계에 알리는 애국가를 作曲(　　)했다.
6 계곡에는 시원한 바람이 불고, 맑은 谷水(　　)가 흘렀다.

· · · 이 한 자 기 억 해 요 ? · · · 정답 34

1 結(　　)　2 京(　　)　3 經(　　)　4 慶(　　)　5 景(　　)　6 敬(　　)

여기는! 古고 / 骨골

043 | 골 — 骨 (뼈 골)

- 强骨 강골 굳세고 단단한 기골 (强 강할 강)
- 白骨 백골 죽은 사람의 몸이 썩고 남은 뼈 (白 흰 백)
- 弱骨 약골 몸이 약한 사람 (弱 약할 약)

- 骨幹 골간 骨相 골상 骨子 골자
- 骨折 골절 骨格 골격 納骨堂 납골당

회의문자
骨부   총10획

044 | 공 — 工 (장인 공)

- 工事 공사 집을 짓거나 둑을 쌓는 일 (事 일 사)
- 工場 공장 물건을 만들거나 가공하는 곳 (場 마당 장)
- 手工 수공 손으로 하는 공예 (手 손 수)

- 工夫 공부 工作 공작 工程 공정
- 工學 공학 加工 가공 人工 인공

상형문자
工부   총3획

045 | 공 — 功 (공 공)

- 功勞 공로 어떤 일에 이바지한 공적과 노력 (勞 일할 로)
- 武功 무공 군사상의 공적 (武 호반 무)
- 成功 성공 뜻을 이룸 (成 이룰 성)
- 恩功 은공 은혜와 공로 (恩 은혜 은)

- 功過 공과 功利 공리 功名 공명
- 功臣 공신 功績 공적 有功 유공

형성문자
力부   총5획

046 | 공 — 空 (빌 공)

- 空白 공백 아무 것도 없이 비어 있음 (白 흰 백)
- 空想 공상 헛된 생각 (想 생각 상)
- 空席 공석 비어있는 자리 (席 자리 석)
- 空中 공중 하늘과 땅 사이의 빈 곳 (中 가운데 중)

- 空間 공간 空軍 공군 空氣 공기
- 空虛 공허 上空 상공 空洞化 공동화

형성문자
穴부   총8획

047 | 공 — 公 (공평할 공)

- 公平 공평 한쪽에 치우치지 않고 공정함 (平 평평할 평)
- 公園 공원 누구든지 자유로이 쉬고, 놀고, 거닐 수 있도록 마련해 놓은 큰 정원이나 지역 (園 동산 원)

- 公開 공개 公共 공공 公立 공립
- 公明 공명 公用 공용 公正 공정

회의문자
八부   총4획

048 | 공 — 共 (한가지 공)

- 共同 공동 여러 사람이 다 함께 함 (同 한가지 동)
- 共用 공용 공동으로 사용함 (用 쓸 용)
- 公共 공공 여러 사람이 모여 힘을 함께 함 (公 공평할 공)

- 共感 공감 共存 공존 共通 공통
- 共學 공학 反共 반공 共和國 공화국

회의문자
八부   총6획

• • • 문장 속의 한자 읽어 볼래요? • • •

1. 전쟁에 참가한 용사들은 白骨(   )이 되어 고향으로 돌아왔다.
2. 요즘 물건들은 工場(   )에서 대량으로 생산된다.
3. '실패는 成功(   )의 어머니'라는 격언은 긍정적 사고를 표현한 가장 대표적인 예이다.
4. 프랑스 작가 베르베르의 空想(   ) 과학 소설 〈개미〉에 보면 인간이 개미들의 언어를 터득한다.
5. 윤리 의식은 개인적인 이익을 생각하지 않고 公平(   )하게 일을 처리해야 하는 공직자에게 더욱 강조된다.
6. 각 민족 문화의 가치있는 요소들이 모여서 인류 共同(   )의 재산으로 남을 때, 그것이 세계 문화이다.

• • • 이 한자 기억해요? • • •   정답 35

1 競(   )   2 界(   )   3 季(   )   4 計(   )   5 告(   )   6 考(   )

연습문제 2 | 지금까지 배운 내용을 문제로 풀어보세요

01-03 다음 한자(漢字)의 부수(部首)는 무엇입니까?

01 京 : ① 一 ② 口 ③ 小 ④ 京 ⑤ 亠

02 慶 : ① 广 ② 鹿 ③ 心 ④ 夂 ⑤ 厂

03 敬 : ① ⺾ ② 句 ③ 苟 ④ 攵 ⑤ 口

04-06 다음 한자(漢字)의 획수(劃數)는 모두 몇 획입니까?

04 高 : ① 7 ② 8 ③ 9 ④ 10 ⑤ 11

05 季 : ① 6 ② 7 ③ 8 ④ 9 ⑤ 10

06 考 : ① 5 ② 6 ③ 7 ④ 8 ⑤ 9

07-08 다음 필순(筆順)에 대한 설명에 가장 알맞은 한자(漢字)는 어느 것입니까?

07 위에서 아래로 쓴다.
① 景 ② 計 ③ 故 ④ 曲 ⑤ 固

08 가로획과 세로획이 교차될 때에는 가로획을 먼저 쓴다.
① 京 ② 空 ③ 功 ④ 結 ⑤ 古

09-18 다음 한자(漢字)의 음(音)은 무엇입니까?

09 結 : ① 경 ② 격 ③ 골 ④ 고 ⑤ 결

10 季 : ① 고 ② 경 ③ 공 ④ 계 ⑤ 건

11 考 : ① 곡 ② 고 ③ 로 ④ 경 ⑤ 공

12 功 : ① 결 ② 계 ③ 곡 ④ 공 ⑤ 경

13 經 : ① 곡 ② 결 ③ 계 ④ 격 ⑤ 경

14 界 : ① 계 ② 경 ③ 고 ④ 공 ⑤ 곡

15 曲 : ① 계 ② 곡 ③ 경 ④ 고 ⑤ 곤

16 工 : ① 결 ② 경 ③ 공 ④ 계 ⑤ 고

17 谷 : ① 골 ② 경 ③ 격 ④ 곡 ⑤ 공

18 慶 : ① 고 ② 곡 ③ 결 ④ 경 ⑤ 계

19-23 다음의 음(音)을 가진 한자(漢字)는 어느 것입니까?

19 경 : ① 京 ② 計 ③ 告 ④ 骨 ⑤ 公

20 공 : ① 高 ② 古 ③ 共 ④ 京 ⑤ 困

21 경 : ① 固 ② 考 ③ 結 ④ 界 ⑤ 景

22 공 : ① 空 ② 敬 ③ 競 ④ 經 ⑤ 告

23 고 : ① 季 ② 公 ③ 故 ④ 曲 ⑤ 計

24-33 다음 한자(漢字)의 뜻은 무엇입니까?

24 經 : ① 걷다 ② 올리다 ③ 달리다 ④ 지나다 ⑤ 지름길

25 季 : ① 계절 ② 날씨 ③ 고난 ④ 곡식 ⑤ 추수

26 告 : ① 절하다 ② 일하다 ③ 고하다 ④ 굽히다 ⑤ 엎드리다

27 結 : ① 굳다　② 맺다　③ 풀다
　　　④ 경사　⑤ 잇다

28 界 : ① 우주　② 행운　③ 불운
　　　④ 지경　⑤ 세대

29 故 : ① 글　② 공　③ 연고
　　　④ 문장　⑤ 지나다

30 空 : ① 비다　② 장인　③ 곧다
　　　④ 치다　⑤ 세우다

31 固 : ① 오다　② 옛날　③ 굳다
　　　④ 현대　⑤ 날개

32 計 : ① 설명　② 마디　③ 치다
　　　④ 세다　⑤ 말하다

33 敬 : ① 경사　② 경하　③ 불경
　　　④ 경축　⑤ 공경

34-38 다음의 뜻을 가진 한자(漢字)는 어느 것입니까?

34 볕　　　　: ① 計 ② 景 ③ 高 ④ 界 ⑤ 經
35 공　　　　: ① 功 ② 工 ③ 故 ④ 曲 ⑤ 競
36 골짜기　　: ① 慶 ② 谷 ③ 固 ④ 考 ⑤ 功
37 서울　　　: ① 京 ② 經 ③ 競 ④ 共 ⑤ 古
38 공평하다　: ① 結 ② 慶 ③ 古 ④ 敬 ⑤ 公

39-48 다음 한자어(漢字語)의 음(音)은 무엇입니까?

39 弱骨 : ① 약골 ② 백골 ③ 진골 ④ 골육 ⑤ 골자
40 敬禮 : ① 경로 ② 경원 ③ 경례 ④ 경의 ⑤ 정례
41 競技 : ① 경쟁 ② 경합 ③ 경선 ④ 경기 ⑤ 구기
42 合計 : ① 계산 ② 합계 ③ 계책 ④ 회계 ⑤ 합산
43 限界 : ① 학계 ② 업계 ③ 한계 ④ 천계 ⑤ 경계
44 固定 : ① 부정 ② 고수 ③ 고체 ④ 고집 ⑤ 고정
45 高價 : ① 고도 ② 고가 ③ 고산 ④ 고교 ⑤ 저가
46 功勞 : ① 성공 ② 공과 ③ 공적 ④ 공로 ⑤ 공명
47 名曲 : ① 작곡 ② 곡선 ③ 명곡 ④ 서곡 ⑤ 선곡
48 公園 : ① 공중 ② 공평 ③ 공간 ④ 공개 ⑤ 공원

49-50 다음 단어들의 '□'에 공통으로 들어갈 알맞은 한자(漢字)는 어느 것입니까?

49 □局, □末, □實 :
　① 京　② 結　③ 告　④ 季　⑤ 高

50 □通, □存, □感 :
　① 公　② 高　③ 共　④ 空　⑤ 景

5급한자 600 | 049~060

049 | 과
科

科擧 과거 고려와 조선 시대에 관리를 뽑기 위하여 실시하던 시험 (擧 들 거)
科目 과목 교과를 가른 구분. 학문의 구분 (目 눈 목)

科落 과락 科學 과학 內科 내과
實科 실과 外科 외과 敎科書 교과서

과목 과
회의문자
禾부 총9획

050 | 과
過

過去 과거 지나간 때 (去 갈 거)
過速 과속 자동차 따위의 주행 속도를 너무 빠르게 함, 또는 그 속도 (速 빠를 속)
過失 과실 잘못이나 허물 (失 잃을 실)

過多 과다 過度 과도 過勞 과로
過食 과식 罪過 죄과 通過 통과

지날 과
회의문자
辶=辵부 총13획

051 | 과
果

果實 과실 먹을 수 있는 나무의 열매 (實 열매 실)
結果 결과 어떤 까닭으로 말미암아 생긴 일의 끝 (結 맺을 결)
因果 인과 원인과 결과 (因 인할 인)
效果 효과 보람 있는 결과 (效 본받을 효)

果敢 과감 果斷 과단 果糖 과당
果然 과연 成果 성과 果樹園 과수원

실과 과
상형문자
木부 총8획

052 | 과
課

課目 과목 할당된 항목. 학과 (目 눈 목)
課業 과업 하여야 할 일. 정하여 놓은 업무, 또는 학업 (業 업 업)
課外 과외 정해놓은 학과 외에 따로 하는 공부나 과업 (外 바깥 외)
日課 일과 하루하루 하는 일 (日 날 일)

課稅 과세 課程 과정 課題 과제
附課 부과 學課 학과 公課金 공과금

공부할, 과정 과
형성문자
言부 총15획

053 | 관
官

法官 법관 법원에서 법률에 의하여 재판을 담당하는 사람 (法 법 법)
外交官 외교관 외국에 있으면서 외교에 종사하는 공무원 (外 바깥 외, 交 사귈 교)

官家 관가 官軍 관군 官吏 관리
官服 관복 官職 관직 官廳 관청

벼슬 관
회의문자
宀부 총8획

054 | 관
觀

觀光 관광 다른 고장의 경치·풍습 등을 구경함 (光 빛 광)
景觀 경관 자연이나 지역의 풍경 (景 볕 경)
美觀 미관 좋은 경치. 아름다운 경치 (美 아름다울 미)

觀客 관객 觀念 관념 觀望 관망
觀相 관상 觀察 관찰 史觀 사관

볼 관
형성문자
見부 총25획

• • • 문 장 속 의 한 자 읽 어 볼 래 요 ? • • •

1 꾸준히 공부를 한 강감찬은 서른여섯 살이 되던 해에 科擧(   )에 장원 급제하였다.
2 경제 성장으로 국민들의 생활이 過去(   )에 비해 넉넉해지기는 했으나, 빈부의 격차는 커졌다.
3 자기의 행동이 어떠한 結果(   )를 가져올 지에 대해서 생각을 한 후에 행동한다.
4 우리 삶은 순간마다 선택하고 결정해야 할 일들이 삶의 課業(   )으로 존재한다.
5 서울에는 외교 관계를 맺고 있는 나라의 外交官(   )들과 직원 및 그 가족들이 살고 있다.
6 다목적 댐을 건설해서 주변에 새로운 환경을 만들면 觀光(   ) 자원으로 활용할 수도 있다.

• • • 이 한 자 기 억 해 요 ? • • •   정답 36

1 古(   ) 2 固(   ) 3 故(   ) 4 高(   ) 5 曲(   ) 6 谷(   )

여기는! 科과/廣광

055 | 광 廣 넓을 광

廣告 광고 세상에 널리 알림 (告 고할 고)
廣大 광대 넓고 큼 (大 큰 대)
廣野 광야 텅 비고 아득히 넓은 들 (野 들 야)
廣場 광장 넓은 장소 (場 마당 장)

廣漠 광막　　廣義 광의　　廣域 광역
廣州 광주　　廣範圍 광범위　廣域市 광역시

형성문자
广부　총15획

056 | 광 光 빛 광

光景 광경 눈에 보이는 경치, 또는 어떤 장면의 모습 (景 볕 경)
光復 광복 잃었던 나라를 다시 찾음 (復 회복할 복)
光線 광선 빛의 줄기 (線 줄 선)

光明 광명　　光速 광속　　光彩 광채
脚光 각광　　發光 발광　　夜光 야광

회의문자
儿부　총6획

057 | 교 校 학교 교

校服 교복 학교에서 학생들이 입도록 정한 제복 (服 옷 복)
登校 등교 학교에 감 (登 오를 등)
學校 학교 교육에 필요한 시설을 갖추어 놓고 공부를 가르치는 곳 (學 배울 학)

校歌 교가　　校門 교문　　校長 교장
校則 교칙　　母校 모교　　大學校 대학교

형성문자
木부　총10획

058 | 교 敎 가르칠 교

敎室 교실 학교에서 수업을 하는 방 (室 집 실)
敎育 교육 지식을 가르치고 품성과 체력을 기름 (育 기를 육)
敎主 교주 한 종교 단체의 우두머리 (主 주인 주)

敎大 교대　　敎師 교사　　敎生 교생
敎養 교양　　敎訓 교훈　　宗敎 종교

형성문자
攵=攴부　총11획

059 | 교 交 사귈 교

交感 교감 서로 접촉하여 따라 움직이는 느낌 (感 느낄 감)
交友 교우 벗과 사귐. 사귀는 벗 (友 벗 우)
交通 교통 사람이나 차·배·비행기 따위가 일정한 길을 오고 가는 일 (通 통할 통)

交信 교신　　交戰 교전　　交換 교환
國交 국교　　社交 사교　　外交 외교

상형문자
亠부　총6획

060 | 구 久 오랠 구

永久 영구 어떤 상태가 시간상으로 무한히 이어짐 (永 길 영)
長久 장구 길고 오래됨 (長 긴 장)
恒久 항구 변하지 않고 오래감 (恒 항상 항)

久雨 구우　　未久 미구　　永久不變 영구불변
持久力 지구력　悠久 유구　　耐久性 내구성

지사문자
丿부　총3획

- - - 문 장 속 의 한 자 읽 어 볼 래 요 ? - - -

1 우리는 물질적 욕망을 부추기는 각종 선전과 廣告(　　)에 노출되어 있다.
2 태권도는 고려, 조선 시대를 거치면서 발달하였으며, 光復(　　)이 되면서 일반에게 널리 보급되었다.
3 일본은 3·1운동 직후 學校(　　) 문을 강제로 닫게 하였다.
4 사랑방은 주인이 머무르면서 손님들을 접대하고 자녀들을 敎育(　　)하였던 공간이다.
5 交通(　　) 질서의 원칙은 규칙 준수와 양보이다.
6 그 위대한 농구 선수의 등번호는 永久(　　) 결번으로 지정되었다.

- - - 이 한 자 기 억 해 요 ? - - -　정답 37

1 骨(　)　2 工(　)　3 功(　)　4 空(　)　5 公(　)　6 共(　)

5급한자 600 | 061~072

061 | 구 — 求 (구할 구)
- 求人 구인: 필요한 사람을 구함 (人 사람 인)
- 要求 요구: 필요하여 달라고 함 (要 요긴할 요)
- 求心力 구심력: 원운동을 하는 물체에 작용하는 원의 중심으로 나아가려는 힘 (心 마음 심, 力 힘 력)
- 求乞 구걸, 求愛 구애, 求職 구직, 求婚 구혼, 請求 청구, 促求 촉구

상형문자 水부 총7획

062 | 구 — 救 (구원할 구)
- 救國 구국: 나라를 구함 (國 나라 국)
- 救急 구급: 위급한 처지에 처한 사람을 구하는 일 (急 급할 급)
- 救命 구명: 사람의 목숨을 구함 (命 목숨 명)
- 救出 구출: 위험한 상태에서 구하여냄 (出 날 출)
- 救援 구원, 救濟 구제, 救助 구조, 救護 구호, 救急藥 구급약, 救世軍 구세군

형성문자 攵=攴부 총11획

063 | 구 — 九 (아홉 구)
- 九年 구년: 아홉 해 (年 해 년)
- 十中八九 십중팔구: 열 가운데 여덟이나 아홉이 그러하다는 뜻 (十 열 십, 中 가운데 중, 八 여덟 팔)
- 九萬 구만, 九百 구백, 九十 구십, 九月 구월, 九日 구일, 金九 김구

지사문자 乙부 총2획

064 | 구 — 句 (글귀 구)
- 句節 구절: 구와 절. 한 토막의 말이나 글 (節 마디 절)
- 文句 문구: 글의 구절 (文 글월 문)
- 詩句 시구: 시의 구절 (詩 시 시)
- 語句 어구: 말의 마디나 구절 (語 말씀 어)
- 結句 결구, 警句 경구, 絶句 절구, 句讀點 구두점, 高句麗 고구려, 美辭麗句 미사여구

형성문자 口부 총5획

065 | 구 — 究 (연구할 구)
- 究明 구명: 사리나 원인 따위를 깊이 연구하여 밝힘 (明 밝을 명)
- 研究 연구: 어떤 일이나 사물에 대하여 깊이 조사하고 생각하여 진리를 따짐 (研 갈 연)
- 學究 학구: 학문을 깊이 연구하는 일 (學 배울 학)
- 講究 강구, 探究 탐구, 研究費 연구비, 研究所 연구소, 研究員 연구원, 學究熱 학구열

형성문자 穴부 총7획

066 | 구 — 口 (입 구)
- 口實 구실: 핑계 거리. 변명할 자료 (實 열매 실)
- 家口 가구: 주거와 생계를 같이하는 단위 (家 집 가)
- 入口 입구: 들어가는 어귀 (入 들 입)
- 口令 구령, 口傳 구전, 食口 식구, 人口 인구, 窓口 창구, 出口 출구

상형문자 口부 총3획

문장 속의 한자 읽어 볼래요?

1. 일상 생활에서 要求(　　)되는 도덕적 행동은 사회의 변화에 따라 달라질 수도 있다.
2. '救國(　　)의 성웅(聖雄)'이라고 일컫는 이순신 장군은 탁월한 능력과 업적으로 널리 존경받는 인물이다.
3. 깨진 꽃병을 보신 어머니는 十中八九(　　) 개구쟁이 동생의 짓일 것이라고 생각하셨다.
4. 시의 운율은 소리나 단어, 句節(　　), 문장이 되풀이되거나, 글자 수가 일정하게 짜여져 만들어진다.
5. 선생님은 주형이의 學究(　　)적인 태도를 칭찬하셨다.
6. 조력 발전은 해안의 만 入口(　　)를 댐으로 막아 간만조 때의 물의 힘에 의해 에너지를 생산한다.

이 한자 기억해요? 정답 40

1 科(　) 2 過(　) 3 果(　) 4 課(　) 5 官(　) 6 觀(　)

여기는! 求구 / 國국

---

067 | 국

國

나라 국

- 國歌 국가 : 나라를 대표 상징하는 노래 (歌 노래 가)
- 國家 국가 : 나라 (家 집 가)
- 國力 국력 : 나라의 힘. 나라의 경제력이나 군사력 (力 힘 력)
- 國外 국외 : 한 나라의 영토 (外 바깥 외)

| 國軍 국군 | 國民 국민 | 國土 국토 |
| 萬國 만국 | 外國 외국 | 韓國 한국 |

회의문자
口부 총11획

ㅣ 冂 冂 冃 冃 冃 冋 冋 國 國 國   國

---

068 | 군

軍

군사 군

- 軍用 군용 : 군사적 목적에 씀, 또는 그 목적에 쓰는 돈이나 물건 (用 쓸 용)
- 敵軍 적군 : 마주 싸우는 적의 군사 (敵 대할 적)
- 行軍 행군 : 군대 또는 많은 인원이 줄을 지어 걸어감 (行 다닐 행)

| 軍士 군사 | 軍人 군인 | 白軍 백군 |
| 水軍 수군 | 女軍 여군 | 靑軍 청군 |

회의문자
車부 총9획

ㄱ ㄲ ㅁ 冖 冝 宣 軍   軍

---

069 | 군

君

임금 군

- 君臣 군신 : 임금과 신하 (臣 신하 신)
- 君子 군자 : 학문과 덕행이 높은 사람 (子 아들 자)
- 君主 군주 : 세습적으로 나라를 다스리는 최고 지위에 있는 사람 (主 주인 주)

| 君臨 군림 | 檀君 단군 | 大君 대군 |
| 父君 부군 | 諸君 제군 | 四君子 사군자 |

회의문자
口부 총7획

ㄱ ㄱ ㅋ 尹 尹 君 君   君

---

070 | 군

郡

고을 군

- 郡民 군민 : 행정 구역의 하나인 군 안에 사는 사람 (民 백성 민)
- 郡守 군수 : 군의 행정 사무를 맡아보는 우두머리 (守 지킬 수)

| 郡界 군계 | 郡邑 군읍 | 郡廳 군청 |
| 市郡 시군 | 漢四郡 한사군 |

형성문자
阝=邑부 총10획

ㄱ ㄱ ㅋ 尹 君 君 君' 君' 郡   郡

---

071 | 궁

弓

활 궁

- 弓手 궁수 : 활 쏘는 일을 맡아 하는 군사 (手 손 수)
- 石弓 석궁 : 중세 유럽에서 쓰던 활의 하나 (石 돌 석)
- 天弓 천궁 : 무지개 (天 하늘 천)

| 弓術 궁술 | 弓衣 궁의 | 角弓 각궁 |
| 國弓 국궁 | 名弓 명궁 | 洋弓 양궁 |

상형문자
弓부 총3획

ㄱ ㄱ 弓   弓

---

072 | 권

權

권세 권

- 權力 권력 : 남을 강제로 복종시키는 힘 (力 힘 력)
- 權利 권리 : 자기의 이익을 주장하고 누릴 수 있는 힘 (利 이로울 리)
- 權勢 권세 : 권력과 세력 (勢 형세 세)

| 權限 권한 | 利權 이권 | 政權 정권 |
| 主權 주권 | 親權 친권 | 所有權 소유권 |

형성문자
木부 총22획

一 十 木 木' 木' 木' 木'' 木'' 木'' 木'' 木'' 權 權 權 權 權   權

・ ・ ・ 문 장 속 의 한 자 읽 어 볼 래 요 ? ・ ・ ・

1. 가정과 학교, 사회와 國家(   )는 개인이 자아를 실현할 수 있도록 도와 준다.
2. 중국의 소손녕이 80만 대군을 이끌고 쳐들어 오자 고려 조정은 어떻게 敵軍(   )을 물리칠지 의논하였다.
3. 君子(   )가 예절이 없으면 역적이 되고, 소인이 예절이 없으면 도적이 된다.
4. 외세의 침투와 혼란으로 어수선한 가운데 전라도 고부 郡守(   ) 조병갑은 여러 가지 부정으로 농민들을 괴롭혔다.
5. 전투가 시작되자 弓手(   )들이 앞으로 나섰다.
6. 투표는 국민의 權利(   )이자 의무이다.

・ ・ ・ 이 한 자 기 억 해 요 ? ・ ・ ・   정답 41

1 廣 (   )   2 光 (   )   3 校 (   )   4 敎 (   )   5 交 (   )   6 久 (   )

43

연습문제 3 | 지금까지 배운 내용을 문제로 풀어보세요

01-03 다음 한자(漢字)의 부수(部首)는 무엇입니까?

01 科 : ①斗 ②禾 ③木 ④十 ⑤二
02 官 : ①呂 ②口 ③目 ④丨 ⑤宀
03 廣 : ①广 ②黃 ③八 ④亠 ⑤田

04-06 다음 한자(漢字)의 획수(劃數)는 모두 몇 획입니까?

04 課 : ①13 ②14 ③15 ④16 ⑤17
05 句 : ①5 ②6 ③7 ④8 ⑤9
06 國 : ①8 ②9 ③10 ④11 ⑤12

07-08 다음 필순(筆順)에 대한 설명에 가장 알맞은 한자(漢字)는 어느 것입니까?

07 오른쪽 위의 점은 나중에 찍는다.
  ①九 ②救 ③光 ④求 ⑤果

08 위에서 아래로 쓴다.
  ①校 ②口 ③交 ④科 ⑤郡

09-18 다음 한자(漢字)의 음(音)은 무엇입니까?

09 過 : ①과 ②관 ③구 ④교 ⑤군
10 觀 : ①과 ②곽 ③교 ④공 ⑤관
11 究 : ①교 ②구 ③극 ④군 ⑤광
12 郡 : ①군 ②국 ③구 ④귀 ⑤권
13 科 : ①구 ②과 ③광 ④국 ⑤관
14 官 : ①교 ②군 ③국 ④광 ⑤관
15 廣 : ①군 ②과 ③광 ④곽 ⑤교
16 交 : ①교 ②구 ③군 ④국 ⑤광
17 救 : ①교 ②국 ③궁 ④광 ⑤구
18 國 : ①과 ②군 ③국 ④구 ⑤극

19-23 다음의 음(音)을 가진 한자(漢字)는 어느 것입니까?

19 군 : ①交 ②九 ③究 ④廣 ⑤軍
20 교 : ①敎 ②國 ③君 ④光 ⑤觀
21 구 : ①權 ②句 ③弓 ④科 ⑤光
22 과 : ①課 ②校 ③求 ④郡 ⑤句
23 교 : ①果 ②口 ③君 ④軍 ⑤校

24-33 다음 한자(漢字)의 뜻은 무엇입니까?

24 久 : ①갈다 ②마르다 ③오르다
  ④달래다 ⑤오래다

25 究 : ①헤매다 ②연구하다 ③나아가다
  ④올라가다 ⑤공부하다

26 救 : ①치다 ②젖다 ③가르다
  ④기르다 ⑤구원하다

27 過 : ①먹다 ②쥐다 ③오다
  ④지나다 ⑤구하다

28 觀 : ① 보다 ② 입다 ③ 날다
④ 기다 ⑤ 굽다

29 交 : ① 지나다 ② 흐르다 ③ 천하다
④ 사귀다 ⑤ 배우다

30 軍 : ① 수레 ② 군사 ③ 임금
④ 방패 ⑤ 화살

31 弓 : ① 혼 ② 뇌 ③ 활
④ 고을 ⑤ 하늘

32 權 : ① 하늘 ② 강물 ③ 바다
④ 도로 ⑤ 권세

33 果 : ① 전답 ② 나무 ③ 우박
④ 실과 ⑤ 글귀

34-38 다음의 뜻을 가진 한자(漢字)는 어느 것입니까?

34 벼슬 : ① 科 ② 廣 ③ 官 ④ 觀 ⑤ 課
35 고을 : ① 交 ② 課 ③ 句 ④ 求 ⑤ 郡
36 나라 : ① 九 ② 君 ③ 軍 ④ 國 ⑤ 科
37 학교 : ① 光 ② 校 ③ 句 ④ 廣 ⑤ 救
38 가르치다 : ① 敎 ② 口 ③ 國 ④ 君 ⑤ 果

39-48 다음 한자어(漢字語)의 음(音)은 무엇입니까?

39 科目 : ① 일과 ② 과업 ③ 과학 ④ 과목 ⑤ 과정
40 法官 : ① 과다 ② 관청 ③ 법률 ④ 관가 ⑤ 법관
41 光景 : ① 광복 ② 광경 ③ 풍경 ④ 경치 ⑤ 풍광
42 敎室 : ① 병실 ② 온실 ③ 교가 ④ 교실 ⑤ 교훈
43 救急 : ① 구원 ② 구급 ③ 화급 ④ 시급 ⑤ 구명
44 口實 : ① 과실 ② 구전 ③ 구실 ④ 성실 ⑤ 구질
45 君臣 : ① 군왕 ② 신하 ③ 충신 ④ 군민 ⑤ 군신
46 權勢 : ① 권한 ② 권유 ③ 관세 ④ 권세 ⑤ 전세
47 效果 : ① 결과 ② 효과 ③ 효능 ④ 과정 ⑤ 인과
48 登校 : ① 발견 ② 개교 ③ 등교 ④ 학교 ⑤ 휴교

49-50 다음 단어들의 '□'에 공통으로 들어갈 알맞은 한자(漢字)는 어느 것입니까?

49 □相, □念, 史□ :
① 官 ② 過 ③ 觀 ④ 究 ⑤ 口

50 □雨, 永□, 長□ :
① 九 ② 久 ③ 句 ④ 君 ⑤ 國

5급한자 600 | 073~084

073 | 귀 貴 (귀할 귀)
- 貴重 귀중 : 매우 소중함(重 무거울 중)
- 高貴 고귀 : 인품이나 지위가 높고 귀함(高 높을 고)
- 貴公子 귀공자 : 지위가 높거나 재산이 많은 집에 태어난 젊은이 (公 공평할 공, 子 아들 자)
- 貴人 귀인 貴族 귀족 貴賤 귀천
- 貴下 귀하 富貴 부귀 品貴 품귀

형성문자 / 貝부 / 총12획

074 | 근 勤 (부지런할 근)
- 夜勤 야근 : 퇴근 시간이 지나 밤늦게까지 하는 근무(夜 밤 야)
- 出勤 출근 : 일을 하러 일터로 나감 (出 날 출)
- 退勤 퇴근 : 직장에서 근무를 마치고 나옴 (退 물러날 퇴)
- 勤勉 근면 勤務 근무 勤續 근속
- 勤怠 근태 通勤 통근 勤儉節約 근검절약

형성문자 / 力부 / 총13획

075 | 근 根 (뿌리 근)
- 根本 근본 : 물이 흐르기 시작하는 곳. 어떤 일이 생겨나는 본바탕 (本 근본 본)
- 毛根 모근 : 털이 피부에 박힌 부분 (毛 터럭 모)
- 草根 초근 : 풀의 뿌리(草 풀 초)
- 根幹 근간 根據 근거 根性 근성
- 根源 근원 根絶 근절 禍根 화근

형성문자 / 木부 / 총10획

076 | 근 近 (가까울 근)
- 近來 근래 : 가까운 요즈음(來 올 래)
- 近親 근친 : 근족. 매우 친한 관계(親 친할 친)
- 遠近 원근 : 멀고 가까움(遠 멀 원)
- 接近 접근 : 가까이 함. 바짝 다가붙음 (接 이을 접)
- 近郊 근교 近代 근대 近世 근세
- 近視 근시 最近 최근 近似値 근사치

형성문자 / 辶=辵부 / 총8획

077 | 금 金 (쇠 금/성 김)
- 萬金 만금 : 매우 많은 돈(萬 일만 만)
- 年金 연금 : 일정 기간 또는 종신에 걸쳐서 해마다 지급되는 일정액의 돈 (年 해 년)
- 現金 현금 : 현재 가지고 있는 돈 (現 나타날 현)
- 金庫 금고 金塊 금괴 金額 금액
- 白金 백금 先金 선금 還金 환금

회의문자 / 金부 / 총8획

078 | 금 禁 (금할 금)
- 禁書 금서 : 법률이나 명령으로 특정한 서적의 출판, 판매를 금지하는 일, 또는 그 책(書 글 서)
- 禁食 금식 : 종교상의 관습이나 수행 등으로 얼마 동안 음식물을 먹지 않는 일(食 밥 식)
- 禁忌 금기 禁物 금물 禁煙 금연
- 禁止 금지 禁婚 금혼 監禁 감금

형성문자 / 示부 / 총13획

· · · 문 장 속 의 한 자 읽 어 볼 래 요 ? · · ·

1. 가치란, 사람들이 삶에서 貴重(   )하게 생각하는 어떤 것을 말한다.
2. 컴퓨터를 활용하면 사무실에 出勤(   )하지 않고도 업무를 처리할 수 있다.
3. 공자 사상의 根本(   )은 인(仁)이라고 할 수 있다.
4. 남북한 통일 정책이나 接近(   ) 방법은 이념, 경제·사회, 안보 환경 등에 따라 다르게 변화되어 왔다.
5. 국가는 세제, 국민 年金(   ), 사회 복지 정책의 확대 등을 통해 좀더 평등한 사회를 만들기 위한 노력을 한다.
6. 식이 요법은 단식, 禁食(   )보다는 과일, 채소류 등과 같은 저열감식을 섭취하도록 해야 한다.

· · · 이 한 자 기 억 해 요 ? · · ·   정답 42

1 求(   )   2 救(   )   3 九(   )   4 句(   )   5 究(   )   6 口(   )

 貴 귀 / 今 금

079 | 금 今 이제 금
- 今年 금년 올해(年 해 년)
- 今方 금방 바로 이제(方 모 방)
- 今後 금후 지금으로부터 뒤에 오는 시간 (後 뒤 후)
- 古今 고금 예와 이제(古 예 고)

今月 금월   今日 금일   今世紀 금세기
只今 지금   昨今 작금   東西古今 동서고금

상형문자 人부 총4획
ノ 人 ㅅ 今

080 | 기 其 그 기
- 其實 기실 실제의 사정(實 열매 실)
- 其餘 기여 그 나머지(餘 남을 여)
- 其他 기타 그밖의 또 다른 것(他 다를 타)

其外 기외   其中 기중   其後 기후
各其 각기   其亦是 기역시   及其也 급기야

상형문자 八부 총8획
一 十 甘 甘 甘 苴 其 其

081 | 기 己 몸 기
- 利己 이기 자기 이익만을 꾀함(利 이로울 리)
- 自己 자기 그 사람 자신(自 스스로 자)
- 利己主義 이기주의 자기 자신의 이익만을 꾀하고 사회 일반의 이익은 염두에 두지 않으려는 태도(利 이로울 리, 主 주인 주, 義 옳을 의)

克己 극기   知己 지기
克己復禮 극기복례   知彼知己 지피지기

상형문자 己부 총3획
ㄱ ㄱ 己

082 | 기 記 기록할 기
- 記事 기사 신문에 실린 글(事 일 사)
- 記者 기자 신문사·잡지사·방송국 등에서 취재하거나 기사를 쓰는 사람(者 놈 자)
- 傳記 전기 한 사람의 일생의 행적을 적은 기록(傳 전할 전)

記入 기입   登記 등기   手記 수기
暗記 암기   日記 일기   表記 표기

형성문자 言부 총10획
` 亠 亠 言 言 言 訁 訂 記

083 | 기 起 일어날 기
- 起立 기립 일어섬(立 설 립)
- 起案 기안 사업이나 활동 계획의 초안을 만듦, 또는 그 초안(案 책상 안)
- 起因 기인 일이 일어나게 된 까닭 (因 인할 인)
- 再起 재기 다시 일어나는 일(再 두 재)

起居 기거   起動 기동   起用 기용
起源 기원   提起 제기   起死回生 기사회생

형성문자 走부 총10획
一 十 土 キ キ 走 起 起 起

084 | 기 技 재주 기
- 技能 기능 기술상의 재주와 능력 (能 능할 능)
- 技法 기법 기교와 방법. 기교를 나타내는 방법(法 법 법)
- 實技 실기 실제의 재주나 기술(實 열매 실)
- 長技 장기 가장 잘하는 재주(長 긴 장)

技士 기사   技術 기술   球技 구기
妙技 묘기   雜技 잡기   特技 특기

형성문자 扌=手부 총7획
一 十 扌 扌 扩 技 技

문 장 속 의 한 자 읽 어 볼 래 요 ?

1. 전통 사회에서는 이웃의 누가 잘못을 저질렀을 경우, 今方(   ) 남들 눈에 띄어 행동을 조심했다.
2. 소문과 다르게 其實(   ) 그가 원하던 바는 사직이 아닌 부서 이동이었다.
3. 현대 사회에서 개인주의의 부정적 측면은 바로 自己(   ) 자신에게만 관심을 집중하는 데서 비롯된다.
4. 새로운 발견을 한 어느 과학자에게 記者(   )들이 몰려들었다.
5. 표결의 방법에는 이의 유무를 묻는 방법, 거수, 起立(   ), 투표 등의 방법이 있다.
6. 학교에서 우리는 생활에 필요한 여러 가지 지식과 技能(   )을 배운다.

이 한 자 기 억 해 요 ?   정답 43

1 國(   )   2 軍(   )   3 君(   )   4 郡(   )   5 弓(   )   6 權(   )

5급한자 600 | 085~096

085 | 기 期 기약할 기
- 期約 기약 : 때를 정하여 약속함 (約 맺을 약)
- 前期 전기 : 일정 기간을 몇 개로 나눈 첫 시기 (前 앞 전)
- 初期 초기 : 맨 처음으로 비롯되는 시기, 또는 그 동안 (初 처음 초)
- 期間 기간　期待 기대　期日 기일
- 滿期 만기　時期 시기　延期 연기

형성문자　月부　총12획
其 期 期 期 期

086 | 기 基 터 기
- 基金 기금 : 어떤 일을 위하여 모아서 준비해 놓은 돈 (金 쇠 금)
- 基本 기본 : 사물의 근본 (本 근본 본)
- 基地 기지 : 군대나 탐험대 따위의 행동의 근거지 (地 따 지)
- 基盤 기반　基點 기점　基調 기조
- 基準 기준　基礎 기초　基幹産業 기간산업

형성문자　土부　총11획
共 其 基 基

087 | 기 氣 기운 기
- 氣分 기분 : 마음에 저절로 느껴지는 감정 상태 (分 나눌 분)
- 氣運 기운 : 어떤 일이 벌어지려고 하는 분위기 (運 옮길 운)
- 感氣 감기 : 추위로 인하여 코가 막히고 두통·열이 나는 병 (感 느낄 감)
- 氣象 기상　氣溫 기온　大氣 대기
- 心氣 심기　勇氣 용기　意氣 의기

형성문자　气부　총10획
气 氣 氣

088 | 길 吉 길할 길
- 吉日 길일 : 길한 날. 좋은 날 (日 날 일)
- 吉鳥 길조 : 까치와 같이 좋은 일이 생길 것을 미리 알려 주는 새 (鳥 새 조)
- 不吉 불길 : 길하지 아니함. 좋지 못함 (不 아닐 불)
- 吉夢 길몽　吉運 길운　吉凶 길흉
- 大吉 대길　立春大吉 입춘대길

회의문자　口부　총6획
一 十 士 吉 吉 吉

089 | 난 難 어려울 난

- 苦難 고난 : 괴로움과 어려움 (苦 쓸 고)
- 國難 국난 : 존립하기 어려울 정도로 위태로운 나라 전체의 어려움 (國 나라 국)
- 受難 수난 : 재난을 당함. 어려움을 당함 (受 받을 수)
- 難關 난관　難解 난해　論難 논란
- 非難 비난　甚難 심난　難易度 난이도

형성문자　隹부　총19획
難 難 難

090 | 남 南 남녘 남

- 南極 남극 : 지구의 남쪽 끝 (極 극진할 극)
- 南道 남도 : 경기도 이남의 지방을 이르는 말 (道 길 도)
- 南大門 남대문 : '숭례문'의 다른 이름. 서울의 남쪽 정문이라는 뜻 (大 큰 대, 門 문 문)
- 南門 남문　南部 남부　南北 남북
- 南山 남산　南韓 남한　南向 남향

상형문자　十부　총9획
一 十 冂 冉 南 南 南

• • • 문 장 속 의 한 자 읽 어 볼 래 요 ? • • •

1. 개화한다는 것은, 일과 사물을 탐구하고 운영하여 날마다 새로워지기를 期約(　　)하는 것이다.
2. 청소년기를 어떻게 보내느냐에 따라서 우리 인생의 基本(　　) 방향이 결정된다.
3. 1995년 感氣(　　) 바이러스의 유전체가 밝혀진 이래 현재까지 약 37종의 생물 유전체 분석이 끝났다.
4. 향음주례는 맹동(孟冬)의 吉日(　　)을 택하여 모든 주현(州縣)에서 학교, 서원 등에 모여서 행했다.
5. 苦難(　　)과 受難(　　)을 극복할 수 있는 힘은 바로 긍정적 사고에서 나온다.
6. 북극이나 南極(　　)을 항해하는 배는 빙산과 충돌하지 않도록 조심해야 한다.

• • • 이 한 자 기 억 해 요 ? • • • 정답 46

1 貴(　　)　2 勤(　　)　3 根(　　)　4 近(　　)　5 金(　　)　6 禁(　　)

091 | 남

男

사내 남

회의문자
田부 총7획

- 男女 남녀 남자와 여자(女 계집 녀)
- 男性 남성 성년이 된 남자(性 성품 성)
- 男子 남자 사나이(子 아들 자)
- 次男 차남 둘째 아들(次 버금 차)

男妹 남매   男兒 남아   得男 득남
美男 미남   長男 장남   善男善女 선남선녀

ㅣ ㅁ ㅁ 田 甲 男 男

092 | 내

內

안 내

회의문자
入부 총4획

- 內部 내부 안쪽. 속(部 떼 부)
- 國內 국내 나라 안(國 나라 국)
- 市內 시내 도시의 안(市 시장 시)
- 室內 실내 방이나 건물 따위의 안(室 집 실)

內面 내면   內服 내복   內心 내심
內外 내외   內容 내용   校內 교내

ㅣ 冂 内 內

093 | 녀

女

계집 녀

상형문자
女부 총3획

- 女軍 여군 현역에 있는 여자 군인, 또는 여자 군인으로 조직된 군대 (軍 군사 군)
- 女王 여왕 여자 임금(王 임금 왕)
- 女人 여인 어른이 된 여자(人 사람 인)

女子 여자   母女 모녀   美女 미녀
少女 소녀   長女 장녀   女主人公 여주인공

く 夕 女

094 | 년

年

해 년

회의문자
干부 총6획

- 年代 연대 지나간 시간을 일정한 햇수로 나눈 것(代 대신할 대)
- 來年 내년 올해의 다음해(來 올 래)
- 靑年 청년 신체적·정신적으로 한창 성장하거나 무르익은 시기에 있는 사람(靑 푸를 청)

年末 연말   年歲 연세   少年 소년
中年 중년   豊年 풍년   學年 학년

ノ ノ ニ 느 듬 年

095 | 념

念

생각 념

형성문자
心부 총8획

- 信念 신념 굳게 믿어 의심하지 않는 마음 (信 믿을 신)
- 理念 이념 무엇을 최고의 것으로 하는가에 대한 그 사람의 근본 생각 (理 다스릴 리)

念頭 염두   念願 염원   觀念 관념
記念 기념   留念 유념   通念 통념

ノ 人 ㅅ 今 今 念 念 念

096 | 농

農

농사 농

회의문자
辰부 총13획

- 農夫 농부 농사짓는 일을 생업으로 삼는 사람(夫 지아비 부)
- 農樂 농악 농촌에서 명절이나 공동 작업 등을 할 때 연주되는 민속 음악(樂 노래 악)
- 農業 농업 농사 짓는 직업(業 업 업)

農家 농가   農林 농림   農民 농민
農事 농사   農場 농장   農作物 농작물

ㅣ ㅁ 內 曲 曲 曲 曲
严 严 農 農 農 農

• • • 문 장 속 의 한 자 읽 어 볼 래 요 ?

1. 윷놀이는 좁은 장소에서 男女(　　) 노소 누구나 함께 즐길 수 있는 대표적인 놀이의 하나이다.
2. 우리는 평화를 지키기 위하여 우리 사회 內部(　　)의 안정과 발전을 이루어야 한다.
3. 첨성대는 통일 신라 선덕 女王(　　) 때 만들어진 것이다.
4. 우리 조상들은 가을 추수 후에 좋은 씨들은 來年(　　)을 위해 소중히 간직하였다.
5. 시민 사회가 추구하는 가장 대표적인 민주주의의 理念(　　)은 인간의 존엄성이다.
6. 조선 시대에 들어와 農業(　　)과 깊은 관계가 있는 측우기가 만들어졌다.

• • • 이 한 자 기 억 해 요 ? • • •   정답 47

1 今(　　)   2 其(　　)   3 己(　　)   4 記(　　)   5 起(　　)   6 技(　　)

연습문제 4 | 지금까지 배운 내용을 문제로 풀어보세요

01-03 다음 한자(漢字)의 부수(部首)는 무엇입니까?

01 近 : ① 丶 ② 斤 ③ 辶 ④ 丿 ⑤ 十
02 今 : ① 人 ② 八 ③ 勹 ④ 一 ⑤ 今
03 期 : ① 其 ② 二 ③ 八 ④ 一 ⑤ 月

04-06 다음 한자(漢字)의 획수(劃數)는 모두 몇 획입니까?

04 勤 : ① 11 ② 12 ③ 13 ④ 14 ⑤ 15
05 金 : ① 7 ② 8 ③ 9 ④ 10 ⑤ 11
06 己 : ① 2 ② 3 ③ 4 ④ 5 ⑤ 6

07-08 다음 필순(筆順)에 대한 설명에 가장 알맞은 한자(漢字)는 어느 것입니까?

07 왼쪽에서 오른쪽으로 쓴다.
① 其 ② 根 ③ 禁 ④ 今 ⑤ 金

08 안과 바깥쪽이 있을 때에는 바깥쪽을 먼저 쓴다.
① 男 ② 起 ③ 吉 ④ 女 ⑤ 內

09-18 다음 한자(漢字)의 음(音)은 무엇입니까?

09 氣 : ① 근 ② 기 ③ 길 ④ 공 ⑤ 금
10 農 : ① 극 ② 근 ③ 농 ④ 공 ⑤ 길
11 貴 : ① 긴 ② 남 ③ 난 ④ 기 ⑤ 귀
12 期 : ① 길 ② 근 ③ 기 ④ 노 ⑤ 김
13 近 : ① 난 ② 금 ③ 급 ④ 기 ⑤ 근
14 己 : ① 길 ② 난 ③ 노 ④ 기 ⑤ 내
15 技 : ① 남 ② 기 ③ 내 ④ 급 ⑤ 년
16 今 : ① 념 ② 기 ③ 금 ④ 근 ⑤ 녀
17 難 : ① 난 ② 근 ③ 념 ④ 노 ⑤ 금
18 內 : ① 금 ② 노 ③ 기 ④ 김 ⑤ 내

19-23 다음의 음(音)을 가진 한자(漢字)는 어느 것입니까?

19 근 : ① 勤 ② 己 ③ 吉 ④ 年 ⑤ 基
20 금 : ① 技 ② 其 ③ 金 ④ 念 ⑤ 根
21 난 : ① 記 ② 內 ③ 女 ④ 難 ⑤ 禁
22 기 : ① 起 ② 女 ③ 男 ④ 吉 ⑤ 根
23 기 : ① 基 ② 南 ③ 今 ④ 近 ⑤ 貴

24-33 다음 한자(漢字)의 뜻은 무엇입니까?

24 念 : ① 생각 ② 주일 ③ 생일 ④ 이제 ⑤ 기운
25 吉 : ① 자라다 ② 흉하다 ③ 길하다 ④ 이르다 ⑤ 성내다
26 年 : ① 해 ② 산 ③ 물 ④ 손 ⑤ 강

27 勤 : ① 애쓰다 ② 권하다 ③ 힘쓰다
         ④ 기약하다 ⑤ 부지런하다

28 今 : ① 이제 ② 어제 ③ 동전
         ④ 내일 ⑤ 미래

29 禁 : ① 심다 ② 금하다 ③ 뿌리다
         ④ 가지다 ⑤ 어렵다

30 記 : ① 말하다 ② 급하다 ③ 취하다
         ④ 연설하다 ⑤ 기록하다

31 氣 : ① 기운 ② 상승 ③ 온기
         ④ 기류 ⑤ 하강

32 起 : ① 세우다 ② 이르다 ③ 고치다
         ④ 정하다 ⑤ 일어나다

33 難 : ① 새 ② 날다 ③ 쉽다
         ④ 어렵다 ⑤ 가깝다

34-38 다음의 뜻을 가진 한자(漢字)는 어느 것입니까?

34 뿌리 : ① 今 ② 根 ③ 近 ④ 勤 ⑤ 農

35 사내 : ① 南 ② 女 ③ 男 ④ 氣 ⑤ 近

36 터 : ① 禁 ② 期 ③ 技 ④ 起 ⑤ 基

37 귀하다 : ① 金 ② 己 ③ 貴 ④ 觀 ⑤ 技

38 그것 : ① 其 ② 內 ③ 念 ④ 吉 ⑤ 記

39-48 다음 한자어(漢字語)의 음(音)은 무엇입니까?

39 退勤 : ① 출근 ② 통근 ③ 근검 ④ 야근 ⑤ 퇴근

40 貴重 : ① 귀중 ② 재차 ③ 위중 ④ 위차 ⑤ 자중

41 初期 : ① 후기 ② 초등 ③ 기간 ④ 기대 ⑤ 초기

42 氣分 : ① 기온 ② 용기 ③ 기분 ④ 심기 ⑤ 기운

43 實技 : ① 기술 ② 실기 ③ 기능 ④ 기예 ⑤ 실전

44 不吉 : ① 불길 ② 길일 ③ 불운 ④ 불행 ⑤ 대길

45 苦難 : ① 수난 ② 재난 ③ 고난 ④ 험난 ⑤ 고령

46 國內 : ① 국가 ② 국외 ③ 안내 ④ 사내 ⑤ 국내

47 信念 : ① 이념 ② 신념 ③ 정념 ④ 신조 ⑤ 신실

48 基地 : ① 기지 ② 기항 ③ 토지 ④ 기조 ⑤ 기초

49-50 다음 단어들의 '□'에 공통으로 들어갈 알맞은 한자(漢字)는 어느 것입니까?

49 □代, □視, 遠□ :
    ① 今 ② 近 ③ 己 ④ 觀 ⑤ 禁

50 □間, 時□, □待 :
    ① 期 ② 男 ③ 農 ④ 吉 ⑤ 內

5급한자 600 | 097~108

097 | 능 — 能 (능할 능)
- 能力 능력: 일을 해 내는 힘 (力 힘 력)
- 萬能 만능: 모든 일에 다 능통하거나 모든 일을 다 할 수 있음 (萬 일만 만)
- 無能 무능: 능력이나 재능이 없음 (無 없을 무)
- 有能 유능: 재주나 능력이 있음 (有 있을 유)

可能 가능   技能 기능   才能 재능
知能 지능   效能 효능   能動的 능동적

상형문자
月=肉부   총10획
´ ㄴ 厶 匕 自 育 育
能 能 能

098 | 다 — 多 (많을 다)
- 多量 다량: 많은 분량 (量 헤아릴 량)
- 多少 다소: 많음과 적음. 어느 정도. 조금 (少 적을 소)
- 多情 다정: 정이 많음 (情 뜻 정)
- 最多 최다: 양 따위가 가장 많음 (最 가장 최)

多讀 다독   多福 다복   多數 다수
多作 다작   多幸 다행   許多 허다

회의문자
夕부   총6획
´ ク 夕 夕 多 多

099 | 단 — 丹 (붉을 단)
- 丹田 단전: 배꼽 아래로 한 치 다섯 푼 되는 곳 (田 밭 전)
- 一片丹心 일편단심: 한 조각의 붉은 마음. 진심에서 우러나는 변치 않는 마음 (一 한 일, 片 조각 편, 心 마음 심)

丹脣 단순   丹粧 단장   丹靑 단청
牧丹 목단   朱丹 주단

지사문자
丶부   총4획
丿 刀 月 丹

100 | 단 — 短 (짧을 단)
- 短命 단명: 목숨이 짧음 (命 목숨 명)
- 短身 단신: 작은 키의 몸 (身 몸 신)
- 長短 장단: 길고 짧음. 박자 (長 긴 장)
- 短期間 단기간: 짧은 기간 (期 기약할 기, 間 사이 간)

短劍 단검   短文 단문   短點 단점
短縮 단축   短篇 단편   一長一短 일장일단

회의문자
矢부   총12획
´ ㄴ ㄠ 牛 矢 矢
知 知 知 知 短

101 | 단 — 單 (홀 단)
- 單價 단가: 낱개의 값. 각 단위마다의 값 (價 값 가)
- 單獨 단독: 혼자 (獨 홀로 독)
- 傳單紙 전단지: 선전·광고를 하기 위해 나누어 주는 종이쪽 (傳 전할 전, 紙 종이 지)

單文 단문   單數 단수   單純 단순
單語 단어   單位 단위   大單元 대단원

상형문자
口부   총12획
` ´ ´ ㅁ ㅁ ㅁ
單 單 單 單 單

102 | 달 — 達 (통달할 달)
- 達成 달성: 뜻한 바를 이룸 (成 이룰 성)
- 達人 달인: 학문이나 기예에 통달하여 남달리 뛰어난 역량을 가진 사람 (人 사람 인)
- 通達 통달: 막힘이 없이 훤히 통함 (通 통할 통)

到達 도달   發達 발달   配達 배달
速達 속달   傳達 전달   調達 조달

회의문자
辶=辵부   총13획
一 十 土 ㄆ 夲 幸
幸 幸 達 達 達 達

· · · 문 장 속 의 한 자 읽 어 볼 래 요 ? · · ·

1. 사람은 저마다 타고난 생김새가 다르고 能力(   )도 다르다.
2. 친절이란 다른 사람을 배려하는 마음으로 多情(   )스럽게 대하는 것을 말한다.
3. 丹田(   ) 호흡은 건강 유지에 큰 도움이 된다.
4. 민주적인 사고 방식이나 생활 양식은 短期間(   )에 습득되고 형성되는 것이 아니다.
5. 나는, 개를 꼭 기르고 싶다면 單獨(   ) 주택에서 길러야 한다고 생각한다.
6. 개인적 양심으로는 안 되는 일을 집단의 목적 達成(   )을 위해 저지르는 경우가 있다.

· · · 이 한 자 기 억 해 요 ? · · ·   정답 48

1 期(   )   2 基(   )   3 氣(   )   4 吉(   )   5 難(   )   6 南(   )

여기는! 能능 / 談담

103 | 담 — 談 (말씀 담)

- 談笑 담소: 웃으면서 이야기함 (笑 웃음 소)
- 俗談 속담: 예로부터 민간에 전하여 오는 쉬운 격언이나 잠언 (俗 풍속 속)
- 會談 회담: 만나서 서로 의논함, 또는 그 일 (會 모일 회)

談論 담론 談話 담화 對談 대담
德談 덕담 面談 면담 密談 밀담

형성문자 / 言부 총15획

104 | 답 — 答 (대답 답)

- 正答 정답: 옳은 답 (正 바를 정)
- 解答 해답: 문제를 풀어서 답함 (解 풀 해)
- 東問西答 동문서답: 물음과는 전혀 상관없는 엉뚱한 대답 (東 동녘 동, 問 물을 문, 西 서녘 서)

答案 답안 答狀 답장 答紙 답지
問答 문답 報答 보답 回答 회답

형성문자 / 竹부 총12획

105 | 당 — 堂 (집 당)

- 堂堂 당당: 남 앞에서 내세울만큼 떳떳한 모습이나 태도
- 書堂 서당: 어린이에게 한문을 가르치던 마을의 글방 (書 글 서)
- 食堂 식당: 음식을 먹도록 마련된 집 (食 밥 식)

講堂 강당 法堂 법당 聖堂 성당
殿堂 전당 教會堂 교회당 正正堂堂 정정당당

형성문자 / 土부 총11획

106 | 대 — 代 (대신할 대)

- 代身 대신: 다른 것으로 바꿔 채움. 남의 일을 대행함 (身 몸 신)
- 代行 대행: 남을 대신하여 행함 (行 다닐 행)
- 近代 근대: 지나간 지 얼마 안되는 가까운 시대 (近 가까울 근)

代價 대가 代案 대안 時代 시대
食代 식대 年代 연대 現代 현대

형성문자 / 亻=人부 총5획

107 | 대 — 對 (대할 대)

- 對答 대답: 묻는 말에 자기의 뜻을 나타냄 (答 대답 답)
- 對等 대등: 양쪽이 비슷함 (等 무리 등)
- 對備 대비: 일어날지도 모르는 일에 대응하기 위해 준비함 (備 갖출 비)

對決 대결 對立 대립 對面 대면
對人 대인 對話 대화 反對 반대

회의문자 / 寸부 총14획

108 | 대 — 大 (큰 대)

- 大軍 대군: 병사의 수효가 많은 군대 (軍 군사 군)
- 大量 대량: 많은 분량 (量 헤아릴 량)
- 大學 대학: 고등 교육을 베푸는 교육 기관 (學 배울 학)

大陸 대륙 大門 대문 大小 대소
大漁 대어 大王 대왕 大會 대회

상형문자 / 大부 총3획

· · · 문 장 속 의 한 자 읽 어 볼 래 요 ? · · ·

1. 2000년 남북 정상 會談(   )에서 채택된 '6·15 남북 공동 선언'은 화해·협력 정책의 성과물이다.
2. 인간은 동물들과는 달리, 삶의 목적에 대하여 생각하고 그에 대한 解答(   )을 찾기 위해 노력한다.
3. 옛날에는 書堂(   )에서 글을 배웠다.
4. 시민은 近代(   ) 민주주의의 이념을 내걸고 봉건 제도 또는 절대주의 국가 체제를 타파했다.
5. 고구려는 중국과 對等(   )하게 천하의 중심 국가임을 자부하면서 웅비 전략을 진행시켰다.
6. 김정호는 정확한 지도를 大量(   ) 제작하기 위하여 목판에 지도를 새기기로 마음먹었다.

· · · 이 한 자 기 억 해 요 ? · · ·   정답 49

1 男(   ) 2 內(   ) 3 女(   ) 4 年(   ) 5 念(   ) 6 農(   )

5급한자 600 | 109~120

109 | 덕 德 (큰 덕)
- 德望덕망 여러 사람이 우러러 보는 높은 덕과 인격(望 바랄 망)
- 德目덕목 덕을 분류하는 명목(目 눈 목)
- 道德도덕 사람으로서 마땅히 지켜야 할 바른 도리와 행동(道 길 도)
- 德分덕분　德行덕행　美德미덕
- 變德변덕　不德부덕　厚德후덕

형성문자　彳부　총15획

110 | 도 圖 (그림 도)
- 圖書도서 글씨·그림·책 등을 통틀어 이르는 말(書 글 서)
- 地圖지도 지구 표면의 일부, 또는 전부를 축척에 의하여 평면상에 나타낸 그림(地 따 지)
- 圖式도식　圖章도장　圖表도표
- 試圖시도　意圖의도　圖畫紙도화지

회의문자　囗부　총14획

111 | 도 道 (길 도)
- 道路도로 사람이나 차들이 다니는 비교적 큰 길(路 길 로)
- 道理도리 사람이 마땅히 지켜야 할 바른 길(理 다스릴 리)
- 道場도장 무예를 닦는 곳(場 마당 장)
- 道立도립　人道인도　車道차도
- 鐵道철도　孝道효도　勢道家세도가

회의문자　辶=辵부　총13획

112 | 도 都 (도읍 도)
- 都給도급 일정한 기간이나 시간 안에 끝내야 할 일의 양을 도거리로 맡김, 또는 그 일(給 줄 급)
- 都心도심 도시의 중심(心 마음 심)
- 都邑도읍 서울(邑 고을 읍)
- 古都고도 옛 도읍(古 예 고)
- 都賣도매　都市도시　都合도합
- 首都수도　都大體도대체　都會地도회지

형성문자　阝=邑부　총12획

113 | 도 度 (법도 도/헤아릴 탁)
- 角度각도 각의 크기(角 뿔 각)
- 強度강도 센 정도(強 강할 강)
- 溫度온도 덥고 찬 정도(溫 따뜻할 온)
- 節度절도 말이나 행동 따위의 적당한 정도(節 마디 절)
- 度量도량　度數도수　法度법도
- 程度정도　態度태도　度地탁지

형성문자　广부　총9획

114 | 도 島 (섬 도)
- 落島낙도 외따로 멀리 떨어져 있는 섬(落 떨어질 락)
- 半島반도 세 면이 바다에 싸여 있고, 한 면은 육지와 이어진 땅(半 반 반)
- 孤島고도　獨島독도　列島열도
- 多島海다도해　無人島무인도　三多島삼다도

형성문자　山부　총10획

· · · 문장 속의 한자 읽어 볼래요? · · ·

1. 사임당에게는 일곱 자녀가 있었는데, 모두 학식과 德望(　　)이 깊었다.
2. 김정호는 地圖(　　) 만드는 일을 필생의 사업으로 삼았다.
3. 사람다운 道理(　　)를 잃어버리면 짐승과 같이 된다.
4. 단군왕검은 평양성을 都邑(　　)으로 하여 새 나라를 세웠다.
5. 공자는 예(禮)에 엄격하여 節度(　　)가 있었고, 엄숙하고 온화하며 원만한 성품을 지니고 있었다.
6. 청·일전쟁으로 청나라를 물리친 일본은 승리한 대가로 중국의 요동 半島(　　)를 차지하였다.

· · · 이 한자 기억해요? · · ·　　정답 52

1 能(　)　2 多(　)　3 丹(　)　4 短(　)　5 單(　)　6 達(　)

여기는! 德덕 / 到도

115 | 도 到 이를 도
회의문자 刂=刀부 총8획

- 到達도달 자기가 목적한 바에 이름 (達 통달할 달)
- 到來도래 이름. 닥쳐옴(來 올 래)
- 到着도착 목적한 곳에 다다름(着 붙을 착)
- 深到심도 깊은 곳에 닿음(深 깊을 심)
- 到底도저 到處도처 當到당도
- 殺到쇄도 用意周到용의주도 周到綿密주도면밀

116 | 도 刀 칼 도
상형문자 刀부 총2획

- 果刀과도 과일을 깎는 칼(果 실과 과)
- 短刀단도 날이 한쪽에만 서 있는 짧은 칼(短 짧을 단)
- 竹刀죽도 검도에 쓰는 대나무를 묶어 칼 대신 쓰는 기구(竹 대 죽)
- 刀劍도검 亂刀난도 面刀면도
- 執刀집도 快刀쾌도 銀粧刀은장도

117 | 독 讀 읽을 독/구절 두
형성문자 言부 총22획

- 讀書독서 책을 읽음(書 글 서)
- 讀者독자 책·신문·잡지 따위를 읽는 사람(者 놈 자)
- 代讀대독 다른 사람을 대신하여 축사 따위를 읽음(代 대신할 대)
- 讀音독음 精讀정독 通讀통독
- 必讀필독 吏讀이두 句讀點구두점

118 | 독 獨 홀로 독
형성문자 犭=犬부 총16획

- 獨對독대 지난날, 벼슬아치가 홀로 임금을 대하고 정치에 관한 의견을 아뢰던 일(對 대할 대)
- 獨立독립 다른 것에 딸리거나 기대지 않음(立 설 립)
- 獨房독방 獨白독백 獨食독식
- 獨子독자 獨唱독창 獨特독특

119 | 동 同 한가지 동
회의문자 口부 총6획

- 同門동문 같은 학교에서 수학하였거나 같은 스승에게서 배운 사람(門 문 문)
- 同時동시 같은 때나 같은 시기(時 때 시)
- 協同협동 마음과 힘을 합함(協 화합할 협)
- 同感동감 同等동등 同生동생
- 同姓동성 同意동의 同化동화

120 | 동 洞 골 동/밝을 통
형성문자 氵=水부 총9획

- 洞口동구 동네 어귀(口 입 구)
- 洞長동장 행정 구역 단위인 '동(洞)'을 대표하여 일을 맡아보는 사람(長 긴 장)
- 洞察통찰 훤히 꿰뚫어 봄(察 살필 찰)
- 洞內동내 洞民동민 洞會동회
- 洞燭통촉 空洞化공동화 洞事務所동사무소

· · · 문 장 속 의 한 자 읽 어 볼 래 요 ? · · ·

1 우리 사회의 인간 존중 정신의 실천은 아직 만족할 만한 수준에 到達(   )했다고 보기 어렵다.
2 누나가 果刀(   )로 사과를 깎는다.
3 프랭클린은 讀書(   )를 통하여 자신의 부족한 학력을 보완하였다.
4 일제 시대에 우리 민족은 獨立(   )을 애타게 바라며 하루하루를 고통 속에서 살았다.
5 시민 사회는 다양한 사람들이 모여 協同(   )과 분업을 통하여 서로 조화롭게 살아간다.
6 반성은 삶에 대한 洞察(   )과 지혜를 가져다준다.

· · · 이 한 자 기 억 해 요 ? · · ·   정답 53

1 談(   ) 2 答(   ) 3 堂(   ) 4 代(   ) 5 對(   ) 6 大(   )

연습문제 5

지금까지 배운 내용을 문제로 풀어보세요

01-03 다음 한자(漢字)의 부수(部首)는 무엇입니까?

01 能 : ① 匕 ② 厶 ③ 比 ④ 夕 ⑤ 月

02 單 : ① 口 ② 十 ③ 田 ④ 早 ⑤ 干

03 堂 : ① 呈 ② 土 ③ 口 ④ 当 ⑤ 壬

04-06 다음 한자(漢字)의 획수(劃數)는 모두 몇 획입니까?

04 洞 : ① 8 ② 9 ③ 10 ④ 11 ⑤ 12

05 多 : ① 4 ② 5 ③ 6 ④ 7 ⑤ 8

06 度 : ① 8 ② 9 ③ 10 ④ 11 ⑤ 12

07-08 다음 필순(筆順)에 대한 설명에 가장 알맞은 한자(漢字)는 어느 것입니까?

07 오른쪽 위의 점은 나중에 찍는다.
① 短 ② 代 ③ 答 ④ 道 ⑤ 丹

08 안과 바깥쪽이 있을 때에는 바깥쪽을 먼저 쓴다.
① 大 ② 都 ③ 達 ④ 圖 ⑤ 多

09-18 다음 한자(漢字)의 음(音)은 무엇입니까?

09 道 : ① 단 ② 동 ③ 독 ④ 달 ⑤ 도

10 都 : ① 동 ② 독 ③ 도 ④ 답 ⑤ 덕

11 單 : ① 다 ② 능 ③ 동 ④ 단 ⑤ 달

12 答 : ① 동 ② 단 ③ 다 ④ 독 ⑤ 답

13 刀 : ① 도 ② 동 ③ 단 ④ 다 ⑤ 대

14 短 : ① 농 ② 단 ③ 담 ④ 능 ⑤ 동

15 談 : ① 동 ② 단 ③ 다 ④ 당 ⑤ 담

16 代 : ① 독 ② 답 ③ 대 ④ 담 ⑤ 다

17 德 : ① 력 ② 덕 ③ 독 ④ 동 ⑤ 능

18 同 : ① 능 ② 도 ③ 동 ④ 답 ⑤ 대

19-23 다음의 음(音)을 가진 한자(漢字)는 어느 것입니까?

19 능 : ① 刀 ② 圖 ③ 能 ④ 達 ⑤ 洞

20 대 : ① 島 ② 德 ③ 多 ④ 堂 ⑤ 對

21 도 : ① 度 ② 大 ③ 獨 ④ 讀 ⑤ 同

22 도 : ① 到 ② 丹 ③ 大 ④ 多 ⑤ 單

23 동 : ① 答 ② 洞 ③ 短 ④ 圖 ⑤ 到

24-33 다음 한자(漢字)의 뜻은 무엇입니까?

24 堂 : ① 섬 ② 덕 ③ 골 ④ 길 ⑤ 집

25 獨 : ① 홀로 ② 도읍 ③ 법도 ④ 그림 ⑤ 농사

26 同 : ① 아이 ② 겨울 ③ 동녘 ④ 한가지 ⑤ 움직이다

27 能 : ① 농사 ② 법도 ③ 그림 ④ 도움 ⑤ 능하다

28 多 : ① 크다 ② 되다 ③ 적다 ④ 많다 ⑤ 작다

29 談 : ① 말씀 ② 훈계 ③ 전설 ④ 설화 ⑤ 교훈

30 丹 : ① 배 ② 붉다 ③ 희다 ④ 검다 ⑤ 작다

31 島 : ① 새 ② 산 ③ 비 ④ 홀 ⑤ 섬

32 道 : ① 길 ② 수도 ③ 정강이 ④ 큰바다 ⑤ 산마루

33 德 : ① 골 ② 얻다 ③ 크다 ④ 홀로 ⑤ 밝다

34-38 다음의 뜻을 가진 한자(漢字)는 어느 것입니까?

34 대답 : ① 答 ② 多 ③ 達 ④ 大 ⑤ 農

35 법도 : ① 島 ② 達 ③ 都 ④ 度 ⑤ 短

36 읽다 : ① 讀 ② 獨 ③ 談 ④ 單 ⑤ 大

37 짧다 : ① 農 ② 洞 ③ 答 ④ 對 ⑤ 短

38 대신 : ① 到 ② 代 ③ 圖 ④ 達 ⑤ 同

39-48 다음 한자어(漢字語)의 음(音)은 무엇입니까?

39 有能 : ① 유무 ② 기능 ③ 유선 ④ 유능 ⑤ 다능

40 長短 : ① 장단 ② 장기 ③ 단기 ④ 단점 ⑤ 장도

41 單價 : ① 물가 ② 단독 ③ 단가 ④ 시가 ⑤ 단순

42 通達 : ① 도달 ② 통달 ③ 통쾌 ④ 전달 ⑤ 통독

43 談笑 : ① 미소 ② 보답 ③ 정답 ④ 담화 ⑤ 담소

44 食堂 : ① 식당 ② 강당 ③ 식사 ④ 성당 ⑤ 식전

45 角度 : ① 각축 ② 온도 ③ 각도 ④ 절도 ⑤ 채도

46 道路 : ① 인도 ② 도로 ③ 통로 ④ 차도 ⑤ 도중

47 獨對 : ① 독백 ② 상대 ③ 독립 ④ 독상 ⑤ 독대

48 到來 : ① 도래 ② 도발 ③ 당도 ④ 미래 ⑤ 치도

49-50 다음 단어들의 '□'에 공통으로 들어갈 알맞은 한자(漢字)는 어느 것입니까?

49 □場, □立, 孝□ : ① 道 ② 達 ③ 代 ④ 刀 ⑤ 都

50 □着, 當□, □處 : ① 對 ② 到 ③ 能 ④ 答 ⑤ 圖

5급한자 600 | 121~132

121 | 동 童

- 童詩 동시 : 어린이를 위한 시, 또는 어린이가 지은 시 (詩 시 시)
- 童話 동화 : 어린이에게 읽히기 위하여 지은 이야기 (話 말씀 화)
- 惡童 악동 : 행실이 나쁜 아이. 장난꾸러기 (惡 악할 악)

童心 동심　童顏 동안　童謠 동요
童子 동자　神童 신동　兒童 아동

아이 동 / 형성문자 / 立부 총12획
` ニ 十 立 立 产 产 音 音 音 童 童 / 童

122 | 동 動

- 動作 동작 : 무슨 일을 하려고 몸을 움직이는 일, 또는 그 몸놀림 (作 지을 작)
- 活動 활동 : 힘차게 몸을 움직임. 어떤 일의 성과를 거두기 위하여 애씀 (活 살 활)

動物 동물　發動 발동　生動 생동
運動 운동　自動 자동　行動 행동

움직일 동 / 형성문자 / 力부 총11획
` ニ 广 弁 育 育 重 重 重 動 動 / 動

123 | 동 東

- 東山 동산 : 동쪽에 있는 산 (山 메 산)
- 東洋 동양 : 동쪽 아시아 일대 (洋 큰바다 양)
- 東風 동풍 : 동쪽에서 불어오는 바람 (風 바람 풍)
- 東海 동해 : 동쪽 바다 (海 바다 해)

東方 동방　東西 동서　關東 관동
極東 극동　中東 중동　東大門 동대문

동녘 동 / 상형문자 / 木부 총8획
` ー ア 币 市 申 東 東 / 東

124 | 동 冬

- 冬季 동계 : 겨울철 (季 계절 계)
- 冬至 동지 : 24절기의 하나. 밤이 가장 긴 날 (至 이를 지)
- 春夏秋冬 춘하추동 : 봄·여름·가을·겨울 (春 봄 춘, 夏 여름 하, 秋 가을 추)

冬眠 동면　冬服 동복　嚴冬 엄동
越冬 월동　立冬 입동　冬將軍 동장군

겨울 동 / 회의문자 / 冫부 총5획
` ノ ク 夂 冬 冬 / 冬

125 | 두 頭

- 頭角 두각 : 짐승의 머리에 있는 뿔. 뛰어난 학식이나 재능 (角 뿔 각)
- 頭目 두목 : 좋지 못한 무리의 우두머리 (目 눈 목)
- 年頭 연두 : 해의 첫머리. 연초 (年 해 년)

頭髮 두발　頭緖 두서　頭痛 두통
書頭 서두　先頭 선두　話頭 화두

머리 두 / 형성문자 / 頁부 총16획
` ー ァ 戸 戸 戸 頭 頭 頭 頭 頭 頭 / 頭

126 | 두 斗

- 泰斗 태두 : 어떤 분야에서 가장 권위가 있는 사람. 태산북두 (泰 클 태)
- 北斗七星 북두칠성 : 큰곰자리에서 가장 뚜렷하게 보이는 국자 모양으로 된 일곱 개의 별 (北 북녘 북, 七 일곱 칠, 星 별 성)

斗牛 두우　斗酒 두주　斗出 두출
斗護 두호　泰山北斗 태산북두

말 두 / 상형문자 / 斗부 총4획
` 、 二 三 斗 / 斗

·　·　·　문　장　속　의　한　자　읽　어　볼　래　요?　·　·　·

1 다음 주에 구민회관에서 童話(　　　) 구연 대회가 열린다.
2 우리는 수련 活動(　　　)이나 체험 학습을 위해 며칠 동안 집을 떠나기도 한다.
3 효도는 東洋(　　　) 사회의 유교적 전통에서는 인간이 지녀야 하는 가장 기본적 자세로 생각되었다.
4 우리 나라는 春夏秋冬(　　　) 사계절의 변화가 뚜렷하다.
5 뉴스에 대통령 年頭(　　　) 기자 회견 내용이 나왔다.
6 北斗七星(　　　)의 중심인 북극성은 예로부터 나그네들의 길잡이 역할을 하였다.

·　·　·　이　한　자　기　억　해　요?　·　·　·   정답 54

1 德(　　) 　2 圖(　　) 　3 道(　　) 　4 都(　　) 　5 度(　　) 　6 島(　　)

여기는! 童동 / 豆두

127 | 두 豆 콩 두
상형문자 豆부 총7획
- 豆油 두유 콩에서 짜낸 기름 (油 기름 유)
- 綠豆 녹두 콩과의 한해살이풀 (綠 푸를 록)
- 大豆 대두 콩 (大 큰 대)
- 小豆 소두 팥 (小 작을 소)
- 豆腐 두부   豆乳 두유   豆太 두태
- 豆滿江 두만강   綠豆將軍 녹두장군

128 | 득 得 얻을 득
회의문자 彳부 총11획
- 得男 득남 아들을 낳음 (男 사내 남)
- 所得 소득 일의 경과로 얻어지는 이익 (所 바 소)
- 利得 이득 이익을 얻는 일 (利 이로울 리)
- 體得 체득 몸소 체험하여 알게 됨 (體 몸 체)
- 得失 득실   得點 득점   得票 득표
- 習得 습득   獲得 획득   不得不 부득불

129 | 등 等 무리 등
회의문자 竹부 총12획
- 等數 등수 등급에 따라 정한 차례 (數 셈 수)
- 劣等 열등 정도나 등급 따위가 보통보다 떨어져 있음, 또는 낮은 등급 (劣 못할 렬)
- 平等 평등 모두가 다 고르고 한결 같음 (平 평평할 평)
- 等級 등급   等分 등분   等號 등호
- 高等 고등   一等 일등   差等 차등

130 | 등 登 오를 등
회의문자 癶부 총12획
- 登校 등교 학교에 감 (校 학교 교)
- 登極 등극 임금의 지위에 오름 (極 극진할 극)
- 登山 등산 산에 오름 (山 메 산)
- 登用 등용 인재를 골라 뽑아 씀 (用 쓸 용)
- 登記 등기   登錄 등록   登場 등장
- 登頂 등정   登第 등제   登龍門 등용문

131 | 락 落 떨어질 락
형성문자 ⺿/艸부 총13획
- 落選 낙선 선거에서 떨어짐 (選 가릴 선)
- 落心 낙심 바라던 일을 이루지 못하여 마음이 상함 (心 마음 심)
- 落葉 낙엽 잎이 떨어짐, 또는 그 잎 (葉 잎 엽)
- 落第 낙제   落後 낙후   急落 급락
- 當落 당락   村落 촌락   下落 하락

132 | 락 樂 즐길 락/노래 악/좋아할 요
상형문자 木부 총15획
- 樂觀 낙관 일이 잘 될 것으로 생각함 (觀 볼 관)
- 樂園 낙원 아무 근심 걱정 없는 즐겁고 살기 좋은 곳 (園 동산 원)
- 快樂 쾌락 유쾌하고 즐거움, 또는 그런 느낌 (快 쾌할 쾌)
- 樂天 낙천   歌樂 가악   國樂 국악
- 軍樂 군악   娛樂 오락   樂山樂水 요산요수

• • • 문 장 속 의 한 자 읽 어 볼 래 요 ? • • •

1 大豆(   )는 콩고기를 만드는데 사용되기도 한다.
2 국민들의 所得(   )이 높아짐에 따라서 소비 생활에 대한 의욕도 높아진다.
3 대한민국 국민은 모두가 平等(   )하다.
4 신라는 많은 인재를 登用(   )하고 나라를 부강하게 하여 마침내 삼국을 통일하였다.
5 명랑에 모인 장수들은 수가 많은 적을 보고 落心(   )하여, 어떻게든 피해 보려고 꾀를 부렸다.
6 토머스 모어는, 모든 사람이 공동체적 삶을 추구하는 지상 樂園(   )을 『유토피아』라고 표현하였다.

• • • 이 한 자 기 억 해 요 ? • • • 정답 55

1 到(   )   2 刀(   )   3 讀(   )   4 獨(   )   5 同(   )   6 洞(   )

5급한자 600 | 133~144

133 | 란 — 卵 알 란
- 卵生난생: 알 속에서 발육하다가 일정한 시기에 이르면 껍질을 깨고 나옴(生 날 생)
- 卵子난자: 성숙한 난세포(子 아들 자)
- 鷄卵계란: 닭의 알(鷄 닭 계)
- 卵管난관, 卵巢*난소, 排卵배란
- 産卵산란, 熟卵숙란, 累卵之危누란지위

상형문자 / 卩부 총7획

134 | 래 — 來 올 래
- 來年내년: 다음해(年 해 년)
- 來日내일: 오늘의 바로 다음날(日 날 일)
- 往來왕래: 가고 오고 함(往 갈 왕)
- 由來유래: 사물이나 일이 생겨남 (由 말미암을 유)
- 來訪내방, 來世내세, 去來거래
- 未來미래, 外來외래, 招來초래

상형문자 / 人부 총8획

135 | 랭 — 冷 찰 랭
- 冷氣냉기: 찬 공기(氣 기운 기)
- 冷冷냉랭: 온도가 몹시 낮아서 참
- 冷水냉수: 찬물(水 물 수)
- 冷笑냉소: 쌀쌀한 태도로 비웃음, 또는 그런 웃음(笑 웃음 소)
- 冷待냉대, 冷凍냉동, 冷房냉방
- 冷藏냉장, 冷徹냉철, 急冷급랭

형성문자 / 冫부 총7획

136 | 량 — 量 헤아릴 량
- 計量계량: 분량이나 무게 따위를 잼 (計 셀 계)
- 容量용량: 기구나 그릇 같은 데 들어갈 수 있는 분량(容 얼굴 용)
- 重量중량: 무게. 무거운 무게 (重 무거울 중)
- 多量다량, 大量대량, 物量물량
- 分量분량, 少量소량, 質量질량

회의문자 / 里부 총12획

137 | 량 — 兩 두 량
- 兩家양가: 양편의 집(家 집 가)
- 兩國양국: 두 나라(國 나라 국)
- 兩立양립: 두 개의 것이 동시에 지장없이 존재함(立 설 립)
- 兩分양분: 둘로 가르거나 나눔(分 나눌 분)
- 兩極양극, 兩斷양단, 兩面양면
- 兩性양성, 兩親양친, 兩便양편

회의문자 / 入부 총8획

138 | 량 — 良 어질 량
- 良民양민: 선량한 백성(民 백성 민)
- 良心양심: 나쁜 짓을 하지 않고 바른 행동을 하려는 마음(心 마음 심)
- 改良개량: 고치어 좋게 함(改 고칠 개)
- 善良선량: 착하고 어짊(善 착할 선)
- 良書양서, 良好양호, 不良불량
- 優良우량, 不良食品불량식품, 消化不良소화불량

상형문자 / 艮부 총7획

• • • 문장 속의 한자 읽어 볼래요? • • •

1. 우리나라의 건국 신화에는 卵生(　　) 설화가 자주 나온다.
2. 우리는 전통 도덕의 의미를 깊이 탐구하여 오늘과 來日(　　)을 사는 삶의 정신을 정립하여야 한다.
3. 한 겨울 불 꺼진 방에는 冷氣(　　)가 흘렀다.
4. 종래의 공업 사회에선 지식, 정보와 같이 형체 없고 計量(　　) 불가능한 것은 상품으로 인정되지 않았다.
5. 조선과 일본 兩國(　　)이 체결한 강화도 조약은 조선이 외국과 맺은 최초의 근대적인 조약이다.
6. '도덕'과 '良心(　　)'은 밀접한 관계가 있다.

• • • 이 한 자 기 억 해 요 ? • • •   정답 58

1 童(　) 2 動(　) 3 東(　) 4 冬(　) 5 頭(　) 6 斗(　)

여기는! 卯란 / 旅려

139 | 려 旅 나그네 려
- 旅客 여객: 기차, 비행기, 배 따위로 여행하는 사람 (客 손 객)
- 旅行 여행: 일이나 유람을 목적으로 다른 고장이나 외국에 가는 일 (行 다닐 행)
- 旅館 여관
- 旅費 여비
- 旅毒 여독
- 旅人宿 여인숙
- 旅路 여로
- 行旅病者 행려병자

회의문자 方부 총10획

140 | 력 歷 지날 력
- 歷代 역대: 이어 내려온 모든 대 (代 대신할 대)
- 經歷 경력: 여러 가지 일을 겪어 지내 옴 (經 지날 경)
- 前歷 전력: 과거의 경력 (前 앞 전)
- 歷歷 역력
- 來歷 내력
- 歷史 역사
- 病歷 병력
- 歷任 역임
- 學歷 학력

형성문자 止부 총16획

141 | 력 力 힘 력
- 力量 역량: 일을 해 낼 수 있는 능력 (量 헤아릴 량)
- 力作 역작: 온 힘을 기울여 작품을 만듦, 또는 그 작품 (作 지을 작)
- 體力 체력: 몸의 힘이나 작업 능력 (體 몸 체)
- 力點 역점
- 努力 노력
- 電力 전력
- 全力 전력
- 重力 중력
- 學力 학력

상형문자 力부 총2획

142 | 련 連 이을 련
- 連結 연결: 사물과 사물 또는 현상과 현상이 서로 이어지거나 관계를 맺음 (結 맺을 결)
- 連發 연발: 연이어 일어남 (發 필 발)
- 連續 연속: 끊이지 않고 쭉 이어지거나 지속함 (續 이을 속)
- 連累 연루
- 連日 연일
- 連坐 연좌
- 連休 연휴
- 一連 일련
- 連判狀 연판장

회의문자 辶=辵부 총11획

143 | 렬 列 벌릴 렬
- 列擧 열거: 여러 가지를 하나씩 들어 말함 (擧 들 거)
- 列車 열차: 여러 대의 객차나 화차를 연결하여 편성한 한 줄의 차량 (車 수레 거·차)
- 列强 열강
- 羅列 나열
- 班列 반열
- 配列 배열
- 序列 서열
- 齒列 치열

회의문자 刂=刀부 총6획

144 | 령 令 하여금 령
- 口令 구령: 여러 사람의 움직임을 같이 하도록 호령함, 또는 그 호령 (口 입 구)
- 命令 명령: 윗사람이 아랫사람에게 시킴, 또는 그 말 (命 목숨 명)
- 令狀 영장
- 發令 발령
- 法令 법령
- 指令 지령
- 號令 호령
- 訓令 훈령

회의문자 人부 총5획

• • • 문 장 속 의 한 자 읽 어 볼 래 요 ? • • •

1. 旅行( )은 몸과 마음을 살찌우는 귀중한 경험이다.
2. 우리 나라 歷代( ) 왕조들은 벼 재배 정책이 정치라고 할 정도로 벼 재배에 온갖 힘을 기울였다.
3. 體力( )이 약하면 하고 싶은 일을 왕성하게 수행하지 못한다.
4. 문장과 문장 사이에 이어 주는 말을 넣으면 문장의 連結( ) 관계가 분명해진다.
5. 1951년 1·4 후퇴 때, 많은 사람들이 화물 列車( )를 타고 피난을 갔다.
6. 일제식 지도법은 지도자의 口令( )이나 호루라기 소리로 학습 활동을 시작한다.

• • • 이 한 자 기 억 해 요 ? • • •   정답 59

1 豆( ) 2 得( ) 3 等( ) 4 登( ) 5 落( ) 6 樂( )

연습문제 6 — 지금까지 배운 내용을 문제로 풀어보세요

01-03 다음 한자(漢字)의 부수(部首)는 무엇입니까?

01 動 : ① 里 ② 力 ③ 二 ④ 勹 ⑤ 日

02 頭 : ① 口 ② 貝 ③ 頁 ④ 八 ⑤ 豆

03 列 : ① 列 ② 歹 ③ 丨 ④ 夕 ⑤ 刀

04-06 다음 한자(漢字)의 획수(劃數)는 모두 몇 획입니까?

04 東 : ① 7 ② 8 ③ 9 ④ 10 ⑤ 11

05 登 : ① 8 ② 9 ③ 10 ④ 11 ⑤ 12

06 量 : ① 11 ② 12 ③ 13 ④ 14 ⑤ 15

07-08 다음 필순(筆順)에 대한 설명에 가장 알맞은 한자(漢字)는 어느 것입니까?

07 왼쪽에서 오른쪽으로 쓴다.
① 落 ② 來 ③ 等 ④ 冷 ⑤ 令

08 안과 바깥쪽이 있을 때에는 바깥쪽을 먼저 쓴다.
① 童 ② 歷 ③ 列 ④ 連 ⑤ 卵

09-18 다음 한자(漢字)의 음(音)은 무엇입니까?

09 動 : ① 란 ② 락 ③ 두 ④ 동 ⑤ 등

10 得 : ① 돌 ② 양 ③ 력 ④ 려 ⑤ 득

11 斗 : ① 련 ② 두 ③ 득 ④ 로 ⑤ 령

12 頭 : ① 동 ② 등 ③ 두 ④ 득 ⑤ 락

13 來 : ① 래 ② 동 ③ 로 ④ 록 ⑤ 레

14 量 : ① 리 ② 력 ③ 령 ④ 래 ⑤ 량

15 令 : ① 랭 ② 냉 ③ 금 ④ 령 ⑤ 로

16 列 : ① 두 ② 래 ③ 렬 ④ 득 ⑤ 동

17 良 : ① 량 ② 락 ③ 래 ④ 등 ⑤ 레

18 歷 : ① 낙 ② 렬 ③ 력 ④ 로 ⑤ 둔

19-23 다음의 음(音)을 가진 한자(漢字)는 어느 것입니까?

19 렬 : ① 旅 ② 得 ③ 兩 ④ 良 ⑤ 列

20 련 : ① 登 ② 童 ③ 豆 ④ 連 ⑤ 力

21 랭 : ① 來 ② 冷 ③ 量 ④ 等 ⑤ 列

22 동 : ① 力 ② 頭 ③ 樂 ④ 卵 ⑤ 東

23 두 : ① 落 ② 動 ③ 令 ④ 豆 ⑤ 兩

24-33 다음 한자(漢字)의 뜻은 무엇입니까?

24 童 : ① 다리 ② 머리 ③ 마음 ④ 아이 ⑤ 이슬

25 落 : ① 내려가다 ② 의뢰하다 ③ 일어나다 ④ 뒤집히다 ⑤ 떨어지다

26 歷 : ① 지나다 ② 오르다 ③ 벌이다 ④ 어질다 ⑤ 움직이다

27 頭 : ① 발 ② 가슴 ③ 다리 ④ 심장 ⑤ 머리

28 登 : ① 눕다 ② 내리다 ③ 달리다 ④ 오르다 ⑤ 즐기다

29 來 : ① 가다 ② 오다 ③ 걷다 ④ 하여금 ⑤ 지나치다

30 連 : ① 두 ② 예도 ③ 잇다 ④ 아이 ⑤ 어질다

31 卵 : ① 발 ② 밭 ③ 알 ④ 머리 ⑤ 허리

32 列 : ① 줍다 ② 다르다 ③ 자르다 ④ 벌리다 ⑤ 오르다

33 斗 : ① 일 ② 힘 ③ 말 ④ 해 ⑤ 한가지

34-38 다음의 뜻을 가진 한자(漢字)는 어느 것입니까?

34 무리 : ① 豆 ② 量 ③ 冷 ④ 得 ⑤ 等

35 힘 : ① 動 ② 良 ③ 卵 ④ 力 ⑤ 旅

36 동녘 : ① 登 ② 來 ③ 頭 ④ 東 ⑤ 量

37 즐기다 : ① 冷 ② 樂 ③ 兩 ④ 動 ⑤ 斗

38 하여금 : ① 令 ② 豆 ③ 得 ④ 連 ⑤ 列

39-48 다음 한자어(漢字語)의 음(音)은 무엇입니까?

39 動作 : ① 동력 ② 자동 ③ 가작 ④ 역작 ⑤ 동작

40 東洋 : ① 동양 ② 서양 ③ 동서 ④ 남한 ⑤ 동남

41 利得 : ① 이용 ② 취득 ③ 이득 ④ 득실 ⑤ 이해

42 落葉 : ① 락엽 ② 낙엽 ③ 작심 ④ 상엽 ⑤ 낙조

43 樂觀 : ① 낙관 ② 락관 ③ 가관 ④ 낙원 ⑤ 악단

44 重量 : ① 중압 ② 중등 ③ 질량 ④ 중첩 ⑤ 중량

45 改良 : ① 개선 ② 개냥 ③ 겨냥 ④ 개량 ⑤ 우량

46 前歷 : ① 전력 ② 전후 ③ 이력 ④ 역사 ⑤ 전정

47 列擧 : ① 서열 ② 열거 ③ 예거 ④ 과거 ⑤ 열중

48 連結 : ① 인과 ② 신춘 ③ 체결 ④ 길조 ⑤ 연결

49-50 다음 단어들의 '□'에 공통으로 들어갈 알맞은 한자(漢字)는 어느 것입니까?

49 未□, □訪, 由□ :
① 樂 ② 冷 ③ 良 ④ 來 ⑤ 斗

50 訓□, 法□, 指□ :
① 旅 ② 頭 ③ 令 ④ 落 ⑤ 力

5급한자 600 | 145~156

145 | 례 例 — 법식 례
- 例文 예문: 보기로 든 문장(文 글월 문)
- 例事 예사: 흔히 있는 일(事 일 사)
- 例示 예시: 예를 들어보임(示 보일 시)
- 前例 전례: 이전의 사례(前 앞 전)
- 例外 예외 慣例 관례 先例 선례
- 實例 실례 用例 용례 特例 특례

형성문자 亻=人부 총8획

146 | 례 禮 — 예도 례
- 禮節 예절: 예의에 관한 모든 절차나 질서(節 마디 절)
- 目禮 목례: 눈짓으로 가볍게 하는 인사(目 눈 목)
- 無禮 무례: 예의가 없음(無 없을 무)
- 拜禮 배례: 머리 숙여 절을 함(拜 절 배)
- 禮物 예물 禮法 예법 禮服 예복
- 禮式 예식 禮義 예의 答禮 답례

형성문자 示부 총18획

147 | 로 路 — 길 로
- 路面 노면: 길바닥(面 낯 면)
- 路上 노상: 길 위(上 윗 상)
- 大路 대로: 폭이 넓은 큰 길(大 큰 대)
- 通路 통로: 통해서 다닐 수 있게 트인 길(通 통할 통)
- 路線 노선 路資 노자 道路 도로
- 迷路 미로 鐵路 철로 十字路 십자로

형성문자 足부 총13획

148 | 로 老 — 늙을 로
- 老人 노인: 나이가 많은 사람. 늙은이(人 사람 인)
- 老患 노환: 늙고 쇠약해져 생기는 병(患 근심 환)
- 老後 노후: 늙어진 뒤(後 뒤 후)
- 敬老 경로: 노인을 공경함(敬 공경 경)
- 老年 노년 老鍊 노련 老將 노장
- 年老 연로 敬老席 경로석 老弱者 노약자

상형문자 老부 총6획

149 | 로 勞 — 일할 로
- 勞苦 노고: 수고스럽게 애씀(苦 쓸 고)
- 勞動 노동: 육체적 노력을 들여 일을 함(動 움직일 동)
- 過勞 과로: 몸이 고달플 정도로 지나치게 일함(過 지날 과)
- 勤勞 근로: 부지런히 일함(勤 부지런할 근)
- 勞使 노사 勞賃 노임 勞組 노조
- 功勞 공로 慰勞 위로 勞務者 노무자

회의문자 力부 총12획

150 | 론 論 — 논할 론
- 論告 논고: 논술하여 알림(告 고할 고)
- 論爭 논쟁: 다른 의견을 가진 사람들이 자기의 주장을 말이나 글로 논하여 다툼(爭 다툴 쟁)
- 言論 언론: 말이나 글로써 자기의 생각을 발표하는 일(言 말씀 언)
- 論理 논리 論文 논문 結論 결론
- 本論 본론 議論 의논 討論 토론

형성문자 言부 총15획

· · · 문 장 속 의 한 자 읽 어 볼 래 요 ? · · ·

1 텔레비전을 보고 있으면 정체를 알 수 없는 한국말들이 例事(　　)로 튀어 나온다.
2 폐를 끼쳤거나 호의를 받았을 때 적절한 말을 하지 않으면 無禮(　　)한 사람으로 오해할 수 있다.
3 발해의 수도 상경성에는 도시를 가로지르는 주작 大路(　　)가 있었다.
4 효도는 이웃 어른과 연장자에 대한 敬老(　　) 사상으로까지 확대된다.
5 '두레'는 공동체 의식을 바탕으로 형성된 마을 단위의 공동 勞動(　　) 조직이다.
6 시민 사회에선 言論(　　)·출판·집회·결사의 기본적인 인권을 보장받는다.

· · · 이 한 자 기 억 해 요 ? · · ·   정답 60

1 卵(　)   2 來(　)   3 冷(　)   4 量(　)   5 兩(　)   6 良(　)

여기는! 例례 / 料료

151 | 료 料

- 料金요금 남에게 수고를 끼쳤거나 사물을 사용·관람한 대가로 지불하는 금전을 통틀어 이르는 말 (金 쇠 금)
- 給料급료 일한 데에 대한 보수 (給 줄 급)

料理요리　飲料음료　資料자료
材料재료　香料향료　食料品식료품

헤아릴 료
회의문자
斗부　총10획

152 | 류 留

- 留念유념 마음에 새기고 생각함 (念 생각 념)
- 留宿유숙 남의 집에서 머무름 (宿 잘 숙)
- 留意유의 마음에 새겨 조심하며 관심을 가짐 (意 뜻 의)
- 保留보류 뒷날로 미루어 둠 (保 지킬 보)

留級유급　留任유임　留置유치
留學유학　拘留구류　停留場정류장

머무를 류
회의문자
田부　총10획

153 | 류 流

- 流行유행 옷·모습·생각 따위가 한동안 세상에 널리 퍼져 행하여짐 (行 다닐 행)
- 交流교류 서로 섞여 오고가고 함 (交 사귈 교)

流水유수　急流급류　物流물류
時流시류　電流전류　寒流한류

흐를 류
회의문자
氵=水부　총10획

154 | 륙 六

- 六寸육촌 사촌의 아들딸. 재종간의 형제 자매 (寸 마디 촌)
- 六學年육학년 한 해를 단위로 한 학습 기간의 구분 중 여섯 번째 (學 배울 학, 年 해 년)

六感육감　六甲육갑　六經육경
六年육년　六十육십　六二五육이오

여섯 륙
상형문자
八부　총4획

155 | 륙 陸

- 陸軍육군 땅에서 전투 및 방어를 맡은 군대 (軍 군사 군)
- 大陸대륙 지구상의 큰 육지 (大 큰 대)
- 着陸착륙 비행기 따위가 공중에서 활주로나 판판한 곳에 내림 (着 붙을 착)

陸路육로　陸士육사　陸上육상
陸地육지　上陸상륙　離陸이륙

뭍 륙
형성문자
阝=阜부　총11획

156 | 률 律

- 律動율동 규칙적으로 되풀이하는 운동 (動 움직일 동)
- 法律법률 국가가 제정하고 국민이 지켜야 할 법의 규율 (法 법 법)
- 一律일률 한결같이 다룸. 또는 일정한 규율 (一 한 일)

律令율령　律詩율시　韻律운율
自律자율　調律조율　他律타율

법칙 률
회의문자
彳부　총9획

・・・문 장 속 의 한 자 읽 어 볼 래 요 ?・・・

1 구식 군인들은 밀렸던 給料(　　)로 모래와 겨가 섞인 쌀을 받게 되자, 불만이 일시에 폭발하였다.
2 타인의 삶의 방식과 욕구를 존중할 때, 더욱 풍요롭고 고양된 삶을 살 수 있음을 留念(　　)해야 한다.
3 자기의 개성을 살려 流行(　　)을 이용하는 것은 바람직하지만, 거기에 빠지면 개성을 잃게 된다.
4 대학 입학 시험을 치르기 위해 六寸(　　) 동생이 지방에서 올라왔다.
5 장애인 구제 사업을 위해 헬렌은 넓은 미국 大陸(　　)을 몇 번씩이나 순회하였다.
6 요즘에는 法律(　　)과 정치, 정책적 측면에서도 양성 평등을 위한 노력들이 이루어지고 있다.

・・・이 한 자 기 억 해 요 ?・・・　　　정답 61

1 旅(　)　2 歷(　)　3 力(　)　4 連(　)　5 列(　)　6 令(　)

65

5급한자 600 | 157~168

157 | 리 利
- 利益이익 물질적으로나 정신적으로 보탬이 되는 것(益 더할 익)
- 不利불리 이롭지 아니함(不 아닐 불)
- 有利유리 이익이 있음(有 있을 유)
- 便利편리 어떤 일을 하는데 편하고 이용하기 쉬움(便 편할 편)
- 利權이권 利得이득 利用이용
- 利子이자 勝利승리 銳利예리

이할, 이로울 리
회의문자
刂=刀부   총7획
一 二 千 禾 禾 利 利

158 | 리 里
- 里長이장 행정 구역의 하나인 리(里)의 사무를 맡아보는 사람(長 긴 장)
- 海里해리 해상의 거리를 나타내는 단위(海 바다 해)
- 鄕里향리 고향(鄕 시골 향)
- 洞里동리 萬里만리 邑里읍리
- 千里천리 里程標이정표 五里霧中오리무중

마을 리
회의문자
里부   총7획
丨 口 日 甲 里 里 里

159 | 리 理
- 理想이상 각자가 생각할 수 있는 범위 안에서 가장 좋다고 생각되는 상태(想 생각 상)
- 原理원리 모든 일이 이루어지는 근본 이치(原 근원 원)
- 理由이유 道理도리 物理물리
- 事理사리 修理수리 眞理진리

다스릴 리
형성문자
王=玉부   총11획
理 理 理 理

160 | 림 林
- 林野임야 숲과 들을 아울러 이름(野 들 야)
- 林業임업 인간 생활에 이용할 수 있는 나무를 가꾸고 베어 내는 산업(業 업 업)
- 山林산림 산과 숲(山 메 산)
- 農林농림 密林밀림 育林육림
- 造林조림 國有林국유림 防風林방풍림

수풀 림
회의문자
木부   총8획
一 十 才 木 木 朴 材 林

161 | 립 立
- 立場입장 처지(場 마당 장)
- 立體입체 삼차원의 공간에서 여러 개의 평면이나 곡면으로 둘러싸인 부분(體 몸 체)
- 國立국립 나라에서 세움(國 나라 국)
- 設立설립 단체나 기관을 새로 세움(設 베풀 설)
- 立法입법 立地입지 起立기립
- 市立시립 自立자립 定立정립

설 립
상형문자
立부   총5획
丶 亠 立 立 立

162 | 마 馬
- 馬夫마부 말을 부리는 사람. 마차꾼(夫 지아비 부)
- 千里馬천리마 하루에 천 리를 달릴 수 있는 말. 아주 뛰어난 말을 이름(千 일천 천, 里 마을 리)
- 馬車마차 落馬낙마 名馬명마
- 木馬목마 白馬백마 竹馬故友죽마고우

말 마
상형문자
馬부   총10획
丨 厂 厂 匚 馬 馬 馬 馬 馬

• • • 문 장 속 의 한 자 읽 어 볼 래 요 ? • • •

1. 교통 규칙을 잘 지켜야 사람들과 차들이 안전하고 便利(   )하게 다닐 수 있다.
2. 시골에 사시는 큰아버지는 마을 里長(   )이시다.
3. 민주적인 생활의 原理(   )를 실천하는 과정에서 가장 기본이 되는 것이 회의이다.
4. 산을 무리하게 개간하면 山林(   )이 훼손되어, 큰비가 올 때마다 홍수가 난다.
5. 배려란, 상대방의 立場(   )이 되어 진심어린 마음으로 상대방에게 도움을 주는 행동이다.
6. 북한은 1970년대 '千里馬(   ) 시대와 사회주의 생활 양식' 이라는 구호 아래 획일적으로 복장을 통일했다.

• • • 이 한 자 기 억 해 요 ? • • •   정답 64

1 例(   )   2 禮(   )   3 路(   )   4 老(   )   5 勞(   )   6 論(   )

여기는! 利리 / 滿만

163 | 만 滿 찰 만
- 滿面 만면 : 온 얼굴(面 낯 면)
- 滿足 만족 : 마음에 부족함이 없이 흐뭇함(足 발 족)
- 不滿 불만 : 마음에 차지 않거나 마땅하지 않음(不 아닐 불)
- 滿期 만기
- 滿發 만발
- 未滿 미만
- 充滿 충만
- 豊滿 풍만
- 野心滿滿 야심만만

형성문자 氵=水부 총14획

164 | 만 萬 일만 만
- 萬感 만감 : 여러 가지 느낌. 온갖 생각(感 느낄 감)
- 萬能 만능 : 모든 일에 다 능통함(能 능할 능)
- 萬事 만사 : 여러 가지 온갖 일(事 일 사)
- 萬古 만고
- 萬物 만물
- 萬歲 만세
- 萬若 만약
- 萬一 만일
- 萬年筆 만년필

상형문자 ++=艸부 총13획

165 | 말 末 끝 말
- 末期 말기 : 끝나는 시기(期 기약할 기)
- 末年 말년 : 인생의 마지막 무렵(年 해 년)
- 末尾 말미 : 말·문장·번호등의 연속되어 있는 것의 맨 끝(尾 꼬리 미)
- 結末 결말 : 어떤 일이 마무리되는 끝(結 맺을 결)
- 末端 말단
- 末世 말세
- 末日 말일
- 月末 월말
- 週末 주말
- 始末書 시말서

지사문자 木부 총5획

166 | 망 亡 망할 망
- 亡國 망국 : 이미 망하여 없어진 나라(國 나라 국)
- 死亡 사망 : 사람이 죽음(死 죽을 사)
- 敗亡 패망 : 전쟁에 져서 망함(敗 패할 패)
- 興亡 흥망 : 국가나 민족 따위가 흥하는 일과 망하는 일(興 일 흥)
- 亡命 망명
- 亡身 망신
- 亡者 망자
- 亡兆 망조
- 逃亡 도망
- 滅亡 멸망

상형문자 亠부 총3획

167 | 망 望 바랄 망

- 所望 소망 : 어떤 일을 바람, 또는 그 바라는 것(所 바 소)
- 失望 실망 : 희망을 잃어 버림(失 잃을 실)
- 展望 전망 : 경치를 멀리 바라봄, 앞날에 있어서의 일의 형세(展 펼 전)
- 希望 희망 : 기대하여 바람(希 바랄 희)
- 可望 가망
- 待望 대망
- 信望 신망
- 野望 야망
- 要望 요망
- 慾望 욕망

형성문자 月부 총11획

168 | 매 賣 팔 매

- 賣買 매매 : 물건을 팔고 삼(買 살 매)
- 競賣 경매 : 사려는 사람이 많을 경우, 그들을 서로 경쟁시켜 가장 비싸게 사겠다는 사람에게 물건을 파는 일(競 다툴 경)
- 賣場 매장
- 賣出 매출
- 密賣 밀매
- 發賣 발매
- 賣上高 매상고
- 都賣商 도매상

회의문자 貝부 총15획

• • • 문 장 속 의 한 자 읽 어 볼 래 요 ? • • •

1. 욕구의 滿足(   )은 삶에서 대단히 중요하다.
2. 황금 萬能(   )의 풍조 속에서 물질적 부에 집착하면 이기주의가 팽배하고 공동체 의식이 약해진다.
3. 이하응은 조선 末期(   )의 왕족이요 정치가로, 제26대 임금인 고종의 아버지이다.
4. 기업의 興亡(   )은 단지 기업주와 근로자의 이익과 명예의 문제만이 아니다.
5. 친절한 사람은 이웃에게 希望(   )과 용기를 불어넣어 준다.
6. 통신 기술의 발달로 멀리 있는 사람들과 의사 소통을 하고, 물건을 賣買(   )할 수 있게 되었다.

• • • 이 한 자 기 억 해 요 ? • • •   정답 65

1. 料(   ) 2. 留(   ) 3. 流(   ) 4. 六(   ) 5. 陸(   ) 6. 律(   )

연습문제 7

지금까지 배운 내용을 문제로 풀어보세요

01-03 다음 한자(漢字)의 부수(部首)는 무엇입니까?

01 例 : ① 列 ② 人 ③ 刂 ④ 刀 ⑤ 歹
02 望 : ① 亠 ② 壬 ③ 亡 ④ 月 ⑤ 三
03 滿 : ① 氵 ② 入 ③ 冂 ④ 一 ⑤ 手

04-06 다음 한자(漢字)의 획수(劃數)는 모두 몇 획입니까?

04 料 : ① 10 ② 11 ③ 12 ④ 13 ⑤ 14
05 留 : ① 8 ② 9 ③ 10 ④ 11 ⑤ 12
06 律 : ① 9 ② 10 ③ 11 ④ 12 ⑤ 13

07-08 다음 필순(筆順)에 대한 설명에 가장 알맞은 한자(漢字)는 어느 것입니까?

07 위에서 아래로 쓴다.
　① 流 ② 末 ③ 陸 ④ 林 ⑤ 滿

08 왼쪽에서 오른쪽으로 쓴다.
　① 里 ② 立 ③ 亡 ④ 論 ⑤ 老

09-18 다음 한자(漢字)의 음(音)은 무엇입니까?

09 萬 : ① 마 ② 막 ③ 망 ④ 면 ⑤ 만
10 禮 : ① 론 ② 례 ③ 리 ④ 매 ⑤ 립
11 路 : ① 매 ② 망 ③ 로 ④ 립 ⑤ 만
12 料 : ① 료 ② 류 ③ 리 ④ 론 ⑤ 면
13 留 : ① 리 ② 료 ③ 만 ④ 면 ⑤ 류
14 律 : ① 유 ② 류 ③ 률 ④ 륙 ⑤ 만
15 亡 : ① 마 ② 망 ③ 말 ④ 면 ⑤ 매
16 勞 : ① 립 ② 마 ③ 로 ④ 류 ⑤ 면
17 望 : ① 망 ② 료 ③ 매 ④ 만 ⑤ 면
18 論 : ① 리 ② 류 ③ 료 ④ 론 ⑤ 륙

19-23 다음의 음(音)을 가진 한자(漢字)는 어느 것입니까?

19 류 : ① 例 ② 立 ③ 流 ④ 馬 ⑤ 萬
20 리 : ① 勞 ② 里 ③ 林 ④ 老 ⑤ 亡
21 륙 : ① 論 ② 末 ③ 留 ④ 望 ⑤ 陸
22 리 : ① 滿 ② 理 ③ 路 ④ 末 ⑤ 禮
23 매 : ① 六 ② 利 ③ 料 ④ 賣 ⑤ 馬

24-33 다음 한자(漢字)의 뜻은 무엇입니까?

24 律 : ① 일만 ② 목숨 ③ 바다
　　　④ 법칙 ⑤ 수풀

25 馬 : ① 소 ② 말 ③ 수풀
　　　④ 여섯 ⑤ 마을

26 路 : ① 길 ② 뭍 ③ 마을
　　　④ 요금 ⑤ 서다

27 流 : ① 그치다 ② 논하다 ③ 망하다
　　　④ 멈추다 ⑤ 흐르다

exercise

28 林 : ① 풀　② 나무　③ 수풀
　　　④ 일만　⑤ 사냥

29 陸 : ① 문　② 뭍　③ 물
　　　④ 뭇　⑤ 바다

30 勞 : ① 채우다　② 세우다　③ 매기다
　　　④ 일하다　⑤ 임하다

31 末 : ① 끝　② 털　③ 깃
　　　④ 벗　⑤ 근본

32 料 : ① 계측하다　② 측량하다　③ 헤아리다
　　　④ 나무라다　⑤ 다스리다

33 亡 : ① 패하다　② 즐기다　③ 묻히다
　　　④ 이롭다　⑤ 망하다

34-38 다음의 뜻을 가진 한자(漢字)는 어느 것입니까?

34 머무르다 : ① 滿　② 流　③ 留　④ 料　⑤ 論
35 다스리다 : ① 萬　② 末　③ 里　④ 林　⑤ 理
36 바라다　 : ① 望　② 立　③ 例　④ 賣　⑤ 利
37 길　　　 : ① 利　② 六　③ 留　④ 路　⑤ 理
38 논하다　 : ① 老　② 禮　③ 里　④ 萬　⑤ 論

39-48 다음 한자어(漢字語)의 음(音)은 무엇입니까?

39 給料 : ① 급료 ② 급식 ③ 요금 ④ 음료 ⑤ 고료
40 流行 : ① 교류 ② 전류 ③ 유행 ④ 급류 ⑤ 유전
41 陸軍 : ① 육로 ② 대륙 ③ 상륙 ④ 육군 ⑤ 해군
42 法律 : ① 율동 ② 운율 ③ 자율 ④ 타율 ⑤ 법률
43 原理 : ① 원리 ② 천리 ③ 읍리 ④ 이상 ⑤ 진리
44 便利 : ① 승리 ② 유리 ③ 편리 ④ 이용 ⑤ 편승
45 立場 : ① 국립 ② 공장 ③ 입장 ④ 기립 ⑤ 입선
46 萬能 : ① 성능 ② 만사 ③ 만약 ④ 기능 ⑤ 만능
47 無禮 : ① 무식 ② 면담 ③ 무례 ④ 무치 ⑤ 외피
48 老後 : ① 인명 ② 전후 ③ 단명 ④ 노후 ⑤ 노환

49-50 다음 단어들의 '□'에 공통으로 들어갈 알맞은 한자(漢字)는 어느 것입니까?

49 結□, 討□, 議□ :
　① 例　② 論　③ 立　④ 末　⑤ 勞

50 大□, 野□, □月 :
　① 流　② 望　③ 留　④ 律　⑤ 陸

5급한자 600 | 169~180

169 | 매
每 매양 매

- 每番 매번 번번이 (番 차례 번)
- 每事 매사 일마다. 모든 일 (事 일 사)
- 每日 매일 날마다. 나날이 (日 날 일)
- 每回 매회 한 회 한 회 (回 돌아올 회)

每年 매년　每樣 매양　每月 매월
每週 매주　每瞬間 매순간　每時間 매시간

상형문자　母부　총7획

170 | 면
面 낯 면

- 面談 면담 서로 만나서 이야기 함 (談 말씀 담)
- 面識 면식 얼굴을 서로 알 정도의 관계 (識 알 식)
- 外面 외면 겉면. 겉모양. 보기를 꺼려 얼굴을 돌려 버림 (外 바깥 외)

面積 면적　面前 면전　面接 면접
面會 면회　場面 장면　表面 표면

상형문자　面부　총9획

171 | 면
勉 힘쓸 면

- 勤勉 근면 부지런히 힘씀 (勤 부지런할 근)
- 勉學 면학 학문에 힘씀 (學 배울 학)

勸勉 권면　敦勉 돈면　勉勵 면려
責勉 책면

형성문자　力부　총9획

172 | 명
命 목숨 명

- 命名 명명 사물의 이름을 지음 (名 이름 명)
- 宿命 숙명 날 때부터 타고난 정해진 운명, 또는 피할 수 없는 운명 (宿 잘 숙)
- 運命 운명 사람에게 닥쳐오는 좋은 일과 나쁜 일 (運 옮길 운)
- 人命 인명 사람의 목숨 (人 사람 인)

命令 명령　命中 명중　短命 단명
使命 사명　生命 생명　任命 임명

회의문자　口부　총8획

173 | 명
明 밝을 명

- 明白 명백 분명하고 뚜렷함 (白 흰 백)
- 文明 문명 사람의 지혜가 발달하여 인간 생활이 풍부하고 편리해진 상태 (文 글월 문)
- 分明 분명 틀림없이 확실하게 (分 나눌 분)

明暗 명암　光明 광명　發明 발명
說明 설명　賢明 현명　不分明 불분명

회의문자　日부　총8획

174 | 명
名 이름 명

- 名作 명작 이름난 작품. 뛰어난 작품 (作 지을 작)
- 無名 무명 이름이 없거나 이름을 모름. 알려지지 않음 (無 없을 무)
- 有名 유명 이름이 널리 알려져 있음 (有 있을 유)

名物 명물　名聲 명성　名節 명절
名筆 명필　姓名 성명　地名 지명

회의문자　口부　총6획

문장 속의 한자 읽어 볼래요?

1 우리는 每日(　　) 가정, 학교, 사회에서 생활을 하고 있다.
2 인류를 사랑한다고 하면서 이웃과 동족의 처지를 外面(　　)한다면 위선이 아니겠는가?
3 대한민국은 국민들이 勤勉(　　)하게 일한 결과 비약적인 경제 발전을 이루었다.
4 자연 현상이 人命(　　)과 재산에 피해를 주는 것을 자연 재해라고 한다.
5 현대 文明(　　)의 산물인 전기 밥통은 시간이 지나면 밥이 누렇게 변색되고 냄새도 난다.
6 사회 봉사는 도덕적으로 有名(　　)한 사람들만이 할 수 있는 것이 아니라 누구나 할 수 있다.

이 한자 기억해요? 　　정답 66

1 利(　) 　2 里(　) 　3 理(　) 　4 林(　) 　5 立(　) 　6 馬(　)

 여기는! 每매/母모

175 | 모 母 — 어미 모

- 母國 모국 : 자기의 조국을 이르는 말 (國 나라 국)
- 母女 모녀 : 어머니와 딸 (女 계집 녀)
- 母子 모자 : 어머니와 아들 (子 아들 자)
- 父母 부모 : 아버지와 어머니 (父 아비 부)
- 母系 모계   母校 모교   母權 모권
- 母性 모성   生母 생모   乳母 유모

상형문자 / 母부 / 총5획
필순: ㄴ ㄌ 므 母 母

176 | 모 毛 — 터럭(털) 모

- 不毛 불모 : 땅이 메말라 식물이나 농작물이 자라지 않음 (不 아닐 불)
- 羊毛 양모 : 양의 털 (羊 양 양)
- 不毛地 불모지 : 식물이 자라지 못하는 거칠고 메마른 땅 (不 아닐 불, 地 따 지)
- 毛孔 모공   毛根 모근   毛髮 모발
- 毛布 모포   毛皮 모피   毛織物 모직물

상형문자 / 毛부 / 총4획
필순: ノ 二 三 毛

177 | 목 木 — 나무 목

- 木工 목공 : 나무를 다루어 물건을 만드는 사람. 목수 (工 장인 공)
- 木造 목조 : 나무를 재료로 하여 만듦, 또는 그 만든 물건 (造 지을 조)
- 原木 원목 : 베어 낸 그대로 아직 가공하지 않은 나무 (原 근원 원)
- 木手 목수   木製 목제   古木 고목
- 苗木 묘목   材木 재목   植木日 식목일

상형문자 / 木부 / 총4획
필순: 一 十 才 木

178 | 목 目 — 눈 목

- 面目 면목 : 얼굴의 생김새. 체면 (面 낯 면)
- 名目 명목 : 물건의 이름. 사물의 호칭. 표면상 내세우는 이름 (名 이름 명)
- 題目 제목 : 글이나 책·그림·노래 따위의 이름 (題 제목 제)
- 目的 목적   目標 목표   頭目 두목
- 耳目 이목   注目 주목   指目 지목

상형문자 / 目부 / 총5획
필순: 丨 冂 冃 目 目

179 | 무 武 — 호반, 무인 무

- 武力 무력 : 군사상의 힘 (力 힘 력)
- 武士 무사 : 지난날, 무예에 익숙하여 전쟁 등에 관한 일에 종사하던 사람 (士 선비 사)
- 武勇談 무용담 : 싸움에서 용감하게 활약하여 공을 세운 이야기 (勇 날랠 용, 談 말씀 담)
- 武功 무공   武道 무도   武術 무술
- 武威 무위   武人 무인   文武 문무

회의문자 / 止부 / 총8획
필순: 一 二 干 干 歪 武 武

180 | 무 無 — 없을 무

- 無事 무사 : 일이 없음. 아무 탈이 없음 (事 일 사)
- 無視 무시 : 사물의 존재 의의나 가치를 알아주지 아니함 (視 볼 시)
- 無心 무심 : 아무 생각이 없음 (心 마음 심)
- 無線 무선   無罪 무죄   有無 유무
- 無氣力 무기력   無窮花 무궁화   無分別 무분별

상형문자 / 灬(火)부 / 총12획
필순: ノ ㄧ ㅡ 느 仁 쓰 無 無 無 無 無

• • • 문 장 속 의 한 자 읽 어 볼 래 요 ? • • •

1. 母國(   )을 사랑하는 사람은 인류를 미워할 수 없다. — 처칠(Churchill, W.)
2. 호주에서는 羊毛(   ) 깎기 대회가 곳곳에서 열린다.
3. 팔상전과 같은 목탑은 안에 불상을 모셔 놓고 사람이 드나들 수 있도록 한 木造(   ) 건축물이다.
4. 인플레이션 현상은 名目(   ) 소득이 정해진 사람들에게 실질 소득의 감소를 의미한다.
5. 20세기 초 일제는 武力(   )을 앞세워 우리 나라의 국권을 강탈하였다.
6. 소방서 119 구조대원들은 타오르는 불길을 뚫고 사람들을 無事(   )히 구조해 냈다.

• • • 이 한 자 기 억 해 요 ? • • •   정답 67

1. 滿(   ) 2. 萬(   ) 3. 末(   ) 4. 亡(   ) 5. 望(   ) 6. 賣(   )

5급한자 600 | 181~192

181 | 무 — 務 (힘쓸 무)
- 事務 사무: 맡은 직책에 관련된 일을 처리하는 일. 주로 책상에서 문서 따위를 다루는 일(事 일 사)
- 實務 실무: 실제의 업무(實 열매 실)
- 業務 업무: 날마다 계속하는 공무나 사업 따위에 관한 일(業 업 업)
- 公務 공무 服務 복무 任務 임무
- 義務 의무 責務 책무 敎務室 교무실
- 형성문자 / 力부 총11획

182 | 무 — 舞 (춤출 무)
- 舞童 무동: 농악대·걸립패 따위에서, 상쇠의 목말을 타고 춤추고 재주 부리던 아이(童 아이 동)
- 歌舞 가무: 노래하면서 춤을 춤(歌 노래 가)
- 舞曲 무곡 舞臺 무대 劍舞 검무
- 鼓舞 고무 群舞 군무 亂舞 난무
- 상형문자 / 舛부 총14획

183 | 문 — 文 (글월 문)
- 作文 작문: 글을 지음, 또는 그 글(作 지을 작)
- 文化 문화: 인지가 깨어 세상이 열리고 생활이 보다 편리하게 되는 일(化 될 화)
- 文臣 문신 文章 문장 文學 문학
- 語文 어문 注文 주문 漢文 한문
- 상형문자 / 文부 총4획

184 | 문 — 門 (문 문)
- 家門 가문: 집안 대대로 내려오는 그 집안의 사회적인 지위(家 집 가)
- 名門 명문: 이름난 좋은 집안(名 이름 명)
- 門前成市 문전성시: 찾아오는 사람이 많아 집 문 앞이 시장이 됨(前 앞 전, 成 이룰 성, 市 시장 시)
- 門中 문중 城門 성문 入門 입문
- 正門 정문 窓門 창문 專門家 전문가
- 상형문자 / 門부 총8획

185 | 문 — 聞 (들을 문)
- 見聞 견문: 보고 들음(見 볼 견)
- 所聞 소문: 여러 사람의 입에 오르내리면서 전하여 오는 말(所 바 소)
- 風聞 풍문: 바람처럼 떠도는 소문(風 바람 풍)
- 新聞 신문 醜聞 추문 後聞 후문
- 聽聞會 청문회 前代未聞 전대미문
- 회의문자 / 耳부 총14획

186 | 문 — 問 (물을 문)
- 問答 문답: 물음과 대답(答 대답 답)
- 問議 문의: 물어보고 의논함(議 의논할 의)
- 問題 문제: 풀어야 할 어려운 일. 대답을 요구하는 물음(題 제목 제)
- 問病 문병 問安 문안 不問 불문
- 質問 질문 學問 학문 東問西答 동문서답
- 형성문자 / 口부 총11획

· · · 문 장 속 의 한 자 읽 어 볼 래 요 ? · · ·

1 근로자는 기업주의 기대에 부응하여 책임을 다해 자신의 業務(   )를 수행한다.
2 우리 민족은 예로부터 歌舞(   )를 즐겼다.
3 전통 文化(   )를 보존하지 않는다면, 머지않아 우리의 전통 文化(   )를 볼 수 없을지도 모른다.
4 증조할아버지는 "열심히 공부해서 家門(   )의 전통을 살려야 한다."고 말씀하신다.
5 『서유見聞(   )』은 유길준이 조선 시대 말 국제화의 필요성을 몸으로 겪고 남긴 글이다.
6 『효경』은 공자가 그의 제자와 효에 관한 問題(   )들을 問答(   ) 형식으로 말한 것을 엮었다.

· · · 이 한 자 기 억 해 요 ? · · · 정답 70

1 每(   ) 2 面(   ) 3 勉(   ) 4 命(   ) 5 明(   ) 6 名(   )

여기는! 務무/物물

187 | 물 物 (물건 물)
- 萬物만물 온갖 물건(萬 일만 만)
- 名物명물 그 지방의 이름난 산물 (名 이름 명)
- 文物문물 정치, 경제, 종교, 예술, 법률 따위의 문화에 관한 모든 것 (文 글월 문)
- 物價물가   物件물건   物證물증
- 動物동물   事物사물   人物인물

형성문자 牛부 총8획

188 | 미 米 (쌀 미)
- 米飮미음 쌀이나 좁쌀 따위를 푹 끓여서 체에 받아 낸 음식(飮 마실 음)
- 白米백미 흰쌀(白 흰 백)
- 米穀미곡   米作미작   玄米현미
- 軍糧米군량미   精米所정미소

상형문자 米부 총6획

189 | 미 美 (아름다울 미)
- 美談미담 뒤에 전할 만한 아름다운 이야기(談 말씀 담)
- 美名미명 그럴듯하게 내세운 명목이나 명칭(名 이름 명)
- 美風미풍 아름다운 풍속(風 바람 풍)
- 美化미화 아름답게 꾸미는 일(化 될 화)
- 美觀미관   美麗미려   美貌미모
- 美術미술   曲線美곡선미   美辭麗句미사여구

회의문자 羊부 총9획

190 | 미 未 (아닐 미)
- 未來미래 앞으로 올 때. 앞날(來 올 래)
- 未備미비 아직 다 갖추지 못한 상태에 있음(備 갖출 비)
- 未安미안 마음이 편하지 못하고 거북함 (安 편안 안)
- 未定미정 아직 정하지 못함(定 정할 정)
- 未達미달   未滿미만   未熟미숙
- 未然미연   未完미완   未知미지

상형문자 木부 총5획

191 | 미 味 (맛 미)
- 甘味감미 단맛(甘 달 감)
- 妙味묘미 미묘한 맛, 또는 미묘한 흥취 (妙 묘할 묘)
- 興味흥미 어떤 대상에 마음이 끌린다는 감정을 수반하는 관심 (興 일 흥)
- 味覺미각   別味별미   眞味진미
- 無意味무의미   五味子오미자   有意味유의미

형성문자 口부 총8획

192 | 민 民 (백성 민)
- 民間민간 일반 서민의 사회(間 사이 간)
- 民主민주 주권이 국민에게 있음 (主 주인 주)
- 農民농민 농사에 종사하는 사람 (農 농사 농)
- 民生민생   民俗민속   民心민심
- 民族민족   國民국민   市民시민

상형문자 氏부 총5획

· · · 문 장 속 의 한 자 읽 어 볼 래 요 ? · · ·

1 봄은 萬物(　　)이 소생하는 계절이다.
2 엄마는 병원에 입원한 동생을 위해 米飮(　　)을 끓인다.
3 '향약'은 향촌의 자치 규약으로, 美風() 양속을 계승하고 도덕적 기풍을 조성하였다.
4 未來(　　)는 우리의 손으로 만들어 가는 것이다.
5 책을 읽을 때에는 관심이나 興味(　　)있는 분야의 것부터 시작해야 한다.
6 페스탈로치는 주로 불쌍한 고아들이나 가난한 農民(　　)의 자녀들을 교육하였다.

· · · 이 한 자 기 억 해 요 ? · · ·   정답 71

1 母(　)　2 毛(　)　3 木(　)　4 目(　)　5 武(　)　6 無(　)

연습문제 8 | 지금까지 배운 내용을 문제로 풀어보세요

01-03 다음 한자(漢字)의 부수(部首)는 무엇입니까?

01 名 : ①木 ②水 ③名 ④夕 ⑤口
02 毛 : ①毛 ②丿 ③一 ④亅 ⑤二
03 武 : ①弋 ②二 ③止 ④武 ⑤戈

04-06 다음 한자(漢字)의 획수(劃數)는 모두 몇 획입니까?

04 門 : ①8 ②9 ③10 ④11 ⑤12
05 毛 : ①4 ②5 ③6 ④7 ⑤8
06 未 : ①3 ②4 ③5 ④6 ⑤7

07-08 다음 필순(筆順)에 대한 설명에 가장 알맞은 한자(漢字)는 어느 것입니까?

07 꿰뚫는 획은 나중에 쓴다.
①文 ②木 ③母 ④米 ⑤目

08 오른쪽 위의 점은 나중에 찍는다.
①武 ②民 ③門 ④美 ⑤無

09-18 다음 한자(漢字)의 음(音)은 무엇입니까?

09 無 : ①무 ②망 ③명 ④밀 ⑤문
10 物 : ①민 ②문 ③물 ④미 ⑤반
11 舞 : ①면 ②밀 ③매 ④민 ⑤무
12 味 : ①메 ②명 ③모 ④미 ⑤목
13 名 : ①문 ②물 ③명 ④모 ⑤방
14 務 : ①무 ②밀 ③방 ④반 ⑤문
15 問 : ①물 ②문 ③미 ④밀 ⑤발
16 面 : ①반 ②박 ③목 ④문 ⑤면
17 美 : ①무 ②목 ③명 ④미 ⑤문
18 門 : ①반 ②목 ③밀 ④방 ⑤문

19-23 다음의 음(音)을 가진 한자(漢字)는 어느 것입니까?

19 민 : ①民 ②無 ③毛 ④文 ⑤美
20 명 : ①勉 ②每 ③明 ④門 ⑤民
21 목 : ①米 ②木 ③舞 ④名 ⑤文
22 무 : ①味 ②聞 ③目 ④木 ⑤武
23 미 : ①母 ②舞 ③物 ④未 ⑤務

24-33 다음 한자(漢字)의 뜻은 무엇입니까?

24 聞 : ①듣다 ②묻다 ③들다 ④걷다 ⑤오다
25 每 : ①치다 ②얻다 ③매양 ④말다 ⑤덜다
26 勉 : ①성기다 ②성하다 ③기쁘다 ④거닐다 ⑤힘쓰다
27 務 : ①밝다 ②선하다 ③힘쓰다 ④슬프다 ⑤뛰어나다

28 米 : ① 쌀   ② 콩   ③ 밀
        ④ 조   ⑤ 보리

29 面 : ① 코   ② 눈   ③ 낯
        ④ 입   ⑤ 손

30 味 : ① 풀   ② 꽃   ③ 박
        ④ 맛   ⑤ 구슬

31 文 : ① 근본   ② 글월   ③ 백성
        ④ 나무   ⑤ 새기다

32 毛 : ① 발   ② 손   ③ 코
        ④ 눈   ⑤ 터럭

33 民 : ① 백성   ② 군주   ③ 신하
        ④ 임금   ⑤ 황제

34-38 다음의 뜻을 가진 한자(漢字)는 어느 것입니까?

34 밝다   : ① 名 ② 門 ③ 目 ④ 明 ⑤ 舞
35 호반   : ① 武 ② 木 ③ 務 ④ 無 ⑤ 毛
36 물건   : ① 民 ② 未 ③ 母 ④ 米 ⑤ 物
37 아니다 : ① 母 ② 木 ③ 每 ④ 未 ⑤ 明
38 아름답다 : ① 間 ② 美 ③ 目 ④ 名 ⑤ 武

39-48 다음 한자어(漢字語)의 음(音)은 무엇입니까?

39 文明 : ① 작문 ② 문장 ③ 문화 ④ 문체 ⑤ 문명
40 名目 : ① 명목 ② 이목 ③ 명필 ④ 목적 ⑤ 명찰
41 不毛 : ① 모포 ② 불모 ③ 털모 ④ 양모 ⑤ 부지
42 無事 : ① 무심 ② 무선 ③ 무사 ④ 유무 ⑤ 유심
43 業務 : ① 복무 ② 업무 ③ 실무 ④ 임무 ⑤ 사무
44 見聞 : ① 견문 ② 소문 ③ 신문 ④ 풍문 ⑤ 견습
45 問題 : ① 문안 ② 방문 ③ 문답 ④ 숙제 ⑤ 문제
46 萬物 : ① 건물 ② 동물 ③ 만물 ④ 명물 ⑤ 만사
47 舞童 : ① 청동 ② 무동 ③ 방한 ④ 무한 ⑤ 무종
48 興味 : ① 방독 ② 취미 ③ 흥왕 ④ 흥미 ⑤ 국경

49-50 다음 단어들의 '□'에 공통으로 들어갈 알맞은 한자(漢字)는 어느 것입니까?

49 生□, □校, □性 :
    ① 毛   ② 木   ③ 面   ④ 母   ⑤ 美

50 耳□, 題□, 頭□ :
    ① 門   ② 目   ③ 米   ④ 半   ⑤ 味

5급한자 600 | 193~204

193 | 밀

密

빽빽할 밀

- 密林 밀림 : 큰 나무들이 빽빽하게 들어선 수풀 (林 수풀 림)
- 密室 밀실 : 남이 함부로 출입하지 못하게 하여 비밀로 쓰는 방 (室 집 실)
- 密接 밀접 : 사이가 아주 가까움 (接 이을 접)
- 密集 밀집 : 빽빽이 모임 (集 모을 집)
- 密談 밀담 密使 밀사 密行 밀행
- 機密 기밀 緊密 긴밀 秘密 비밀

형성문자 宀부 총11획
丶宀宀宀宁宓宓 密密密

194 | 반

反

돌이킬 반

- 反對 반대 : 사물의 방향·순서 등이 거꾸로 임. 남의 의견에 찬성하지 아니 함 (對 대할 대)
- 相反 상반 : 서로 반대되거나 어긋남 (相 서로 상)
- 反感 반감 反共 반공 反面 반면
- 反美 반미 反復 반복 反省 반성

회의문자 又부 총4획
一厂厂反

195 | 반

半

반 반

- 半半 반반 : 절반으로 가름, 또는 갈라진 각각 반씩
- 後半 후반 : 전체를 반씩 둘로 나눈 것의 뒤쪽 반 (後 뒤 후)
- 過半數 과반수 : 반이 넘는 수 (過 지날 과, 數 셈 수)
- 半熟 반숙 前半 전반 折半 절반
- 半導體 반도체 半世紀 반세기 半信半疑 반신반의

회의문자 十부 총5획
丶丶二半半

196 | 발

發

필 발

- 發見 발견 : 먼저 찾아냄 (見 볼 견)
- 發達 발달 : 신체, 정서, 지능 따위가 성장하거나 성숙함 (達 통달할 달)
- 發明 발명 : 새로 생각해 내거나 만들어 냄 (明 밝을 명)
- 發生 발생 發音 발음 發展 발전
- 發表 발표 始發 시발 出發 출발

형성문자 癶부 총12획
フ ヲ ヲ ヲ 癶 癶 癶 癶 癶 發 發 發 發

197 | 방

方

모 방

- 方向 방향 : 향하거나 나아가는 쪽 (向 향할 향)
- 方法 방법 : 어떤 목적을 달성하기 위하여 취하는 수단 (法 법 법)
- 方言 방언 : 사투리 (言 말씀 언)
- 方道 방도 方面 방면 方案 방안
- 方位 방위 方便 방편 四方 사방

상형문자 方부 총4획
丶亠方方

198 | 방

放

놓을 방

- 放課 방과 : 하루의 정해진 수업을 마침 (課 공부할 과)
- 放出 방출 : 비축해 두었던 물품이나 자금 따위를 내놓음 (出 날 출)
- 開放 개방 : 문을 열어 놓음 (開 열 개)
- 放心 방심 放學 방학 放火 방화
- 放電 방전 放生 방생 放棄 방기

형성문자 攵=攴부 총8획
丶亠方方 方 放 放 放

· · · 문 장 속 의 한 자 읽 어 볼 래 요 ? · · ·

1 우리 민족은 예부터 풀과 密接(   )한 관계를 맺으며 살아왔다.
2 소수가 낸 의견이 아무리 좋은 것이라 하더라도 다수의 反對(   )에 의해 무시되는 경우가 있다.
3 정족수란, 회의를 하기 위한 최소한의 사람 수로, 過半數(   )나 3분의 2 이상이 될 때도 있다.
4 자신의 능력과 잠재성을 發見(   )한다 할지라도, 그것을 갈고 닦지 않으면 아무 소용이 없다.
5 극기는 나쁜 욕심을 이겨 내고 옳다고 생각하는 方向(   )으로 꾸준히 밀고 나가는 것을 말한다.
6 지금은 국제화 시대로 세계를 향한 開放(   )과 관용의 자세를 가져야 한다.

· · · 이 한 자 기 억 해 요 ? · · ·   정답 72

1 務(   )   2 舞(   )   3 文(   )   4 門(   )   5 聞(   )   6 問(   )

여기는! 密밀/防방

199 | 방 防 (막을 방)
- 防水 방수 : 물이 스며들거나 넘쳐 흐르는 것을 막음(水 물 수)
- 防音 방음 : 소리가 새어나가거나 들어오지 못하게 막음(音 소리 음)
- 國防 국방 : 외적으로부터 나라를 지킴(國 나라 국)
- 防共 방공 防衛 방위 防除 방제
- 堤防 제방 防毒面 방독면 防蟲網 방충망

형성문자 阝=阜부 총7획

200 | 방 訪 (찾을 방)
- 訪問 방문 : 남을 찾아봄(問 물을 문)
- 訪韓 방한 : 한국을 방문함(韓 한국 한)
- 答訪 답방 : 남의 방문에 대한 답례로 방문함, 또는 그런 방문(答 대답 답)
- 禮訪 예방 : 예를 갖추는 의미로 인사차 방문함(禮 예도 례)
- 訪北 방북 來訪 내방 巡訪 순방
- 尋訪 심방 探訪 탐방

형성문자 言부 총11획

201 | 배 拜 (절 배)
- 拜金 배금 : 돈을 지나치게 숭배함 (金 쇠 금)
- 禮拜 예배 : 신이나 부처에게 공경하는 마음으로 경례하고 절함 (禮 예도 례)
- 拜上 배상 拜禮 배례 歲拜 세배
- 崇拜 숭배 再拜 재배 參拜 참배

회의문자 手부 총9획

202 | 백 白 (흰 백)
- 白馬 백마 : 털빛이 흰 말(馬 말 마)
- 白紙 백지 : 흰 빛깔의 종이. 아무 것도 쓰지 않은 종이(紙 종이 지)
- 告白 고백 : 마음 속에 숨기고 있던 것을 털어 놓음(告 고할 고)
- 白骨 백골 潔白 결백 明白 명백
- 自白 자백 黑白 흑백 白雪公主 백설공주

상형문자 白부 총5획

203 | 백 百 (일백 백)
- 百方 백방 : 온갖 방법. 여러 방면(方 모 방)
- 百姓 백성 : 일반 국민(姓 성 성)
- 百戰百勝 백전백승 : 싸울 때마다 번번이 다 이김 (戰 싸움 전, 勝 이길 승)
- 百萬 백만 百日 백일
- 百分率 백분율 百科事典 백과사전
- 百發百中 백발백중 百害無益 백해무익

회의문자 白부 총6획

204 | 번 番 (차례 번)
- 番號 번호 : 차례를 표시하는 숫자나 부호 (號 이름 호)
- 番地 번지 : 지적도에서 토지를 여러 조각으로 나누어 새겨 놓은 번호 (地 따 지)
- 局番 국번 軍番 군번 當番 당번
- 非番 비번 社番 사번 順番 순번

회의문자 田부 총12획

• • • 문장 속의 한자 읽어 볼래요? • • •

1. 조선 왕조는 초기에 영토 확장과 國防(   ) 강화에 힘썼다.
2. 얼마 전 할머니께서 북한에 갈 수 있게 되었다는 텔레비전 뉴스를 듣고 북한 訪問(   ) 신청을 하셨다.
3. 아프리카 국가들은 그리스도교를 주체적으로 수용하여 고유의 춤과 노래로 禮拜(   )를 드린다.
4. 마음 속으로 좋아하는 사람에게 자기의 마음을 告白(   )할 때, 우리는 얼굴빛이 빨개지곤 한다.
5. 공자는 정치의 목표를 百姓(   )들 사이의 신의(信義), 생활의 안정, 군비(軍備)의 충실에 두었다.
6. 인터넷에 올린 이름, 전화 番號(   ), 주민 등록 番號(   ) 등 개인 정보를 빼내가는 사례가 늘고 있다.

• • • 이 한자 기억해요? • • •   정답 73

1 物(   ) 2 米(   ) 3 美(   ) 4 末(   ) 5 味(   ) 6 民(   )

 **5급한자 600** | 205~216

205 | 법 法 (법 법)
- 法度 법도: 생활상의 예법과 제도 (度 법도 도)
- 法案 법안: 법률의 초안 (案 책상 안)
- 立法 입법: 법을 제정함, 또는 그 행위 (立 설 립)
- 法規 법규 / 法律 법률 / 法典 법전
- 法則 법칙 / 方法 방법 / 手法 수법
- 회의문자, 氵=水部, 총8획
- 필순: 丶 氵 汁 法 法

206 | 변 變 (변할 변)
- 變德 변덕: 이랬다저랬다 하여 변하기를 자주하는 일 (德 큰 덕)
- 變數 변수: 어떤 상황의 가변적 요인 (數 셈 수)
- 變質 변질: 물질이나 사물의 성질이 바뀜 (質 바탕 질)
- 變動 변동 / 變色 변색 / 變身 변신
- 變節 변절 / 變造 변조 / 變種 변종
- 형성문자, 言部, 총23획

207 | 별 別 (다를, 나눌 별)
- 別個 별개: 어떤 것에 함께 포함시킬 수 없는 것 (個 낱 개)
- 別世 별세: 윗사람이 세상을 떠남 (世 인간 세)
- 特別 특별: 보통과 아주 다름 (特 특별할 특)
- 別名 별명 / 別食 별식 / 別式 별식
- 別種 별종 / 離別 이별 / 差別 차별
- 회의문자, 刂=刀部, 총7획

208 | 병 病 (병 병)
- 病室 병실: 병원에서 환자가 있는 방 (室 집 실)
- 病者 병자: 병을 앓고 있는 사람 (者 놈 자)
- 問病 문병: 아픈 사람을 찾아보고 위로함 (問 물을 문)
- 病缺 병결 / 病菌 병균 / 病院 병원
- 看病 간병 / 疾病 질병 / 脚氣病 각기병
- 형성문자, 疒部, 총10획

209 | 병 兵 (병사 병)
- 兵法 병법: 군사 작전의 방법 (法 법 법)
- 兵士 병사: 군사 (士 선비 사)
- 新兵 신병: 새로 입대한 병사 (新 새 신)
- 卒兵 졸병: 계급이 낮은 병사 (卒 마칠 졸)
- 兵役 병역 / 兵長 병장 / 募兵 모병
- 伏兵 복병 / 砲兵 포병 / 訓鍊兵 훈련병
- 회의문자, 八部, 총7획

210 | 보 報 (갚을, 알릴 보)
- 報告 보고: 일에 관한 내용이나 결과를 말이나 글로 알림 (告 고할 고)
- 報答 보답: 남의 은혜를 갚음 (答 대답 답)
- 報道 보도: 나라 안팎에서 생긴 일을 전하여 알려 줌 (道 길 도)
- 報復 보복 / 報償 보상 / 速報 속보
- 情報 정보 / 通報 통보 / 弘報 홍보
- 회의문자, 土部, 총12획

• • • 문 장 속 의 한 자 읽 어 볼 래 요 ? • • •

1. 최근 여야 의원들이 사형 제도 폐지 특별법 立法(   )을 공동 추진하기로 하였다.
2. 밥맛을 變質(   )시키는 주요 요인은 물과 열이다.
3. 개성은 그 사람만이 가지고 있어서 特別(   )히 자랑할 수 있는 것이다.
4. 오늘 오후에, 병원에 입원한 친구의 問病(   )을 간다.
5. 이순신은 자신의 죽음을 兵士(   )들에게 알리지 말 것을 당부하고 숨을 거두었다.
6. 신문에 여성들이 여성들에게 빗장이 걸려 있던 분야에서 우수한 성과를 내고 있다는 기사가 報道(   )됐다.

• • • 이 한 자 기 억 해 요 ? • • •   정답 76

1. 密(   ) 2. 反(   ) 3. 半(   ) 4. 發(   ) 5. 方(   ) 6. 放(   )

여기는! 法법 / 步보

211 | 보 걸음 보
步道보도 사람이 걸어 다니는 길 (道 길 도)
步行보행 걸어가는 일 (行 다닐 행)
初步초보 첫걸음. 가장 낮고 쉬운 정도의 단계 (初 처음 초)

步兵보병　競步경보　徒步도보
散步산보　進步진보　退步퇴보

회의문자　止부　총7획

212 | 보 지킬 보
保安보안 안전을 유지함 (安 편안 안)
保有보유 가지고 있음 (有 있을 유)
保存보존 잘 보호하고 간수하여 남김 (存 있을 존)
安保안보 국가의 안전을 지키는 일 (安 편안 안)

保健보건　保溫보온　保障보장
保全보전　保證보증　保護보호

회의문자　亻=人부　총9획

213 | 복 회복할 복/다시 부
復古복고 과거의 모양으로 돌아감 (古 예 고)
復活부활 죽었다가 다시 되살아남. 소생 (活 살 활)
反復반복 같은 일을 되풀이 함 (反 돌이킬 반)

復舊복구　復歸복귀　復習복습
復學복학　光復광복　回復회복

형성문자　彳부　총12획

214 | 복 복 복
多福다복 복이 많음, 또는 많은 복 (多 많을 다)
萬福만복 온갖 복 (萬 일만 만)
祝福축복 앞날의 행복을 빎 (祝 빌 축)
幸福행복 걱정이 없고 마음이 흡족하여 즐거운 상태 (幸 다행 행)

福券복권　冥福명복　五福오복
飮福음복　禍福화복　福利厚生복리후생

형성문자　示부　총14획

215 | 복 옷 복
服用복용 약을 먹음 (用 쓸 용)
軍服군복 군인의 제복 (軍 군사 군)
私服사복 관복이나 제복이 아닌 사사로이 입는 옷 (私 사사 사)
洋服양복 서양식의 옷 (洋 큰바다 양)
衣服의복 옷 (衣 옷 의)

服裝복장　服從복종　克服극복
不服불복　正服정복　韓服한복

형성문자　月부　총8획

216 | 본 근본 본
本部본부 어떤 조직의 중심이 되는 기관 (部 떼 부)
本心본심 꾸밈이나 거짓이 없는 참마음 (心 마음 심)
日本일본 대한민국 옆에 위치한 섬나라 (日 날 일)

本國본국　本校본교　本能본능
本名본명　本性본성　見本견본

지사문자　木부　총5획

• • • 문장 속의 한자 읽어 볼래요? • • •

1 길을 걸을 때에는 반드시 步道(　　)로 다녀야 한다.
2 자연이 保全(　　)될 때 우리의 삶도 안전하고 편안할 수 있다.
3 시에는 같은 말이 되풀이되거나 글자 수가 일정하게 反復(　　)되어 나타나는 시가 있다.
4 오늘도 나의 하루를 幸福(　　)한 마음으로 시작하자.
5 재봉틀이 발명되어 衣服(　　)을 쉽게 만들거나 수선하고, 衣服(　　)을 대량 생산할 수도 있게 되었다.
6 백제는 우수한 문화를 바탕으로 日本(　　)의 학문과 문화 발전에 귀중한 도움을 주었다.

• • • 이 한자 기억해요? • • • 　　정답 77

1 防(　)　2 訪(　)　3 拜(　)　4 白(　)　5 百(　)　6 番(　)

연습문제 9 | 지금까지 배운 내용을 문제로 풀어보세요

01-03 다음 한자(漢字)의 부수(部首)는 무엇입니까?

01 拜：①手 ②丨 ③禾 ④二 ⑤干

02 番：①米 ②口 ③禾 ④木 ⑤田

03 別：①口 ②刂 ③丿 ④方 ⑤川

04-06 다음 한자(漢字)의 획수(劃數)는 모두 몇 획입니까?

04 方：①3 ②4 ③5 ④6 ⑤7

05 訪：①9 ②10 ③11 ④12 ⑤13

06 服：①7 ②8 ③9 ④10 ⑤11

07-08 다음 필순(筆順)에 대한 설명에 가장 알맞은 한자(漢字)는 어느 것입니까?

07 왼쪽에서 오른쪽으로 쓴다.
①法 ②百 ③服 ④別 ⑤步

08 위에서 아래로 쓴다.
①白 ②福 ③拜 ④報 ⑤別

09-18 다음 한자(漢字)의 음(音)은 무엇입니까?

09 變：①방 ②백 ③변 ④배 ⑤보

10 防：①병 ②복 ③부 ④반 ⑤방

11 密：①법 ②변 ③방 ④밀 ⑤본

12 番：①벽 ②번 ③북 ④병 ⑤별

13 訪：①법 ②배 ③방 ④번 ⑤변

14 報：①부 ②별 ③북 ④병 ⑤보

15 反：①봉 ②반 ③북 ④보 ⑤붕

16 福：①번 ②백 ③보 ④복 ⑤배

17 本：①복 ②봉 ③본 ④별 ⑤부

18 病：①병 ②부 ③방 ④분 ⑤본

19-23 다음의 음(音)을 가진 한자(漢字)는 어느 것입니까?

19 배：①拜 ②防 ③白 ④發 ⑤保

20 법：①半 ②別 ③復 ④步 ⑤法

21 복：①本 ②百 ③報 ④服 ⑤拜

22 병：①福 ②保 ③兵 ④訪 ⑤百

23 복：①別 ②白 ③本 ④復 ⑤法

24-33 다음 한자(漢字)의 뜻은 무엇입니까?

24 百：①일만 ②희다 ③일백 ④일천 ⑤일십

25 別：①다르다 ②바르다 ③이끌다 ④세우다 ⑤받들다

26 報：①치다 ②갈다 ③덮다 ④갚다 ⑤다시

27 拜：①모 ②절 ③일 ④업 ⑤방

exercise

28 番 : ① 수행　② 논밭　③ 차례
　　　④ 번지　⑤ 병사

29 福 : ① 옷　② 복　③ 흉
　　　④ 흥　⑤ 법

30 半 : ① 반　② 북녘　③ 걸음
　　　④ 근본　⑤ 지아비

31 發 : ① 피다　② 상인　③ 지다
　　　④ 며느리　⑤ 지아비

32 復 : ① 꽃답다　② 유지하다　③ 보전하다
　　　④ 수리하다　⑤ 회복하다

33 變 : ① 갚다　② 나라　③ 다르다
　　　④ 이르다　⑤ 변하다

34-38 다음의 뜻을 가진 한자(漢字)는 어느 것입니까?

34 찾다　: ① 防　② 訪　③ 拜　④ 步　⑤ 保
35 병　 : ① 病　② 別　③ 方　④ 福　⑤ 本
36 옷　 : ① 反　② 報　③ 防　④ 服　⑤ 密
37 막다　: ① 法　② 白　③ 婦　④ 保　⑤ 防
38 걸음　: ① 兵　② 本　③ 白　④ 步　⑤ 法

39-48 다음 한자어(漢字語)의 음(音)은 무엇입니까?

39 訪問 : ① 방도 ② 방문 ③ 방향 ④ 사방 ⑤ 방책
40 白紙 : ① 백지 ② 백방 ③ 백만 ④ 명백 ⑤ 휴지
41 番號 : ① 군번 ② 당번 ③ 번호 ④ 순번 ⑤ 번지
42 變德 : ① 변질 ② 변신 ③ 변화 ④ 변덕 ⑤ 덕택
43 別個 : ① 별명 ② 별개 ③ 특별 ④ 차별 ⑤ 별거
44 問病 : ① 문안 ② 간병 ③ 병실 ④ 병균 ⑤ 문병
45 報答 : ① 문답 ② 밀도 ③ 보답 ④ 보고 ⑤ 대답
46 保有 : ① 보전 ② 보건 ③ 유무 ④ 보유 ⑤ 소유
47 反復 : ① 반복 ② 부활 ③ 복종 ④ 반대 ⑤ 수복
48 發明 : ① 일부 ② 해명 ③ 전부 ④ 천명 ⑤ 발명

49-50 다음 단어들의 '□'에 공통으로 들어갈 알맞은 한자(漢字)는 어느 것입니까?

49 當□, 順□, 軍□ :
　① 服　② 復　③ 別　④ 番　⑤ 反

50 □健, □證, □溫 :
　① 病　② 保　③ 兵　④ 法　⑤ 變

5급한자 600 | 217~228

217 | 봉 奉 (받들 봉)
- 奉命 봉명 임금의 명령을 받듦(命 목숨 명)
- 奉養 봉양 부모나 조부모를 받들어 모심 (養 기를 양)
- 信奉 신봉 사상이나 학설, 교리 따위를 옳다고 믿고 받듦(信 믿을 신)

奉仕 봉사 奉祀 봉사 奉安 봉안
奉祝 봉축 奉行 봉행 奉獻 봉헌

회의문자 大부 총8획

218 | 부 婦 (며느리 부)
- 婦女 부녀 부인과 여자라는 뜻으로 여성을 뜻함(女 계집 녀)
- 婦人 부인 결혼한 여자(人 사람 인)
- 子婦 자부 며느리(子 아들 자)
- 情婦 정부 아내가 아니면서 정을 두고 깊이 사귀는 여자(情 뜻 정)

姑婦 고부 寡婦 과부 夫婦 부부
新婦 신부 烈婦 열부 孝婦 효부

회의문자 女부 총11획

219 | 부 富 (부자 부)
- 富強 부강 백성의 살림이 넉넉하고 군대의 힘이 강함(強 강할 강)
- 富貴 부귀 재산이 많고 지위가 높음 (貴 귀할 귀)
- 豊富 풍부 넉넉하고 많음(豊 풍년 풍)

富國 부국 富農 부농 富裕 부유
富者 부자 富村 부촌 貧富 빈부

형성문자 宀부 총12획

220 | 부 父 (아비 부)
- 父子 부자 아버지와 아들(子 아들 자)
- 父親 부친 아버지(親 친할 친)
- 師父 사부 스승과 아버지. 스승의 존칭 (師 스승 사)
- 養父 양부 양아버지(養 기를 양)

父女 부녀 父母 부모 祖父 조부
家父長 가부장 學父兄 학부형 父傳子傳 부전자전

상형문자 父부 총4획

221 | 부 夫 (지아비 부)
- 夫婦 부부 남편과 아내(婦 며느리 부)
- 人夫 인부 품삯을 받고 일하는 사람 (人 사람 인)
- 夫婦有別 부부유별 남편과 아내 사이의 도리는 서로 침범하지 않음에 있음(婦 며느리 부, 有 있을 유, 別 다를 별)

夫人 부인 工夫 공부 農夫 농부
村夫 촌부 兄夫 형부 大丈夫 대장부

상형문자 大부 총4획

222 | 북 北 (북녘 북/달아날 배)
- 北極 북극 지구의 북쪽 끝(極 극진할 극)
- 北方 북방 북쪽(方 모 방)
- 南北 남북 남쪽과 북쪽(南 남녘 남)
- 敗北 패배 전쟁이나 겨루기에서 짐. 전쟁에 져서 달아남(敗 패할 패)

北京 북경 北門 북문 北風 북풍
北韓 북한 東北亞 동북아 東西南北 동서남북

회의문자 匕부 총5획

· · · 문 장 속 의 한 자 읽 어 볼 래 요 ? · · ·

1 효를 음식으로 奉養(   )하는 것으로 알지만, 짐승도 먹여 기를 수 있으니 공경의 마음이 없으면 다를 바가 없다.
2 장기려 박사는, 40여 년 간 북한에 두고 온 婦人(   )과 5남매를 그리며 봉사의 삶을 살았다.
3 우리 나라는 손꼽히는 富強(   )한 나라는 아니지만 긍지를 느끼기에는 충분한 나라이다.
4 우리 나라에서는 父子(   )의 인간 관계를 모든 인간 관계의 근본으로 여겼다.
5 '배우자'는 夫婦(   )의 한쪽에서 본 상대방을 일컫는 말이다.
6 실패와 敗北(   ) 등의 경험은 자신감을 떨어뜨리는 데 결정적인 역할을 한다.

· · · 이 한 자 기 억 해 요 ? · · ·   정답 78

1 法(   ) 2 變(   ) 3 別(   ) 4 病(   ) 5 兵(   ) 6 報(   )

여기는! 奉봉 / 分분

223 | 분 分 (나눌 분)

- 分明 분명 : 흐리지 않고 또렷함 (明 밝을 명)
- 分野 분야 : 어떤 일의 한 부분이나 범위 (野 들 야)
- 名分 명분 : 일을 꾀하는 데에 내세우는 구실이나 이유 (名 이름 명)
- 身分 신분 : 개인의 사회적 지위 (身 몸 신)
- 分校 분교   分配 분배   分散 분산
- 分數 분수   分布 분포   氣分 기분

회의문자 / 刀부 총4획

필순: ノ 八 今 分

224 | 불 不 (아닐 불(부))

- 不服 불복 : 남의 결정·명령 따위에 복종하지 않음 (服 옷 복)
- 不安 불안 : 걱정이 되어 마음이 편하지 아니함 (安 편안 안)
- 不便 불편 : 편리하지 못하고 거북스러움 (便 편할 편)
- 不良 불량   不利 불리   不信 불신
- 不幸 불행   不當 부당   不足 부족

상형문자 / 一부 총4획

필순: 一 ア オ 不

225 | 비 備 (갖출 비)

- 備品 비품 : 정한 장소에 갖추어 두는 물품 (品 물건 품)
- 對備 대비 : 어떤 일에 대응할 준비를 함 (對 대할 대)
- 完備 완비 : 완전히 갖춤 (完 완전할 완)
- 備考 비고   警備 경비   設備 설비
- 守備 수비   整備 정비   準備 준비

회의문자 / 亻=人부 총12획

필순: ノ 亻 亻 亻 伊 伊 伊 借 備 備 備

226 | 비 比 (견줄 비)

- 比等 비등 : 견주어 보아 서로 비슷함 (等 무리 등)
- 比例 비례 : 한 쪽의 양이나 수가 증가하는 만큼 그와 관련된 다른 쪽의 양이나 수도 증가함 (例 법식 례)
- 比重 비중 : 다른 사물과 비교했을 때의 중요성의 정도 (重 무거울 중)
- 比肩 비견   比較 비교   比率 비율
- 對比 대비   反比例 반비례   正比例 정비례

회의문자 / 比부 총4획

필순: 一 レ ヒ 比

227 | 비 飛 (날 비)

- 飛行 비행 : 하늘을 날아다님 (行 다닐 행)
- 飛火 비화 : 튀는 불똥. 영향이 직접 관계가 없는 다른 데까지 번짐 (火 불 화)
- 雄飛 웅비 : 힘차고 씩씩하게 나아감 (雄 수컷 웅)
- 飛報 비보   飛上 비상   飛躍 비약
- 飛虎 비호   飛行機 비행기   烏飛梨落 오비이락

상형문자 / 飛부 총9획

228 | 비 非 (아닐 비)

- 非番 비번 : 당번을 설 차례가 아님 (番 차례 번)
- 非常 비상 : 뜻밖의 긴급 사태. 보통이 아님 (常 떳떳할 상)
- 非行 비행 : 그릇된 행위. 나쁜 짓 (行 다닐 행)
- 非難 비난   非理 비리   非凡 비범
- 非情 비정   非賣品 비매품   是是非非 시시비비

상형문자 / 非부 총8획

필순: ノ 丿 ヲ 킈 爿 非 非 非

· · · 문 장 속 의 한 자 읽 어 볼 래 요 ? · · ·

1 목표가 分明(   )히 설정되어 있어야 어려움도 인내할 수 있고 절제할 수 있는 것이다.
2 不安(   ), 고민, 슬픔, 스트레스는 보통 사람의 식욕을 떨어뜨리는 원인이 된다.
3 19세기 말 우리는 국제화의 변화에 對備(   )하지 못해서 일제 지배의 수난을 겪었다.
4 우리 생활에서 큰 比重(   )을 차지하고 있는 가정은, 무엇보다도 건강해야 한다.
5 우주선이 달의 반대편을 飛行(   )하기 전까지는 달의 뒤편을 본 사람이 아무도 없었다.
6 영조는 사도 세자의 非行(   )을 꾸짖고 세자를 폐하고, 뒤주에 가두어 굶겨 죽였다.

· · · 이 한 자 기 억 해 요 ? · · ·   정답 79

1 步(   )   2 保(   )   3 復(   )   4 福(   )   5 服(   )   6 本(   )

5급한자 600 | 229~240

229 | 빙 — 氷 (얼음 빙)
- 氷山 빙산: 남극이나 북극의 바다에 떠 있는 거대한 얼음덩어리 (山 메 산)
- 氷上 빙상: 얼음 위 (上 윗 상)
- 氷河 빙하: 육상에 퇴적한 거대한 얼음덩어리가 강처럼 흐르는 것 (河 물 하)

氷水 빙수, 氷魚 빙어, 氷點 빙점
氷板 빙판, 結氷 결빙, 解氷 해빙

회의문자 水부 총5획

230 | 사 — 寺 (절 사)
- 古寺 고사: 오래된 절. 옛절 (古 예 고)
- 末寺 말사: 본사의 관리를 받는 작은 절, 또는 본사에서 갈라져 나온 절 (末 끝 말)
- 山寺 산사: 산 속에 있는 절 (山 메 산)

寺門 사문, 寺院 사원, 寺塔 사탑
本寺 본사, 法主寺 법주사, 佛國寺 불국사

형성문자 寸부 총6획

231 | 사 — 史 (사기, 역사 사)
- 史官 사관: 역사의 편찬을 맡아보던 벼슬 (官 벼슬 관)
- 野史 야사: 민간에서 사사로이 기록한 역사 (野 들 야)
- 歷史 역사: 인간 사회가 거쳐온 변천의 모습, 또는 그 기록 (歷 지날 력)

史記 사기, 史料 사료, 史學 사학
國史 국사, 戰史 전사, 世界史 세계사

회의문자 口부 총5획

232 | 사 — 使 (하여금, 부릴 사)
- 使命 사명: 마땅히 해야 할 일. 지워진 임무 (命 목숨 명)
- 使用 사용: 물건을 쓰거나 사람을 부림 (用 쓸 용)
- 使節 사절: 나라를 대표하여 일정한 사명을 띠고 외국에 파견되는 사람 (節 마디 절)

使臣 사신, 使者 사자, 大使 대사
特使 특사, 行使 행사, 使節團 사절단

형성문자 亻=人부 총8획

233 | 사 — 射 (쏠 사)
- 反射 반사: 일정하게 나가던 파동이 다른 물체에 부딪쳐 방향을 반대로 바꾸는 현상 (反 돌이킬 반)
- 發射 발사: 활·총포·로켓이나 광선·음파 따위를 쏘는 일 (發 필 발)

射擊 사격, 射手 사수, 亂射 난사
速射 속사, 注射 주사, 日射病 일사병

회의문자 寸부 총10획

234 | 사 — 思 (생각 사)
- 思料 사료: 깊이 생각하여 헤아림 (料 헤아릴 료)
- 思想 사상: 생각 (想 생각 상)
- 心思 심사: 마음 (心 마음 심)
- 意思 의사: 생각이나 마음 (意 뜻 의)

思考 사고, 思慮 사려, 思索 사색
思母曲 사모곡, 思春期 사춘기, 相思病 상사병

회의문자 心부 총9획

· · · 문장 속의 한자 읽어 볼래요? · · ·

1. 지구의 온도가 높아지면, 극지방의 氷山(   )이 녹아 바닷물 수면이 높아진다.
2. '동방의 조용한 나라'에 찾아온 외국 관광객들은 화려한 도시의 불빛보다 고즈넉한 山寺(   )의 적막함을 더 좋아한다.
3. 조상의 의미는 우리의 땅과 歷史(   )와 문화를 이룩한 조상이라는 넓은 범위로 확대될 수 있다.
4. 자기의 이익을 위해서 양심이라는 말을 使用(   )하는 사람은 양심이 무엇인지 알지 못하는 것이다.
5. 굴절은 빛의 反射(   )작용으로 발생하는 현상이다.
6. 인간 본성의 선악 문제는 동양 思想(   )에서 중요하게 다루어 온 문제이다.

· · · 이 한자 기억해요? · · · 정답 82

1 奉(   ) 2 婦(   ) 3 富(   ) 4 父(   ) 5 夫(   ) 6 北(   )

여기는! 氷빙 / 士사

235 | 사 士 선비 사
- 軍士군사 하사관 이하의 군인(軍 군사 군)
- 名士명사 사회에서 이름 난 사람 (名 이름 명)
- 義士의사 옳은 일을 위해 뜻을 굽히지 않는 꿋꿋한 사람 (義 옳을 의)

士氣사기　士兵사병　技士기사
兵士병사　人士인사　士官學校사관학교

상형문자　士부　총3획
一十士

236 | 사 仕 섬길 사
- 奉仕봉사 나라나 사회 또는 남을 위하여 자신의 이해를 돌보지 아니하고 몸과 마음을 다하여 일함 (奉 받들 봉)
- 出仕출사 벼슬하러 관아에 나감 (出 날 출)

仕路사로　給仕급사　顯仕현사

형성문자　亻=人부　총5획
丿亻仁仕仕

237 | 사 事 일 사
- 事理사리 일의 이치 (理 다스릴 리)
- 事實사실 실제로 있거나 있었던 일 (實 열매 실)
- 事情사정 일의 형편이나 그렇게 된 까닭 (情 뜻 정)

事件사건　事大사대　事業사업
記事기사　時事시사　人事인사

회의문자　亅부　총8획
事

238 | 사 師 스승 사
- 敎師교사 학교에서 소정의 자격을 가지고 학생을 가르치거나 돌보는 사람 (敎 가르칠 교)
- 藥師약사 자격증을 가지고 약을 제조하거나 의사의 처방에 따라 약을 조제하거나 의약품을 파는 사람 (藥 약 약)

師弟사제　大師대사　醫師의사
美容師미용사　庭園師정원사　出師表출사표

회의문자　巾부　총10획
師

239 | 사 死 죽을 사
- 死色사색 죽은 사람처럼 창백한 얼굴 빛 (色 빛 색)
- 無死무사 야구에서 아직 아웃된 사람이 한 사람도 없는 상황을 이르는 말 (無 없을 무)
- 不死불사 죽지 아니함 (不 아닐 불)

死境사경　死亡사망　死守사수
假死가사　枯死고사　凍死동사

회의문자　歹부　총6획
死

240 | 사 四 넉 사
- 四方사방 동서남북의 네 방향 (方 모 방)
- 四寸사촌 아버지와 어머니의 친형제의 아들 딸 (寸 마디 촌)
- 四君子사군자 동양화에서, 매화·난초·국화·대나무를 그린 그림, 또는 그 소재 (君 임금 군, 子 아들 자)

四萬사만　四十사십　四角形사각형
四大門사대문　外四寸외사촌　四書五經사서오경

지사문자　口부　총5획
一冂冂四四

· · · 문 장 속 의 한 자 읽 어 볼 래 요 ?

1. 상하이의 홍커우 공원에서 윤봉길 義士(　　)는 일본군 장교와 관리들에게 폭탄을 던졌다.
2. 테레사 수녀는 병들고 외로운 사람들을 어루만진 70년 奉仕(　　)의 생을 87세로 마감했다.
3. 오늘날 이웃이 있다는 事實(　　)을 잊고 있거나, 이웃끼리 도우면 모두가 행복하게 살 수 있다는 事實 (　　)을 모르는 경우도 있다.
4. 헬렌이 일곱 살 되던 해, 설리번 선생이 가정 敎師(　　)로 왔다.
5. 우리 학교 야구팀은 9회말 無死(　　)에 만루 홈런을 쳤다.
6. 느티나무에서 맴맴거리던 매미 소리가 멈추자 四方(　　)이 조용해졌다.

· · · 이 한 자 기 억 해 요 ? · · · 정답 83

1 分(　)　2 不(　)　3 備(　)　4 比(　)　5 飛(　)　6 非(　)

연습문제 10 | 지금까지 배운 내용을 문제로 풀어보세요

01-03 다음 한자(漢字)의 부수(部首)는 무엇입니까?

01 分 : ① 刀 ② 人 ③ 木 ④ 八 ⑤ 分
02 富 : ① 一 ② 富 ③ 宀 ④ 田 ⑤ 口
03 比 : ① 匕 ② 二 ③ 上 ④ 一 ⑤ 比

04-06 다음 한자(漢字)의 획수(劃數)는 모두 몇 획입니까?

04 婦 : ① 10 ② 11 ③ 12 ④ 13 ⑤ 14
05 思 : ① 6 ② 7 ③ 8 ④ 9 ⑤ 10
06 奉 : ① 7 ② 8 ③ 9 ④ 10 ⑤ 11

07-08 다음 필순(筆順)에 대한 설명에 가장 알맞은 한자(漢字)는 어느 것입니까?

07 꿰뚫는 획은 나중에 쓴다.
　① 士 ② 史 ③ 非 ④ 事 ⑤ 比

08 삐침과 파임이 만날 때는 삐침을 먼저 쓴다.
　① 夫 ② 父 ③ 不 ④ 死 ⑤ 分

09-18 다음 한자(漢字)의 음(音)은 무엇입니까?

09 師 : ① 비 ② 수 ③ 빈 ④ 사 ⑤ 불
10 使 : ① 산 ② 사 ③ 불 ④ 비 ⑤ 분
11 分 : ① 별 ② 빈 ③ 분 ④ 산 ⑤ 사
12 北 : ① 빙 ② 사 ③ 불 ④ 비 ⑤ 북
13 備 : ① 비 ② 분 ③ 빈 ④ 삭 ⑤ 사
14 死 : ① 산 ② 빙 ③ 사 ④ 빈 ⑤ 분
15 富 : ① 분 ② 부 ③ 비 ④ 불 ⑤ 빙
16 思 : ① 산 ② 분 ③ 부 ④ 사 ⑤ 불
17 比 : ① 비 ② 북 ③ 빙 ④ 사 ⑤ 산
18 寺 : ① 불 ② 산 ③ 분 ④ 빈 ⑤ 사

19-23 다음의 음(音)을 가진 한자(漢字)는 어느 것입니까?

19 비 : ① 不 ② 非 ③ 射 ④ 死 ⑤ 四
20 빙 : ① 射 ② 史 ③ 事 ④ 氷 ⑤ 師
21 사 : ① 父 ② 分 ③ 婦 ④ 飛 ⑤ 仕
22 부 : ① 夫 ② 士 ③ 非 ④ 北 ⑤ 史
23 불 : ① 不 ② 奉 ③ 飛 ④ 比 ⑤ 使

24-33 다음 한자(漢字)의 뜻은 무엇입니까?

24 非 : ① 옳다 ② 적다 ③ 나누다
　　 ④ 기리다 ⑤ 아니다

25 備 : ① 갖추다 ② 벌이다 ③ 내리다
　　 ④ 올리다 ⑤ 부리다

26 奉 : ① 타다 ② 날다 ③ 향하다
　　 ④ 받들다 ⑤ 어지럽다

27 不 : ① 날다　② 가리다　③ 택하다
　　　 ④ 밀치다　⑤ 아니다

28 父 : ① 아비　② 머리　③ 어미
　　　 ④ 다리　⑤ 어금니

29 富 : ① 옳다　② 가다　③ 부자
　　　 ④ 아니다　⑤ 며느리

30 使 : ① 이제　② 비로소　③ 하여금
　　　 ④ 스스로　⑤ 다다르다

31 事 : ① 낯　② 일　③ 힘쓰다
　　　 ④ 애쓰다　⑤ 번역하다

32 思 : ① 마음　② 이성　③ 감정
　　　 ④ 생각　⑤ 두려움

33 氷 : ① 물　② 산　③ 얼음
　　　 ④ 빙수　⑤ 바다

34-38 다음의 뜻을 가진 한자(漢字)는 어느 것입니까?

34 날다　: ① 史　② 不　③ 飛　④ 北　⑤ 比

35 스승　: ① 分　② 仕　③ 射　④ 四　⑤ 師

36 며느리: ① 思　② 使　③ 士　④ 婦　⑤ 備

37 섬기다: ① 仕　② 射　③ 死　④ 非　⑤ 飛

38 선비　: ① 夫　② 分　③ 寺　④ 士　⑤ 父

39-48 다음 한자어(漢字語)의 음(音)은 무엇입니까?

39 分明 : ① 분수 ② 분교 ③ 광명 ④ 분명 ⑤ 분할

40 不便 : ① 불리 ② 불편 ③ 불안 ④ 부당 ⑤ 불경

41 雄飛 : ① 웅비 ② 비행 ③ 비보 ④ 비상 ⑤ 상비

42 夫婦 : ① 빈민 ② 부자 ③ 갑부 ④ 청부 ⑤ 부부

43 奉仕 : ① 급사 ② 봉사 ③ 출사 ④ 봉화 ⑤ 봉송

44 敎師 : ① 약사 ② 교실 ③ 교사 ④ 의사 ⑤ 교훈

45 歷史 : ① 역사 ② 국사 ③ 야사 ④ 사학 ⑤ 이학

46 量産 : ① 감산 ② 소산 ③ 산모 ④ 양초 ⑤ 양산

47 敗北 : ① 산정 ② 패배 ③ 암산 ④ 남북 ⑤ 동북

48 使用 : ① 사신 ② 사명 ③ 사용 ④ 대사 ⑤ 이용

49-50 다음 단어들의 '□'에 공통으로 들어갈 알맞은 한자(漢字)는 어느 것입니까?

49 守□, □品, □考 :
　 ① 氷　② 思　③ 備　④ 士　⑤ 史

50 □重, □例, 對□ :
　 ① 比　② 非　③ 不　④ 奉　⑤ 射

5급한자 600 | 241~252

241 | 산 産 (낳을 산)
- 産母 산모 : 해산한 지 며칠 되지 않은 여자 (母 어미 모)
- 量産 양산 : 대량 생산의 준말 (量 헤아릴 량)
- 産油國 산유국 : 자국의 영토 및 영해에서 원유를 생산하는 나라 (油 기름 유, 國 나라 국)
- 産卵 산란 倒産 도산 生産 생산
- 順産 순산 副産物 부산물 不動産 부동산

형성문자 / 生부 / 총11획

242 | 산 山 (메 산)
- 山間 산간 : 산과 산 사이. 산골짜기로 된 곳 (間 사이 간)
- 山林 산림 : 산과 숲. 산에 있는 숲 (林 수풀 림)
- 山所 산소 : 무덤의 높임말 (所 바 소)
- 山水 산수 山村 산촌 登山 등산
- 先山 선산 靑山 청산 火山 화산

상형문자 / 山부 / 총3획

243 | 산 算 (셈 산)
- 計算 계산 : 수량을 헤아림. 수치를 구하는 일 (計 셀 계)
- 暗算 암산 : 머릿속으로 계산함 (暗 어두울 암)
- 打算 타산 : 자신에게 도움이 되는지를 따져 헤아림 (打 칠 타)
- 算數 산수 算定 산정 算出 산출
- 加算 가산 決算 결산 豫算 예산

회의문자 / 竹부 / 총14획

244 | 살 殺 (죽일 살/감할 쇄)
- 殺害 살해 : 남을 죽임. 남의 생명을 해침 (害 해할 해)
- 暗殺 암살 : 사람을 몰래 죽임 (暗 어두울 암)
- 自殺 자살 : 스스로 자기의 목숨을 끊음 (自 스스로 자)
- 他殺 타살 : 남을 죽임, 또는 죽임을 당함 (他 다를 타)
- 殺菌 살균 殺到 쇄도 殺傷 살상
- 殺生 살생 殺人 살인 竝殺 병살

상형문자 / 殳부 / 총11획

245 | 삼 三 (석 삼)
- 三寸 삼촌 : 아버지의 형제 (寸 마디 촌)
- 三韓 삼한 : 상고 시대 우리 나라 남부에 있던 진한·변한·마한 (韓 한국 한)
- 三多島 삼다도 : 제주도 (多 많을 다, 島 섬 도)
- 三綱 삼강 三經 삼경 三萬 삼만
- 外三寸 외삼촌 三三五五 삼삼오오 正三角形 정삼각형

지사문자 / 一부 / 총3획

246 | 상 上 (윗 상)
- 上流 상류 : 강이 흐르는 위쪽 (流 흐를 류)
- 世上 세상 : 사회. 모든 사람이 사는 곳 (世 인간 세)
- 上水道 상수도 : 먹는 물이나 공업 따위에 쓰는 물을 관을 통하여 보내 주는 설비 (水 물 수, 道 길 도)
- 上納 상납 上昇 상승 上衣 상의
- 面上 면상 地上 지상 最上 최상

지사문자 / 一부 / 총3획

• • • 문 장 속 의 한 자 읽 어 볼 래 요 ? • • •

1. 다운증후군은 産母(   )의 나이가 많을수록 발생할 확률이 증가한다.
2. 추석에 할아버지의 山所(   )에 성묘를 갔다.
3. 도구적 이성이란, 수단을 어떻게 마련하는 것이 경제적인가를 計算(   )할 때 쓰는 합리성이다.
4. 정몽주는 1392년, 선죽교에서 이방원의 부하에게 殺害(   )되고 만다.
5. 고조선 이후의 부여, 고구려, 三韓(   )에서도 하늘을 섬기고 받드는 제사를 지냈다.
6. 진흥왕은 백제와 힘을 합쳐 고구려를 공격하여 한강 上流(   ) 지역을 차지하였다.

• • • 이 한 자 기 억 해 요 ? • • •   정답 84

1. 氷(   ) 2. 寺(   ) 3. 史(   ) 4. 使(   ) 5. 射(   ) 6. 思(   )

여기는! 産산 / 商상

247 | 상 商 장사 상

- 商人 상인 — 장사를 하는 사람 (人 사람 인)
- 商品 상품 — 팔고 사는 물건 (品 물건 품)
- 商去來 상거래 — 상업상의 거래 (去 갈 거, 來 올 래)
- 商街 상가
- 商業 상업
- 商店 상점
- 巨商 거상
- 露店商 노점상
- 小賣商 소매상

상형문자 口부 총11획
广产产产商商商商

248 | 상 尙 오히려 상

- 尙武 상무 — 무예를 중히 여겨 받듦 (武 호반 무)
- 尙文 상문 — 문예를 숭상함 (文 글월 문)
- 高尙 고상 — 학문·예술 등의 취미가 깊어 저속하지 않음 (高 높을 고)
- 尙古 상고
- 尙宮 상궁
- 崇尙 숭상
- 和尙 화상
- 口尙乳臭 구상유취

회의문자 小부 총8획
⺌⺌⺌⺌㕣尙尙尙

249 | 상 賞 상줄 상

- 賞金 상금 — 상으로 주는 돈 (金 쇠 금)
- 入賞 입상 — 상을 타는 데 들게 됨 (入 들 입)
- 論功行賞 논공행상 — 공적의 크고 작음 따위를 논의하여 그에 알맞은 상을 줌 (論 논할 론, 功 공 공, 行 다닐 행)
- 賞狀 상장
- 賞品 상품
- 大賞 대상
- 受賞 수상
- 銀賞 은상
- 賞與金 상여금

형성문자 貝부 총15획
⺌⺌⺌㕣㕣㕣常常常常常常賞賞賞

250 | 상 相 서로 상

- 相對 상대 — 서로 마주 대함 (對 대할 대)
- 相通 상통 — 서로 막힘이 없이 길이 트임 (通 통할 통)
- 眞相 진상 — 사물의 참된 모습 (眞 참 진)
- 首相 수상 — 내각의 우두머리 (首 머리 수)
- 相談 상담
- 相反 상반
- 相議 상의
- 觀相 관상
- 實相 실상
- 位相 위상

회의문자 目부 총9획
一十才オ木 栢栢相相

251 | 상 想 생각 상

- 想念 상념 — 마음 속에 떠오르는 생각 (念 생각 념)
- 感想 감상 — 마음에 느끼어 일어나는 생각 (感 느낄 감)
- 發想 발상 — 어떤 생각을 해냄, 또는 그 생각 (發 필 발)
- 假想 가상
- 空想 공상
- 發想 발상
- 思想 사상
- 理想 이상
- 回想 회상

형성문자 心부 총13획
一十才オ木 相相相想想想

252 | 색 色 빛 색

- 色素 색소 — 색깔을 나타내게 하는 본바탕이 되는 물질 (素 본디 소)
- 白色 백색 — 흰 빛깔 (白 흰 백)
- 本色 본색 — 본디의 빛깔이나 성질 (本 근본 본)
- 色盲 색맹
- 氣色 기색
- 名色 명색
- 原色 원색
- 退色 퇴색
- 血色 혈색

회의문자 色부 총6획
⺈⺈⺈⺈⺈色

- - - 문 장 속 의 한 자 읽 어 볼 래 요 ? - - -

1. 합리적인 소비자는 실용주의 정신에 기초하여 商品( )에 대한 정확한 정보를 얻고자 노력한다.
2. 高尙( )한 인격은 나를 빛내는 최고의 장식구이다.
3. 1936년 8월 9일, 베를린 올림픽 경기에서 손기정과 남승룡 선수가 1위와 3위로 入賞( )하였다.
4. 이성 친구는 자기의 相對( )가 되는 남성이나 여성을 이해할 수 있는 통로가 된다.
5. 같은 문학 작품을 읽는다 하더라도 작품에 대한 感想( )은 사람에 따라 다양하게 나타날 수 있다.
6. 백합의 순결을 상징한다는 白色( )의 꽃송이와 진한 향기는 여간 매력적인 것이 아니다.

- - - 이 한 자 기 억 해 요 ? - - - 정답 85

1 士( ) 2 仕( ) 3 事( ) 4 師( ) 5 死( ) 6 四( )

 **5급한자 600** | 253~264

253 | 생 — 날 생
生氣 생기 싱싱하고 힘찬 기운 (氣 기운 기)
生物 생물 살아 있는 물체 (物 물건 물)
生日 생일 세상에 태어난 날 (日 날 일)
生年月日 생년월일 태어난 해와 달과 날 (年 해 년, 月 달 월, 日 날 일)

生家 생가　生命 생명　生産 생산
生辰 생신　生活 생활　出生 출생

회의문자　生부　총5획

254 | 서 — 글 서
良書 양서 좋은 책. 유익한 책 (良 어질 량)
圖書室 도서실 책을 모아 두고 여러 사람이 볼 수 있게 만든 방 (圖 그림 도, 室 집 실)

書面 서면　書生 서생　書式 서식
書體 서체　書畵 서화　讀書 독서

회의문자　日부　총10획

255 | 서 — 서녘 서
西洋 서양 유럽과 아메리카주의 여러 나라를 이르는 말 (洋 큰바다 양)
東西 동서 동쪽과 서쪽 (東 동녘 동)
東西南北 동서남북 동쪽·서쪽·남쪽·북쪽. 모든 방향 (東 동녘 동, 南 남녘 남, 北 북녘 북)

西門 서문　西山 서산　西海 서해
嶺西 영서　西大門 서대문　東西古今 동서고금

상형문자　襾부　총6획

256 | 서 — 차례 서
序論 서론 말이나 글에서 본격적인 논의를 하기 위한 실마리가 되는 부분 (論 논할 론)
序文 서문 머리말 (文 글월 문)
順序 순서 정해 놓은 차례 (順 순할 순)

序詩 서시　序言 서언　序列 서열
序頭 서두　序曲 서곡　秩序 질서

형성문자　广부　총7획

257 | 석 — 저녁 석
夕陽 석양 저녁 나절. 해질 무렵 (陽 볕 양)
七夕 칠석 견우와 직녀가 1년에 한번 오작교에서 만난다는 전설이 있는 음력 칠월 초이렛날 (七 일곱 칠)

夕刊 석간　夕食 석식　夕日 석일
一夕 일석　朝夕 조석　秋夕 추석

상형문자　夕부　총3획

258 | 석 — 돌 석
石造 석조 돌로 만드는 일, 또는 그 물건 (造 지을 조)
化石 화석 옛날 동물이나 식물이 지층에 묻혀 돌처럼 굳어진 것 (化 될 화)

石工 석공　石油 석유　寶石 보석
礎石 초석　試金石 시금석　自然石 자연석

상형문자　石부　총5획

● ● ● 문 장 속 의 한 자 읽 어 볼 래 요 ?

1 윤봉길 의사는 일본왕의 生日(　　) 기념식에 참석한 일본 침략자들에게 도시락 폭탄을 던졌다.
2 圖書室(　　)에서 자료를 열람할 때에는 먼저 가방이나 소지품을 밖에 있는 보관함에 둔다.
3 요즘은 西洋(　　) 사회에서도 동양의 전통에 대하여 관심을 많이 가지고 연구를 하고 있다.
4 시대에 따라 인격을 이루는 여러 가지 정신 자세 중에서 강조하는 順序(　　)가 달라지기도 한다.
5 칠월 七夕(　　)은 바로 견우와 직녀가 만나서 그 동안의 온갖 마음을 다하는 날이다.
6 산성비를 만드는 오염 물질은 化石(　　) 연료를 태울 때 나오는 이산화황과 질소 산화물 때문이다.

● ● ● 이 한 자 기 억 해 요 ? 　　　　　　　　　정답 88

1 産(　)　2 山(　)　3 算(　)　4 殺(　)　5 三(　)　6 上(　)

여기는! 生생/席석

259 | 석 席 자리 석
- 席次 석차 : 자리의 차례(次 버금 차)
- 方席 방석 : 깔고 앉는 작은 자리(方 모 방)
- 出席 출석 : 수업 등에 나감(出 날 출)
- 合席 합석 : 한자리에 같이 앉음(合 합할 합)

席卷 석권 客席 객석 缺席 결석
病席 병석 立席 입석 座席 좌석

상형문자
巾부 총10획

260 | 선 鮮 고울 선
- 鮮明 선명 : 산뜻하고 밝음(明 밝을 명)
- 鮮血 선혈 : 생생한 피(血 피 혈)
- 生鮮 생선 : 물에서 잡아낸 그대로의 물고기(生 날 생)
- 新鮮 신선 : 새롭고 깨끗함(新 새 신)

鮮度 선도 鮮麗 선려 朝鮮 조선
鮮紅色 선홍색 古朝鮮 고조선

형성문자
魚부 총17획

261 | 선 先 먼저 선
- 先頭 선두 : 첫머리(頭 머리 두)
- 先山 선산 : 조상의 무덤, 또는 무덤이 있는 곳(山 메 산)
- 先進國 선진국 : 경제와 문화가 앞선 나라(進 나아갈 진, 國 나라 국)

先決 선결 先金 선금 先手 선수
先行 선행 先驅者 선구자 先入見 선입견

회의문자
儿부 총6획

262 | 선 線 줄 선
- 線路 선로 : 좁은 길. 기차나 전차의 궤도(路 길 로)
- 曲線 곡선 : 굽은 선(曲 굽을 곡)
- 電線 전선 : 전기가 통하는 금속선(電 번개 전)

光線 광선 視線 시선 有線 유선
點線 점선 戰線 전선 直線 직선

형성문자
糸부 총15획

263 | 선 善 착할 선
- 善良 선량 : 착하고 어짊(良 어질 량)
- 善惡 선악 : 착함과 악함(惡 악할 악)
- 善行 선행 : 착하고 어진 행실(行 다닐 행)
- 最善 최선 : 가장 좋거나 훌륭함, 또는 그런 것(最 가장 최)

善心 선심 善意 선의 善戰 선전
善處 선처 改善 개선 眞善美 진선미

회의문자
口부 총12획

264 | 선 仙 신선 선
- 仙女 선녀 : 선경에 산다는 여자 신선(女 계집 녀)
- 詩仙 시선 : 이백을 이름(詩 시 시)
- 神仙 신선 : 선도를 닦아 신통력을 얻은 사람(神 귀신 신)

仙境 선경 仙界 선계 仙人 선인
鳳仙花 봉선화 仙人掌 선인장 儒佛仙 유불선

형성문자
亻=人부 총5획

• • • 문 장 속 의 한 자 읽 어 볼 래 요?

1. 스킬 자수로 만들어 쓸 수 있는 것에는 方席(   ), 쿠션, 액자, 받침 등이 있다.
2. 교통의 발달로 소비자는 전국 각지에서 생산된 新鮮(   )한 농·수산물을 구할 수 있다.
3. 문중은 마을 뒤 先山(   )에 납골묘를 만들어 30여 분의 조상을 모셨다.
4. 기와 지붕의 曲線(   )이나 한복의 맵시에서 넉넉하고 부드러운 우리 민족의 운치와 멋을 찾을 수 있다.
5. 홍익 인간은 풍요로운 삶과 善良(   )한 인심, 화평한 사회를 추구하는 인도주의적 이념이다.
6. 하늘나라 仙女(   )님들이 송이송이 하얀솜을 자꾸자꾸 뿌려줍니다.

• • • 이 한 자 기 억 해 요? • • •   정답 89

1 商(   ) 2 尙(   ) 3 賞(   ) 4 相(   ) 5 想(   ) 6 色(   )

연습문제 11 | 지금까지 배운 내용을 문제로 풀어보세요

01-03 다음 한자(漢字)의 부수(部首)는 무엇입니까?

01 殺 : ① ✕ ② 几 ③ 木 ④ 又 ⑤ 殳

02 相 : ① 目 ② 木 ③ 口 ④ 日 ⑤ 相

03 尙 : ① 亅 ② 口 ③ 小 ④ 尙 ⑤ 門

04-06 다음 한자(漢字)의 획수(劃數)는 모두 몇 획입니까?

04 殺 : ① 10 ② 11 ③ 12 ④ 13 ⑤ 14

05 鮮 : ① 15 ② 16 ③ 17 ④ 18 ⑤ 19

06 仙 : ① 3 ② 4 ③ 5 ④ 6 ⑤ 7

07-08 다음 필순(筆順)에 대한 설명에 가장 알맞은 한자(漢字)는 어느 것입니까?

07 위에서 아래로 쓴다.
① 山 ② 殺 ③ 三 ④ 線 ⑤ 仙

08 왼쪽에서 오른쪽으로 쓴다.
① 席 ② 相 ③ 産 ④ 善 ⑤ 石

09-18 다음 한자(漢字)의 음(音)은 무엇입니까?

09 賞 : ① 삭 ② 석 ③ 서 ④ 상 ⑤ 살

10 色 : ① 상 ② 살 ③ 선 ④ 삼 ⑤ 색

11 鮮 : ① 선 ② 삼 ③ 사 ④ 산 ⑤ 서

12 上 : ① 산 ② 성 ③ 상 ④ 선 ⑤ 석

13 商 : ① 설 ② 색 ③ 상 ④ 선 ⑤ 삼

14 序 : ① 상 ② 설 ③ 석 ④ 선 ⑤ 서

15 殺 : ① 설 ② 서 ③ 선 ④ 살 ⑤ 색

16 算 : ① 산 ② 석 ③ 상 ④ 색 ⑤ 삼

17 席 : ① 선 ② 생 ③ 석 ④ 설 ⑤ 상

18 線 : ① 생 ② 살 ③ 설 ④ 선 ⑤ 석

19-23 다음의 음(音)을 가진 한자(漢字)는 어느 것입니까?

19 상 : ① 山 ② 生 ③ 三 ④ 尙 ⑤ 殺

20 서 : ① 善 ② 西 ③ 仙 ④ 先 ⑤ 上

21 석 : ① 書 ② 三 ③ 夕 ④ 色 ⑤ 相

22 서 : ① 石 ② 線 ③ 相 ④ 先 ⑤ 書

23 산 : ① 産 ② 上 ③ 西 ④ 想 ⑤ 序

24-33 다음 한자(漢字)의 뜻은 무엇입니까?

24 産 : ① 서다 ② 긋다 ③ 세다 ④ 입다 ⑤ 낳다

25 生 : ① 걷다 ② 서다 ③ 기다 ④ 나다 ⑤ 서로

26 石 : ① 돌 ② 산 ③ 색 ④ 물 ⑤ 석

27 殺 : ① 새기다 ② 지우다 ③ 살리다 ④ 죽이다 ⑤ 떳떳하다

28 想 : ① 신념　② 서로　③ 느낌
　　　　④ 감정　⑤ 생각

29 線 : ① 줄　② 돌　③ 해
　　　　④ 금　⑤ 강

30 算 : ① 굴　② 메　③ 납
　　　　④ 셈　⑤ 돌다

31 善 : ① 크다　② 행하다　③ 착하다
　　　　④ 즐기다　⑤ 아끼다

32 賞 : ① 상주다　② 기울다　③ 정하다
　　　　④ 가리다　⑤ 다치다

33 夕 : ① 빛　② 돌　③ 책
　　　　④ 글　⑤ 저녁

34-38 다음의 뜻을 가진 한자(漢字)는 어느 것입니까?

34 오히려　: ① 席　② 三　③ 尙　④ 相　⑤ 殺
35 차례　　: ① 山　② 序　③ 色　④ 線　⑤ 生
36 곱다　　: ① 想　② 賞　③ 産　④ 商　⑤ 鮮
37 서로　　: ① 商　② 上　③ 相　④ 仙　⑤ 算
38 먼저　　: ① 先　② 西　③ 書　④ 山　⑤ 仙

39-48 다음 한자어(漢字語)의 음(音)은 무엇입니까?

39 殺害 : ① 피해 ② 살인 ③ 살해 ④ 암살 ⑤ 살상
40 賞金 : ① 상상 ② 상품 ③ 입금 ④ 대상 ⑤ 상금
41 感想 : ① 가상 ② 감상 ③ 상념 ④ 감각 ⑤ 군상
42 相對 : ① 실상 ② 상반 ③ 상대 ④ 진상 ⑤ 반대
43 商品 : ① 상인 ② 대상 ③ 상점 ④ 상품 ⑤ 진품
44 高尙 : ① 항상 ② 고상 ③ 일상 ④ 숭상 ⑤ 화상
45 生氣 : ① 생성 ② 생가 ③ 갱생 ④ 생일 ⑤ 생기
46 良書 : ① 선량 ② 독서 ③ 양서 ④ 서화 ⑤ 필서
47 山所 : ① 쌍수 ② 선산 ③ 선거 ④ 산소 ⑤ 수선
48 夕陽 : ① 석양 ② 추석 ③ 음양 ④ 석식 ⑤ 태양

49-50 다음 단어들의 '□'에 공통으로 들어갈 알맞은 한자(漢字)는 어느 것입니까?

49 讀□, □體, □面 :
　　① 善　② 書　③ 生　④ 西　⑤ 夕

50 客□, 病□, 立□ :
　　① 算　② 上　③ 夕　④ 席　⑤ 善

 **5급한자 600** | 265~276

265 | 선 — 船 (배 선)

- 商船 상선: 상업을 위해 항해하는 여객선, 화물선, 화객선을 통틀어 이름 (商 장사 상)
- 風船 풍선: 비닐, 고무 따위로 만든 얇은 주머니에 가벼운 기체를 넣어 공중으로 떠오르게 만든 물건이나 장난감 (風 바람 풍)
- 船室 선실 船長 선장 漁船 어선
- 旅客船 여객선 宇宙船 우주선 造船所 조선소

형성문자 / 舟부 / 총11획

266 | 선 — 選 (가릴 선)

- 選曲 선곡: 많은 곡 가운데 곡조나 노래를 고름 (曲 굽을 곡)
- 選別 선별: 가려서 따로 나눔 (別 다를 별)
- 選手 선수: 경기에 출전하기 위하여 대표로 뽑힌 사람 (手 손 수)
- 選定 선정: 가려서 정함 (定 정할 정)
- 選擧 선거 選拔 선발 選擇 선택
- 當選 당선 大選 대선 精選 정선

형성문자 / 辶=辵부 / 총16획

267 | 설 — 雪 (눈 설)

- 雪景 설경: 눈이 내리는 경치. 눈에 덮인 경치 (景 볕 경)
- 大雪 대설: 24절기의 하나. 많이 내린 큰 눈 (大 큰 대)
- 白雪 백설: 흰 눈 (白 흰 백)
- 雪國 설국 雪辱 설욕 雪原 설원
- 暴雪 폭설 降雪量 강설량 積雪量 적설량

회의문자 / 雨부 / 총11획

268 | 설 — 說 (말씀 설/달랠 세)

- 說得 설득: 설명하여 알아듣게 함 (得 얻을 득)
- 說明 설명: 알기 쉽게 풀어서 말함 (明 밝을 명)
- 傳說 전설: 옛날부터 민간에서 전해오는 이야기 (傳 전할 전)
- 說敎 설교 說話 설화 假說 가설
- 演說 연설 定說 정설 通說 통설

형성문자 / 言부 / 총14획

269 | 설 — 設 (베풀 설)

- 設計 설계: 계획을 세움 (計 셀 계)
- 設令 설령: '-다 하더라도' 따위와 함께 쓰여 가정해서 말하는 말 (令 하여금 령)
- 設立 설립: 베풀어 세움 (立 설 립)
- 設備 설비 設定 설정 設置 설치
- 假設 가설 建設 건설 新設 신설

회의문자 / 言부 / 총11획

270 | 성 — 姓 (성 성)

- 姓名 성명: 성과 이름 (名 이름 명)
- 同姓 동성: 성씨가 같음 (同 한가지 동)
- 百姓 백성: 일반 국민 (百 일백 백)
- 集姓村 집성촌: 같은 성을 가진 사람이 모여 사는 촌락 (集 모을 집, 村 마을 촌)
- 姓氏 성씨 姓字 성자 他姓 타성
- 稀姓 희성 通姓名 통성명 同姓同本 동성동본

형성문자 / 女부 / 총8획

• • • 문 장 속 의 한 자 읽 어 볼 래 요 ? • • •

1. 공기로 채워진 風船(　　)을 물 밑으로 가져가면 빠르게 쪼그라드는 현상을 볼 수 있다.
2. 달리기 選手(　　)는 결승점에 빨리 도달하는 것이 목표이다.
3. 白雪(　　)이 천지를 덮은 금강산의 雪景(　　)은 보는 이의 마음에 큰 인상을 남겼다.
4. 의견이 서로 다르더라도 대화와 說得(　　)을 통하여 타협하면 더 좋은 합의점을 찾아낼 수 있다.
5. 국토 개발 계획은 국토의 미래를 設計(　　)하는 일이다.
6. 족보가 발달하면서 동일한 항렬을 사용하는 성씨들이 많아짐으로써 姓名(　　)만 보아도 친척 관계를 짐작할 수 있게 되었다.

• • • 이 한 자 기 억 해 요 ? • • •   정답 90

1 生(　)　2 書(　)　3 西(　)　4 序(　)　5 夕(　)　6 石(　)

여기는! 船선 / 聲성

271 | 성
聲 소리 성
회의문자 / 耳부 / 총17획

- 聲明 성명 : 어떤 사항에 관한 의견이나 태도를 여러 사람에게 발표하는 일(明 밝을 명)
- 名聲 명성 : 세상에 널리 퍼져 평판이 높은 이름(名 이름 명)
- 聲樂 성악 聲調 성조 聲討 성토
- 假聲 가성 發聲 발성 音聲 음성

272 | 성
省 살필 성/덜 생
회의문자 / 目부 / 총9획

- 省察 성찰 : 자신이 한 일을 돌이켜보고 깊이 생각함(察 살필 찰)
- 反省 반성 : 자기 자신의 허물을 스스로 돌이켜 살핌(反 돌이킬 반)
- 自省 자성 : 스스로 반성함(自 스스로 자)
- 省墓 성묘 省略 생략 省力 생력
- 歸省客 귀성객 人事不省 인사불성 一日三省 일일삼성

273 | 성
成 이룰 성
회의문자 / 戈부 / 총7획

- 成果 성과 : 이루어 내거나 이루어진 결과 (果 실과 과)
- 成分 성분 : 유기적인 통일체를 이루고 있는 것의 한 부분(分 나눌 분)
- 完成 완성 : 완전히 다 이룸(完 완전할 완)
- 成功 성공 成人 성인 成長 성장
- 大成 대성 作成 작성 合成 합성

274 | 성
城 재 성
형성문자 / 土부 / 총10획

- 城門 성문 : 성의 출입구에 만든 문 (門 문 문)
- 古城 고성 : 옛 성(古 예 고)
- 山城 산성 : 산 위에 쌓은 성(山 메 산)
- 土城 토성 : 흙으로 쌓아올린 성루(土 흙 토)
- 開城 개성 羅城 나성 都城 도성
- 牙城 아성 長城 장성 築城 축성

275 | 성
誠 정성 성
형성문자 / 言부 / 총14획

- 誠金 성금 : 정성으로 내는 돈(金 쇠 금)
- 誠實 성실 : 정성스럽고 진실함(實 열매 실)
- 熱誠 열성 : 열렬한 정성(熱 더울 열)
- 忠誠 충성 : 진정에서 우러나는 정성 (忠 충성 충)
- 誠心 성심 誠意 성의 精誠 정성
- 至誠 지성 致誠 치성 孝誠 효성

276 | 성
性 성품 성
형성문자 / ㅏ=心부 / 총8획

- 性品 성품 : 사람의 성질이나 됨됨이 (品 물건 품)
- 個性 개성 : 개인의 타고난 특유한 성격 (個 낱 개)
- 天性 천성 : 선천적으로 타고난 성품 (天 하늘 천)
- 性格 성격 性能 성능 性別 성별
- 性質 성질 男性 남성 適性 적성

• • • 문 장 속 의 한 자 읽 어 볼 래 요 ? • • •

1. 남북한은 1972년에 7·4 남북 공동 聲明(   )을 발표하였다.
2. 양심은 우리에게 도덕적으로 행동하고 反省(   )할 수 있는 기회를 준다.
3. 석주명은 우리 나라에 사는 나비에 대한 책을 完成(   )하여 영국 왕립 도서관으로 보냈다.
4. 옹성은 城門(   )을 보호하고 성을 튼튼히 지키기 위해 城門(   )의 성벽에 설치한 작은 성이다.
5. 옳은 일이면 끝까지 誠實(   )을 다해 실천하고 신의를 지켜야 한다.
6. 個性(   )이 뚜렷한 사람은 자기가 자신의 주인이 된다.

• • • 이 한 자 기 억 해 요 ? • • •   정답 91

1 席(   ) 2 鮮(   ) 3 先(   ) 4 線(   ) 5 善(   ) 6 仙(   )

 **5급한자 600** | 277~288

277 | 성 — 星 별 성
- 流星 유성: 우주진이 지구의 대기권에 들어와 공기의 압축과 마찰로 빛을 내는 것 (流 흐를 류)
- 北極星 북극성: 천구의 북극에 가장 가까운 별. 위치가 거의 변하지 않아 북쪽 방향을 아는 데 이용됨 (北 북녘 북, 極 극진할 극)
- 星雲 성운, 金星 금성, 木星 목성, 水星 수성, 衛星 위성, 行星 행성

형성문자 / 日부 / 총9획

278 | 세 — 世 인간 세
- 世間 세간: 세상 일반 (間 사이 간)
- 出世 출세: 사회적으로 높이 되거나 유명해짐 (出 날 출)
- 別世 별세: 죽음을 높이어 이르는 말 (別 다를 별)
- 世界 세계, 世紀 세기, 世代 세대, 世態 세태, 中世 중세, 後世 후세

회의문자 / 一부 / 총5획

279 | 세 — 歲 해 세
- 歲時 세시: 설. 한 해를 절기나 달, 계절에 따른 때 (時 때 시)
- 歲月 세월: 흘러가는 시간 (月 달 월)
- 歲入 세입: 국가나 지방 자치 단체의 회계 연도 안의 총수입 (入 들 입)
- 年歲 연세: 나이의 높임말 (年 해 년)
- 歲暮 세모, 歲拜 세배, 歲費 세비, 萬歲 만세, 歲寒三友 세한삼우

회의문자 / 止부 / 총13획

280 | 세 — 勢 형세 세
- 勢力 세력: 남을 누르고 자기가 마음대로 행동할 수 있는 힘 (力 힘 력)
- 得勢 득세: 세력을 얻음 (得 얻을 득)
- 勢道家 세도가: 정치상의 권세를 휘두르는 사람, 또는 그런 집안 (道 길 도, 家 집 가)
- 加勢 가세, 強勢 강세, 大勢 대세, 姿勢 자세, 戰勢 전세, 合勢 합세

형성문자 / 力부 / 총13획

281 | 세 — 洗 씻을 세
- 洗面 세면: 얼굴을 씻음 (面 낯 면)
- 洗足 세족: 발을 씻음 (足 발 족)
- 洗車 세차: 자동차의 겉, 바퀴, 엔진 등에 묻은 흙이나 먼지 따위를 씻어 내는 일 (車 수레 거·차)
- 洗腦 세뇌, 洗鍊 세련, 洗禮 세례, 洗手 세수, 洗濯 세탁, 水洗式 수세식

형성문자 / 氵=水부 / 총9획

282 | 소 — 所 바 소
- 所感 소감: 느낀 바, 또는 느낀 바의 생각 (感 느낄 감)
- 所産 소산: 행위나 상황의 결과로 나타나는 현상 (産 낳을 산)
- 場所 장소: 무엇이 있거나 무엇이 벌어지거나 하는 곳 (場 마당 장)
- 所聞 소문, 所用 소용, 所願 소원, 所有 소유, 所重 소중, 名所 명소

형성문자 / 戶부 / 총8획

· · · 문장 속의 한자 읽어 볼래요? · · ·

1. 北極星(　　)은 옛날부터 뱃사람들의 길잡이가 되었다.
2. 김안로는 出世(　　)를 위해서라면 수단과 방법을 가리지 않는, 존경받지 못하는 인물이었다.
3. 지금처럼 많은 사람들이 자유와 평등을 얻기까지에는 오랜 歲月(　　)이 걸렸다.
4. 정몽주는 새 나라를 세우려는 이성계의 勢力(　　)에 맞서 끝까지 고려를 지키려 한 사람이었다.
5. 신입 사원들의 연수를 위해 단체 합숙을 하는 날, 나는 洗面(　　) 도구와 여벌 옷을 챙겨 갔다.
6. 때와 場所(　　) 그리고 상대방에 따라 알맞은 예절을 지켜야 한다.

· · · 이 한자 기억해요? · · · 정답 94

1 船(　　) 2 選(　　) 3 雪(　　) 4 說(　　) 5 設(　　) 6 姓(　　)

여기는! 星성/消소

283 | 소 消 사라질 소

- 消風 소풍 : 산책. 야외로 놀러가는 것 (風 바람 풍)
- 消化 소화 : 먹은 음식물을 흡수될 수 있는 상태로 변화시키는 작용 (化 될 화)
- 消火 소화 : 불을 끔 (火 불 화)
- 消毒 소독
- 消滅 소멸
- 消費 소비
- 消日 소일
- 取消 취소
- 消極的 소극적

형성문자 ⺡=水부 총10획
消消消

284 | 소 素 본디, 흴 소

- 素材 소재 : 어떤 것을 만드는 데 바탕이 되는 재료 (材 재목 재)
- 要素 요소 : 어떤 일에 꼭 필요한 근본적인 조건 (要 요긴할 요)
- 活力素 활력소 : 활동하는 힘이 되는 본바탕 (活 살 활, 力 힘 력)
- 素數 소수
- 素養 소양
- 素質 소질
- 色素 색소
- 水素 수소
- 平素 평소

회의문자 糸부 총10획
素素素

285 | 소 小 작을 소

- 小食 소식 : 밥을 적게 먹음 (食 밥 식)
- 小作 소작 : 남의 전답을 빌려서 경작함 (作 지을 작)
- 大小 대소 : 크고 작음 (大 큰 대)
- 弱小 약소 : 약하고 작음 (弱 약할 약)
- 小國 소국
- 小說 소설
- 小心 소심
- 小兒 소아
- 小品 소품
- 小規模 소규모

상형문자 小부 총3획
小小小

286 | 소 少 적을 소

- 少年 소년 : 나이가 어린 사내아이 (年 해 년)
- 多少 다소 : 많음과 적음 (多 많을 다)
- 男女老少 남녀노소 : 남자와 여자, 늙은이와 젊은이, 곧 모든 사람 (男 사내 남, 女 계집 녀, 老 늙을 로)
- 少量 소량
- 少數 소수
- 減少 감소
- 僅少 근소
- 年少 연소
- 少壯派 소장파

상형문자 小부 총4획
少少少少

287 | 속 速 빠를 속

- 速度 속도 : 빠른 정도. 일정 시간에 간 거리 (度 법도 도)
- 速力 속력 : 빠르기. 빠른 힘 (力 힘 력)
- 光速 광속 : 진공 속에서 빛이 나아가는 속도 (光 빛 광)
- 速記 속기
- 速讀 속독
- 速報 속보
- 速成 속성
- 速行 속행
- 時速 시속

형성문자 ⻌=辵부 총11획
束速速速

288 | 속 俗 풍속 속

- 民俗 민속 : 민간의 풍속 (民 백성 민)
- 世俗 세속 : 세상 (世 인간 세)
- 土俗 토속 : 그 지방의 특유한 풍속 (土 흙 토)
- 風俗 풍속 : 예로부터 내려오는 생활에 관한 습관 (風 바람 풍)
- 俗談 속담
- 俗物 속물
- 俗說 속설
- 俗世 속세
- 俗語 속어
- 俗稱 속칭

형성문자 亻=人부 총9획
俗俗

• • • 문 장 속 의 한 자 읽 어 볼 래 요 ? • • •

1. 세계화란 우리의 문화를 세계에 알리며 외부의 문화를 우리 것으로 消化(   )하는 것을 의미한다.
2. 내가 원하는 것을 해낼 수 있는 능력을 아는 것은 자아를 구성하는 중요한 要素(   )가 된다.
3. 무차별적 이기주의가 심하면 소수 민족이나 弱小(   ) 국가, 소외 집단은 인간적인 삶을 살기 어렵다.
4. 조식은 부모와 주위 어른들의 기대에 어그러짐이 없는 少年(   )으로 자랐다.
5. 말을 할 때에는 때와 장소에 맞게 말의 速度(   )와 크기를 조절하여야 한다.
6. 씨름은 오랫동안 우리의 民俗(   ) 놀이로 전해 내려왔다.

• • • 이 한 자 기 억 해 요 ? • • •   정답 95

1 聲(   ) 2 省(   ) 3 成(   ) 4 城(   ) 5 誠(   ) 6 性(   )

연습문제 12
지금까지 배운 내용을 문제로 풀어보세요

01-03 다음 한자(漢字)의 부수(部首)는 무엇입니까?

01 性 : ① 丿 ② 生 ③ 心 ④ 二 ⑤ 水

02 姓 : ① 生 ② 二 ③ 丨 ④ 十 ⑤ 女

03 聲 : ① 士 ② 殳 ③ 尸 ④ 耳 ⑤ 又

04-06 다음 한자(漢字)의 획수(劃數)는 모두 몇 획입니까?

04 俗 : ① 8 ② 9 ③ 10 ④ 11 ⑤ 12

05 素 : ① 7 ② 8 ③ 9 ④ 10 ⑤ 11

06 船 : ① 9 ② 10 ③ 11 ④ 12 ⑤ 13

07-08 다음 필순(筆順)에 대한 설명에 가장 알맞은 한자(漢字)는 어느 것입니까?

07 왼쪽과 오른쪽의 모양이 같은 때에는 가운데를 먼저 쓴다.
① 說 ② 省 ③ 星 ④ 小 ⑤ 雪

08 오른쪽 위의 점은 나중에 찍는다.
① 所 ② 成 ③ 選 ④ 洗 ⑤ 消

09-18 다음 한자(漢字)의 음(音)은 무엇입니까?

09 船 : ① 상 ② 소 ③ 설 ④ 선 ⑤ 세

10 設 : ① 세 ② 성 ③ 설 ④ 소 ⑤ 속

11 速 : ① 소 ② 선 ③ 성 ④ 석 ⑤ 속

12 素 : ① 소 ② 속 ③ 성 ④ 세 ⑤ 설

13 說 : ① 속 ② 소 ③ 설 ④ 손 ⑤ 성

14 姓 : ① 성 ② 설 ③ 소 ④ 속 ⑤ 세

15 洗 : ① 소 ② 석 ③ 성 ④ 세 ⑤ 설

16 聲 : ① 속 ② 설 ③ 성 ④ 소 ⑤ 세

17 歲 : ① 세 ② 속 ③ 소 ④ 성 ⑤ 설

18 俗 : ① 성 ② 설 ③ 세 ④ 소 ⑤ 속

19-23 다음의 음(音)을 가진 한자(漢字)는 어느 것입니까?

19 성 : ① 俗 ② 世 ③ 勢 ④ 星 ⑤ 消

20 설 : ① 城 ② 成 ③ 雪 ④ 省 ⑤ 速

21 소 : ① 速 ② 所 ③ 選 ④ 說 ⑤ 姓

22 세 : ① 性 ② 星 ③ 誠 ④ 聲 ⑤ 世

23 성 : ① 設 ② 小 ③ 少 ④ 省 ⑤ 說

24-33 다음 한자(漢字)의 뜻은 무엇입니까?

24 素 : ① 말씀 ② 불다 ③ 적다 ④ 본디 ⑤ 성품

25 船 : ① 길 ② 배 ③ 젖다 ④ 쓰다 ⑤ 덜다

26 成 : ① 성 ② 성인 ③ 정성 ④ 소리 ⑤ 이루다

27 設 : ① 베풀다　② 살피다　③ 내리다
　　　④ 이루다　⑤ 사라지다

28 性 : ① 성　　② 성품　③ 말씀
　　　④ 정성　⑤ 인간

29 城 : ① 바　　② 집　　③ 담
　　　④ 재　　⑤ 혀

30 洗 : ① 씻다　② 젖다　③ 적다
　　　④ 작다　⑤ 자리

31 選 : ① 웃음　② 인간　③ 가리다
　　　④ 채우다　⑤ 기리다

32 勢 : ① 해　　② 모래　③ 풍속
　　　④ 인간　⑤ 형세

33 速 : ① 느리다　② 이루다　③ 즐기다
　　　④ 빠르다　⑤ 베풀다

34-38 다음의 뜻을 가진 한자(漢字)는 어느 것입니까?

34 살피다　: ① 姓 ② 誠 ③ 省 ④ 城 ⑤ 所
35 적다　　: ① 少 ② 消 ③ 洗 ④ 小 ⑤ 雪
36 말씀　　: ① 俗 ② 說 ③ 勢 ④ 歲 ⑤ 船
37 별　　　: ① 所 ② 聲 ③ 少 ④ 說 ⑤ 星
38 사라지다: ① 消 ② 世 ③ 性 ④ 成 ⑤ 誠

39-48 다음 한자어(漢字語)의 음(音)은 무엇입니까?

39 說明 : ① 문명 ② 설득 ③ 설명 ④ 정설 ⑤ 증명
40 設立 : ① 기립 ② 설립 ③ 설계 ④ 가설 ⑤ 독립
41 個性 : ① 독성 ② 개별 ③ 천성 ④ 성능 ⑤ 개성
42 反省 : ① 가성 ② 성찰 ③ 반성 ④ 반대 ⑤ 반추
43 成果 : ① 실과 ② 성공 ③ 완성 ④ 성과 ⑤ 결과
44 誠實 : ① 정성 ② 성실 ③ 충성 ④ 착실 ⑤ 과실
45 選手 : ① 세수 ② 선정 ③ 선거 ④ 실수 ⑤ 선수
46 歲月 : ① 세배 ② 명월 ③ 세월 ④ 세시 ⑤ 세해
47 場所 : ① 소용 ② 소문 ③ 소감 ④ 장소 ⑤ 장문
48 速度 : ① 속보 ② 속도 ③ 속력 ④ 속성 ⑤ 온도

49-50 다음 단어들의 '□'에 공통으로 들어갈 알맞은 한자(漢字)는 어느 것입니까?

49 音□, 假□, 發□ :
　　① 聲　② 成　③ 俗　④ 勢　⑤ 小

50 長□, 開□, 都□ :
　　① 設　② 性　③ 城　④ 省　⑤ 世

5급한자 600 | 289~300

289 | 손 — 孫 (손자 손)
- 孫子 손자 : 아들의 아들(子 아들 자)
- 外孫 외손 : 딸이 낳은 자식. 외손자와 외손녀(外 바깥 외)
- 後孫 후손 : 여러 대가 지난 뒤의 자손(後 뒤 후)

孫女 손녀 孫婦 손부 王孫 왕손
子孫 자손 宗孫 종손 代代孫孫 대대손손

회의문자 子부 총10획

290 | 송 — 送 (보낼 송)
- 送年 송년 : 묵은 한 해를 보냄(年 해 년)
- 送別 송별 : 떠나는 사람을 보냄(別 다를 별)
- 放送 방송 : 소리나 그림을 라디오나 텔레비전의 전파에 실어서 보냄(放 놓을 방)

送舊 송구 送金 송금 送信 송신
送狀 송장 發送 발송 運送 운송

형성문자 辶=辵부 총10획

291 | 수 — 收 (거둘 수)
- 收金 수금 : 받아야 할 돈을 거두어 들임(金 쇠 금)
- 收容 수용 : 사람이나 물건을 일정한 장소에 받아 들임(容 얼굴 용)
- 回收 회수 : 도로 거두어들임(回 돌아올 회)

收監 수감 收錄 수록 收拾 수습
收入 수입 未收 미수 吸收 흡수

형성문자 攵=攴부 총6획

292 | 수 — 受 (받을 수)
- 受難 수난 : 견디기 힘든 어려운 일을 당함(難 어려울 난)
- 受賞 수상 : 상을 받음(賞 상줄 상)
- 受信 수신 : 우편·전보·전화 따위의 통신을 받음(信 믿을 신)

受講 수강 受領 수령 受侮 수모
甘受 감수 接受 접수 受動的 수동적

회의문자 又부 총8획

293 | 수 — 授 (줄 수)
- 授受 수수 : 주고받음(受 받을 수)
- 授業 수업 : 학업이나 기술을 가르쳐 줌(業 업 업)
- 敎授 교수 : 대학에서 전문적인 학술을 가르치는 사람(敎 가르칠 교)

授賞 수상 授乳 수유 授與 수여
傳授 전수 正敎授 정교수 助敎授 조교수

형성문자 扌=手부 총11획

294 | 수 — 首 (머리 수)
- 首都 수도 : 한 나라의 중앙 정부가 있는 도시. 서울(都 도읍 도)
- 首席 수석 : 맨 윗자리. 제1위(席 자리 석)
- 自首 자수 : 죄를 지은 사람이 스스로 잘못을 알림(自 스스로 자)

首肯 수긍 首相 수상 黨首 당수
部首 부수 元首 원수 首弟子 수제자

상형문자 首부 총9획

• • • 문 장 속 의 한 자 읽 어 볼 래 요 ? • • •

1. 자연은 인류 공동의 재산으로, 우리와 後孫(   )들이 살아가야 하는 터전이다.
2. 오늘 저녁 텔레비전에서는 이산 가족 특집 放送(   )을 하였다.
3. 노인들의 풍부한 생활 경험과 지혜가 현대 사회에서는 적절하게 收容(   )되지 못하고 있다.
4. GPS는 인공위성에서 발사한 전파를 受信(   )하여 관측점의 위치를 구하는 시스템이다.
5. 모든 사람이 敎授(   ), 의사, 성악가 등과 같이 오랜 공부가 필요한 직업을 가져야 할 이유는 없다.
6. 대한 민국의 首都(   )는 서울이다.

• • • 이 한 자 기 억 해 요 ? • • •   정답 96

1 星(   ) 2 世(   ) 3 歲(   ) 4 勢(   ) 5 洗(   ) 6 所(   )

여기는! 孫손 / 水수

295 | 수 水 물 수
- 水力 수력 물의 힘 (力 힘 력)
- 水平 수평 잔잔한 수면처럼 평평한 상태 (平 평평할 평)
- 生水 생수 샘에서 솟아 나오는 맑은 물 (生 날 생)
- 水道 수도　水路 수로　水泳 수영
- 防水 방수　流水 유수　湖水 호수

상형문자　水부　총4획
ㅣ 亅 氵 水

296 | 수 守 지킬 수
- 守備 수비 지켜 막음 (備 갖출 비)
- 保守 보수 오랜 습관, 제도, 방법 등을 소중히 여겨 그대로 지킴 (保 지킬 보)
- 死守 사수 죽음을 무릅쓰고 지킴 (死 죽을 사)
- 守成 수성　守勢 수세　守則 수칙
- 守護 수호　固守 고수　遵守 준수

회의문자　宀부　총6획
丶 宀 宀 宁 守

297 | 수 數 셈 수
- 數量 수량 수와 분량 (量 헤아릴 량)
- 數理 수리 수학과 자연 과학을 아울러 이름 (理 다스릴 리)
- 分數 분수 수학에서 어떤 수를 다른 수로 등분하여 나타낸 수. 자기 처지에 적당한 한계 (分 나눌 분)
- 數値 수치　數學 수학　運數 운수
- 寸數 촌수　回數 횟수　未知數 미지수

형성문자　攵=攴부　총15획

298 | 수 手 손 수
- 手中 수중 손 안 (中 가운데 중)
- 手話 수화 몸짓이나 손짓으로 표현하는 의사 전달 방법 (話 말씀 화)
- 失手 실수 부주의로 잘못을 저지름, 또는 그 잘못 (失 잃을 실)
- 手記 수기　手法 수법　手足 수족
- 手票 수표　歌手 가수　助手 조수

상형문자　手부　총4획
ノ 二 三 手

299 | 순 順 순할 순
- 順理 순리 도리에 순종함 (理 다스릴 리)
- 順序 순서 정해져 있는 차례 (序 차례 서)
- 順應 순응 순순히 따름. 환경에 맞추어 적응함 (應 응할 응)
- 順風 순풍 순하게 부는 바람 (風 바람 풍)
- 順位 순위　順調 순조　順次 순차
- 歸順 귀순　溫順 온순　筆順 필순

회의문자　頁부　총12획

300 | 습 習 익힐 습
- 見習 견습 정식으로 실무를 맡기 전에 배워 익힘, 또는 그러한 일 (見 볼 견)
- 實習 실습 배운 이론을 토대로 실지로 해 봄 (實 열매 실)
- 學習 학습 배워서 익힘 (學 배울 학)
- 習慣 습관　習得 습득　習性 습성
- 習作 습작　世習 세습　自習 자습

회의문자　羽부　총11획

• • • 문 장 속 의 한 자 읽 어 볼 래 요 ? • • •

1. 청설모는 나무 사이를 건너뛸 때에는 꼬리를 水平(　　)으로 뻗어 균형을 잡는다.
2. 남한 사회에서 통일에 관한 입장은 크게 중도, 保守(　　), 혁신의 세 가지로 분류되기도 한다.
3. 절제란, 삶에 필요한 것을 얻는 과정에서 자신의 分數(　　)를 지키는 것을 말한다.
4. 누구나 자기 생각만 옳다고 고집하면 失手(　　)를 할 수 있다.
5. 항렬이란 아버지 쪽에서 갈라져 나온 혈통에 대한 세대 順序(　　)를 말하는 것이다.
6. 인간이 독립된 존재로 생활을 할 수 있는 능력을 갖추는 데는 시일과 學習(　　)이 필요하다.

• • • 이　한　자　기　억　해　요　? • • •　정답 97

1 消(　)　2 素(　)　3 小(　)　4 少(　)　5 速(　)　6 俗(　)

5급한자 600 | 301~312

301 | 승 — 勝 (이길 승)
- 勝利 승리 겨루거나 싸워서 이김 (利 이로울 리)
- 勝算 승산 이길 수 있는 가능성, 또는 그런 속타산 (算 셈 산)
- 必勝 필승 반드시 이김 (必 반드시 필)
- 勝負 승부 勝訴 승소 勝者 승자
- 勝敗 승패 決勝 결승 優勝 우승

형성문자 / 力부 총12획

302 | 시 — 是 (이, 옳을 시)
- 是非 시비 옳고 그름. 옳고 그름을 따짐 (非 아닐 비)
- 是正 시정 잘못된 것을 바로 잡음 (正 바를 정)
- 國是 국시 국가 이념이나 국가 정책의 기본 방침 (國 나라 국)
- 是認 시인 是日 시일 亦是 역시
- 必是 필시 或是 혹시 是是非非 시시비비

회의문자 / 日부 총9획

303 | 시 — 始 (비로소 시)
- 始作 시작 하기를 비롯함. 처음으로 함 (作 지을 작)
- 始終 시종 처음과 끝을 아울러 이르는 말 (終 마칠 종)
- 開始 개시 처음으로 시작함 (開 열 개)
- 始動 시동 始發 시발 始祖 시조
- 始初 시초 原始 원시 始生代 시생대

형성문자 / 女부 총8획

304 | 시 — 施 (베풀 시)
- 施設 시설 도구, 기계, 장치 따위를 베풀어 설비함, 또는 그런 설비 (設 베풀 설)
- 施賞式 시상식 시상할 때에 베푸는 의식 (賞 상줄 상, 式 법 식)
- 施工 시공 施術 시술 施政 시정
- 施行 시행 施惠 시혜 實施 실시

형성문자 / 方부 총9획

305 | 시 — 時 (때 시)
- 時間 시간 어떤 시각에서 다른 시각까지의 동안, 또는 그 길이 (間 사이 간)
- 時代 시대 일정한 기준에 의하여 구분된 기간 (代 대신할 대)
- 時局 시국 時期 시기 時速 시속
- 當時 당시 同時 동시 臨時 임시

형성문자 / 日부 총10획

306 | 시 — 示 (보일 시)
- 公示 공시 공개적으로 게시하여 널리 알림 (公 공평할 공)
- 明示 명시 똑똑히 드러내어 보임. 분명하게 가리킴 (明 밝을 명)
- 指示 지시 가리켜 보임. 무엇을 하라고 일러서 시킴 (指 가리킬 지)
- 示範 시범 示威 시위 誇示 과시
- 展示 전시 表示 표시 訓示 훈시

상형문자 / 示부 총5획

• • • 문 장 속 의 한 자 읽 어 볼 래 요 ? • • •

1 잔다르크는 여자의 몸으로 군대를 이끌고 전쟁터에 나가 勝利(   )했다.
2 오늘날 많은 국가들은 불평등을 지속적으로 是正(   )하는 정책을 채택하고 있다.
3 우리는 점점 자라면서 친구를 사귀게 되고, 예닐곱 살이 되어서는 학교 생활을 始作(   )한다.
4 요즘 공공 장소에는 장애인 施設(   )이 설치 되어 있다.
5 이 말에도 흔들리고 저 말에도 흔들리면, 개성을 가꾸지 못한 채 時間(   )만 허비하게 된다.
6 조선 시대에는 파발 제도를 이용하여 중앙 정부의 指示(   ) 사항을 전달하였다.

• • • 이 한 자 기 억 해 요 ? • • •   정답 100

1 孫(   ) 2 送(   ) 3 收(   ) 4 受(   ) 5 授(   ) 6 首(   )

여기는! 勝승 / 視시

307 | 시 — 볼 시 (형성문자, 見부 총12획)
- 視力 시력 : 물체를 보는 눈의 능력 (力 힘 력)
- 視線 시선 : 눈이 가는 방향 (線 줄 선)
- 度外視 도외시 : 상관하지 아니하거나 무시함 (度 법도 도, 外 바깥 외)
- 視野 시야
- 遠視 원시
- 近視 근시
- 注視 주시
- 無視 무시
- 重視 중시

308 | 시 — 시 시 (형성문자, 言부 총13획)
- 詩人 시인 : 시를 짓는 사람 (人 사람 인)
- 詩集 시집 : 여러 편의 시를 모아 엮은 책 (集 모을 집)
- 名詩 명시 : 유명한 시. 아주 잘 지은 시 (名 이름 명)
- 詩文 시문
- 詩想 시상
- 詩作 시작
- 童詩 동시
- 英詩 영시
- 漢詩 한시

309 | 시 — 저자, 시장 시 (형성문자, 巾부 총5획)
- 市價 시가 : 시장에서 상품이 매매되는 가격 (價 값 가)
- 市內 시내 : 도시의 안쪽 (內 안 내)
- 都市 도시 : 사람이 많이 모여 사는 번화한 곳 (都 도읍 도)
- 市立 시립
- 市民 시민
- 市外 시외
- 市場 시장
- 市長 시장
- 市販 시판

310 | 씨 — 각시, 성씨 씨 (상형문자, 氏부 총4획)
- 氏族 씨족 : 공동의 조상을 가진 혈연 공동체 (族 겨레 족)
- 無名氏 무명씨 : 이름을 알 수 없는 사람 (無 없을 무, 名 이름 명)
- 釋氏 석씨
- 攝氏 섭씨
- 姓氏 성씨
- 宗氏 종씨
- 仲氏 중씨
- 華氏 화씨

311 | 식 — 심을 식 (형성문자, 木부 총12획)
- 植物 식물 : 나무나 풀 등과 같이 줄기, 뿌리, 잎 등으로 되어 있는 것 (物 물건 물)
- 植木日 식목일 : 산을 푸르게 하기 위해 나라에서 나무 심기를 목적으로 제정한 날 (木 나무 목, 日 날 일)
- 植樹 식수
- 植字 식자
- 移植 이식
- 植民地 식민지
- 動植物 동식물

312 | 식 — 알 식 / 기록할 지 (형성문자, 言부 총19획)
- 識別 식별 : 알아서 구별함 (別 다를 별)
- 意識 의식 : 각성하여 정신이 든 상태에서 사물을 깨닫는 일체의 작용 (意 뜻 의)
- 認識 인식 : 사물을 분별하고 판단하여 앎 (認 알 인)
- 識見 식견
- 面識 면식
- 無識 무식
- 常識 상식
- 有識 유식
- 知識 지식

• • • 문장 속의 한자 읽어 볼래요? • • •

1. 청소년들은 개성을 중요시하기 때문에, 다른 사람의 視線(   )에 돋보이는 것을 선호하고 있다.
2. 인도의 詩人(   ) 타고르는 우리 나라를 '동방의 등불'이라고 칭송하였다.
3. 현대 산업 사회에서는 사람들이 일자리를 찾아 都市(   )로 몰려들게 되었다.
4. 원시 시대에는 氏族(   ) 단위로 생활을 하였다.
5. 植物(   )은 저마다 원산지가 있다.
6. 공룡은 현존하는 동물 못지않게 우리의 意識(   ) 깊숙이 들어와 있는 동물이다.

• • • 이 한자 기억해요? • • • 정답 101

1 水(   ) 2 守(   ) 3 數(   ) 4 手(   ) 5 順(   ) 6 習(   )

연습문제 13 | 지금까지 배운 내용을 문제로 풀어보세요

01-03 다음 한자(漢字)의 부수(部首)는 무엇입니까?

01 孫 : ① 糸 ② 一 ③ 幺 ④ 子 ⑤ 系

02 施 : ① 乙 ② 方 ③ 也 ④ 施 ⑤ 亠

03 受 : ① 又 ② 爫 ③ 宀 ④ 丶 ⑤ 冂

04-06 다음 한자(漢字)의 획수(劃數)는 모두 몇 획입니까?

04 是 : ① 7 ② 8 ③ 9 ④ 10 ⑤ 11

05 市 : ① 4 ② 5 ③ 6 ④ 7 ⑤ 8

06 勝 : ① 8 ② 9 ③ 10 ④ 11 ⑤ 12

07-08 다음 필순(筆順)에 대한 설명에 가장 알맞은 한자(漢字)는 어느 것입니까?

07 왼쪽과 오른쪽의 모양이 같은 때에는 가운데를 먼저 쓴다.
① 氏 ② 習 ③ 水 ④ 示 ⑤ 是

08 위에서 아래로 쓴다.
① 守 ② 視 ③ 時 ④ 收 ⑤ 順

09-18 다음 한자(漢字)의 음(音)은 무엇입니까?

09 送 : ① 수 ② 송 ③ 순 ④ 시 ⑤ 손

10 順 : ① 순 ② 승 ③ 숙 ④ 습 ⑤ 시

11 始 : ① 수 ② 송 ③ 승 ④ 시 ⑤ 숙

12 孫 : ① 습 ② 순 ③ 손 ④ 수 ⑤ 숙

13 施 : ① 송 ② 손 ③ 시 ④ 씨 ⑤ 승

14 受 : ① 식 ② 순 ③ 습 ④ 승 ⑤ 수

15 守 : ① 수 ② 순 ③ 씨 ④ 손 ⑤ 시

16 勝 : ① 송 ② 식 ③ 숙 ④ 승 ⑤ 수

17 市 : ① 수 ② 숙 ③ 시 ④ 습 ⑤ 순

18 氏 : ① 손 ② 식 ③ 승 ④ 속 ⑤ 씨

19-23 다음의 음(音)을 가진 한자(漢字)는 어느 것입니까?

19 수 : ① 送 ② 首 ③ 孫 ④ 詩 ⑤ 示

20 시 : ① 習 ② 視 ③ 手 ④ 勝 ⑤ 收

21 식 : ① 時 ② 示 ③ 始 ④ 市 ⑤ 植

22 습 : ① 習 ② 收 ③ 氏 ④ 水 ⑤ 孫

23 식 : ① 授 ② 是 ③ 識 ④ 數 ⑤ 時

24-33 다음 한자(漢字)의 뜻은 무엇입니까?

24 收 : ① 내리다 ② 버리다 ③ 가두다 ④ 거두다 ⑤ 비로소

25 授 : ① 읽다 ② 받다 ③ 걷다 ④ 쏘다 ⑤ 주다

26 示 : ① 닫다 ② 비추다 ③ 보이다 ④ 올리다 ⑤ 익히다

27 孫 : ① 손녀　② 손자　③ 자녀
　　　　④ 할아비　⑤ 따르다

28 首 : ① 목　② 팔　③ 다리
　　　　④ 머리　⑤ 허리

29 習 : ① 자다　② 쓰다　③ 날다
　　　　④ 말하다　⑤ 익히다

30 氏 : ① 중시　② 사시　③ 성씨
　　　　④ 고시　⑤ 젖다

31 勝 : ① 주다　② 시험　③ 타다
　　　　④ 오르다　⑤ 이기다

32 數 : ① 샘　② 셈　③ 계산
　　　　④ 익히다　⑤ 소나무

33 施 : ① 베풀다　② 비우다　③ 달나라
　　　　④ 치우다　⑤ 별자리

34-38 다음의 뜻을 가진 한자(漢字)는 어느 것입니까?

34 때　　 : ① 氏　② 守　③ 孫　④ 送　⑤ 時
35 시　　 : ① 數　② 是　③ 習　④ 詩　⑤ 水
36 시장　 : ① 勝　② 識　③ 市　④ 始　⑤ 首
37 받다　 : ① 順　② 受　③ 授　④ 手　⑤ 施
38 보내다 : ① 水　② 守　③ 視　④ 收　⑤ 送

39-48 다음 한자어(漢字語)의 음(音)은 무엇입니까?

39 後孫 : ① 승부 ② 왕손 ③ 후손 ④ 자손 ⑤ 후예
40 放送 : ① 방송 ② 송별 ③ 운송 ④ 송금 ⑤ 방치
41 收容 : ① 수금 ② 수용 ③ 미수 ④ 수입 ⑤ 미용
42 施設 : ① 후설 ② 과수 ③ 방설 ④ 수표 ⑤ 시설
43 氏族 : ① 도리 ② 종족 ③ 씨족 ④ 수양 ⑤ 부족
44 授受 : ① 수수 ② 접수 ③ 교수 ④ 수업 ⑤ 수뢰
45 實習 : ① 예습 ② 실습 ③ 숙제 ④ 복습 ⑤ 학습
46 順序 : ① 순응 ② 순번 ③ 순진 ④ 질서 ⑤ 순서
47 勝利 : ① 필승 ② 유지 ③ 승기 ④ 승리 ⑤ 승세
48 開始 : ① 개시 ② 시작 ③ 원시 ④ 시초 ⑤ 개원

49-50 다음 단어들의 '□'에 공통으로 들어갈 알맞은 한자(漢字)는 어느 것입니까?

49 □路, 流□, 湖□ :
　① 首　② 示　③ 施　④ 水　⑤ 守

50 運□, 分□, 寸□ :
　① 數　② 習　③ 始　④ 氏　⑤ 受

5급한자 600 | 313~324

313 | 식 — 밥, 먹을 식
食口 식구 같은 집에서 끼니를 함께 하며 사는 사람 (口 입 구)
食堂 식당 건물 안에 식사를 할 수 있게 시설을 갖춘 장소 (堂 집 당)
食事 식사 음식을 먹는 일 (事 일 사)

食前 식전 食後 식후 間食 간식
飮食 음식 草食 초식 會食 회식

회의문자 食부 총9획

314 | 식 — 법 식
式順 식순 의식의 진행 순서 (順 순할 순)
結婚式 결혼식 남녀가 부부 관계를 맺는 서약을 하는 의식 (結 맺을 결, 婚 혼인할 혼)

圖式 도식 方式 방식 書式 서식
新式 신식 樣式 양식 形式 형식

형성문자 弋부 총6획

315 | 신 — 귀신 신
神經 신경 생물이 주위에서 일어나는 변화를 감지하여 반응을 일으키도록 하는 기관 (經 지날 경)
失神 실신 정신을 잃음 (失 잃을 실)
精神 정신 마음이나 생각 (精 정할 정)

神奇 신기 神靈 신령 神秘 신비
神仙 신선 神通 신통 鬼神 귀신

형성문자 示부 총10획

316 | 신 — 몸 신
身世 신세 사람의 처지나 형편. 남으로부터 도움을 받거나 남에게 괴로움을 끼치는 일 (世 인간 세)
身體 신체 사람의 몸 (體 몸 체)
單身 단신 홀몸 (單 홑 단)

身上 신상 代身 대신 分身 분신
一身 일신 自身 자신 不死身 불사신

상형문자 身부 총7획

317 | 신 — 새 신
新聞 신문 새로운 사실을 알려 주려고 정기적으로 찍어 내는 인쇄물 (聞 들을 문)
新人 신인 새로 등장한 사람 (人 사람 인)
最新 최신 가장 새로움 (最 가장 최)

新規 신규 新年 신년 新綠 신록
新設 신설 新粧 신장 新婚 신혼

형성문자 斤부 총13획

318 | 신 — 신하 신
家臣 가신 정승의 집에 딸려 있으면서 그들을 섬기는 사람 (家 집 가)
使臣 사신 지난날, 나라의 명을 받아 외국에 파견되던 신하 (使 하여금 사)
忠臣 충신 충성을 다하는 신하 (忠 충성 충)

臣下 신하 君臣 군신 老臣 노신
大臣 대신 武臣 무신 文臣 문신

상형문자 臣부 총6획

• • • 문 장 속 의 한 자 읽 어 볼 래 요 ?

1 규칙적인 食事(　　) 습관, 올바른 영양 섭취, 적당한 운동은 건강과 체력 증진의 기본이다.
2 結婚式(　　)이나 졸업식 등과 같은 잔치에서는 화사하고 큰 꽃들이 우대를 받는다.
3 사람들끼리 이해 관계가 복잡하게 얽혀 있는 현대 사회에서는 관용의 精神(　　)이 필요하다.
4 건강한 身體(　　)에 건전한 정신이 깃든다.
5 책뿐만이 아니라 新聞(　　), 승차권, 수첩, 상품 포장지 등 인쇄는 생활과 밀접한 관련이 있다.
6 이방원은 고려의 忠臣(　　) 정몽주를 자기 편으로 끌어들이기 위하여 '하여가' 라는 시조를 지었다.

• • • 이 한 자 기 억 해 요 ? • • •   정답 102

1 勝(　　) 2 是(　　) 3 始(　　) 4 施(　　) 5 時(　　) 6 示(　　)

여기는! 食식/信신

319 | 신 信 믿을 신
- 信用 신용: 믿고 씀. 의심하지 않음 (用 쓸 용)
- 通信 통신: 소식을 전함. 우편·전신·전화 따위로 서로 소식이나 정보를 교환하는 일 (通 통할 통)

信念 신념 信望 신망 信義 신의
書信 서신 所信 소신 自信 자신

형성문자 亻=人부 총9획

320 | 실 失 잃을 실
- 失禮 실례: 언행이 예의에 벗어남, 또는 그런 언행 (禮 예도 례)
- 失望 실망: 희망을 잃음 (望 바랄 망)
- 過失 과실: 부주의나 태만 따위에서 비롯된 잘못이나 허물 (過 지날 과)

失手 실수 失神 실신 失言 실언
失業 실업 失職 실직 失敗 실패

지사문자 大부 총5획

321 | 실 室 집 실
- 室內 실내: 방안. 집 안 (內 안 내)
- 別室 별실: 특별히 따로 마련된 방 (別 다를 별)
- 溫室 온실: 식물을 재배하기 위하여 알맞은 온도와 습도를 유지할 수 있게 만든 건물 (溫 따뜻할 온)

室外 실외 客室 객실 教室 교실
暗室 암실 王室 왕실 寢室 침실

형성문자 宀부 총9획

322 | 실 實 열매 실
- 實科 실과: 실제로 소용되는 것을 주로 한 교과 (科 과목 과)
- 實力 실력: 실제로 일을 해 낼 수 있는 능력 (力 힘 력)
- 實行 실행: 실제로 행함 (行 다닐 행)

實感 실감 實名 실명 實現 실현
果實 과실 事實 사실 現實 현실

회의문자 宀부 총14획

323 | 심 心 마음 심
- 心理 심리: 마음의 작용과 의식의 상태 (理 다스릴 리)
- 心性 심성: 본디부터 타고난 마음씨 (性 성품 성)
- 心情 심정: 마음에 품은 생각과 감정 (情 뜻 정)

心亂 심란 心腹 심복 心中 심중
銘心 명심 善心 선심 人心 인심

상형문자 心부 총4획

324 | 십 十 열 십
- 十年 십년: 10년 (年 해 년)
- 十二月 십이월: 한 해의 마지막 달 (二 두 이, 月 달 월)
- 十長生 십장생: 죽지 않고 산다는 열 가지. 해, 산, 물, 돌, 구름, 소나무, 불로초, 거북, 학, 사슴 (長 긴 장, 生 날 생)

十分 십분 十戒 십계 十二支 십이지
十字家 십자가 十進法 십진법 十中八九 십중팔구

지사문자 十부 총2획

• • • 문 장 속 의 한 자 읽 어 볼 래 요 ? • • •

1. 정보와 通信(　　)이 발달하는 미래 사회에서는 모든 인류와 도움을 주고받으며 살아가야 할 것이다.
2. 우리는 누군가에 대해 훌륭한 인격자라고 생각하다가 어떤 때 크게 失望(　　)하는 경우도 있다.
3. 이산화탄소, 메탄가스, 프레온가스 등이 대기의 복사열이 방출되지 못하게 溫室(　　)같은 작용을 하는 것이 溫室(　　) 효과이다.
4. 북한은 노동당에 의해 중요한 정책이 實行(　　)되는 사회이다.
5. 장자는 일상 생활에 물든 心性(　　)을 갈고 닦게 되면 도와 간격 없이 만날 수 있다고 한다.
6. 十年(　　)이면 강산도 변한다는 옛말이 있다.

• • • 이 한 자 기 억 해 요 ? • • • 정답 103

1 視(　) 2 詩(　) 3 市(　) 4 氏(　) 5 植(　) 6 識(　)

 **5급한자 600** | 325~336

325 | 아 兒 아이 아
- 兒童 아동 : 어린 아이(童 아이 동)
- 男兒 남아 : 남자 아이(男 사내 남)
- 産兒 산아 : 아이를 낳음(産 낳을 산)
- 兒女子 아녀자 : 어린 아이와 여자 (女 계집 녀, 子 아들 자)
- 兒名 아명   孤兒 고아   小兒 소아
- 女兒 여아   幼兒 유아   育兒 육아

상형문자 / 儿부   총8획

326 | 안 安 편안 안
- 安樂 안락 : 몸과 마음이 편안하고 즐거움 (樂 즐길 락)
- 安保 안보 : 위험이 없도록 지킴 (保 지킬 보)
- 安心 안심 : 근심 걱정이 없이 마음이 편안함 (心 마음 심)
- 安寧 안녕   安全 안전   安定 안정
- 安住 안주   不安 불안   便安 편안

회의문자 / 宀부   총6획

327 | 안 案 책상 안
- 案內 안내 : 인도하여 일러 줌(內 안 내)
- 文案 문안 : 문서나 문장의 초안 (文 글월 문)
- 答案紙 답안지 : 시험 문제의 답을 쓰는 종이 (答 대답 답, 紙 종이 지)
- 敎案 교안   代案 대안   方案 방안
- 法案 법안   事案 사안   立案 입안

형성문자 / 木부   총10획

328 | 애 愛 사랑 애
- 愛國 애국 : 자기 나라를 사랑함 (國 나라 국)
- 愛讀 애독 : 즐겨서 읽음(讀 읽을 독)
- 愛情 애정 : 사랑하는 마음(情 뜻 정)
- 愛唱曲 애창곡 : 즐겨 부르는 노래 (唱 부를 창, 曲 굽을 곡)
- 愛用 애용   愛人 애인   博愛 박애
- 戀愛 연애   親愛 친애   割愛 할애

형성문자 / 心부   총13획

329 | 야 夜 밤 야
- 夜間 야간 : 밤사이, 밤 동안(間 사이 간)
- 夜光 야광 : 밤 또는 어두운 곳에서 빛을 냄, 또는 그 빛(光 빛 광)
- 夜勤 야근 : 밤에 근무함(勤 부지런할 근)
- 不夜城 불야성 : 등불 따위가 휘황하게 켜 있어 밤에도 대낮같이 밝은 곳(不 아닐 불, 城 재 성)
- 夜景 야경   夜食 야식   夜學 야학
- 夜行 야행   晝夜 주야   夜市場 야시장

형성문자 / 夕부   총8획

330 | 야 野 들 야
- 野生 야생 : 동식물이 산이나 들에서 절로 나고 자람, 또는 그런 동식물 (生 날 생)
- 野心 야심 : 무엇을 이루어 보겠다고 마음에 품은 욕망이나 소망 (心 마음 심)
- 山野 산야 : 산과 들(山 메 산)
- 野黨 야당   野望 야망   野山 야산
- 野人 야인   野合 야합   平野 평야

회의문자 / 里부   총11획

· · · 문 장 속 의 한 자 읽 어 볼 래 요 ?

1. 아직도 男兒(   ) 선호 사상이 남아 있어 성비 불균형 현상이 나타나고 있다.
2. 국가 安保(   )는 '국가 안전 보장'을 줄인 말로, 국가의 생존과 이익을 안전하게 확보하는 것을 의미한다.
3. 누군가 길을 물을 때에는 친절하게 案內(   )해야 합니다.
4. 일제 시대에 수많은 愛國(   ) 지사들이 독립 운동에 헌신했다.
5. 아버지는 기업을 경영하시느라 힘드시면서도 夜間(   ) 대학을 마치고 대학원까지 다니신다.
6. 우리는 태양, 대기와 물, 토양, 삼림, 野生(   ) 생물, 광물, 재순환 과정 등을 통해 에너지를 얻고 있다.

· · · 이 한 자 기 억 해 요 ? · · · 정답 106

1 食(   )   2 式(   )   3 神(   )   4 身(   )   5 新(   )   6 臣(   )

여기는! 兒아 / 若약

331 | 약 — 若 같을 약 / 반야 야

- 若干 약간 : 얼마 되지 않음. 얼마쯤 (干 방패 간)
- 泰然自若 태연자약 : 마음에 어떠한 충동을 받아도 움직임이 없이 천연스러움 (泰 클 태, 然 그럴 연, 自 스스로 자)
- 萬若 만약
- 般若心經 반야심경
- 傍若無人 방약무인

회의문자
艹(=艸)부 총9획
若 若

332 | 약 — 藥 약 약

- 藥水 약수 : 먹어서 약이 된다는 샘물 (水 물 수)
- 藥品 약품 : 약 (品 물건 품)
- 火藥 화약 : 충격이나 열 따위를 가하면 폭발하는 물질 (火 불 화)
- 藥果 약과   藥局 약국   藥師 약사
- 藥草 약초   藥效 약효   洋藥 양약

형성문자
艹(=艸)부 총19획
藥 藥 藥

333 | 약 — 約 맺을 약

- 期約 기약 : 때를 정하여 약속함 (期 기약할 기)
- 先約 선약 : 먼저 약속함, 또는 그런 약속 (先 먼저 선)
- 節約 절약 : 아끼어 씀 (節 마디 절)
- 約束 약속   約數 약수   契約 계약
- 公約 공약   豫約 예약   集約 집약

형성문자
糸부 총9획
約 約

334 | 약 — 弱 약할 약

- 弱化 약화 : 힘이나 세력 따위가 약해짐, 또는 약하게 함 (化 될 화)
- 弱小國 약소국 : 힘이 약하고 작은 나라 (小 작을 소, 國 나라 국)
- 弱者 약자   弱點 약점   强弱 강약
- 衰弱 쇠약   虛弱 허약   老弱者 노약자

상형문자
弓부 총10획
弱 弱 弱

335 | 양 — 養 기를 양

- 養成 양성 : 가르쳐서 길러 냄 (成 이룰 성)
- 敎養 교양 : 사회 생활이나 양식을 바탕으로 이루어지는 품행과 문화에 대한 지식 (敎 가르칠 교)
- 入養 입양 : 양자를 들이거나 양자로 들어감 (入 들 입)
- 養分 양분   養魚 양어   養育 양육
- 養親 양친   奉養 봉양   養老院 양로원

회의문자
食부 총15획
養

336 | 양 — 羊 양 양

- 羊頭 양두 : 양의 머리 (頭 머리 두)
- 羊毛 양모 : 양털 (毛 터럭 모)
- 白羊 백양 : 흰 양 (白 흰 백)
- 山羊 산양 : 산악 지대에 사는 소과의 동물 (山 메 산)
- 羊皮 양피   羊肉 양육   綿羊 면양
- 牧羊 목양   羊頭狗肉 양두구육   九折羊腸 구절양장

상형문자
羊부 총6획
羊

• • 문 장 속 의 한 자 읽 어 볼 래 요 ? • • •

1. 청동기 시대의 집은 땅을 若干(   ) 파고, 거기에 기둥을 세우고 지붕을 얹은 형태이다.
2. 나일론, 비누, 종이, 藥品(   ), 표백제, 살충제 등의 원료로 소금이 사용된다.
3. 바람직하고 합리적인 소비는 지나친 욕망을 억제하고 節約(   )하는 생활에서 이루어진다.
4. 세계화는 주권 국가의 기능을 弱化(   )시키고 있다.
5. 세계화 시대에는 겸손하고, 敎養(   ) 있고, 예의바른 민족만이 살아남을 수 있다.
6. 산 언덕에는 山羊(   )들이 한가롭게 풀을 뜯고 있었다.

• • 이 한 자 기 억 해 요 ? • • •   정답 107

1 信(   )   2 失(   )   3 室(   )   4 實(   )   5 心(   )   6 十(   )

연습문제 14
지금까지 배운 내용을 문제로 풀어보세요

01-03 다음 한자(漢字)의 부수(部首)는 무엇입니까?

01 食：①人 ②白 ③良 ④食 ⑤日

02 新：①木 ②辛 ③立 ④十 ⑤斤

03 神：①申 ②田 ③小 ④示 ⑤三

04-06 다음 한자(漢字)의 획수(劃數)는 모두 몇 획입니까?

04 夜：①7 ②8 ③9 ④10 ⑤11

05 安：①5 ②6 ③7 ④8 ⑤9

06 兒：①6 ②7 ③8 ④9 ⑤10

07-08 다음 필순(筆順)에 대한 설명에 가장 알맞은 한자(漢字)는 어느 것입니까?

07 오른쪽 위의 점은 나중에 찍는다.
①室 ②式 ③身 ④心 ⑤兒

08 삐침과 파임이 만날 때에는 삐침을 먼저 쓴다.
①羊 ②十 ③失 ④案 ⑤身

09-18 다음 한자(漢字)의 음(音)은 무엇입니까?

09 養：①안 ②양 ③애 ④야 ⑤식

10 愛：①심 ②신 ③실 ④애 ⑤액

11 夜：①야 ②아 ③식 ④신 ⑤실

12 食：①십 ②식 ③신 ④심 ⑤아

13 藥：①실 ②아 ③악 ④신 ⑤약

14 神：①신 ②안 ③암 ④악 ⑤야

15 新：①심 ②실 ③신 ④십 ⑤안

16 失：①식 ②실 ③야 ④애 ⑤심

17 案：①심 ②신 ③식 ④야 ⑤안

18 羊：①양 ②약 ③십 ④안 ⑤야

19-23 다음의 음(音)을 가진 한자(漢字)는 어느 것입니까?

19 식：①若 ②愛 ③新 ④心 ⑤式

20 실：①安 ②野 ③實 ④十 ⑤臣

21 양：①兒 ②室 ③約 ④養 ⑤身

22 야：①弱 ②身 ③神 ④藥 ⑤野

23 아：①臣 ②兒 ③信 ④失 ⑤室

24-33 다음 한자(漢字)의 뜻은 무엇입니까?

24 實：①뿌리 ②줄기 ③열매 ④나무 ⑤아이

25 弱：①강하다 ②선하다 ③악하다 ④이기다 ⑤약하다

26 安：①편안 ②불안 ③불행 ④행복 ⑤귀신

27 養：①곧다 ②나무 ③식순 ④사랑 ⑤기르다

28 神 : ① 귀신 ② 보다 ③ 펴다
④ 영혼 ⑤ 버금

29 食 : ① 열 ② 밥 ③ 눈
④ 법 ⑤ 식당

30 夜 : ① 밤 ② 들 ③ 책상
④ 사랑 ⑤ 생각

31 身 : ① 몸 ② 집 ③ 아이
④ 전체 ⑤ 부분

32 若 : ① 잡다 ② 같다 ③ 파다
④ 메우다 ⑤ 베풀다

33 藥 : ① 내 ② 약 ③ 편안
④ 시험 ⑤ 나무

34-38 다음의 뜻을 가진 한자(漢字)는 어느 것입니까?

34 신하 : ① 式 ② 臣 ③ 信 ④ 安 ⑤ 新

35 집 : ① 室 ② 十 ③ 心 ④ 食 ⑤ 羊

36 들 : ① 約 ② 案 ③ 夜 ④ 羊 ⑤ 野

37 법 : ① 養 ② 失 ③ 式 ④ 身 ⑤ 若

38 아이 : ① 兒 ② 愛 ③ 心 ④ 臣 ⑤ 案

39-48 다음 한자어(漢字語)의 음(音)은 무엇입니까?

39 若干 : ① 우간 ② 식수 ③ 약간 ④ 이식 ⑤ 만약

40 忠臣 : ① 충신 ② 군신 ③ 무신 ④ 간식 ⑤ 충성

41 精神 : ① 신기 ② 전기 ③ 실신 ④ 신경 ⑤ 정신

42 通信 : ① 신용 ② 신의 ③ 신념 ④ 통신 ⑤ 송신

43 最新 : ① 신문 ② 신록 ③ 최신 ④ 신년 ⑤ 최후

44 實行 : ① 실행 ② 실력 ③ 과실 ④ 사실 ⑤ 실제

45 藥品 : ① 심해 ② 화약 ③ 심중 ④ 약품 ⑤ 물품

46 安保 : ① 안전 ② 안보 ③ 보수 ④ 답안 ⑤ 안심

47 先約 : ① 암시 ② 선수 ③ 필기 ④ 약속 ⑤ 선약

48 溫室 : ① 온실 ② 실내 ③ 교실 ④ 왕실 ⑤ 장실

49-50 다음 단어들의 '□'에 공통으로 들어갈 알맞은 한자(漢字)는 어느 것입니까?

49 入□, 教□, □成 :
① 新 ② 心 ③ 十 ④ 養 ⑤ 信

50 飮□, 會□, 間□ :
① 夜 ② 室 ③ 食 ④ 若 ⑤ 實

 **5급한자 600** | 337~348

---

337 | 양 — 洋 — 큰바다 양
- 洋食 양식 : 서양식의 요리(食 밥 식)
- 遠洋 원양 : 뭍에서 멀리 떨어진 넓은 바다(遠 멀 원)
- 海洋 해양 : 크고 넓은 바다(海 바다 해)
- 五大洋 오대양 : 지구를 둘러싸고 있는 다섯 대양(五 다섯 오, 大 큰 대)
- 洋服 양복   洋藥 양약   洋酒 양주
- 東洋 동양   西洋 서양   太平洋 태평양

형성문자 氵=水부 총9획

338 | 양 — 陽 — 볕 양
- 陽歷 양력 : 지구가 태양의 둘레를 도는 데 드는 365일을 기준으로 하여 만든 달력(歷 지날 력)
- 陽地 양지 : 햇볕이 바로 드는 곳(地 따 지)
- 太陽 태양 : 하늘의 해를 다르게 부르는 이름(太 클 태)
- 陽刻 양각   陽氣 양기   陽性 양성
- 夕陽 석양   陰陽 음양   漢陽 한양

형성문자 阝=阜부 총12획

339 | 어 — 語 — 말씀 어
- 語文 어문 : 말과 글을 아울러 이르는 말 (文 글월 문)
- 語法 어법 : 말의 표현에 관한 법칙 (法 법 법)
- 國語 국어 : 자기 나라의 말(國 나라 국)
- 語感 어감   語源 어원   語學 어학
- 日語 일어   韓國語 한국어   漢字語 한자어

형성문자 言부 총14획

340 | 어 — 魚 — 고기, 물고기 어
- 大魚 대어 : 큰 물고기(大 큰 대)
- 人魚 인어 : 상반신은 사람의 몸이며 하반신은 물고기의 몸인 상상의 동물(人 사람 인)
- 長魚 장어 : 뱀장어(長 긴 장)
- 魚類 어류   魚肉 어육   乾魚 건어
- 文魚 문어   活魚 활어   養魚場 양어장

상형문자 魚부 총11획

341 | 어 — 漁 — 고기잡을 어
- 漁父 어부 : 고기잡이를 업으로 하는 사람 (父 아비 부)
- 漁船 어선 : 고기잡이를 위한 배(船 배 선)
- 豊漁 풍어 : 물고기가 많이 잡힘 (豊 풍년 풍)
- 漁業 어업   漁場 어장   漁村 어촌
- 漁港 어항   出漁 출어   漁獲量 어획량

형성문자 氵=水부 총14획

342 | 언 — 言 — 말씀 언
- 言語 언어 : 말(語 말씀 어)
- 名言 명언 : 사리에 들어맞는 훌륭한 말. 유명한 말(名 이름 명)
- 發言 발언 : 말을 꺼내어 의견을 나타냄, 또는 그 말(發 필 발)
- 言動 언동   言論 언론   言爭 언쟁
- 言行 언행   甘言 감언   方言 방언

회의문자 言부 총7획

· · · 문 장 속 의 한 자 읽 어 볼 래 요 ? · · ·

1. 우리 민족은 海洋(   )과 대륙의 세력이 대립하고, 문화의 흐름이 교차하는 한반도에서 살아왔다.
2. 지구에서 太陽(   )까지의 거리는 약 1억 5천만km이다.
3. 문장은 語法(   )에 맞게 바르고 정확해야 한다.
4. 낚시를 가신 아버지는 大魚(   )를 낚아 오셨다.
5. 漁父(   )들이 그물을 털 때마다 많은 새우들이 떨어졌다.
6. 합리적인 의사 결정을 위해서는 言語(   )를 바르게 사용하고, 정보를 바르게 판단하여야 한다.

· · · 이 한 자 기 억 해 요 ? · · ·   정답 108

1 兒(   ) 2 安(   ) 3 案(   ) 4 愛(   ) 5 夜(   ) 6 野(   )

여기는! 洋양 / 業업

343 | 업 業 업업
- 開業 개업 : 영업을 처음 시작함 (開 열 개)
- 事業 사업 : 일정한 목적과 계획을 가지고 하는 일 (事 일 사)
- 産業 산업 : 생산을 목적으로 하는 사업 (産 낳을 산)
- 業界 업계　業務 업무　業報 업보
- 兼業 겸업　創業 창업　就業 취업

상형문자　木부　총13획

344 | 역 逆 거스릴 역
- 逆流 역류 : 물이 거슬러 흐름 (流 흐를 류)
- 逆說 역설 : 어떤 주의나 주장에 반대되는 이론이나 말 (說 말씀 설)
- 逆行 역행 : 거슬러 나아감 (行 다닐 행)
- 反逆 반역 : 배반하여 돌아섬 (反 돌이킬 반)
- 逆境 역경　逆順 역순　逆臣 역신
- 逆戰 역전　逆轉 역전　拒逆 거역

형성문자　辶=辵부　총10획

345 | 역 易 바꿀 역 / 쉬울 이
- 交易 교역 : 물건을 서로 사고 파는 일 (交 사귈 교)
- 容易 용이 : 아주 쉬움 (容 얼굴 용)
- 平易 평이 : 까다롭지 않고 쉬움 (平 평평할 평)
- 易經 역경　易學 역학　貿易 무역
- 安易 안이　難易度 난이도　易地思之 역지사지

상형문자　日부　총8획

346 | 연 硏 갈 연
- 硏究 연구 : 사물을 깊이 생각하거나 자세히 조사하거나 하여 어떤 이치나 사실을 밝혀냄 (究 연구할 구)
- 硏修 연수 : 그 분야에 필요한 지식이나 기능을 몸에 익히기 위하여 특별한 공부를 하는 일 (修 닦을 수)
- 硏磨 연마　硏究所 연구소　硏究員 연구원

형성문자　石부　총11획

347 | 연 然 그럴 연
- 果然 과연 : 알고 보니 참으로. 빈말이 아니라 정말로 (果 실과 과)
- 天然 천연 : 사람이 손대거나 달리 만들지 아니한 자연 그대로의 상태 (天 하늘 천)
- 釋然 석연　肅然 숙연　偶然 우연
- 自然 자연　泰然 태연　必然 필연

형성문자　灬=火부　총12획

348 | 열 熱 더울 열
- 熱望 열망 : 열심히 바람. 간절히 바람 (望 바랄 망)
- 熱心 열심 : 한 가지 사물에 모든 마음을 기울임. 어떤 일에 골똘함 (心 마음 심)
- 熱氣 열기　熱烈 열렬　熱誠 열성
- 熱情 열정　過熱 과열　解熱 해열

상형문자　灬=火부　총15획

・・・문장 속의 한자 읽어 볼래요?・・・

1. 헬렌의 구제 事業(　　)은 미국에서만이 아니고 전세계 여러 나라로 번져 나갔다.
2. 분수는 대지의 중력을 거슬러 逆流(　　)하는 물이다.
3. 여러 나라는 交易(　　)과 무역을 통해 자국의 경제를 유지한다.
4. 이이는 인간의 본성과 세상의 이치에 관한 성리학을 硏究(　　)하여 학문 발전에 크게 공헌하였다.
5. 흰 두루미는 우리 나라 天然(　　) 기념물 제202호이며, 국제 보호새이기도 하다.
6. 신라에는 화랑 제도가 있어 젊은이들의 애국심을 고취하고, 삼국 통일에 대한 熱望(　　)을 높였다.

・・・이 한자 기억해요?・・・　　정답 109

1 若(　)　2 藥(　)　3 約(　)　4 弱(　)　5 養(　)　6 羊(　)

5급한자 600 | 349~360

349 | 영 榮 영화 영
- 榮光 영광: 경쟁에서 이기거나 남이 하지 못한 어려운 일을 해 냈을 때의 빛나는 명예(光 빛 광)
- 榮達 영달: 높은 지위에 오르고 귀하게 됨(達 통달할 달)
- 榮譽 영예 榮華 영화 光榮 광영
- 繁榮 번영 虛榮 허영 富貴榮華 부귀영화

상형문자 木부 총14획

350 | 영 永 길 영
- 永生 영생: 영원히 삶(生 날 생)
- 永遠 영원: 언제까지고 계속하여 끝이 없음, 또는 끝없는 세월(遠 멀 원)
- 永住 영주: 어떤 곳에서 오랫동안 삶, 또는 죽을 때까지 삶(住 살 주)
- 永久 영구 永眠 영면 永世 영세
- 永永 영영 永續性 영속성

회의문자 水부 총5획

351 | 영 英 꽃부리 영
- 英國 영국: 영국[나라 이름](國 나라 국)
- 英語 영어: 영국·미국 사람이 쓰는 말(語 말씀 어)
- 英才 영재: 뛰어난 재주, 또는 그 사람(才 재주 재)
- 英雄 영웅 英特 영특 英華 영화
- 育英 육영

형성문자 ⺾=艸부 총9획

352 | 예 藝 재주 예
- 藝能 예능: 학교에서 예술과 기능을 익히기 위한 교과를 통틀어 이르는 말(能 능할 능)
- 武藝 무예: 창술, 궁술 등 무술에 관한 재주(武 호반 무)
- 藝名 예명 藝術 예술 曲藝 곡예
- 工藝 공예 文藝 문예 園藝 원예

형성문자 ⺾=艸부 총19획

353 | 오 五 다섯 오
- 五色 오색: 파랑·노랑·빨강·하양·검정의 다섯 빛깔. 여러 가지 빛깔(色 빛 색)
- 三三五五 삼삼오오: 서넛 또는 대여섯 사람씩 여기저기 무리지어 다니거나 무슨 일을 하는 모양(三 석 삼)
- 五感 오감 五倫 오륜 五輪 오륜
- 五福 오복 五臟 오장 五大洋 오대양

상형문자 二부 총4획

354 | 오 午 낮 오
- 午前 오전: 밤 열두 시로부터 낮 열두 시까지의 사이(前 앞 전)
- 午後 오후: 낮 열두 시부터 밤 열두 시까지의 사이(後 뒤 후)
- 正午 정오: 낮 열두 시(正 바를 정)
- 午睡 오수 端午 단오 上午 상오
- 下午 하오 子午線 자오선

상형문자 十부 총4획

· · · 문 장 속 의 한 자 읽 어 볼 래 요? · · ·

1. 헬렌 켈러는 최악의 비극과 운명을 최고의 행복과 榮光(　　　)으로 바꾼 의지의 인물이었다.
2. 재외 동포는 이민을 갔거나 永住(　　　)를 목적으로, 또는 개인적인 이유로 해외에 있는 사람들이다.
3. 英國(　　　)의 사상가 밀은 '배부른 돼지가 되기보다 배고픈 인간이 되는 것이 바람직하다.'고 말했다.
4. 이순신 장군은 어렸을 때부터 전쟁놀이와 武藝(　　　)를 좋아했으며, 항상 '대장이 되겠다.' 고 말했다.
5. 토끼는 별주부와 함께 용궁으로 갔다. 눈을 떠 보니 五色(　　　) 구름이 찬란한 궁궐이 보였다.
6. 午後(　　　)에 사촌 동생 경호가 놀러 왔다.

· · · 이 한 자 기 억 해 요? · · ·   정답 112

1 洋(　　) 2 陽(　　) 3 語(　　) 4 魚(　　) 5 漁(　　) 6 言(　　)

여기는! 榮영 / 烏오

355 | 오 烏 (까마귀 오)
- 烏骨鷄오골계 살, 가죽, 뼈가 모두 어두운 자색인 닭의 일종 (骨 뼈 골, 鷄 닭 계)
- 三足烏삼족오 신화에 나오는 해 안에서 산다는 세 발을 가진 까마귀 (三 석 삼, 足 발 족)
- 烏飛梨落오비이락　烏合之卒오합지졸

상형문자　灬=火부　총10획
`´´´´广户户烏烏 烏烏烏`

356 | 옥 玉 (구슬 옥)
- 玉石옥석 옥돌. 옥과 돌 (石 돌 석)
- 玉手옥수 여성의 아름답고 고운 손 (手 손 수)
- 玉體옥체 편지글 등에서 남을 높이어 그의 몸을 이르는 말 (體 몸 체)
- 白玉백옥 빛깔이 하얀 옥 (白 흰 백)
- 玉聲옥성　玉音옥음　玉篇옥편
- 紅玉홍옥　黃玉황옥　玉童子옥동자

상형문자　玉부　총5획
`一 = 干 王 玉`

357 | 옥 屋 (집 옥)
- 屋上옥상 지붕 위. 지붕 부분을 평면으로 만들어 놓은 곳 (上 윗 상)
- 家屋가옥 사람이 사는 집 (家 집 가)
- 洋屋양옥 서양식으로 지은 집 (洋 큰바다 양)
- 屋內옥내　屋外옥외　屋塔옥탑
- 社屋사옥　草屋초옥　韓屋한옥

회의문자　尸부　총9획

358 | 온 溫 (따뜻할 온)
- 溫氣온기 따뜻한 기운 (氣 기운 기)
- 溫度온도 덥고 찬 정도, 또는 그 도수 (度 법도 도)
- 溫順온순 성질이나 마음씨가 온화하고 순함 (順 순할 순)
- 溫水온수　溫室온실　溫情온정
- 溫風온풍　溫和온화　體溫체온

형성문자　氵=水부　총13획

359 | 완 完 (완전할 완)
- 完工완공 공사를 마침 (工 장인 공)
- 完勝완승 완전하게 또는 여유 있게 이김, 또는 그런 승리 (勝 이길 승)
- 完全완전 필요한 것이 모두 갖추어져 있음 (全 온전 전)
- 完結완결　完固완고　完成완성
- 完快완쾌　完敗완패　未完미완

형성문자　宀부　총7획
`` ` 宀宀宁宇完``

360 | 왕 王 (임금 왕)
- 王國왕국 임금이 다스리는 나라 (國 나라 국)
- 王道왕도 임금으로서 마땅히 지켜야 할 도리 (道 길 도)
- 王室왕실 임금의 집안 (室 집 실)
- 王子왕자 임금의 아들 (子 아들 자)
- 王冠왕관　王位왕위　國王국왕
- 大王대왕　先王선왕　女王여왕

상형문자　王=玉부　총4획
`一 二 干 王`

・・・문장 속의 한자 읽어 볼래요?・・・

1. 고구려의 벽화에는 三足烏(　　)가 나온다.
2. 요즘 같은 정보 홍수의 시대에는 玉石(　　)을 가리듯 좋은 정보를 가리는 안목이 필요하다.
3. 유럽형 소비 형태는 오랜 가구나 식기, 家屋(　　) 등에서 보듯이, 검소한 소비가 특색이다.
4. 곤충이 살아가기 위해서는 어느 정도 따뜻한 溫度(　　)가 필요하다.
5. 어떤 욕망도 결코 完全(　　)히 만족되지는 않는다.
6. 박제상은 복호 王子(　　)를 구하기 위하여 고구려로 향했다.

・・・이 한자 기억해요?・・・　　정답 113

1 業(　) 2 逆(　) 3 易(　) 4 硏(　) 5 然(　) 6 熱(　)

연습문제 15 | 지금까지 배운 내용을 문제로 풀어보세요

01-03 다음 한자(漢字)의 부수(部首)는 무엇입니까?

01 五 : ① 二 ② 五 ③ 一 ④ 三 ⑤ 十
02 玉 : ① 十 ② 三 ③ 干 ④ 二 ⑤ 玉
03 逆 : ① 艹 ② 辶 ③ 屮 ④ 十 ⑤ 反

04-06 다음 한자(漢字)의 획수(劃數)는 모두 몇 획입니까?

04 永 : ① 3 ② 4 ③ 5 ④ 6 ⑤ 7
05 榮 : ① 14 ② 15 ③ 16 ④ 17 ⑤ 18
06 業 : ① 11 ② 12 ③ 13 ④ 14 ⑤ 15

07-08 다음 필순(筆順)에 대한 설명에 가장 알맞은 한자(漢字)는 어느 것입니까?

07 꿰뚫는 획은 나중에 쓴다.
   ① 完 ② 熱 ③ 午 ④ 溫 ⑤ 逆

08 왼쪽에서 오른쪽으로 쓴다.
   ① 魚 ② 語 ③ 王 ④ 言 ⑤ 永

09-18 다음 한자(漢字)의 음(音)은 무엇입니까?

09 烏 : ① 어 ② 오 ③ 약 ④ 옥 ⑤ 온
10 陽 : ① 억 ② 연 ③ 양 ④ 액 ⑤ 약
11 五 : ① 오 ② 왕 ③ 약 ④ 연 ⑤ 어
12 語 : ① 십 ② 어 ③ 신 ④ 심 ⑤ 언
13 屋 : ① 양 ② 연 ③ 옥 ④ 역 ⑤ 오
14 玉 : ① 예 ② 영 ③ 엽 ④ 옥 ⑤ 연
15 易 : ① 예 ② 오 ③ 업 ④ 열 ⑤ 역
16 研 : ① 안 ② 연 ③ 억 ④ 어 ⑤ 오
17 藝 : ① 언 ② 약 ③ 열 ④ 예 ⑤ 양
18 完 : ① 오 ② 영 ③ 완 ④ 여 ⑤ 연

19-23 다음의 음(音)을 가진 한자(漢字)는 어느 것입니까?

19 역 : ① 王 ② 然 ③ 漁 ④ 溫 ⑤ 逆
20 업 : ① 業 ② 烏 ③ 易 ④ 言 ⑤ 榮
21 오 : ① 屋 ② 易 ③ 午 ④ 魚 ⑤ 王
22 연 : ① 溫 ② 洋 ③ 魚 ④ 英 ⑤ 然
23 언 : ① 永 ② 榮 ③ 言 ④ 熱 ⑤ 藝

24-33 다음 한자(漢字)의 뜻은 무엇입니까?

24 漁 : ① 양 ② 고기 ③ 날카롭다
        ④ 사냥하다 ⑤ 고기잡다

25 研 : ① 묶다 ② 치다 ③ 갈다
        ④ 박다 ⑤ 말씀

26 永 : ① 약속 ② 길다 ③ 얼음
        ④ 춥다 ⑤ 같다

27 屋 : ① 줄 ② 잎 ③ 실
        ④ 집 ⑤ 재주

28 玉 : ① 왕자 ② 보물 ③ 반지 ④ 신하 ⑤ 구슬

29 業 : ① 낮 ② 업 ③ 법 ④ 밥 ⑤ 약

30 熱 : ① 덥다 ② 차다 ③ 익히다 ④ 약하다 ⑤ 큰바다

31 易 : ① 바꾸다 ② 채우다 ③ 치우다 ④ 들이다 ⑤ 나아가다

32 藝 : ① 낮 ② 재주 ③ 말씀 ④ 기능 ⑤ 맺다

33 語 : ① 억 ② 고기 ③ 영화 ④ 말씀 ⑤ 길다

34-38 다음의 뜻을 가진 한자(漢字)는 어느 것입니까?

34 거스르다 : ① 熱 ② 易 ③ 然 ④ 逆 ⑤ 魚

35 임금 : ① 王 ② 言 ③ 語 ④ 榮 ⑤ 五

36 볕 : ① 英 ② 魚 ③ 陽 ④ 完 ⑤ 午

37 따뜻하다 : ① 易 ② 午 ③ 研 ④ 榮 ⑤ 溫

38 꽃부리 : ① 英 ② 洋 ③ 烏 ④ 永 ⑤ 然

39-48 다음 한자어(漢字語)의 음(音)은 무엇입니까?

39 五色 : ① 오색 ② 오륜 ③ 백색 ④ 흑색 ⑤ 묵색

40 家屋 : ① 양옥 ② 가옥 ③ 기약 ④ 옥상 ⑤ 가문

41 完工 : ① 완성 ② 양친 ③ 완공 ④ 봉양 ⑤ 준공

42 太陽 : ① 석양 ② 양기 ③ 양지 ④ 태양 ⑤ 음양

43 海洋 : ① 해류 ② 원양 ③ 대양 ④ 해면 ⑤ 해양

44 漁船 : ① 어장 ② 어선 ③ 풍어 ④ 어부 ⑤ 어업

45 國語 : ① 어학 ② 어법 ③ 국어 ④ 영어 ⑤ 불어

46 天然 : ① 자연 ② 과연 ③ 필연 ④ 천연 ⑤ 천재

47 榮光 : ① 영광 ② 영달 ③ 광영 ④ 허영 ⑤ 영혼

48 武藝 : ① 예능 ② 무예 ③ 공예 ④ 예술 ⑤ 무술

49-50 다음 단어들의 '□'에 공통으로 들어갈 알맞은 한자(漢字)는 어느 것입니까?

49 體□, □氣, □度 :
① 熱 ② 五 ③ 溫 ④ 研 ⑤ 王

50 方□, □論, □行 :
① 玉 ② 言 ③ 英 ④ 逆 ⑤ 陽

5급한자 600 | 361~372

361 | 왕 往 (갈 왕)
- 往年 왕년 옛날. 지나간 때(年 해 년)
- 往來 왕래 가고오고 함(來 올 래)
- 往復 왕복 갔다가 돌아옴(復 회복할 복)
- 往往 왕왕 시간의 간격을 두고 이따금

往生 왕생　既往 기왕　來往 내왕
說往說來 설왕설래　右往左往 우왕좌왕

형성문자　彳부　총8획

362 | 외 外 (바깥 외)
- 外國 외국 자기 나라 이외의 다른 나라 (國 나라 국)
- 外交 외교 외국과의 교제(交 사귈 교)
- 海外 해외 바다를 사이에 둔 다른 나라 (海 바다 해)

外貌 외모　外出 외출　外貨 외화
校外 교외　國外 국외　室外 실외

회의문자　夕부　총5획

363 | 요 要 (요긴할 요)
- 要望 요망 꼭 그렇게 되기를 바람 (望 바랄 망)
- 要所 요소 중요한 장소나 지점(所 바 소)
- 重要 중요 소중하고 요긴함(重 무거울 중)
- 必要 필요 꼭 소용이 있음(必 반드시 필)

要求 요구　要領 요령　要素 요소
要約 요약　要因 요인　主要 주요

회의문자　襾부　총9획

364 | 욕 浴 (목욕할 욕)
- 浴室 욕실 목욕할 수 있도록 시설을 갖춘 방(室 집 실)
- 浴場 욕장 목욕하는 곳(場 마당 장)
- 入浴 입욕 목욕탕에 들어감, 또는 목욕을 함(入 들 입)

浴湯 욕탕　冷水浴 냉수욕　山林浴 산림욕
日光浴 일광욕　海水浴 해수욕　海水浴場 해수욕장

회의문자　氵=水부　총10획

365 | 용 勇 (날랠 용)
- 勇氣 용기 씩씩하고 굳센 기운(氣 기운 기)
- 勇士 용사 용기가 있는 사람(士 선비 사)
- 勇進 용진 용감하게 나아감(進 나아갈 진)
- 勇退 용퇴 조금도 꺼리지 아니하고 용기 있게 물러남(退 물러날 퇴)

勇敢 용감　勇斷 용단　勇力 용력
勇猛 용맹　勇者 용자　武勇談 무용담

형성문자　力부　총9획

366 | 용 用 (쓸 용)
- 用地 용지 어떤 일에 쓰기 위한 토지 (地 따 지)
- 共用 공용 공통으로 씀(共 한가지 공)
- 利用 이용 물건을 이롭게 쓰거나 쓸모 있게 씀(利 이로울 리)

用件 용건　用度 용도　用例 용례
用言 용언　食用 식용　適用 적용

회의문자　用부　총5획

· · · 문 장 속 의 한 자 읽 어 볼 래 요 ? · · ·

1 뱀장어나 연어 같은 물고기는 바닷물과 민물을 往復(　　)하며 산다.
2 우리 것을 무조건 고리타분한 것, 外國(　　) 것보다 못한 것이라고 생각하는 열등 의식은 버려야 한다.
3 사는 것이 重要(　　)한 문제가 아니고, 바르게 사는 것이 重要(　　)한 문제이다. -소크라테스(Socrates)
4 공중 목욕탕에서는 入浴(　　) 전에 꼭 몸을 씻어야 한다.
5 이순신 장군의 승리는 패전을 거듭하던 조선군에게 勇氣(　　)를 불어넣어 주었다.
6 컴퓨터 통신을 利用(　　)하면 눈에 보이지 않는 상대방과 이야기할 수 있고, 오락도 할 수 있다.

· · · 이 한 자 기 억 해 요 ? · · ·　　정답 114

1 榮(　　)　2 永(　　)　3 英(　　)　4 藝(　　)　5 五(　　)　6 午(　　)

여기는! 往왕 / 容용

367 | 용
容 얼굴 용

- 容量 용량: 가구나 그릇 등에 들어갈 수 있는 분량 (量 헤아릴 량)
- 內容 내용: 어떤 일의 속내를 이루는 것 (內 안 내)
- 美容 미용: 얼굴이나 머리를 매만짐 (美 아름다울 미)

容器 용기 容納 용납 容貌 용모
容恕 용서 寬容 관용 許容 허용

회의문자 宀부 총10획

丶丶宀宀宀宀宀宀容容容

368 | 우
牛 소 우

- 牛馬 우마: 소와 말 (馬 말 마)
- 韓牛 한우: 한국소 (韓 한국 한)
- 牛耳讀經 우이독경: 쇠귀에 경 읽기. 아무리 가르치고 일러 주어도 알아듣지 못함 (耳 귀 이, 讀 읽을 독, 經 지날 경)

牛角 우각 牛乳 우유 牛黃 우황
鬪牛 투우 牛馬車 우마차 牛耳洞 우이동

상형문자 牛부 총4획

丿 一 二 牛

369 | 우
友 벗 우

- 友軍 우군: 자기와 같은 편인 군대 (軍 군사 군)
- 友愛 우애: 형제간이나 친구 사이의 두터운 정과 사랑 (愛 사랑 애)
- 友情 우정: 친구 사이의 정 (情 뜻 정)
- 友好 우호: 서로 친함 (好 좋을 호)

友邦 우방 校友 교우 級友 급우
朋友 붕우 學友 학우 文房四友 문방사우

상형문자 又부 총4획

一 ナ 方 友

370 | 우
雨 비 우

- 雨期 우기: 일 년 중에 비가 많이 오는 시기 (期 기약할 기)
- 雨天 우천: 비가 옴 (天 하늘 천)
- 雨量計 우량계: 일정 기간 동안에 비가 내린 양을 재는 기구 (量 헤아릴 량, 計 셀 계)

雨備 우비 雨傘 우산 雨中 우중
暴雨 폭우 風雨 풍우 豪雨 호우

상형문자 雨부 총8획

一 宀 币 币 币 雨 雨 雨

371 | 우
右 오른쪽 우

- 右相 우상: 우의정 (相 서로 상)
- 右便 우편: 오른쪽 (便 편할 편)
- 極右 극우: 극단적으로 보수주의적이거나 국수주의적인 성향 (極 극진할 극)
- 左右間 좌우간: 이렇든저렇든 간에 (左 왼 좌, 間 사이 간)

右手 우수 右翼 우익 右側 우측
右派 우파 座右銘 좌우명

회의문자 口부 총5획

丿 ナ 十 右 右

372 | 우
宇 집 우

- 宇內 우내: 세상 (內 안 내)
- 宇下 우하: 처마 밑 (下 아래 하)
- 屋宇 옥우: 집 (屋 집 옥)

宇宙 우주 一宇 일우 宇宙船 우주선

형성문자 宀부 총6획

丶 丶 宀 宀 宇 宇

・・・문 장 속 의 한 자 읽 어 볼 래 요 ?・・・

1. 『격몽요결』은 사람으로 태어나 사람 구실을 하기 위한 內容(   )을 가르치고 있다.
2. 1998년 6월 16일 농사용 韓牛(   ) 500마리를 실은 차량의 행렬이 판문점을 통해 북한으로 갔다.
3. 건강한 가정을 이루기 위해서는 형제 자매 간에 깊은 友愛(   )를 간직해야 한다.
4. 동남 아시아는 연중 비가 많이 내리는 지역과 건기와 雨期(   )가 구분되는 지역으로 나뉜다.
5. 영철이는 일의 전후는 듣지도 않고 左右間(   ) 화부터 냈다.
6. 宇宙(   )는 인간의 지식으로 알 수 없을 만큼 광활하다.

・・・이 한 자 기 억 해 요 ?・・・ 정답 115

1 烏(   ) 2 玉(   ) 3 屋(   ) 4 溫(   ) 5 完(   ) 6 王(   )

5급한자 600 | 373~384

373 | 운 - 雲 (구름 운)
- 雲集 운집: 구름처럼 많이 모임 (集 모을 집)
- 白雲 백운: 흰구름 (白 흰 백)
- 星雲 성운: 구름 모양으로 퍼져 보이는 천체 (星 별 성)

雲霧 운무 雲海 운해 靑雲 청운
風雲 풍운 風雲兒 풍운아

상형문자 雨부 총12획

374 | 운 - 運 (옮길 운)
- 運動 운동: 건강을 위해 몸을 움직이는 일. 어떤 목적을 이루기 위해 힘씀 (動 움직일 동)
- 運用 운용: 무엇을 움직이게 하거나 부리어 씀 (用 쓸 용)
- 幸運 행운: 좋은 운수 (幸 다행 행)

運數 운수 運營 운영 運轉 운전
運河 운하 運行 운행 海運 해운

형성문자 辶=辵부 총13획

375 | 웅 - 雄 (수컷 웅)
- 雄大 웅대: 웅장하고 큼 (大 큰 대)
- 雄飛 웅비: 기운차고 용기있게 활동함 (飛 날 비)
- 雄志 웅지: 웅대한 뜻 (志 뜻 지)
- 英雄 영웅: 재지와 담력과 무용이 특별히 뛰어난 인물 (英 꽃부리 영)

雄傑 웅걸 雄辯 웅변 雄壯 웅장
群雄 군웅 雌雄 자웅

형성문자 隹부 총12획

376 | 원 - 原 (언덕, 근원 원)
- 原因 원인: 무슨 일이 일어난 까닭 (因 인할 인)
- 原動力 원동력: 어떤 움직임의 근본이 되는 힘 (動 움직일 동, 力 힘 력)
- 原住民 원주민: 본디부터 살던 사람 (住 살 주, 民 백성 민)

原理 원리 原本 원본 原則 원칙
根原 근원 草原 초원 原始人 원시인

회의문자 厂부 총10획

377 | 원 - 願 (원할 원)
- 願望 원망: 원하고 바람 (望 바랄 망)
- 願書 원서: 지원하거나 청원하는 뜻을 적은 글 (書 글 서)
- 所願 소원: 바라는 바 (所 바 소)
- 出願 출원: 청원이나 원서를 냄 (出 날 출)

民願 민원 宿願 숙원 哀願 애원
念願 염원 志願 지원 請願 청원

형성문자 頁부 총19획

378 | 원 - 園 (동산 원)
- 公園 공원: 여러 사람의 휴식을 위하여 만들어 놓은 지역 (公 공평할 공)
- 果樹園 과수원: 과일 나무를 재배하는 농원 (果 실과 과, 樹 나무 수)

園藝 원예 樂園 낙원 農園 농원
田園 전원 庭園 정원 花園 화원

형성문자 口부 총13획

••• 문장 속의 한자 읽어 볼래요? •••

1. 고종의 인산일을 맞이하여 종로에는 많은 인파가 雲集(   )했다.
2. 과소비를 추방하자는 사회 運動(   )이 시작되어도 개인이 각성하지 않으면 절약 풍조의 정착은 멀다.
3. 자기의 뜻을 펴기 위하여 남을 불행하게 하는 사람은 진정한 英雄(   )이라고 할 수 없다.
4. 석가모니는 괴로움의 근본 原因(   )은 우리 마음 속에 있는 욕심이나 나쁜 생각이라고 했다.
5. 나의 所願(   )은 우리 나라 대한의 완전한 자주 독립이오. – 김구
6. 1919년 3월 1일, 서울 탑골 公園(   )에서 독립 만세 운동이 시작되었다.

••• 이 한자 기억해요? •••   정답 118

1 往(   ) 2 外(   ) 3 要(   ) 4 浴(   ) 5 勇(   ) 6 用(   )

여기는! 雲운/遠원

379 | 원 遠 (멀 원)
- 遠近 원근 : 멀고 가까움 (近 가까울 근)
- 遠洋 원양 : 뭍에서 멀리 떨어진 바다 (洋 큰바다 양)
- 永遠 영원 : 언제까지고 계속하여 끝이 없음 (永 길 영)
- 遠隔 원격 遠大 원대 遠視 원시
- 遠征 원정 疏遠 소원 遙遠 요원

형성문자 辶=辵부 총14획

380 | 원 元 (으뜸 원)
- 元素 원소 : 한 종류의 원자로만 만들어진 물질 (素 본디 소)
- 元子 원자 : 물질의 기본적 구성 단위 (子 아들 자)
- 元祖 원조 : 어떤 일을 처음 시작한 사람 (祖 할아비 조)
- 元金 원금 元氣 원기 元年 원년
- 元來 원래 元老 원로 身元 신원

지사문자 儿부 총4획

381 | 월 月 (달 월)
- 月給 월급 : 일한 삯으로 다달이 받는 돈 (給 줄 급)
- 正月 정월 : 일 년 중의 첫째 달 (正 바를 정)
- 月下老人 월하노인 : 부부의 인연을 맺어 준다는 전설상의 늙은이 (下 아래 하, 老 늙을 로, 人 사람 인)
- 月刊 월간 月末 월말 月次 월차
- 月出 월출 歲月 세월 生年月日 생년월일

상형문자 月부 총4획

382 | 위 位 (자리 위)
- 方位 방위 : 동서남북을 기준으로 하여 정한 방향 (方 모 방)
- 王位 왕위 : 임금의 자리 (王 임금 왕)
- 地位 지위 : 개인의 사회적인 신분에 따르는 어떠한 자리나 계급 (地 따 지)
- 位置 위치 單位 단위 部位 부위
- 水位 수위 職位 직위 品位 품위

회의문자 亻=人부 총7획

383 | 위 爲 (하, 할 위)
- 爲人 위인 : 그 사람의 됨됨이 (人 사람 인)
- 爲政 위정 : 정치를 함 (政 정사 정)
- 爲主 위주 : 으뜸으로 삼음 (主 주인 주)
- 當爲 당위 : 마땅히 그렇게 하거나 되어야 하는 것 (當 마땅 당)
- 爲國 위국 所爲 소위 營爲 영위
- 行爲 행위 無作爲 무작위 無爲徒食 무위도식

상형문자 爫=爪부 총12획

384 | 유 遺 (남길 유)
- 遺骨 유골 : 주검을 태우고 남은 뼈, 또는 무덤 속에서 나온 뼈 (骨 뼈 골)
- 遺物 유물 : 죽은 사람이 남긴 물건 (物 물건 물)
- 遺産 유산 : 죽은 사람이 남겨 놓은 재산 (産 낳을 산)
- 遺民 유민 遺書 유서 遺失 유실
- 遺言 유언 遺作 유작 遺族 유족

형성문자 辶=辵부 총16획

• • • 문 장 속 의 한 자 읽 어 볼 래 요 ? • • •

1. 우리의 삶은 永遠(   )한 것이 아니고, 욕심을 부린다고 해서 모든 것을 얻을 수 있는 것도 아니다.
2. 퀴리 부부는 가난 속에서 아주 어렵게 연구를 하여 라듐 元素(   )를 발견하였다.
3. 오늘은 아버지의 月給(   )날입니다.
4. 통일 신라는 귀족들의 王位(   ) 다툼이 시작되면서 점차 나라가 기울기 시작하였다.
5. 우리 나라 학생들은 국영수 爲主(   )로 공부를 한다.
6. 막대한 遺産(   )은 자손들의 다툼을 가져왔다.

• • • 이 한 자 기 억 해 요 ? • • •   정답 119

1 容(   ) 2 牛(   ) 3 友(   ) 4 雨(   ) 5 右(   ) 6 宇(   )

연습문제 16 | 지금까지 배운 내용을 문제로 풀어보세요

01-03 다음 한자(漢字)의 부수(部首)는 무엇입니까?

01 往 : ① 王 ② 人 ③ 亠 ④ 往 ⑤ 彳

02 友 : ① 土 ② 一 ③ 又 ④ 木 ⑤ 友

03 宇 : ① 宀 ② 宇 ③ 二 ④ 一 ⑤ 手

04-06 다음 한자(漢字)의 획수(劃數)는 모두 몇 획입니까?

04 容 : ① 9 ② 10 ③ 11 ④ 12 ⑤ 13

05 雄 : ① 10 ② 11 ③ 12 ④ 13 ⑤ 14

06 友 : ① 4 ② 5 ③ 6 ④ 7 ⑤ 8

07-08 다음 필순(筆順)에 대한 설명에 가장 알맞은 한자(漢字)는 어느 것입니까?

07 안과 바깥이 있을 때에는 바깥을 먼저 쓴다.
① 外 ② 勇 ③ 要 ④ 園 ⑤ 宇

08 꿰뚫는 획은 나중에 쓴다.
① 元 ② 牛 ③ 右 ④ 雲 ⑤ 運

09-18 다음 한자(漢字)의 음(音)은 무엇입니까?

09 元 : ① 오 ② 외 ③ 옥 ④ 원 ⑤ 용

10 往 : ① 온 ② 우 ③ 운 ④ 용 ⑤ 왕

11 雨 : ① 요 ② 우 ③ 욕 ④ 원 ⑤ 오

12 運 : ① 운 ② 우 ③ 웅 ④ 외 ⑤ 요

13 雄 : ① 온 ② 오 ③ 원 ④ 옥 ⑤ 웅

14 原 : ① 우 ② 원 ③ 운 ④ 용 ⑤ 오

15 浴 : ① 옥 ② 완 ③ 외 ④ 욕 ⑤ 옹

16 用 : ① 용 ② 왕 ③ 오 ④ 운 ⑤ 원

17 宇 : ① 우 ② 오 ③ 욕 ④ 옥 ⑤ 용

18 牛 : ① 왕 ② 운 ③ 우 ④ 욱 ⑤ 융

19-23 다음의 음(音)을 가진 한자(漢字)는 어느 것입니까?

19 위 : ① 月 ② 外 ③ 位 ④ 友 ⑤ 雲

20 용 : ① 園 ② 遺 ③ 遠 ④ 勇 ⑤ 牛

21 원 : ① 運 ② 右 ③ 要 ④ 爲 ⑤ 遠

22 운 : ① 宇 ② 雲 ③ 右 ④ 外 ⑤ 容

23 용 : ① 友 ② 願 ③ 容 ④ 月 ⑤ 園

24-33 다음 한자(漢字)의 뜻은 무엇입니까?

24 位 : ① 꽃 ② 왕 ③ 임금 ④ 자리 ⑤ 인연

25 遺 : ① 온실 ② 뜨겁다 ③ 차갑다 ④ 해치다 ⑤ 남기다

26 爲 : ① 가다 ② 동산 ③ 으뜸 ④ 읊다 ⑤ 하다

27 外 : ① 안 ② 내외 ③ 바깥 ④ 재주 ⑤ 재앙

28 要 : ① 무겁다 ② 두르다 ③ 오히려 ④ 요청하다 ⑤ 요긴하다

29 用 : ① 파다 ② 쌓다 ③ 둘레 ④ 쓰다 ⑤ 날래다

30 牛 : ① 소 ② 양 ③ 개 ④ 고기 ⑤ 얼굴

31 友 : ① 집 ② 벗 ③ 옷 ④ 손 ⑤ 왼쪽

32 右 : ① 입 ② 비 ③ 왼쪽 ④ 오른쪽 ⑤ 남기다

33 運 : ① 둘레 ② 치다 ③ 군인 ④ 옮기다 ⑤ 요긴하다

34-38 다음의 뜻을 가진 한자(漢字)는 어느 것입니까?

34 날래다 : ① 月 ② 位 ③ 遺 ④ 容 ⑤ 勇

35 수컷 : ① 宇 ② 雲 ③ 雄 ④ 往 ⑤ 元

36 언덕 : ① 原 ② 浴 ③ 雨 ④ 遠 ⑤ 爲

37 원하다 : ① 用 ② 願 ③ 原 ④ 右 ⑤ 要

38 동산 : ① 遠 ② 外 ③ 雨 ④ 園 ⑤ 浴

39-48 다음 한자어(漢字語)의 음(音)은 무엇입니까?

39 爲政 : ① 행정 ② 위정 ③ 위주 ④ 선정 ⑤ 위인

40 地位 : ① 지위 ② 고립 ③ 지상 ④ 옥외 ⑤ 수립

41 元素 : ① 소박 ② 온순 ③ 원소 ④ 온수 ⑤ 수소

42 浴室 : ① 교실 ② 완성 ③ 완전 ④ 욕실 ⑤ 거실

43 往復 : ① 왕년 ② 왕복 ③ 내왕 ④ 왕래 ⑤ 기복

44 外交 : ① 외교 ② 외국 ③ 내외 ④ 수교 ⑤ 국교

45 重要 : ① 필요 ② 긴요 ③ 중앙 ④ 요구 ⑤ 중요

46 雲集 : ① 백운 ② 운집 ③ 밀집 ④ 청운 ⑤ 모집

47 英雄 : ① 영웅 ② 웅대 ③ 웅비 ④ 영어 ⑤ 자웅

48 願書 : ① 원소 ② 원망 ③ 원리 ④ 원서 ⑤ 지원

49-50 다음 단어들의 '□'에 공통으로 들어갈 알맞은 한자(漢字)는 어느 것입니까?

49 □好, □愛, □情 :
① 右 ② 牛 ③ 雨 ④ 友 ⑤ 雄

50 □近, 永□, □大 :
① 園 ② 元 ③ 遠 ④ 原 ⑤ 往

5급한자 600 | 385~396

385 | 유 — 由 말미암을 유
- 由來 유래 : 어떤 일이 거쳐온 내력 (來 올 래)
- 理由 이유 : 까닭 (理 다스릴 리)
- 自由 자유 : 무엇에 얽매이지 아니하고 자기 마음대로 행동함. 또는 그런 상태 (自 스스로 자)
- 由緒 유서　經由 경유　事由 사유
- 緣由 연유　事由書 사유서

상형문자　田부　총5획
ㅣ 冂 口 由 由

386 | 유 — 油 기름 유
- 油田 유전 : 석유가 묻혀 있는 곳 (田 밭 전)
- 石油 석유 : 천연으로 지하에서 솟아 나오는 탄화수소류의 혼합물 (石 돌 석)
- 原油 원유 : 땅 속에서 뽑아낸 정제하지 않은 그대로의 기름 (原 근원 원)
- 油價 유가　油紙 유지　油畵 유화
- 輕油 경유　注油 주유　香油 향유

형성문자　氵=水부　총8획
丶 丶 氵 汁 汁 汩 油 油

387 | 유 — 有 있을 유
- 有感 유감 : 느끼는 바가 있음 (感 느낄 감)
- 所有 소유 : 자기 것으로 가지고 있음, 또는 가지고 있음 (所 바 소)
- 有事時 유사시 : 비상한 일이 있을 때 (事 일 사, 時 때 시)
- 有能 유능　有利 유리　有望 유망
- 有名 유명　有益 유익　有無 유무

상형문자　月부　총6획
ノ 𠂇 ナ 冇 有 有

388 | 육 — 肉 고기 육
- 肉聲 육성 : 사람의 입에서 나오는 소리 (聲 소리 성)
- 肉水 육수 : 고기를 삶아 낸 물 (水 물 수)
- 肉食 육식 : 고기를 먹음 (食 밥 식)
- 肉體 육체 : 사람의 몸 (體 몸 체)
- 肉感 육감　肉眼 육안　肉質 육질
- 肉親 육친　血肉 혈육　精肉店 정육점

상형문자　肉부　총6획
ㅣ 冂 内 内 肉 肉

389 | 육 — 育 기를 육
- 育成 육성 : 길러서 자라게 함 (成 이룰 성)
- 育英 육영 : 영재를 가르쳐 기름 (英 꽃부리 영)
- 生育 생육 : 낳아서 기름 (生 날 생)
- 養育 양육 : 어린이를 기름 (養 기를 양)
- 育兒 육아　教育 교육　發育 발육
- 保育 보육　體育 체육　訓育 훈육

회의문자　肉부　총8획
丶 亠 亠 产 育 育 育 育

390 | 은 — 銀 은 은
- 銀貨 은화 : 은돈 (貨 재물 화)
- 金銀 금은 : 금과 은 (金 쇠 금)
- 洋銀 양은 : 구리, 아연, 니켈 따위를 합금하여 만든 금속. 빛이 희고 녹슬지 않음 (洋 큰바다 양)
- 銀鑛 은광　銀盤 은반　銀漢 은한
- 銀行 은행　水銀 수은　銀河水 은하수

형성문자　金부　총14획
ノ 𠂉 亽 乑 余 余 金 金 金⁷ 鈩 鋃 鋃 銀

● ● ● 문 장 속 의 한 자 읽 어 볼 래 요 ? ● ● ●

1. 민요나 창(唱)으로 대표되는 노래는 무당의 신가(神歌)에서 由來( )한 것이다.
2. 무기를 만드는 산업은 지구상에서 石油( ) 산업 다음으로 큰 산업이다.
3. 이성 친구는 나만의 所有( ) 대상이라는 생각에서 벗어나야 한다.
4. 엄마는 냉면을 만들기 위해 肉水( )를 만드신다.
5. 혈연주의에서 벗어나, 부모가 養育( )하기 어려운 아이를 입양하여 키우려는 마음이 필요한 때이다.
6. 흥부가 박을 타자 金銀( ) 보화가 쏟아져 나왔다.

● ● ● 이 한 자 기 억 해 요 ? ● ● ● 정답 120

1 雲( )　2 運( )　3 雄( )　4 原( )　5 願( )　6 園( )

여기는! 由유 / 恩은

391 | 은 恩 (은혜 은)
형성문자 / 心부 / 총10획

- 恩功 은공 : 은혜와 공로 (功 공 공)
- 恩師 은사 : 은혜를 베풀어 준 스승 (師 스승 사)
- 恩人 은인 : 은혜를 베풀어 준 사람 (人 사람 인)
- 恩惠 은혜 感恩 감은 報恩 보은
- 聖恩 성은 天恩 천은 背恩忘德 배은망덕

恩恩恩

392 | 음 飮 (마실 음)
형성문자 / 食부 / 총13획

- 飮福 음복 : 제사를 마치고 제사에 쓴 술이나 음식을 나누어 먹는 일 (福 복 복)
- 飮食 음식 : 사람이 먹고 마시는 것 (食 밥 식)
- 飮毒 음독 飮酒 음주 過飮 과음
- 米飮 미음 試飮 시음 飮料水 음료수

飮飮飮飮飮飮

393 | 음 音 (소리 음)
회의문자 / 音부 / 총9획

- 音聲 음성 : 말소리. 목소리 (聲 소리 성)
- 音樂 음악 : 소리의 가락으로 나타내는 예술 (樂 노래 악)
- 同音 동음 : 같은 소리 (同 한가지 동)
- 低音 저음 : 낮은 음 (低 낮을 저)
- 音色 음색 音程 음정 音訓 음훈
- 高音 고음 發音 발음 和音 화음

音音

394 | 읍 邑 (고을 읍)
회의문자 / 邑부 / 총7획

- 邑內 읍내 : 읍의 구역 안 (內 안 내)
- 邑長 읍장 : 읍의 행정 사무를 통할하는 책임자 (長 긴 장)
- 都邑 도읍 : 서울 (都 도읍 도)
- 小邑 소읍 : 작은 읍 (小 작을 소)
- 邑里 읍리 邑面 읍면 邑民 읍민
- 食邑 식읍 市邑面 시읍면

邑

395 | 응 應 (응할 응)
회의문자 / 心부 / 총17획

- 應急 응급 : 급한 대로 우선 처리함 (急 급할 급)
- 應答 응답 : 물음에 응하여 대답함 (答 대답 답)
- 應接室 응접실 : 손님을 맞이하여 접대하는 방 (接 이을 접, 室 집 실)
- 應待 응대 應試 응시 應援 응원
- 應用 응용 對應 대응 反應 반응

應應應應應應應應應

396 | 의 醫 (의원 의)
회의문자 / 酉부 / 총18획

- 醫師 의사 : 의술과 약으로 병을 고치는 직업에 종사하는 사람 (師 스승 사)
- 醫學 의학 : 인체의 구조와 기능 등을 연구하여 질병 예방 및 치료에 관한 기술을 익히는 학문 (學 배울 학)
- 醫大 의대 醫藥 의약 名醫 명의
- 洋醫 양의 韓醫 한의 無醫村 무의촌

醫醫醫醫醫醫醫

• • • 문 장 속 의 한 자 읽 어 볼 래 요 ? • • •

1. 심봉사는 자기를 물에서 구해준 중을 恩人(   )으로 여기고 공양미 삼백석을 받칠 것을 약속했다.
2. 특정한 飮食(   )을 좋아하는 것은 개성이 아니고 기호이다.
3. 국악, 탈춤 등은 우리 조상들이 즐기던 音樂(   )과 춤으로 조상들의 생활 모습을 알 수 있다.
4. 도라짓골에서 邑內(   )까지는 고개를 두 개나 넘고 차로 30분을 더 가야 하는 먼길이다.
5. 인공 호흡은 공기를 들이마실 수 없는 사람에게 날숨을 불어넣는 應急(   ) 조치이다.
6. 현대 醫學(   )은 과학적인 분석을 바탕으로 하여 웃음의 의학적인 가치를 구체적으로 밝힌다.

• • • 이 한 자 기 억 해 요 ? • • •   정답 121

1 遠(   ) 2 元(   ) 3 月(   ) 4 位(   ) 5 爲(   ) 6 遺(   )

397 | 의

意

뜻 의

회의문자
心부 총13획

意見 의견 어떤 일에 대한 생각 (見 볼 견)
意思 의사 마음먹은 생각 (思 생각 사)
意中 의중 마음 속 (中 가운데 중)
意志 의지 목적이 뚜렷한 생각이나 뜻
(志 뜻 지)

意圖 의도   意味 의미   意義 의의
意向 의향   善意 선의   惡意 악의

亠 音 音 意 意 意

398 | 의

義

옳을 의

회의문자
羊부 총13획

義擧 의거 정의를 위하여 사사로운 이해
타산을 생각함이 없이 일으킨
행동 (擧 들 거)
義理 의리 사람으로서 마땅히 지켜야 할
바른 도리 (理 다스릴 리)
意義 의의 뜻. 중요성이나 가치 (意 뜻 의)

義務 의무   義兵 의병   義絶 의절
義足 의족   信義 신의   正義 정의

羊 羊 差 義 義 義

399 | 의

議

의논할 의

형성문자
言부 총20획

議長 의장 회의를 진행시켜 나가는 사람
(長 긴 장)
相議 상의 어떤 일을 의제에 올림
(相 서로 상)
會議 회의 여럿이 모여 의논함 (會 모일 회)

議決 의결   議案 의안   議題 의제
議會 의회   論議 논의   討議 토의

譯 議 議 議

400 | 의

衣

옷 의

상형문자
衣부 총6획

內衣 내의   속옷 (內 안 내)
雨衣 우의   비옷 (雨 비 우)
衣食住 의식주 인간 생활의 세 가지 요소
인 옷·음식·집을 아울러
이르는 말 (食 밥 식, 住 살 주)

衣冠 의관   衣類 의류   衣服 의복
衣裳 의상   上衣 상의   下衣 하의

一 亠 ナ ホ 衣 衣

401 | 이

二

두 이

지사문자
二부 총2획

二年 이년 두 해 (年 해 년)
二月 이월 한 해의 둘째 달 (月 달 월)
一口二言 일구이언
한 입으로 두 말을 함. 말을 이
랬다저랬다 함
(一 한 일, 口 입 구, 言 말씀 언)

二重 이중   二毛作 이모작   二分法 이분법
二人稱 이인칭 二八靑春 이팔청춘 唯一無二 유일무이

一 二

402 | 이

以

써 이

회의문자
人부 총5획

以南 이남 기준으로 삼는 곳에서부터 그
남쪽 (南 남녘 남)
以內 이내 일정한 범위의 안 (內 안 내)
以外 이외 어떤 범위의 밖 (外 바깥 외)
所以 소이 어떤 일을 하게 된 까닭
(所 바 소)

以來 이래   以北 이북   以上 이상
以前 이전   以下 이하   以後 이후

丶 丶 以 以 以

• • • 문 장 속 의 한 자 읽 어 볼 래 요 ?

1 인간은 자신의 판단과 다른 행동을 하기도 하는데, 이는 도덕적 실천 意志(   )가 부족해서이다.
2 「효경」에는 효의 근본적 意義(   )와 실천하는 방법, 효도의 덕이 지닌 위대함 등이 잘 나타나 있다.
3 會議(   )는 일정한 형식, 정해진 순서와 규칙에 따라 진행된다.
4 문화는 衣食住(   )를 비롯하여 언어, 풍습, 종교, 학문, 예술, 제도 등 모든 생활 방식이 포함된다.
5 해외로 유학 갔던 삼촌이 二年(   ) 만에 돌아왔다.
6 법과 예절 以外(   )에 개인의 양심적인 판단에 따르는 삶의 규범은 대부분 도덕의 영역에 속한다.

• • • 이 한 자 기 억 해 요 ? • • •   정답 124

1 由(   ) 2 油(   ) 3 有(   ) 4 肉(   ) 5 育(   ) 6 銀(   )

여기는! 意의/耳이

403 | 이 耳 (귀 이)
- 耳目 이목: 귀와 눈. 남들의 주의(目 눈 목)
- 馬耳東風 마이동풍: 남의 충고의 말을 귀담아 듣지 않고 흘려버림 (馬 말 마, 東 동녘 동, 風 바람 풍)
- 耳順 이순 中耳炎 중이염
- 牛耳讀經 우이독경 耳鼻咽喉科 이비인후과

상형문자 / 耳부 총6획

404 | 이 移 (옮길 이)
- 移動 이동: 옮기어 다님(動 움직일 동)
- 移民 이민: 자기 나라를 떠나 다른 나라로 옮아가서 삶, 또는 그 사람 (民 백성 민)
- 移行 이행: 옮아감. 변해감(行 다닐 행)
- 移關 이관 移送 이송 移植 이식
- 移住 이주 變移 변이 推移 추이

형성문자 / 禾부 총11획

405 | 익 益 (더할 익)
- 公益 공익: 공공의 이익(公 공평할 공)
- 無益 무익: 이로움이 없음(無 없을 무)
- 實益 실익: 실제의 이익(實 열매 실)
- 有益 유익: 도움이 될 만함(有 있을 유)
- 國益 국익 損益 손익 純益 순익
- 利益 이익 便益 편익 多多益善 다다익선

회의문자 / 皿부 총10획

406 | 인 因 (인할 인)
- 因果 인과: 원인과 결과(果 실과 과)
- 因習 인습: 이전부터 전해 내려와 몸에 익은 관습(習 익힐 습)
- 因子 인자: 어떤 결과의 원인이 되는 낱낱의 요소(子 아들 자)
- 基因 기인: 근본이 되는 원인(基 터 기)
- 因緣 인연 起因 기인 病因 병인
- 原因 원인 要因 요인 敗因 패인

상형문자 / 口부 총6획

407 | 인 引 (끌 인)
- 引力 인력: 떨어져 있는 두 물체가 서로 끌어당기는 힘(力 힘 력)
- 引用 인용: 남의 글이나 말 가운데서 필요한 부분만을 끌어다 씀 (用 쓸 용)
- 引繼 인계 引上 인상 引率 인솔
- 引受 인수 引出 인출 牽引 견인

회의문자 / 弓부 총4획

408 | 인 人 (사람 인)
- 人間 인간: 사람(間 사이 간)
- 人工 인공: 사람이 자연물에 손을 대어 만들어 놓은 일(工 장인 공)
- 人口 인구: 일정한 지역 안에 사는 사람의 수(口 입 구)
- 人家 인가 人格 인격 人材 인재
- 軍人 군인 萬人 만인 主人 주인

상형문자 / 人부 총2획

• • • 문 장 속 의 한 자 읽 어 볼 래 요 ? • • •

1. 월드컵은 단일 종목으로 세계 전지역의 耳目(   )을 집중시키는 대회이다.
2. 가까운 거리를 移動(   )할 때에는 자동차보다 자전거를 이용하거나 걷는 것이 좋다.
3. 좋은 곡식과 채소는 우리 몸에 有益(   )하다.
4. 전통 사회에서는 개인들의 삶이 권위와 因習(   )에 의해 크게 좌우되었다.
5. 「삼국유사」는 당시까지 전해지던 과거의 기록들을 引用(   )하여 만든 책이다.
6. 人間(   )의 '게놈 지도' 가 완성되면서 전세계적으로 생명 공학에 대한 관심이 높아지고 있다.

• • • 이 한 자 기 억 해 요 ? • • •   정답 125

1 恩(   ) 2 飮(   ) 3 音(   ) 4 邑(   ) 5 應(   ) 6 醫(   )

127

연습문제 17 | 지금까지 배운 내용을 문제로 풀어보세요

01-03 다음 한자(漢字)의 부수(部首)는 무엇입니까?

01 由 : ① 十 ② 口 ③ 田 ④ 一 ⑤ 三

02 育 : ① 肉 ② 亠 ③ 厶 ④ 宀 ⑤ 育

03 義 : ① 戈 ② 十 ③ 我 ④ 八 ⑤ 羊

04-06 다음 한자(漢字)의 획수(劃數)는 모두 몇 획입니까?

04 恩 : ① 8 ② 9 ③ 10 ④ 11 ⑤ 12

05 移 : ① 10 ② 11 ③ 12 ④ 13 ⑤ 14

06 醫 : ① 15 ② 16 ③ 17 ④ 18 ⑤ 19

07-08 다음 필순(筆順)에 대한 설명에 가장 알맞은 한자(漢字)는 어느 것입니까?

07 위에서 아래로 쓴다.
① 引 ② 由 ③ 益 ④ 油 ⑤ 銀

08 왼쪽에서 오른쪽으로 쓴다.
① 飮 ② 有 ③ 育 ④ 肉 ⑤ 恩

09-18 다음 한자(漢字)의 음(音)은 무엇입니까?

09 因 : ① 유 ② 월 ③ 응 ④ 육 ⑤ 인

10 移 : ① 이 ② 음 ③ 응 ④ 의 ⑤ 익

11 銀 : ① 육 ② 은 ③ 이 ④ 유 ⑤ 음

12 義 : ① 의 ② 은 ③ 읍 ④ 음 ⑤ 이

13 音 : ① 육 ② 유 ③ 음 ④ 이 ⑤ 읍

14 邑 : ① 음 ② 은 ③ 이 ④ 월 ⑤ 읍

15 人 : ① 인 ② 응 ③ 읍 ④ 은 ⑤ 육

16 育 : ① 육 ② 월 ③ 유 ④ 위 ⑤ 은

17 應 : ① 읍 ② 음 ③ 이 ④ 응 ⑤ 의

18 以 : ① 음 ② 위 ③ 이 ④ 유 ⑤ 응

19-23 다음의 음(音)을 가진 한자(漢字)는 어느 것입니까?

19 이 : ① 因 ② 移 ③ 引 ④ 議 ⑤ 油

20 음 : ① 耳 ② 有 ③ 飮 ④ 二 ⑤ 肉

21 의 : ① 意 ② 肉 ③ 由 ④ 益 ⑤ 人

22 유 : ① 醫 ② 議 ③ 二 ④ 油 ⑤ 銀

23 은 : ① 有 ② 以 ③ 衣 ④ 由 ⑤ 恩

24-33 다음 한자(漢字)의 뜻은 무엇입니까?

24 人 : ① 자리 ② 으뜸 ③ 하나 ④ 그늘 ⑤ 사람

25 由 : ① 논 ② 밭 ③ 일 ④ 지경 ⑤ 말미암다

26 有 : ① 없다 ② 있다 ③ 왼쪽 ④ 오른쪽 ⑤ 어조사

27 育 : ① 심다 ② 고기 ③ 기르다 ④ 익히다 ⑤ 응하다

28 恩 : ① 뜻　② 지사　③ 생각
　　　　 ④ 은혜　⑤ 마음

29 引 : ① 끌다　② 밀다　③ 대다
　　　　 ④ 곱다　⑤ 치다

30 議 : ① 옳다　② 정하다　③ 말하다
　　　　 ④ 의논하다　⑤ 그윽하다

31 醫 : ① 아픔　② 병원　③ 의원
　　　　 ④ 치료　⑤ 간호사

32 耳 : ① 코　② 입　③ 눈
　　　　 ④ 귀　⑤ 손

33 因 : ① 닮다　② 인하다　③ 추하다
　　　　 ④ 악하다　⑤ 위하다

34-38 다음의 뜻을 가진 한자(漢字)는 어느 것입니까?

34 소리 : ① 銀　② 音　③ 飮　④ 邑　⑤ 耳

35 옷 : ① 二　② 意　③ 人　④ 衣　⑤ 義

36 더하다 : ① 音　② 應　③ 以　④ 意　⑤ 益

37 기름 : ① 義　② 以　③ 油　④ 邑　⑤ 應

38 고기 : ① 飮　② 醫　③ 移　④ 銀　⑤ 肉

39-48 다음 한자어(漢字語)의 음(音)은 무엇입니까?

39 移動 : ① 이장 ② 동작 ③ 추동 ④ 이동 ⑤ 추모

40 引力 : ① 동력 ② 인력 ③ 방도 ④ 마력 ⑤ 왕도

41 無益 : ① 유익 ② 위인 ③ 무익 ④ 거대 ⑤ 실익

42 理由 : ① 유곡 ② 이상 ③ 연유 ④ 유래 ⑤ 이유

43 所有 : ① 소지 ② 소유 ③ 유지 ④ 유리 ⑤ 공유

44 因習 : ① 음지 ② 예습 ③ 태양 ④ 인습 ⑤ 곤궁

45 音樂 : ① 음악 ② 음성 ③ 환락 ④ 화음 ⑤ 음색

46 意義 : ① 의무 ② 의도 ③ 의의 ④ 의식 ⑤ 의지

47 會議 : ① 논의 ② 모의 ③ 회식 ④ 토의 ⑤ 회의

48 育成 : ① 대성 ② 육영 ③ 육림 ④ 육성 ⑤ 확성

49-50 다음 단어들의 '□'에 공통으로 들어갈 알맞은 한자(漢字)는 어느 것입니까?

49 □間, □工, 萬□ :
　① 人　② 邑　③ 飮　④ 銀　⑤ 油

50 □急, □答, □用 :
　① 耳　② 以　③ 應　④ 二　⑤ 恩

5급한자 600 | 409~420

409 | 인 — 仁 (어질 인)
- 仁德인덕 어진 덕(德 큰 덕)
- 仁者樂山 인자요산
  어진 사람은 신중하고 덕이 두터워 마음이 산과 비슷하여 산을 좋아함(者 놈 자, 樂 좋아할 요, 山 메 산)
- 仁義 인의
- 仁者 인자
- 仁慈 인자
- 仁者無敵 인자무적
- 殺身成仁 살신성인

회의문자 / 亻=人부 / 총4획

410 | 일 — 日 (날 일)
- 日氣 일기 날씨(氣 기운 기)
- 日記 일기 그날 그날 겪은 일이나 감상 등을 적은 개인의 기록 (記 기록할 기)
- 休日 휴일 쉬는 날 (休 쉴 휴)
- 日沒 일몰
- 每日 매일
- 連日 연일
- 後日 후일
- 日常 일상
- 日就月將 일취월장

상형문자 / 日부 / 총4획

411 | 일 — 一 (한 일)
- 一生 일생 살아있는 동안. 평생(生 날 생)
- 合一 합일 합하여 하나가 됨(合 합할 합)
- 一石二鳥 일석이조
  돌 한 개를 던져 새 두 마리를 잡음. 동시에 두 가지 이득을 봄(石 돌 석, 二 두 이, 鳥 새 조)
- 一貫 일관
- 一念 일념
- 一律 일률
- 一任 일임
- 單一 단일
- 統一 통일

지사문자 / 一부 / 총1획

412 | 입 — 入 (들 입)
- 入選 입선 응모·출품한 작품 따위가 뽑는 범위 안에 드는 것 (選 가릴 선)
- 入城 입성 성 안으로 들어감(城 재 성)
- 流入 유입 흘러 들어옴(流 흐를 류)
- 入山 입산
- 入場 입장
- 入住 입주
- 入學 입학
- 記入 기입
- 出入 출입

상형문자 / 入부 / 총2획

413 | 자 — 字 (글자 자)
- 文字 문자 글자(文 글월 문)
- 漢字 한자 중국의 고유한 글자 (漢 한수 한)
- 千字文 천자문 중국의 주흥사가 지은 책. 한문 학습의 입문서 (千 일천 천, 文 글월 문)
- 字母 자모
- 字音 자음
- 字典 자전
- 數字 숫자
- 正字 정자
- 活字 활자

형성문자 / 子부 / 총6획

414 | 자 — 者 (놈 자)
- 信者 신자 종교를 믿는 사람(信 믿을 신)
- 業者 업자 사업을 경영하는 사람 (業 업 업)
- 筆者 필자 글 또는 글씨를 쓴 사람 (筆 붓 필)
- 強者 강자
- 記者 기자
- 病者 병자
- 勝者 승자
- 著者 저자
- 學者 학자

회의문자 / 耂=老부 / 총9획

· · · 문 장 속 의 한 자 읽 어 볼 래 요 ? · · ·

1. 새로 온 고을 원님은 백성들에게 仁德(   )을 베풀었다.
2. 매일 日記(   )를 쓰는 것은 자신을 되돌아보는 좋은 방법이다.
3. 사람이 이 세상에 태어나서 죽을 때까지, 살아있는 동안을 삶 또는 一生(   )이라고 한다.
4. 하천이 오염된 것은 공업용 폐수와 생활 하수가 하천에 流入(   )되었기 때문이다.
5. 우리 민족은 漢字(   )를 빌려 쓰면서도 이두를 사용하여 중국 文字(   )를 우리 언어 체계에 맞추었다.
6. 가톨릭과 조선 왕조와의 마찰로 인해 많은 信者(   )들이 희생되었다.

· · · 이 한 자 기 억 해 요 ? · · ·   정답 126

1 意(   ) 2 義(   ) 3 議(   ) 4 衣(   ) 5 二(   ) 6 以(   )

여기는! 仁인/自자

415 | 자 — 自 스스로 자
- 自立 자립: 남에게 의지하지 않고 자기의 힘으로 해나감 (立 설 립)
- 自由 자유: 남의 억눌림이나 간섭을 받지 않고 마음대로 행동함 (由 말미암을 유)
- 自己 자기, 自動 자동, 自力 자력
- 自白 자백, 自負 자부, 自習 자습
- 상형문자, 自부, 총6획

416 | 자 — 子 아들 자
- 子女 자녀: 아들과 딸 (女 계집 녀)
- 母子 모자: 어머니와 아들 (母 어미 모)
- 養子 양자: 입양으로 아들이 된 사람 (養 기를 양)
- 孝子 효자: 효성스러운 아들 (孝 효도 효)
- 子孫 자손, 子息 자식, 父子 부자
- 女子 여자, 種子 종자, 子子孫孫 자자손손
- 상형문자, 子부, 총3획

417 | 작 — 作 지을 작
- 作業 작업: 일터에서 연장이나 기계 등을 가지고 일을 함 (業 업 업)
- 作心三日 작심삼일: 결심이 사흘을 가지 못함 (心 마음 심, 三 석 삼, 日 날 일)
- 作文 작문, 作成 작성, 作戰 작전
- 作品 작품, 動作 동작, 始作 시작
- 회의문자, 亻=人부, 총7획

418 | 장 — 將 장수, 장차 장
- 將軍 장군: 군을 통솔, 지휘하는 무관 (軍 군사 군)
- 將來 장래: 앞으로 닥쳐올 날 (來 올 래)
- 將星 장성: 장군 (星 별 성)
- 老將 노장: 경험 많은 노련한 장군 (老 늙을 로)
- 將校 장교, 將兵 장병, 將帥 장수
- 將次 장차, 名將 명장, 日就月將 일취월장
- 형성문자, 寸부, 총11획

419 | 장 — 章 글 장
- 圖章 도장: 나무·뿔·수정 따위에다 개인이나 단체의 이름을 새긴 것 (圖 그림 도)
- 文章 문장: 생각이나 느낌을 글로 나타낸 것 (文 글월 문)
- 國章 국장, 樂章 악장, 印章 인장
- 終章 종장, 初章 초장, 憲章 헌장
- 회의문자, 立부, 총11획

420 | 장 — 長 긴 장
- 長官 장관: 나랏일을 맡아 보는 행정 각 부의 책임자 (官 벼슬 관)
- 校長 교장: 학교의 사무를 관장하고 대외적으로 학교를 대표하는 사람 (校 학교 교)
- 長男 장남, 長女 장녀, 長短 장단
- 長點 장점, 家長 가장, 長期的 장기적
- 상형문자, 長부, 총8획

• • • 문 장 속 의 한 자 읽 어 볼 래 요 ? • • •

1. 오늘날과 같이 自由(   )로운 사회에서는 이성을 사귀는 것이 자연스러운 일이 되었다.
2. 비만 부모의 子女(   ) 중에 비만아가 많은 것이 확실하지만, 반드시 그렇다고는 할 수 없다.
3. 전통 사회에서는 마을 사람들이 함께 농사를 짓거나 공동 作業(   )을 하면서 서로 도왔다.
4. 병사 묘역에 잠든 將軍(   )은 여러 사람들에게 큰 귀감이 되었다.
5. 사임당은 文章(   ), 붓글씨, 바느질, 자수에 이르기까지 천부적인 재능을 발휘했다.
6. 행정부에는 대통령이 있고, 그 밑에 국무 총리를 비롯하여 각 부 長官(   )이 나라일을 처리한다.

• • • 이 한 자 기 억 해 요 ? • • •   정답 127

1. 耳(   ) 2. 移(   ) 3. 益(   ) 4. 因(   ) 5. 引(   ) 6. 人(   )

5급한자 600 | 421~432

421 | 장 場 — 마당 장
- 場內 장내: 어떤 장소의 안 (內 안 내)
- 場面 장면: 어떤 일이 벌어지는 광경 (面 낯 면)
- 登場 등장: 무대나 연단 위에 나타남 (登 오를 등)
- 場所 장소, 工場 공장, 當場 당장
- 道場 도장, 立場 입장, 白日場 백일장
- 형성문자 / 土부 총12획
- 筆順: 一 十 土 圹 圻 坦 坦 坦 坦 場 場 場

422 | 재 再 — 두 재
- 再開 재개: 다시 엶 (開 열 개)
- 再建 재건: 무너진 것을 다시 세움 (建 세울 건)
- 再生 재생: 버리게 된 물건을 다시 살려서 쓰게 만듦 (生 날 생)
- 再考 재고, 再起 재기, 再論 재론
- 再發 재발, 再次 재차, 再活 재활
- 회의문자 / 冂부 총6획
- 筆順: 一 厂 冂 冃 再 再

423 | 재 在 — 있을 재
- 在來 재래: 전부터 있어 내려온 것 (來 올 래)
- 在位 재위: 왕위에 있음 (位 자리 위)
- 不在 부재: 그 곳에 있지 않음 (不 아닐 불·부)
- 所在 소재: 있는 곳 (所 바 소)
- 在庫 재고, 在野 재야, 在學 재학
- 健在 건재, 存在 존재, 現在 현재
- 형성문자 / 土부 총6획
- 筆順: 一 ナ 才 在 在 在

424 | 재 才 — 재주 재
- 才能 재능: 재주와 능력 (能 능할 능)
- 才致 재치: 눈치 빠르고 재빠르게 응하는 재주 (致 이룰 치)
- 多才多能 다재다능: 재주와 능력이 많음 (多 많을 다, 能 능할 능)
- 才氣 재기, 才弄 재롱, 才色 재색
- 秀才 수재, 英才 영재, 天才 천재
- 상형문자 / 扌=手부 총3획
- 筆順: 一 十 才

425 | 재 財 — 재물 재
- 財物 재물: 돈과 값나가는 물건 (物 물건 물)
- 財産 재산: 개인이나 단체가 소유하는 재물 (産 낳을 산)
- 財數 재수: 재물이 생기거나 좋은 일이 있을 운수 (數 셈 수)
- 財界 재계, 財團 재단, 財務 재무
- 理財 이재, 財力家 재력가, 文化財 문화재
- 형성문자 / 貝부 총10획
- 筆順: 丨 冂 冂 月 目 貝 貝 則 財 財

426 | 재 材 — 재목 재
- 材料 재료: 물건을 만드는 데 드는 원료 (料 헤아릴 료)
- 材質 재질: 재료가 갖는 성질 (質 바탕 질)
- 教材 교재: 수업에 쓰이는 재료 (教 가르칠 교)
- 材木 재목, 木材 목재, 素材 소재
- 藥材 약재, 鐵材 철재, 取材 취재
- 형성문자 / 木부 총7획
- 筆順: 一 十 才 才 木 村 材

· · · 문장속의 한자 읽어 볼래요? · · ·

1. 요즈음 환경 문제는 가장 중요한 사회 문제의 한 가지로 登場(   )하고 있다.
2. 창덕궁은 조선 태종 때 지은 궁궐로, 경복궁이 再建(   )될 때까지 왕궁으로 사용되었다.
3. 영조는 조선 역사상 가장 오래 왕위에 있던 임금으로, 在位(   ) 52년 동안 문화와 산업을 부흥시켰다.
4. 민주주의에서 말하는 평등은 동등한 기회를 줌으로써 각자의 才能(   )을 발휘하게 하려는 것이다.
5. 비록 높은 지위에 있고 財物(   )이 많아도 사람됨이 부족하다면, 우리는 그를 존경하지 않는다.
6. 비빔밥은 많은 材料(   )들을 섞어서 독특한 맛을 내는 우리의 전통 음식이다.

· · · 이 한자 기억해요? · · · 정답 130

1 仁(   ) 2 日(   ) 3 一(   ) 4 入(   ) 5 字(   ) 6 者(   )

여기는! 場장 / 爭쟁

427 | 쟁 — 爭 (다툴 쟁)
- 爭取 쟁취: 싸워서 빼앗아 가짐 (取 가질 취)
- 競爭 경쟁: 서로 앞서거나 이기려고 다툼 (競 다툴 경)
- 論爭 논쟁: 말이나 글로 서로의 의견을 주장하며 다툼 (論 논할 론)

- 爭議 쟁의
- 爭點 쟁점
- 爭奪 쟁탈
- 紛爭 분쟁
- 言爭 언쟁
- 戰爭 전쟁

회의문자
爫=爪부 총8획

428 | 저 — 貯 (쌓을 저)
- 貯金 저금: 돈을 모아 둠, 또는 그 돈 (金 쇠 금)
- 貯水 저수: 산업용이나 상수도용으로 물을 가두어 모아 둠 (水 물 수)

- 貯藏 저장
- 貯蓄 저축
- 貯水池 저수지
- 貯藏庫 저장고
- 貯藏量 저장량
- 貯藏法 저장법

형성문자
貝부 총12획

429 | 적 — 的 (과녁 적)
- 的中 적중: 목표에 정확히 들어 맞음 (中 가운데 중)
- 目的 목적: 이루려고 마음 먹은 일 (目 눈 목)
- 物的 물적: 물건(물질)에 관한 것 (物 물건 물)

- 的確 적확
- 公的 공적
- 法的 법적
- 私的 사적
- 全的 전적
- 標的 표적

형성문자
白부 총8획

430 | 전 — 戰 (싸움 전)
- 戰線 전선: 육상 교전 지역에서 교전 상태의 보병 전투 단위가 형성한 선 (線 줄 선)
- 戰爭 전쟁: 국가와 국가 사이의 무력에 의한 싸움 (爭 다툴 쟁)

- 戰略 전략
- 戰法 전법
- 戰術 전술
- 戰意 전의
- 戰鬪 전투
- 勝戰 승전

회의문자
戈부 총16획

431 | 전 — 田 (밭 전)
- 田園 전원: 논밭과 동산 (園 동산 원)
- 油田 유전: 석유가 나는 곳 (油 기름 유)
- 火田 화전: 산에 불을 지른 다음 농사를 짓는 밭 (火 불 화)
- 火田民 화전민: 화전을 일구어 농사를 짓는 사람 (火 불 화, 民 백성 민)

- 田畓 전답
- 田野 전야
- 耕田 경전
- 大田 대전
- 鹽田 염전
- 炭田 탄전

상형문자
田부 총5획

432 | 전 — 電 (번개 전)
- 電力 전력: 전기의 힘 (力 힘 력)
- 感電 감전: 전기가 몸에 통하여 충격을 받음 (感 느낄 감)
- 發電所 발전소: 수력이나 화력 따위로 발전기를 움직여서 전기를 일으키는 곳 (發 필 발, 所 바 소)

- 電氣 전기
- 電報 전보
- 電子 전자
- 電車 전차
- 電話 전화
- 電動車 전동차

회의문자
雨부 총13획

· · · 문장 속의 한자 읽어 볼래요? · · ·

1. 사람들은 치열한 競爭(　　) 사회 속에서 살아가기 위하여 수단과 방법을 가리지 않는다.
2. 댐을 만들어 물을 貯水(　　)하면 가뭄이 들 때 농업 용수로 쓸 수 있다.
3. 그 행동의 동기를 보고, 마지막으로 그 행동의 目的(　　)을 살피면 그의 사람됨을 알 수 있다.
4. 1894년 우리 나라는 청·일 戰爭(　　)의 싸움터가 되었다.
5. 조선 후기 가난한 농민들은 산으로 들어가 火田(　　)을 일구며 살기도 했다.
6. 댐은 홍수 조절, 電力(　　) 생산, 관광 자원으로서도 중요하다.

· · · 이 한 자 기 억 해 요 ? · · ·   정답 131

1 自(　) 2 子(　) 3 作(　) 4 將(　) 5 章(　) 6 長(　)

연습문제 18
지금까지 배운 내용을 문제로 풀어보세요

01-03 다음 한자(漢字)의 부수(部首)는 무엇입니까?

01 田 : ①口 ②田 ③一 ④十 ⑤冂
02 爭 : ①十 ②彐 ③尹 ④丿 ⑤爫
03 的 : ①白 ②勹 ③勺 ④日 ⑤一

04-06 다음 한자(漢字)의 획수(劃數)는 모두 몇 획입니까?

04 章 : ①9 ②10 ③11 ④12 ⑤13
05 財 : ①8 ②9 ③10 ④11 ⑤12
06 長 : ①5 ②6 ③7 ④8 ⑤9

07-08 다음 필순(筆順)에 대한 설명에 가장 알맞은 한자(漢字)는 어느 것입니까?

07 안과 바깥이 있을 때에는 바깥을 먼저 쓴다.
　①的　②入　③仁　④田　⑤章
08 삐침과 파임이 만날 때에는 삐침을 먼저 쓴다.
　①爭　②入　③作　④日　⑤再

09-18 다음 한자(漢字)의 음(音)은 무엇입니까?

09 貯 : ①이 ②저 ③일 ④자 ⑤장
10 將 : ①잔 ②잠 ③작 ④장 ⑤재
11 的 : ①익 ②재 ③이 ④장 ⑤적
12 仁 : ①입 ②인 ③작 ④재 ⑤자
13 入 : ①일 ②익 ③입 ④장 ⑤작
14 者 : ①일 ②재 ③작 ④자 ⑤입
15 章 : ①장 ②입 ③인 ④이 ⑤일
16 再 : ①인 ②작 ③일 ④자 ⑤재
17 作 : ①작 ②잔 ③이 ④익 ⑤자
18 材 : ①자 ②인 ③재 ④일 ⑤장

19-23 다음의 음(音)을 가진 한자(漢字)는 어느 것입니까?

19 쟁 : ①字 ②爭 ③在 ④才 ⑤戰
20 자 : ①日 ②一 ③才 ④電 ⑤自
21 장 : ①長 ②子 ③電 ④貯 ⑤田
22 재 : ①爭 ②將 ③財 ④子 ⑤仁
23 전 : ①場 ②戰 ③日 ④一 ⑤者

24-33 다음 한자(漢字)의 뜻은 무엇입니까?

24 爭 : ①정하다 ②옮기다 ③인하다
　　　④다투다 ⑤어질다
25 田 : ①글 ②활 ③줄
　　　④논 ⑤밭
26 貯 : ①참다 ②넣다 ③쌓다
　　　④말하다 ⑤스스로
27 日 : ①눈 ②날 ③하나
　　　④아침 ⑤도둑

28 字 : ① 아들　② 글자　③ 문자
　　　　④ 쓰다　⑤ 마디

29 自 : ① 주다　② 희다　③ 말하다
　　　　④ 옮기다　⑤ 스스로

30 場 : ① 흙　② 집　③ 마당
　　　　④ 바꾸다　⑤ 더하다

31 將 : ① 해　② 짓다　③ 장수
　　　　④ 오늘　⑤ 내일

32 在 : ① 없다　② 받다　③ 가다
　　　　④ 있다　⑤ 재상

33 才 : ① 쌀　② 풀　③ 재주
　　　　④ 치다　⑤ 북방

39-48 다음 한자어(漢字語)의 음(音)은 무엇입니까?

39 將來 : ① 내일 ② 장차 ③ 장군 ④ 장래 ⑤ 미래
40 貯水 : ① 저수 ② 급수 ③ 저장 ④ 무익 ⑤ 손익
41 公的 : ① 인습 ② 공적 ③ 공사 ④ 인적 ⑤ 사적
42 戰爭 : ① 투쟁 ② 전선 ③ 전쟁 ④ 전장 ⑤ 경쟁
43 電氣 : ① 전기 ② 전력 ③ 감기 ④ 감전 ⑤ 전원
44 日記 : ① 일상 ② 이상 ③ 정기 ④ 항상 ⑤ 일기
45 筆者 : ① 기자 ② 독자 ③ 신자 ④ 필자 ⑤ 필순
46 自由 : ① 자기 ② 자유 ③ 자립 ④ 유래 ⑤ 자체
47 財物 : ① 재산 ② 인물 ③ 재물 ④ 재수 ⑤ 재정
48 登場 : ① 등장 ② 장면 ③ 등산 ④ 공장 ⑤ 해장

34-38 다음의 뜻을 가진 한자(漢字)는 어느 것입니까?

34 과녁　: ① 的 ② 電 ③ 章 ④ 仁 ⑤ 自
35 길다　: ① 戰 ② 一 ③ 長 ④ 再 ⑤ 在
36 재물　: ① 材 ② 子 ③ 再 ④ 財 ⑤ 場
37 놈　　: ① 者 ② 的 ③ 入 ④ 章 ⑤ 長
38 짓다　: ① 將 ② 一 ③ 財 ④ 電 ⑤ 作

49-50 다음 단어들의 '□'에 공통으로 들어갈 알맞은 한자(漢字)는 어느 것입니까?

49 □建, □生, □起 :
　　① 在　② 材　③ 財　④ 再　⑤ 章

50 □選, 流□, □學 :
　　① 將　② 入　③ 作　④ 貯　⑤ 字

 **5급한자 600** | 433~444

433 | 전 — 前 (앞 전)
- 前景 전경: 눈앞에 펼쳐져 보이는 경치 (景 볕 경)
- 前生 전생: 이 세상에 태어나기 전의 세상 (生 살 생)
- 前進 전진: 앞으로 나아감 (進 나아갈 진)
- 前後 전후: 앞 뒤 (後 뒤 후)
- 前例 전례 前方 전방 前提 전제
- 前兆 전조 事前 사전 午前 오전

형성문자 / ⼑=刀부 / 총9획

434 | 전 — 全 (온전 전)
- 全國 전국: 한 나라의 전체. 온 나라 (國 나라 국)
- 全部 전부: 모두 다. 모조리 (部 떼 부)
- 安全 안전: 위험하지 않음. 위험이 없음 (安 편안 안)
- 全校 전교 全力 전력 全貌 전모
- 全般 전반 全體 전체 完全 완전

상형문자 / 入부 / 총6획

435 | 전 — 傳 (전할 전)
- 傳達 전달: 전하여 이르게 함 (達 통달할 달)
- 傳說 전설: 옛날부터 전해져 오는 이야기 (說 말씀 설)
- 傳受 전수: 기술·비방 따위를 전하여 받음 (受 받을 수)
- 傳記 전기 傳來 전래 傳染 전염
- 傳統 전통 傳播 전파 宣傳 선전

형성문자 / 亻=人부 / 총13획

436 | 전 — 典 (법 전)
- 古典 고전: 옛날 책으로 후세 사람들의 모범이 될 만한 가치를 지닌 작품 (古 예 고)
- 法典 법전: 어떤 종류의 법규를 체계적으로 정리하여 엮은 책 (法 법 법)
- 典禮 전례 經典 경전 原典 원전
- 字典 자전 祝典 축전 特典 특전

회의문자 / 八부 / 총8획

437 | 전 — 展 (펼 전)
- 展開 전개: 점차 크게 펼쳐짐 (開 열 개)
- 展示 전시: 여러 가지 것을 벌여 놓고 보임 (示 보일 시)
- 發展 발전: 보다 나은 단계로 뻗어 나감 (發 필 발)
- 展覽 전람 展望 전망 展轉 전전
- 進展 진전 親展 친전 展開圖 전개도

회의문자 / 尸부 / 총10획

438 | 절 — 絶 (끊을 절)
- 絶景 절경: 더할 수 없이 훌륭한 경치 (景 볕 경)
- 絶交 절교: 교제를 끊음 (交 사귈 교)
- 絶色 절색: 견줄 데 없이 빼어나게 아름다운 여자 (色 빛 색)
- 絶斷 절단 絶對 절대 絶命 절명
- 絶筆 절필 絶好 절호 拒絶 거절

회의문자 / 糸부 / 총12획

· · · 문 장 속 의 한 자 읽 어 볼 래 요 ? · · ·

1. 18세기를 前後(   )하여 백성을 위한 실학 운동이 전개되었다.
2. 그 사람의 현재 상태를 그의 全部(   )로 볼 수는 없다.
3. 멀티미디어를 이용하면 사람들에게 많은 정보를 훨씬 효과적으로 傳達(   )할 수 있다.
4. 우리가 본받을 만한 사람은 주위에서도 찾아볼 수 있고, 古典(   ) 속에서도 찾을 수 있다.
5. 고구려에서 부족간 경기의 하나로 성행하였던 씨름은 고려를 거쳐 조선으로 이어져 發展(   )하였다.
6. '관동 팔경'은 동해안의 絶景(   )을 따라 펼쳐진다.

· · · 이 한 자 기 억 해 요 ? · · · 정답 132

1 場(   ) 2 再(   ) 3 在(   ) 4 才(   ) 5 財(   ) 6 材(   )

여기는! 前전 / 節절

439 | 절 節 마디 절
- 節氣 절기 : 1년을 스물 넷으로 가른 철의 표준점 (氣 기운 기)
- 節度 절도 : 말이나 행동 따위의 적당한 정도 (度 법도 도)
- 節稅 절세 : 적법하게 세금 부담을 줄이는 일 (稅 세금 세)
- 節減 절감 / 節槪 절개 / 節約 절약
- 節制 절제 / 節次 절차 / 變節 변절

형성문자 / 竹부 / 총15획

440 | 점 店 가게 점
- 賣店 매점 : 어떤 기관이나 단체 안에서 물건을 파는 작은 상점 (賣 팔 매)
- 百貨店 백화점 : 한 건물 안에서 여러 가지 물건을 파는 규모가 큰 상점 (百 일백 백, 貨 재물 화)
- 店員 점원 / 店長 점장 / 開店 개점
- 書店 서점 / 文具店 문구점 / 飮食店 음식점

형성문자 / 广부 / 총8획

441 | 접 接 이을 접
- 接收 접수 : 돈이나 물건 따위를 받음 (收 거둘 수)
- 間接 간접 : 사이에 든 것을 통하여 연결되는 관계 (間 사이 간)
- 直接 직접 : 중간에 다른 것을 거치지 않고 바로 접함 (直 곧을 직)
- 接見 접견 / 接境 접경 / 接近 접근
- 接待 접대 / 接木 접목 / 隣接 인접

형성문자 / 扌=手부 / 총11획

442 | 정 庭 뜰 정
- 庭園 정원 : 집 안에 나무·꽃 등을 가꾸어 놓은 마당 (園 동산 원)
- 家庭 가정 : 가족이 함께 생활하는 사회의 가장 작은 집단 (家 집 가)
- 校庭 교정 : 학교의 운동장 (校 학교 교)
- 庭球 정구 / 宮庭 궁정 / 法庭 법정
- 親庭 친정 / 庭園師 정원사 / 庭園樹 정원수

형성문자 / 广부 / 총10획

443 | 정 正 바를 정
- 正價 정가 : 에누리없는 값 (價 값 가)
- 正答 정답 : 옳은 답 (答 대답 답)
- 正面 정면 : 바로 마주 보이는 쪽 (面 낯 면)
- 正常 정상 : 바른 상태. 이상한 데가 없는 보통의 상태 (常 떳떳할 상)
- 正當 정당 / 正數 정수 / 正義 정의
- 正直 정직 / 不正 부정 / 子正 자정

회의문자 / 止부 / 총5획

444 | 정 政 정사 정
- 政界 정계 : 정치 또는 정치가에 관계하는 사회의 분야나 체계 (界 지경 계)
- 政治 정치 : 나라를 다스리는 일 (治 다스릴 치)
- 善政 선정 : 훌륭하고 선한 정치 (善 착할 선)
- 政權 정권 / 政事 정사 / 政策 정책
- 國政 국정 / 財政 재정 / 行政 행정

형성문자 / 攵=攴부 / 총9획

· · · 문 장 속 의 한 자 읽 어 볼 래 요 ? · · ·

1. 공자는 예(禮)에 엄격하여 節度(   )가 있었고, 엄숙하고 온화하며 원만한 성품을 지니고 있었다.
2. 학생들은 쉬는 시간마다 賣店(   )에 간다.
3. 햇빛은 식물의 성장에 直接(   )적인 영향을 끼친다.
4. 옛날에 우리 조상들은 생활에 필요한 물건들을 대부분 家庭(   )에서 가족들이 직접 생산하여 사용했다.
5. 스트레스 해소 방법으로는 스트레스를 일으키는 원인에 대해서 正面(   )으로 돌파하는 방법도 있다.
6. 오늘날 인터넷은 政治(   ), 경제, 문화, 사회 등 우리 생활의 많은 부분에 영향을 주고 있다.

· · · 이 한 자 기 억 해 요 ? · · ·   정답 133

1. 爭(   ) 2. 貯(   ) 3. 的(   ) 4. 戰(   ) 5. 田(   ) 6. 電(   )

5급한자 600 | 445~456

445 | 정 — 精 정할 정
- 精氣 정기: 만물에 갖추어져 있는 순수한 기운(氣 기운 기)
- 精密 정밀: 가늘고 촘촘함(密 빽빽할 밀)
- 精誠 정성: 온갖 성의를 다하려는 참되고 거짓이 없는 마음(誠 정성 성)
- 精潔 정결 精力 정력 精神 정신
- 精銳 정예 精進 정진 精華 정화
- 형성문자 米부 총14획

446 | 정 — 情 뜻 정
- 情報 정보: 사물의 내용이나 형편에 관한 소식이나 자료(報 알릴 보)
- 感情 감정: 사물에 느끼어 일어나는 심정(感 느낄 감)
- 愛情 애정: 사랑하는 마음(愛 사랑 애)
- 情緖 정서 情熱 정열 情操 정조
- 情況 정황 非情 비정 心情 심정
- 형성문자 忄=心부 총11획

447 | 정 — 定 정할 정
- 定期 정기: 일정한 기간, 또는 기한 (期 기약할 기)
- 定石 정석: 어떤 일을 처리할 때의 정해진 일정한 방식(石 돌 석)
- 安定 안정: 흔들림 없이 안전하게 자리를 잡음(安 편안 안)
- 定立 정립 定時 정시 定義 정의
- 未定 미정 算定 산정 指定 지정
- 형성문자 宀부 총8획

448 | 제 — 帝 임금 제
- 帝國 제국: 황제가 다스리는 국가 (國 나라 국)
- 帝王 제왕: 황제와 왕을 통틀어 이르는 말(王 임금 왕)
- 帝政 제정: 황제가 다스리는 군주 제도의 정치(政 정사 정)
- 帝位 제위 日帝 일제 天帝 천제
- 皇帝 황제 玉皇上帝 옥황상제 帝國主義 제국주의
- 상형문자 巾부 총9획

449 | 제 — 製 지을 제
- 製作 제작: 재료를 써서 물건을 만듦 (作 지을 작)
- 製造 제조: 만듦. 지음(造 지을 조)
- 特製 특제: 특별하거나 특수하게 만듦, 또는 그런 제품(特 특별할 특)
- 製圖 제도 製藥 제약 製品 제품
- 製鐵 제철 創製 창제 手製品 수제품
- 형성문자 衣부 총14획

450 | 제 — 弟 아우 제
- 弟子 제자: 스승의 가르침을 받거나 받은 사람(子 아들 자)
- 子弟 자제: 남을 높이어 그의 아들을 일컫는 말(子 아들 자)
- 首弟子 수제자: 여러 제자 가운데 가장 뛰어난 제자 (首 머리 수, 子 아들 자)
- 弟夫 제부 徒弟 도제 妹弟 매제
- 師弟 사제 妻弟 처제 兄弟 형제
- 회의문자 弓부 총7획

문장 속의 한자 읽어 볼래요?

1. 우리는 사과를 먹으면서 농부의 精誠(   )과 따뜻한 햇볕, 그리고 적당한 비의 고마움을 느낀다.
2. 가정 생활을 통해 우리는 부모 자식간, 형제 자매간, 부부간에 깊은 愛情(   )을 나눈다.
3. 우리 나라에서는 매년 9월에 定期(   ) 국회가 열린다.
4. 나폴레옹은 스스로 皇帝(   )가 되었다.
5. 고려자기의 상감(象嵌)이라는 독자적 製作(   ) 기술은 고려인의 독창적인 것이었다.
6. 직지는 1377년 백운 스님의 弟子(   )인 석찬과 달잠 스님이 청주 흥덕사에서 금속 활자로 간행한 것이다.

이 한자 기억해요?

1 前(   ) 2 全(   ) 3 傳(   ) 4 典(   ) 5 展(   ) 6 絶(   )

정답 136

여기는! 精정 / 第제

451 | 제 第 차례 제

- 第一 제일 첫째 (一 한 일)
- 落第 낙제 진학 또는 진급을 못함. 시험이나 검사 따위에 떨어짐 (落 떨어질 락)
- 登第 등제 과거에 급제함 (登 오를 등)

及第 급제   第三者 제삼자   第五列 제오열
第六感 제육감   第一人者 제일인자

형성문자
竹부   총11획

452 | 제 題 제목 제

- 題目 제목 겉장에 쓴 책의 이름. 글의 제목 (目 눈 목)
- 題材 제재 예술 작품이나 학술 연구 따위의 주제의 재료 (材 재목 재)
- 宿題 숙제 복습과 예습을 목적으로 학생에게 내어 주는 과제 (宿 잘 숙)

題名 제명   命題 명제   問題 문제
主題 주제   表題 표제   話題 화제

형성문자
頁부   총18획

453 | 조 兆 억조 조

- 吉兆 길조 좋은 일이 있을 징조 (吉 길할 길)
- 亡兆 망조 망할 조짐 (亡 망할 망)
- 前兆 전조 징조 (前 앞 전)
- 凶兆 흉조 좋지 않은 징조 (凶 흉할 흉)

兆庶 조서   京兆 경조   億兆 억조
占兆 점조   徵兆 징조

상형문자
儿부   총6획

454 | 조 鳥 새 조

- 吉鳥 길조 사람에게 어떤 길한 일이 생김을 미리 알려 준다는 새 (吉 길할 길)
- 一石二鳥 일석이조 한 가지 일로서 두 가지의 이익을 얻음 (一 한 일, 石 돌 석, 二 두 이)

鳥類 조류   鳥獸 조수   鳥銃 조총
白鳥 백조   凶鳥 흉조   不死鳥 불사조

상형문자
鳥부   총11획

455 | 조 調 고를 조

- 高調 고조 높은 가락. 시나 노래로 크게 흥겨움이 일어나는 일 (高 높을 고)
- 曲調 곡조 음악이나 가사의 가락. 곡이나 노래의 수를 세는 단위 (曲 굽을 곡)

調査 조사   調書 조서   調節 조절
調整 조정   調和 조화   同調 동조

형성문자
言부   총15획

456 | 조 助 도울 조

- 助手 조수 일을 도와주는 사람 (手 손 수)
- 助言 조언 곁에서 말을 거들거나 일깨워 줌 (言 말씀 언)
- 協助 협조 힘을 모아 서로 도움 (協 화합할 협)

助詞 조사   助力 조력   助長 조장
救助 구조   內助 내조   相扶相助 상부상조

형성문자
力부   총7획

· · · 문 장 속 의 한 자 읽 어 볼 래 요 ?

1 나는 아침에 일어나면 언제나 第一(　　) 먼저 창문을 연다.
2 유토피아라는 말은 모어가 집필한 『유토피아』라는 책의 題目(　　)에서 유래한 것이다.
3 까치는 吉兆(　　)의 상징이다.
4 우리 나라에서는 예로부터 까치를 吉鳥(　　)로 여겼다.
5 아리랑은 우리 나라의 대표적인 민요로 고장마다 노래말과 曲調(　　)가 다르다.
6 인간으로서의 성숙과 완성은 이성의 이해와 協助(　　)를 통해서 이루어지는 것이다.

· · · 이 한 자 기 억 해 요 ? · · · 정답 137

1 節(　) 2 店(　) 3 接(　) 4 庭(　) 5 正(　) 6 政(　)

연습문제 19
지금까지 배운 내용을 문제로 풀어보세요

01-03 다음 한자(漢字)의 부수(部首)는 무엇입니까?

01 第 : ① ⺮ ② 十 ③ 竹 ④ 己 ⑤ 二

02 助 : ① 力 ② 日 ③ 日 ④ 一 ⑤ 且

03 前 : ① 口 ② 刂 ③ 田 ④ 月 ⑤ 竹

04-06 다음 한자(漢字)의 획수(劃數)는 모두 몇 획입니까?

04 絶 : ① 10 ② 11 ③ 12 ④ 13 ⑤ 14

05 接 : ① 9 ② 10 ③ 11 ④ 12 ⑤ 13

06 政 : ① 8 ② 9 ③ 10 ④ 11 ⑤ 12

07-08 다음 필순(筆順)에 대한 설명에 가장 알맞은 한자(漢字)는 어느 것입니까?

07 왼쪽에서 오른쪽으로 쓴다.
① 正 ② 典 ③ 助 ④ 店 ⑤ 帝

08 삐침과 파임이 만날 때에는 삐침을 먼저 쓴다.
① 全 ② 情 ③ 定 ④ 兆 ⑤ 展

09-18 다음 한자(漢字)의 음(音)은 무엇입니까?

09 第 : ① 적 ② 제 ③ 저 ④ 쟁 ⑤ 절

10 接 : ① 정 ② 절 ③ 전 ④ 조 ⑤ 접

11 庭 : ① 정 ② 접 ③ 제 ④ 조 ⑤ 쟁

12 絶 : ① 쟁 ② 정 ③ 적 ④ 전 ⑤ 절

13 店 : ① 점 ② 접 ③ 제 ④ 절 ⑤ 쟁

14 調 : ① 제 ② 전 ③ 정 ④ 조 ⑤ 접

15 傳 : ① 전 ② 적 ③ 저 ④ 쟁 ⑤ 제

16 正 : ① 조 ② 적 ③ 정 ④ 접 ⑤ 점

17 展 : ① 접 ② 적 ③ 쟁 ④ 정 ⑤ 전

18 製 : ① 제 ② 정 ③ 전 ④ 저 ⑤ 조

19-23 다음의 음(音)을 가진 한자(漢字)는 어느 것입니까?

19 제 : ① 精 ② 鳥 ③ 典 ④ 題 ⑤ 助

20 절 : ① 節 ② 政 ③ 定 ④ 情 ⑤ 題

21 전 : ① 帝 ② 前 ③ 政 ④ 定 ⑤ 節

22 전 : ① 情 ② 庭 ③ 典 ④ 店 ⑤ 製

23 정 : ① 典 ② 接 ③ 全 ④ 兆 ⑤ 精

24-33 다음 한자(漢字)의 뜻은 무엇입니까?

24 店 : ① 낮다 ② 파다 ③ 장수
④ 하늘 ⑤ 가게

25 帝 : ① 창 ② 방패 ③ 억조
④ 임금 ⑤ 과녁

26 全 : ① 접하다 ② 정하다 ③ 점령하다
④ 확실하다 ⑤ 온전하다

27 弟 : ① 형 ② 국자 ③ 아우
④ 기구 ⑤ 마디

28 典 : ① 책 ② 법 ③ 식 ④ 붓 ⑤ 뜰

29 政 : ① 뜰 ② 마디 ③ 정원 ④ 정사 ⑤ 바르다

30 定 : ① 정소 ② 두다 ③ 놓다 ④ 치다 ⑤ 정하다

31 情 : ① 뜻 ② 마음 ③ 푸르다 ④ 고요하다 ⑤ 대적하다

32 題 : ① 앞 ② 제목 ③ 가게 ④ 차례 ⑤ 정사

33 助 : ① 바닥 ② 높다 ③ 돕다 ④ 앉다 ⑤ 끊다

34-38 다음의 뜻을 가진 한자(漢字)는 어느 것입니까?

34 앞 : ① 鳥 ② 傳 ③ 調 ④ 前 ⑤ 店

35 마디 : ① 展 ② 精 ③ 第 ④ 正 ⑤ 節

36 잇다 : ① 絶 ② 接 ③ 兆 ④ 庭 ⑤ 助

37 짓다 : ① 庭 ② 調 ③ 傳 ④ 製 ⑤ 前

38 새 : ① 鳥 ② 正 ③ 精 ④ 弟 ⑤ 展

39-48 다음 한자어(漢字語)의 음(音)은 무엇입니까?

39 賣店 : ① 매장 ② 상점 ③ 매매 ④ 노점 ⑤ 매점

40 帝國 : ① 애국 ② 황제 ③ 제국 ④ 군제 ⑤ 왕국

41 曲調 : ① 곡조 ② 유수 ③ 장조 ④ 유족 ⑤ 곡목

42 前後 : ① 전진 ② 오전 ③ 사전 ④ 전후 ⑤ 사후

43 直接 : ① 근접 ② 직접 ③ 간접 ④ 접견 ⑤ 직선

44 發展 : ① 전망 ② 전시 ③ 발전 ④ 전개 ⑤ 발견

45 絶景 : ① 절경 ② 절교 ③ 절대 ④ 광경 ⑤ 풍경

46 家庭 : ① 교정 ② 친정 ③ 가정 ④ 가구 ⑤ 가사

47 製品 : ① 일등 ② 등제 ③ 제이 ④ 제품 ⑤ 제의

48 政治 : ① 정쟁 ② 정사 ③ 정당 ④ 선정 ⑤ 정치

49-50 다음 단어들의 '□'에 공통으로 들어갈 알맞은 한자(漢字)는 어느 것입니까?

49 □達, □說, □來 :
① 第 ② 題 ③ 傳 ④ 全 ⑤ 接

50 □面, □常, □當 :
① 政 ② 正 ③ 庭 ④ 精 ⑤ 絶

 **5급한자 600** | 457~468

457 | 조 早 이를 조
- 早期조기 이른 시기 (期 기약할 기)
- 早速조속 이르고도 빠름 (速 빠를 속)
- 早朝조조 이른 아침 (朝 아침 조)
- 早退조퇴 직장이나 학교 같은 데서 끝나는 시간이 되기 전에 일찍 돌아감 (退 물러날 퇴)

早急조급 早老조로 早漏조루
早産조산 早熟조숙 早失父母조실부모

상형문자 日부 총6획

458 | 조 造 지을 조
- 造成조성 만들어 이룸 (成 이룰 성)
- 造作조작 무슨 일을 지어내거나 꾸며 냄 (作 지을 작)
- 造化조화 만물을 창조하고 기르는 자연의 이치, 또는 이치에 따라 만들어진 우주 만물 (化 될 화)

造景조경 造船조선 造花조화
改造개조 木造목조 人造인조

형성문자 辶=辵부 총11획

459 | 조 祖 할아비 조
- 祖國조국 자기가 태어난 나라 (國 나라 국)
- 祖父조부 할아버지 (父 아비 부)
- 先祖선조 먼 대의 조상 (先 먼저 선)
- 始祖시조 한 겨레의 맨 처음 조상 (始 비로소 시)

祖上조상 祖孫조손 祖宗조종
元祖원조 外祖외조 曾祖父증조부

형성문자 示부 총10획

460 | 조 朝 아침 조
- 朝夕조석 아침과 저녁 (夕 저녁 석)
- 朝食조식 아침밥 (食 밥 식)
- 朝會조회 학교나 관청에서 아침에 구성원이 한자리에 모이는 일, 또는 그런 모임 (會 모일 회)

朝貢조공 朝禮조례 朝飯조반
朝鮮조선 朝廷조정 李朝이조

회의문자 月부 총12획

461 | 족 族 겨레 족
- 家族가족 어버이와 자식·부부 등의 관계로 맺어져 한 집 안에서 생활을 같이하는 사람들 (家 집 가)
- 民族민족 같은 지역에 살고 말과 습관 따위가 같은 사람의 무리 (民 백성 민)

族譜족보 族屬족속 貴族귀족
部族부족 遺族유족 親族친족

회의문자 方부 총11획

462 | 족 足 발 족
- 不足부족 모자람. 넉넉하지 않음 (不 아닐 부)
- 手足수족 손발 (手 손 수)
- 長足장족 사물의 발전이나 진행이 매우 빠름 (長 긴 장)

滿足만족 發足발족 四足사족
自足자족 充足충족 豊足풍족

상형문자 足부 총7획

• • • 문 장 속 의 한 자 읽 어 볼 래 요 ? • • •

1. 유전체 연구는 특정 질병과 관련된 신약의 개발, 早期(　　) 진단, 치료 기술의 개발도 가능케 할 것이다.
2. 양재천은 자연형 하천 造成(　　) 사례의 좋은 본보기이다.
3. 전세계에 퍼져 살고 있는 재외 동포들은 한결같이 祖國(　　)에 많은 관심을 가지고 있다.
4. 옛날에는 朝夕(　　)으로 부모님께 문안 인사를 드렸다.
5. 여행을 떠나면 우리는 집의 안락함과 家族(　　)의 소중함을 절실히 느끼게 되는 것이다.
6. 과학자들은 가뭄이 들지 않더라도 물이 不足(　　)해지는 사태가 머지않아 올 것이라고 말한다.

• • • 이 한 자 기 억 해 요 ? • • •   정답 138

1 精(　)   2 情(　)   3 定(　)   4 帝(　)   5 製(　)   6 弟(　)

여기는! 早조 / 存존

463 | 존 存 있을 존
- 存立 존립 생존하여 자립함 (立 설 립)
- 存亡 존망 존속과 멸망 (亡 망할 망)
- 存在 존재 현실에 실제로 있음. 또는 그런 대상 (在 있을 재)
- 生存 생존 죽지 않고 살아있음 (生 날 생)

存續 존속 存廢 존폐 保存 보존
實存 실존 依存 의존 現存 현존

형성문자 子부 총6획
一ナ オ 卞 存 存

464 | 졸 卒 마칠 졸
- 卒年 졸년 죽은 해 (年 해 년)
- 卒業 졸업 학교에서 정해진 교과 과정을 모두 마침 (業 업 업)
- 大卒 대졸 대학 졸업의 준말 (大 큰 대)
- 兵卒 병졸 계급이 낮은 군인 (兵 병사 병)

卒倒 졸도 卒兵 졸병 高卒 고졸
軍卒 군졸 中卒 중졸

회의문자 十부 총8획
丶 亠 产 产 应 卒

465 | 종 種 씨 종
- 種目 종목 종류의 이름 (目 눈 목)
- 種族 종족 같은 조상으로부터 나온 가족·씨족 등으로 이루어진 사회 집단 (族 겨레 족)
- 品種 품종 물품의 종류 (品 물건 품)

種類 종류 種子 종자 別種 별종
業種 업종 人種 인종 特種 특종

형성문자 禾부 총14획
丿 二 千 禾 禾 种 种 秤 稍 稻 種 種

466 | 종 宗 마루 종
- 宗家 종가 한 집안의 큰 집 (家 집 가)
- 宗敎 종교 신을 믿어 마음의 평안과 행복을 얻고자 하는 정신 문화의 한 체계 (敎 가르칠 교)
- 宗孫 종손 종가의 맏아들, 또는 종가의 대를 이은 자손 (孫 손자 손)

宗廟 종묘 宗主 종주 宗親 종친
改宗 개종 高宗 고종 世宗 세종

회의문자 宀부 총8획
丶 丶 宀 宀 宗 宗 宗 宗

467 | 좌 左 왼 좌
- 左右 좌우 왼쪽과 오른쪽 (右 오른쪽 우)
- 左便 좌편 왼쪽 (便 편할 편)
- 右往左往 우왕좌왕 이리저리 오락가락함 (右 오른쪽 우, 往 갈 왕)

左邊 좌변 左翼 좌익 左遷 좌천
左側 좌측 左派 좌파 左右間 좌우간

회의문자 工부 총5획
一 ナ 左 左 左

468 | 죄 罪 허물 죄
- 罪惡 죄악 죄가 될 만한 나쁜 짓 (惡 악할 악)
- 罪人 죄인 죄를 저지른 사람 (人 사람 인)
- 無罪 무죄 죄가 없음 (無 없을 무)
- 重罪 중죄 무거운 죄 (重 무거울 중)

罪名 죄명 罪目 죄목 罪囚 죄수
罪質 죄질 犯罪 범죄 罪責感 죄책감

회의문자 ⺲=网부 총13획
丨 冂 冂 罒 罒 严 罪 罪 罪 罪

• • • 문 장 속 의 한 자 읽 어 볼 래 요 ? • • •

1. 한민족 공동체가 장기적으로 存立(　　)하기 위해서는 강력한 구심점이 필요하다.
2. 헬렌켈러는 대학을 우등으로 卒業(　　)하였고, 더 나아가 두 개의 박사 학위까지 받았다.
3. 민족이란, 씨족이나 種族(　　) 등과 같이 공통의 조상을 가진 한 핏줄로 이루어진 집단이다.
4. 아직도 성별, 나이, 출신 지역, 宗敎(　　), 피부색, 빈부 등과 같은 이유로 갖가지 차별이 행해지고 있다.
5. 건물에 불이 나자 사람들은 비상구를 찾아 右往左往(　　)하기 시작했다.
6. 옛날에 가뭄이 심하면 왕은 음식을 먹지 않으며, 罪人(　　)을 조사해 죄 없는 백성은 풀어 주기도 했다.

• • • 이 한 자 기 억 해 요 ? • • •   정답 139

1 第(　)　2 題(　)　3 兆(　)　4 鳥(　)　5 調(　)　6 助(　)

5급한자 600 | 469~480

469 | 주
宙
집 주

宇宙 우주 - 무한한 시간과 만물을 포함하고 있는 끝없는 공간의 총체(宇 집 우)
宇宙船 우주선 - 우주 공간을 비행할 수 있도록 만든 과학적인 비행물체(宇 집 우, 船 배 선)
宇宙觀 우주관　宇宙論 우주론　宇宙服 우주복
宇宙人 우주인

형성문자
宀부　총8획

470 | 주
晝
낮 주

晝間 주간 - 낮 동안(間 사이 간)
晝夜 주야 - 밤낮(夜 밤 야)
晝夜間 주야간 - 주간과 야간을 아울러 이르는 말(夜 밤 야, 間 사이 간)

白晝 백주　晝耕夜讀 주경야독
晝夜不息 주야불식　晝夜長川 주야장천

회의문자
日부　총11획

471 | 주
主
임금, 주인 주

主動 주동 - 어떤 일에 주장이 되어 행동함(動 움직일 동)
主要 주요 - 주되고 중요함(要 요긴할 요)
主人 주인 - 한 집안을 꾸려 나가는 중심이 되는 사람. 물건의 임자(人 사람 인)
主觀 주관　主義 주의　主張 주장
主體 주체　爲主 위주　自主 자주

상형문자
丶부　총5획

472 | 주
住
살 주

住民 주민 - 일정한 곳에 자리를 잡고 사는 국민(民 백성 민)
住所 주소 - 살고 있는 곳(所 바 소)
移住 이주 - 다른 곳이나 다른 나라로 옮아가서 삶(移 옮길 이)
住居 주거　住宅 주택　居住 거주
常住 상주　安住 안주　入住 입주

형성문자
亻=人부　총7획

473 | 주
注
부을 주

注力 주력 - 힘을 있는 대로 다 들임(力 힘 력)
注目 주목 - 어떤 일에 특별히 관심을 가지고 봄(目 눈 목)
注視 주시 - 눈여겨 봄(視 볼 시)
注文 주문　注油 주유　注意 주의
注入 주입　發注 발주　受注 수주

형성문자
氵=水부　총8획

474 | 주
走
달릴 주

走力 주력 - 달리는 힘(力 힘 력)
走者 주자 - 달리는 사람(者 놈 자)
走行 주행 - 바퀴가 달린 탈 것이 달려감(行 다닐 행)
獨走 독주 - 남을 앞질러 홀로 달림(獨 홀로 독)
走破 주파　競走 경주　逃走 도주
奔走 분주　脫走 탈주　走馬燈 주마등

회의문자
走부　총7획

•　•　•　문　장　속　의　한　자　읽　어　볼　래　요　?　•　•　•

1. 宇宙人(　　)이 되기 위해서는 많은 전문적인 훈련을 받아야 한다.
2. 아버지는 晝間(　　)에는 회사를 다니고 야간에는 대학원을 다니신다.
3. 옛날 학교에 해당되는 서당(書堂), 향교(鄕校)에서 가르쳤던 主要(　　) 내용은 주로 도덕·윤리였다.
4. 전자 우편 住所(　　)는 같은 정보 시스템을 사용하는 사람들의 정보 교환을 위한 住所(　　) 체계이다.
5. 국가 안보를 고취시킨다고 해서 오로지 일방적으로 군사력 증강에만 注力(　　)할 일은 아니다.
6. 走者(　　)의 체격과 체력 등을 고려한 올바른 균형이 이루어질 때 질주의 효율은 최대가 된다.

•　•　•　이　한　자　기　억　해　요　?　•　•　•　　정답 142

1 早(　) 2 造(　) 3 祖(　) 4 朝(　) 5 族(　) 6 足(　)

여기는! 宙 주 / 竹 죽

475 | 죽 — 竹 대 죽
- 竹夫人 죽부인 대오리로 길고 둥글게 만든 제구 (夫 지아비 부, 人 사람 인)
- 竹馬故友 죽마고우 어릴 때부터 같이 놀며 자란 오랜 벗 (馬 말 마, 故 연고 고, 友 벗 우)
- 竹簡 죽간 竹刀 죽도 苦竹 고죽
- 石竹 석죽 松竹 송죽 竹工藝 죽공예

상형문자 / 竹부 총6획

476 | 중 — 重 무거울 중
- 重大 중대 가볍게 여길 수 없을만큼 아주 중요함 (大 큰 대)
- 重視 중시 중요하게 보거나 여김 (視 볼 시)
- 尊重 존중 소중하게 여겨 받듦 (尊 높을 존)
- 體重 체중 몸무게 (體 몸 체)
- 重量 중량 重力 중력 重要 중요
- 重點 중점 所重 소중 自重 자중

형성문자 / 里부 총9획

477 | 중 — 衆 무리 중
- 衆論 중론 여러 사람의 의론 (論 논할 론)
- 觀衆 관중 구경거리를 보려고 모인 군중 (觀 볼 관)
- 大衆 대중 수많은 사람의 무리 (大 큰 대)
- 出衆 출중 뭇가운데서 뛰어남 (出 날 출)
- 衆生 중생 衆智 중지 群衆 군중
- 民衆 민중 聽衆 청중 衆口難防 중구난방

회의문자 / 血부 총12획

478 | 중 — 中 가운데 중
- 中間 중간 두 사물의 사이 (間 사이 간)
- 中年 중년 마흔 살 안팎의 나이 (年 해 년)
- 空中 공중 하늘과 땅 사이의 빈 곳 (空 빌 공)
- 的中 적중 목표에 정확히 들어맞음 (的 과녁 적)
- 中堅 중견 中毒 중독 中心 중심
- 中央 중앙 中止 중지 集中 집중

상형문자 / ㅣ부 총4획

479 | 증 — 增 더할 증

- 增加 증가 더 늘어 많아짐 (加 더할 가)
- 增減 증감 늘어남과 줄어듦 (減 덜 감)
- 增强 증강 더 늘려 강화함 (强 강할 강)
- 增設 증설 더 늘려 설치함 (設 베풀 설)
- 急增 급증 갑자기 증가함 (急 급할 급)
- 增大 증대 增産 증산 增額 증액
- 增進 증진 增築 증축 激增 격증

형성문자 / 土부 총15획

480 | 지 — 支 지탱할 지

- 支流 지류 강의 원줄기로 흘러들거나 원줄기에서 갈려 나온 물줄기 (流 흐를 류)
- 干支 간지 십간(十干)과 십이지(十二支) (干 방패 간)
- 支局 지국 支援 지원 支障 지장
- 支店 지점 支出 지출 收支 수지

회의문자 / 支부 총4획

• • • 문장 속의 한자 읽어 볼래요? • • •

1. 오성과 한음은 우리 나라 역사상 유명한 竹馬故友(   )이다.
2. 생명을 重視(   )하고 자연을 사랑하는 태도도 석가모니의 가르침이다.
3. 과거 스포츠는 선수만 하는 것으로 인식되었으나, 요즘은 觀衆(   )이나 일반인의 참여도 포함하는 넓은 의미로 이해된다.
4. 空中(   )으로 던져진 물체나 인체의 운동 궤적은 중력 때문에 포물선 모양을 하게 된다.
5. 컴퓨터의 增加(   )는 곧 인터넷 사용의 增加(   )를 가져왔다.
6. 남한강의 支流(   )들은 한 곳으로 모여 한강으로 흐른다.

• • • 이 한자 기억 해요? • • •   정답 143

1 存( ) 2 卒( ) 3 種( ) 4 宗( ) 5 左( ) 6 罪( )

연습문제 20 | 지금까지 배운 내용을 문제로 풀어보세요

01-03 다음 한자(漢字)의 부수(部首)는 무엇입니까?

01 走 : ① 土 ② 走 ③ 人 ④ 卡 ⑤ 士
02 朝 : ① 月 ② 卓 ③ 口 ④ 十 ⑤ 日
03 支 : ① 士 ② 又 ③ 攵 ④ 一 ⑤ 支

04-06 다음 한자(漢字)의 획수(劃數)는 모두 몇 획입니까?

04 造 : ① 10 ② 11 ③ 12 ④ 13 ⑤ 14
05 宗 : ① 6 ② 7 ③ 8 ④ 9 ⑤ 10
06 主 : ① 4 ② 5 ③ 6 ④ 7 ⑤ 8

07-08 다음 필순(筆順)에 대한 설명에 가장 알맞은 한자(漢字)는 어느 것입니까?

07 위에서 아래로 쓴다.
 ① 朝 ② 祖 ③ 早 ④ 種 ⑤ 注

08 왼쪽에서 오른쪽으로 쓴다.
 ① 住 ② 中 ③ 存 ④ 晝 ⑤ 主

09-18 다음 한자(漢字)의 음(音)은 무엇입니까?

09 走 : ① 족 ② 조 ③ 주 ④ 중 ⑤ 종
10 早 : ① 졸 ② 조 ③ 제 ④ 존 ⑤ 주
11 支 : ① 지 ② 중 ③ 조 ④ 제 ⑤ 족
12 卒 : ① 죄 ② 주 ③ 종 ④ 졸 ⑤ 좌
13 重 : ① 중 ② 조 ③ 족 ④ 지 ⑤ 주
14 注 : ① 좌 ② 존 ③ 죄 ④ 제 ⑤ 주
15 族 : ① 제 ② 족 ③ 좌 ④ 죄 ⑤ 재
16 左 : ① 족 ② 중 ③ 졸 ④ 좌 ⑤ 주
17 增 : ① 종 ② 제 ③ 증 ④ 족 ⑤ 존
18 罪 : ① 종 ② 졸 ③ 주 ④ 좌 ⑤ 죄

19-23 다음의 음(音)을 가진 한자(漢字)는 어느 것입니까?

19 중 : ① 宗 ② 衆 ③ 宙 ④ 朝 ⑤ 卒
20 죽 : ① 竹 ② 存 ③ 住 ④ 中 ⑤ 種
21 족 : ① 支 ② 朝 ③ 祖 ④ 足 ⑤ 主
22 종 : ① 住 ② 主 ③ 種 ④ 宙 ⑤ 左
23 주 : ① 晝 ② 祖 ③ 造 ④ 存 ⑤ 支

24-33 다음 한자(漢字)의 뜻은 무엇입니까?

24 朝 : ① 썰물 ② 밀물 ③ 새벽 ④ 아침 ⑤ 주인
25 竹 : ① 대 ② 조 ③ 홀로 ④ 짐승 ⑤ 임금
26 造 : ① 돌다 ② 짓다 ③ 가다 ④ 오다 ⑤ 일찍
27 祖 : ① 제사 ② 원조 ③ 왕조 ④ 마루 ⑤ 할아비

28 存 : ① 갔다 ② 아들 ③ 있다
　　　　④ 주다 ⑤ 증거

29 增 : ① 실 ② 겨울 ③ 더하다
　　　　④ 울리다 ⑤ 시작하다

30 宗 : ① 집 ② 제사 ③ 마루
　　　　④ 버금 ⑤ 구슬

31 主 : ① 살다 ② 주인 ③ 있다
　　　　④ 등불 ⑤ 물대다

32 住 : ① 살다 ② 주인 ③ 해치다
　　　　④ 고르다 ⑤ 물대다

33 晝 : ① 낮 ② 옷 ③ 제도
　　　　④ 살다 ⑤ 아침

34~38 다음의 뜻을 가진 한자(漢字)는 어느 것입니까?

34 무리 : ① 支 ② 衆 ③ 宙 ④ 早 ⑤ 中
35 겨레 : ① 卒 ② 足 ③ 種 ④ 走 ⑤ 族
36 집 : ① 宙 ② 左 ③ 晝 ④ 注 ⑤ 造
37 무겁다 : ① 足 ② 重 ③ 卒 ④ 左 ⑤ 族
38 허물 : ① 早 ② 注 ③ 罪 ④ 支 ⑤ 竹

39~48 다음 한자어(漢字語)의 음(音)은 무엇입니까?

39 走者 : ① 주력 ② 독자 ③ 제작 ④ 주자 ⑤ 제조
40 觀衆 : ① 청중 ② 제목 ③ 관광 ④ 제도 ⑤ 관중
41 朝夕 : ① 조야 ② 조식 ③ 추석 ④ 조조 ⑤ 조석
42 中間 : ① 인간 ② 중간 ③ 중문 ④ 중화 ⑤ 중개
43 增强 : ① 최강 ② 조수 ③ 증강 ④ 중수 ⑤ 증액
44 早期 : ① 조퇴 ② 조속 ③ 조조 ④ 조기 ⑤ 한기
45 祖國 : ① 선조 ② 조국 ③ 조상 ④ 애국 ⑤ 구국
46 民族 : ① 민속 ② 족속 ③ 가족 ④ 부족 ⑤ 민족
47 宇宙 : ① 우유 ② 주간 ③ 우주 ④ 주자 ⑤ 우비
48 晝夜 : ① 주간 ② 주야 ③ 백주 ④ 중야 ⑤ 주중

49~50 다음 단어들의 '☐'에 공통으로 들어갈 알맞은 한자(漢字)는 어느 것입니까?

49 ☐目, ☐族, ☐子 :
　　① 中 ② 走 ③ 宗 ④ 種 ⑤ 支

50 ☐所, ☐民, ☐宅 :
　　① 住 ② 主 ③ 注 ④ 走 ⑤ 宗

5급한자 600 | 481~492

481 | 지 — 地 따(땅) 지
- 地方 지방: 나라 안의 어떤 넓은 지역. 서울 밖의 시골(方 모 방)
- 地位 지위: 개인의 사회적인 신분에 따르는 어떠한 자리나 계급(位 자리 위)

地圖 지도 地緣 지연 地下 지하
番地 번지 立地 입지 宅地 택지

형성문자
土부 총6획

482 | 지 — 志 뜻 지
- 志士 지사: 국가·사회의 앞날을 걱정하여 제 몸을 희생해서 일하려는 큰 뜻을 가진 사람(士 선비 사)
- 同志 동지: 뜻이 서로 같음, 또는 그런 사람(同 한가지 동)

志望 지망 志願 지원 志向 지향
意志 의지 初志 초지 三國志 삼국지

형성문자
心부 총7획

483 | 지 — 指 가리킬 지
- 指名 지명: 여러 사람 중에 누구의 이름을 가리킴(名 이름 명)
- 指定 지정: 가리켜 정함. 가려내어 정함(定 정할 정)
- 指向 지향: 일정한 목표를 향하여 나아감, 또는 나아가는 그 방향(向 향할 향)

指令 지령 指目 지목 指數 지수
指示 지시 指章 지장 藥指 약지

형성문자
扌=手부 총9획

484 | 지 — 知 알 지
- 知識 지식: 알고 있는 내용(識 알 식)
- 認知 인지: 어떠한 사실을 분명히 인정함(認 알 인)
- 親知 친지: 서로 잘 알고 친근하게 지내는 사람(親 친할 친)

知覺 지각 知能 지능 無知 무지
豫知 예지 通知 통지 知彼知己 지피지기

회의문자
矢부 총8획

485 | 지 — 至 이를 지
- 至今 지금: 예로부터 지금에 이르기까지(今 이제 금)
- 至大 지대: 더없이 큼(大 큰 대)
- 至尊 지존: '임금'을 높여 이르는 말. 더없이 존귀함(尊 높을 존)

至極 지극 至當 지당 至上 지상
至誠 지성 冬至 동지 夏至 하지

회의문자
至부 총6획

486 | 지 — 紙 종이 지
- 紙上 지상: 기사나 글이 실리는 인쇄물의 면(上 윗 상)
- 表紙 표지: 책의 겉장(表 겉 표)
- 休紙 휴지: 못 쓰게 된 종이. 화장지(休 쉴 휴)

紙面 지면 答紙 답지 白紙 백지
色紙 색지 便紙 편지 韓紙 한지

형성문자
糸부 총10획

· · · 문 장 속 의 한 자 읽 어 볼 래 요 ? · · ·

1. 북쪽의 사람들이 따뜻한 남쪽 地方(　　)을 여행할 때, 음식이 너무 짜다고 불평하는 일이 종종 있다.
2. 광복은 연합군의 승리와 애국 志士(　　)들의 독립 운동으로 가능한 일이었다.
3. 유일하게 반딧불이 서식지로 指定(　　)되어 있는 남대천은 자연 상태가 잘 보존된 지역이다.
4. 도덕적인 사람이 되기 위해 가장 먼저 갖추어야 할 것은 도덕적 知識(　　)이다.
5. 아이스크림은 至今(　　)으로부터 약 450년 전에 이탈리아에서 처음으로 만들어졌다.
6. 길거리에 함부로 休紙(　　)를 버려서는 안 된다.

· · · 이 한 자 기 억 해 요 ? · · · 정답 144

1 宙(　) 2 晝(　) 3 主(　) 4 住(　) 5 注(　) 6 走(　)

 地지 / 止지

487 | 지 止 그칠 지

- 止血 지혈 : 피가 흘러나오다 멎음, 또는 흘러나오는 피를 멎게 함(血 피 혈)
- 禁止 금지 : 말리어 못 하게 함(禁 금할 금)
- 防止 방지 : 막아서 그치게 함(防 막을 방)
- 中止 중지 : 일을 중도에서 그만두거나 멈춤(中 가운데 중)
- 止揚 지양
- 停止 정지
- 制止 제지
- 廢止 폐지
- 解止 해지
- 休止 휴지

상형문자
止부 총4획

488 | 직 直 곧을 직

- 直線 직선 : 곧은 줄. 두 점 사이를 가장 짧은 거리로 이은 선(線 줄 선)
- 直接 직접 : 중간에 다른 것을 끼우거나 거치지 않고 곧바로(接 이을 접)
- 正直 정직 : 마음이 바르고 곧음(正 바를 정)
- 直感 직감
- 直觀 직관
- 直立 직립
- 直面 직면
- 直通 직통
- 强直 강직

회의문자
目부 총8획

489 | 진 眞 참 진

- 眞理 진리 : 참된 도리. 바른 이치 (理 다스릴 리)
- 眞相 진상 : 사물의 참된 모양이나 모습 (相 서로 상)
- 眞實 진실 : 거짓이 없고 바르고 참됨 (實 열매 실)
- 眞正 진정
- 眞品 진품
- 天眞 천진
- 眞面目 진면목
- 眞分數 진분수
- 眞善美 진선미

회의문자
目부 총10획

490 | 진 進 나아갈 진

- 進步 진보 : 사물의 내용이나 정도가 차츰 나아짐(步 걸음 보)
- 進行 진행 : 일을 처리하여 나아감 (行 다닐 행)
- 先進 선진 : 발전의 단계나 진보의 정도 등이 다른 것보다 앞서거나 앞서 있는 일(先 먼저 선)
- 進度 진도
- 進路 진로
- 進展 진전
- 進化 진화
- 前進 전진
- 後進 후진

회의문자
辶=辵부 총12획

491 | 질 質 바탕 질

- 質問 질문 : 모르거나 의심나는 점을 물음 (問 물을 문)
- 素質 소질 : 본래부터 갖추고 있는 바탕 (素 본디 소)
- 實質 실질 : 실상의 본바탕(實 열매 실)
- 對質 대질
- 物質 물질
- 性質 성질
- 言質 언질
- 人質 인질
- 材質 재질

회의문자
貝부 총15획

492 | 집 集 모을 집

- 集中 집중 : 한 군데로 모이거나 모음 (中 가운데 중)
- 詩集 시집 : 시를 모아 엮은 책(詩 시 시)
- 全集 전집 : 한 사람 또는 같은 시대나 같은 종류의 저작을 모아 한 질로 출판한 책(全 온전 전)
- 集計 집계
- 集團 집단
- 集散 집산
- 集合 집합
- 集會 집회
- 特集 특집

회의문자
隹부 총12획

• • • 문 장 속 의 한 자 읽 어 볼 래 요 ? • • •

1. 시민 단체들과 종교인들은 인간 복제 연구 자체를 禁止(　　)시켜야 한다고 주장한다.
2. 正直(　　)한 행동은 자신과 다른 사람에게 거짓됨이 없고 떳떳한 행동을 말한다.
3. 석가모니는 스물 아홉 살이 되던 해에 왕자의 자리를 버리고 眞理(　　)를 찾아서 궁궐을 떠났다.
4. 산업화가 進行(　　)되면서 자연이 스스로 정화할 수 없을 만큼의 수많은 쓰레기들이 생겨났다.
5. 우리는 누구나 자기 자신의 素質(　　)과 적성에 맞는 일을 하며 즐겁게 살기를 소망한다.
6. 集中(　　) 호우가 지나간 자리에는 농작물이 쓰러지는 등 큰 재산 피해가 발생한다.

• • • 이 한 자 기 억 해 요 ? • • • 정답 145

1 竹(　) 2 重(　) 3 衆(　) 4 中(　) 5 增(　) 6 支(　)

5급한자 600 | 493~504

493 | 차 次 (버금 차)
- 次官 차관: 행정부에서 장관을 보좌하고 그를 대리할 수 있는 보좌 기관, 또는 그 사람(官 벼슬 관)
- 順次 순차: 돌아오는 차례(順 순할 순)
- 再次 재차: 두 번째(再 두 재)
- 節次 절차: 일을 치르는 데 밟아야 하는 차례와 방법(節 마디 절)
- 次例 차례 次席 차석 次善 차선
- 席次 석차 月次 월차 將次 장차

상형문자 / 欠부 총6획

494 | 착 着 (붙을 착)
- 着實 착실: 일을 처리하는 태도가 차분하고 실다움(實 열매 실)
- 着用 착용: 옷을 입음(用 쓸 용)
- 着地 착지: 땅 위에 내림, 또는 내리는 곳(地 따 지)
- 到着 도착: 목적한 곳에 다다름(到 이를 도)
- 着工 착공 着陸 착륙 着服 착복
- 着色 착색 着席 착석 着手 착수

형성문자 / 目부 총12획

495 | 찰 察 (살필 찰)
- 考察 고찰: 사물을 뚜렷이 살피기 위해 깊이 생각하여 살핌(考 생각할 고)
- 觀察 관찰: 사물을 주의하여 살핌(觀 볼 관)
- 視察 시찰: 돌아다니며 실지 사정을 살펴봄
- 監察 감찰 檢察 검찰 警察 경찰
- 不察 불찰 省察 성찰 洞察 통찰

회의문자 / 宀부 총14획

496 | 참 參 (참여할 참)
- 參見 참견: 남의 일에 끼여 들어 아는 체하거나 간섭함(見 볼 견)
- 參席 참석: 어떤 자리나 모임에 참여함(席 자리 석)
- 不參 불참: 참가하지 않거나 참석하지 아니함(不 아닐 불)
- 參加 참가 參觀 참관 參拜 참배
- 參酌 참작 參戰 참전 參政權 참정권

회의문자 / 厶부 총11획

497 | 창 唱 (부를 창)
- 獨唱 독창: 혼자 노래를 부름(獨 홀로 독)
- 重唱 중창: 몇 사람이 각각 자기의 성부를 맡아 노래함, 또는 그런 노래(重 무거울 중)
- 合唱 합창: 여러 사람이 목소리를 맞추어 노래함(合 합할 합)
- 名唱 명창 復唱 복창 先唱 선창
- 主唱 주창 歌唱力 가창력 愛唱曲 애창곡

형성문자 / 口부 총11획

498 | 창 窓 (창 창)
- 窓口 창구: 사무실에서 바깥 손님을 상대하여 돈이나 문서 따위를 주고 받는 곳(口 입 구)
- 窓門 창문: 공기나 빛이 들어올 수 있도록 벽 또는 지붕 위에 만든 작은 문(門 문 문)
- 同窓 동창 北窓 북창 車窓 차창
- 學窓 학창 窓戶紙 창호지 二重窓 이중창

형성문자 / 穴부 총11획

• • • 문장 속의 한자 읽어 볼래요? • • •

1. 예절은 사람들이 원만한 인간 관계를 맺고 삶의 목적을 추구하는 바람직한 삶의 節次(   )이다.
2. 인라인 스케이트 등의 야외 놀이를 할 때는 헬멧과 장갑, 무릎 보호대 등을 着用(   )해야 한다.
3. 한글은 세종대왕이 언어 생활을 깊이있게 觀察(   )하고, 전문적인 지식을 바탕으로 만들었다.
4. 국무 회의에 參席(   )하는 장관은 각 부처의 최고 책임자이다.
5. 우리 반은 교내 合唱(   ) 대회를 위해 많은 준비를 했다.
6. 사람이 모여있는 실내나 조리를 하는 가정에서 窓門(   )을 닫으면 이산화탄소의 농도가 높아진다.

• • • 이 한자 기억해요? • • • 정답 148

1. 地(   ) 2. 志(   ) 3. 指(   ) 4. 知(   ) 5. 至(   ) 6. 紙(   )

여기는! 次차 / 冊책

499 | 책
冊
책 책
상형문자
冂부 총5획

冊立 책립 황태자나 황후를 황제의 명령으로 봉하여 세우던 일 (立 설 립)
別冊 별책 따로 엮어 만든 책 (別 다를 별)
書冊 서책 책 (書 글 서)

冊曆 책력   冊房 책방   冊床 책상
冊子 책자   空冊 공책   分冊 분책

丿 冂 冂 冊 冊

500 | 책
責
꾸짖을 책
형성문자
貝부 총11획

責望 책망 허물을 들어서 꾸짖음 (望 바랄 망)
問責 문책 일의 책임을 물어 꾸짖음 (問 물을 문)
重責 중책 중대한 책임 (重 무거울 중)

責務 책무   責任 책임   免責 면책
自責 자책   職責 직책   質責 질책

一 二 キ 士 冉 青 青 青 責 責 責

501 | 처
處
곳 처
회의문자
虍부 총11획

處女 처녀 결혼하지 아니한 성년 여자 (女 계집 녀)
處理 처리 정리하여 치우거나 마무리를 지음 (理 다스릴 리)
處方 처방 병을 치료하기 위하여 증상에 따라 약을 짓는 방법 (方 모 방)

處身 처신   處地 처지   處刑 처형
難處 난처   定處 정처   出處 출처

丶 𠂉 𠂉 广 广 庐 庐 虍 處 處 處

502 | 천
川
내 천
상형문자
川=巛부 총3획

大川 대천 큰 내 (大 큰 대)
山川 산천 산과 내. 자연 (山 메 산)
山川草木 산천초목 산과 내와 풀과 나무. 자연 (山 메 산, 草 풀 초, 木 나무 목)

川獵 천렵   川邊 천변   仁川 인천
春川 춘천   河川 하천   名山大川 명산대천

丿 丿 川

503 | 천
天
하늘 천
상형문자
大부 총4획

天文 천문 천체와 기상의 현상 (文 글월 문)
天才 천재 타고난 뛰어난 재주, 또는 그런 재주를 가진 사람 (才 재주 재)
天下 천하 하늘 아래 (下 아래 하)

天機 천기   天倫 천륜   天命 천명
天然 천연   天池 천지   先天的 선천적

一 二 𠀇 天

504 | 천
千
일천 천
회의문자
十부 총3획

千金 천금 엽전 천 냥. 많은 돈 (金 쇠 금)
千年 천년 백 년의 열 곱절. 오랜 세월을 이르는 말 (年 해 년)
千里馬 천리마 하루에 천 리를 달릴 수 있을 정도로 좋은 말 (里 마을 리, 馬 말 마)

千萬 천만   千秋 천추   數千 수천
千里眼 천리안 千軍萬馬 천군만마 千辛萬苦 천신만고

丿 一 千

- - - 문 장 속 의 한 자 읽 어 볼 래 요 ? - - -

1 잡지에는 別冊(   ) 부록이 있다.
2 일연은 대장경을 다시 새기는 작업의 완성을 기념하는 행사를 주관하는 重責(   )을 맡기도 하였다.
3 병원의 處方(   )이 있어야 약국에서 약을 지을 수 있다.
4 조선 시대 소격서는 하늘과 별자리, 山川(   )에 복을 비는 국가의 제사 의식을 맡았다.
5 중국인들은 중국을 중심으로 하여 天下(   )를 생각하는 중화 사상을 가지고 있다.
6 신라의 千年(   ) 도읍지, 경주에는 가는 곳마다 거대한 왕릉과 석탑, 불상을 볼 수 있다.

- - - 이 한 자 기 억 해 요 ? - - - 정답 149

1 止(   ) 2 直(   ) 3 眞(   ) 4 進(   ) 5 質(   ) 6 集(   )

연습문제 21

지금까지 배운 내용을 문제로 풀어보세요

01-03 다음 한자(漢字)의 부수(部首)는 무엇입니까?

01 責 : ① 十 ② 土 ③ 貝 ④ 目 ⑤ 主
02 地 : ① 土 ② 也 ③ 十 ④ 世 ⑤ 二
03 眞 : ① 眞 ② 亠 ③ 匕 ④ 日 ⑤ 目

04-06 다음 한자(漢字)의 획수(劃數)는 모두 몇 획입니까?

04 止 : ① 2 ② 3 ③ 4 ④ 5 ⑤ 6
05 着 : ① 11 ② 12 ③ 13 ④ 14 ⑤ 15
06 進 : ① 10 ② 11 ③ 12 ④ 13 ⑤ 14

07-08 다음 필순(筆順)에 대한 설명에 가장 알맞은 한자(漢字)는 어느 것입니까?

07 꿰뚫는 획은 나중에 쓴다.
　① 天 ② 川 ③ 知 ④ 千 ⑤ 進

08 위에서 아래로 쓴다.
　① 至 ② 册 ③ 指 ④ 次 ⑤ 唱

09-18 다음 한자(漢字)의 음(音)은 무엇입니까?

09 處 : ① 주 ② 처 ③ 지 ④ 집 ⑤ 질
10 責 : ① 죽 ② 질 ③ 책 ④ 창 ⑤ 주
11 志 : ① 지 ② 차 ③ 찰 ④ 직 ⑤ 증
12 紙 : ① 진 ② 질 ③ 죽 ④ 차 ⑤ 지
13 質 : ① 지 ② 질 ③ 주 ④ 중 ⑤ 착
14 集 : ① 집 ② 증 ③ 중 ④ 찰 ⑤ 직
15 次 : ① 죽 ② 창 ③ 차 ④ 집 ⑤ 건
16 着 : ① 주 ② 장 ③ 진 ④ 지 ⑤ 착
17 察 : ① 중 ② 주 ③ 찰 ④ 착 ⑤ 질
18 參 : ① 증 ② 직 ③ 지 ④ 참 ⑤ 진

19-23 다음의 음(音)을 가진 한자(漢字)는 어느 것입니까?

19 천 : ① 處 ② 川 ③ 册 ④ 止 ⑤ 責
20 책 : ① 至 ② 指 ③ 地 ④ 册 ⑤ 紙
21 직 : ① 眞 ② 天 ③ 川 ④ 千 ⑤ 直
22 진 : ① 止 ② 至 ③ 眞 ④ 指 ⑤ 集
23 지 : ① 進 ② 知 ③ 窓 ④ 唱 ⑤ 次

24-33 다음 한자(漢字)의 뜻은 무엇입니까?

24 責 : ① 걷다 ② 기다 ③ 오르다
　　　④ 이기다 ⑤ 꾸짖다

25 止 : ① 오르다 ② 꿇다 ③ 그치다
　　　④ 가다 ⑤ 구부리다

26 地 : ① 땅 ② 물 ③ 바다
　　　④ 하늘 ⑤ 대륙

27 天 : ① 셋 ② 둘 ③ 우주
　　　④ 영웅 ⑤ 하늘

28 至 : ① 막다 ② 임금 ③ 닿다
　　　④ 파다 ⑤ 이르다

29 進 : ① 빠르다 ② 달리다 ③ 나아가다
　　　④ 물러나다 ⑤ 참여하다

30 唱 : ① 노래 ② 춤추다 ③ 부르다
　　　④ 기리다 ⑤ 창성하다

31 窓 : ① 창 ② 등불 ③ 가을
　　　④ 공기 ⑤ 마을

32 指 : ① 치다 ② 좁다 ③ 무겁다
　　　④ 가리키다 ⑤ 냄새맡다

33 川 : ① 홀 ② 낱 ③ 내
　　　④ 거듭 ⑤ 종이

34-38 다음의 뜻을 가진 한자(漢字)는 어느 것입니까?

34 뜻　　　 : ① 册 ② 志 ③ 着 ④ 知 ⑤ 千

35 바탕　　 : ① 志 ② 處 ③ 紙 ④ 察 ⑤ 質

36 참여하다 : ① 眞 ② 直 ③ 集 ④ 參 ⑤ 地

37 버금　　 : ① 天 ② 川 ③ 次 ④ 集 ⑤ 唱

38 꾸짖다　 : ① 察 ② 知 ③ 直 ④ 眞 ⑤ 責

39-48 다음 한자어(漢字語)의 음(音)은 무엇입니까?

39 別册 : ① 개별 ② 별도 ③ 구별 ④ 서책 ⑤ 별책

40 重責 : ① 직책 ② 문책 ③ 중량 ④ 중책 ⑤ 증량

41 天才 : ① 천재 ② 대간 ③ 천심 ④ 인재 ⑤ 천간

42 處理 : ① 중시 ② 처리 ③ 처방 ④ 중량 ⑤ 합리

43 河川 : ① 승천 ② 가구 ③ 하류 ④ 가전 ⑤ 하천

44 禁止 : ① 금지 ② 중지 ③ 폐지 ④ 지행 ⑤ 엄금

45 同志 : ① 지망 ② 지원 ③ 지사 ④ 동지 ⑤ 동향

46 指定 : ① 지명 ② 지정 ③ 지시 ④ 지장 ⑤ 지종

47 表紙 : ① 인지 ② 휴지 ③ 표면 ④ 색지 ⑤ 표지

48 眞實 : ① 진실 ② 천진 ③ 진리 ④ 과실 ⑤ 진정

49-50 다음 단어들의 '□'에 공통으로 들어갈 알맞은 한자(漢字)는 어느 것입니까?

49 □步, □行, □化 :
　 ① 至 ② 直 ③ 眞 ④ 進 ⑤ 地

50 觀□, 視□, 省□ :
　 ① 着 ② 察 ③ 參 ④ 唱 ⑤ 川

5급한자 600 | 505~516

505 | 청 靑 (푸를 청)
- 靑年 청년 젊은 사람 (年 해 년)
- 靑山 청산 푸른 산 (山 메 산)
- 靑春 청춘 새싹이 파랗게 돋아나는 봄철. 십 대 후반에서 이십 대의 젊은 나이, 또는 그런 시절 (春 봄 춘)
- 靑軍 청군 / 靑果 청과 / 靑史 청사
- 靑色 청색 / 靑雲 청운 / 淡靑 담청

형성문자 / 靑부 총8획

506 | 청 淸 (맑을 청)
- 淸明 청명 날씨가 맑고 깨끗함 (明 밝을 명)
- 淸貧 청빈 성품이 깨끗하고 재물에 대한 욕심이 없어 가난함 (貧 가난할 빈)
- 淸算 청산 셈이나 빚 따위를 깨끗이 정리함 (算 셈 산)
- 淸潔 청결 / 淸凉 청량 / 淸廉 청렴
- 淸掃 청소 / 淸風 청풍 / 肅淸 숙청

형성문자 / 氵=水부 총11획

507 | 체 體 (몸 체)
- 體溫 체온 동물체가 가지고 있는 온도 (溫 따뜻할 온)
- 物體 물체 구체적인 형태를 가지고 존재하는 것 (物 물건 물)
- 人體 인체 사람의 몸 (人 사람 인)
- 體系 체계 / 體面 체면 / 氣體 기체
- 正體 정체 / 形體 형체 / 都大體 도대체

형성문자 / 骨부 총23획

508 | 초 初 (처음 초)
- 初代 초대 어떤 계통의 첫 번째 사람, 또는 그 사람의 시대 (代 대신할 대)
- 初等 초등 차례 중 맨 처음 등급, 또는 맨 아래 등급 (等 무리 등)
- 始初 시초 맨 처음 (始 비로소 시)
- 初級 초급 / 初期 초기 / 初面 초면
- 初選 초선 / 初心 초심 / 最初 최초

회의문자 / 刀부 총7획

509 | 초 草 (풀 초)
- 草家 초가 볏짚·밀짚·갈대 등으로 지붕을 이은 집 (家 집 가)
- 草野 초야 풀이 우거진 들판 시골 (野 들 야)
- 藥草 약초 약으로 쓰이는 풀 (藥 약 약)
- 草綠 초록 / 草食 초식 / 草案 초안
- 草原 초원 / 海草 해초 / 花草 화초

형성문자 / ⺿=艸부 총10획

510 | 촌 寸 (마디 촌)
- 寸志 촌지 자기의 선물을 겸손하게 이르는 말 (志 뜻 지)
- 四寸 사촌 아버지의 친형제의 아들딸 (四 넉 사)
- 外三寸 외삼촌 어머니의 남형제 (外 바깥 외, 三 석 삼)
- 寸刻 촌각 / 寸劇 촌극 / 寸數 촌수
- 寸評 촌평 / 三寸 삼촌 / 寸鐵殺人 촌철살인

지사문자 / 寸부 총3획

· · · 문 장 속 의 한 자 읽 어 볼 래 요 ? · · ·

1. 낙망은 靑年(   )의 죽음이요, 靑年(   )이 죽으면 민족이 죽는다. -안창호
2. 남북한의 통일은 냉전 질서를 해체하고, 적대감을 淸算(   )하는 작업부터 시작해야 한다.
3. 산성비가 직접 人體(   )에 미치는 피해는 눈병과 호흡기 질환, 그리고 피부 노화 촉진이다.
4. 예의의 始初(   )는 얼굴과 몸을 바르게 하고, 낯빛을 온화하게 하며, 말소리를 순하게 하는 것이다.
5. 옛날에 가뭄이 들면 왕은 하늘에 제사를 지내고, 草家(   )로 옮겨 음식을 먹지 않았으며 죄인을 석방하기도 하였다.
6. 유관순은 四寸(   ) 언니와 함께 동지들을 모으고, 독립 만세를 부를 계획을 치밀하게 세웠다.

· · · 이 한 자 기 억 해 요 ? · · · 정답 150

1 次(   ) 2 着(   ) 3 察(   ) 4 參(   ) 5 唱(   ) 6 窓(   )

여기는! 靑청 / 村촌

511 | 촌 — 村 마을 촌
- 農村농촌: 농사를 짓고 사는 사람들이 모여 사는 마을(農 농사 농)
- 漁村어촌: 바닷가에서 어업을 주로 하는 사람들이 모여 사는 마을(漁 고기잡을 어)
- 村落촌락 村夫촌부 村長촌장
- 江村강촌 富村부촌 山村산촌
- 형성문자 木부 총7획

512 | 최 — 最 가장 최
- 最近최근: 얼마 안되는 지나간 날. 요즘 (近 가까울 근)
- 最多최다: 가장 많음(多 많을 다)
- 最善최선: 가장 좋거나 훌륭한 것 (善 착할 선)
- 最新최신: 가장 새로움(新 새 신)
- 最高최고 最短최단 最大최대
- 最小최소 最少최소 最長최장
- 회의문자 日부 총12획

513 | 추 — 追 쫓을, 따를 추
- 追加추가: 나중에 더 보탬(加 더할 가)
- 追求추구: 목적을 이룰 때까지 뒤쫓아 구함(求 구할 구)
- 追放추방: 일정한 지역이나 조직 밖으로 쫓아냄(放 놓을 방)
- 追擊추격 追窮추궁 追念추념
- 追慕추모 追從추종 追後추후
- 형성문자 辶=辵부 총10획

514 | 추 — 秋 가을 추
- 秋夕추석: 음력 팔월 보름. 한가위 (夕 저녁 석)
- 秋收추수: 가을에 익은 곡식을 거두어들임(收 거둘 수)
- 千秋천추: 오래고 긴 세월(千 일천 천)
- 秋霜추상 秋波추파 秋毫추호
- 晩秋만추 立秋입추 仲秋중추
- 회의문자 禾부 총9획

515 | 축 — 祝 빌 축
- 祝歌축가: 축하하는 뜻으로 부르는 노래 (歌 노래 가)
- 祝電축전: 축하하는 뜻을 나타내기 위하여 보내는 전보(電 번개 전)
- 奉祝봉축: 삼가 축하함(奉 받들 봉)
- 自祝자축: 스스로 축하함(自 스스로 자)
- 祝官축관 祝文축문 祝福축복
- 祝願축원 祝賀축하 慶祝경축
- 회의문자 示부 총10획

516 | 춘 — 春 봄 춘
- 春分춘분: 24절기의 하나. 경칩과 청명의 사이 3월 21일 무렵(分 나눌 분)
- 春秋춘추: 봄과 가을. 어른의 나이를 높여 일컫는 말(秋 가을 추)
- 春風춘풍: 봄바람(風 바람 풍)
- 春夢춘몽 新春신춘 靑春청춘
- 回春회춘 春困症춘곤증 春窮期춘궁기
- 형성문자 日부 총9획

• • • 문장 속의 한자 읽어 볼래요? • • •

1. 農村(   )에서는 마주치는 사람끼리 모르는 사이일지라도 가볍게 인사를 나눈다.
2. 最近(   ) 교통·통신의 발달에 따라 이용자는 급증하지만, 올바른 예절이 없어 문제가 되고 있다.
3. 追加(   ) 합격생 명단이 발표 되었다.
4. 우리 나라의 명절 가운데에서 秋夕(   ), 설, 단오가 큰 명절이다.
5. 석가탄신일이 되면 전국의 사찰에서 奉祝(   ) 행사가 치러진다.
6. 우리 민족은 春秋(   ) 전국 시대 이후로 점차 중국의 한자 문화권에 속하게 되었다.

• • • 이 한자 기억해요? • • •   정답 151

1 冊(   ) 2 責(   ) 3 處(   ) 4 川(   ) 5 天(   ) 6 千(   )

5급한자 600 | 517~528

517 | 출 — 出 (날 출)
- 出動 출동: 부대 따위가 일정한 목적을 실행하기 위하여 떠남 (動 움직일 동)
- 出發 출발: 길을 떠남 (發 필 발)
- 出生 출생: 세상에 태어남 (生 날 생)
- 出力 출력
- 出席 출석
- 出世 출세
- 出入 출입
- 出戰 출전
- 算出 산출

회의문자 / 凵부 / 총5획
ㅣ ㄴ 屮 出 出

518 | 충 — 蟲 (벌레 충)
- 蟲齒 충치: 벌레가 파먹어 이가 삭는 질환 (齒 이 치)
- 害蟲 해충: 인간의 생활에 해를 끼치는 벌레를 통틀어 이르는 말 (害 해할 해)
- 蟲害 충해
- 殺蟲 살충
- 成蟲 성충
- 松蟲 송충
- 幼蟲 유충
- 寄生蟲 기생충

회의문자 / 虫부 / 총18획

519 | 충 — 充 (채울 충)
- 充分 충분: 모자람이 없이 차거나 넉넉함 (分 나눌 분)
- 充實 충실: 내용이 알차고 단단함 (實 열매 실)
- 充足 충족: 넉넉하게 채움 (足 발 족)
- 充當 충당
- 充滿 충만
- 充員 충원
- 充電 충전
- 補充 보충
- 擴充 확충

상형문자 / 儿부 / 총6획
ㆍ 亠 ㄊ 云 充 充

520 | 충 — 忠 (충성 충)
- 忠告 충고: 참된 마음으로 남의 잘못을 타이름 (告 고할 고)
- 忠誠 충성: 진정에서 우러나는 정성 (誠 정성 성)
- 忠孝 충효: 충성과 효도 (孝 효도 효)
- 忠臣 충신
- 忠實 충실
- 忠言 충언
- 忠情 충정
- 忠直 충직
- 不忠 불충

형성문자 / 心부 / 총8획
ㆍ 口 口 中 中 忠 忠 忠

521 | 취 — 取 (가질 취)
- 取得 취득: 자기의 소유로 만들거나 가짐 (得 얻을 득)
- 取材 취재: 작품이나 기구의 재료를 얻음 (材 재목 재)
- 取下 취하: 신청하거나 제출하였던 것을 도로 거두어 들임 (下 아래 하)
- 取消 취소
- 爭取 쟁취
- 採取 채취
- 奪取 탈취
- 受取人 수취인
- 取捨選擇 취사선택

회의문자 / 又부 / 총8획
一 ㄇ ㄇ F 耳 取

522 | 치 — 齒 (이 치)
- 齒科 치과: 이를 전문으로 치료하고 연구하는 의학의 한 분과 (科 과목 과)
- 齒石 치석: 이에 누렇게 엉기어 붙은 단단한 물질 (石 돌 석)
- 齒根 치근
- 齒牙 치아
- 齒列 치열
- 齒痛 치통
- 蟲齒 충치
- 齒醫學 치의학

상형문자 / 齒부 / 총15획

• • • 문장 속의 한자 읽어 볼래요? • • •

1. 신순남 화백은 러시아의 연해주에서 出生(　　)하여 우즈베키스탄에서 활동한 재외 동포 화가이다.
2. 蟲齒(　　)가 생기면 치과에 가야 한다.
3. 가족간에 사랑하고 아끼는 마음이 있어 잘못과 실수를 감싸준다면 그것으로 充分(　　)한 것이다.
4. 부모님의 忠告(　　)는 근본적으로 우리를 위한 것이다.
5. 사회화는 개인이 집단에 적응하기 위해 사회 제도, 지식, 규범 등을 取得(　　)하는 과정이다.
6. 나는 이가 아파서 내일 齒科(　　)에 가야 한다.

• • • 이 한 자 기 억 해 요 ? • • •   정답 154

1 靑(　) 2 淸(　) 3 體(　) 4 初(　) 5 草(　) 6 寸(　)

여기는! 出출 / 致치

523 | 치 致 (이를 치)
- 致富치부 재물을 모아 부자가 됨 (富 부자 부)
- 致死치사 죽음에 이름, 또는 죽게 함 (死 죽을 사)
- 致誠치성 있는 정성을 다함 (誠 정성 성)

致命치명　景致경치　理致이치
筆致필치　合致합치　滿場一致만장일치

회의문자　至부　총10획

524 | 치 治 (다스릴 치)
- 治國치국 나라를 다스림 (國 나라 국)
- 治安치안 국가 사회의 안녕 질서를 보전함 (安 편안 안)
- 自治자치 자기의 일을 스스로 다스림 (自 스스로 자)

治水치수　法治법치　政治정치
統治통치　禁治産者금치산자　萬病通治만병통치

형성문자　氵=水부　총8획

525 | 칙 則 (법칙 칙/곧 즉)
- 反則반칙 규칙을 어김 (反 돌이킬 반)
- 法則법칙 반드시 지켜야 할 규칙 (法 법 법)
- 原則원칙 일관되게 지켜야 하는 기본적인 규칙이나 법칙 (原 근원 원)

校則교칙　規則규칙　罰則벌칙
變則변칙　準則준칙　鐵則철칙

회의문자　刂=刀부　총9획

526 | 친 親 (친할 친)
- 親近친근 정분이 친하고 가까움 (近 가까울 근)
- 親善친선 서로 친하여 사이가 좋음 (善 착할 선)
- 兩親양친 아버지와 어머니 (兩 두 량)

親舊친구　親睦친목　親愛친애
親切친절　親和친화　先親선친

형성문자　見부　총16획

527 | 칠 七 (일곱 칠)
- 七星칠성 북두칠성의 준말. 칠원성군의 준말. 칠성판의 준말 (星 별 성)
- 七月칠월 한 해의 일곱 째 달 (月 달 월)
- 七日칠일 이레 (日 날 일)

七年칠년　七夕칠석　七十칠십
七去之惡칠거지악　北斗七星북두칠성

지사문자　一부　총2획

528 | 쾌 快 (쾌할 쾌)
- 快感쾌감 상쾌하고 즐거운 느낌 (感 느낄 감)
- 輕快경쾌 마음이 홀가분하고 상쾌함 (輕 가벼울 경)
- 明快명쾌 분명하며 시원스러움 (明 밝을 명)

快擧쾌거　快樂쾌락　快速쾌속
快活쾌활　不快불쾌　完快완쾌

형성문자　忄=心부　총7획

· · · 문 장 속 의 한 자 읽 어 볼 래 요 ? · · ·

1 여러 종교인들이나 신앙인들은 기도나 致誠(　　)을 드릴 때 산으로 올라가기도 하였다.
2 행정자치부는 지방 自治(　　) 단체를 감독하고 국가의 治安(　　)을 담당한다.
3 자연은 모든 생명체의 원천으로, 오묘한 法則(　　)에 따라 변화하면서 질서와 조화를 이루고 있다.
4 이웃을 도울 때는 자존심을 상하지 않게 하고, 상대방의 말을 많이 들어 주며, 親近(　　)하게 대한다.
5 칠석날은 음력 七月(　　) 七日(　　)을 말한다.
6 등산을 할 때나 輕快(　　)한 음악을 들을 때에도 엔돌핀 분비가 촉진된다.

· · · 이 한 자 기 억 해 요 ? · · ·　　　정답 155

1 村(　) 　2 最(　) 　3 追(　) 　4 秋(　) 　5 祝(　) 　6 春(　)

157

연습문제 22 | 지금까지 배운 내용을 문제로 풀어보세요

01-03 다음 한자(漢字)의 부수(部首)는 무엇입니까?

01 七 : ① 七 ② 匕 ③ 二 ④ 十 ⑤ 一

02 體 : ① 豆 ② 日 ③ 骨 ④ 豊 ⑤ 口

03 最 : ① 日 ② 耳 ③ 又 ④ 取 ⑤ 旦

04-06 다음 한자(漢字)의 획수(劃數)는 모두 몇 획입니까?

04 村 : ① 6 ② 7 ③ 8 ④ 9 ⑤ 10

05 齒 : ① 14 ② 15 ③ 16 ④ 17 ⑤ 18

06 則 : ① 8 ② 9 ③ 10 ④ 11 ⑤ 12

07-08 다음 필순(筆順)에 대한 설명에 가장 알맞은 한자(漢字)는 어느 것입니까?

07 왼쪽과 오른쪽의 모양이 같을 때에는 가운데 획을 먼저 쓴다.
① 寸 ② 出 ③ 七 ④ 致 ⑤ 靑

08 왼쪽에서 오른쪽으로 쓴다.
① 靑 ② 春 ③ 快 ④ 草 ⑤ 寸

09-18 다음 한자(漢字)의 음(音)은 무엇입니까?

09 親 : ① 체 ② 천 ③ 책 ④ 친 ⑤ 촌

10 秋 : ① 체 ② 초 ③ 충 ④ 촌 ⑤ 추

11 祝 : ① 춘 ② 축 ③ 최 ④ 추 ⑤ 책

12 春 : ① 최 ② 출 ③ 충 ④ 춘 ⑤ 추

13 充 : ① 청 ② 체 ③ 첩 ④ 책 ⑤ 충

14 取 : ① 천 ② 취 ③ 치 ④ 칙 ⑤ 추

15 齒 : ① 추 ② 초 ③ 촌 ④ 치 ⑤ 출

16 則 : ① 칙 ② 축 ③ 책 ④ 최 ⑤ 충

17 七 : ① 치 ② 칠 ③ 충 ④ 출 ⑤ 최

18 初 : ① 체 ② 충 ③ 첩 ④ 치 ⑤ 초

19-23 다음의 음(音)을 가진 한자(漢字)는 어느 것입니까?

19 체 : ① 追 ② 蟲 ③ 體 ④ 忠 ⑤ 祝

20 쾌 : ① 快 ② 淸 ③ 靑 ④ 治 ⑤ 秋

21 촌 : ① 忠 ② 村 ③ 草 ④ 出 ⑤ 則

22 최 : ① 寸 ② 治 ③ 七 ④ 最 ⑤ 充

23 치 : ① 出 ② 蟲 ③ 致 ④ 靑 ⑤ 追

24-33 다음 한자(漢字)의 뜻은 무엇입니까?

24 淸 : ① 빌다 ② 맑다 ③ 푸르다 ④ 청하다 ⑤ 살피다

25 草 : ① 풀 ② 몸 ③ 내 ④ 가을 ⑤ 냄새

26 治 : ① 이르다 ② 흐르다 ③ 부르다 ④ 채우다 ⑤ 다스리다

27 寸 : ① 처음　② 마디　③ 마을
　　　　④ 가장　⑤ 채색

28 靑 : ① 재다　② 맑다　③ 청하다
　　　　④ 푸르다　⑤ 옮기다

29 追 : ① 이　② 봄　③ 쫓다
　　　　④ 법칙　⑤ 이르다

30 蟲 : ① 창　② 일만　③ 벌레
　　　　④ 날다　⑤ 충성

31 出 : ① 빌다　② 나다　③ 가지다
　　　　④ 올리다　⑤ 이르다

32 忠 : ① 충성　② 여정　③ 생각
　　　　④ 가운데　⑤ 채우다

33 親 : ① 친하다　② 가지다　③ 불리다
　　　　④ 청하다　⑤ 추가하다

34-38 다음의 뜻을 가진 한자(漢字)는 어느 것입니까?

34 빌다　: ① 七　② 體　③ 祝　④ 最　⑤ 快
35 가지다 : ① 村　② 齒　③ 則　④ 取　⑤ 寸
36 쾌하다 : ① 快　② 致　③ 初　④ 體　⑤ 草
37 가을　: ① 春　② 齒　③ 最　④ 村　⑤ 秋
38 채우다 : ① 則　② 初　③ 充　④ 則　⑤ 春

39-48 다음 한자어(漢字語)의 음(音)은 무엇입니까?

39 追求 : ① 갈구 ② 추구 ③ 부재 ④ 추방 ⑤ 구재
40 快感 : ① 상쾌 ② 쾌거 ③ 명쾌 ④ 완쾌 ⑤ 쾌감
41 害蟲 : ① 해충 ② 관청 ③ 충치 ④ 초청 ⑤ 익충
42 淸算 : ① 청풍 ② 청명 ③ 청산 ④ 청결 ⑤ 계산
43 物體 : ① 정체 ② 물체 ③ 인체 ④ 고체 ⑤ 물건
44 始初 : ① 초기 ② 시발 ③ 초대 ④ 시초 ⑤ 시도
45 草野 : ① 평야 ② 초가 ③ 초원 ④ 야채 ⑤ 초야
46 農村 : ① 촌락 ② 농촌 ③ 산촌 ④ 어촌 ⑤ 퇴촌
47 最近 : ① 최고 ② 최신 ③ 원근 ④ 최근 ⑤ 최적
48 春秋 : ① 춘풍 ② 추수 ③ 춘추 ④ 만추 ⑤ 춘절

49-50 다음 단어들의 '□'에 공통으로 들어갈 알맞은 한자(漢字)는 어느 것입니까?

49 □得, □材, □消 :
　　① 靑　② 取　③ 治　④ 出　⑤ 致

50 □富, □誠, 景□ :
　　① 致　② 淸　③ 七　④ 追　⑤ 取

5급한자 600 | 529~540

529 | 타 打 칠 타

- 打令 타령 : 어떤 생각을 말이나 소리로 나타내 자꾸 되풀이하는 일 (令 하여금 령)
- 打作 타작 : 곡식의 이삭을 떨어서 그 알을 거두는 일 (作 지을 작)
- 强打 강타 : 세게 침 (强 강할 강)
- 打開 타개 打倒 타도 打破 타파
- 短打 단타 代打 대타 利害打算 이해타산

회의문자 扌=手부 총5획

530 | 태 太 클 태

- 太半 태반 : 거의 3분의 2를 넘음을 이르는 말 (半 반 반)
- 太平 태평 : 세상이 안정되고 풍년이 들어 아무 걱정이 없고 편안함 (平 평평할 평)
- 太古 태고 太極 태극 太陽 태양
- 太初 태초 豆太 두태 太上王 태상왕

지사문자 大부 총4획

531 | 택 宅 집 택(댁)

- 宅內 댁내 : 남의 집안을 높여 부르는 말 (內 안 내)
- 家宅 가택 : 사람이 사는 집 (家 집 가)
- 故宅 고택 : 옛집 (故 연고 고)
- 自宅 자택 : 자기의 집 (自 스스로 자)
- 宅配 택배 宅地 택지 宅號 택호
- 本宅 본택 舍宅 사택 住宅 주택

형성문자 宀부 총6획

532 | 토 土 흙 토

- 土地 토지 : 땅, 흙 (地 따 지)
- 土着 토착 : 대대로 그 땅에서 살고 있음, 또는 그 곳에 들어와 정주함 (着 붙을 착)
- 國土 국토 : 나라의 땅 (國 나라 국)
- 土器 토기 土臺 토대 土壤 토양
- 土種 토종 風土 풍토 土産品 토산품

상형문자 土부 총3획

533 | 통 統 거느릴 통

- 統一 통일 : 한데 뭉치어 하나가 됨 (一 한 일)
- 傳統 전통 : 역사적으로 이어 온 습관 (傳 전할 전)
- 正統 정통 : 바른 계통 (正 바를 정)
- 統計 통계 統率 통솔 統制 통제
- 統治 통치 統合 통합 統帥權 통수권

형성문자 糸부 총12획

534 | 통 通 통할 통

- 通過 통과 : 통하여 지나감, 결정이 됨 (過 지날 과)
- 通路 통로 : 통하여 다닐 수 있게 트인 길 (路 길 로)
- 通用 통용 : 일반에 두루 쓰임 (用 쓸 용)
- 通讀 통독 通信 통신 通風 통풍
- 通行 통행 交通 교통 不通 불통

형성문자 辶=辵부 총11획

문장 속의 한자 읽어 볼래요?

1. 어제 태풍이 강한 폭우와 해일을 동반하며 남부 지방을 强打(   )했다.
2. 해치는 아득한 옛날, 太平(   )성대였던 순임금 때에 세상에 나타났다고 하는 상상의 동물이다.
3. 나는 오랜만에 안부 인사를 드리러 은사님 自宅(   )으로 전화를 드렸다.
4. 유형원은 중농(重農) 사상에 입각하여 土地(   ) 제도 개편을 주장하였다.
5. 우리 조상들은 이웃 간에 서로 돕고 사는 좋은 傳統(   )을 가지고 있었다.
6. 짧은 거리를 전력으로 달릴 때에는 출발, 중간 질주, 결승선 通過(   ) 자세에 따라 기록에 차이가 난다.

이 한자 기억해요? 정답 156

1 出(   )   2 蟲(   )   3 充(   )   4 忠(   )   5 取(   )   6 齒(   )

여기는! 打타 / 退퇴

535 | 퇴 退

退步 퇴보 뒤로 물러섬. 전보다 못하게 됨(步 걸음 보)
退位 퇴위 자리에서 물러남(位 자리 위)
退治 퇴치 물리쳐서 없애 버림(治 다스릴 치)

退勤 퇴근   退物 퇴물   退場 퇴장
退職 퇴직   退學 퇴학   後退 후퇴

물러날 퇴
회의문자
辶=辵부   총10획

536 | 특 特

特技 특기 특별한 기능이나 기술(技 재주 기)
特命 특명 특별히 명령함, 또는 그 명령(命 목숨 명)
特使 특사 특별히 따로 보냄, 또는 그 사자(使 하여금 사)

特例 특례   特別 특별   特色 특색
特徵 특징   特出 특출   英特 영특

특별할 특
형성문자
牛부   총10획

537 | 파 波

波動 파동 물결의 움직임. 사회적으로 일어난 큰 변동(動 움직일 동)
人波 인파 많은 사람이 움직여 그 모양이 물결처럼 보이는 상태(人 사람 인)

波及 파급   波紋 파문   世波 세파
電波 전파   風波 풍파   寒波 한파

물결 파
형성문자
氵=水부   총8획

538 | 판 判

判讀 판독 어려운 문장이나 암호, 고문서 따위를 뜻을 헤아리며 읽음(讀 읽을 독)
判別 판별 명확히 구별함(別 다를 별)
判異 판이 아주 다름(異 다를 이)

判決 판결   判斷 판단   判明 판명
判定 판정   公判 공판   談判 담판

판단할 판
형성문자
刂=刀부   총7획

539 | 팔 八

八角 팔각 여덟 모(角 뿔 각)
八方美人 팔방미인 여러 방면에 능통한 사람(方 모 방, 美 아름다울 미, 人 사람 인)
四方八方 사방팔방 모든 방면(四 넉 사, 方 모 방)

八朔 팔삭   八字 팔자   八柱 팔주
八等身 팔등신   十八金 십팔금   八道江山 팔도강산

여덟 팔
지사문자
八부   총2획

540 | 패 貝

貝物 패물 산호·호박·수정 등으로 만든 값진 물건(物 물건 물)
貝石 패석 조개의 화석(石 돌 석)

貝類 패류   貝柱 패주   貝貨 패화
魚貝類 어패류

조개 패
상형문자
貝부   총7획

· · · 문 장 속 의 한 자 읽 어 볼 래 요 ? · · ·

1 남북한은 모두 국제 무대에서의 대립과 민주주의의 退步(   )라는 국내외적인 어려움을 겪었다.
2 고종은 헤이그에서 열린 만국 평화 회의에 特使(   )를 파견하여 일제의 침략을 알리고자 했다.
3 휴가철 계곡은 래프팅을 즐기려는 人波(   )와 음식점이나 숙박업소의 폐수와 쓰레기 등이 가득했다.
4 사고 원인을 확인하기 위해 사진을 判讀(   ) 했다.
5 산등성이에 있는 정자는 八角(   ) 모양의 지붕을 이고 있었다.
6 결혼 할 때는 예물로 貝物(   )을 주고 받는다.

· · · 이 한 자 기 억 해 요 ? · · ·   정답 157

1 致(   )   2 治(   )   3 則(   )   4 親(   )   5 七(   )   6 快(   )

5급한자 600 | 541~552

541 | 패 敗 패할 패
- 敗亡 패망 전쟁에 져서 망함(亡 망할 망)
- 失敗 실패 뜻을 이루지 못함(失 잃을 실)
- 完敗 완패 여지없이 패함, 또는 그 패배(完 완전할 완)
- 敗北 패배 敗訴 패소 成敗 성패
- 勝敗 승패 全敗 전패 慘敗 참패

회의문자 攵=攴부 총11획
丨 ⺆ 冂 目 貝 貝 貝' 敗 敗 敗

542 | 편 片 조각 편
- 片道 편도 가고 오는 길 가운데 어느 한 쪽(道 길 도)
- 片肉 편육 얇게 저민 수육(肉 고기 육)
- 破片 파편 깨어지거나 부서진 조각 (破 깨뜨릴 파)
- 片言 편언 片月 편월 斷片 단편
- 一葉片舟 일엽편주 一片丹心 일편단심

상형문자 片부 총4획
丿 丿' 丬 片

543 | 편 便 편할 편/똥오줌 변
- 便安 편안 몸이나 마음이 편하고 좋음(安 편안 안)
- 男便 남편 혼인을 한 남자를 그 여자에 상대하여 이르는 말(男 사내 남)
- 不便 불편 편하지 못함(不 아닐 불)
- 便覽 편람 便法 편법 便乘 편승
- 便易 편이 便益 편익 便所 변소

회의문자 亻=人부 총9획
丿 亻 亻' 亻" 佰 佰 佰 便 便

544 | 평 平 평평할 평
- 平素 평소 보통 때(素 본디 소)
- 平面 평면 평평한 표면(面 낯 면)
- 平行 평행 만나지 않고 나란히 나감 (行 다닐 행)
- 公平 공평 어느 한쪽에 치우치지 않고 공정함(公 공평할 공)
- 平等 평등 平生 평생 平安 평안
- 平和 평화 不平 불평 水平 수평

회의문자 干부 총5획
一 丆 丆' 二 平

545 | 표 表 겉 표
- 表示 표시 겉으로 드러내어 보임 (示 보일 시)
- 表情 표정 마음속의 감정이나 정서 따위가 얼굴에 나타난 상태 (情 뜻 정)
- 表記 표기 表題 표제 表紙 표지
- 表現 표현 代表 대표 發表 발표

회의문자 衣부 총8획
一 二 十 土 丰 耂 表 表

546 | 품 品 물건 품
- 品目 품목 품종의 명목(目 눈 목)
- 品質 품질 물건의 좋고 나쁜 바탕이나 성질(質 바탕 질)
- 品行 품행 타고난 성질과 하는 행동 (行 다닐 행)
- 品格 품격 品位 품위 品種 품종
- 品評 품평 人品 인품 逸品 일품

회의문자 口부 총9획
丨 冂 口 口' 吕 吕 品 品 品

• • • 문장 속의 한자 읽어 볼래요? • • •

1. 새는 날개를 가지고 있지만 수많은 失敗(   )를 겪으면서 노력한 결과 나는 법을 배운다.
2. 그는 片道(   )로 비행기표를 끊었다.
3. 모든 사람이 便安(   )하고 행복한 삶을 누리기 위해서는 공정한 사회를 만들기 위해 노력해야 한다.
4. 아직도 여자라는 이유만으로 불이익을 당하거나 公平(   )한 대우를 받지 못하는 경우가 있다.
5. 모든 상품에는 생산지와 생산자의 이름이 表示(   )된 상표가 붙어 있다.
6. 요즘은 인터넷에서 원하는 물품을 찾아 가격을 비교하여 좋은 品質(   )의 물건을 싸게 구입할 수 있다.

• • • 이 한자 기억해요? • • •   정답 160

1 打(   ) 2 太(   ) 3 宅(   ) 4 土(   ) 5 統(   ) 6 通(   )

여기는! 敗패 / 豊풍

547 | 풍 豊 풍년 풍

- 豊年 풍년: 농사가 잘된 해 (年 해 년)
- 豊作 풍작: 수확이 평년작을 훨씬 웃도는 일, 또는 그런 농사 (作 지을 작)
- 豊足 풍족: 매우 넉넉하여 모자람이 없음 (足 발 족)

豊滿 풍만 豊富 풍부 豊盛 풍성
豊漁 풍어 豊饒 풍요 凶豊 흉풍

상형문자
豆부 총13획
ㅣ ㄱ ㄲ 曲 曲 曲 曲
曹 曹 豊 豊 豊 豊 豊

548 | 풍 風 바람 풍

- 風速 풍속: 바람의 속도 (速 빠를 속)
- 風車 풍차: 바람의 힘을 이용하여 동력을 얻는 기계 장치 (車 수레 차)
- 家風 가풍: 한 집안이 전하여 내려오는 풍습 (家 집 가)

風景 풍경 風紀 풍기 風浪 풍랑
風流 풍류 風習 풍습 風俗圖 풍속도

상형문자
風부 총9획
ノ 几 凡 凡 風 風 風
風 風 風

549 | 피 皮 가죽 피

- 皮骨 피골: 살갗과 뼈 (骨 뼈 골)
- 皮相 피상: 겉으로 드러나 보이는 형상 (相 서로 상)
- 毛皮 모피: 털가죽 (毛 터럭 모)
- 表皮 표피: 겉껍질 (表 겉 표)

皮膚 피부 皮下 피하 皮革 피혁
脫皮 탈피 鐵面皮 철면피 草根木皮 초근목피

회의문자
皮부 총5획
ノ 厂 广 皮 皮 皮

550 | 필 必 반드시 필

- 必死 필사: 반드시 죽음, 또는 살 가망이 없음. 죽을 힘을 다함 (死 죽을 사)
- 必是 필시: 꼭, 반드시 (是 옳을 시)
- 必然的 필연적: 사물이 그리 될 수 밖에 없는 일 (然 그럴 연, 的 과녁 적)

必讀 필독 必須 필수 必勝 필승
必要 필요 何必 하필 不必要 불필요

회의문자
心부 총5획
ヽ ソ 必 必 必 必

551 | 필 筆 붓 필

- 筆記 필기: 글씨를 씀 (記 기록할 기)
- 筆名 필명: 글을 써서 발표할 때에 사용하는 본명이 아닌 이름 (名 이름 명)
- 名筆 명필: 아주 잘 쓴 글씨 (名 이름 명)

筆順 필순 筆者 필자 筆體 필체
代筆 대필 惡筆 악필 親筆 친필

회의문자
竹부 총12획
ノ ト ト ナ ケ 竹
ケケ 竺 笁 筆 筆 筆

552 | 하 河 물 하

- 河口 하구: 바다로 흘러 들어가는 강물의 어귀 (口 입 구)
- 河海 하해: 큰 강과 바다 (海 바다 해)
- 運河 운하: 육지를 파서 배가 다닐 수 있게 만든 물길 (運 옮길 운)

河川 하천 山河 산하 黃河 황하
氷河期 빙하기 銀河水 은하수 百年河淸 백년하청

형성문자
氵=水부 총8획
ヽ ヽ ㇀ 氵 汀 汀 河 河 河

· · · 문 장 속 의 한 자 읽 어 볼 래 요 ? · · ·

1. 豊足(   )할 때에 아끼지 않으면 가난해진 뒤에 후회한다. —주희
2. 옛날에는 집안의 어른들로부터 예절 교육과 함께 가문의 역사와 家風(   )에 관한 교육을 받았다.
3. 굶주림에 지친 이들의 모습은 皮骨(   )이 붙어 보였다.
4. 자연 현상의 변화는 여러 요인이 오랜 시간 쌓여 복합적으로 나타나는 必然的(   )인 결과이다.
5. 도서실에는 筆記(   ) 도구와 공책만 가지고 들어간다.
6. 한해를 극복하기 위한 대책으로는 지하수 개발, 저수지 및 河口(   ) 둑의 건설 등이 있다.

· · · 이 한 자 기 억 해 요 ? · · · 정답 161

1 退(   ) 2 特(   ) 3 波(   ) 4 判(   ) 5 八(   ) 6 貝(   )

연습문제 23 | 지금까지 배운 내용을 문제로 풀어보세요

01-03 다음 한자(漢字)의 부수(部首)는 무엇입니까?

01 片 : ① 干 ② 匕 ③ 片 ④ 勹 ⑤ 丿

02 太 : ① 大 ② 丶 ③ 人 ④ 一 ⑤ 太

03 特 : ① 寺 ② 寸 ③ 士 ④ 水 ⑤ 牛

04-06 다음 한자(漢字)의 획수(劃數)는 모두 몇 획입니까?

04 波 : ① 7 ② 8 ③ 9 ④ 10 ⑤ 11

05 豊 : ① 12 ② 13 ③ 14 ④ 15 ⑤ 16

06 表 : ① 6 ② 7 ③ 8 ④ 9 ⑤ 10

07-08 다음 필순(筆順)에 대한 설명에 가장 알맞은 한자(漢字)는 어느 것입니까?

07 가로획과 세로획이 교차할 때는 가로획을 먼저 쓴다.
① 土 ② 統 ③ 品 ④ 皮 ⑤ 判

08 위에서 아래로 쓴다.
① 打 ② 敗 ③ 宅 ④ 河 ⑤ 波

09-18 다음 한자(漢字)의 음(音)은 무엇입니까?

09 貝 : ① 칠 ② 패 ③ 친 ④ 카 ⑤ 퇴

10 打 : ① 태 ② 택 ③ 타 ④ 탁 ⑤ 통

11 通 : ① 쾌 ② 토 ③ 특 ④ 타 ⑤ 통

12 退 : ① 택 ② 태 ③ 진 ④ 퇴 ⑤ 특

13 波 : ① 패 ② 팔 ③ 파 ④ 판 ⑤ 평

14 風 : ① 포 ② 풍 ③ 표 ④ 푸 ⑤ 편

15 便 : ① 포 ② 평 ③ 퍼 ④ 편 ⑤ 필

16 平 : ① 평 ② 태 ③ 쾌 ④ 타 ⑤ 품

17 特 : ① 탱 ② 투 ③ 쾌 ④ 택 ⑤ 특

18 筆 : ① 하 ② 필 ③ 패 ④ 특 ⑤ 풍

19-23 다음의 음(音)을 가진 한자(漢字)는 어느 것입니까?

19 택 : ① 皮 ② 片 ③ 太 ④ 宅 ⑤ 波

20 패 : ① 敗 ② 土 ③ 統 ④ 八 ⑤ 平

21 표 : ① 河 ② 表 ③ 品 ④ 豊 ⑤ 筆

22 필 : ① 土 ② 判 ③ 必 ④ 統 ⑤ 品

23 피 : ① 貝 ② 皮 ③ 打 ④ 太 ⑤ 偏

24-33 다음 한자(漢字)의 뜻은 무엇입니까?

24 貝 : ① 조개 ② 통하다 ③ 상하다 ④ 울적하다 ⑤ 올라가다

25 判 : ① 딱다 ② 치다 ③ 피하다 ④ 바르다 ⑤ 판단하다

26 太 : ① 불똥 ② 크다 ③ 넓다 ④ 바다 ⑤ 치다

27 波 : ① 넓다　② 바다　③ 강물
　　　　④ 물결　⑤ 물건

28 統 : ① 있다　② 차다　③ 거세다
　　　　④ 세차다　⑤ 거느리다

29 品 : ① 입　② 물건　③ 소문
　　　　④ 구설수　⑤ 편하다

30 特 : ① 소치다　② 대접하다　③ 기다리다
　　　　④ 특별하다　⑤ 평평하다

31 豊 : ① 풍년　② 울다　③ 외롭다
　　　　④ 두렵다　⑤ 슬프다

32 河 : ① 물　② 옳다　③ 가하다
　　　　④ 건너가다　⑤ 떠다니다

33 片 : ① 보다　② 살다　③ 조각
　　　　④ 감싸다　⑤ 보살피다

34-38 다음의 뜻을 가진 한자(漢字)는 어느 것입니까?

34 반드시 : ① 貝 ② 宅 ③ 土 ④ 退 ⑤ 必

35 평평하다 : ① 平 ② 表 ③ 風 ④ 敗 ⑤ 皮

36 편하다 : ① 判 ② 便 ③ 宅 ④ 筆 ⑤ 片

37 치다 : ① 退 ② 風 ③ 表 ④ 土 ⑤ 打

38 여덟 : ① 通 ② 筆 ③ 八 ④ 敗 ⑤ 特

39-48 다음 한자어(漢字語)의 음(音)은 무엇입니까?

39 判決 : ① 판단 ② 해결 ③ 친선 ④ 판결 ⑤ 판독

40 皮骨 : ① 호피 ② 피상 ③ 모피 ④ 피골 ⑤ 피혁

41 片道 : ① 왕도 ② 파편 ③ 검도 ④ 건도 ⑤ 편도

42 打作 : ① 타작 ② 강타 ③ 강자 ④ 기타 ⑤ 수작

43 太半 : ① 태평 ② 태반 ③ 수평 ④ 호평 ⑤ 태형

44 統計 : ① 전설 ② 통계 ③ 전통 ④ 통치 ⑤ 통산

45 特命 : ① 특사 ② 특수 ③ 엄명 ④ 수명 ⑤ 특명

46 波動 : ① 파장 ② 운동 ③ 전파 ④ 파동 ⑤ 파업

47 不便 : ① 편안 ② 불편 ③ 불안 ④ 변소 ⑤ 불소

48 名筆 : ① 명필 ② 필기 ③ 필자 ④ 명저 ⑤ 명작

49-50 다음 단어들의 '□'에 공통으로 들어갈 알맞은 한자(漢字)는 어느 것입니까?

49 住□, □內, 自□ :
　① 敗　② 片　③ 宅　④ 品　⑤ 豊

50 □口, □川, 運□ :
　① 通　② 風　③ 必　④ 河　⑤ 退

5급한자 600 | 553~564

553 | 하 下 (아래 하)
- 下校 하교: 공부를 마치고 학교에서 돌아옴 (校 학교 교)
- 下車 하차: 기차나 자동차 따위에서 내림 (車 수레 거·차)
- 臣下 신하: 임금을 섬기어 벼슬하는 사람 (臣 신하 신)
- 下降 하강 下段 하단 下達 하달
- 下落 하락 下流 하류 下馬評 하마평

지사문자 一부 총3획
一丁下

554 | 하 夏 (여름 하)
- 夏季 하계: 여름철 (季 계절 계)
- 夏期 하기: 여름의 시기. 여름철 (期 기약할 기)
- 夏服 하복: 여름에 입는 옷 (服 옷 복)
- 夏節 하절: 여름철 (節 마디 절)
- 夏至 하지 孟夏 맹하 盛夏 성하
- 炎夏 염하 立夏 입하 春夏 춘하

상형문자 夊부 총10획
一丆丙丙百百百夏夏

555 | 학 學 (배울 학)
- 學校 학교: 공부를 가르치고 또한 배우는 곳 (校 학교 교)
- 科學 과학: 자연에 속하는 것을 다루는 학문. 일정한 목적과 방법에 의해 하나의 체계를 세우는 학문 (科 과목 과)
- 學歷 학력 學部 학부 學說 학설
- 學緣 학연 獨學 독학 就學 취학

회의문자 子부 총16획

556 | 한 韓 (한국, 나라 한)
- 韓國 한국: 대한민국의 준말 (國 나라 국)
- 韓方 한방: 중국에서 발달하여 우리나라에 전래된 의술 (方 모 방)
- 韓紙 한지: 한국 전래의 방법으로 만든 종이 (紙 종이 지)
- 南韓 남한: 38선 이남의 한국 (南 남녘 남)
- 韓服 한복 韓食 한식 韓藥 한약
- 韓屋 한옥 韓人 한인 韓日 한일

형성문자 韋부 총17획

557 | 한 限 (한할 한)
- 限定 한정: 수량이나 범위 따위를 제한하여 정함. 또는 그런 한도 (定 정할 정)
- 期限 기한: 미리 정하여 놓은 때 (期 기약할 기)
- 無限 무한: 끝이 없음 (無 없을 무)
- 限界 한계 限度 한도 權限 권한
- 極限 극한 有限 유한 制限 제한

형성문자 阝=阜부 총9획

558 | 한 漢 (한수, 한나라 한)
- 漢城 한성: 서울의 옛 이름 (城 재 성)
- 漢陽 한양: 서울의 옛 이름 (陽 볕 양)
- 惡漢 악한: 나쁜 짓을 하는 남자 (惡 악할 악)
- 門外漢 문외한: 전문적인 지식이 없거나 관계가 없는 사람 (門 문 문, 外 바깥 외)
- 漢江 한강 漢文 한문 漢詩 한시
- 怪漢 괴한 羅漢 나한 無賴漢 무뢰한

형성문자 氵=水부 총14획

· · · 문장 속의 한자 읽어 볼래요? · · ·

1 영조는 절제와 검소함을 강조하고 사치를 금하여, 臣下(   )와 백성들에게 금주령을 내리기도 하였다.
2 6월이 되자 교복이 夏服(   )으로 바뀌었다.
3 현대 사회는 科學(   ) 기술의 발달로 인해 인간의 생활이 편리해지고 물질적으로 풍요로워졌다.
4 韓國(   )은 1990년대 초부터는 도움을 받는 나라에서 도움을 주는 나라가 되었다.
5 우리가 일생을 통해 배워야 할 것은 無限(   )히 많다.
6 백제는 고구려 장수왕의 공격으로 수도인 漢城(   )을 비롯한 한강 유역을 빼앗겼다.

· · · 이 한자 기억해요? · · ·   정답 162

1 敗(   ) 2 片(   ) 3 便(   ) 4 平(   ) 5 表(   ) 6 品(   )

559 | 합 合 (합할 합)

- 合同 합동: 둘 이상이 모여 하나가 되거나 모아서 하나로 함 (同 한가지 동)
- 合理 합리: 이치에 맞음 (理 다스릴 리)
- 合作 합작: 힘을 합하여 만듦, 또는 만든 그것 (作 지을 작)

合當 합당   合性 합성   合勢 합세
合意 합의   配合 배합   聯合 연합

회의문자 口부 총6획
丿 人 스 合 合 合

560 | 해 害 (해할 해)

- 公害 공해: 산업 활동이나 교통량의 증가 등으로 공중의 건강이나 생활 환경에 미치는 여러 가지 해 (公 공평할 공)
- 利害 이해: 이익과 손해 (利 이로울 리)

害惡 해악   害蟲 해충   無害 무해
損害 손해   有害 유해   被害 피해

형성문자 宀부 총10획
害 害 害

561 | 해 解 (풀 해)

- 解禁 해금: 금지하였던 것을 풂 (禁 금할 금)
- 解說 해설: 알기 쉽게 풀어서 설명함 (說 말씀 설)
- 解消 해소: 이제까지의 일이나 관계 또는 사물을 지워 없앰 (消 사라질 소)

解決 해결   解答 해답   解讀 해독
解明 해명   解放 해방   曲解 곡해

회의문자 角부 총13획
角 角 角 解 解 解

562 | 해 海 (바다 해)

- 海上 해상: 바다 위 (上 윗 상)
- 海外 해외: 바다를 사이에 둔 다른 나라 (外 바깥 외)
- 海草 해초: 해조. 바다에서 나는 조류 (草 풀 초)

海流 해류   海邊 해변   海洋 해양
雲海 운해   臨海 임해   海産物 해산물

형성문자 氵=水부 총10획
海 海 海

563 | 행 幸 (다행 행)

- 幸福 행복: 욕구가 충족되어 만족과 기쁨을 느끼는 상태 (福 복 복)
- 幸運 행운: 좋은 운수 (運 옮길 운)
- 多幸 다행: 일이 좋게 됨 (多 많을 다)
- 不幸 불행: 행복하지 아니함. 신수가 나쁨 (不 아닐 불)

天幸 천행   幸福感 행복감   幸運兒 행운아
千萬多幸 천만다행

회의문자 干부 총8획

564 | 행 行 (다닐 행/항렬 항)

- 行動 행동: 동작을 하여 행하는 일 (動 움직일 동)
- 銀行 은행: 여러 사람의 저금을 맡거나 필요한 사람에게 빌려 주거나 하는 곳 (銀 은 은)

行路 행로   行實 행실   行爲 행위
慣行 관행   施行 시행   逆行 역행

상형문자 行부 총6획

· · · 문 장 속 의 한 자 읽 어 볼 래 요 ? · · ·

1. 「청록집」은 박목월, 박두진, 조지훈의 合同(   ) 시집이다.
2. 의리가 강한 사람은 利害(   ) 득실을 떠나 고통이나 희생도 감수하며 신념을 행동으로 보여 준다.
3. 모든 병의 근원인 스트레스는 빨리 解消(   )하여야 한다.
4. 기업은 질 좋고 값싼 상품을 개발하여 海外(   ) 시장에서 상품의 경쟁력을 높이기 위해 노력한다.
5. 우리 인간에게 양심이 있다는 것은 多幸(   )한 일이다.
6. 전통 문화 사랑은 말보다 行動(   )으로 옮기는 일이 무엇보다도 중요하다.

· · · 이 한 자 기 억 해 요 ? · · ·   정답 163

1 豊(   )   2 風(   )   3 皮(   )   4 必(   )   5 筆(   )   6 河(   )

5급한자 600 | 565~576

565 | 향 - 向 향할 향
- 向方 향방 : 향하여 나가는 방향(方 모 방)
- 向上 향상 : 위로 향하여 나아감. 좋아짐 (上 윗 상)
- 向後 향후 : 이 다음 (後 뒤 후)
- 意向 의향 : 무엇을 하려는 생각 (意 뜻 의)
- 向學 향학 南向 남향 動向 동향
- 方向 방향 上向 상향 趣向 취향

회의문자 口부 총6획

566 | 향 - 鄕 시골 향
- 鄕校 향교 : 옛날에 지방에 있던 문묘와 그에 딸린 학교 (校 학교 교)
- 鄕土 향토 : 시골 (土 흙 토)
- 故鄕 고향 : 태어나서 자란 곳 (故 연고 고)
- 他鄕 타향 : 고향이 아닌 다른 고장 (他 다를 타)
- 鄕愁 향수 鄕約 향약 落鄕 낙향
- 鄕友會 향우회 失鄕民 실향민 理想鄕 이상향

회의문자 阝=邑부 총13획

567 | 향 - 香 향기 향
- 香氣 향기 : 기분 좋은 냄새 (氣 기운 기)
- 香料 향료 : 향기를 내는 물질 (料 헤아릴 료)
- 香水 향수 : 향내를 내는 액체 (水 물 수)
- 香油 향유 : 향기로운 냄새가 나는 화장용 기름 (油 기름 유)
- 香爐 향로 墨香 묵향 暗香 암향
- 淸香 청향 芳香劑 방향제 春香傳 춘향전

회의문자 香부 총9획

568 | 혁 - 革 가죽 혁
- 革命 혁명 : 어떤 상태가 급격하게 발전 변동하는 일 (命 목숨 명)
- 革新 혁신 : 묵은 풍속·관습·조직·방법 따위를 완전히 바꾸어서 새롭게 함 (新 새 신)
- 革帶 혁대 革罷 혁파 改革 개혁
- 變革 변혁 沿革 연혁 皮革 피혁

상형문자 革부 총9획

569 | 현 - 現 나타날 현
- 現金 현금 : 현재 가지고 있는 돈 (金 쇠 금)
- 現代 현대 : 오늘날의 시대 (代 대신할 대)
- 現業 현업 : 공장·작업장 등 현장에서의 업무나 노동 (業 업 업)
- 現在 현재 : 지금의 시간 (在 있을 재)
- 現象 현상 現實 현실 現場 현장
- 現行 현행 表現 표현 現地人 현지인

형성문자 王=玉부 총11획

570 | 혈 - 血 피 혈
- 血色 혈색 : 살갗에 나타난 핏기 (色 빛 색)
- 血眼 혈안 : 기를 쓰고 힘써서 핏발이 선 눈 (眼 눈 안)
- 貧血 빈혈 : 혈액의 적혈구 또는 혈색소가 정상 값 이하인 상태 (貧 가난할 빈)
- 血管 혈관 血氣 혈기 血壓 혈압
- 血緣 혈연 止血 지혈 出血 출혈

회의문자 血부 총6획

· · · 문 장 속 의 한 자 읽 어 볼 래 요 ? · · ·

1. 경제가 성장하면서 국민들의 생활 수준은 여러 면에서 向上(   )되었다.
2. 할아버지의 故鄕(   )은 황해도의 장연이라는 곳이다.
3. 예절을 갖춘 사람은 香氣(   )로운 냄새를 풍기고, 예절을 갖추지 못한 사람은 고약한 냄새를 풍긴다.
4. 4.19 革命(   )은 1960년에 일어났다.
5. 現代(   ) 사회에서는 개인이 부딪히는 문제들이 점점 다양하고 복잡해진다.
6. 국정이 문란해지자 탐관오리들은 뇌물을 긁어모으는 데 血眼(   )이 되었다.

· · · 이 한 자 기 억 해 요 ? · · ·   정답 166

1 下(   ) 2 夏(   ) 3 學(   ) 4 韓(   ) 5 限(   ) 6 漢(   )

向 향 / 協 협

571 | 협 協 화합할 협

- 協力 협력 : 서로 돕는 마음으로 힘을 모음 (力 힘 력)
- 協心 협심 : 여러 사람의 마음을 한군데로 모음 (心 마음 심)
- 協定 협정 : 협의하여 결정함, 또는 그 내용 (定 정할 정)

協同 협동 協商 협상 協助 협조
協奏 협주 不協 불협 妥協 타협

형성문자 十부 총8획

572 | 형 形 모양 형

- 形成 형성 : 어떤 모양으로 이루어짐 (成 이룰 성)
- 形式 형식 : 겉모습. 격식이나 절차 (式 법 식)
- 形容 형용 : 말이나 글, 몸짓 따위로 사물이나 사람의 모양을 나타냄 (容 얼굴 용)

形體 형체   形態 형태   形便 형편
成形 성형   人形 인형   多角形 다각형

형성문자 彡부 총7획

573 | 형 兄 형 형

- 兄夫 형부 : 언니의 남편 (夫 지아비 부)
- 兄弟 형제 : 형과 아우 (弟 동생 제)
- 老兄 노형 : 상대를 대접하여 부르는 말 (老 늙을 로)
- 父兄 부형 : 아버지와 형을 아울러 이르는 말 (父 아비 부)

妹兄 매형   姉兄 자형   妻兄 처형
學兄 학형   學父兄 학부형   難兄難弟 난형난제

회의문자 儿부 총5획

574 | 혜 惠 은혜 혜

- 惠化 혜화 : 은혜를 베풀어 교화함 (化 될 화)
- 受惠 수혜 : 혜택을 받는 일 (受 받을 수)
- 恩惠 은혜 : 베풀어 주는 혜택 (恩 은혜 은)
- 特惠 특혜 : 특별한 은혜나 혜택 (特 특별할 특)

惠澤 혜택   施惠 시혜   慈惠 자혜
天惠 천혜   互惠 호혜   最惠國 최혜국

회의문자 心부 총12획

575 | 호 虎 범 호

- 虎口 호구 : 범의 아가리라는 뜻으로, 매우 위태로운 처지나 형편을 이르는 말 (口 입 구)
- 虎皮 호피 : 범의 털가죽 (皮 가죽 피)
- 飛虎 비호 : 나는듯이 날쌘 호랑이 (飛 날 비)

虎骨 호골   虎班 호반   虎患 호환
白虎 백호   三人成虎 삼인성호   騎虎之勢 기호지세

상형문자 虍부 총8획

576 | 호 號 이름 호

- 記號 기호 : 어떤 뜻을 나타내기 위한 문자나 부호 (記 기록할 기)
- 信號 신호 : 소리, 색깔 빛 모양 따위의 일정한 부호에 의하여 의사를 전하는 일, 또는 그 부호 (信 믿을 신)

號角 호각   號數 호수   號外 호외
番號 번호   年號 연호   題號 제호

회의문자 虍부 총13획

• • • 문 장 속 의 한 자 읽 어 볼 래 요 ? • • •

1 지구촌의 모든 사람들은 서로 協力(   )하고 공동의 번영을 추구하면서 평화롭게 살기를 바라고 있다.
2 관습은 한 민족이나 사회 구성원들 사이에 오랜 기간에 걸쳐 形成(   )된 풍습을 뜻한다.
3 라이트 兄弟(   )는 비행기를 발명하였다.
4 우리는 지금까지 살아오면서 많은 사람의 도움과 恩惠(   )를 입었다.
5 언니는 虎皮(   )무늬 옷을 즐겨 입는다.
6 반딧불은 반딧불이의 꽁무니에서 반짝이는 빛으로, 사랑의 信號(   )이다.

• • • 이 한 자 기 억 해 요 ? • • •   정답 167

1 合(   )   2 害(   )   3 解(   )   4 海(   )   5 幸(   )   6 行(   )

연습문제 24 | 지금까지 배운 내용을 문제로 풀어보세요

01-03 다음 한자(漢字)의 부수(部首)는 무엇입니까?

01 下 : ① 下 ② 、 ③ 水 ④ ｜ ⑤ 一

02 學 : ① 子 ② 兒 ③ ✕ ④ 一 ⑤ 臼

03 韓 : ① 卓 ② 十 ③ 章 ④ 日 ⑤ 土

04-06 다음 한자(漢字)의 획수(劃數)는 모두 몇 획입니까?

04 解 : ① 10 ② 11 ③ 12 ④ 13 ⑤ 14

05 革 : ① 7 ② 8 ③ 9 ④ 10 ⑤ 11

06 協 : ① 7 ② 8 ③ 9 ④ 10 ⑤ 11

07-08 다음 필순(筆順)에 대한 설명에 가장 알맞은 한자(漢字)는 어느 것입니까?

07 안과 바깥쪽이 있을 때에는 바깥쪽을 먼저 쓴다.
① 漢 ② 合 ③ 向 ④ 現 ⑤ 下

08 왼쪽에서 오른쪽으로 쓴다.
① 行 ② 革 ③ 害 ④ 幸 ⑤ 兄

09-18 다음 한자(漢字)의 음(音)은 무엇입니까?

09 夏 : ① 합 ② 한 ③ 학 ④ 해 ⑤ 하

10 協 : ① 해 ② 행 ③ 협 ④ 향 ⑤ 학

11 香 : ① 향 ② 현 ③ 혈 ④ 협 ⑤ 한

12 限 : ① 학 ② 합 ③ 한 ④ 형 ⑤ 하

13 害 : ① 학 ② 행 ③ 해 ④ 하 ⑤ 호

14 血 : ① 혈 ② 합 ③ 해 ④ 혜 ⑤ 형

15 韓 : ① 향 ② 혜 ③ 호 ④ 현 ⑤ 한

16 幸 : ① 해 ② 호 ③ 형 ④ 행 ⑤ 학

17 解 : ① 해 ② 학 ③ 한 ④ 혈 ⑤ 호

18 號 : ① 합 ② 현 ③ 호 ④ 행 ⑤ 형

19-23 다음의 음(音)을 가진 한자(漢字)는 어느 것입니까?

19 학 : ① 惠 ② 向 ③ 現 ④ 香 ⑤ 學

20 해 : ① 兄 ② 海 ③ 合 ④ 行 ⑤ 虎

21 혁 : ① 虎 ② 下 ③ 革 ④ 漢 ⑤ 兄

22 형 : ① 形 ② 向 ③ 現 ④ 合 ⑤ 協

23 향 : ① 下 ② 血 ③ 惠 ④ 鄕 ⑤ 刑

24-33 다음 한자(漢字)의 뜻은 무엇입니까?

24 虎 : ① 겨울 ② 공항 ③ 범
④ 열다 ⑤ 덮다

25 行 : ① 가다 ② 오다 ③ 다니다
④ 통하다 ⑤ 화하다

26 合 : ① 뭉치다 ② 합하다 ③ 가리다
④ 해하다 ⑤ 평평하다

27 現 : ① 보다　② 구슬　③ 향하다
　　　④ 사라지다　⑤ 나타나다

28 惠 : ① 은혜　② 바다　③ 하늘
　　　④ 감사　⑤ 사람

29 向 : ① 남쪽　② 밀다　③ 바라다
　　　④ 향하다　⑤ 빛나다

30 學 : ① 좁다　② 꾸짖다　③ 배우다
　　　④ 익히다　⑤ 가르치다

31 漢 : ① 한수　② 황하　③ 가죽
　　　④ 한강　⑤ 양자강

32 限 : ① 내용　② 범위　③ 지나다
　　　④ 한하다　⑤ 떠다니다

33 解 : ① 뿔　② 풀다　③ 나누다
　　　④ 헤치다　⑤ 어질다

34-38 다음의 뜻을 가진 한자(漢字)는 어느 것입니까?

34 한국　: ① 下 ② 幸 ③ 號 ④ 兄 ⑤ 韓

35 가죽　: ① 革 ② 夏 ③ 鄕 ④ 害 ⑤ 學

36 화합하다 : ① 兄 ② 協 ③ 香 ④ 下 ⑤ 幸

37 모양　: ① 韓 ② 海 ③ 血 ④ 形 ⑤ 漢

38 이름　: ① 夏 ② 害 ③ 號 ④ 虎 ⑤ 解

39-48 다음 한자어(漢字語)의 음(音)은 무엇입니까?

39 夏期 : ① 춘하 ② 입하 ③ 하기 ④ 하계 ⑤ 하서

40 南韓 : ① 한국 ② 남한 ③ 한일 ④ 북한 ⑤ 남극

41 革命 : ① 혁명 ② 실명 ③ 혁신 ④ 개명 ⑤ 개혁

42 惡漢 : ① 악덕 ② 한성 ③ 오한 ④ 한강 ⑤ 악한

43 合理 : ① 추리 ② 합성 ③ 논리 ④ 합리 ⑤ 합체

44 解說 : ① 해설 ② 논설 ③ 해명 ④ 설명 ⑤ 해석

45 公害 : ① 공공 ② 공해 ③ 해충 ④ 공익 ⑤ 공적

46 香料 : ① 음료 ② 재료 ③ 향수 ④ 향료 ⑤ 향음

47 形式 : ① 행성 ② 법식 ③ 형태 ④ 준칙 ⑤ 형식

48 記號 : ① 기자 ② 기사 ③ 암호 ④ 기호 ⑤ 부호

49-50 다음 단어들의 '□'에 공통으로 들어갈 알맞은 한자(漢字)는 어느 것입니까?

49 □上, □流, □物 :
　　① 下　② 兄　③ 海　④ 限　⑤ 鄕

50 □心, □同, □助 :
　　① 協　② 惠　③ 行　④ 學　⑤ 限

5급한자 600 | 577~588

577 | 호 — 好 (좋을 호)
- 好感 호감: 좋게 여기는 마음 (感 느낄 감)
- 好調 호조: 상황이나 형편 따위가 좋은 상태 (調 고를 조)
- 愛好 애호: 어떤 사물을 사랑하고 즐김 (愛 사랑 애)
- 好意 호의 好評 호평 好況 호황
- 選好 선호 友好 우호 好戰的 호전적
- 회의문자 女부 총6획

578 | 호 — 湖 (호수 호)
- 湖水 호수: 육지의 내부에 위치하여 못이나 늪보다 넓고 깊게 물이 괴어 있는 곳 (水 물 수)
- 江湖 강호: 강과 호수. 자연 (江 강 강)
- 人工湖 인공호: 댐의 건설 등으로 생긴 호수 (人 사람 인, 工 장인 공)
- 湖南 호남 湖畔 호반 鑑湖 기호
- 淡水湖 담수호
- 형성문자 氵=水부 총12획

579 | 혼 — 婚 (혼인할 혼)
- 婚事 혼사: 혼인에 관한 일 (事 일 사)
- 結婚 결혼: 남녀가 정식으로 부부 관계를 맺음 (結 맺을 결)
- 約婚 약혼: 결혼하기로 서로 약속함, 또는 그 약속 (約 맺을 약)
- 婚禮 혼례 婚需 혼수 婚處 혼처
- 離婚 이혼 請婚 청혼 金婚式 금혼식
- 형성문자 女부 총11획

580 | 화 — 化 (될 화)
- 化身 화신: 추상적인 특질이 구체적으로 바뀌는 일 (身 몸 신)
- 感化 감화: 좋은 영향을 받아 착한 마음으로 바뀜 (感 느낄 감)
- 變化 변화: 사물의 모양·성질·상태 등이 달라짐 (變 변할 변)
- 化石 화석 化合 화합 開化 개화
- 歸化 귀화 造化 조화 進化 진화
- 회의문자 匕부 총4획

581 | 화 — 花 (꽃 화)
- 花代 화대: 잔치 때 기생이나 악공에게 주는 돈이나 물건. 노는 계집을 상관하고 주는 돈 (代 대신할 대)
- 花園 화원: 꽃을 심은 동산 (園 동산 원)
- 開花 개화: 꽃이 핌 (開 열 개)
- 花壇 화단 花草 화초 國花 국화
- 百花 백화 生花 생화 無窮花 무궁화
- 형성문자 艹艸부 총8획

582 | 화 — 貨 (재물 화)
- 貨物 화물: 기차나 배·자동차 따위의 수송 수단으로 운송할 때의 짐을 이르는 말 (物 물건 물)
- 貨主 화주: 화물의 주인 (主 주인 주)
- 外貨 외화: 다른 나라의 돈 (外 바깥 외)
- 貨車 화차 貨幣 화폐 金貨 금화
- 良貨 양화 財貨 재화 通貨 통화
- 형성문자 貝부 총11획

문 장 속 의 한 자 읽 어 볼 래 요 ?

1. 온 백성이 강압적인 일제에 대항했던 3·1 운동은 우리 민족의 평화 愛好(   ) 정신을 잘 보여 준다.
2. 우포 늪은 야트막한 산에 둘러싸인 湖水(   )이면서 초원이기도 하다.
3. 오늘날은 부모와 結婚(   )을 하지 않은 자녀만으로 이루어진 핵가족이 점점 늘어나고 있다.
4. 청소년기는 특히 신체적으로나 정신적으로 급격한 變化(   )를 겪는 시기이다.
5. 봄이 되자 산과 들에 開花(   )한 꽃들이 한껏 자태를 드러냈다.
6. 외국에서 빌려 쓴 外貨(   )를 갚기 위해 국민들은 해외 여행을 자제해야 한다.

이 한 자 기 억 해 요 ?   정답 168

1 向(   ) 2 鄕(   ) 3 香(   ) 4 革(   ) 5 現(   ) 6 血(   )

여기는! 好호 / 話화

583 | 화 — 話 말씀 화
- 話題 화제 이야깃거리 (題 제목 제)
- 對話 대화 서로 마주 대하여 이야기함, 또는 그 이야기 (對 대할 대)
- 童話 동화 어린이를 상대로 들려주거나 읽기 위하여 만들어진 이야기 (童 아이 동)
- 話頭 화두   話術 화술   神話 신화
- 夜話 야화   電話 전화   會話 회화

형성문자 言부 총13획
필순: 言 言 言 訂 評 評 話 話 / 話

584 | 화 — 火 불 화
- 火力 화력 불의 힘 (力 힘 력)
- 火病 화병 울화병·심화병의 준말 (病 병 병)
- 放火 방화 일부러 불을 지름 (放 놓을 방)
- 消火 소화 불을 끔 (消 사라질 소)
- 火急 화급   火山 화산   火傷 화상
- 火藥 화약   火災 화재   聖火 성화

상형문자 火부 총4획
필순: 丶 丷 少 火 / 火

585 | 화 — 畵 그림 화/그을 획
- 畵家 화가 그림 그리는 일을 전문으로 하는 사람 (家 집 가)
- 畵面 화면 텔레비전에 비치는 사진의 면 (面 낯 면)
- 畵集 화집 그림을 모아서 엮은 책 (集 모을 집)
- 畵數 획수   畵順 획순   錄畵 녹화
- 名畵 명화   映畵 영화   油畵 유화

회의문자 田부 총13획
필순: 一 十 十 聿 聿 書 書 書 書 書 畵 畵 / 畵

586 | 화 — 和 화할 화
- 和合 화합 화목하게 어울림 (合 합할 합)
- 溫和 온화 날씨가 따뜻하고 부드러움. 마음이 온순하고 부드러움 (溫 따뜻할 온)
- 平和 평화 평온하고 화목함 (平 평평할 평)
- 和答 화답   和色 화색   和音 화음
- 和解 화해   不和 불화   調和 조화

형성문자 口부 총8획
필순: 一 二 千 禾 禾 和 和 / 和

587 | 환 — 患 근심 환

- 患難 환난 근심과 재난 (難 어려울 난)
- 患部 환부 병이나 상처가 난 곳 (部 떼 부)
- 宿患 숙환 오래된 병환 (宿 잘 숙)
- 外患 외환 외적이 침범해 오는 근심 (外 바깥 외)
- 患者 환자   急患 급환   老患 노환
- 病患 병환   憂患 우환   疾患 질환

형성문자 心부 총11획
필순: 一 口 口 므 串 串 患 患 患 / 患

588 | 활 — 活 살 활

- 活路 활로 살아나갈 방도 (路 길 로)
- 活用 활용 그것이 지닌 능력이나 기능을 잘 살려 씀 (用 쓸 용)
- 生活 생활 살아서 활동함. 생계를 유지하며 살아나감 (生 날 생)
- 活氣 활기   活動 활동   活力 활력
- 活字 활자   復活 부활   死活 사활

형성문자 氵=水부 총9획
필순: 丶 丶 氵 氵 汘 汘 活 活 活 / 活

• • • 문 장 속 의 한 자 읽 어 볼 래 요 ? • • •

1 가족 간에 충분한 對話(   )는 건강한 가족을 만드는 요소가 된다.
2 지난 주에 일어난 화재 사고의 원인은 放火(   )로 추정된다고 경찰이 발표했다.
3 청소년들이 컴퓨터 畵面(   )을 접하는 시간이 많아짐에 따라 사람을 대면하는 시간이 줄어들게 되었다.
4 IMF의 도움을 받는 상황을 경험한 우리에게 노사 和合(   )과 협력은 한 기업만의 문제가 아니다.
5 조선은 임진, 병자의 患難(   )을 당하여 국가 체계가 크게 흔들리는 위기를 맞는다.
6 정보와 지식의 홍수 속에서도 자기에게 필요한 정보와 지식을 선별하여 活用(   )할 줄 알아야 한다.

• • • 이 한 자 기 억 해 요 ? • • •   정답 169

1 協(   )   2 形(   )   3 兄(   )   4 惠(   )   5 虎(   )   6 號(   )

5급한자 600 | 589~600

589 | 황 黃 (누를 황)
- 黃金 황금: 금·돈 또는 재물을 이르는 말 (金 쇠 금)
- 黃色 황색: 누른 빛 (色 빛 색)
- 黃土 황토: 누르고 거무스름한 흙 (土 흙 토)
- 黃菊 황국, 黃沙 황사, 黃海 황해
- 黃昏 황혼, 朱黃 주황, 黃人種 황인종

상형문자 / 黃부 총12획

590 | 황 皇 (임금 황)
- 皇命 황명: 황제의 명령 (命 목숨 명)
- 敎皇 교황: 가톨릭교의 최고위 성직자 (敎 가르칠 교)
- 皇太子 황태자: 황제의 자리를 이을 황제의 아들 (太 클 태, 子 아들 자)
- 皇宮 황궁, 皇孫 황손, 皇室 황실
- 皇帝 황제, 張皇 장황, 天皇 천황

상형문자 / 白부 총9획

591 | 회 會 (모일 회)
- 會長 회장: 어떤 모임을 대표하는 사람 (長 긴 장)
- 運動會 운동회: 여러 사람이 모여 운동 경기나 놀이 따위를 하는 모임 (運 옮길 운, 動 움직일 동)
- 會見 회견, 會食 회식, 會議 회의
- 敎會 교회, 國會 국회, 面會 면회

회의문자 / 曰부 총13획

592 | 회 回 (돌아올 회)
- 回復 회복: 이전의 상태로 돌아옴 (復 회복할 복)
- 回想 회상: 지난 일을 돌이켜 생각함 (想 생각 상)
- 回春 회춘: 노인이 도로 젊어짐 (春 봄 춘)
- 回答 회답, 回覽 회람, 回收 회수
- 回信 회신, 回遊 회유, 回避 회피

상형문자 / 口부 총6획

593 | 효 孝 (효도 효)
- 孝道 효도: 어버이를 잘 섬김, 또는 그 도리 (道 길 도)
- 孝誠 효성: 부모를 섬기는 정성 (誠 정성 성)
- 不孝 불효: 어버이를 효성스럽게 섬기지 아니하여 자식된 도리를 못함 (不 아닐 불)
- 孝女 효녀, 孝婦 효부, 孝心 효심
- 孝子 효자, 孝行 효행, 忠孝 충효

회의문자 / 子부 총7획

594 | 효 效 (본받을 효)
- 效用 효용: 보람 있게 쓰거나 쓰임, 또는 그런 보람이나 쓸모 (用 쓸 용)
- 無效 무효: 효과나 효력이 없음 (無 없을 무)
- 有效 유효: 효과나 효력이 있음. 보람이 있음 (有 있을 유)
- 效果 효과, 效能 효능, 效率 효율
- 藥效 약효, 卽效 즉효, 特效 특효

형성문자 / 攵=攴부 총10획

• • • 문장 속의 한자 읽어 볼래요? • • •

1. 미다스 왕의 손에 닿는 것은 무엇이든 黃金(　　)으로 변하였다.
2. 敎皇(　　)은 전세계 카톨릭 신자들의 존경을 받는다.
3. 우리 나라에서 처음으로 I.O.C. 위원으로 선출된 사람은 대한체육회 會長(　　)이었던 이기붕 씨이다.
4. 우리는 남북한의 지속적인 문화 교류로 동질성을 확인하여 문화 공동체를 回復(　　)하도록 해야 한다.
5. 어버이가 되어서는 자식을 사랑하고, 자식이 되어서는 부모에게 孝道(　　)해야 한다.
6. 식품을 살 때는 변질 여부와 有效(　　) 기간, 위생적인 보관 상태 등을 확인하여 선택한다.

• • • 이 한자 기억해요? • • • 정답 172

1. 好(　　) 2. 湖(　　) 3. 婚(　　) 4. 化(　　) 5. 花(　　) 6. 貨(　　)

여기는! 黃황 / 後후

595 | 후 後 (뒤 후)
- 後進 후진: 뒤쪽으로 향해 나아감 (進 나아갈 진)
- 後退 후퇴: 뒤로 물러감 (退 물러날 퇴)
- 直後 직후: 어떤 일이 있고 난 바로 다음 (直 곧을 직)
- 最後 최후: 맨 끝. 맨 마지막 (最 가장 최)
- 後年 후년, 後半 후반, 後任 후임
- 後悔 후회, 落後 낙후, 午後 오후

회의문자 彳부 총9획

596 | 훈 訓 (가르칠 훈)
- 訓育 훈육: 가르쳐 기름 (育 기를 육)
- 家訓 가훈: 집안 어른들이 그 자녀들에게 주는 교훈 (家 집 가)
- 敎訓 교훈: 가르치고 이끌어 줌 (敎 가르칠 교)
- 訓戒 훈계, 訓讀 훈독, 訓練 훈련
- 訓手 훈수, 訓話 훈화, 訓民正音 훈민정음

형성문자 言부 총10획

597 | 휴 休 (쉴 휴)
- 休養 휴양: 편히 쉬면서 마음과 몸을 건강하게 함 (養 기를 양)
- 休戰 휴전: 하던 전쟁을 얼마 동안 쉼 (戰 싸움 전)
- 公休日 공휴일: 나라에서 제정한 쉬는 날 (公 공평할 공, 日 날 일)
- 休暇 휴가, 休校 휴교, 休息 휴식
- 休紙 휴지, 休學 휴학, 連休 연휴

회의문자 亻=人부 총6획

598 | 흉 凶 (흉할 흉)
- 吉凶 길흉: 길함과 흉함 (吉 길할 길)
- 元凶 원흉: 흉악한 무리의 우두머리 (元 으뜸 원)
- 陰凶 음흉: 겉으로는 부드러워 보이나 속으로는 엉큼하고 흉악함 (陰 그늘 음)
- 凶家 흉가, 凶計 흉계, 凶器 흉기
- 凶年 흉년, 凶物 흉물, 凶惡 흉악

지사문자 凵부 총4획

599 | 흥 興 (일 흥)
- 興行 흥행: 돈을 받고 연극·영화 등을 구경시키는 일 (行 다닐 행)
- 復興 부흥: 쇠하였던 것이 다시 일어남, 또는 쇠하였던 것을 다시 일어나게 함 (復 다시 부)
- 興亡 흥망, 興味 흥미, 興奮 흥분
- 興盛 흥성, 餘興 여흥, 遊興 유흥

회의문자 臼부 총16획

600 | 희 希 (바랄 희)
- 希求 희구: 바라며 구함 (求 구할 구)
- 希望 희망: 어떤 일을 이루거나 얻고자 기대하고 바람 (望 바랄 망)
- 希望的 희망적: 기대가 충족될 상태인 것 (望 바랄 망, 的 과녁 적)
- 希願 희원

회의문자 巾부 총7획

• • • 문 장 속 의 한 자 읽 어 볼 래 요 ? • • •

1. 나폴레옹은 대서양에 있는 세인트헬레나 섬으로 귀양을 가 그 곳에서 最後(   )를 마쳤다.
2. 확대 가족에서는 집안마다 가풍, 家訓(   )이 있어, 어른들의 경험과 지혜를 익힐 기회가 많았다.
3. 우리 나라는 현재 남과 북의 休戰(   ) 상태이다.
4. 옛날에는 吉凶(   )을 점쳐 농사와 전쟁들을 행했다.
5. 신채호의 『조선상고사』에는 단군 시대부터 백제의 멸망과 復興(   ) 운동까지의 내용이 담겨 있다.
6. 그리스의 비극에는 민주주의를 향한 그리스 사람들의 希望(   )이 담겨 있다.

• • • 이 한 자 기 억 해 요 ? • • •   정답 173

1 話(   )   2 火(   )   3 畵(   )   4 和(   )   5 患(   )   6 活(   )

연습문제 25 | 지금까지 배운 내용을 문제로 풀어보세요

01-03 다음 한자(漢字)의 부수(部首)는 무엇입니까?

01 畫 : ① ⇁ ② 十 ③ 聿 ④ 田 ⑤ 三

02 和 : ① 口 ② 禾 ③ 十 ④ 一 ⑤ 木

03 黃 : ① 田 ② 八 ③ 土 ④ 艹 ⑤ 黃

04-06 다음 한자(漢字)의 획수(劃數)는 모두 몇 획입니까?

04 希 : ① 6 ② 7 ③ 8 ④ 9 ⑤ 10

05 患 : ① 11 ② 12 ③ 13 ④ 14 ⑤ 15

06 會 : ① 10 ② 11 ③ 12 ④ 13 ⑤ 14

07-08 다음 필순(筆順)에 대한 설명에 가장 알맞은 한자(漢字)는 어느 것입니까?

07 왼쪽에서 오른쪽으로 쓴다.
① 好 ② 貨 ③ 黑 ④ 花 ⑤ 火

08 위에서 아래로 쓴다.
① 和 ② 湖 ③ 回 ④ 孝 ⑤ 休

09-18 다음 한자(漢字)의 음(音)은 무엇입니까?

09 婚 : ① 홍 ② 혹 ③ 호 ④ 혼 ⑤ 화

10 話 : ① 확 ② 화 ③ 환 ④ 황 ⑤ 흑

11 黃 : ① 후 ② 효 ③ 황 ④ 확 ⑤ 흥

12 效 : ① 효 ② 흥 ③ 후 ④ 흥 ⑤ 호

13 訓 : ① 형 ② 혁 ③ 흥 ④ 훈 ⑤ 흑

14 畵 : ① 후 ② 희 ③ 호 ④ 화 ⑤ 효

15 活 : ① 화 ② 황 ③ 확 ④ 환 ⑤ 활

16 患 : ① 효 ② 환 ③ 하 ④ 흑 ⑤ 후

17 後 : ① 혼 ② 희 ③ 후 ④ 훈 ⑤ 효

18 凶 : ① 화 ② 혹 ③ 흥 ④ 후 ⑤ 흥

19-23 다음의 음(音)을 가진 한자(漢字)는 어느 것입니까?

19 호 : ① 花 ② 湖 ③ 會 ④ 皇 ⑤ 黃

20 회 : ① 回 ② 化 ③ 孝 ④ 興 ⑤ 效

21 화 : ① 好 ② 湖 ③ 休 ④ 貨 ⑤ 希

22 희 : ① 火 ② 皇 ③ 希 ④ 回 ⑤ 休

23 흥 : ① 和 ② 興 ③ 孝 ④ 化 ⑤ 凶

24-33 다음 한자(漢字)의 뜻은 무엇입니까?

24 凶 : ① 즐겁다 ② 슬프다 ③ 바라다 ④ 흉하다 ⑤ 희롱하다

25 皇 : ① 연탄 ② 임금 ③ 흑연 ④ 누르다 ⑤ 누리다

26 孝 : ① 효도 ② 아들 ③ 노인 ④ 봉양 ⑤ 즐기다

27 和 : ① 되다 ② 맛보다 ③ 화하다 ④ 말하다 ⑤ 본받다

exercise

28 會 : ① 두다 ② 새기다 ③ 합하다
     ④ 모이다 ⑤ 되새기다

29 化 : ① 꽃 ② 되다 ③ 재물
     ④ 화하다 ⑤ 효도

30 婚 : ① 저물다 ② 혼미하다 ③ 혼인하다
     ④ 간사하다 ⑤ 가르치다

31 患 : ① 근심 ② 병환 ③ 우환
     ④ 기쁨 ⑤ 꼬챙이

32 貨 : ① 돈 ② 조개 ③ 되다
     ④ 재물 ⑤ 물품

33 黃 : ① 검다 ② 누르다 ③ 푸르다
     ④ 어둡다 ⑤ 돌아오다

34-38 다음의 뜻을 가진 한자(漢字)는 어느 것입니까?

34 좋다 : ① 湖 ② 好 ③ 訓 ④ 活 ⑤ 話
35 그림 : ① 興 ② 花 ③ 休 ④ 畫 ⑤ 患
36 살다 : ① 活 ② 火 ③ 希 ④ 花 ⑤ 和
37 본받다 : ① 回 ② 好 ③ 話 ④ 訓 ⑤ 效
38 일다 : ① 後 ② 興 ③ 畫 ④ 火 ⑤ 貨

39-48 다음 한자어(漢字語)의 음(音)은 무엇입니까?

39 好感 : ① 호의 ② 가감 ③ 감화 ④ 호감 ⑤ 호응
40 畫家 : ① 화가 ② 화면 ③ 종가 ④ 화질 ⑤ 화소
41 花園 : ① 화초 ② 개화 ③ 화원 ④ 정원 ⑤ 공원
42 話題 : ① 화두 ② 난제 ③ 화술 ④ 문제 ⑤ 화제
43 貨物 : ① 재화 ② 금화 ③ 화물 ④ 건물 ⑤ 하물
44 宿患 : ① 숙제 ② 환난 ③ 병환 ④ 숙환 ⑤ 내환
45 回想 : ① 회상 ② 회답 ③ 상상 ④ 사상 ⑤ 회신
46 無效 : ① 효과 ② 무효 ③ 유효 ④ 효능 ⑤ 무극
47 後退 : ① 후손 ② 전후 ③ 후퇴 ④ 진퇴 ⑤ 용퇴
48 敎皇 : ① 교수 ② 황해 ③ 천황 ④ 교황 ⑤ 황제

49-50 다음 단어들의 '□'에 공통으로 들어갈 알맞은 한자(漢字)는 어느 것입니까?

49 □合, 平□, □解 :
   ① 湖 ② 化 ③ 花 ④ 和 ⑤ 婚

50 家□, 敎□, 校□ :
   ① 訓 ② 孝 ③ 話 ④ 希 ⑤ 花

CHAPTER 03

4급 한자 300

각 페이지마다
"이 한자 기억해요?"를 배치하여
해당 한자를 한번 더 복습할 수 있도록 하였다.
자! 이제부터 4급 한자 300자에 도전하자.

4급한자 300 | 001~020

001 | 가
佳 **아름다울 가**
亻=人부　총8획

- 佳約 가약　부부가 되자는 약속 (約 맺을 약)
- 佳人 가인　이성으로서 애정을 느끼게 하는 사람 (人 사람 인)
- 佳作 가작　매우 뛰어난 작품 (作 지을 작)
- 佳景 가경　佳日 가일　佳節 가절
- 百年佳約 백년가약　絶世佳人 절세가인

002 | 가
假 **거짓 가**
亻=人부　총11획

- 假令 가령　이를테면 (令 하여금 령)
- 假面 가면　사람이나 짐승의 얼굴 모양을 본떠 만든 것 (面 낯 면)
- 假名 가명　실제의 자기 이름이 아닌 이름 (名 이름 명)
- 假死 가사　假想 가상　假說 가설
- 假聲 가성　假定 가정　假稱 가칭

003 | 각
脚 **다리 각**
月=肉부　총11획

- 脚光 각광　무대의 전면 아래쪽에서 배우를 비추는 광선 (光 빛 광)
- 脚本 각본　연극의 꾸밈새·무대 모양·배우의 대사 따위를 적은 글 (本 근본 본)
- 脚色 각색　健脚 건각　橋脚 교각
- 失脚 실각　立脚 입각　脚氣病 각기병

004 | 간
看 **볼 간**
目부　총9획

- 看過 간과　큰 관심 없이 대강 보아 넘김 (過 지날 과)
- 看病 간병　앓는 사람이나 다친 사람의 곁에서 돌보고 시중을 듦 (病 병 병)
- 看守 간수　看破 간파　看板 간판
- 看護 간호　走馬看山 주마간산

005 | 갈
渴 **목마를 갈**
氵=水부　총12획

- 渴求 갈구　간절히 바라며 구함 (求 구할 구)
- 渴望 갈망　간절히 바람 (望 바랄 망)
- 解渴 해갈　비가 내려 가뭄을 겨우 벗어남. 목마름을 해소함 (解 풀 해)
- 渴急 갈급　渴症 갈증　枯渴 고갈
- 飢渴 기갈　燥渴 조갈　酒渴 주갈

006 | 감
減 **덜 감**
氵=水부　총12획

- 減量 감량　분량이나 무게를 줄임 (量 헤아릴 량)
- 減少 감소　덜어서 적게 함 (少 적을 소)
- 減速 감속　속도를 줄임 (速 빠를 속)
- 加減 가감　더하거나 더는 일 (加 더할 가)
- 減價 감가　減産 감산　減稅 감세
- 減員 감원　減退 감퇴　減刑 감형

007 | 감

敢 **감히, 구태여 감**
攵=攴부　12획

- 敢行 감행　과감하게 실행함 (行 다닐 행)
- 果敢 과감　과단성이 있고 용감함 (果 실과 과)
- 勇敢 용감　용기가 있어 사물에 임하여 과감함 (勇 날랠 용)
- 敢鬪 감투　敢言之地 감언지지
- 焉敢生心 언감생심

008 | 감
甘 **달 감**
甘부　총5획

- 甘受 감수　책망이나 괴로움 따위를 달갑게 받아들임 (受 받을 수)
- 甘言利說 감언이설　귀가 솔깃하도록 남의 비위를 맞추거나 이로운 조건을 내세워 꾀는 말 (言 말씀 언, 利 이로울 리, 說 말씀 설)
- 甘草 감초　甘味 감미　甘酒 감주
- 苦盡甘來 고진감래

009 | 갑

甲 **갑옷 갑**
田부　총5획

- 甲富 갑부　첫째가는 큰 부자 (富 부자 부)
- 甲種 갑종　첫째 등급의 종류 (種 씨 종)
- 同甲 동갑　같은 나이 (同 한가지 동)
- 回甲 회갑　나이 예순 한 살을 가리키는 말 (回 돌아올 회)
- 甲骨 갑골　甲板 갑판　還甲 환갑
- 甲勤稅 갑근세　裝甲車 장갑차　甲男乙女 갑남을녀

010 | 강
降 **내릴 강/항복할 항**
阝=阜부　총9획

- 降等 강등　등급이나 계급이 내림 (等 무리 등)
- 降雨量 강우량　일정한 기간에 일정한 곳에 내린 비의 분량 (雨 비 우, 量 헤아릴 량)
- 降臨 강림　降水 강수　降雪 강설
- 降雨 강우　投降 투항　降伏 항복

· · · 이 한 자 기 억 해 요 ? · · ·　　정답 208

1 恨(　) 2 寒(　) 3 恒(　) 4 亥(　) 5 許(　) 6 虛(　) 7 賢(　) 8 刑(　) 9 乎(　) 10 呼(　)

여기는! 佳가 / 講강

011 | 강

월 강
言부 총17획

- 講究 강구 좋은 대책과 방법을 궁리하여 찾아내거나 그런 대책을 세움 (究 연구할 구)
- 講義 강의 학문이나 기술의 일정한 내용을 체계적으로 설명하여 가르침 (義 옳을 의)
- 講壇 강단
- 講堂 강당
- 講讀 강독
- 講師 강사
- 講演 강연
- 聽講生 청강생

012 | 개

다 개
白부 총9획

- 皆勤 개근 학교나 직장 따위에 일정한 기간 동안 하루도 빠짐없이 출석하거나 출근함 (勤 부지런할 근)
- 擧皆 거개 거의 모두 (擧 들 거)
- 皆無 개무
- 皆是 개시
- 皆骨山 개골산
- 皆旣月蝕 개기월식
- 國民皆兵 국민개병

013 | 갱

다시 갱/고칠 경
曰부 총7획

- 更生 갱생 마음이나 생활 태도를 바로잡아 옳은 생활로 되돌아가거나 발전된 생활로 나아감 (生 날 생)
- 變更 변경 다르게 바꾸어 새롭게 고침 (變 변할 변)
- 更新 갱신
- 更張 경장
- 更正 경정
- 三更 삼경
- 初更 초경
- 更年期 갱년기

014 | 거

살 거
尸부 총8획

- 居室 거실 가족이 일상 모여서 생활하는 서양식의 방 (室 집 실)
- 居住 거주 일정한 곳에 자리를 잡고 머물러 삶 (住 살 주)
- 居處 거처 한 군데 자리잡고 삶, 또는 그 곳 (處 곳 처)
- 居間 거간
- 同居 동거
- 別居 별거
- 隱居 은거
- 居留民 거류민
- 居住地 거주지

015 | 거

클 거
工부 총5획

- 巨金 거금 많은 돈. 큰 돈 (金 쇠 금)
- 巨大 거대 엄청나게 큼 (大 큰 대)
- 巨頭 거두 영향력이 크며 주요한 자리에 있는 사람 (頭 머리 두)
- 巨物 거물 사회적으로 큰 영향력을 가진 뛰어난 인물 (物 물건 물)
- 巨木 거목
- 巨富 거부
- 巨商 거상
- 巨視 거시
- 巨額 거액
- 巨人 거인

016 | 건

하늘, 마를 건
乙부 총11획

- 乾達 건달 아무 것도 가진 것 없이 난봉을 부리고 돌아다니는 사람 (達 통달할 달)
- 乾草 건초 마소 따위를 먹이려고 베어서 말린 풀 (草 풀 초)
- 乾坤 건곤
- 乾期 건기
- 乾杯 건배
- 乾性 건성
- 乾燥 건조
- 乾魚物 건어물

017 | 견
굳을 견
土부 총11획

- 堅固 견고 굳고 튼튼함 (固 굳을 고)
- 堅果 견과 단단한 껍데기에 싸인 열매 (果 실과 과)
- 堅實 견실 튼튼하고 충실함 (實 열매 실)
- 中堅 중견 어떤 단체나 사회에서 중심이 되는 사람 (中 가운데 중)
- 堅强 견강
- 堅守 견수
- 堅持 견지
- 堅果類 견과류
- 堅甲利兵 견갑이병

018 | 결
깨끗할 결
氵=水부 총15획

- 純潔 순결 잡된 것이 섞이지 아니하고 깨끗함 (純 순수할 순)
- 淨潔 정결 매우 깨끗하고 깔끔함 (淨 깨끗할 정)
- 淸潔 청결 맑고 깨끗함 (淸 맑을 청)
- 潔白 결백
- 簡潔 간결
- 高潔 고결
- 不潔 불결
- 精潔 정결

019 | 경
별 경
广부 총8획

- 庚伏 경복 초복, 중복, 말복을 통틀어 이르는 말 (伏 엎드릴 복)
- 庚午 경오 육십 갑자의 일곱째 (午 낮 오)
- 同庚 동경 같은 나이 (同 한가지 동)
- 庚方 경방
- 庚戌 경술
- 庚時 경시
- 庚熱 경열
- 庚寅 경인
- 庚坐 경좌

020 | 경
밭갈 경
耒부 총10획

- 耕作 경작 땅을 갈아서 농사를 지음 (作 지을 작)
- 耕地 경지 경작지의 준말 (地 따 지)
- 農耕 농경 논밭을 갈아 농사를 지음 (農 농사 농)
- 舌耕 설경
- 牛耕 우경
- 筆耕 필경
- 休耕 휴경
- 農耕地 농경지
- 晝耕夜讀 주경야독

· · · · 이 한 자 기 억 해 요 ? · · · 정답 209

1 戶( ) 2 或( ) 3 混( ) 4 紅( ) 5 華( ) 6 歡( ) 7 厚( ) 8 胸( ) 9 黑( ) 10 喜( )

4급한자 300 | 021~040

021 | 경
驚 놀랄 경
馬부 총23획

- 驚氣 경기: 어린아이에게 나타나는 갑자기 의식을 잃고 경련하는 병 (氣 기운 기)
- 驚異 경이: 놀랍고 신기하게 여김 (異 다를 이)
- 驚愕* 경악
- 驚歎 경탄
- 驚血 경혈
- 驚天動地 경천동지
- 大驚失色 대경실색

022 | 경
輕 가벼울 경
車부 총14획

- 輕減 경감: 덜어서 가볍게 함 (減 덜 감)
- 輕視 경시: 대수롭지 않게 여김. 가볍게 봄 (視 볼 시)
- 輕重 경중: 가벼움과 무거움, 또는 그 정도 (重 무거울 중)
- 輕微 경미
- 輕薄 경박
- 輕傷 경상
- 輕率 경솔
- 輕快 경쾌
- 輕擧妄動 경거망동

023 | 계
溪 시내 계
氵=水부 총13획

- 溪谷 계곡: 물이 흐르는 골짜기 (谷 골 곡)
- 溪川 계천: 시내와 계 (川 내 천)
- 淸溪 청계: 맑고 깨끗한 시내 (淸 맑을 청)
- 溪頭 계두
- 溪流 계류
- 溪泉 계천
- 碧溪水 벽계수

024 | 계

鷄 닭 계
鳥부 총21획

- 養鷄場 양계장: 필요한 설비를 갖추어 두고 닭을 먹여 기르는 곳 (養 기를 양, 場 마당 장)
- 鷄口牛後 계구우후: 큰 단체의 꼴찌보다는 작은 단체의 우두머리가 오히려 나음 (口 입 구, 牛 소 우, 後 뒤 후)
- 鷄口 계구
- 鷄卵 계란
- 鷄林 계림
- 養鷄 양계
- 鬪鷄 투계
- 烏骨鷄 오골계

025 | 계

癸 북방, 천간 계
癶부 총9획

- 癸未 계미: 육십 갑자의 스무째 (未 아닐 미)
- 癸方 계방: 이십사 방위의 하나 (方 모 방)
- 癸坐 계좌: 묏자리나 집터 따위가 계방을 등진 자리 (坐 앉을 좌)
- 癸生 계생
- 癸時 계시
- 癸亥 계해
- 癸未字 계미자
- 癸丑字 계축자

026 | 고
苦 쓸 고
艹=艸부 총9획

- 苦樂 고락: 괴로움과 즐거움 (樂 즐길 락)
- 苦生 고생: 괴롭고 어려운 생활 (生 날 생)
- 苦學 고학: 학비를 스스로 벌어서 고생하며 배움 (學 배울 학)
- 苦行 고행: 몸으로 견디기 어려운 일을 통하여 수행을 쌓음 (行 다닐 행)
- 苦難 고난
- 苦惱 고뇌
- 苦待 고대
- 苦杯 고배
- 苦痛 고통
- 勞苦 노고

027 | 곡

穀 곡식 곡
禾부 총15획

- 米穀 미곡: 쌀 (米 쌀 미)
- 五穀 오곡: 다섯 가지 중요한 곡식. 쌀, 보리, 콩, 조, 기장을 이름 (五 다섯 오)
- 脫穀 탈곡: 곡식의 낟알을 이삭에서 털어 냄 (脫 벗을 탈)
- 穀氣 곡기
- 穀類 곡류
- 穀物 곡물
- 穀食 곡식
- 雜穀 잡곡
- 五穀百果 오곡백과

028 | 곤

困 곤할 곤
囗부 총7획

- 困難 곤란: 사정이 몹시 딱하고 어려움 (難 어려울 난)
- 勞困 노곤: 몸이나 마음이 지치어 고달픔 (勞 일할 로)
- 貧困 빈곤: 가난 (貧 가난할 빈)
- 困窮 곤궁
- 困辱 곤욕
- 困惑 곤혹
- 疲困 피곤
- 食困症 식곤증
- 春困症 춘곤증

029 | 곤
坤 따(땅) 곤
土부 총8획

- 坤位 곤위: 여자의 무덤이나 신주 (位 자리 위)
- 乾坤 건곤: 하늘과 땅을 아울러 이르는 말 (乾 하늘 건)
- 坤宮 곤궁
- 坤極 곤극
- 坤德 곤덕
- 坤坐 곤좌

030 | 관

關 관계할 관
門부 총19획

- 關門 관문: 국경이나 요새 등을 드나들기 위하여 반드시 거쳐야 하는 길목 (門 문 문)
- 關稅 관세: 외국에서 들어오는 물건에 대하여 부과하는 세금 (稅 세금 세)
- 關係 관계
- 關聯 관련
- 關與 관여
- 關節 관절
- 難關 난관
- 相關 상관

· · · 이 한 자 기 억 해 요 ? · · · 정답 180

1 佳( ) 2 假( ) 3 脚( ) 4 看( ) 5 渴( ) 6 減( ) 7 敢( ) 8 甘( ) 9 甲( ) 10 降( )

여기는! 驚경 / 橋교

031 | 교

다리 교
木부　총16획

- 陸橋 육교 : 교통이 번잡한 도로·철로 위에 가로질러 놓은 다리 (陸 뭍 륙)
- 大橋 대교 : 큰 다리 (大 큰 대)
- 石橋 석교 : 돌다리 (石 돌 석)
- 橋脚 교각　橋梁 교량　架橋 가교
- 鐵橋 철교　橋頭堡* 교두보　人道橋 인도교

032 | 구

예 구
臼부　총18획

- 舊官 구관 : 앞서 그 자리에 있던 벼슬아치 (官 벼슬 관)
- 舊面 구면 : 예전부터 알고 있는 처지 (面 낯 면)
- 親舊 친구 : 가깝게 오래 사귄 사람 (親 친할 친)
- 舊習 구습　舊式 구식　復舊 복구
- 新舊 신구　舊大陸 구대륙　舊石器 구석기

033 | 권

권할 권
力부　총20획

- 勸告 권고 : 어떤 일을 하도록 권함 (告 고할 고)
- 勸勉 권면 : 알아듣도록 권하고 격려하여 힘쓰게 함 (勉 힘쓸 면)
- 勸學 권학 : 학문에 힘쓰도록 권함 (學 배울 학)
- 勸農 권농　勸誘 권유　勸奬 권장
- 强勸 강권　勸酒歌 권주가　勸善懲惡 권선징악

034 | 권

책 권
巳=卩부　총8획

- 卷雲 권운 : 푸른 하늘에 높이 떠 있는 하얀 섬유 모양의 구름. 새털구름 (雲 구름 운)
- 席卷 석권 : 돗자리를 만다. 빠른 기세로 영토를 휩쓸거나 세력 범위를 넓힘 (席 자리 석)
- 卷頭 권두　卷末 권말　卷數 권수
- 別卷 별권　壓卷 압권　通卷 통권

035 | 귀

돌아갈 귀
止부　총18획

- 歸國 귀국 : 외국에 나가있던 사람이 자기 나라로 돌아오거나 돌아감 (國 나라 국)
- 歸農 귀농 : 다른 일을 하던 사람이 그 일을 그만두고 농사를 지으려고 농촌으로 돌아가는 현상 (農 농사 농)
- 歸家 귀가　歸結 귀결　歸屬 귀속
- 歸化 귀화　復歸 복귀　歸納法 귀납법

036 | 균

고를 균
土부　총7획

- 均等 균등 : 고르고 가지런하여 차별이 없음 (等 무리 등)
- 平均 평균 : 여러 수나 같은 종류의 양의 중간 값을 갖는 수 (平 평평할 평)
- 均一 균일　均齊 균제　均質 균질
- 均割 균할　均衡 균형　成均館 성균관

037 | 극
극진할, 다할 극
木부　총13획

- 極大 극대 : 더할 수 없이 큼 (大 큰 대)
- 極貧 극빈 : 몹시 가난함 (貧 가난할 빈)
- 極限 극한 : 궁극의 한계 (限 한할 한)
- 至極 지극 : 더할 수 없이 마음과 힘을 다함 (至 이를 지)
- 極度 극도　極東 극동　極盡 극진
- 極致 극치　南極 남극　太極旗 태극기

038 | 급
급할 급
心부　총9획

- 急落 급락 : 물가나 시세 따위가 갑자기 떨어짐 (落 떨어질 락)
- 急變 급변 : 갑자기 변하거나 달라짐 (變 변할 변)
- 急速 급속 : 몹시 급함. 몹시 빠름 (速 빠를 속)
- 急流 급류　急所 급소　急行 급행
- 時急 시급　應急 응급　火急 화급

039 | 급
미칠 급
又부　총4획

- 及第 급제 : 과거에 합격하던 일 (第 차례 제)
- 言及 언급 : 어떤 문제에 대하여 말함 (言 말씀 언)
- 及落 급락　莫及 막급　普及 보급
- 波及 파급　可及的 가급적　過猶不及 과유불급

040 | 급
줄 급
糸부　총12획

- 給水 급수 : 물을 공급함 (水 물 수)
- 給食 급식 : 학교 등에서 음식을 주는 일 (食 밥 식)
- 月給 월급 : 일한 삯으로 다달이 받는 돈 (月 달 월)
- 給料 급료　給油 급유　供給 공급
- 需給 수급　時給 시급　還給 환급

• • • 이 한 자 기 억 해 요 ? • • •　정답 181

1 講(　)　2 皆(　)　3 更(　)　4 居(　)　5 巨(　)　6 乾(　)　7 堅(　)　8 潔(　)　9 庚(　)　10 耕(　)

4급한자 300 | 041~060

041 | 기
幾
몇 기
幺부 총12획

幾十 기십 십의 몇 배가 되는 수 (十 열 십)
幾何學 기하학 도형 및 공간의 성질에 대하여 연구하는 학문 (何 어찌 하, 學 배울 학)
幾萬 기만   幾百 기백   幾日 기일
幾何級數 기하급수

042 | 기
旣
이미 기
无부 총11획

旣往 기왕 이미 지나간 이전 (往 갈 왕)
旣婚 기혼 이미 결혼함 (婚 혼인할 혼)
旣成服 기성복 일정한 기준 치수에 맞추어서 대량으로 미리 지어 놓은 옷 (成 이룰 성, 服 옷 복)
旣約 기약   旣存 기존   旣決囚 기결수
旣得權 기득권 旣往之事 기왕지사 旣定事實 기정사실

043 | 난
暖
따뜻할 난
日부 총13획

暖流 난류 적도 부근의 저위도 지역에서 고위도 지역으로 흐르는 따뜻한 해류 (流 흐를 류)
溫暖 온난 기후가 따뜻함 (溫 따뜻할 온)
寒暖 한난 추움과 따뜻함 (寒 추울 한)
暖房 난방   暖帶 난대   暖爐 난로
溫暖化 온난화 溫暖前線 온난전선 異常暖冬 이상난동

044 | 내
乃
이에 내
丿부 총2획

乃父 내부 그의 아버지. 네 아버지 (父 아비 부)
乃終 내종 나중 (終 마칠 종)
乃至 내지 또는 (至 이를 지)
乃公 내공   乃兄 내형   終乃 종내
人乃天 인내천

045 | 노
怒
성낼 노
心부 총9획

怒氣 노기 노여운 기색. 성난 얼굴빛 (氣 기운 기)
怒發大發 노발대발 크게 성을 냄 (發 필 발, 大 큰 대)
激怒 격노   大怒 대노   憤怒 분노
震怒 진노   喜怒哀樂 희로애락

046 | 단
端
끝 단
立부 총14획

端午 단오 우리 나라 명절의 하나. 음력 5월 5일 (午 낮 오)
端正 단정 얌전하고 바름 (正 바를 정)
極端 극단 중용을 잃고 한쪽으로 크게 치우침 (極 지극할 극)
端言 단언   末端 말단   發端 발단
異端 이단   尖端 첨단   端末機 단말기

047 | 단
但
다만 단
亻=人부 총7획

但書 단서 문서 따위에서, 본문 다음에 어떤 조건이나 예외 따위를 나타내는 글 (書 글 서)
非但 비단 부정하는 말 앞에서 '다만', '오직'의 뜻으로 쓰이는 말 (非 아닐 비)
但只 단지

048 | 당
當
마땅 당
田부 총13획

當然 당연 이치로 보아 마땅히 그럴 것임 (然 그럴 연)
當場 당장 무슨 일이 일어난 바로 그 곳 (場 마당 장)
充當 충당 모자라는 것을 채워 메움 (充 채울 충)
當代 당대   當面 당면   當初 당초
相當 상당   正當 정당   至當 지당

049 | 대
待
기다릴 대
彳부 총9획

待接 대접 마땅한 예로써 대함 (接 이을 접)
期待 기대 어떤 일이 이루어지기를 바라고 기다림 (期 기약할 기)
應待 응대 손을 맞아 대접함 (應 응할 응)
待機 대기   待望 대망   苦待 고대
接待 접대   尊待 존대   待合室 대합실

050 | 도
徒
무리 도
彳부 총10획

暴徒 폭도 폭동을 일으키거나 폭동에 가담한 사람의 무리 (暴 사나울 폭)
無爲徒食 무위도식 하는 일 없이 놀고 먹음 (無 없을 무, 爲 할 위, 食 밥 식)
徒黨 도당   徒勞 도로   徒步 도보
生徒 생도   信徒 신도   逆徒 역도

• • • 이 한 자 기 억 해 요 ? • • • 정답 182

1 驚( ) 2 輕( ) 3 溪( ) 4 鷄( ) 5 癸( ) 6 苦( ) 7 穀( ) 8 困( ) 9 坤( ) 10 關( )

여기는! 幾기 / 燈등

051 | 등

등 등
火부　총16획

- 電燈 전등 : 전기의 힘으로 밝은 빛을 내는 등. 흔히 백열전기등을 이름(電 번개 전)
- 走馬燈 주마등 : 가운데에 대를 세우고 종이로 만든 바퀴에 말 형상을 단 등의 하나 (走 달릴 주, 馬 말 마)
- 燈油 등유　　石燈 석등　　消燈 소등
- 外燈 외등　　點燈 점등　　白熱燈 백열등

052 | 랑
浪
물결 랑
氵=水부　총10획

- 浪說 낭설 : 터무니없는 헛소문. 뜬소문 (說 말씀 설)
- 放浪 방랑 : 정한 곳 없이 이리저리 떠돌아다님 (放 놓을 방)
- 流浪 유랑 : 정처없이 떠돌아다님 (流 흐를 류)
- 浪費 낭비　　浪人 낭인　　激浪 격랑
- 孟浪 맹랑　　波浪 파랑　　風浪 풍랑

053 | 랑

사내 랑
阝=邑부　총10획

- 郎君 낭군 : 예전에, 젊은 아내가 자기 남편을 사랑스럽게 이르던 말 (君 임금 군)
- 花郎 화랑 : 신라 청소년의 민간 수양 단체 (花 꽃 화)
- 郎子 낭자　　新郎 신랑

054 | 량
凉
서늘할 량
冫부　총10획

- 新凉 신량 : 초가을의 싸늘한 기운 (新 새 신)
- 淸凉 청량 : 맑고 서늘함 (淸 맑을 청)
- 初凉 초량 : 첫가을 (初 처음 초)
- 納凉 납량　　荒凉 황량
- 炎凉世態 염량세태

055 | 련

익힐 련
糸부　총15획

- 練習 연습 : 학문이나 기예 따위를 익숙하도록 되풀이하여 익힘 (習 익힐 습)
- 洗練 세련 : 서투르거나 어색한 데가 없이 능숙하고 미끈하게 갈고 닦음 (洗 씻을 세)
- 練馬 연마　　修練 수련　　熟練 숙련
- 調練 조련　　訓練 훈련　　練兵場 연병장

056 | 렬

매울 렬
灬=火부　총10획

- 烈女 열녀 : 절개가 굳은 여자 (女 계집 녀)
- 烈士 열사 : 나라를 위하여 절의를 굳게 지키며 충성을 다하여 싸운 사람 (士 선비 사)
- 極烈 극렬 : 지독히 심함 (極 극진할 극)
- 烈祖 열조　　激烈 격렬　　功烈 공렬
- 先烈 선열　　壯烈 장렬　　痛烈 통렬

057 | 령
領
거느릴 령
頁부　총14획

- 領事 영사 : 외국에서 본국의 이익을 도모하며 자국민의 보호를 담당하는 공무원 (事 일 사)
- 要領 요령 : 가장 긴요하고 으뜸이 되는 골자나 줄거리 (要 요긴할 요)
- 領域 영역　　領地 영지　　領海 영해
- 首領 수령　　領收證 영수증　　大統領 대통령

058 | 로
露
이슬 로
雨부　총20획

- 露骨 노골 : 숨김없이 모두 있는 그대로 드러냄 (骨 뼈 골)
- 露宿 노숙 : 한뎃잠 (宿 잘 숙)
- 露店 노점 : 길바닥에 벌여놓은 소규모의 가게 (店 가게 점)
- 露天 노천　　露出 노출　　暴露 폭로
- 寒露 한로　　露店商 노점상　　甘露水 감로수

059 | 록

푸를 록
糸부　총14획

- 綠色 녹색 : 파랑과 노랑의 중간색 (色 빛 색)
- 綠化 녹화 : 산이나 들에 나무나 화초를 심어 푸르게 함 (化 될 화)
- 新綠 신록 : 초여름에 새로 나온 잎들이 띤 연한 초록빛 (新 새 신)
- 綠陰 녹음　　綠地 녹지　　草綠 초록
- 綠十字 녹십자　　常綠樹 상록수　　葉綠素 엽록소

060 | 류

버들 류
木부　총9획

- 柳絲 유사 : 버드나무의 가지 (絲 실 사)
- 細柳 세류 : 가지가 매우 가는 버드나무 (細 가늘 세)
- 花柳 화류 : 노는계집 (花 꽃 화)
- 柳器 유기　　柳眉 유미　　垂柳 수류
- 折柳 절류　　靑柳 청류　　柳綠花紅 유록화홍

・　・　・　이　한　자　기　억　해　요 ?　・　・　・　정답 183

1 橋(　) 2 舊(　) 3 勸(　) 4 卷(　) 5 歸(　) 6 均(　) 7 極(　) 8 急(　) 9 及(　) 10 給(　)

4급한자 300 | 061~080

061 | 륜

倫

인륜 륜
亻=人부 총10획

倫理 윤리 사람으로서 마땅히 행하거나 지켜야 할 도리(理 다스릴 리)
五倫 오륜 유교에서 말하는 다섯가지 인륜(五 다섯 오)
天倫 천륜 부모 형제 사이에서 마땅히 지켜야 할 도리(天 하늘 천)
大倫 대륜   不倫 불륜   人倫 인륜
絶倫 절륜   三綱五倫 삼강오륜

062 | 리

李

오얏, 성 리
木부 총7획

李白 이백 중국 당나라의 대시인. 자는 태백(白 흰 백)
李朝 이조 일본인들이 조선 왕조를 얕잡아 이르던 말(朝 아침 조)
李花 이화 오얏꽃(花 꽃 화)
桃李 도리   行李 행리   張三李四 장삼이사

063 | 막

없을 막
艹=艸부 총11획

莫強 막강 더 할 수 없이 강함(強 강할 강)
莫論 막론 말할 나위도 없음(論 논할 론)
莫逆 막역 허물없이 아주 친함
(逆 거스릴 역)
莫重 막중 매우 중요함(重 무거울 중)
莫及 막급   莫大 막대
莫無可奈 막무가내   莫上莫下 막상막하
莫逆之友 막역지우

064 | 만

晚

늦을 만
日부 총11획

晚年 만년 나이가 들어 늙어가는 시기
(年 해 년)
晚成 만성 늦게 성공함(成 이룰 성)
晚學 만학 나이가 들어 뒤늦게 공부함
(學 배울 학)
晚鐘 만종   晚秋 만추   晚婚 만혼
晚時之歎 만시지탄   大器晚成 대기만성

065 | 망

바쁠 망
忄=心부 총6획

忙中閑 망중한 바쁜 가운데 잠깐 얻어 낸 틈(中 가운데 중, 閑 한가할 한)
公私多忙 공사다망
공적·사적인 일 따위로 매우 바쁨(公 공평할 공, 私 사사 사, 多 많을 다)
奔忙 분망

066 | 망

잊을 망
心부 총7획

忘年會 망년회 연말에 한 해를 보내며 그 해의 괴로움을 잊자는 뜻으로 베푸는 모임
(年 해 년, 會 모일 회)
忘憂物 망우물 온갖 시름을 잊게 하는 물건. '술'을 이르는 말
(憂 근심 우, 物 물건 물)
忘却 망각   忘失 망실   備忘錄 비망록
刻骨難忘 각골난망   背恩忘德 배은망덕

067 | 매

살 매
貝부 총12획

買收 매수 물건을 사들임. 남의 마음을 자기편으로 만듦(收 거둘 수)
買入 매입 사들임(入 들 입)
強買 강매 강권에 못 이겨 남의 물건을 억지로 삼(強 강할 강)
不買 불매 사지 아니함(不 아닐 불)
買氣 매기   買受 매수   買食 매식
買占 매점   豫買 예매   買占賣惜 매점매석

068 | 매

妹

누이 매
女부 총8획

妹夫 매부 손위 누이나 손아래 누이의 남편(夫 지아비 부)
妹兄 매형 손위 누이의 남편(兄 형 형)
男妹 남매 오라비와 누이. 오누이
(男 사내 남)
妹氏 매씨   妹弟 매제   令妹 영매
義妹 의매   姉妹 자매   姉妹結緣 자매결연

069 | 맥

보리 맥
麥부 총11획

麥酒 맥주 알코올성 음료의 하나
(酒 술 주)
麥秋 맥추 익은 보리를 거두어들이는 철. 보릿가을(秋 가을 추)
麥類 맥류   大麥 대맥   小麥 소맥
麥秀之嘆 맥수지탄

070 | 면

면할 면
儿부 총7획

免稅 면세 세금을 면제함(稅 세금 세)
免罪 면죄 죄를 면함(罪 허물 죄)
免許 면허 특정한 일을 할 수 있는 공식적인 자격을 행정 기관이 허가, 또는 그런 일(許 허락할 허)
免職 면직   謀免 모면   免罪符 면죄부
免責特權 면책특권

• • • 이 한 자 기 억 해 요 ? • • •   정답 184

1 幾( ) 2 旣( ) 3 暖( ) 4 乃( ) 5 怒( ) 6 端( ) 7 但( ) 8 當( ) 9 待( ) 10 徒( )

여기는! 倫륜 / 眠면

071 | 면

眠
잘 면
目부 총10획

- 冬眠 동면 겨울 잠 (冬 겨울 동)
- 不眠 불면 잠을 자지 않음, 또는 잠을 자지 못함 (不 아닐 불)
- 安眠 안면 편안히 잠을 잠 (安 편안 안)
- 永眠 영면 영원히 잠든다는 뜻으로, '죽음'을 이르는 말 (永 길 영)

熟眠 숙면   睡眠 수면   休眠 휴면
不眠症 불면증   催眠術 최면술

072 | 명

鳴
울 명
鳥부 총14획

- 共鳴 공명 남의 사상이나 감정, 행동 따위에 공감하여 자기도 그와 같이 따르려 함 (共 한가지 공)
- 悲鳴 비명 일이 매우 위급하거나 몹시 두려움을 느낄 때 지르는 외마디 소리 (悲 슬플 비)

腹鳴 복명   自鳴鐘 자명종   孤掌難鳴 고장난명

073 | 모

暮
저물 모
日부 총15획

- 歲暮 세모 한 해가 끝날 무렵. 설을 앞둔 섣달 그믐께 (歲 해 세)
- 朝令暮改 조령모개 아침에 명령을 내렸다가 저녁에 다시 고침 (朝 아침 조, 令 하여금 령, 改 고칠 개)

暮色 모색   暮春 모춘   朝三暮四 조삼모사

074 | 묘

卯
토끼 묘
卩부 총5획

- 卯生 묘생 토끼해에 태어난 사람 (生 날 생)
- 卯時 묘시 오전 다섯 시부터 일곱 시 (時 때 시)
- 卯酒 묘주 아침에 마시는 술 (酒 술 주)

075 | 묘

妙
묘할 묘
女부 총7획

- 妙技 묘기 교묘한 기술과 재주 (技 재주 기)
- 妙案 묘안 뛰어나게 좋은 생각 (案 책상 안)
- 絕妙 절묘 썩 교묘함 (絕 끊을 절)

妙味 묘미   妙手 묘수   妙藥 묘약
妙策 묘책   巧妙 교묘   神妙 신묘

076 | 무

戊
천간 무
戈부 총5획

- 戊夜 무야 '오경(五更)'을 오야의 하나로 이르는 말. 새벽 세 시에서 다섯 시 사이 (夜 밤 야)
- 戊午 무오 육십갑자의 쉰다섯째 (午 낮 오)

戊午士禍 무오사화

077 | 무

茂
무성할 무
艹(艸)부 총9획

- 茂林 무림 나무가 울창하게 우거진 숲 (林 수풀 림)
- 茂盛 무성 초목이 많이 나서 우거짐 (盛 성할 성)

茂才 무재   榮茂 영무   暢茂 창무

078 | 묵

墨
먹 묵
土부 총15획

- 墨客 묵객 먹을 가지고 글씨를 쓰거나 그림을 그리는 사람 (客 손 객)
- 墨香 묵향 먹의 향기 (香 향기 향)
- 白墨 백묵 칠판에 글씨를 쓰는 필기구. 분필 (粉筆) (白 흰 백)

墨守 묵수   墨竹 묵죽   淡墨 담묵
水墨畵 수묵화   紙筆墨 지필묵   騷人墨客 소인묵객

079 | 물

勿
말 물
勹부 총4획

- 勿驚 물경 '놀라지 마라' 또는 '놀랍게도'의 뜻으로 엄청난 것을 말할 때에 미리 내세우는 말 (驚 놀랄 경)
- 勿論 물론 말할 것도 없이 (論 논할 론)

勿施 물시   勿入 물입   勿忘草 물망초
勿失好機 물실호기   勿藥自效 물약자효

080 | 미

尾
꼬리 미
尸부 총7획

- 尾行 미행 사람 몰래 뒤를 밟음 (行 다닐 행)
- 大尾 대미 맨 끝 (大 큰 대)
- 末尾 말미 어떤 사물의 맨 끄트머리 (末 끝 말)

尾燈 미등   交尾 교미   首尾 수미
後尾 후미   燕尾服 연미복   龍頭蛇尾 용두사미

· · · 이 한 자 기 억 해 요 ? · · ·   정답 185

1 燈( ) 2 浪( ) 3 郞( ) 4 涼( ) 5 練( ) 6 烈( ) 7 領( ) 8 露( ) 9 綠( ) 10 柳( )

4급한자 300 | 081~100

081 | 박

성 박

木부 　총6획

素朴 소박 　꾸밈이나 거짓이 없이 생긴 그대로임(素 본디 소)
質朴 질박 　빈 데가 없이 수수함 (質 바탕 질)

朴氏 박씨 　儉朴 검박 　厚朴 후박

082 | 반

飯

밥 반

饣=食부 　총13획

飯店 반점 　식당의 중국식 표현(店 가게 점)
飯酒 반주 　밥을 먹을 때에 곁들여서 한 두 잔 마시는 술(酒 술 주)
白飯 백반 　흰밥(白 흰 백)
朝飯 조반 　아침밥(朝 아침 조)

飯床 반상 　飯饌 반찬 　乾飯 건반
宣飯 선반 　水飯 수반 　殘飯 잔반

083 | 방

방 방

戶부 　총8획

冷房 냉방 　더위를 막기 위해 실내의 온도를 낮추는 일(冷 찰 랭)
獨房 독방 　혼자서 쓰는 방(獨 홀로 독)
新房 신방 　신랑 신부가 첫날밤을 치르도록 새로 꾸민 방(新 새 신)

房門 방문 　監房 감방 　山房 산방
藥房 약방 　冷房病 냉방병 　福德房 복덕방

084 | 배

잔 배

木부 　총8획

乾杯 건배 　건강, 행복 따위를 빌면서 서로 술잔을 들어 마심 (乾 마를 건)
苦杯 고배 　쓴 액체가 든 잔. 쓰라린 경험 (苦 쓸 고)
玉杯 옥배 　옥으로 만든 술잔(玉 구슬 옥)

罰杯 벌배 　聖杯 성배 　祝杯 축배
一杯酒 일배주 　後來三杯 후래삼배

085 | 벌

伐

칠 벌

亻=人부 　총6획

伐木 벌목 　나무를 벰(木 나무 목)
伐草 벌초 　무덤의 잡풀을 베어서 깨끗이 함(草 풀 초)
殺伐 살벌 　행동이나 분위기가 거칠고 무시무시함(殺 죽일 살)

南伐 남벌 　北伐 북벌 　征伐 정벌
採伐 채벌 　天伐 천벌 　討伐 토벌

086 | 범

凡

무릇 범

几부 　총3획

凡例 범례 　책의 첫머리에 그 책의 내용이나 쓰는 방법 따위에 관한 참고 사항을 설명한 글 (例 법식 례)
凡常 범상 　대수롭지 않고 평범함 (常 떳떳할 상)

凡夫 범부 　凡俗 범속 　凡人 범인
大凡 대범 　非凡 비범 　平凡 평범

087 | 병

丙

남녘 병

一부 　총5획

丙科 병과 　조선 시대에 과거 합격자를 나누던 세 등급 가운데 셋째 등급(科 과목 과)
丙子 병자 　육십갑자의 열셋째(子 아들 자)
丙種 병종 　셋째 등급의 종류(種 씨 종)

丙夜 병야 　丙子胡亂 병자호란

088 | 복

伏

엎드릴 복

亻=人부 　총6획

伏兵 복병 　적을 기습하기 위하여 적이 지날 만한 길목에 군사를 숨김, 또는 그 군사(兵 병사 병)
降伏 항복 　적이나 상대편의 힘에 눌리어 굴복함(降 항복할 항)

伏拜 복배 　屈伏 굴복 　起伏 기복
三伏 삼복 　初伏 초복 　哀乞伏乞 애걸복걸

089 | 봉

만날 봉

辶=辵부 　총11획

逢變 봉변 　뜻밖의 변이나 망신스러운 일을 당함, 또는 그 변 (變 변할 변)
逢着 봉착 　서로 닥뜨려 만남(着 붙을 착)
相逢 상봉 　서로 만남(相 서로 상)

逢別 봉별 　逢迎 봉영 　逢辱 봉욕
逢賊 봉적

090 | 부

떼 부

阝=邑부 　총11획

部落 부락 　시골에서 여러 민가가 모여 이룬 마을(落 떨어질 락)
部分 부분 　전체를 몇으로 나눈 것 중의 하나(分 나눌 분)
部品 부품 　기계 따위의 전체의 한 부분을 이루는 물품(品 물건 품)

部隊 부대 　部類 부류 　部門 부문
幹部 간부 　局部 국부 　本部 본부

• • • • 이 한 자 기 억 해 요 ? • • • • 정답 186

1 倫( ) 2 李( ) 3 莫( ) 4 晚( ) 5 忙( ) 6 忘( ) 7 買( ) 8 妹( ) 9 麥( ) 10 免( )

여기는! 朴박 / 扶부

091 | 부

扶 도울 부
扌=手부　총7획

扶養 부양　생활 능력이 없는 사람의 생활을 돌봄(養 기를 양)
扶助 부조　잔칫집이나 상가(喪家) 따위에 돈이나 물건을 보내어 도와줌, 또는 그 돈이나 물건(助 도울 조)

扶桑 부상　　扶養費 부양비　　相扶相助 상부상조

092 | 부
浮
浮 뜰 부
氵=水부　총10획

浮遊 부유　물 위나 물 속, 또는 공기 중에 떠다님(遊 놀 유)
浮浪者 부랑자　일정하게 사는 곳과 하는 일 없이 떠돌아다니는 사람(浪 물결 랑, 者 놈 자)

浮刻 부각　　浮上 부상　　浮揚 부양
浮沈 부침　　浮漂 부표　　浮動票 부동표

093 | 부

否 아닐 부
口부　총7획

否決 부결　회의에서 의안을 승인하지 않기로 결정함(決 결단할 결)
否認 부인　어떤 내용이나 사실을 옳거나 그러하다고 인정하지 아니함(認 알 인)
否定 부정　옳지 아니하다고 반대함(定 정할 정)

可否 가부　　拒否 거부　　當否 당부
安否 안부　　與否 여부　　日可日否 왈가왈부

094 | 불

佛 부처 불
亻=人부　총7획

佛經 불경　불교의 교리를 밝혀 놓은 전적(典籍)을 통틀어 이르는 말(經 글 경)
佛法 불법　부처의 가르침(法 법 법)
成佛 성불　부처가 되는 일(成 이룰 성)

佛家 불가　　佛供 불공　　佛心 불심
生佛 생불　　佛弟子 불제자　　等身佛 등신불

095 | 붕

朋 벗 붕
月부　총8획

朋友 붕우　벗(友 벗 우)
朋友有信 붕우유신
　벗 사이에는 믿음이 있어야 함(友 벗 우, 有 있을 유, 信 믿을 신)

朋黨 붕당　　朋友責善 붕우책선

096 | 비

鼻 코 비
鼻부　총14획

鼻音 비음　입 안의 통로를 막고 코로 공기를 내보내면서 내는 소리(音 소리 음)
耳目口鼻 이목구비
　귀·눈·입·코를 아울러 이르는 말. 얼굴의 생김새(耳 귀 이, 目 눈 목, 口 입 구)

鼻孔 비공　　鼻炎 비염

097 | 비

悲 슬플 비
心부　총12획

悲觀 비관　세상일을 슬프고 괴롭게만 생각함(觀 볼 관)
悲報 비보　슬픈 기별이나 소식(報 알릴 보)
悲運 비운　슬픈 운명(運 옮길 운)
喜悲 희비　기쁨과 슬픔(喜 기쁠 희)

悲劇 비극　　悲戀 비련　　悲鳴 비명
悲痛 비통　　悲哀 비애　　悲慘 비참

098 | 빈

貧 가난할 빈
貝부　총11획

貧農 빈농　가난한 농가나 농민(農 농사 농)
貧民 빈민　가난한 사람들(民 백성 민)
貧富 빈부　가난함과 넉넉함(富 부자 부)
貧弱 빈약　가난하고 약함. 보잘 것 없음(弱 약할 약)

貧困 빈곤　　貧窮 빈궁　　貧血 빈혈
極貧 극빈　　淸貧 청빈　　活貧黨 활빈당

099 | 사

私 사사(私事) 사
禾부　총7획

私感 사감　사사로운 감정(感 느낄 감)
私利 사리　개인적 이익(利 이로울 리)
私心 사심　사사로운 마음(心 마음 심)
私有 사유　개인이 소유함, 또는 그 소유물(有 있을 유)

私見 사견　　私談 사담　　私費 사비
私慾 사욕　　私債 사채　　私企業 사기업

100 | 사

巳 뱀 사
己부　총3획

巳時 사시　오전 아홉 시부터 열한 시(時 때 시)
巳進申退 사진신퇴
　조선 시대에 벼슬아치가 사시(巳時)에 출근하고 신시(申時)에 퇴근하던 일(進 나아갈 진, 申 납 신, 退 물러날 퇴)

乙巳條約 을사조약

· · · · 이　한　자　기　억　해　요　? · · · 정답 187

1 眠(　) 2 鳴(　) 3 暮(　) 4 卯(　) 5 妙(　) 6 戊(　) 7 茂(　) 8 墨(　) 9 勿(　) 10 尾(　)

4급한자 300 | 101~120

101 | 사
舍 집 사
舌부 총8획

- 舍宅 사택: 기업체나 기관에서 직원을 위하여 지은 살림집(宅 집 택)
- 官舍 관사: 관청에서 관리에게 빌려주어 살도록 지은 집(官 벼슬 관)
- 校舍 교사: 학교의 건물(校 학교 교)

舍監 사감　舍利 사리　幕舍 막사
廳舍 청사　畜舍 축사　寄宿舍 기숙사

102 | 사
絲 실 사
糸부 총12획

- 毛絲 모사: 짐승의 털로 만든 실 (毛 터럭 모)
- 生絲 생사: 삶지 않은 명주실(生 날 생)
- 原絲 원사: 직물의 원료가 되는 실 (原 근원 원)

絹絲 견사　鐵絲 철사　極細絲 극세사
一絲不亂 일사불란

103 | 사
謝 사례할 사
言부 총17획

- 謝過 사과: 자기의 잘못을 인정하고 용서를 빎(過 지날 과)
- 謝禮 사례: 언행이나 선물 따위로 상대에게 고마운 뜻을 나타냄 (禮 예도 례)

謝恩 사은　謝意 사의　謝絶 사절
謝罪 사죄　感謝 감사　厚謝 후사

104 | 산
散 흩을 산
攵=攴부 총12획

- 散在 산재: 여기저기 흩어져 있음 (在 있을 재)
- 發散 발산: 밖으로 퍼져 흩어짐, 또는 퍼져 흩어지게 함(發 필 발)
- 分散 분산: 갈라져 흩어짐, 또는 그렇게 되게 함(分 나눌 분)

散漫 산만　散文 산문　散步 산보
閑散 한산　擴散 확산　離散家族 이산가족

105 | 상
常 떳떳할 상
巾부 총11획

- 常備 상비: 늘 갖추어 둠(備 갖출 비)
- 常識 상식: 일반 사람으로서 가져야 할 일반적인 지식·이해력·판단력 (識 알 식)
- 日常 일상: 날마다. 평소(日 날 일)

常勤 상근　常用 상용　異常 이상
正常 정상　恒常 항상　班常會 반상회

106 | 상
霜 서리 상
雨부 총17획

- 霜降 상강: 이십사절기의 하나(降 내릴 강)
- 星霜 성상: 세월(星 별 성)
- 秋霜 추상: 가을의 찬 서리(秋 가을 추)
- 風霜 풍상: 많이 겪은 세상의 어려움과 고생(風 바람 풍)

霜葉 상엽　霜菊 상국　嚴霜 엄상
雪上加霜 설상가상　傲霜孤節 오상고절

107 | 상
喪 잃을 상
口부 총12획

- 喪家 상가: 사람이 죽어 장례를 치르는 집(家 집 가)
- 喪失 상실: 어떤 것이 아주 없어지거나 사라짐(失 잃을 실)
- 喪中 상중: 상을 당하고 장례를 치르는 동안(中 가운데 중)

喪服 상복　喪主 상주　國喪 국상
問喪 문상　脫喪 탈상　好喪 호상

108 | 상
傷 다칠 상
亻=人부 총13획

- 傷心 상심: 마음 아파함(心 마음 심)
- 傷處 상처: 몸을 다쳐서 부상을 입은 자리(處 곳 처)
- 傷害 상해: 사람의 생리적 기능에 장해를 주는 일(害 해할 해)

感傷 감상　落傷 낙상　凍傷 동상
負傷 부상　重傷 중상　火傷 화상

109 | 서
暑 더울 서
日부 총13획

- 暑退 서퇴: 더위가 물러감(退 물러날 퇴)
- 大暑 대서: 24절기의 하나. 소서와 입추 사이(大 큰 대)
- 小暑 소서: 24절기의 하나(小 작을 소)
- 暴暑 폭서: 불볕더위(暴 사나울 폭)

猛暑 맹서　炎暑 염서　避暑 피서
寒暑 한서

110 | 석
昔 예 석
日부 총8획

- 昔年 석년: 여러 해 전(年 해 년)
- 今昔 금석: 지금과 옛날을 아울러 이르는 말(今 이제 금)
- 往昔 왕석: 옛적(往 갈 왕)

昔人 석인　昔賢 석현　古昔 고석
宿昔 숙석　遙昔 요석　今昔之感 금석지감

이 한 자 기 억 해 요 ?　　정답 188

1 朴(　)　2 飯(　)　3 房(　)　4 杯(　)　5 伐(　)　6 凡(　)　7 丙(　)　8 伏(　)　9 逢(　)　10 部(　)

여기는! 舍사 / 惜석

111 | 석

아낄 석
忄=心부 총11획

- 惜別 석별　서로 애틋하게 이별함, 또는 그런 이별(別 다를 별)
- 惜敗 석패　경기나 경쟁에서 약간의 점수 차이로 아깝게 짐(敗 패할 패)
- 哀惜 애석　슬프고 아까움(哀 슬플 애)
- 痛惜 통석

112 | 설

혀 설
舌부 총6획

- 舌戰 설전　말다툼(戰 싸움 전)
- 口舌數 구설수　남에게 구설을 들을 운수 (口 입 구, 數 셈 수)
- 長廣舌 장광설　쓸데없이 장황하게 늘어놓는 말(長 긴 장, 廣 넓을 광)
- 舌耕 설경　舌禍 설화　辯舌 변설
- 兩舌 양설　毒舌家 독설가　龍舌蘭 용설란

113 | 성

성인 성
耳부 총13획

- 聖人 성인　지덕이 뛰어나 세인의 모범으로서 숭상을 받을 만한 사람 (人 사람 인)
- 聖者 성자　성인(者 놈 자)
- 聖戰 성전　거룩한 사명을 띤 전쟁 (戰 싸움 전)
- 聖君 성군　聖堂 성당　聖恩 성은
- 聖賢 성현　神聖 신성　告解聖事 고해성사

114 | 성

성할 성
皿부 총12획

- 盛大 성대　아주 성함(大 큰 대)
- 盛業 성업　사업이나 장사가 잘 되는 일, 또는 그러한 사업이나 장사 (業 업 업)
- 强盛 강성　강하고 성함(强 강할 강)
- 豊盛 풍성　넉넉하고 많음(豊 풍년 풍)
- 盛世 성세　盛行 성행　大盛 대성
- 隆盛 융성　興盛 흥성　全盛期 전성기

115 | 세

세금 세
禾부 총12획

- 稅金 세금　나라에서 쓰는 비용을 마련하기 위하여 국민으로부터 거두어들이는 돈(金 쇠 금)
- 稅法 세법　세금의 부과·징수 등에 관한 법률(法 법 법)
- 稅制 세제　減稅 감세　課稅 과세
- 關稅 관세　納稅 납세　免稅 면세

116 | 세

가늘 세
糸부 총11획

- 細分 세분　잘게 나눔(分 나눌 분)
- 細密 세밀　세세하고 주밀함 (密 빽빽할 밀)
- 明細書 명세서　하나하나의 내용을 자세히 적은 문서 (明 밝을 명, 書 글 서)
- 細柳 세류　細心 세심　細則 세칙
- 細胞 세포　微細 미세　詳細 상세

117 | 소

웃음 소
竹부 총10획

- 可笑 가소　터무니없거나 같잖아서 우스움(可 옳을 가)
- 苦笑 고소　쓴 웃음(苦 쓸 고)
- 失笑 실소　더 참지를 못하고 저도 모르게 웃음, 또는 그 웃음(失 잃을 실)
- 冷笑 냉소　談笑 담소
- 微笑 미소　爆笑 폭소
- 拍掌大笑 박장대소　破顔大笑 파안대소

118 | 속

이을 속
糸부 총21획

- 續開 속개　잠시 중단되었던 회의 따위를 다시 계속하여 엶(開 열 개)
- 續報 속보　계속해서 보도함, 또는 그 보도(報 알릴 보)
- 續續 속속　자꾸 계속하여
- 續出 속출　잇따라 나옴(出 날 출)
- 續行 속행　繼續 계속　相續 상속
- 連續 연속　接續 접속　持續 지속

119 | 송

소나무 송
木부 총8획

- 落葉松 낙엽송　소나뭇과의 낙엽 침엽 교목(落 떨어질 락, 葉 잎 엽)
- 落落長松 낙락장송　가지가 길게 축축 늘어진 키가 큰 소나무(落 떨어질 락, 長 긴 장)
- 松竹 송죽　松津 송진　松花 송화
- 老松 노송　赤松 적송　正二品松 정이품송

120 | 수

모름지기 수
頁부 총12획

- 須要 수요　꼭 요구되는 바가 있음 (要 요긴할 요)
- 必須 필수　꼭 있어야 하거나 하여야 함 (必 반드시 필)

이 한 자 기억해요?

1 扶(　)　2 浮(　)　3 否(　)　4 佛(　)　5 朋(　)　6 鼻(　)　7 悲(　)　8 貧(　)　9 私(　)　10 巳(　)

4급한자 300 | 121~140

121 | 수

누구 수
言부 총15획

誰何수하 어두워서 상대편의 정체를 식별하기 어려울 때 아군끼리 약속한 암호를 확인함 (何 어찌 하)

某也誰也 모야수야

122 | 수
雖
비록 수
隹부 총17획

雖然수연 비록 그러하나 (然 그럴 연)

123 | 수

근심 수
心부 총13획

愁心수심 매우 근심함, 또는 그런 마음 (心 마음 심)
哀愁애수 슬픈 시름 (哀 슬플 애)
鄕愁향수 고향을 그리워하는 마음이나 시름 (鄕 시골 향)

愁色수색　客愁객수　旅愁여수
憂愁우수　愁心歌수심가

124 | 수
壽
목숨 수
士부 총14획

壽命수명 생물이 살아있는 연한 (命 목숨 명)
長壽장수 오래도록 삶 (長 긴 장)
天壽천수 타고난 수명 (天 하늘 천)
祝壽축수 오래 살기를 빎 (祝 빌 축)

壽衣수의　享壽향수　獻壽헌수
萬壽無疆만수무강　壽福康寧수복강녕

125 | 수

빼어날 수
禾부 총7획

秀士수사 학술과 덕행이 뛰어난 선비 (士 선비 사)
秀才수재 뛰어난 재주, 또는 머리가 좋고 재주가 뛰어난 사람 (才 재주 재)

秀麗수려　秀逸수일　優秀우수
俊秀준수

126 | 수
樹
나무 수
木부 총16획

樹立수립 이룩하여 세움 (立 설 립)
樹木수목 살아 있는 나무 (木 나무 목)
街路樹가로수 길가의 양쪽에 잇달아 심은 나무 (街 거리 가, 路 길 로)
針葉樹침엽수 소나무, 잣나무와 같이 잎이 바늘 모양으로 생긴 나무의 총칭 (針 바늘 침, 葉 잎 엽)

樹林수림　果樹과수　植樹식수
樹木園수목원　常綠樹상록수　闊*葉樹활엽수

127 | 수

닦을 수
亻=人부 총10획

修道수도 도를 닦음 (道 길 도)
修理수리 고장난 데나 허름한 데를 손보아 고침 (理 다스릴 리)
修正수정 바로잡아서 고침 (正 바를 정)
修行수행 행실, 학문, 기예 따위를 닦음 (行 다닐 행)

修交수교　修女수녀　修身수신
修養수양　研修연수　必修필수

128 | 숙

잘 숙/별자리 수
宀부 총11획

宿所숙소 머물러 묵고 있는 곳 (所 바 소)
宿食숙식 자고 먹음 (食 밥 식)
宿願숙원 오래전부터 품어 온 염원이나 소망 (願 원할 원)
合宿합숙 여러 사람이 한 곳에서 집단적으로 묵음 (合 합할 합)

宿命숙명　宿泊숙박　宿題숙제
宿直숙직　宿醉숙취　露宿노숙

129 | 숙
叔
아재비 숙
又부 총8획

叔父숙부 아버지의 결혼한 남동생을 이르는 말. 작은 아버지 (父 아비 부)
堂叔당숙 아버지의 사촌 형제로 오촌이 되는 관계 (堂 집 당)

叔母숙모　叔姪숙질　伯叔백숙
外叔외숙　從叔종숙

130 | 숙
淑
맑을 숙
氵=水부 총11획

淑女숙녀 성년이 된 여자를 아름답게 이르는 말 (女 계집 녀)
淑德숙덕 정숙하고 단아한 여성의 미덕 (德 큰 덕)
賢淑현숙 어질고 정숙함 (賢 어질 현)

私淑사숙　貞淑정숙

· · · · 이 한 자 기 억 해 요 ? 정답 190

1 舍(　) 2 絲(　) 3 謝(　) 4 散(　) 5 常(　) 6 霜(　) 7 喪(　) 8 傷(　) 9 暑(　) 10 昔(　)

여기는! 誰수 / 純순

131 | 순

순수할 순
糸부　총10획

純金 순금　다른 금속이 섞이지 아니한 순수한 금(金 쇠 금)
純益 순익　총이익에서 영업비, 잡비 따위의 총비용을 빼고 남은 순전한 이익(益 더할 익)

純潔 순결　純白 순백　純眞 순진
純化 순화　單純 단순　淸純 청순

132 | 술

개 술
戈부　총6획

戌生 술생　개띠 해에 태어난 사람 (生 날 생)
戌時 술시　오후 일곱 시부터 아홉 시 (時 때 시)

133 | 숭

높을 숭
山부　총11획

崇高 숭고　드높음(高 높을 고)
崇拜 숭배　신이나 부처 따위의 종교적 대상을 우러러 신앙함 (拜 절 배)
崇尙 숭상　높이 소중히 여김 (尙 오히려 상)

崇仰 숭앙　崇嚴 숭엄　隆崇 융숭
尊崇 존숭

134 | 습

주울 습/열 십
扌=手부　총9획

拾得 습득　주워서 얻음(得 얻을 득)
收拾 수습　어수선한 사태를 거두어 바로 잡음(收 거둘 수)

拾遺 습유　拾取 습취

135 | 승

이을 승
手부　총8획

承服 승복　납득하여 따름(服 옷 복)
承認 승인　어떤 사실을 마땅하다고 받아 들임(認 알 인)
傳承 전승　문화, 풍속, 제도 따위를 이어 받아 계승함(傳 전할 전)

承繼 승계　承諾 승낙　承統 승통
繼承 계승　師承 사승　承政院 승정원

136 | 승

탈 승
丿부　총10획

乘客 승객　차, 배, 비행기 따위의 탈 것을 타는 손님(客 손 객)
乘馬 승마　말을 탐. 말 타기(馬 말 마)
乘運 승운　좋은 운수를 탐(運 옮길 운)
合乘 합승　여러 사람이 함께 탐. 또는 타는 그 차(合 합할 합)

乘車 승차　試乘 시승　乘用車 승용차
乘勝長驅 승승장구　加減乘除 가감승제

137 | 시

시험 시
言부　총13획

試圖 시도　시험삼아 꾀하여 봄(圖 그림 도)
試食 시식　맛이나 요리 솜씨를 보기 위하여 시험적으로 먹어 봄 (食 밥 식)
試行 시행　시험적으로 행함(行 다닐 행)

試鍊 시련　試合 시합　試驗 시험
入試 입시　試金石 시금석　試寫會 시사회

138 | 신

펼, 납 신
田부　총5획

申告 신고　사람에게 어떤 사실을 알리는 일(告 고할 고)
上申 상신　윗사람이나 관청 등에 의견이나 사정 따위를 말이나 글로 보고함(上 윗 상)

申請 신청　　內申 내신
申師任堂 신사임당　申申付託 신신부탁

139 | 신

매울 신
辛부　총7획

辛苦 신고　어려운 일을 당하여 몹시 애씀. 또는 그런 고생 (苦 쓸 고)
香辛料 향신료　음식에 맵거나 향기로운 맛을 더하는 조미료 (香 향기 향, 料 헤아릴 료)

五辛 오신　千辛萬苦 천신만고

140 | 심
심할 심
甘부　총9획

甚難 심난　몹시 어려움(難 어려울 난)
甚深 심심　대단히 깊음(深 깊을 심)
極甚 극심　더할 나위 없이 심함 (極 극진할 극)
莫甚 막심　매우 심함(莫 없을 막)

甚大 심대　甚惡 심악　激甚 격심
甚至於 심지어

• • • 이 한 자 기 억 해 요 ? • • • 정답 191

1 惜(　) 2 舌(　) 3 聖(　) 4 盛(　) 5 稅(　) 6 細(　) 7 笑(　) 8 續(　) 9 松(　) 10 須(　)

4급한자 300 | 141~160

141 | 심
深 깊을 심
氵=水부 총11획

- 深度 심도: 깊은 정도(度 법도 도)
- 深思 심사: 깊이 생각함, 또는 깊은 생각 (思 생각 사)
- 深夜 심야: 깊은 밤 (夜 밤 야)
- 水深 수심: 물의 깊이 (水 물 수)
- 深刻 심각 深醉 심취 深層 심층
- 深海 심해 深化 심화 夜深 야심

142 | 아
我 나 아
戈부 총7획

- 我軍 아군: 우리 편 군대 (軍 군사 군)
- 我執 아집: 자기 중심의 생각에 집착하여 자기 의견만을 내세우는 것 (執 잡을 집)
- 自我 자아: 자기 자신 (自 스스로 자)
- 我國 아국 彼我 피아 無我境 무아경
- 我田引水 아전인수 物我一體 물아일체

143 | 악
惡 악할 악/미워할 오
心부 총12획

- 惡德 악덕: 도덕에 어긋나는 나쁜 마음이나 나쁜 짓 (德 큰 덕)
- 惡名 악명: 추악한 이름 (名 이름 명)
- 惡法 악법: 나쁜 법률 (法 법 법)
- 惡質 악질: 못된 성질, 또는 그 성질을 가진 사람 (質 바탕 질)
- 惡役 악역 惡用 악용 惡意 악의
- 惡臭 악취 惡化 악화 憎惡 증오

144 | 안
顔 낯 안
頁부 총18획

- 顔面 안면: 얼굴 (面 낯 면)
- 顔色 안색: 얼굴빛. 낯빛 (色 빛 색)
- 童顔 동안: 어린아이의 얼굴 (童 아이 동)
- 紅顔 홍안: 붉은 얼굴, 젊어서 혈색이 좋은 얼굴 (紅 붉을 홍)
- 無顔 무안 洗顔 세안 破顔大笑 파안대소
- 厚顔無恥 후안무치

145 | 안

眼 눈 안
目부 총11획

- 眼目 안목: 사물을 보아서 분별할 수 있는 식견, 또는 사물의 가치를 판별할 수 있는 능력 (目 눈 목)
- 肉眼 육안: 안경 따위를 쓰지 않은 본래의 눈이나 시력. 맨눈 (肉 고기 육)
- 眼科 안과 開眼 개안 主眼 주안
- 血眼 혈안 千里眼 천리안 眼下無人 안하무인

146 | 암
巖 바위 암
山부 총23획

- 巖山 암산: 바위로만 이루어진 산 (山 메 산)
- 巖石 암석: 지각을 구성하고 있는 단단한 물질 (石 돌 석)
- 巖居 암거 巖盤 암반 巖壁 암벽
- 巖鹽 암염 石灰巖 석회암 層巖絶壁 층암절벽

147 | 암

暗 어두울 암
日부 총13획

- 暗記 암기: 머릿속에 기억하여 잊지 아니함 (記 기록할 기)
- 暗室 암실: 밖으로부터 빛이 들어오지 못하도록 꾸며 놓은 방 (室 집 실)
- 暗號 암호: 당사자끼리만 쓰는 신호나 부호 (號 이름 호)
- 暗算 암산 暗殺 암살 暗示 암시
- 暗鬪 암투 暗行 암행 暗黑 암흑

148 | 앙

仰 우러를 앙
亻=人부 총6획

- 仰望 앙망: 자기의 요구나 희망이 실현되기를 우러러 바람 (望 바랄 망)
- 信仰 신앙: 신 등을 굳게 믿어 그 가르침을 따르고 지키는 일 (信 믿을 신)
- 推仰 추앙: 높이 받들어 우러러봄 (推 밀 추)
- 仰慕 앙모 仰天 앙천 崇仰 숭앙

149 | 애
哀 슬플 애
口부 총9획

- 哀歌 애가: 슬픈 마음을 읊은 시가 (歌 노래 가)
- 哀傷 애상: 죽은 사람을 생각하며 마음이 매우 상함 (傷 다칠 상)
- 哀乞 애걸 哀戀 애련 哀慕 애모
- 哀願 애원 哀痛 애통 悲哀 비애

150 | 야
也 이끼, 어조사 야
乙부 총3획

- 及其也 급기야: 필경에는. 마침내 (及 미칠 급, 其 그 기)
- 獨也靑靑 독야청청: 홀로 높은 절개를 지켜 늘 변함이 없음 (獨 홀로 독, 靑 푸를 청)
- 某也某也 모야모야

이 한자 기억해요?

1 誰( ) 2 雖( ) 3 愁( ) 4 壽( ) 5 秀( ) 6 樹( ) 7 修( ) 8 宿( ) 9 叔( ) 10 淑( )

여기는! 深심 / 讓양

151 | 양

讓
사양할 양
言부 총24획

讓步 양보 길이나 자리, 물건 따위를 사양하여 남에게 미루어 줌 (步 걸음 보)
讓位 양위 임금의 자리를 물려줌 (位 자리 위)
讓渡 양도 謙讓 겸양 分讓 분양
辭讓 사양 禪讓 선양

152 | 양
揚
날릴 양
扌=手부 총12획

浮揚 부양 가라앉은 것이 떠오름, 또는 떠오르게 함 (浮 뜰 부)
止揚 지양 더 높은 단계로 오르기 위하여 어떠한 것을 하지 아니함 (止 그칠 지)
揚揚 게양 激揚 격양 高揚 고양
抑揚 억양 讚揚 찬양 國威宣揚 국위선양

153 | 어

於
어조사 어/탄식할 오
方부 총8획

甚至於 심지어 더욱 심하다 못하여 나중에는 (甚 심할 심, 至 이를 지)
於中間 어중간 거의 중간 쯤 되는 데 (中 가운데 중, 間 사이 간)
於此彼 어차피 이렇게 하든지 저렇게 하든지 (此 이 차, 彼 저 피)
於焉 어언 靑出於藍 청출어람

154 | 억

憶
생각할 억
忄=心부 총16획

記憶 기억 이전의 인상이나 경험을 의식 속에 간직하거나 도로 생각해 냄 (記 기록할 기)
追憶 추억 지나간 일을 돌이켜 생각함, 또는 그런 생각 (追 쫓을 추)
憶起 억기 憶念 억념 記憶力 기억력
記憶術 기억술

155 | 억

億
억 억
亻=人부 총15획

億年 억년 1억년 (年 해 년)
億萬 억만 억. 썩 많은 수효 (萬 일만 만)
億萬年 억만년 끝없이 긴 세월 (萬 일만 만, 年 해 년)
億代 억대 億丈 억장 數億 수억
一億 일억 億萬金 억만금 億萬長者 억만장자

156 | 엄
嚴
엄할 엄
口부 총20획

嚴禁 엄금 엄하게 금지함 (禁 금할 금)
嚴命 엄명 엄하게 명령함, 또는 그런 명령 (命 목숨 명)
嚴重 엄중 몹시 엄함 (重 무거울 중)
至嚴 지엄 지극히 엄함 (至 이를 지)
嚴格 엄격 嚴冬 엄동 嚴親 엄친
戒嚴 계엄 無嚴 무엄 尊嚴 존엄

157 | 여

余
나 여
人부 총7획

余等 여등 우리 (等 무리 등)
余月 여월 음력 4월을 달리 이르는 말 (月 달 월)

158 | 여

餘
남을 여
飠=食부 총16획

餘念 여념 어떤 일에 대하여 생각하고 있는 것 이외의 다른 생각 (念 생각 념)
餘談 여담 이야기하는 과정에서 본 줄거리와 관계없이 흥미로 하는 딴 이야기 (談 말씀 담)
餘力 여력 餘分 여분 餘罪 여죄
餘地 여지 餘波 여파 餘興 여흥

159 | 여

與
더불, 줄 여
臼부 총14획

與信 여신 금융 기관에서 고객에게 돈을 빌려 주는 일 (信 믿을 신)
給與 급여 돈이나 물품 따위를 줌, 또는 그 돈이나 물품 (給 줄 급)
授與 수여 증서, 상장, 훈장 따위를 줌 (授 줄 수)
與件 여건 與黨 여당 關與 관여
寄與 기여 貸與 대여 參與 참여

160 | 여

汝
너 여
氵=水부 총6획

汝等 여등 너희들 (等 무리 등)
汝矣島 여의도 한강 가운데 있는 섬 (矣 어조사 의, 島 섬 도)

· · · 이 한 자 기 억 해 요 ? · · · 정답 193

1 純(　) 2 戌(　) 3 崇(　) 4 拾(　) 5 承(　) 6 乘(　) 7 試(　) 8 申(　) 9 辛(　) 10 甚(　)

4급한자 300 | 161~180

161 | 여

같을 여
女부 총6획

如前 여전 전과 같음(前 앞 전)
藥師如來 약사여래
중생을 병이나 재난에서 건져
준다는 부처
(藥 약 약, 師 스승 사, 來 올 래)

如實 여실 如意 여의 如何 여하
缺如 결여 如反掌 여반장 何如間 하여간

162 | 역
亦
또 역
亠부 총6획

亦是 역시 또한(是 옳을 시)

亦然 역연 其亦是 기역시

163 | 연

연기 연
火부 총13획

煙氣 연기 무엇이 불에 탈 때에 생겨나
는 흐릿한 기체나 기운
(氣 기운 기)
禁煙 금연 담배를 피우는 것을 금함
(禁 금할 금)

煙草 연초 砲煙 포연 黑煙 흑연
吸煙 흡연 無煙炭 무연탄 愛煙家 애연가

164 | 열

기쁠 열
忄=心부 총10획

悅樂 열락 기뻐하고 즐거워함(樂 즐길 락)
喜悅 희열 기쁨과 즐거움, 또는 기뻐하
고 즐거워함(喜 기쁠 희)

悅服 열복 悅親 열친 滿悅 만열
法悅 법열

165 | 염
炎
불꽃 염
火부 총8획

炎上 염상 불이 타오름(上 윗 상)
炎天 염천 여름의 몹시 더운 날씨
(天 하늘 천)
暴炎 폭염 매우 심한 더위(暴 사나울 폭)

炎症 염증 肝炎 간염 腦炎 뇌염
胃炎 위염 肺炎 폐렴 炎凉世態 염량세태

166 | 엽

잎 엽
艹=艸부 총13획

葉書 엽서 우편 엽서의 준말(書 글 서)
末葉 말엽 어떤 시대를 세 시기로 구
분하였을 때의 끝 시기
(末 끝 말)
葉綠體 엽록체 식물 잎의 세포 안에 엽록
소를 함유하여 녹색을 띠
며 녹말을 만드는 부분
(綠 푸를 록, 體 몸 체)

枯葉 고엽 落葉 낙엽 中葉 중엽
初葉 초엽 葉綠素 엽록소 金枝玉葉 금지옥엽

167 | 영
迎
맞을 영
辶=辵부 총8획

迎接 영접 손님을 맞아서 대접하는 일
(接 이을 접)
迎合 영합 자기의 생각을 상대편이나 세
상 풍조에 맞춤(合 합할 합)
歡迎 환영 오는 사람을 기쁜 마음으로
반갑게 맞음(歡 기쁠 환)

迎鼓 영고 迎賓 영빈 迎送 영송
迎入 영입 親迎 친영 送舊迎新 송구영신

168 | 오
誤
그르칠 오
言부 총14획

誤算 오산 추측이나 예상을 잘못함, 또
는 그런 추측이나 예상
(算 셈 산)
誤判 오판 잘못 보거나 잘못 판단함, 또
는 잘못된 판단(判 판단할 판)

誤發 오발 誤報 오보 誤審 오심
誤認 오인 誤診 오진 過誤 과오

169 | 오

나 오
口부 총7획

吾等 오등 우리(等 무리 등)
吾人 오인 나. 우리(人 사람 인)
吾兄 오형 친한 벗을 높여 부르는 말
(兄 형 형)

吾子 오자 吾鼻三尺 오비삼척

170 | 오

깨달을 오
忄=心부 총10획

開悟 개오 지혜를 얻어 진리를 깨닫는
일(開 열 개)
大悟 대오 번뇌에서 벗어나 진리를 깨달
음(大 큰 대)

覺悟 각오 孫悟空 손오공

· · · · 이 한 자 기 억 해 요 ? · · · · 정답 194

1 深( ) 2 我( ) 3 惡( ) 4 顔( ) 5 眼( ) 6 嚴( ) 7 暗( ) 8 仰( ) 9 哀( ) 10 也( )

여기는! 如여 / 瓦와

171 | 와
瓦
기와 와
瓦부 총5획

- 瓦當 와당 : 기와의 마구리 (當 마땅 당)
- 瓦屋 와옥 : 기와집 (屋 집 옥)
- 瓦解 와해 : 조직이나 계획 따위가 산산이 무너지고 흩어짐 (解 풀 해)
- 靑瓦 청와 : 푸른 기와 (靑 푸를 청)
- 瓦家 와가
- 瓦器 와기
- 瓦石 와석
- 瓦裂 와열
- 瓦合 와합
- 靑瓦臺 청와대

172 | 와
臥
누울 와
臣부 총8획

- 臥病 와병 : 앓아누움 (病 병 병)
- 臥席 와석 : 병석에 누움 (席 자리 석)
- 臥食 와식 : 일은 하지 않고 놀고먹음 (食 밥 식)
- 臥龍 와룡
- 臥床 와상
- 側臥 측와

173 | 왈
曰
가로 왈
曰부 총4획

- 曰可曰否 왈가왈부 : 어떤 일에 대하여 옳거니 옳지 아니하거니 하고 말함 (可 옳을 가, 否 아닐 부)
- 曰是曰非 왈시왈비 : 어떤 일에 대하여 옳으니 그르니 하고 말함 (是 옳을 시, 非 아닐 비)
- 曰字 왈자
- 或曰 혹왈
- 公子曰 공자왈

174 | 욕
欲
하고자할 욕
欠부 총11획

- 欲求 욕구 : 바람 (求 구할 구)
- 欲望 욕망 : 바라고 원함. 무엇을 가지고자 하는 일, 또는 그 마음 (望 바랄 망)
- 意欲 의욕 : 적극적으로 하고자 하는 마음 (意 뜻 의)
- 欲念 욕념
- 欲情 욕정
- 情欲 정욕
- 欲求不滿 욕구불만
- 欲速不達 욕속부달

175 | 우
于
어조사 우
二부 총3획

- 于今 우금 : 지금까지 (今 이제 금)
- 于先 우선 : 먼저 (先 먼저 선)
- 于山國 우산국 : 울릉도의 옛이름 (山 메 산, 國 나라 국)
- 于歸 우귀
- 于禮 우례

176 | 우
憂
근심 우
心부 총15획

- 憂國 우국 : 나랏일을 근심하고 염려함 (國 나라 국)
- 內憂外患 내우외환 : 나라 안팎의 여러 가지 어려움 (內 안 내, 外 바깥 외, 患 근심 환)
- 憂慮 우려
- 憂愁 우수
- 憂患 우환
- 積憂 적우
- 忘憂物 망우물

177 | 우
尤
더욱 우
尢부 총4획

- 尤妙 우묘 : 더욱 신통함 (妙 묘할 묘)
- 尤甚 우심 : 더욱 심함 (甚 심할 심)
- 尤物 우물
- 殊尤 수우

178 | 우
又
또 우
又부 총2획

- 日日新又日新 일일신우일신 : 나날이 새로워짐 (日 날 일, 新 새 신)
- 又況 우황

179 | 우
遇
만날 우
辶=辵부 총13획

- 不遇 불우 : 재능이나 포부를 가지고 있으면서도 쓰일 때를 만나지 못함 (不 아닐 불)
- 禮遇 예우 : 예의를 지키어 정중하게 대우함 (禮 예도 례)
- 境遇 경우
- 冷遇 냉우
- 待遇 대우
- 處遇 처우
- 千載一遇 천재일우

180 | 운
云
이를 운
二부 총4획

- 云云 운운 : 글이나 말을 인용하거나 생략할 때에, 이러이러하다고 말함의 뜻으로 쓰는 말
- 云爲 운위 : 말과 행동 (爲 할 위)

• • • 이 한 자 기 억 해 요 ?   정답 195

1 讓( ) 2 揚( ) 3 於( ) 4 憶( ) 5 億( ) 6 嚴( ) 7 余( ) 8 餘( ) 9 與( ) 10 汝( )

4급한자 300 | 181~200

181 | 원
圓 둥글 원 (口부 총13획)

- 圓滿 원만: 성격이 급하거나 거칠지 않음 (滿 찰 만)
- 圓心 원심: 원의 중심 (心 마음 심)
- 圓形 원형: 둥근 모양 (形 모양 형)
- 圓熟 원숙
- 圓卓 원탁
- 一圓 일원
- 圓周率 원주율
- 大團圓 대단원

182 | 원
怨 원망할 원 (心부 총9획)

- 怨望 원망: 못마땅하게 여기어 탓하거나 불평을 품고 미워함 (望 바랄 망)
- 怨聲 원성: 원망하는 소리 (聲 소리 성)
- 怨念 원념
- 怨恨 원한
- 私怨 사원
- 宿怨 숙원
- 哀怨 애원
- 民怨 민원

183 | 위
危 위태할 위 (卩부 총6획)

- 危急 위급: 매우 위태롭고 급함 (急 급할 급)
- 危重 위중: 병세가 심각함 (重 무거울 중)
- 危害 위해: 위험한 재해 (害 해할 해)
- 危機 위기
- 危篤 위독
- 危殆 위태
- 危險 위험
- 安危 안위
- 累卵之危 누란지위

184 | 위
威 위엄 위 (女부 총9획)

- 威嚴 위엄: 존경할 만한 위세가 있어 점잖고 엄숙함, 또는 그런 태도나 기세 (嚴 엄할 엄)
- 權威 권위: 일정한 분야에서 사회적으로 인정을 받고 영향력을 끼칠 수 있는 위신 (權 권세 권)
- 威勢 위세
- 威信 위신
- 威容 위용
- 威風 위풍
- 國威 국위
- 示威 시위

185 | 위
偉 클 위 (亻=人부 총11획)

- 偉大 위대: 크게 뛰어나고 훌륭함 (大 큰 대)
- 偉業 위업: 위대한 사업이나 업적 (業 업 업)
- 偉容 위용: 위엄찬 모양이나 모습 (容 얼굴 용)
- 偉功 위공
- 偉力 위력
- 偉名 위명
- 偉人 위인

186 | 유
猶 오히려 유 (犭=犬부 총12획)

- 猶女 유녀: 조카딸 (女 계집 녀)
- 猶父 유부: 삼촌 (父 아비 부)
- 猶太敎 유태교: 유대교. 모세의 율법을 기초로 발달한 유대 민족의 종교 (太 클 태, 敎 가르칠 교)
- 猶子 유자
- 猶豫 유예
- 過猶不及 과유불급

187 | 유
幼 어릴 유 (幺부 총5획)

- 幼年 유년: 어린 나이나 때 (年 해 년)
- 幼兒 유아: 어린 아이 (兒 아이 아)
- 幼弱 유약: 어리고 약함 (弱 약할 약)
- 長幼 장유: 어른과 어린이를 아울러 이르는 말 (長 긴 장)
- 幼君 유군
- 幼蟲 유충
- 老幼 노유
- 幼年期 유년기
- 幼稚園 유치원
- 長幼有序 장유유서

188 | 유
遊 놀 유 (辶=辵부 총13획)

- 遊園地 유원지: 돌아다니며 구경하거나 놀기 위하여 여러 가지 설비를 갖춘 곳 (園 동산 원, 地 따 지)
- 野遊會 야유회: 들놀이를 하는 모임 (野 들 야, 會 모일 회)
- 遊擊 유격
- 遊覽 유람
- 遊說 유세
- 遊學 유학
- 遊興 유흥
- 夢遊病 몽유병

189 | 유
柔 부드러울 유 (木부 총9획)

- 柔道 유도: 두 사람이 맨손으로 맞잡고 던져 넘어뜨리거나 조르거나 눌러 승부를 겨루는 운동 (道 길 도)
- 柔順 유순: 성질이 부드럽고 온순함 (順 순할 순)
- 柔弱 유약
- 柔軟 유연
- 溫柔 온유
- 和柔 화유
- 懷柔 회유
- 內柔外剛 내유외강

190 | 유
唯 오직 유 (口부 총11획)

- 唯物論 유물론: 만물의 근원을 물질뿐이라고 주장하는 이론 (物 물건 물, 論 논할 론)
- 唯心論 유심론: 우주의 본체를 정신이라고 주장하는 이론 (心 마음 심, 論 논할 론)
- 唯我論 유아론
- 唯一神 유일신
- 唯我獨尊 유아독존
- 唯一無二 유일무이

• • • 이 한 자 기 억 해 요 ? • • • 정답 196

1 如( ) 2 亦( ) 3 煙( ) 4 悅( ) 5 炎( ) 6 葉( ) 7 迎( ) 8 誤( ) 9 吾( ) 10 悟( )

여기는! 圓원 / 酉유

191 | 유

닭 유
酉부 총7획

酉生 유생 닭띠 해에 태어난 사람 (生 날 생)
酉聖 유성 술을 달리 이르는 말 (聖 성인 성)
酉時 유시 오후 다섯 시부터 일곱 시 (時 때 시)

192 | 을
乙
새 을
乙부 총1획

乙種 을종 둘째 등급의 종류 (種 씨 종)
甲男乙女 갑남을녀 평범한 사람들 (甲 갑옷 갑, 男 사내 남, 女 계집 녀)

太乙 태을   乙巳條約 을사조약
乙丑甲子 을축갑자

193 | 음
陰
그늘 음
阝=阜부 총11획

陰德 음덕 드러내지 않고 베푼 덕행 (德 큰 덕)
陰陽 음양 음과 양. 만물의 근원이 되는 상반된 성질을 가진 두 가지 것 (陽 볕 양)
陰地 음지 그늘진 곳. 응달 (地 따 지)

陰曆 음력   陰謀 음모   陰散 음산
陰濕 음습   陰沈 음침   陰凶 음흉

194 | 음

읊을 음
口부 총7획

吟味 음미 어떤 사물 또는 개념의 속 내용을 새겨서 느끼거나 생각함 (味 맛 미)
吟詩 음시 시를 읊음 (詩 시 시)

吟聲 음성   吟詠 음영
吟遊詩人 음유시인   吟風弄月 음풍농월

195 | 읍

울 읍
氵=水부 총8획

感泣 감읍 감동하여 목메어 욺 (感 느낄 감)
哀泣 애읍 슬피 욺 (哀 슬플 애)
號泣 호읍 목 놓아 큰 소리로 욺, 또는 그런 울음 (號 이름 호)

泣訴 읍소   泣請 읍청   泣血 읍혈
哭泣 곡읍   嗚泣 오읍   飮泣 음읍

196 | 의

의지할 의
亻=人부 총8획

依舊 의구 옛 모습과 다름이 없음 (舊 예 구)
依然 의연 전과 다름없는 모습 (然 그럴 연)
依他心 의타심 남에게 의지하는 마음 (他 다를 타, 心 마음 심)

依據 의거   依例 의례   依賴 의뢰
依支 의지   依託 의탁   歸依 귀의

197 | 의

어조사 의
矢부 총7획

汝矣島 여의도 한강 가운데 있는 섬 (汝 너 여, 島 섬 도)
萬事休矣 만사휴의 더 손 쓸 수도 없이 모든 것이 끝장남 (萬 일만 만, 事 일 사, 休 쉴 휴)

198 | 이
已
이미 이
己부 총3획

不得已 부득이 마지못해 (不 아닐 부, 得 얻을 득)
已往之事 이왕지사 지난 일 (往 갈 왕, 之 갈 지, 事 일 사)

已往 이왕

199 | 이

다를 이
田부 총11획

異見 이견 남과 다른 의견 (見 볼 견)
異議 이의 다른 의견 (議 의논할 의)
特異 특이 보통 것이나 보통 상태에 비하여 두드러지게 다름 (特 특별할 특)

異端 이단   異例 이례   異變 이변
異色 이색   異性 이성   異質 이질

200 | 이
而
말이을 이
而부 총6획

而立 이립 나이 서른 (立 설 립)
似而非 사이비 겉으로는 그것과 같아 보이나 실제로는 전혀 다르거나 아닌 것을 이르는 말 (似 닮을 사, 非 아닐 비)

哀而不悲 애이불비   和而不同 화이부동

• • • 이 한 자 기 억 해 요 ? • • • 정답 197

1 瓦( ) 2 臥( ) 3 曰( ) 4 欲( ) 5 于( ) 6 憂( ) 7 尤( ) 8 又( ) 9 遇( ) 10 云( )

4급한자 300 | 201~220

201 | 인

범, 동방 인
宀부   총11획

寅念 인념 삼가 생각함(念 생각 념)
寅時 인시 오전 세 시부터 다섯 시
            (時 때 시)
寅生 인생 범띠의 해에 태어난 사람
            (生 날 생)

202 | 인

참을 인
心부   총7획

容忍 용인 너그러운 마음으로 참고 용서
            함(容 얼굴 용)
不忍之心 불인지심
            차마 하지 못하는 마음
            (不 아닐 불, 之 갈 지, 心 마음 심)

忍苦 인고   忍耐 인내   忍辱 인욕
殘忍 잔인   隱忍自重 은인자중   目不忍見 목불인견

203 | 인

도장 인
卩부   총6획

印稅 인세 저작물의 판권 소유자인 저작
            자에게 팔리는 수량에 따라
            일정한 비율로 치르는 돈
            (稅 세금 세)
印章 인장 도장(章 글 장)

印鑑 인감   印朱 인주   刻印 각인
檢印 검인   官印 관인   封印 봉인

204 | 인
認
알 인
言부   총14획

認定 인정 알아줌(定 정할 정)
認知 인지 어떤 사실을 분명히 인정함
            (知 알 지)
官認 관인 관청의 인가(官 벼슬 관)
是認 시인 옳다고 인정함(是 옳을 시)
容認 용인 용납하여 인정함(容 얼굴 용)

認可 인가   認識 인식   認許 인허
公認 공인   否認 부인   誤認 오인

205 | 임

북방 임
士부   총4획

壬公 임공 물을 달리 이르는 말
            (公 공평할 공)
壬人 임인 간사한 사람(人 사람 인)
壬辰 임진 육십갑자의 스물아홉째
            (辰 별 진)

壬辰錄 임진록

206 | 자
姉
손윗누이 자
女부   총8획

姉妹 자매 여자끼리의 동기. 언니와 아
            우 사이를 가리킴
            (妹 누이 매)
姉夫 자부 손위 누이의 남편
            (夫 지아비 부)

姉母 자모   姉兄 자형   令姉 영자
姉妹紙 자매지   姉母會 자모회

207 | 자

사랑 자
心부   총13획

慈悲 자비 남을 깊이 사랑하고 가엾게
            여김(悲 슬플 비)
慈善 자선 남을 불쌍히 여겨 도와줌
            (善 착할 선)
仁慈 인자 인후하고 자애로움(仁 어질 인)

慈堂 자당   慈母 자모   慈愛 자애
慈親 자친   大慈大悲 대자대비

208 | 작
昨
어제 작
日부   총9획

昨今 작금   어제와 오늘. 요즈음
            (今 이제 금)
昨年 작년 지난 해(年 해 년)
再昨年 재작년 전전해(再 두 재, 年 해 년)

昨日 작일

209 | 장

장할 장
士부   총7획

壯觀 장관 훌륭하고 볼만한 광경
            (觀 볼 관)
老益壯 노익장 늙었지만 의욕이나 기력은
            점점 좋아짐
            (老 늙을 로, 益 더할 익)

壯骨 장골   壯談 장담   壯大 장대
壯烈 장렬   壯士 장사   少壯 소장

210 | 재

어조사 재
口부   총9획

哀哉 애재 '슬프도다!'의 뜻으로, 슬퍼서
            울고 싶은 상태일 때 하는 말
            (哀 슬플 애)
快哉 쾌재 일 따위가 마음먹은 대로 잘
            되어 만족스럽게 여김, 또는
            그럴 때 나는 소리(快 쾌할 쾌)

善哉 선재   哉生明 재생명   嗚呼痛哉 오호통재

• • • • 이 한 자 기 억 해 요 ? • • • •   정답 198

1 圓( ) 2 忍( ) 3 危( ) 4 威( ) 5 偉( ) 6 猶( ) 7 幼( ) 8 遊( ) 9 柔( ) 10 唯( )

여기는! 寅인 / 栽재

211 | 재 栽 심을 재
木부 총10획

植栽 식재 초목을 심어 키움(植 심을 식)
栽植 재식 농작물, 초목 따위를 심음 (植 심을 식)
栽培 재배   移栽 이재   制栽 제재
栽培法 재배법

212 | 저 著 나타날 저
⺿=艸부 총13획

著名 저명 세상에 이름이 널리 드러나 있음(名 이름 명)
著作權 저작권 창작물에 대하여 저작자가 행하는 배타적·독점적 권리(作 지을 작, 權 권세 권)
著書 저서   著述 저술   著者 저자
共著 공저   論著 논저   拙著 졸저

213 | 저 低 낮을 저
亻=人부 총7획

低價 저가 싼 값(價 값 가)
低空 저공 높지 않은 공중(空 빌 공)
低溫 저온 낮은 온도(溫 따뜻할 온)
低能兒 저능아 지능이 보통 수준보다 낮은 아이(能 능할 능, 兒 아이 아)
低利 저리   低俗 저속   低音 저음
低調 저조   低質 저질   低下 저하

214 | 적 適 맞을 적
辶=辵부 총15획

適期 적기 알맞은 시기(期 기약할 기)
適當 적당 어떤 성질·상태·요구 따위에 딱 알맞음(當 마땅 당)
適合 적합 알맞게 들어맞음(合 합할 합)
快適 쾌적 몸과 마음이 알맞아 기분이 썩 좋음(快 쾌할 쾌)
適格 적격   適法 적법   適性 적성
適用 적용   適正 적정   適材適所 적재적소

215 | 적  붉을 적
赤부 총7획

赤道 적도 남북 양극으로부터 90°의 거리에 있는 선(道 길 도)
赤字 적자 수입보다 지출이 많아서 금전상의 손실이 나는 일 (字 글자 자)
赤旗 적기   赤色 적색   赤松 적송
赤十字 적십자   赤外線 적외선   赤血球 적혈구

216 | 적 敵 대적할 적
攵=攴부 총15획

敵手 적수 자기와 힘·세력 등이 엇비슷한 사람. 맞수(手 손 수)
强敵 강적 아주 강한 적(强 강할 강)
好敵手 호적수 좋은 맞수, 또는 알맞은 상대(好 좋을 호, 手 손 수)
敵國 적국   敵軍 적군   敵對 적대
敵意 적의   對敵 대적   無敵 무적

217 | 전 錢 돈 전
金부 총16획

錢主 전주 사업 밑천을 대는 사람 (主 주인 주)
無錢 무전 돈이 없음(無 없을 무)
本錢 본전 이자나 이익을 붙이지 않은 본래의 돈(本 근본 본)
口錢 구전   金錢 금전   銅錢 동전
換錢 환전   守錢奴 수전노   無錢旅行 무전여행

218 | 정 井 우물 정
二부 총4획

市井 시정 저잣거리(市 시장 시)
天井 천정 지붕 밑과 천장 사이의 빈 공간에서 바라본 천장 (天 하늘 천)
井然 정연   油井 유정   廢井 폐정
井華水 정화수   坐井觀天 좌정관천

219 | 정  고무래, 장정 정
一부 총2획

丁酉 정유 육십갑자의 서른넷째 (酉 닭 유)
兵丁 병정 병역에 복무하는 장정 (兵 병사 병)
壯丁 장정 나이가 젊고 기운이 좋은 사내(壯 장할 장)
丁寧 정녕   男丁 남정   白丁 백정
丁酉再亂 정유재란   目不識丁 목불식정

220 | 정 頂 정수리 정
頁부 총11획

頂門 정문 정수리(門 문 문)
頂上 정상 산꼭대기(上 윗 상)
絶頂 절정 사물의 진행이나 발전이 최고의 경지에 달한 상태 (絶 끊을 절)
頂點 정점   登頂 등정   山頂 산정

· · · 이 한 자 기 억 해 요 ? 정답 199

1 酉( ) 2 乙( ) 3 陰( ) 4 吟( ) 5 泣( ) 6 依( ) 7 矣( ) 8 巳( ) 9 異( ) 10 而( )

4급 한자 300 | 221~240

221 | 정 停 — 머무를 정
イ=人부 총11획

- 停電 정전: 오던 전기가 끊어짐 (電 번개 전)
- 停留場 정류장: 손님이 타고 내리도록 버스나 전차가 머무는 곳 (留 머무를 류, 場 마당 장)
- 停戰 정전
- 停止 정지
- 停車 정차
- 停學 정학
- 停會 정회
- 停車場 정거장

222 | 정 貞 — 곧을 정

貝부 총9획

- 貞潔 정결: 정조가 굳고 행실이 깨끗함 (潔 깨끗할 결)
- 貞淑 정숙: 여자로서 행실이 곧고 마음씨가 맑고 고움 (淑 맑을 숙)
- 童貞 동정: 이성과 성관계를 가진 일이 없는 사람, 또는 그런 상태 (童 아이 동)
- 貞烈 정렬
- 貞節 정절
- 貞操 정조
- 不貞 부정

223 | 정 淨 — 깨끗할 정
氵=水부 총11획

- 淨潔 정결: 매우 깨끗하고 깔끔함 (潔 깨끗할 결)
- 淨化 정화: 불순하거나 더러운 것을 깨끗하게 함 (化 될 화)
- 淸淨 청정: 맑고 깨끗함 (淸 맑을 청)
- 淨書 정서
- 淨土 정토
- 自淨 자정
- 淨水器 정수기
- 自淨作用 자정작용

224 | 정 靜 — 고요할 정

靑부 총16획

- 靜選 정선: 공을 들여 좋은 것을 골라 뽑음 (選 가릴 선)
- 安靜 안정: 육체적 또는 정신적으로 편안하고 고요함 (安 편안 안)
- 平靜 평정: 편안하고 고요함 (平 평평할 평)
- 靜觀 정관
- 靜淑 정숙
- 靜的 정적
- 靜想 정상
- 冷靜 냉정
- 動靜 동정

225 | 제 諸 — 모두 제
言부 총16획

- 諸君 제군: 여러분 (君 임금 군)
- 諸子百家 제자백가: 중국 춘추전국 시대의 여러 학자와 그들의 학설 (子 아들 자, 百 일백 백, 家 집 가)
- 諸國 제국
- 諸島 제도
- 諸般 제반
- 諸位 제위
- 諸賢 제현
- 諸侯 제후

226 | 제 除 — 덜 제

阝=阜부 총10획

- 除去 제거: 없애버림 (去 갈 거)
- 除名 제명: 명부에서 결격자의 이름을 뺌 (名 이름 명)
- 除外 제외: 따로 떼어 내어 한 데 헤아리지 않음 (外 바깥 외)
- 除隊 제대
- 除雪 제설
- 除夜 제야
- 乘除 승제
- 切除 절제
- 解除 해제

227 | 제 祭 — 제사 제

示부 총11획

- 祭物 제물: 제사에 쓰이는 음식. 희생물을 비유하여 이르는 말 (物 물건 물)
- 祝祭 축제: 축하하여 벌이는 큰 규모의 행사 (祝 빌 축)
- 祭器 제기
- 祭壇 제단
- 祭祀 제사
- 祭典 제전
- 祈雨祭 기우제
- 藝術祭 예술제

228 | 존 尊 — 높을 존

寸부 총12획

- 尊貴 존귀: 지위나 신분 따위가 높고 귀함 (貴 귀할 귀)
- 尊待 존대: 받들어 대접하거나 대함 (待 대할 대)
- 尊重 존중: 높여서 중하게 여김 (重 무거울 중)
- 尊敬 존경
- 尊屬 존속
- 尊嚴 존엄
- 尊稱 존칭
- 自尊 자존
- 至尊 지존

229 | 종 鐘 — 쇠북 종

金부 총17획

- 警鐘 경종: 위급한 일이나 비상사태를 알리는 종, 사이렌 따위의 신호 (警 깨우칠 경)
- 晩鐘 만종: 저녁 때 절이나 교회 따위에서 치는 종 (晩 늦을 만)
- 打鐘 타종: 종을 치거나 때림 (打 칠 타)
- 鐘閣 종각
- 鐘路 종로
- 弔鐘 조종
- 鐘乳石 종유석
- 自鳴鐘 자명종
- 招人鐘 초인종

230 | 종 從 — 좇을 종

彳부 총11획

- 從軍 종군: 전투 목적 이외의 일로 군대를 따라 같이 다님 (軍 군사 군)
- 服從 복종: 남의 명령이나 의사를 그대로 따라서 좇음 (服 옷 복)
- 順從 순종: 순순히 따름 (順 순할 순)
- 從來 종래
- 從事 종사
- 從屬 종속
- 盲從 맹종
- 主從 주종
- 類類相從 유유상종

• • • 이 한 자 기 억 해 요 ? • • • 정답 200

1 寅( ) 2 忍( ) 3 印( ) 4 認( ) 5 壬( ) 6 姉( ) 7 慈( ) 8 昨( ) 9 壯( ) 10 哉( )

여기는! 停정 / 終종

231 | 종 終 마칠 종
糸부 총11획

- 終結 종결 : 일을 마침. 끝을 냄 (結 맺을 결)
- 終身 종신 : 목숨을 다하기까지의 동안 (身 몸 신)
- 終章 종장 : 시조나 노래의 마지막 장 (章 글 장)
- 終末 종말
- 終業 종업
- 終日 종일
- 終點 종점
- 終着 종착
- 始終一貫 시종일관

232 | 좌 坐 앉을 좌
土부 총7획

- 坐視 좌시 : 끼어들지 않고 앉아서 보기만 함 (視 볼 시)
- 坐不安席 좌불안석 : 마음이 걱정스러워서 가만히 앉아있지 못함 (不 아닐 불, 安 편안 안, 席 자리 석)
- 坐像 좌상
- 坐席 좌석
- 坐禪 좌선
- 坐浴 좌욕
- 對坐 대좌
- 連坐 연좌

233 | 주 酒 술 주
酉부 총10획

- 酒量 주량 : 마시고 견딜 정도의 술의 분량 (量 헤아릴 량)
- 禁酒 금주 : 술을 못 먹게 금함. 술을 끊음 (禁 금할 금)
- 飮酒 음주 : 술을 마심 (飮 마실 음)
- 酒幕 주막
- 酒母 주모
- 麥酒 맥주
- 法酒 법주
- 洋酒 양주
- 淸酒 청주

234 | 주 朱 붉을 주
木부 총6획

- 印朱 인주 : 도장을 찍는 데 쓰는 붉은 빛의 재료 (印 도장 인)
- 近朱者赤 근주자적 : 붉은 색 가까이 있으면 붉게 됨 (近 가까울 근, 者 놈 자, 赤 붉을 적)
- 朱紅 주홍
- 朱子學 주자학
- 朱紅色 주홍색
- 朱黃色 주황색

235 | 즉 卽 곧 즉
卩부 총9획

- 卽決 즉결 : 그 자리에서 곧 결정함 (決 결단할 결)
- 卽死 즉사 : 그 자리에서 바로 죽음 (死 죽을 사)
- 卽時 즉시 : 곧 (時 때 시)
- 卽刻 즉각
- 卽答 즉답
- 卽位 즉위
- 卽效 즉효
- 卽興 즉흥
- 空卽是色 공즉시색

236 | 증 曾 일찍 증
日부 총12획

- 曾孫 증손 : 아들의 손자 (孫 손자 손)
- 未曾有 미증유 : 지금까지 한 번도 있어 본 적이 없음 (未 아닐 미, 有 있을 유)
- 曾大父 증대부
- 曾孫女 증손녀
- 曾孫子 증손자
- 曾祖母 증조모
- 曾祖父 증조부

237 | 증 證 증거 증
言부 총19획

- 考證 고증 : 예전 사물들의 가치, 내용 따위를 증거로 세워 이론적으로 밝힘 (考 생각할 고)
- 保證 보증 : 책임지고 틀림없음을 증명함 (保 지킬 보)
- 證券 증권
- 檢證 검증
- 反證 반증
- 實證 실증
- 認證 인증
- 立證 입증

238 | 지 之 갈 지
丿부 총4획

- 之東之西 지동지서 : 뚜렷한 목적 없이 이리저리 갈팡질팡함 (東 동녘 동, 西 서녘 서)
- 先見之明 선견지명 : 어떤 일이 일어나기 전에 미리 앞을 내다보고 아는 지혜 (先 먼저 선, 見 볼 견, 明 밝을 명)
- 愛之重之 애지중지
- 人之常情 인지상정
- 隔世之感 격세지감
- 他山之石 타산지석

239 | 지 持 가질 지
扌=手부 총9획

- 持難 지난 : 일을 얼른 처리하지 아니하고 질질 끌며 미루기만 함 (難 어려울 난)
- 持病 지병 : 오랫동안 잘 낫지 아니하는 병 (病 병 병)
- 持論 지론
- 維持 유지
- 支持 지지
- 持續性 지속성
- 持參金 지참금
- 所持品 소지품

240 | 지 枝 가지 지
木부 총8획

- 枝葉 지엽 : 본질적이거나 중요하지 아니하고 부차적인 부분 (葉 잎 엽)
- 連理枝 연리지 : 두 나무의 가지가 서로 맞닿아서 결이 서로 통한 것 (連 이을 련, 理 다스릴 리)
- 枝族 지족
- 接枝 접지
- 一枝春 일지춘

이 한 자 기 억 해 요 ?   정답 201

1 裁( ) 2 著( ) 3 低( ) 4 適( ) 5 赤( ) 6 敵( ) 7 錢( ) 8 井( ) 9 丁( ) 10 頂( )

4급한자 300 | 241~260

241 | 지
只
다만 지
口부 총5획

只今 지금 말하는 바로 이때(今 이제 금)
但只 단지 다만(但 다만 단)

242 | 진
盡
다할 진
皿부 총14획

盡心 진심 마음을 다함(心 마음 심)
未盡 미진 아직 다 하지 못함(未 아닐 미)
自盡 자진 스스로 자기의 목숨을 끊음
      (自 스스로 자)
脫盡 탈진 기운이 다 빠져 없어짐
      (脫 벗을 탈)
盡力 진력   極盡 극진   賣盡 매진
無盡 무진   消盡 소진   氣盡脈盡 기진맥진

243 | 진
辰
별 진/때 신
辰부 총7획

生辰 생신 웃어른의 생일을 높여 이르는
         말(生 날 생)
日辰 일진 그날의 운세(日 날 일)
辰時 진시   辰日 진일   誕辰 탄신
壬辰亂 임진란 日月星辰 일월성신

244 | 집
執
잡을 집
土부 총11획

執權 집권 권세나 정권을 잡음(權 권세 권)
執念 집념 마음에 깊이 새겨 떨칠 수 없
         는 생각(念 생각 념)
執務 집무 사무를 행함(務 힘쓸 무)
執筆 집필 손수 글을 씀(筆 붓 필)
執刀 집도   執事 집사   執着 집착
執行 집행   固執 고집   我執 아집

245 | 차
且
또 차
一부 총5획

且月 차월 음력 6월을 달리 이르는
         말(月 달 월)
重且大 중차대 무겁고도 큼
         (重 무거울 중, 大 큰 대)
且置 차치   苟且 구차

246 | 차
借
빌, 빌릴 차
亻=人부 총10획

借用 차용 돈이나 물건 따위를 빌려서
         씀(用 쓸 용)
借入 차입 돈이나 물건을 꾸어 들임
         (入 들 입)
借地 차지 남의 땅을 빌려 씀(地 따 지)
借名 차명   借手 차수   假借 가차
貸借 대차   賃借 임차   借用證 차용증

247 | 차
此
이 차
止부 총6획

此回 차회 이번(回 돌아올 회)
此後 차후 이 다음(後 뒤 후)
如此 여차 이러함(如 같을 여)
彼此 피차 이것과 저것(彼 저 피)
此生 차생   此岸 차안   此外 차외
此際 차제   此日彼日 차일피일   彼此一般 피차일반

248 | 창
昌
창성할 창
日부 총8획

昌盛 창성 기세가 크게 일어나 잘 뻗어
         나감(盛 성할 성)
昌運 창운 탁 트인 좋은 운수(運 옮길 운)
昌世 창세   昌言 창언   昌平 창평
繁昌 번창   壽昌 수창   昌慶宮 창경궁

249 | 채
採
캘 채
扌=手부 총11획

採伐 채벌 나무를 베어 내거나 섶을 깎
         아 냄(伐 칠 벌)
採集 채집 널리 찾아서 얻거나 캐거나
         잡아 모으는 일(集 모을 집)
採取 채취 자연물을 베거나 캐거나 하여
         거두어 들임(取 가질 취)
採光 채광   採根 채근   採用 채용
採點 채점   採擇 채택   公採 공채

250 | 채
菜
나물 채
艹=艸부 총12획

菜食 채식 고기류를 피하고 주로 채소,
         과일, 해초 따위의 식물성 음
         식만 먹음(食 밥 식)
山菜 산채 산나물(山 메 산)
野菜 야채 밭에 가꾸어 먹는 푸성귀
         (野 들 야)
菜蔬 채소   生菜 생채   蔬菜 소채
五辛菜 오신채   菜食主義 채식주의

• • • 이 한 자 기 억 해 요 ? • • • 정답 202

1 停( ) 2 貞( ) 3 淨( ) 4 靜( ) 5 諸( ) 6 除( ) 7 祭( ) 8 尊( ) 9 鐘( ) 10 從( )

여기는! 只지/妻처

251 | 처
妻
아내 처
女부 총8획

- 妻家 처가 : 아내의 본가(家 집 가)
- 妻男 처남 : 아내의 오빠나 남동생 (男 사내 남)
- 喪妻 상처 : 아내의 죽음을 당함 (喪 잃을 상)
- 後妻 후처 : 나중에 맞은 아내(後 뒤 후)

妻德 처덕　妻族 처족　妻妾 처첩
本妻 본처　恐妻家 공처가　愛妻家 애처가

252 | 척
尺
자 척
尸부 총4획

- 尺度 척도 : 평가하거나 측정할 때 의거할 기준(度 법도 도)
- 尺書 척서 : 편지(書 글 서)
- 三尺童子 삼척동자 : 키가 석 자 정도밖에 되지 않는 어린아이, 철없는 어린아이 (三 석 삼, 童 아이 동, 子 아들 자)

尺童 척동　尺雪 척설　尺水 척수
縮尺 축척

253 | 천
泉
샘 천
水부 총9획

- 溫泉 온천 : 지하수가 땅 속 깊은 곳에서 데워져 솟아 나오는 물 (溫 따뜻할 온)
- 源泉 원천 : 솟아나는 근원. 사물이 나거나 생기는 근원(源 근원 원)

甘泉 감천　鑛泉 광천　九泉 구천
冷泉 냉천　黃泉 황천

254 | 천
淺
얕을 천
氵=水부 총11획

- 淺見 천견 : 얕은 견문이나 견해(見 볼 견)
- 淺近 천근 : 깊숙한 맛이 없이 얕음 (近 가까울 근)
- 淺才 천재 : 얕은 재주(才 재주 재)
- 日淺 일천 : 시작한 지 얼마 되지 않음 (日 날 일)

淺慮 천려　淺薄 천박　淺酌 천작

255 | 철

쇠 철
金부 총21획

- 鐵甲 철갑 : 쇠로 둘러씌운 것(甲 갑옷 갑)
- 鐵分 철분 : 물질에 포함된 철의 성분 (分 나눌 분)
- 鐵則 철칙 : 바꾸거나 어길 수 없는 중요한 법칙(則 법칙 칙)

鐵骨 철골　鐵拳 철권　鐵器 철기
鐵道 철도　鐵窓 철창　電鐵 전철

256 | 청
晴
갤 청
日부 총12획

- 晴空 청공 : 맑게 갠 하늘(空 빌 공)
- 晴天 청천 : 맑게 갠 하늘(天 하늘 천)
- 快晴 쾌청 : 하늘이 상쾌하도록 맑게 갬 (快 쾌할 쾌)

新晴 신청　陰晴 음청　春晴 춘청
晴天白日 청천백일

257 | 청

들을 청
耳부 총22획

- 聽衆 청중 : 강연이나 설교, 음악 따위를 듣기 위하여 모인 군중 (衆 무리 중)
- 聽取 청취 : 의견, 보고, 방송 따위를 들음 (取 가질 취)

聽覺 청각　監聽 감청　敬聽 경청
難聽 난청　聽聞會 청문회　視聽者 시청자

258 | 청
請
청할 청
言부 총15획

- 請願 청원 : 바라는 바를 말하고 이루어지게 해 달라고 청함 (願 원할 원)
- 請求書 청구서 : 청구하는 내용을 적은 문서 (求 구할 구, 書 글 서)

請婚 청혼　懇請 간청　要請 요청
申請 신청　招請 초청　不請客 불청객

259 | 초

부를 초
扌=手부 총8획

- 招待 초대 : 어떤 모임에 참가해 줄 것을 청함(待 기다릴 대)
- 招來 초래 : 어떤 결과를 가져오게 함 (來 올 래)
- 招請 초청 : 청하여 부름(請 청할 청)

招聘 초빙　招魂 초혼　問招 문초
招待狀 초대장　招人鐘 초인종

260 | 추

밀 추(퇴)
扌=手부 총11획

- 推究 추구 : 이치를 미루어서 깊이 생각하여 밝힘(究 연구할 구)
- 推定 추정 : 확실하지 않은 사실을 반대 증거가 나올 때까지 진실한 것으로 인정하는 일 (定 정할 정)

推理 추리　推算 추산　推進 추진
推測 추측　類推 유추　推敲 퇴고

· · · 이 한 자 기 억 해 요 ? · · · 정답 203

1 終(　) 2 坐(　) 3 酒(　) 4 朱(　) 5 卽(　) 6 曾(　) 7 證(　) 8 之(　) 9 持(　) 10 枝(　)

4급한자 300 | 261~280

261 | 축

소 축
一부 총4획

鷄鳴丑時 계명축시
첫닭이 울 무렵인 새벽 한 시에서 세 시 사이
(鷄 닭 계, 鳴 울 명, 時 때 시)

262 | 취

吹雪 취설 눈보라(雪 눈 설)
吹入 취입 음반이나 녹음 테이프 따위에 소리나 목소리를 녹음함 (入 들 입)
吹打 취타 군대에서, 관악기와 타악기를 연주하던 일(打 칠 타)

불 취
口부 총7획

吹奏 취주   鼓吹 고취   吹打隊 취타대

263 | 취

就業 취업 일정한 직업을 잡아 직장에 나감(業 업 업)
就學 취학 학교에 입학하여 공부함 (學 배울 학)
去就 거취 어떤 사건이나 문제에 대하여 밝히는 태도(去 갈 거)

나아갈 취
尢부 총12획

就任 취임   就職 취직   就寢 취침
就航 취항   成就 성취   日就月將 일취월장

264 | 침

指針 지침 생활이나 행동 따위의 지도적 방법이나 방향을 인도하여 주는 준거(指 가리킬 지)
頂門一針 정문일침
따끔한 충고나 교훈
(頂 정수리 정, 門 문 문, 一 한 일)

바늘 침
金부 총10획

針線 침선   毒針 독침   方針 방침
分針 분침   時針 시침   檢針員 검침원

265 | 타

他國 타국 다른 나라(國 나라 국)
他意 타의 다른 사람의 뜻(意 뜻 의)
自他 자타 자기와 남(自 스스로 자)
他地方 타지방 다른 지방. 딴 곳
(地 따 지, 方 모 방)

다를 타
亻=人부 총5획

他界 타계   他社 타사   他人 타인
他鄕 타향   其他 기타   出他 출타

266 | 탈

脫落 탈락 범위에 들지 못하고 떨어지거나 빠짐(落 떨어질 락)
脫色 탈색 색이 빠짐(色 빛 색)
脫走 탈주 몸을 빼치어 달아남
(走 달릴 주)

벗을 탈
月=肉부 총11획

脫毛 탈모   脫線 탈선   脫俗 탈속
脫水 탈수   脫出 탈출   脫退 탈퇴

267 | 탐

探究 탐구 진리, 학문 따위를 파고들어 깊이 연구함(究 연구할 구)
探訪 탐방 어떤 사실이나 소식 따위를 알아내기 위하여 사람이나 장소를 찾아감(訪 찾을 방)

찾을 탐
扌=手부 총11획

探問 탐문   探査 탐사   探索 탐색
探照 탐조   探知 탐지   探險 탐험

268 | 태

泰平 태평 몸이나 마음이나 집안이 평안함(平 평평할 평)
國泰民安 국태민안
나라가 태평하고 백성이 편안함(國 나라 국, 民 백성 민, 安 편안 안)

클 태
氺=水부 10획

泰國 태국   泰斗 태두   泰西 태서
泰運 태운   泰然 태연   泰然自若 태연자약

269 | 투

投宿 투숙 여관, 호텔 따위의 숙박 시설에 들어서 묵음(宿 잘 숙)
投身 투신 어떤 직업이나 분야 따위에 몸을 던져 일을 함(身 몸 신)
投入 투입 던져 넣음(入 들 입)

던질 투
扌=手부 총7획

投書 투서   投手 투수   投影 투영
投資 투자   投票 투표   投下 투하

270 | 파

破産 파산 재산을 모두 잃고 망함
(産 낳을 산)
破婚 파혼 약혼을 깨뜨림
(婚 혼인할 혼)
讀破 독파 책을 다 읽어냄(讀 읽을 독)

깨뜨릴 파
石부 총10획

破格 파격   破局 파국   破滅 파멸
破門 파문   說破 설파   破竹之勢 파죽지세

• • • 이 한 자 기 억 해 요 ? 정답 204

1 只( ) 2 盡( ) 3 辰( ) 4 執( ) 5 且( ) 6 借( ) 7 此( ) 8 昌( ) 9 採( ) 10 菜( )

여기는! 丑축/篇편

271 | 편
篇
책 편
竹부 총15획

- 短篇 단편 : 짤막하게 지은 글(短 짧을 단)
- 玉篇 옥편 : 한자를 모아 뜻·음 등을 적은 책(玉 구슬 옥)
- 長篇 장편 : 내용이 길고 복잡한 소설이나 시가 따위를 통틀어 이르는 말(長 긴 장)
- 詩篇 시편　全篇 전편　前篇 전편
- 中篇 중편　後篇 후편　千篇一律 천편일률

272 | 폐
閉
닫을 폐
門부 총11획

- 閉校 폐교 : 학교 문을 닫고 수업을 중지하고 쉼(校 학교 교)
- 開閉 개폐 : 열고 닫는 일(開 열 개)
- 密閉 밀폐 : 샐 틈이 없이 꼭 막거나 닫음(密 빽빽할 밀)
- 閉講 폐강　閉幕 폐막　閉門 폐문
- 閉店 폐점　閉會 폐회　自閉兒 자폐아

273 | 포

안을 포
扌=手부 총8획

- 抱才 포재 : 가지고 있는 재주(才 재주 재)
- 抱主 포주 : 창녀를 두고 영업을 하는 사람(主 주인 주)
- 抱負 포부　抱擁 포옹　抱圍 포위
- 懷抱 회포　抱腹絶倒 포복절도

274 | 포

베, 펼 포/보시 보
巾부 총5획

- 布告 포고 : 국가의 결정 의사를 공식적으로 널리 알림(告 고할 고)
- 公布 공포 : 이미 확정된 법률, 조약, 명령 따위를 일반 국민에게 널리 알리는 일(公 공평할 공)
- 布敎 포교　布石 포석　毛布 모포
- 配布 배포　流布 유포　布木店 포목점

275 | 폭

사나울 폭/모질 포
日부 총15획

- 暴惡 포악 : 사납고 악함(惡 악할 악)
- 暴動 폭동 : 집단적 폭력 행위를 일으켜 사회의 안녕과 질서를 어지럽게 하는 일(動 움직일 동)
- 暴風 폭풍 : 사납게 부는 바람(風 바람 풍)
- 暴君 폭군　暴力 폭력　暴利 폭리
- 暴食 폭식　暴飮 폭음　暴行 폭행

276 | 피

저 피
彳부 총8획

- 彼此 피차 : 이쪽과 저쪽의 양쪽(此 이 차)
- 知彼知己 지피지기 : 적의 사정과 나의 사정을 자세히 앎(知 알 지, 己 몸 기)
- 彼我 피아　　　彼岸 피안
- 彼此一般 피차일반　此日彼日 차일피일

277 | 필
匹
짝 필
匚부 총4획

- 匹馬 필마 : 한 필의 말(馬 말 마)
- 匹夫 필부 : 한 사람의 남자(夫 지아비 부)
- 匹婦 필부 : 한 사람의 여자(婦 지어미 부)
- 匹敵 필적 : 능력이나 세력이 엇비슷하여 서로 맞섬(敵 대적할 적)
- 配匹 배필　　匹馬單騎 필마단기
- 匹夫匹婦 필부필부　匹夫之勇 필부지용

278 | 하

어찌 하
亻=人부 총7획

- 何等 하등 : 아무런(等 무리 등)
- 何必 하필 : 다른 방도를 취하지 아니하고 어찌하여 꼭(必 반드시 필)
- 何如間 하여간 : 하여하든지 간에(如 같을 여, 間 사이 간)
- 何時 하시　何如 하여　奈何 내하
- 如何 여하　幾何學 기하학　如何間 여하간

279 | 하

하례할 하
貝부 총12획

- 賀客 하객 : 축하하는 손님(客 손 객)
- 賀禮 하례 : 축하하여 예를 차림(禮 예도 례)
- 慶賀 경하 : 경사스러운 일을 치하함(慶 경사 경)
- 祝賀 축하 : 기쁘고 즐겁다는 뜻으로 인사함(祝 빌 축)
- 賀正 하정　致賀 치하　年賀狀 연하장

280 | 한

한가할 한
門부 총12획

- 閑談 한담 : 심심하거나 한가할 때 나누는 이야기(談 말씀 담)
- 閑散 한산 : 한가하고 적적함(散 흩을 산)
- 等閑 등한 : 마음에 두지 않고 예사로 여김(等 무리 등)
- 閑暇 한가　閑良 한량　閑職 한직
- 有閑 유한　等閑視 등한시　忙中閑 망중한

・ ・ ・ 이 한 자 기 억 해 요 ? ・ ・ 정답 205

1 妻( )　2 尺( )　3 泉( )　4 淺( )　5 鐵( )　6 晴( )　7 聽( )　8 請( )　9 招( )　10 推( )

 4급한자 300 | 281~300

281 | 한
恨
한 한
忄=心부 총9획

別恨 별한 이별의 한(別 다를 별)
餘恨 여한 풀지 못하고 남은 원한
        (餘 남을 여)
怨恨 원한 억울하고 원통한 일을 당하여
        응어리진 마음(怨 원망할 원)

恨歎 한탄 萬恨 만한 遺恨 유한
長恨 장한 痛恨 통한 悔恨 회한

282 | 한

찰 한
宀부 총12획

寒氣 한기 추운 기운. 몸에 느껴지는 으스스한 기운(氣 기운 기)
寒流 한류 한대 지방에서 적도 쪽으로 흐르는 찬 바닷물의 흐름
        (流 흐를 류)

寒冷 한랭 寒食 한식 寒心 한심
寒波 한파 惡寒 오한 三寒四溫 삼한사온

283 | 항
恒
항상 항
忄=心부 총9획

恒久 항구 변하지 않고 오래감
        (久 오랠 구)
恒常 항상 언제나 변함없이(常 떳떳할 상)
恒時 항시 늘(時 때 시)
恒溫 항온 늘 한결같은 온도(溫 따뜻할 온)

恒德 항덕 恒産 항산 恒星 항성
恒心 항심 恒用 항용 恒茶飯事 항다반사

284 | 해
亥
돼지 해
亠부 총6획

亥市 해시 하루걸러 서는 장, 또는 해일
        (亥日)에 서는 장(市 시장 시)
亥時 해시 오후 아홉 시부터 열두 시
        (時 때 시)

285 | 허
許
허락할 허
言부 총11획

許可 허가 들어 줌(可 옳을 가)
許久 허구 매우 오램(久 오랠 구)
許多 허다 수두룩함(多 많을 다)
許容 허용 허락하고 용납함(容 얼굴 용)

許諾 허락 官許 관허 不許 불허
許容量 허용량 無許可 무허가 特許權 특허권

286 | 허

빌 허
虍부 총12획

虛無 허무 무가치하고 무의미하게 느껴져 매우 허전하고 쓸쓸함
        (無 없을 무)
虛事 허사 보람을 얻지 못하고 쓸데없이 한 노력. 헛일(事 일 사)

虛禮 허례 虛實 허실 虛心 허심
虛言 허언 虛風 허풍 空虛 공허

287 | 현

어질 현
貝부 총15획

賢君 현군 어진 임금(君 임금 군)
賢明 현명 어질고 사리에 밝음(明 밝을 명)
賢答 현답 현명한 대답(答 대답 답)
先賢 선현 옛 현인(先 먼저 선)

賢人 현인 賢者 현자 名賢 명현
聖賢 성현 竹林七賢 죽림칠현 賢母良妻 현모양처

288 | 형

형벌 형
刂=刀부 총6획

刑期 형기 형벌의 집행 기간
        (期 기약할 기)
刑法 형법 범죄와 형벌의 내용을 규정한
        법률(法 법 법)
減刑 감형 형의 선고를 받은 사람의 형벌을 줄여 주는 일(減 덜 감)

刑罰 형벌 求刑 구형 極刑 극형
死刑 사형 實刑 실형 行刑 행형

289 | 호

어조사 호
丿부 총5획

斷乎 단호 確乎 확호

290 | 호

부를 호
口부 총8획

呼價 호가 팔거나 사려는 물건의 값을
        부름(價 값 가)
呼應 호응 부름이나 호소 따위에 대답하거나 응함(應 응할 응)
呼出 호출 불러냄(出 날 출)

呼名 호명 呼訴 호소 呼稱 호칭
呼吸 호흡 點呼 점호 呼兄呼弟 호형호제

• • • • 이 한 자 기 억 해 요 ?   정답 206

1 丑(   ) 2 吹(   ) 3 就(   ) 4 針(   ) 5 他(   ) 6 脫(   ) 7 探(   ) 8 泰(   ) 9 投(   ) 10 破(   )

여기는! 恨한 / 戶호

291 | 호
戶 **집 호**
戶부 총4획

- 戶主 호주 집안의 주인으로 가족을 거느리며 부양하는 일에 대한 권리와 의무가 있는 사람 (主 주인 주)
- 家家戶戶 가가호호 집집마다 (家 집 가)
- 戶口 호구   戶數 호수   戶籍 호적
- 窓戶紙 창호지   破落戶 파락호   門戶開放 문호개방

292 | 혹
或 **혹 혹**
戈부 총8획

- 或說 혹설 어떤 사람의 말이나 학설 (說 말씀 설)
- 或是 혹시 그러할 리는 없지만 만일에 (是 옳을 시)
- 間或 간혹 이따금 (間 사이 간)
- 或時 혹시   或如 혹여   或曰 혹왈
- 或者 혹자   設或 설혹

293 | 혼
混 **섞을 혼**
氵=水부 총11획

- 混同 혼동 구별하지 못하고 뒤섞어서 생각함 (同 한가지 동)
- 混成 혼성 서로 섞여서 이루어짐 (成 이룰 성)
- 混血 혼혈 두 계통의 특징이 섞임, 또는 그 혈통 (血 피 혈)
- 混亂 혼란   混宿 혼숙   混用 혼용
- 混雜 혼잡   混戰 혼전   混合 혼합

294 | 홍
紅 **붉을 홍**
糸부 총9획

- 紅顏 홍안 붉은 얼굴. 젊어서 혈색이 좋은 얼굴 (顏 낯 안)
- 紅燈街 홍등가 붉은 등이 켜져 있는 거리. 술집이나 유곽 따위가 늘어선 거리 (燈 등 등, 街 거리 가)
- 紅衣 홍의   粉紅 분홍   紅一點 홍일점
- 百日紅 백일홍   鮮紅色 선홍색   眞紅色 진홍색

295 | 화
華 **빛날 화**
艹=艸부 총12획

- 中華 중화 중국 사람들이 자기 나라를 이르는 말 (中 가운데 중)
- 富貴榮華 부귀영화 재산이 많고 지위가 높으며 귀하게 되어 온갖 영광을 누림 (富 부자 부, 貴 귀할 귀, 榮 영화 영)
- 華麗 화려   華族 화족   華燭 화촉
- 繁華 번화   精華 정화   法華經 법화경

296 | 환
歡 **기쁠 환**
欠부 총22획

- 歡聲 환성 기뻐서 크게 지르는 소리 (聲 소리 성)
- 歡送 환송 떠나는 사람을 기쁜 마음으로 보냄 (送 보낼 송)
- 歡呼 환호 기뻐서 큰 소리로 부르짖음 (呼 부를 호)
- 歡待 환대   歡樂 환락   歡心 환심
- 歡迎 환영   歡喜 환희   哀歡 애환

297 | 후
厚 **두터울 후**
厂부 총9획

- 厚德 후덕 덕이 후함 (德 큰 덕)
- 利用厚生 이용후생 기구를 편리하게 쓰고 먹고 입을 것을 넉넉하게 하여, 국민의 생활을 나아지게 함 (利 이로울 리, 用 쓸 용, 生 날 생)
- 厚待 후대   厚朴 후박   厚謝 후사
- 寬厚 관후   敦厚 돈후   重厚 중후

298 | 흉
胸 **가슴 흉**
月=肉부 총10획

- 胸部 흉부 가슴 부분 (部 떼 부)
- 胸算 흉산 마음속으로 하는 궁리나 계획 (算 셈 산)
- 胸章 흉장 군인이나 관리들의 가슴에 다는 표장 (章 글 장)
- 胸骨 흉골   胸像 흉상   胸圍 흉위
- 胸中 흉중   胸痛 흉통   心胸 심흉

299 | 흑
黑 **검을 흑**
黑부 총12획

- 黑白 흑백 검은빛과 흰빛. 옳고 그름 (白 흰 백)
- 黑心 흑심 음흉하고 부정한 마음 (心 마음 심)
- 黑雲 흑운 검은 구름 (雲 구름 운)
- 暗黑 암흑 어둡고 캄캄함 (暗 어두울 암)
- 黑幕 흑막   黑色 흑색   黑煙 흑연
- 黑人 흑인   漆黑 칠흑   黑死病 흑사병

300 | 희
喜 **기쁠 희**
口부 총12획

- 喜悲 희비 기쁨과 슬픔 (悲 슬플 비)
- 喜色 희색 기뻐하는 얼굴빛 (色 빛 색)
- 一喜一悲 일희일비 한편으로는 기뻐하고 한편으로는 슬퍼함. 또는 기쁨과 슬픔이 번갈아 일어남 (一 한 일, 悲 슬플 비)
- 喜劇 희극   喜悅 희열   歡喜 환희
- 喜消息 희소식   喜喜樂樂 희희낙락

• 이 한 자 기 억 해 요 ? • 정답 207

1 篇( ) 2 閉( ) 3 抱( ) 4 布( ) 5 暴( ) 6 彼( ) 7 匹( ) 8 何( ) 9 賀( ) 10 閑( )

CHAPTER 04

3급 한자 900

각 페이지마다
"이 한자 기억해요?" 배치하여
해당 한자를 한번 더 복습할 수 있도록 하였다.
자! 지금부터 편한 마음으로 3급 한자 900자에 도전하자.

3급한자 900 | 001~020

001 | 가
暇 틈, 겨를 가
日부 총13획

- 公暇 공가: 공무원이 얻을 수 있도록 공식적으로 인정되어 있는 휴가 (公 공평할 공)
- 餘暇 여가: 겨를. 틈 (餘 남을 여)
- 閑暇 한가: 별로 할 일이 없이 틈이 있음 (閑 한가할 한)
- 病暇 병가
- 小暇 소가
- 年暇 연가
- 寸暇 촌가
- 休暇 휴가
- 出産休暇 출산휴가

002 | 가

시렁 가
木부 총9획

- 架空 가공: 이유나 근거가 없음. 사실이 아니고 거짓이나 상상으로 꾸며 냄 (空 빌 공)
- 架橋 가교: 서로 떨어져 있는 것을 이어 주는 사물이나 사실 (橋 다리 교)
- 架設 가설
- 高架 고가
- 書架 서가
- 架工齒 가공치
- 十字架 십자가
- 高架道路 고가도로

003 | 각
却 물리칠 각
卩부 총7획

- 却說 각설: 말이나 글 따위에서, 다루던 내용을 그만두고 화제를 다른 쪽으로 돌림 (說 말씀 설)
- 棄却 기각: 법원이 소송이 이유가 없거나 적법하지 않다고 무효를 선고하는 일 (棄 버릴 기)
- 冷却 냉각
- 忘却 망각
- 賣却 매각
- 燒却 소각
- 退却 퇴각
- 減價償却 감가상각

004 | 각

집 각
門부 총14획

- 樓閣 누각: 사방을 바라볼 수 있도록 문과 벽이 없이 다락처럼 높이 지은 집 (樓 다락 루)
- 殿閣 전각: 임금이 거처하는 집 (殿 전각 전)
- 閣僚 각료
- 閣下 각하
- 改閣 개각
- 內閣 내각
- 入閣 입각
- 鐘閣 종각

005 | 각
刻 새길 각
刂=刀부 총8획

- 卽刻 즉각: 곧 바로 (卽 곧 즉)
- 遲刻 지각: 정해진 시각보다 늦게 출근하거나 등교함 (遲 더딜 지)
- 刻骨難忘 각골난망: 남에게 입은 은혜가 뼈에 새길 만큼 커서 잊혀지지 아니함 (骨 뼈 골, 難 어려울 난, 忘 잊을 망)
- 刻苦 각고
- 刻薄 각박
- 刻印 각인
- 頃刻 경각
- 時刻 시각
- 深刻 심각

006 | 각

깨달을 각
見부 총20획

- 覺悟 각오: 앞으로 해야 할 일이나 겪을 일에 대한 마음의 준비 (悟 깨달을 오)
- 錯覺 착각: 어떤 사물이나 사실을 실제와 다르게 지각하거나 생각함 (錯 어긋날 착)
- 覺書 각서
- 感覺 감각
- 發覺 발각
- 味覺 미각
- 自覺 자각
- 知覺 지각

007 | 간
肝 간 간
月=肉부 총7획

- 肝炎 간염: 간에 생기는 염증을 통틀어 이르는 말 (炎 불꽃 염)
- 肝腸 간장: 간과 창자 (腸 창자 장)
- 肝臟 간장: 간. 가로막 바로 밑의 오른쪽에 있는 기관 (臟 오장 장)
- 肝腦 간뇌
- 肝要 간요
- 肝油 간유
- 肝硬化 간경화
- 肝動脈 간동맥
- 肝靜脈 간정맥

008 | 간

새길 간
刂=刀부 총5획

- 刊行 간행: 책·신문·잡지 따위를 펴냄 (行 다닐 행)
- 發刊 발간: 책이나 신문 등을 박아 펴냄 (發 필 발)
- 廢刊 폐간: 신문·잡지 따위의 간행을 폐지함 (廢 폐할 폐)
- 改刊 개간
- 新刊 신간
- 月刊 월간
- 創刊 창간
- 出刊 출간
- 休刊 휴간

009 | 간

줄기 간
干부 총13획

- 幹部 간부: 기관이나 조직체 따위의 중심이 되는 자리에서 책임을 맡거나 지도하는 사람 (部 떼 부)
- 根幹 근간: 사물의 바탕이나 중심이 되는 중요한 것 (根 뿌리 근)
- 幹事 간사
- 幹線 간선
- 骨幹 골간
- 基幹 기간
- 才幹 재간
- 主幹 주간

010 | 간

간략할, 대쪽 간
竹부 총18획

- 簡潔 간결: 간단하고 요령 있음 (潔 깨끗할 결)
- 簡單 간단: 간편하고 단출함 (單 홀 단)
- 簡略 간략: 간단하고 소략함 (略 간략할 략)
- 簡明 간명
- 簡素 간소
- 簡易 간이
- 簡擇 간택
- 簡便 간편
- 書簡 서간

이 한자 기억해요? 정답 300

1 還( ) 2 環( ) 3 丸( ) 4 荒( ) 5 況( ) 6 悔( ) 7 懷( ) 8 獲( ) 9 劃( ) 10 橫( )

여기는! 暇가 / 姦간

011 | 간

간음할 간
女부 총9획

- 姦淫 간음 : 부부가 아닌 남녀가 성 관계를 맺음(淫 음란할 음)
- 姦通 간통 : 결혼하여 배우자가 있는 사람이 배우자가 아닌 사람과 성적 관계를 맺음(通 통할 통)
- 姦邪 간사
- 姦臣 간신
- 強姦 강간
- 輪姦 윤간
- 強姦罪 강간죄
- 相姦者 상간자

012 | 간
간절할 간
心부 총17획

- 懇曲 간곡 : 간절하고 곡진함(曲 굽을 곡)
- 懇談 간담 : 정답게 차근차근히 이야기를 나눔(談 말씀 담)
- 懇切 간절 : 지성스럽고 절실함(切 끊을 절)
- 懇請 간청 : 간절히 청함, 또는 그런 청 (請 청할 청)
- 懇求 간구
- 懇望 간망
- 懇誠 간성
- 懇願 간원
- 懇志 간지
- 懇談會 간담회

013 | 감

볼 감
皿부 총14획

- 監房 감방 : 교도소에서, 죄수를 가두어 두는 방(房 방 방)
- 監察 감찰 : 단체의 규율과 구성원의 행동을 감독하여 살핌(察 살필 찰)
- 監護 감호 : 감독하고 보호함(護 도울 호)
- 監禁 감금
- 監督 감독
- 監査 감사
- 監修 감수
- 監視 감시
- 收監 수감

014 | 감
거울 감
金부 총22획

- 鑑賞 감상 : 주로 예술 작품을 이해하여 즐기고 평가함(賞 상줄 상)
- 印鑑 인감 : 당사자 여부를 확인하기 위하여 관공서 또는 거래처 등에 미리 제출해 두는 특정한 도장(印 도장 인)
- 鑑別 감별
- 鑑査 감사
- 鑑識 감식
- 鑑定 감정
- 龜鑑 귀감
- 東醫寶鑑 동의보감

015 | 강

강철 강
金부 총16획

- 鋼鐵 강철 : 탄소의 함유량이 0.035~1.7%인 철. 열처리에 따라 강도가 높아짐(鐵 쇠 철)
- 鋼板 강판 : 강철로 만든 철판(板 널 판)
- 鋼管 강관
- 鋼線 강선
- 鋼材 강재
- 製鋼 제강
- 鐵鋼 철강

016 | 강
굳셀 강
刂=刀부 총10획

- 剛健 강건 : 의지나 기상이 굳세고 건전함(健 굳셀 건)
- 剛斷 강단 : 굳세고 꿋꿋하게 견디어 내는 힘(斷 끊을 단)
- 剛度 강도
- 剛性 강성
- 剛直 강직
- 金剛山 금강산
- 金剛石 금강석
- 外柔內剛 외유내강

017 | 강

벼리 강
糸부 총14획

- 綱領 강령 : 정당이나 사회단체 등이 그 기본 입장이나 방침, 운동 규범 따위를 열거한 것 (領 거느릴 령)
- 紀綱 기강 : 규율과 법도를 아울러 이르는 말(紀 벼리 기)
- 綱目 강목
- 大綱 대강
- 要綱 요강
- 政綱 정강
- 紀綱確立 기강확립
- 三綱五倫 삼강오륜

018 | 강

편안 강
广부 총11획

- 健康 건강 : 정신적·육체적인 이상의 유무를 주안으로 본 몸의 상태(健 굳셀 건)
- 平康 평강 : 걱정이나 탈이 없음, 또는 무사히 잘 있음(平 평평할 평)
- 康健 강건
- 康寧 강녕
- 康樂 강락
- 康福 강복
- 小康 소강

019 | 개

낄 개
人부 총4획

- 介意 개의 : 어떤 일 따위를 마음에 두고 생각하거나 신경을 씀 (意 뜻 의)
- 媒介 매개 : 사이에 들어 서로의 관계를 맺어 줌(媒 중매 매)
- 介入 개입
- 介在 개재
- 紹介 소개
- 仲介 중개

020 | 개

덮을 개
⺾=艸부 총14획

- 蓋世 개세 : 기상이나 위력, 재능 따위가 세상을 뒤덮음(世 인간 세)
- 大蓋 대개 : 일의 큰 원칙으로 말하건대 (大 큰 대)
- 蓋果 개과
- 蓋瓦 개와
- 蓋草 개초
- 蓋然性 개연성
- 頭蓋骨 두개골
- 口蓋音化 구개음화

• • • 이 한 자 기 억 해 요 ? • • • 정답 301

1 曉( ) 2 候( ) 3 侯( ) 4 毀( ) 5 輝( ) 6 揮( ) 7 携( ) 8 吸( ) 9 戱( ) 10 稀( )

3급한자 900 | 021~040

021 | 개
慨 **슬퍼할 개**
忄=心부 총14획

- 慨歎 개탄: 분하거나 못마땅하게 여겨 한탄함(歎 탄식할 탄)
- 感慨 감개: 어떤 감동이나 느낌이 마음 깊은 곳에서 배어 나옴, 또는 그 감동이나 느낌(感 느낄 감)
- 憤慨 분개: 몹시 분하게 여김(憤 분할 분)
- 慨世 개세
- 悲慨 비개
- 憂慨 우개
- 感慨無量 감개무량

022 | 개
概 **대개 개**
木부 총15획

- 概論 개론: 내용을 대강 추려서 서술함, 또는 그런 것(論 논할 론)
- 節概 절개: 신념, 신의 따위를 굽히지 아니하고 굳게 지키는 꿋꿋한 태도(節 마디 절)
- 概觀 개관
- 概念 개념
- 概說 개설
- 概要 개요
- 氣槪 기개
- 大概 대개

023 | 거
拒 **막을 거**
扌=手부 총8획

- 拒逆 거역: 윗사람의 뜻이나 지시 따위를 따르지 않고 거스름 (逆 거스릴 역)
- 抗拒 항거: 순종하지 아니하고 맞서서 반항함(抗 대항할 항)
- 拒否 거부
- 拒絕 거절
- 拒否權 거부권
- 拒食症 거식증
- 拒否反應 거부반응

024 | 거

距 **떨어질 거**
足부 총12획

- 距離 거리: 두 개의 물건이나 장소 따위가 공간적으로 떨어진 길이 (離 떠날 리)
- 相距 상거: 떨어져 있는 두 곳의 거리 (相 서로 상)
- 距今 거금
- 距躍 거약
- 距離感 거리감
- 短距離 단거리
- 長距離 장거리

025 | 거

據 **근거 거**
扌=手부 총16획

- 根據 근거: 어떤 일이나 의논·의견에 그 근본이 됨, 또는 그런 까닭 (根 뿌리 근)
- 準據 준거: 사물의 정도나 성격 따위를 알기 위한 근거나 기준 (準 준할 준)
- 據點 거점
- 論據 논거
- 依據 의거
- 占據 점거
- 證據 증거
- 本據地 본거지

026 | 건
健 **굳셀 건**
亻=人부 총11획

- 健壯 건장: 몸이 크고 굳셈(壯 장할 장)
- 健忘症 건망증: 일을 기억하지 못하거나 어느 시기의 일을 기억하지 못하거나, 드문드문 기억하는 기억 장애 (忘 잊을 망, 症 증세 증)
- 健康 건강
- 健實 건실
- 健兒 건아
- 健在 건재
- 健全 건전
- 保健 보건

027 | 건

件 **물건 건**
亻=人부 총6획

- 物件 물건: 일정한 모양이 있는 모든 물질적인 것(物 물건 물)
- 與件 여건: 주어진 조건(與 줄 여)
- 要件 요건: 필요한 조건(要 요긴할 요)
- 條件 조건: 어떤 사물이 성립되거나 발생하는데 갖추어야 하는 요소 (條 가지 조)
- 件數 건수
- 事件 사건
- 案件 안건
- 用件 용건
- 無條件 무조건
- 人件費 인건비

028 | 걸
乞 **빌 걸**
乙부 총3획

- 乞食 걸식: 빌어서 얻어먹음(食 밥 식)
- 乞人 걸인: 남에게 빌어먹고 사는 사람. 거지(人 사람 인)
- 求乞 구걸: 돈이나 곡식, 물건 따위를 거저 달라고 빎(求 구할 구)
- 乞神 걸신
- 哀乞 애걸
- 門前乞食 문전걸식
- 哀乞伏乞 애걸복걸
- 流離乞食 유리걸식

029 | 걸

傑 **뛰어날 걸**
亻=人부 총12획

- 傑物 걸물: 뛰어난 사람. 훌륭한 물건 (物 물건 물)
- 傑作 걸작: 매우 훌륭한 작품(作 지을 작)
- 傑出 걸출: 남보다 훨씬 뛰어남(出 날 출)
- 俊傑 준걸: 재주와 슬기가 매우 뛰어남, 또는 그런 사람(俊 준걸 준)
- 傑氣 걸기
- 女傑 여걸
- 雄傑 웅걸
- 人傑 인걸
- 豪傑 호걸
- 傑作品 걸작품

030 | 검

儉 **검소할 검**
亻=人부 총15획

- 儉素 검소: 사치하지 않고 꾸밈없이 수수함(素 본디 소)
- 勤儉 근검: 부지런하고 검소함 (勤 부지런할 근)
- 儉朴 검박
- 儉約 검약
- 勤儉節約 근검절약

· · · 이 한 자 기 억 해 요 ? · · · 정답 212

1 暇(　) 2 架(　) 3 却(　) 4 閣(　) 5 刻(　) 6 覺(　) 7 肝(　) 8 刊(　) 9 幹(　) 10 簡(　)

여기는! 慨개 / 檢검

031 | 검
檢 검사할 검
木부 총17획

- 檢擧 검거: 범죄의 예방, 공공 안전의 유지, 범죄의 수사를 위하여 용의자를 일시로 억류하는 일 (擧 들 거)
- 點檢 점검: 낱낱이 검사함 (點 점 점)
- 檢問 검문 檢事 검사 檢索 검색
- 檢察 검찰 檢討 검토 檢認定 검인정

032 | 검
劍 칼 검
刂=刀부 총15획

- 劍客 검객: 검술에 능한 사람 (客 손 객)
- 劍舞 검무: 칼을 들고 추는 춤. 칼춤 (舞 춤출 무)
- 寶劍 보검: 예전에 나라의 행사나 의식에서 의장에 쓰던 칼 (寶 보배 보)
- 劍道 검도 劍法 검법 劍術 검술
- 短劍 단검 長劍 장검 銃劍 총검

033 | 격
隔 사이뜰 격
阝=阜부 총13획

- 遠隔 원격: 멀리 떨어져 있음 (遠 멀 원)
- 隔世之感 격세지감: 오래지 않은 동안에 몰라보게 변하여 아주 다른 세상이 된 것 같은 느낌 (世 인간 세, 之 갈 지, 感 느낄 감)
- 隔離 격리 隔月 격월 隔意 격의
- 隔差 격차 間隔 간격 懸隔 현격

034 | 격
格 격식 격
木부 총10획

- 格調 격조: 사람의 품격과 취향 (調 고를 조)
- 性格 성격: 개인이 가지고 있는 고유의 성질이나 품성 (性 성품 성)
- 嚴格 엄격: 매우 엄함 (嚴 엄할 엄)
- 格式 격식 格言 격언 價格 가격
- 人格 인격 資格 자격 合格 합격

035 | 격

激 격할 격
氵=水부 총16획

- 激減 격감: 수량이 갑자기 줆 (減 덜 감)
- 激怒 격노: 몹시 분하고 노여운 감정이 북받침 (怒 성낼 노)
- 激浪 격랑: 거센 파도 (浪 물결 랑)
- 激情 격정: 격렬한 감정 (情 뜻 정)
- 激動 격동 激論 격론 激變 격변
- 激奮 격분 激戰 격전 急激 급격

036 | 격

擊 칠 격
手부 총17획

- 擊退 격퇴: 적을 쳐서 물리침 (退 물러날 퇴)
- 擊破 격파: 단단한 물체를 손이나 발 따위로 쳐서 깨뜨림 (破 깨뜨릴 파)
- 突擊 돌격 襲擊 습격 遊擊 유격
- 追擊 추격 衝擊 충격 打擊 타격

037 | 견

牽 이끌, 끌 견
牛부 총11획

- 牽引 견인: 끌어서 당김 (引 끌 인)
- 牽制 견제: 일정한 힘으로 상대편이 지나치게 세력을 펴거나 자유롭게 행동하지 못하게 억누름 (制 절제할 제)
- 牽引車 견인차 牽强附會 견강부회
- 牽牛織女 견우직녀

038 | 견

絹 비단 견
糸부 총13획

- 絹絲 견사: 깁이나 비단을 짜는 명주 (絲 실 사)
- 人絹 인견: 천연 섬유소로 명주실 비슷하게 인공적으로 만든 실 (人 사람 인)
- 絹毛 견모 絹布 견포 本絹 본견
- 純絹 순견 絹織物 견직물 人造絹 인조견

039 | 견
遣 보낼 견
辶=辵부 총14획

- 遣外 견외: 외국으로 파견함 (外 바깥 외)
- 分遣 분견: 구성원의 일부를 떼내어서 보냄 (分 나눌 분)
- 派遣 파견: 일정한 임무를 주어 사람을 보냄 (派 갈래 파)
- 遣歸 견귀 消遣 소견 差遣 차견

040 | 견

肩 어깨 견
月=肉부 총8획

- 肩章 견장: 군인, 경찰관 등이 제복의 어깨에 붙이는 직위나 계급을 밝히는 표장 (章 글 장)
- 比肩 비견: 앞서거나 뒤서지 않고 어깨를 나란히 함. 낫고 못할 것이 없이 정도가 서로 비슷함 (比 견줄 비)
- 肩骨 견골 兩肩 양견 肩關節 견관절

· · · 이 한 자 기 억 해 요 ? · · · 정답 213

1 姦( ) 2 懇( ) 3 監( ) 4 鑑( ) 5 鋼( ) 6 剛( ) 7 綱( ) 8 康( ) 9 介( ) 10 蓋( )

3급한자 900 | 041~060

041 | 결
이지러질 결
缶부 총10획

- 缺格 결격 : 필요한 자격이 모자라거나 빠져 있음(格 격식 격)
- 缺席 결석 : 나가야 할 자리에 나가지 않음(席 자리 석)
- 缺如 결여 : 마땅히 있어야 할 것이 빠져서 없거나 모자람(如 같을 여)

缺勤 결근   缺禮 결례   缺食 결식
缺場 결장   缺點 결점   無缺 무결

042 | 겸
겸손할 겸
言부 총17획

- 謙辭 겸사 : 겸손의 말(辭 말씀 사)
- 謙讓 겸양 : 겸손한 태도로 남에게 양보하거나 사양함(讓 사양할 양)
- 謙虛 겸허 : 스스로 자신을 낮추고 비우는 태도가 있음(虛 빌 허)

謙德 겸덕   謙稱 겸칭   謙讓語 겸양어

043 | 겸
겸할 겸
八부 총10획

- 兼備 겸비 : 두 가지 이상을 아울러 갖춤(備 갖출 비)
- 兼業 겸업 : 본업 이외에 다른 업을 겸하여 가짐, 또는 그 업(業 업 업)
- 兼任 겸임 : 두 가지 이상의 직무를 아울러 맡아봄(任 맡길 임)

兼床 겸상   兼愛 겸애   兼用 겸용
兼職 겸직   兼事兼事 겸사겸사   兼業農家 겸업농가

044 | 경
굳을 경
石부 총12획

- 強硬 강경 : 굳세게 버티어 굽히지 않음(強 강할 강)
- 硬度計 경도계 : 물체의 굳기를 재는 기계(度 법도 도, 計 셀 계)

硬骨 경골   硬水 경수   硬軟 경연
硬直 경직   硬化 경화   硬性憲法 경성헌법

045 | 경
이랑, 잠깐 경
頁부 총11획

- 頃刻 경각 : 눈 깜빡할 사이. 아주 짧은 시간(刻 새길 각)
- 食頃 식경 : 밥을 먹을 동안이라는 뜻으로, 잠깐 동안을 이르는 말(食 밥 식)

頃步 경보   萬頃 만경   小頃 소경
子正頃 자정경

046 | 경
기울 경
亻=人부 총13획

- 傾倒 경도 : 기울어 넘어짐, 또는 기울여 넘어뜨림(倒 넘어질 도)
- 傾斜 경사 : 비스듬히 기울어짐, 또는 그 상태나 정도. 기울기(斜 비낄 사)

傾角 경각   傾聽 경청   傾向 경향
左傾 좌경   急傾斜 급경사   傾國之色 경국지색

047 | 경
마침내 경
立부 총11획

- 究竟 구경 : 가장 지극한 깨달음(究 연구할 구)
- 畢竟 필경 : 끝장에 가서는. 마침내(畢 마칠 필)

竟夕 경석   竟夜 경야

048 | 경
거울 경
金부 총19획

- 破鏡 파경 : 사이가 나빠서 부부가 헤어지는 것(破 깨뜨릴 파)
- 明鏡止水 명경지수 : 잡념과 가식과 헛된 욕심 없이 맑고 깨끗한 마음(明 밝을 명, 止 그칠 지, 水 물 수)

鏡臺 경대   眼鏡 안경   內視鏡 내시경
望遠鏡 망원경 千里鏡 천리경   擴大鏡 확대경

049 | 경
지경 경
土부 총14획

- 境遇 경우 : 놓여 있는 조건이나 놓이게 된 형편이나 사정(遇 만날 우)
- 困境 곤경 : 어려운 형편이나 처지(困 곤할 곤)
- 接境 접경 : 경계가 서로 맞닿음, 또는 그 맞닿은 경계(接 이을 접)

境界 경계   境內 경내   境地 경지
國境 국경   死境 사경   逆境 역경

050 | 경
벼슬 경
卩부 총12획

- 卿相 경상 : 재상. 육경과 삼상을 아울러 이르는 말(相 서로 상)
- 客卿 객경 : 다른 나라에서 와서 공경의 높은 지위에 있는 사람(客 손 객)
- 九卿 구경 : 조선 시대에 삼정승에 다음 가는 아홉 고관직(九 아홉 구)

公卿 공경   上卿 상경   六卿 육경

• • • 이 한 자 기 억 해 요 ? 정답 214

1 慨( ) 2 概( ) 3 拒( ) 4 距( ) 5 據( ) 6 健( ) 7 件( ) 8 乞( ) 9 傑( ) 10 儉( )

여기는! 缺결 / 徑경

051 | 경

지름길, 길 경
彳부 　총10획

- 徑路 경로 　지름길(路 길 로)
- 口徑 구경 　총포나 카메라 등 원통형으로 된 것의 안 지름(口 입 구)
- 半徑 반경 　반지름(半 반 반)
- 直徑 직경 　지름(直 곧을 직)
- 內徑 내경
- 斜徑 사경
- 動徑 동경
- 外徑 외경
- 私徑 사경
- 砲徑 포경

052 | 경
깨우칠 경
言부 　총20획

- 警告 경고 　조심하거나 삼가도록 미리 주의를 줌(告 고할 고)
- 警鐘 경종 　위급한 일이나 비상사태를 알리는 종이나 사이렌 따위의 신호(鐘 쇠북 종)
- 警句 경구
- 警察 경찰
- 警報 경보
- 警護 경호
- 警備 경비
- 軍警 군경

053 | 계

계수나무 계
木부 　총10획

- 桂輪 계륜 　달을 달리 이르는 말 (輪 바퀴 륜)
- 月桂冠 월계관 　고대 그리스에서 월계수의 가지와 잎으로 만들어 경기의 우승자에게 씌워 주던 관(月 달 월, 冠 갓 관)
- 桂林 계림
- 桂皮 계피
- 月桂樹 월계수

054 | 계
맬 계
糸부 　총19획

- 繫留 계류 　일정한 곳을 벗어나지 못하도록 밧줄 같은 것으로 붙잡아 매어 놓음(留 머무를 류)
- 繫囚 계수 　감옥에 갇혀 있는 죄수 (囚 가둘 수)
- 連繫 연계
- 繫留場 계류장

055 | 계

이을 계
糸부 　총20획

- 繼母 계모 　아버지가 재혼하여 얻은 아내. 의붓어머니(母 어미 모)
- 繼續 계속 　끊이지 않고 이어 나감 (續 이을 속)
- 繼承 계승 　조상이나 선임자의 뒤를 이어 받음(承 이을 승)
- 繼父 계부
- 中繼 중계
- 承繼 승계
- 後繼者 후계자
- 引繼 인계
- 中繼放送 중계방송

056 | 계
맺을 계
大부 　총9획

- 契約 계약 　서로 지켜야 할 의무에 대하여 글이나 말로 정하여 둠, 또는 그런 약속(約 맺을 약)
- 契主 계주 　계를 조직하고 주관하는 사람 (主 주인 주)
- 契會 계회 　계모임(會 모일 회)
- 契機 계기
- 契員 계원
- 契合 계합
- 默契 묵계
- 親睦契 친목계
- 斷金之契 단금지계

057 | 계

섬돌 계
阝=阜부 　총12획

- 階級 계급 　사회에서 신분·재산·직업 따위가 비슷한 사람들로 형성되는 집단, 또는 그렇게 나뉜 사회적 지위(級 등급 급)
- 階層 계층 　사회적 지위가 비슷한 사람들의 층(層 층 층)
- 階段 계단
- 音階 음계
- 段階 단계
- 層階 층계
- 位階 위계
- 品階 품계

058 | 계
열 계
口부 　총11획

- 啓導 계도 　남을 깨치어 이끌어 줌 (導 인도할 도)
- 啓發 계발 　슬기나 재능, 사상 따위를 일깨워 줌(發 필 발)
- 啓示 계시 　가르치어 보임(示 보일 시)
- 啓蒙 계몽
- 狀啓 장계
- 啓明星 계명성

059 | 계

이어맬 계
糸부 　총7획

- 系統 계통 　일정한 차례에 따라 이어져 있는 것(統 거느릴 통)
- 直系 직계 　혈연이 친자 관계에 의하여 직접적으로 이어져 있는 계통 (直 곧을 직)
- 系譜 계보
- 母系 모계
- 系列 계열
- 傍系 방계
- 家系 가계
- 體系 체계

060 | 계

맬 계
亻=人부 　총9획

- 係累 계루 　다른 일이나 사물에 얽매임 (累 여러 루)
- 關係 관계 　둘 이상의 사람·사물·현상 따위가 서로 관련을 맺거나 관련이 있음, 또는 그런 관련 (關 관계할 관)
- 係數 계수
- 係員 계원
- 係長 계장

- • • • 이 한 자 기 억 해 요 ? • • • 정답 215

1 檢(　) 2 劍(　) 3 隔(　) 4 格(　) 5 激(　) 6 擊(　) 7 牽(　) 8 絹(　) 9 遣(　) 10 肩(　)

3급한자 900 | 061~080

061 | 계  경계할 계
- 戒嚴 계엄: 군사적 필요나 사회의 안녕, 질서 유지를 위하여 일정한 지역의 행정권과 사법권의 전부 또는 일부를 군이 맡아 다스리는 일(嚴 엄할 엄)
- 戒律 계율: 불자가 지켜야 할 규범(律 법칙 률)

戈부 총7획
- 警戒 경계 十戒 십계 懲戒 징계
- 破戒 파계 訓戒 훈계 一罰百戒 일벌백계

062 | 계  기계 계
- 機械 기계: 동력을 써서 움직이거나 일을 하는 장치(機 틀 기)
- 器械 기계: 연장, 연모, 그릇, 기구 따위를 통틀어 이르는 말(器 그릇 기)

木부 총11획
- 農機械 농기계 機械工學 기계공학
- 精密機械 정밀기계 尖端機械 첨단기계

063 | 고  외로울 고
- 孤獨 고독: 홀로 떨어져 있는 듯이 매우 외롭고 쓸쓸함(獨 홀로 독)
- 孤立 고립: 다른 사람과 어울리어 사귀지 아니하거나 도움을 받지 못하여 외톨이로 됨(立 설 립)

子부 총8획
- 孤高 고고 孤島 고도 孤寂 고적
- 孤兒院 고아원 孤軍奮鬪 고군분투 孤掌難鳴 고장난명

064 | 고 곳집 고
- 國庫 국고: 현금을 수납하고 지급하는 주체로서의 국가를 이르는 말(國 나라 국)
- 金庫 금고: 돈이나 귀중품, 서류 따위를 넣어 두는 쇠로 만든 궤짝(金 쇠 금)

广부 총10획
- 文庫 문고 寶庫 보고 車庫 차고
- 倉庫 창고 冷藏庫 냉장고 武器庫 무기고

065 | 고  돌아볼 고
- 顧客 고객: 상점 따위에 물건을 사러 오는 손님(客 손 객)
- 顧問 고문: 전문적인 지식과 풍부한 경험으로 자문에 응해 조언을 하는 직책, 또는 그런 직책에 있는 사람(問 물을 문)

頁부 총21획
- 顧見 고견 顧慮 고려 一顧 일고
- 回顧 회고 三顧草廬 삼고초려

066 | 고  북 고
- 鼓動 고동: 피의 순환을 위하여 뛰는 심장의 운동(動 움직일 동)
- 鼓舞 고무: 힘을 내도록 격려하여 용기를 북돋움(舞 춤출 무)
- 鼓吹 고취: 용기와 기운을 북돋워 일으킴(吹 불 취)

鼓부 총13획
- 迎鼓 영고 勝戰鼓 승전고 申聞鼓 신문고
- 自鳴鼓 자명고

067 | 고  마를 고
- 枯渴 고갈: 돈이나 물건 따위가 거의 없어져 매우 귀해짐(渴 목마를 갈)
- 枯木 고목: 말라죽은 나무(木 나무 목)
- 枯死 고사: 나무나 풀 따위가 말라 죽음(死 죽을 사)

木부 총9획
- 枯葉 고엽 枯旱 고한 榮枯盛衰 영고성쇠

068 | 고 시어미 고
- 姑母 고모: 아버지의 누이(母 어미 모)
- 姑婦 고부: 시어머니와 며느리를 아울러 이르는 말(婦 지어미 부)
- 姑息 고식: 우선 당장에 탈이 없이 편안함(息 쉴 식)

女부 총8획
- 姑從 고종 姑息的 고식적
- 姑息之計 고식지계 姑從四寸 고종사촌

069 | 고  원고, 볏짚 고
- 寄稿 기고: 신문, 잡지 따위에 실기 위하여 원고를 써서 보냄, 또는 그 원고(寄 부칠 기)
- 遺稿 유고: 죽은 사람이 생전에 써서 남긴 원고(遺 남길 유)

禾부 총15획
- 稿料 고료 原稿 원고 拙稿 졸고
- 草稿 초고 脫稿 탈고 投稿 투고

070 | 곡 울 곡
- 哭泣 곡읍: 소리를 내어 섧게 욺(泣 울 읍)
- 絶哭 절곡: 몹시 슬프게 곡을 함, 또는 그 곡(絶 끊을 절)
- 號哭 호곡: 소리를 내어 슬피 욺, 또는 그런 울음(號 이름 호)

口부 총10획
- 哭聲 곡성 哀哭 애곡 痛哭 통곡
- 大聲痛哭 대성통곡 放聲大哭 방성대곡

· · · · · 이 한 자 기 억 해 요 ? · · · · · 정답 216

1 缺(　) 2 謙(　) 3 兼(　) 4 硬(　) 5 頃(　) 6 傾(　) 7 竟(　) 8 鏡(　) 9 境(　) 10 卿(　)

여기는! 戒계 / 貢공

071 | 공 貢 바칠 공
貝부　총10획

- 貢納 공납: 백성이 그 지방에서 나는 특산물을 조정에 바치던 일, 또는 그 세제 (納 들일 납)
- 貢獻 공헌: 힘을 써 이바지함 (獻 드릴 헌)
- 朝貢 조공: 왕조 때 속국이 종주국에 때마다 예물을 바치던 일 (朝 아침 조)
- 貢物 공물　貢米 공미　貢賦 공부

072 | 공 攻 칠 공
攵=攴부　총7획

- 攻略 공략: 군대의 힘으로 적의 영토나 진지를 공격하여 빼앗음 (略 간략할 략)
- 攻勢 공세: 공격하는 세력이나 태세 (勢 형세 세)
- 攻擊 공격　攻防 공방　攻守 공수
- 強攻 강공　專攻 전공　侵攻 침공

073 | 공 恐 두려울 공
心부　총10획

- 恐龍 공룡: 중생대 쥐라기와 백악기에 걸쳐 번성하였던 거대한 파충류 (龍 용 룡)
- 可恐 가공: 두려워할만함 (可 옳을 가)
- 恐妻家 공처가: 아내에게 눌려 지내는 남편 (妻 아내 처, 家 집 가)
- 恐懼 공구　恐怖* 공포　恐縮 공축
- 恐水病 공수병

074 | 공 孔 구멍 공
子부　총4획

- 孔道 공도: 공자가 가르친 도 (道 길 도)
- 孔孟 공맹: 공자와 맹자 (孟 맏 맹)
- 毛孔 모공: 털이 나는 작은 구멍. 털구멍 (毛 터럭 모)
- 孔子 공자　氣孔 기공　鼻孔 비공
- 孔方傳 공방전　孔方兄 공방형　九孔炭 구공탄

075 | 공 供 이바지할 공
亻=人부　총8획

- 供給 공급: 요구나 필요에 따라 물품 따위를 제공함 (給 줄 급)
- 供物 공물: 신불 앞에 바치는 물건 (物 물건 물)
- 提供 제공: 갖다 주어 이바지함 (提 끌 제)
- 供養 공양　供與 공여　供招 공초
- 供出 공출　佛供 불공　供養米 공양미

076 | 공 恭 공손할 공
忄=心부　총10획

- 恭敬 공경: 공손히 받들어 모심 (敬 공경 경)
- 恭待 공대: 상대에게 높임말을 함 (待 대할 대)
- 恭謙 공겸　恭遜* 공손　恭順 공순

077 | 과 誇 자랑할 과
言부　총13획

- 誇大 과대: 작은 것을 사실 이상으로 크게 불림 (大 큰 대)
- 誇示 과시: 뽐냄 (示 보일 시)
- 誇張 과장: 사실보다 지나치게 불려서 나타냄 (張 베풀 장)
- 誇功 과공　誇稱 과칭　自誇 자과
- 誇大廣告 과대광고　誇大妄想 과대망상

078 | 과 寡 적을 과
宀부　총14획

- 寡聞 과문: 보고 들은 것이 적음 (聞 들을 문)
- 寡人 과인: 덕이 적은 사람이라는 뜻으로, 임금이 자기를 낮추어 이르던 일인칭 대명사 (人 사람 인)
- 寡默 과묵　寡婦 과부　多寡 다과
- 寡守宅 과수댁　獨寡占 독과점　寡頭政治 과두정치

079 | 곽 郭 둘레, 외성 곽
阝=邑부　총11획

- 內郭 내곽: 안쪽 테두리 (內 안 내)
- 城郭 성곽: 내성과 외성을 통틀어 이르는 말 (城 재 성)
- 外郭 외곽: 바깥쪽 테두리 (外 바깥 외)
- 郭公 곽공　郭氏 곽씨　山郭 산곽

080 | 관 冠 갓 관
冖부　총9획

- 弱冠 약관: 남자가 스무 살에 관례를 한다는 뜻으로, 남자 나이 스무 살을 이르는 말 (弱 약할 약)
- 衣冠 의관: 남자의 웃옷과 갓이라는 뜻으로, 남자가 정식으로 갖추어 입는 옷차림 (衣 옷 의)
- 冠帶 관대　冠禮 관례　冠詞 관사
- 王冠 왕관　冠婚喪祭 관혼상제　桂冠詩人 계관시인

• • 이 한 자 기 억 해 요 ? • • 정답 217

1 徑(　) 2 警(　) 3 桂(　) 4 繫(　) 5 繼(　) 6 契(　) 7 階(　) 8 啓(　) 9 系(　) 10 係(　)

3급한자 900 | 081~100

081 | 관

꿸 관
貝부 총11획

- 貫通 관통 : 꿰뚫어서 통함 (通 통할 통)
- 本貫 본관 : 시조가 난 땅 (本 근본 본)
- 一貫性 일관성 : 하나의 방법이나 태도로써 처음부터 끝까지 한결같은 성질 (一 한 일, 性 성품 성)
- 貫祿 관록 貫流 관류 貫徹 관철
- 貫鄕 관향 始終一貫 시종일관 初志一貫 초지일관

082 | 관
익숙할 관
忄=心부 총14획

- 慣例 관례 : 전부터 해 내려오던 전례가 관습으로 굳어진 것 (例 법식 례)
- 慣習 관습 : 어떤 사회에서 오랫동안 지켜 내려와 그 사회 성원들이 널리 인정하는 질서나 풍습 (習 익힐 습)
- 慣性 관성 慣行 관행 習慣 습관
- 慣習法 관습법 慣用語 관용어

083 | 관

대롱, 주관할 관
竹부 총14획

- 管理 관리 : 시설이나 물건의 유지, 개량 따위의 일을 맡아 함 (理 다스릴 리)
- 保管 보관 : 물건을 맡아서 간직하고 관리함 (保 지킬 보)
- 管內 관내 管掌 관장 血管 혈관
- 管樂器 관악기 管絃樂 관현악 氣管支 기관지

084 | 관

집 관
飠=食부 총17획

- 別館 별관 : 본관 외에 따로 지은 건물 (別 다를 별)
- 新館 신관 : 새로 지은 건물 (新 새 신)
- 休館 휴관 : 도서관이나 영화관 등에서 하던 일을 하루나 한동안 쉼 (休 쉴 휴)
- 館舍 관사 館長 관장 旅館 여관
- 會館 회관 大使館 대사관 圖書館 도서관

085 | 관
너그러울 관
宀부 총15획

- 寬大 관대 : 마음이 너그럽고 큼 (大 큰 대)
- 寬容 관용 : 남의 잘못을 너그럽게 받아들이거나 용서함, 또는 그런 용서 (容 얼굴 용)
- 寬待 관대 寬貸 관대 寬嚴 관엄
- 寬裕 관유 寬忍 관인

086 | 광

미칠 광
犭=犬부 총7획

- 狂犬 광견 : 미친 개 (犬 개 견)
- 狂亂 광란 : 미친 듯이 어지럽게 날뜀 (亂 어지러울 란)
- 狂風 광풍 : 미친 듯이 사납게 휘몰아치는 거센 바람 (風 바람 풍)
- 狂氣 광기 狂奔 광분 發狂 발광
- 熱狂 열광 狂犬病 광견병 狂信徒 광신도

087 | 광

쇳돌 광
金부 총23획

- 鑛夫 광부 : 광산에서 광물을 캐는 일을 직업으로 하는 사람 (夫 지아비 부)
- 鑛石 광석 : 경제적 가치가 있고 채광할 수 있는 광물, 또는 그런 광물의 집합체 (石 돌 석)
- 鑛物 광물 鑛山 광산 採鑛 채광
- 炭鑛 탄광 廢鑛 폐광 鑛泉水 광천수

088 | 괘

걸 괘
扌=手부 총11획

- 掛念 괘념 : 마음에 두고 걱정하거나 잊지 않음 (念 생각 념)
- 掛圖 괘도 : 벽에 걸어 놓고 보는 학습용 그림이나 지도. 걸그림 (圖 그림 도)
- 掛鏡 괘경 掛曆 괘력 掛書 괘서
- 掛意 괘의 掛鐘 괘종 掛鐘時計 괘종시계

089 | 괴

무너질 괴
土부 총19획

- 壞滅 괴멸 : 조직이나 체계 따위가 모조리 파괴되어 멸망함 (滅 멸할 멸)
- 破壞 파괴 : 때려 부수거나 깨뜨려 헐어 버림 (破 깨뜨릴 파)
- 壞亂 괴란 壞裂 괴열 崩壞 붕괴
- 損壞 손괴 壞血病 괴혈병

090 | 괴

괴이할 괴
忄=心부 총8획

- 怪談 괴담 : 괴이한 이야기 (談 말씀 담)
- 怪狀 괴상 : 괴이한 모양 (狀 형상 상)
- 怪異 괴이 : 이상야릇함 (異 다를 이)
- 變怪 변괴 : 이상야릇한 일이나 사고 (變 변할 변)
- 怪奇 괴기 怪物 괴물 怪變 괴변
- 怪獸 괴수 怪疾 괴질 怪漢 괴한

· · · 이 한 자 기 억 해 요 ? · · · 정답 218

1 戒( ) 2 械( ) 3 孤( ) 4 庫( ) 5 顧( ) 6 鼓( ) 7 枯( ) 8 姑( ) 9 稿( ) 10 哭( )

여기는! 貫관 / 愧괴

091 | 괴

부끄러울 괴
忄=心부 총13획

- 愧心 괴심 : 부끄러워하는 마음 (心 마음 심)
- 自愧 자괴 : 스스로 부끄러워함 (自 스스로 자)
- 慙愧 참괴 : 매우 부끄러워함 (慙 부끄러울 참)
- 愧色 괴색
- 自愧之心 자괴지심

092 | 괴

흙덩이 괴
土부 총13획

- 團塊 단괴 : 퇴적암 속에서 어떤 특정 성분이 농축·응집되어 주위보다 단단하여진 덩어리 (團 둥글 단)
- 肉塊 육괴 : 고깃덩어리 (肉 고기 육)
- 塊石 괴석
- 金塊 금괴
- 銀塊 은괴
- 土塊 토괴
- 血塊 혈괴

093 | 교

견줄, 비교할 교
車부 총13획

- 較差 교차 : 최고와 최저의 차 (差 다를 차)
- 比較 비교 : 둘 이상의 사물을 견주어 서로 간의 유사점·차이점·일반 법칙 따위를 고찰하는 일 (比 견줄 비)
- 較計 교계
- 日較差 일교차
- 比較評價 비교평가

094 | 교
巧
공교할 교
工부 총5획

- 巧妙 교묘 : 썩 잘 되고 묘함 (妙 묘할 묘)
- 巧言 교언 : 교묘하게 꾸며대는 말 (言 말씀 언)
- 技巧 기교 : 기술이나 솜씨가 아주 교묘함, 또는 그런 기술이나 솜씨 (技 재주 기)
- 巧辯 교변
- 工巧 공교
- 精巧 정교
- 巧言令色 교언영색

095 | 교
矯
바로잡을 교
矢부 총17획

- 矯殺 교살 : 임금의 명령이라고 속여 사람을 죽임 (殺 죽일 살)
- 矯導所 교도소 : 행형 사무를 맡아보는 기관 (導 인도할 도, 所 바 소)
- 矯世 교세
- 矯正 교정
- 矯風 교풍
- 矯角殺牛 교각살우

096 | 교

들 교
阝=邑부 총9획

- 郊外 교외 : 도시의 주변 지역 (外 바깥 외)
- 近郊 근교 : 도시의 가까운 변두리에 있는 마을이나 들 (近 가까울 근)
- 遠郊 원교 : 도시에서 멀리 떨어져 있는 지역 (遠 멀 원)
- 郊迎 교영
- 春郊 춘교
- 遠郊農業 원교농업

097 | 구

구차할, 진실로 구
艹=艸부 총9획

- 苟生 구생 : 구차하게 삶 (生 날 생)
- 苟安 구안 : 한 때의 편안함을 꾀함 (安 편안 안)
- 苟存 구존 : 구차하게 오래 삶 (存 있을 존)
- 苟且 구차 : 말이나 행동이 떳떳하거나 버젓지 못함 (且 또 차)
- 苟免 구면
- 苟合 구합

098 | 구
狗
개 구
犭=犬부 총8획

- 走狗 주구 : 앞잡이. 남의 사주를 받고 끄나풀 노릇을 하는 사람 (走 달릴 주)
- 黃狗 황구 : 누렁이. 털빛이 누런 개 (黃 누를 황)
- 海狗 해구
- 喪家之狗 상가지구
- 羊頭狗肉 양두구육
- 泥田鬪狗 이전투구

099 | 구

잡을 구
扌=手부 총8획

- 拘留 구류 : 죄인을 1일 이상 30일 미만의 기간 동안 가두어 자유를 속박하는 일, 또는 그런 형벌 (留 머무를 류)
- 拘束 구속 : 법원이나 판사가 피의자나 피고인을 강제로 일정한 장소에 잡아 가두는 일 (束 묶을 속)
- 拘禁 구금
- 拘引 구인
- 拘置所 구치소
- 不拘束 불구속

100 | 구

공 구
王=玉부 총11획

- 球場 구장 : 구기를 하는 경기장 (場 마당 장)
- 野球 야구 : 9명의 두 팀이 9회씩 공격과 수비를 번갈아 하며 승패를 겨루는 구기 경기 (野 들 야)
- 球技 구기
- 電球 전구
- 足球 족구
- 地球 지구
- 直球 직구
- 赤血球 적혈구

• • • 이 한 자 기 억 해 요 ? 정답 219

1 貢( )　2 攻( )　3 恐( )　4 孔( )　5 供( )　6 恭( )　7 誇( )　8 寡( )　9 郭( )　10 冠( )

3급한자 900 | 101~120

101 | 구 區
구분할, 지경 구 — ㄷ부 총11획
- 區間 구간 : 일정한 두 곳의 사이 (間 사이 간)
- 區別 구별 : 종류에 따라 갈라 놓음 (別 다를 별)
- 區分 구분 : 따로따로 갈라서 나눔 (分 나눌 분)
- 區域 구역   區廳 구청   敎區 교구
- 地區 지구   特區 특구   選擧區 선거구

102 | 구 驅
몰 구 — 馬부 총21획
- 驅步 구보 : 달리어 감, 또는 그런 걸음걸이 (步 걸음 보)
- 先驅者 선구자 : 어떤 일이나 사상에서 다른 사람보다 앞선 사람 (先 먼저 선, 者 놈 자)
- 驅迫 구박   驅使 구사   驅除 구제
- 驅逐 구축   驅蟲 구충   乘勝長驅 승승장구

103 | 구 丘
언덕 구 — 一부 총5획
- 丘陵 구릉 : 땅이 비탈지고 조금 높은 곳. 언덕 (陵 언덕 릉)
- 丘木 구목 : 무덤 주변에 가꾸어 놓은 나무 (木 나무 목)
- 比丘 비구 : 출가하여 구족계를 받은 남자 중 (比 견줄 비)
- 丘墓 구묘   孔丘 공구   首丘初心 수구초심

104 | 구 構
얽을 구 — 木부 총14획
- 構想 구상 : 앞으로 이루려는 일에 대해 내용이나 규모, 실현 방법 따위를 이리저리 생각함 (想 생각 상)
- 構造 구조 : 부분이나 요소가 어떤 전체를 짜 이룸, 또는 그렇게 이루어진 얼개 (造 지을 조)
- 構圖 구도   構成 구성   構築 구축
- 機構 기구   虛構 허구   構內食堂 구내식당

105 | 구 具
갖출 구 — 八부 총8획
- 具色 구색 : 여러 가지 물건을 고루 갖춤 (色 빛 색)
- 具現 구현 : 구체적으로 나타냄 (現 나타날 현)
- 家具 가구 : 가정 살림에 쓰이는 온갖 세간 (家 집 가)
- 具備 구비   具體 구체   工具 공구
- 器具 기구   道具 도구   馬具 마구

106 | 구 俱
함께 구 — 亻=人부 총10획
- 俱存 구존 : 어버이가 모두 살아 계심 (存 있을 존)
- 俱現 구현 : 내용이 속속들이 다 드러남 (現 나타날 현)
- 俱全 구전   俱樂部 구락부

107 | 구 懼
두려워할 구 — 忄=心부 총21획
- 恐懼 공구 : 몹시 두려움 (恐 두려울 공)
- 驚懼 경구 : 놀라고 두려워함 (驚 놀랄 경)
- 疑懼 의구 : 의심하고 두려워함 (疑 의심할 의)
- 畏懼 외구   危懼 위구   戰懼 전구
- 震懼 진구   危懼心 위구심

108 | 국 菊
국화 국 — ⺿=艸부 총12획
- 白菊 백국 : 꽃이 흰 국화 (白 흰 백)
- 霜菊 상국 : 서리가 올 때에 피는 국화 (霜 서리 상)
- 黃菊 황국 : 누런색의 국화 (黃 누를 황)
- 菊月 국월   菊版 국판   菊花 국화
- 水菊 수국   菊花酒 국화주   梅蘭菊竹 매란국죽

109 | 국 局
판 국 — 尸부 총7획
- 局面 국면 : 어떤 일이 되어가는 형세나 벌어진 상황 (面 낯 면)
- 結局 결국 : 끝 판국. 결말에 가서 (結 맺을 결)
- 政局 정국 : 정치의 국면, 또는 정치계의 형편 (政 정사 정)
- 局部 국부   局地 국지   局限 국한
- 對局 대국   終局 종국   形局 형국

110 | 군 群
무리 군 — 羊부 총13획
- 群落 군락 : 같은 생육 조건에서 떼를 지어 자라는 식물 집단 (落 떨어질 락)
- 群舞 군무 : 여러 사람이 무리를 지어 춤을 춤, 또는 그 춤 (舞 춤출 무)
- 群島 군도   群像 군상   群衆 군중
- 群集 군집   拔群 발군   群小業體 군소업체

・ ・ ・ 이 한 자 기 억 해 요 ? ・ ・ ・ 정답 220

1 貫( ) 2 慣( ) 3 管( ) 4 館( ) 5 寬( ) 6 狂( ) 7 鑛( ) 8 掛( ) 9 壞( ) 10 怪( )

여기는! 區구 / 屈굴

111 | 굴
屈 굽힐 굴
尸부 총8획

- 屈節 굴절 : 절개나 정조를 굽힘
- 屈指 굴지 : 수많은 가운데서 손가락을 꼽아 셀 만큼 아주 뛰어남 (指 가리킬 지)
- 屈曲 굴곡
- 屈折 굴절
- 屈服 굴복
- 不屈 불굴
- 屈辱 굴욕
- 卑屈 비굴

112 | 궁
窮 다할, 궁할 궁
穴부 총15획

- 窮極 궁극 : 어떤 과정의 막바지 (極 극진할 극)
- 窮地 궁지 : 매우 곤란하고 어려운 일을 당한 처지 (地 따 지)
- 追窮 추궁 : 잘못한 일에 대하여 엄하게 따져서 밝힘 (追 쫓을 추)
- 窮理 궁리
- 窮塞 궁색
- 困窮 곤궁
- 無窮 무궁
- 貧窮 빈궁
- 無窮花 무궁화

113 | 궁
宮 집 궁
宀부 총10획

- 宮殿 궁전 : 궁궐 (殿 전각 전)
- 東宮 동궁 : '황태자'나 '왕세자'를 달리 이르던 말 (東 동녘 동)
- 王宮 왕궁 : 임금이 거처하는 궁전 (王 임금 왕)
- 後宮 후궁 : 제왕의 첩 (後 뒤 후)
- 宮女 궁녀
- 古宮 고궁
- 宮中 궁중
- 迷宮 미궁
- 宮合 궁합
- 子宮 자궁

114 | 권
券 문서 권
刀부 총8획

- 證券 증권 : 재산상의 권리와 의무에 관한 사항을 기재한 서면. 유가 증권과 증거 증권 (證 증거 증)
- 商品券 상품권 : 액면 가격에 상당하는 상품과 교환할 수 있는 표 (商 장사 상, 品 물건 품)
- 文券 문권
- 旅券 여권
- 福券 복권
- 債券 채권
- 食券 식권
- 入場券 입장권

115 | 권
拳 주먹 권
手부 총10획

- 拳法 권법 : 정신 수양과 신체 단련을 위하여 주먹을 놀려서 하는 운동 (法 법 법)
- 鐵拳 철권 : 타격이나 제재를 가하기 위하여 쓰는 폭력을 이르는 말 (鐵 쇠 철)
- 拳書 권서
- 空拳 공권
- 拳銃 권총
- 赤手空拳 적수공권
- 拳鬪 권투

116 | 궐
厥 그 궐
厂부 총12획

- 厥公 궐공 : 말하는 이와 듣는 이가 아닌 남자를 낮잡아 이르는 말 (公 공평할 공)
- 厥女 궐녀 : 말하는 이와 듣는 이가 아닌 여자를 낮잡아 이르는 말 (女 계집 녀)
- 厥角 궐각
- 陽厥 양궐
- 厥者 궐자
- 厥後 궐후

117 | 궤
軌 바퀴자국 궤
車부 총9획

- 軌道 궤도 : 일이 발전하는 정상적이며 본격적인 방향과 단계 (道 길 도)
- 儀軌 의궤 : 예전에, 나라에서 큰일을 치를 때 그 일의 처음부터 끝까지의 경과를 자세하게 적은 책 (儀 기둥 의)
- 軌間 궤간
- 軌跡 궤적
- 軌範 궤범
- 無限軌道 무한궤도
- 軌條 궤조

118 | 귀
鬼 귀신 귀
鬼부 총10획

- 鬼神 귀신 : 사람이 죽은 뒤에 남는다는 넋 (神 귀신 신)
- 鬼才 귀재 : 세상에서 보기 드물게 뛰어난 재능, 또는 그런 재능을 가진 사람 (才 재주 재)
- 鬼工 귀공
- 惡鬼 악귀
- 鬼氣 귀기
- 雜鬼 잡귀
- 鬼火 귀화
- 吸血鬼 흡혈귀

119 | 귀
龜 거북 귀(구)/터질 균
龜부 총16획

- 龜鑑 귀감 : 거울로 삼아 본받을 만한 모범 (鑑 거울 감)
- 龜甲 귀갑 : 거북의 등딱지 (甲 갑옷 갑)
- 龜裂 균열 : 거북의 등에 있는 무늬처럼 갈라져 터짐 (裂 찢을 렬)
- 龜船 귀선
- 龜占 귀점
- 神龜 신귀

120 | 규
規 법 규
見부 총11획

- 規格 규격 : 제품이나 재료의 품질·모양·크기·성능 따위의 일정한 표준 (格 격식 격)
- 規約 규약 : 조직체 안에서 서로 지키도록 협의하여 정하여 놓은 규칙 (約 맺을 약)
- 規模 규모
- 規制 규제
- 規範 규범
- 規則 규칙
- 規律 규율
- 正規職 정규직

• • • 이 한 자 기 억 해 요 ? • • • 정답 221

1 愧( ) 2 塊( ) 3 較( ) 4 巧( ) 5 矯( ) 6 郊( ) 7 苟( ) 8 狗( ) 9 拘( ) 10 球( )

3급한자 900 | 121~140

121 | 규

糾

얽힐 규
糸부 총8획

糾明 규명 어떤 사실을 자세히 따져서 바로 밝힘(明 밝을 명)
糾彈 규탄 공적인 처지에서 책임이나 죄상 따위를 엄하게 따지고 나무람(彈 탄알 탄)
糾合 규합 어떤 일을 꾸미려고 세력이나 사람을 모음(合 합할 합)
糾問 규문   糾察 규찰   紛糾 분규

122 | 규

叫

부르짖을 규
口부 총5획

叫號 규호 큰 목소리로 부르짖음(號 이름 호)
絶叫 절규 있는 힘을 다하여 절절하고 애타게 부르짖음(絶 끊을 절)
叫聲 규성   大叫 대규

123 | 균

菌

버섯 균
艹=艸부 총12획

殺菌 살균 세균 따위의 미생물을 죽임(殺 죽일 살)
細菌 세균 생물체 가운데 가장 미세하고 가장 하등에 속하는 단세포 생활체(細 가늘 세)
菌類 균류   滅菌 멸균   病菌 병균
抗菌 항균   大腸菌 대장균   病原菌 병원균

124 | 극

劇

심할 극
刂=刀부 총15획

劇團 극단 연극을 연구·상연하려고 모인 단체(團 둥글 단)
喜劇 희극 웃음거리를 섞어서 보는 사람이 웃도록 각색한 연극(喜 기쁠 희)
劇本 극본   劇藥 극약   劇場 극장
悲劇 비극   演劇 연극   慘劇 참극

125 | 극

克

이길 극
儿부 총7획

克明 극명 매우 분명함(明 밝을 명)
克服 극복 악조건이나 고생 따위를 이겨냄(服 옷 복)
克復 극복 이기어 도로 회복함. 극기복례의 준말(復 회복할 복)
克己 극기   超克 초극   克己復禮 극기복례
克己訓鍊 극기훈련

126 | 근

斤

근 근
斤부 총4획

斤量 근량 저울로 단 무게(量 헤아릴 량)
斤兩 근량 무게의 단위인 근과 냥(兩 두 량)
斤重 근중 언행이 무게가 있음(重 무거울 중)
斤數 근수   千斤萬斤 천근만근

127 | 근

僅

겨우 근
亻=人부 총13획

僅僅 근근 가까스로
僅少 근소 아주 적어서 얼마 되지 않음(少 적을 소)
僅十萬 근십만   僅僅得生 근근득생
僅僅扶持 근근부지

128 | 근

謹

삼갈 근
言부 총18획

謹身 근신 몸가짐이나 행동을 삼감(身 몸 신)
謹嚴 근엄 점잖고 엄함(嚴 엄할 엄)
謹弔 근조 사람의 죽음에 대하여 삼가 슬픈 마음을 나타냄(弔 조상할 조)
謹告 근고   謹白 근백   謹愼 근신
謹直 근직   謹賀新年 근하신년

129 | 금

琴

거문고 금
王=玉부 총12획

彈琴 탄금 거문고나 가야금 따위를 탐(彈 탄알 탄)
風琴 풍금 디딜판을 밟아서 바람을 넣어 소리를 내는 건반 악기(風 바람 풍)
琴線 금선   木琴 목금   心琴 심금
洋琴 양금

130 | 금

錦

비단 금
金부 총16획

錦上添花 금상첨화
비단 위에 꽃을 더함. 좋은 일 위에 또 좋은 일이 더해짐
(上 윗 상, 添 더할 첨, 花 꽃 화)
錦衣還鄕 금의환향
비단옷을 입고 고향에 돌아옴. 출세를 하여 고향에 돌아가거나 돌아옴(衣 옷 의, 還 돌아올 환, 鄕 시골 향)

· · · 이 한 자 기 억 해 요 ? · · ·

1 區( ) 2 驅( ) 3 丘( ) 4 構( ) 5 具( ) 6 俱( ) 7 懼( ) 8 菊( ) 9 局( ) 10 群( )

여기는! 糾규 / 禽금

131 | 금

새 금 — 内부 총13획

- 禽獸 금수: 날짐승과 길짐승이라는 뜻으로, 모든 짐승을 이르는 말 (獸 짐승 수)
- 家禽 가금: 집에서 기르는 날짐승 (家 집 가)
- 猛禽 맹금: 육식을 하는 사나운 동물 (猛 사나울 맹)
- 禽鳥 금조 歸禽 귀금 水禽 수금
- 野禽 야금

132 | 급
級
등급 급 — 糸부 총10획

- 級數 급수: 기술 따위를 우열에 따라 매긴 등급 (數 셈 수)
- 等級 등급: 높고 낮음의 차례를 분별한 급수. 위아래를 구별한 등수 (等 무리 등)
- 階級 계급 高級 고급 低級 저급
- 特級 특급 下級 하급 學級 학급

133 | 긍
肯
즐길 긍 — 月=肉부 총8획

- 肯意 긍의: 수긍하는 의사 (意 뜻 의)
- 肯定 긍정: 그러하다고 생각하여 옳다고 인정함 (定 정할 정)
- 首肯 수긍: 옳게 여김 (首 머리 수)
- 肯諾 긍낙 肯從 긍종 肯定文 긍정문
- 肯定的 긍정적

134 | 기

경기 기 — 田부 총15획

- 畿湖 기호: 우리 나라의 서쪽 중앙부를 차지하고 있는 지역 (湖 호수 호)
- 京畿 경기: 서울을 중심으로 한 가까운 주위의 지방 (京 서울 경)
- 畿內 기내 近畿 근기 王畿 왕기
- 京畿道 경기도

135 | 기

속일 기 — 欠부 총12획

- 欺瞞* 기만: 남을 속여 넘김 (瞞 속일 만)
- 詐欺 사기: 나쁜 꾀로 남을 속임 (詐 속일 사)
- 自欺 자기: 어떤 말이나 행동에서 자기 양심을 속임 (自 스스로 자)
- 欺弄 기롱 欺心 기심 欺情 기정

136 | 기

기 기 — 方부 총14획

- 國旗 국기: 일정한 형식을 통하여 한 나라를 상징하도록 정한 기 (國 나라 국)
- 太極旗 태극기: 우리 나라의 국기 (太 클 태, 極 극진할 극)
- 旗手 기수 反旗 반기 白旗 백기
- 弔旗 조기 萬國旗 만국기 優勝旗 우승기

137 | 기

기특할 기 — 大부 총8획

- 奇怪 기괴: 이상야릇함 (怪 괴이할 괴)
- 奇妙 기묘: 기이하고 묘함 (妙 묘할 묘)
- 奇特 기특: 말이나 행동이 기이하고 귀염성이 있음 (特 특별할 특)
- 好奇心 호기심: 새롭고 신기한 것에 끌리는 마음 (好 좋아힐 호, 心 마음 심)
- 奇異 기이 奇人 기인 奇跡 기적
- 奇行 기행 怪奇 괴기 神奇 신기

138 | 기

부칠 기 — 宀부 총11획

- 寄居 기거: 남에게 덧붙어서 사는 일 (居 살 거)
- 寄生蟲 기생충: 다른 동물체에 붙어서 양분을 빨아먹고 사는 벌레 (生 날 생, 蟲 벌레 충)
- 寄稿 기고 寄附 기부 寄食 기식
- 寄與 기여 寄贈 기증 寄宿生 기숙생

139 | 기

말탈 기 — 馬부 총18획

- 騎兵 기병: 말을 타고 싸우는 병사 (兵 병사 병)
- 騎士 기사: 중세 유럽에서 봉건 영주에 속한 무사 (士 선비 사)
- 騎手 기수: 말을 타는 사람 (手 손 수)
- 騎馬戰 기마전 鐵騎軍 철기군
- 騎虎之勢 기호지세 一騎當千 일기당천

140 | 기

꾀할 기 — 人부 총6획

- 企待 기대: 어떤 일이 이루어지기를 바라고 기다림 (待 기다릴 대)
- 企業 기업: 영리를 얻기 위하여 재화나 용역을 생산하고 판매하는 조직체 (業 업 업)
- 企圖 기도 企劃 기획 企業體 기업체
- 公企業 공기업 中小企業 중소기업

• • • 이 한 자 기 억 해 요 ? 정답 223

1 屈(　) 2 窮(　) 3 宮(　) 4 券(　) 5 拳(　) 6 厥(　) 7 軌(　) 8 鬼(　) 9 龜(　) 10 規(　)

3급한자 900 | 141~160

141 | 기
紀
벼리 기
糸부 총9획

西紀 서기 — 기원 원년 이후. 주로 예수가 태어난 해를 원년으로 하여 이름(西 서녘 서)
新紀元 신기원 — 새로운 기원, 또는 그것으로 시작된 새로운 시대 (新 새 신, 元 으뜸 원)

紀綱 기강 紀念 기념 紀元 기원
紀行 기행 軍紀 군기 佛紀 불기

142 | 기
忌
꺼릴 기
心부 총7획

忌中 기중 — 상중(中 가운데 중)
忌避 기피 — 꺼리거나 싫어하여 피함 (避 피할 피)
禁忌 금기 — 마음에 꺼려서 하지 않거나 피함(禁 금할 금)

忌故 기고 忌月 기월 忌日 기일
忌祭 기제 週忌 주기 忌祭祀 기제사

143 | 기

祈
빌 기
示부 총9획

祈求 기구 — 원하는 바가 실현되도록 빌고 바람(求 구할 구)
祈福 기복 — 복을 빎(福 복 복)
祈願 기원 — 바라는 일이 이루어지기를 빎 (願 원할 원)

祈穀 기곡 祈望 기망 祈祝 기축
祈雨祭 기우제 祈穀大祭 기곡대제

144 | 기
器
그릇 기
口부 총16획

器械 기계 — 연장, 연모, 그릇, 기구 따위를 통틀어 이르는 말 (械 기계 계)
食器 식기 — 밥그릇(食 밥 식)
樂器 악기 — 음악을 연주하는 데 쓰는 기구(樂 노래 악)

器官 기관 器量 기량 容器 용기
鐵器 철기 銃器 총기 大器晩成 대기만성

145 | 기

棄
버릴 기
木부 총12획

棄權 기권 — 권리를 버리고 행사하지 않음 (權 권세 권)
放棄 방기 — 내버리고 아예 돌아보지 아니함(放 놓을 방)
遺棄 유기 — 내다버림(遺 남길 유)
投棄 투기 — 내던져 버림(投 던질 투)

棄却 기각 破棄 파기 廢棄 폐기
自暴自棄 자포자기

146 | 기

豈
어찌 기
豆부 총10획

豈敢 기감 — 어찌 감히(敢 감히 감)
豈不 기불 — 어찌 ~않으랴(不 아닐 불)

147 | 기

飢
주릴 기
飠=食부 총11획

飢渴 기갈 — 배고픔과 목마름을 아울러 이르는 말(渴 목마를 갈)
飢餓 기아 — 굶주림(餓 주릴 아)
虛飢 허기 — 몹시 굶어서 배고픈 느낌 (虛 빌 허)

飢歲 기세 飢色 기색 飢寒 기한

148 | 기

機
틀 기
木부 총16획

機能 기능 — 권한이나 직책, 능력 따위에 따라 일정한 분야에서 하는 역할과 작용(能 능할 능)
機密 기밀 — 외부에 드러내서는 안 될 중요한 비밀(密 빽빽할 밀)

機械 기계 機關 기관 機動 기동
機智 기지 機會 기회 投機 투기

149 | 긴

緊
긴할 긴
糸부 총14획

緊急 긴급 — 긴요하고 급함(急 급할 급)
緊密 긴밀 — 바싹 들어붙어 버성기지 아니함(密 빽빽할 밀)
緊張 긴장 — 마음을 조이고 정신을 바짝 차림(張 베풀 장)

緊談 긴담 緊迫 긴박 緊要 긴요
緊縮 긴축 要緊 요긴

150 | 나

那
어찌 나
阝=邑부 총7획

那邊 나변 — 어느 곳, 또는 어디(邊 가 변)
任那 임나 — 고대에 낙동강 하류 지역에 12부족의 연맹체를 통합하여 김수로왕의 형제들이 세운 여섯 나라(任 맡길 임)

那落 나락 檀那 단나 支那 지나

• • 이 한 자 기 억 해 요 ? • • 정답 224

1 糾( ) 2 叫( ) 3 菌( ) 4 劇( ) 5 克( ) 6 斤( ) 7 僅( ) 8 謹( ) 9 琴( ) 10 錦( )

여기는! 紀기 / 諾낙

151 | 낙

허락할 낙
言부 총16획

- 受諾 수락 요구를 받아들여 승낙함 (受 받을 수)
- 承諾 승낙 청하는 바를 들어줌 (承 이을 승)
- 許諾 허락 청하는 일을 하도록 들어줌 (許 허락할 허)

應諾 응낙   卽諾 즉낙

152 | 납

들일 납
糸부 총10획

- 納期 납기 세금·공과금 따위를 내는 기간 (期 기약할 기)
- 納得 납득 남의 말을 잘 알아들음 (得 얻을 득)
- 納骨堂 납골당 유골을 모셔 두는 곳 (骨 뼈 골, 堂 집 당)

納付 납부   納稅 납세   納入 납입
納品 납품   未納 미납   出納 출납

153 | 낭

계집 낭
女부 총10획

- 娘子 낭자 예전에 처녀를 높여 이르던 말 (子 아들 자)
- 娘子軍 낭자군 여자로 조직된 군대나 단체 (子 아들 자, 軍 군사 군)

娘細胞 낭세포

154 | 내

견딜 내
而부 총9획

- 耐性 내성 병원균 따위가 어떤 약품에 대하여 나타나는 저항성 (性 성품 성)
- 忍耐 인내 괴로움이나 어려움을 참고 견딤 (忍 참을 인)
- 耐久力 내구력 오래 견디는 힘 (久 오랠 구, 力 힘 력)

耐濕 내습   耐熱 내열   耐震 내진
耐寒 내한   耐火 내화

155 | 내

어찌 내(나)
大부 총8획

- 奈落 나락 죄업을 짓고 매우 심한 괴로움의 세계에 난 중생이나 그런 중생의 세계, 또는 그런 생존 (落 떨어질 락)
- 莫無可奈 막무가내 도무지 융통성이 없고 고집이 세어 어찌할 수 없음 (莫 없을 막, 無 없을 무, 可 옳을 가)

奈何 내하

156 | 녕

편안할 녕
宀부 총14획

- 康寧 강녕 건강하고 평안함 (康 편안 강)
- 安寧 안녕 아무 탈 없이 편안함. 서로 만나거나 헤어질 때 정답게 하는 인사말 (安 편안 안)
- 丁寧 정녕 틀림없이 (丁 장정 정)

歸寧 귀녕   敦寧 돈녕   壽福康寧 수복강녕

157 | 노

종 노
女부 총5획

- 官奴 관노 관가에 속하여 있던 노비 (官 벼슬 관)
- 賣國奴 매국노 사사로운 이익을 위하여 나라의 주권이나 이권을 남의 나라에 팔아먹는 사람 (賣 팔 매, 國 나라 국)

奴婢 노비   奴案 노안   家奴 가노
農奴 농노   守錢奴 수전노

158 | 노
힘쓸 노
力부 총7획

- 努力 노력 목적을 이루기 위하여 몸과 마음을 다하여 애를 씀 (力 힘 력)
- 努肉 노육 궂은살 (肉 고기 육)

努力家 노력가

159 | 뇌
번뇌할 뇌
忄=心부 총12획

- 惱殺 뇌쇄 애가 타도록 몹시 괴로워함. 여자의 아름다움이 남자를 매혹시켜 애가 타게 함 (殺 죽일 살)
- 苦惱 고뇌 괴로워하고 번뇌함 (苦 쓸 고)

惱神 뇌신   煩惱 번뇌

160 | 뇌
골, 뇌수 뇌
月=肉부 총13획

- 腦炎 뇌염 바이러스 감염이나 물리적·화학적 자극에 의한 뇌의 염증 (炎 불꽃 염)
- 間腦 간뇌 사이골. 내장이나 혈관의 활동을 조절함 (間 사이 간)

腦裏 뇌리   腦死 뇌사   頭腦 두뇌
洗腦 세뇌   腦腫瘍* 뇌종양   腦卒中 뇌졸중

· · · 이 한 자 기 억 해 요 ? · · · 정답 225

1 禽( ) 2 級( ) 3 肯( ) 4 畿( ) 5 欺( ) 6 旗( ) 7 奇( ) 8 寄( ) 9 騎( ) 10 企( )

3급한자 900 | 161~180

161 | 니
泥
진흙 니
氵水부 총8획

- 泥土 이토 — 진흙. 빛깔이 붉고 차진 흙 (土 흙 토)
- 雲泥 운니 — 구름과 진흙이라는 뜻으로, 차이가 매우 심함을 이르는 말 (雲 구름 운)
- 泥丘 이구 泥路 이로 泥流 이류
- 泥醉 이취 紫泥 자니 泥田鬪狗 이전투구

162 | 다
茶
차 다(차)
艹艸부 총10획

- 茶果 다과 — 차와 과일을 아울러 이르는 말 (果 실과 과)
- 茶房 다방 — 찻집. 사람들이 이야기를 나누거나 쉴 수 있도록 꾸며 놓고, 차나 음료를 판매하는 곳 (房 방 방)
- 茶器 다기 茶道 다도 茶食 다식
- 茶禮 차례 綠茶 녹차 茶飯事 다반사

163 | 단

끊을 단
斤부 총18획

- 斷念 단념 — 품었던 생각을 끊어버림 (念 생각 념)
- 斷面 단면 — 물체의 잘라낸 면 (面 낯 면)
- 斷罪 단죄 — 죄를 처단함 (罪 허물 죄)
- 剛斷 강단 — 굳세고 꿋꿋하게 견디어 내는 힘 (剛 굳셀 강)
- 斷交 단교 斷水 단수 斷食 단식
- 斷言 단언 斷定 단정 分斷 분단

164 | 단
團
둥글 단
囗부 총14획

- 團結 단결 — 많은 사람이 마음과 힘을 한데 뭉침 (結 맺을 결)
- 團體 단체 — 같은 목적을 달성하기 위하여 모인 사람들의 일정한 조직체 (體 몸 체)
- 團束 단속 團長 단장 團合 단합
- 師團 사단 樂團 악단 財團 재단

165 | 단
壇
단 단
土부 총16획

- 敎壇 교단 — 교실에서 교사가 강의할 때 올라서던 단 (敎 가르칠 교)
- 論壇 논단 — 토론을 하거나 의견을 진술하는 곳 (論 논할 론)
- 文壇 문단 — 문인들의 사회 (文 글월 문)
- 講壇 강단 登壇 등단 樂壇 악단
- 演壇 연단 祭壇 제단 花壇 화단

166 | 단
檀
박달나무 단
木부 총17획

- 檀君 단군 — 고조선 시대의 정치적·종교적 통치자의 이름 (君 임금 군)
- 檀紀 단기 — 단군이 즉위한 해인 서력 기원전 2333년을 원년으로 하는 기원 (紀 벼리 기)
- 檀香 단향 紫檀 자단 黑檀 흑단
- 檀香木 단향목 白檀木 백단목

167 | 단
旦
아침 단
日부 총5획

- 旦暮 단모 — 아침과 저녁을 아울러 이르는 말 (暮 저물 모)
- 元旦 원단 — 설날 아침 (元 으뜸 원)
- 一旦 일단 — 우선 먼저 (一 한 일)
- 旦夕 단석 歲旦 세단 正旦 정단
- 早旦 조단

168 | 단
段
층계 단
殳부 총9획

- 手段 수단 — 어떤 목적을 이루기 위한 방법, 또는 그 도구 (手 손 수)
- 初段 초단 — 태권도·유도·바둑 따위에서 등급의 하나. '단'의 등급에서 맨 아래 (初 처음 초)
- 段階 단계 段落 단락 段數 단수
- 階段 계단 高段數 고단수 一段落 일단락

169 | 담
擔
멜 담
扌手부 총16획

- 擔當 담당 — 어떤 일을 맡음 (當 마땅 당)
- 擔保 담보 — 채무불이행 때 채무의 변제를 확보하는 수단으로 채권자에게 제공하는 것 (保 지킬 보)
- 擔任 담임 — 어떤 일을 책임지고 맡아봄 (任 맡길 임)
- 加擔 가담 負擔 부담 分擔 분담
- 全擔 전담 專擔 전담

170 | 담
淡
맑을 담
氵水부 총11획

- 淡淡 담담 — 마음이 차분하고 편안함
- 淡水 담수 — 민물. 강이나 호수 따위와 같이 염분이 없는 물 (水 물 수)
- 冷淡 냉담 — 어떤 대상에 흥미나 관심을 보이지 않음 (冷 찰 냉)
- 淡泊 담박 淡白 담백 淡墨 담묵
- 枯淡 고담

· · · · 이 한 자 기 억 해 요 ? · · · · 정답 226

1 紀(   ) 2 忌(   ) 3 祈(   ) 4 器(   ) 5 棄(   ) 6 豈(   ) 7 飢(   ) 8 機(   ) 9 緊(   ) 10 那(   )

여기는! 泥니 / 畓답

171 | 답 畓 (논 답)
田부 총9획

- 田畓 전답 : 논밭(田 밭 전)
- 天水畓 천수답 : 천둥지기. 빗물에 의하여서만 벼를 심어 재배할 수 있는 논(天 하늘 천, 水 물 수)
- 畓穀 답곡
- 畓券 답권
- 畓主 답주
- 乾畓 건답
- 奉畓 봉답
- 水畓 수답

172 | 답 踏 (밟을 답)
足부 총15획

- 踏步 답보 : 제자리걸음(步 걸음 보)
- 前人未踏 전인미답 : 이제까지 그 누구도 손을 대어 본 일이 없음(前 앞 전, 人 사람 인, 未 아닐 미)
- 踏橋 답교
- 踏査 답사
- 踏襲 답습
- 踏月 답월
- 踏破 답파
- 高踏 고답

173 | 당 唐 (당나라, 당황할 당)
口부 총10획

- 唐根 당근 : 산형과의 두해살이 풀. 원추 모양의 불그레한 뿌리는 식용함(根 뿌리 근)
- 唐突 당돌 : 꺼리거나 어려워함이 없이 올차고 다부짐(突 갑자기 돌)
- 荒唐 황당 : 거칠고 허탄함(荒 거칠 황)
- 唐書 당서
- 唐詩 당시
- 唐紙 당지
- 唐筆 당필
- 唐三彩 당삼채

174 | 당 糖 (엿 당(탕))
米부 총16획

- 糖分 당분 : 당류의 성분(分 나눌 분)
- 雪糖 설탕 : 흰 가루 사탕(雪 눈 설)
- 製糖 제당 : 설탕을 만듦(製 지을 제)
- 血糖 혈당 : 혈액 속에 포함되어 있는 포도당(血 피 혈)
- 糖類 당류
- 糖乳 당유
- 乳糖 유당
- 黑糖 흑당
- 糖水肉 탕수육
- 黑雪糖 흑설탕

175 | 당 黨 (무리 당)
黑부 총20획

- 黨員 당원 : 정당에 가입하여 구성원이 된 사람. 곧 당적을 가진 사람을 이름(員 인원 원)
- 野黨 야당 : 정당 정치에서 현재 정권을 잡고 있지 아니한 정당. 여당의 반대말(野 들 야)
- 黨略 당략
- 黨論 당론
- 黨首 당수
- 黨派 당파
- 結黨 결당
- 政黨 정당

176 | 대 臺 (대 대)
至부 총14획

- 鏡臺 경대 : 거울을 버티어 세우고 그 아래에 화장품 따위를 넣는 서랍을 갖추어 만든 가구(鏡 거울 경)
- 燈臺 등대 : 바닷가나 섬 같은 곳에 밤에 다니는 배를 위해 불을 켜 비추는 시설(燈 등 등)
- 臺詞 대사
- 臺紙 대지
- 樓臺 누대
- 舞臺 무대
- 築臺 축대
- 寢臺 침대

177 | 대 隊 (무리 대)
阝=阜부 총12획

- 隊商 대상 : 교통이 발달하지 않은 곳에서 낙타나 말에 짐을 싣고 떼를 지어 먼 곳으로 다니는 상인 집단(商 장사 상)
- 隊列 대열 : 줄을 지어 늘어선 행렬(列 벌릴 렬)
- 軍隊 군대
- 部隊 부대
- 樂隊 악대
- 聯隊 연대
- 除隊 제대
- 先發隊 선발대

178 | 대 帶 (띠 대)
巾부 총11획

- 帶同 대동 : 함께 데리고 감(同 한가지 동)
- 熱帶 열대 : 적도를 중심으로 남북 회귀선 사이에 있는 지대. 연중 기온이 높고 강우량이 많음(熱 더울 열)
- 腹帶 복대
- 一帶 일대
- 地帶 지대
- 革帶 혁대
- 携帶 휴대
- 連帶保證 연대보증

179 | 대 貸 (빌릴, 꿀 대)
貝부 총12획

- 貸出 대출 : 돈이나 물건 따위를 빌려 줌(出 날 출)
- 高利貸金 고리대금 : 부당하게 비싼 이자를 받는 돈놀이(高 높을 고, 利 이로울 리, 金 쇠 금)
- 貸與 대여
- 貸地 대지
- 貸貸 임대
- 貸借對照表 대차대조표

180 | 도 渡 (건널 도)
氵=水부 총12획

- 渡來 도래 : 외부에서 전해져 들어옴(來 올 래)
- 過渡期 과도기 : 한 상태에서 다른 새로운 상태로 옮아가거나 바뀌어 가는 도중의 시기(過 지날 과, 期 기약할 기)
- 渡江 도강
- 渡河 도하
- 渡海 도해
- 不渡 부도
- 引渡 인도
- 讓渡 양도

• • • 이 한 자 기 억 해 요 ? 정답 227

1 諾( ) 2 納( ) 3 娘( ) 4 耐( ) 5 奈( ) 6 寧( ) 7 奴( ) 8 努( ) 9 惱( ) 10 腦( )

3급한자 900 | 181~200

181 | 도
途

길 도
辶=辵부   총11획

- 途中 도중 : 일이 계속되고 있는 과정이나 일의 중간 (中 가운데 중)
- 長途 장도 : 먼 길. 긴 여행 (長 긴 장)
- 前途 전도 : 앞으로의 가능성이나 전망 (前 앞 전)
- 途上 도상
- 方途 방도
- 別途 별도
- 用途 용도
- 開途國 개도국
- 前途有望 전도유망

182 | 도

칠할 도
土부   총13획

- 塗料 도료 : 물건의 겉에 칠하여 그것을 썩지 않게 하거나 외관상 아름답게 하는 재료 (料 헤아릴 료)
- 塗裝 도장 : 도료를 칠하거나 바름. 부식을 막고 모양을 내기 위하여 함 (裝 꾸밀 장)
- 塗壁 도벽
- 塗說 도설
- 塗飾 도식
- 塗炭 도탄

183 | 도
逃

도망할 도
辶=辵부   총10획

- 逃亡 도망 : 피하거나 쫓기어 달아남 (亡 망할 망)
- 逃走 도주 : 피하여 달아남 (走 달릴 주)
- 逃避 도피 : 도망하여 몸을 피함 (避 피할 피)
- 逃去 도거
- 逃命 도명
- 逃散 도산
- 逃身 도신
- 夜半逃走 야반도주
- 現實逃避 현실도피

184 | 도

뛸 도
足부   총13획

- 跳梁 도량 : 함부로 날뜀 (梁 들보 량)
- 跳躍 도약 : 몸을 위로 솟구쳐 뛰는 일 (躍 뛸 약)
- 高跳 고도 : 몸을 솟구쳐 높이 뜀 (高 높을 고)
- 跳開橋 도개교 : 큰배가 밑으로 지나갈 수 있도록 하기 위하여 위로 열리는 구조로 만든 다리 (開 열 개, 橋 다리 교)

185 | 도
挑

돋울 도
扌=手부   총9획

- 挑發 도발 : 남을 집적거려 일이 일어나게 함 (發 필 발)
- 挑戰 도전 : 정면으로 맞서 싸움을 걺 (戰 싸움 전)
- 挑燈 도등
- 挑出 도출

186 | 도
桃

복숭아 도
木부   총10획

- 桃李 도리 : 복숭아와 오얏, 또는 그 꽃 (李 오얏 리)
- 桃花 도화 : 복숭아 꽃 (花 꽃 화)
- 天桃 천도 : 선가에서, 하늘 나라에서 난다고 하는 복숭아 (天 하늘 천)
- 桃色 도색
- 桃仁 도인
- 胡桃 호도
- 黃桃 황도
- 武陵桃源 무릉도원

187 | 도

인도할 도
寸부   총16획

- 導達 도달 : 목적한 곳이나 수준에 다다름 (達 통달할 달)
- 導入 도입 : 끌어들임 (入 들 입)
- 指導 지도 : 어떤 목적이나 방향으로 남을 가르쳐 이끎 (指 가리킬 지)
- 先導 선도
- 誘導 유도
- 引導 인도
- 主導 주도
- 導火線 도화선
- 半導體 반도체

188 | 도
倒

넘어질 도
亻=人부   총10획

- 倒産 도산 : 재산을 모두 잃고 망함 (産 낳을 산)
- 倒錯 도착 : 본능이나 감정 또는 덕성의 이상으로 사회나 도덕에 어그러진 행동을 나타냄 (錯 어긋날 착)
- 倒生 도생
- 倒置 도치
- 傾倒 경도
- 壓倒 압도
- 卒倒 졸도
- 打倒 타도

189 | 도

질그릇 도
阝=阜부   총11획

- 陶器 도기 : 붉은 진흙으로 만들어 말리거나 약간 구운 다음, 오짓물을 입혀 다시 구운 질그릇 (器 그릇 기)
- 陶藝 도예 : 도자기를 가공한 공예품, 또는 그렇게 하는 가공 기술 (藝 재주 예)
- 陶工 도공
- 陶業 도업
- 陶然 도연
- 陶瓦 도와
- 陶醉 도취
- 陶枕 도침

190 | 도

도둑 도
皿부   총12획

- 盜難 도난 : 도둑을 맞는 재난 (難 어려울 난)
- 盜用 도용 : 남의 물건이나 명의를 몰래 씀 (用 쓸 용)
- 盜聽 도청 : 남의 이야기, 회의의 내용, 전화 통화 따위를 몰래 엿듣거나 녹음하는 일 (聽 들을 청)
- 盜伐 도벌
- 盜癖* 도벽
- 盜賊 도적
- 强盜 강도
- 大盜 대도
- 捕盜大將 포도대장

• • • 이 한 자 기 억 해 요 ? • • •   정답 228

1 泥( )   2 茶( )   3 斷( )   4 團( )   5 壇( )   6 檀( )   7 旦( )   8 段( )   9 擔( )   10 淡( )

여기는! 途도 / 稻도

191 | 도

벼 도
禾부 총15획

- 稻作 도작 — 벼를 심고 가꾸어 거두는 일(作 지을 작)
- 稻熱病 도열병 — 포아풀과 식물, 특히 벼 품종에 많이 생기는 병의 하나(熱 더울 열, 病 병 병)
- 晚稻 만도
- 水稻 수도
- 陸稻 육도
- 早稻 조도
- 立稻先賣 입도선매

192 | 독
篤
도타울 독
竹부 총16획

- 篤實 독실 — 열성있고 성실함(實 열매 실)
- 篤志家 독지가 — 남을 위한 자선 사업이나 사회 사업에 물심양면으로 참여하여 지원하는 사람(志 뜻 지, 家 집 가)
- 篤敬 독경
- 篤信 독신
- 篤學 독학
- 篤行 독행
- 敦篤 돈독
- 危篤 위독

193 | 독

독 독
母부 총9획

- 毒種 독종 — 성질이 매우 독한 사람(種 씨 종)
- 毒酒 독주 — 독한 술(酒 술 주)
- 消毒 소독 — 병의 감염이나 전염을 예방하기 위하여 병원균을 죽이는 일(消 사라질 소)
- 毒蛇 독사
- 毒藥 독약
- 毒草 독초
- 旅毒 여독
- 害毒 해독
- 防毒面 방독면

194 | 독
督
감독할 독
目부 총13획

- 督戰 독전 — 싸움을 감독하고 사기를 북돋아 줌(戰 싸움 전)
- 監督 감독 — 영화나 연극, 운동 경기 따위에서 일의 전체를 지휘하며 실질적으로 책임을 맡은 사람(監 볼 감)
- 督勵 독려
- 督促 독촉
- 提督 제독
- 監督官 감독관
- 基督敎 기독교
- 總監督 총감독

195 | 돈
敦
도타울 돈
女=攵부 총12획

- 敦篤 돈독 — 인정이 두터움(篤 도타울 독)
- 敦化 돈화 — 백성을 두텁게 교화함, 또는 그런 교화(化 될 화)
- 敦厚 돈후 — 인정이 두터움(厚 두터울 후)
- 敦睦 돈목
- 敦定 돈정
- 敦宗 돈종
- 敦親 돈친

196 | 돈

돼지 돈
豕부 총11획

- 豚肉 돈육 — 돼지고기(肉 고기 육)
- 家豚 가돈 — 남에게 자기의 아들을 낮추어 이르는 말(家 집 가)
- 養豚 양돈 — 돼지를 먹여 기름, 또는 그 돼지(養 기를 양)
- 豚犬 돈견
- 豚舍 돈사
- 豚兒 돈아
- 種豚 종돈

197 | 돌
突
갑자기 돌
穴부 총9획

- 突擊 돌격 — 공격 전투의 마지막 단계에 적진으로 돌진하여 공격함, 또는 그런 일(擊 칠 격)
- 突然 돌연 — 예기치 못한 사이에 급히(然 그럴 연)
- 突發 돌발
- 突變 돌변
- 突進 돌진
- 突出 돌출
- 突破 돌파
- 突風 돌풍

198 | 동

구리 동
金부 총14획

- 銅像 동상 — 구리로 만든 사람의 형상(像 모양 상)
- 銅錢 동전 — 구리나 구리의 합금으로 만든 주화를 통틀어 일컫는 말(錢 돈 전)
- 銅賞 동상
- 銅線 동선
- 銅製 동제
- 銅版 동판
- 金銅佛 금동불
- 靑銅器 청동기

199 | 동

얼 동
冫부 총10획

- 凍結 동결 — 얼어붙음(結 맺을 결)
- 凍傷 동상 — 추위 때문에 살갗이 얼어서 조직이 상하는 일(傷 다칠 상)
- 解凍 해동 — 얼었던 것이 녹아서 풀림(解 풀 해)
- 凍氷 동빙
- 凍死 동사
- 凍土 동토
- 凍破 동파
- 凍寒 동한
- 冷凍 냉동

200 | 둔

진칠 둔
屮부 총4획

- 屯營 둔영 — 군사가 주둔하고 있는 병영(營 경영할 영)
- 屯田 둔전 — 변경이나 군사 요지에 주둔한 군대의 군량을 마련하기 위하여 설치한 토지(田 밭 전)
- 屯畓 둔답
- 屯兵 둔병
- 駐屯 주둔

• • • • 이 한 자 기 억 해 요 ? • • • • 정답 229

1 畓( ) 2 踏( ) 3 唐( ) 4 糖( ) 5 黨( ) 6 臺( ) 7 隊( ) 8 帶( ) 9 貸( ) 10 渡( )

3급한자 900 | 201~220

201 | 둔
鈍 둔할 둔
金부 총12획

- 鈍角 둔각: 90도보다는 크고 180도보다는 작은 각. 예각의 반대말 (角 뿔 각)
- 鈍器 둔기: 날이 없는 도구. 사람을 상해하기 위하여 사용하는 몽둥이나 벽돌 따위 (器 그릇 기)
- 鈍感 둔감
- 鈍才 둔재
- 鈍濁 둔탁
- 鈍筆 둔필
- 鈍化 둔화
- 愚鈍 우둔

202 | 등
騰 오를 등
馬부 총20획

- 騰貴 등귀: 물건 값이 뛰어오름 (貴 귀할 귀)
- 騰騰 등등: 기세를 뽐내는 꼴이 아주 높음
- 暴騰 폭등: 물가나 주가 따위가 갑자기 큰 폭으로 오름 (暴 사나울 폭)
- 騰落 등락
- 高騰 고등
- 急騰 급등
- 反騰 반등
- 上騰 상등

203 | 라
羅 벌릴 라
罒=网부 총19획

- 羅列 나열: 죽 벌여 놓음, 또는 죽 벌여 있음 (列 벌릴 렬)
- 羅針盤 나침반: 항공, 항해 따위에 쓰는 지리적인 방향 지시 계기 (針 바늘 침, 盤 소반 반)
- 羅立 나립
- 羅城 나성
- 新羅 신라
- 徐羅伐 서라벌
- 森羅萬象 삼라만상

204 | 락
絡 이을, 얽을 락
糸부 총12획

- 經絡 경락: 경혈과 경혈을 연결한 선 (經 지날 경)
- 脈絡 맥락: 사물 따위가 서로 이어져 있는 관계나 연관 (脈 줄기 맥)
- 連絡 연락: 어떤 사실을 상대편에게 알림 (連 이을 련)
- 連絡兵 연락병
- 連絡處 연락처
- 連絡杜*絶 연락두절

205 | 란
蘭 난초 란
++=艸부 총21획

- 蘭草 난초: 난초과의 식물을 통틀어 이르는 말 (草 풀 초)
- 蘭香 난향: 난초의 향기 (香 향기 향)
- 木蘭 목란: 백목련. 목련과의 낙엽 교목 (木 나무 목)
- 洋蘭 양란
- 風蘭 풍란
- 佛蘭西 불란서
- 龍舌蘭 용설란
- 金蘭之交 금란지교

206 | 란
欄 난간 란
木부 총21획

- 欄干 난간: 마루 따위의 가장자리에 막아 세우는 구조물. 사람이 떨어지는 것을 막거나 장식으로 설치 (干 방패 간)
- 空欄 공란: 책, 서류, 공책 따위의 지면에 글자 없이 비워 둔 칸이나 줄. 빈칸 (空 빌 공)
- 欄外 난외
- 朱欄 주란
- 讀者欄 독자란
- 備考欄 비고란
- 消息欄 소식란

207 | 란

亂 어지러울 란
乙부 총13획

- 亂立 난립: 질서 없이 여기저기서 나섬 (立 설 립)
- 亂打 난타: 마구 때림 (打 칠 타)
- 內亂 내란: 나라 안에서 정권을 차지할 목적으로 벌어지는 큰 싸움 (內 안 내)
- 亂動 난동
- 亂世 난세
- 亂視 난시
- 亂雜 난잡
- 亂暴 난폭
- 昏亂 혼란

208 | 람
濫 넘칠 람
氵=水부 총17획

- 濫發 남발: 법령이나 지폐, 증서 따위를 마구 공포하거나 발행함 (發 필 발)
- 濫伐 남벌: 나무를 함부로 베어 냄 (伐 칠 벌)
- 濫讀 남독
- 濫用 남용
- 濫刑 남형
- 濫獲 남획
- 汎*濫 범람

209 | 람
覽 볼 람
見부 총21획

- 觀覽 관람: 연극, 영화, 운동 경기, 미술품 따위를 구경함 (觀 볼 관)
- 博覽 박람: 사물을 널리 봄 (博 넓을 박)
- 遊覽 유람: 돌아다니며 구경함 (遊 놀 유)
- 閱覽 열람
- 便覽 편람
- 回覽 회람
- 博覽會 박람회
- 一覽表 일람표
- 展覽會 전람회

210 | 랑
廊 사랑채, 행랑 랑
广부 총13획

- 行廊 행랑: 대문간에 붙어 있는 방 (行 다닐 행)
- 畫廊 화랑: 그림 등 미술품을 전시하는 시설 (畫 그림 화)
- 回廊 회랑: 정당의 좌우에 있는 긴 집채 (回 돌아올 회)
- 廊屬 낭속
- 廊下 낭하
- 守廊 수랑
- 長廊 장랑
- 舍廊房 사랑방

· · · 이 한 자 기 억 해 요 ? · · · 정답 230

1 途( ) 2 塗( ) 3 逃( ) 4 跳( ) 5 挑( ) 6 桃( ) 7 導( ) 8 倒( ) 9 陶( ) 10 盜( )

여기는! 鈍둔 / 掠략

211 | 략

노략질할 략
扌=手부 총11획

掠治 약치 : 매질을 하며 죄인을 신문하던 일(治 다스릴 치)
掠奪 약탈 : 폭력을 써서 남의 것을 억지로 빼앗음(奪 빼앗을 탈)
侵掠 침략 : 남의 나라를 침범하여 영토를 빼앗음(侵 침노할 침)

掠奪婚 약탈혼   掠奪經濟 약탈경제
掠奪農業 약탈농업

212 | 략

간략할 략
田부 총11획

略歷 약력 : 간략하게 적은 이력(歷 지날 력)
槪略 개략 : 내용을 대강 추려 줄임, 또는 그런 것(槪 대개 개)
計略 계략 : 어떤 일을 이루기 위한 꾀나 수단(計 셀 계)

略圖 약도   略述 약술   略稱 약칭
簡略 간략   省略 생략   戰略 전략

213 | 량

들보 량
木부 총11획

橋梁 교량 : 시내나 강을 사람이나 차량이 건널 수 있게 만든 다리 (橋 다리 교)
梁上君子 양상군자 : 들보 위의 군자. 도둑 (上 윗 상, 君 임금 군, 子 아들 자)

鼻梁 비량   上梁 상량   魚梁 어량
高粱酒 고량주

214 | 량

양식 량
米부 총18획

糧穀 양곡 : 양식으로 쓰는 곡식(穀 곡식 곡)
糧食 양식 : 살아가는 데 필요한 먹을거리 (食 밥 식)
食糧 식량 : 생존을 위하여 필요한 사람의 먹을거리(食 밥 식)

糧道 양도   乾糧 건량   農糧 농량
軍糧米 군량미

215 | 량

살펴알, 믿을 량
言부 총15획

諒知 양지 : 살피어 앎(知 알 지)
諒察 양찰 : 다른 사람의 사정 따위를 잘 헤아려 살핌(察 살필 찰)
諒解 양해 : 남의 사정을 잘 헤아려 너그러이 받아들임(解 풀 해)

諒燭 양촉   諒會 양회

216 | 려

고울 려
鹿부 총19획

麗末 여말 : 고려의 말기(末 끝 말)
美麗 미려 : 아름답고 고움(美 아름다울 미)
秀麗 수려 : 빼어나게 아름다움 (秀 빼어날 수)
華麗 화려 : 변화하고 고움(華 빛날 화)

麗人 여인   佳麗 가려   流麗 유려
高句麗 고구려   美辭麗句 미사여구

217 | 려

힘쓸 려
力부 총17획

激勵 격려 : 용기나 의욕이 솟아나도록 북돋워 줌(激 격할 격)
督勵 독려 : 감독하며 격려함(督 감독할 독)
獎勵 장려 : 좋은 일에 힘쓰도록 북돋아 줌(獎 장려할 장)

勉勵 면려   精勵 정려   策勵 책려

218 | 려

생각할 려
心부 총15획

無慮 무려 : 그 수가 예상보다 상당히 많음을 나타내는 말(無 없을 무)
配慮 배려 : 관심을 가지고 이리저리 마음을 씀(配 나눌 배)
憂慮 우려 : 근심하거나 걱정함, 또는 그 근심과 걱정(憂 근심 우)

考慮 고려   思慮 사려   心慮 심려
深慮 심려   念慮 염려   千慮一失 천려일실

219 | 력
책력 력
日부 총16획

曆官 역관 : 달력에 관한 일을 맡아보던 벼슬아치(官 벼슬 관)
陰曆 음력 : 달이 지구를 한 바퀴 도는 시간을 기준으로 만든 역법 (陰 그늘 음)

曆法 역법   曆書 역서   曆數 역수
曆學 역학   陽曆 양력   册曆 책력

220 | 련
그리워할 련
心부 총23획

戀歌 연가 : 사랑하는 사람을 그리워하면서 부르는 노래(歌 노래 가)
戀愛 연애 : 남녀가 서로 애틋하게 그리워하고 사랑함(愛 사랑 애)
失戀 실연 : 사랑이 이루어지지 않음 (失 잃을 실)

戀慕 연모   戀人 연인   戀敵 연적
戀情 연정   悲戀 비련   愛戀 애련

• • • 이 한 자 기 억 해 요 ? • • •   정답 231

1 稻(　) 2 篤(　) 3 毒(　) 4 督(　) 5 敦(　) 6 豚(　) 7 突(　) 8 銅(　) 9 凍(　) 10 屯(　)

3급한자 900 | 221~240

221 | 련
鍊
쇠불릴 단련할 련
金부 총17획

- 修鍊 수련 : 인격, 기술, 학문 따위를 갈고 닦음 (修 닦을 수)
- 精鍊 정련 : 광석이나 기타의 원료에 들어 있는 금속을 뽑아내어 정제하는 일 (精 정할 정)
- 鍊磨 연마 鍊武 연무 敎鍊 교련
- 老鍊 노련 試鍊 시련 鍊金術 연금술

222 | 련
憐
불쌍히여길 련
忄=心부 총15획

- 憐憫 연민 : 불쌍하고 가련하게 여김 (憫 민망할 민)
- 可憐 가련 : 신세가 딱하고 가엾음 (可 옳을 가)
- 垂憐 수련 哀憐 애련 愛憐 애련
- 同病相憐 동병상련

223 | 련
蓮
연꽃 련
艹=艸부 총15획

- 蓮根 연근 : 연뿌리. 연꽃의 뿌리 (根 뿌리 근)
- 蓮花 연화 : 연꽃 (花 꽃 화)
- 木蓮 목련 : 목련과의 자목련, 백목련 따위를 통틀어 이르는 말 (木 나무 목)
- 蓮房 연방 蓮子 연자 蓮池 연지
- 白蓮 백련 睡蓮 수련 蓮花臺 연화대

224 | 련
聯
연이을 련
耳부 총17획

- 聯立 연립 : 여럿이 어울려 섬, 또는 그렇게 서서 하나의 형태로 만듦 (立 설 립)
- 聯想 연상 : 하나의 관념이 다른 관념을 불러일으킴 (想 생각 상)
- 聯盟 연맹 聯邦 연방 聯政 연정
- 聯合 연합 關聯 관련 聯隊長 연대장

225 | 렬
劣
못할 렬
力부 총6획

- 劣勢 열세 : 상대편보다 힘이나 세력이 약함, 또는 그 힘이나 세력 (勢 형세 세)
- 劣惡 열악 : 품질·능력 따위가 몹시 떨어지고 나쁨 (惡 악할 악)
- 優劣 우열 : 나음과 못함 (優 뛰어날 우)
- 劣等 열등 劣性 열성 劣敗 열패
- 卑劣 비열 庸劣 용렬 拙劣 졸렬

226 | 렬
裂
찢을 렬
衣부 총12획

- 決裂 결렬 : 교섭이나 회의 따위에서 의견이 합쳐지지 않아 각각 갈라서게 됨 (決 결단할 결)
- 滅裂 멸렬 : 찢기고 흩어져 완전히 형태를 잃음 (滅 멸할 멸)
- 龜裂 균열 分裂 분열 破裂 파열
- 四分五裂 사분오열 支離滅裂 지리멸렬

227 | 렴
廉
청렴할 렴
广부 총13획

- 廉價 염가 : 매우 싼 값 (價 값 가)
- 廉恥 염치 : 체면을 차릴 줄 알며 부끄러움을 아는 마음 (恥 부끄러울 치)
- 廉探 염탐 : 몰래 남의 사정을 살피고 조사함 (探 찾을 탐)
- 低廉 저렴 淸廉 청렴 沒廉恥 몰염치
- 破廉恥 파렴치

228 | 렵
獵
사냥 렵
犭=犬부 총18획

- 獵奇 엽기 : 비정상적이고 괴이한 일이나 사물에 흥미를 느끼고 찾아다님 (奇 기특할 기)
- 涉獵 섭렵 : 물을 건너 찾아다님, 많은 책을 널리 읽거나 여기저기 찾아다니며 경험함 (涉 건널 섭)
- 獵官 엽관 獵銃 엽총 密獵 밀렵
- 狩獵 수렵 漁獵 어렵

229 | 령
零
떨어질, 영 령
雨부 총13획

- 零落 영락 : 초목의 잎이 시들어 떨어짐, 또는 세력·살림이 줄어들어 보잘것없이 됨 (落 떨어질 락)
- 零細 영세 : 작고 가늘어 변변하지 못함, 또는 살림이 몹시 가난함 (細 가늘 세)
- 零度 영도 零上 영상 零時 영시
- 零點 영점 零下 영하 零細民 영세민

230 | 령
靈
신령 령
雨부 총24획

- 靈歌 영가 : 미국의 흑인들이 부르는 일종의 종교적인 성가 (歌 노래 가)
- 靈感 영감 : 창조적인 일의 계기가 되는 기발한 착상이나 자극, 또는 신령스러운 예감이나 느낌 (感 느낄 감)
- 靈物 영물 靈藥 영약 妄靈 망령
- 聖靈 성령 惡靈 악령 魂靈 혼령

· · · · · 이 한 자 기 억 해 요 ? · · · · · 정답 232

1 鈍( ) 2 騰( ) 3 羅( ) 4 絡( ) 5 蘭( ) 6 欄( ) 7 亂( ) 8 濫( ) 9 覽( ) 10 廊( )

여기는! 鍊련 / 嶺령

231 | 령

嶺 고개 령
山부 총17획

嶺南 영남 새재의 남쪽이라는 뜻에서, 경상남북도를 이르는 말 (南 남녘 남)
鳥嶺 조령 새재. 경상북도 문경시와 충청북도 괴산군 사이에 있는 고개 (鳥 새 조)
嶺東 영동 嶺西 영서 高嶺土 고령토
大關嶺 대관령 分水嶺 분수령

232 | 례

隷 종 례
隶부 총16획

隷書 예서 팔체서의 하나. 전서보다 간략하고 해서에 가까운 글씨체 (書 글 서)
隷屬 예속 남의 지배나 지휘 아래 매임 (屬 붙일 속)
隷僕 예복 隷字 예자 隷從 예종
隷下 예하 奴隷 노예

233 | 로

爐 화로 로
火부 총20획

暖爐 난로 난방 장치의 하나. 연료를 때거나 전기를 이용하여 열을 내어 온도를 올리는 기구 (暖 따뜻할 난)
香爐 향로 향을 피우는 자그마한 화로 (香 향기 향)
風爐 풍로 火爐 화로 輕水爐 경수로
原子爐 원자로 爐邊情談 노변정담

234 | 록
鹿 사슴 록
鹿부 총11획

鹿角 녹각 사슴의 머리에 난 뿔 (角 뿔 각)
指鹿爲馬 지록위마 윗사람을 농락하여 권세를 마음대로 함을 이르는 말 (指 가리킬 지, 爲 할 위, 馬 말 마)
鹿茸* 녹용 鹿皮 녹피 鹿血 녹혈

235 | 록

祿 녹 록(녹)
示부 총13획

家祿 가록 집안 대대로 세습되어 물려받는 녹 (家 집 가)
福祿 복록 타고난 복과 벼슬아치의 녹봉. 복되고 영화로운 삶 (福 복 복)
祿位 녹위 國祿 국록 官祿 관록
貫祿 관록 食祿 식록 爵祿 작록

236 | 록

錄 기록할 록
金부 총16획

錄畫 녹화 비디오 테이프에 텔레비전의 상을 기록하는 것 (畫 그림 화)
記錄 기록 주로 후일에 남길 목적으로 어떤 사실을 적음. 또는 그런 글 (記 기록할 기)
登錄 등록 문서에 적어 올림 (登 오를 등)
錄音 녹음 目錄 목록 附錄 부록
收錄 수록 實錄 실록 抄錄 초록

237 | 롱
弄 희롱할 롱
廾부 총7획

弄談 농담 실없이 놀리거나 장난으로 하는 말 (談 말씀 담)
吟風弄月 음풍농월 맑은 바람과 밝은 달을 대상으로 시를 짓고 흥취를 자아내어 즐겁게 놂 (吟 읊을 음, 風 바람 풍, 月 달 월)
愚弄 우롱 才弄 재롱 戲弄 희롱

238 | 뢰
雷 우레 뢰
雨부 총13획

雷管 뇌관 폭약이나 화약에 점화하기 위한 약품 (管 대롱 관)
雷聲 뇌성 우렛소리 (聲 소리 성)
地雷 지뢰 땅속에 묻어 두고, 그 위를 사람이나 차량 따위가 지나가면 폭발하도록 만든 폭약 (地 따 지)
落雷 낙뢰 魚雷 어뢰 避雷針 피뢰침
附和雷同 부화뇌동

239 | 뢰
賴 의뢰할 뢰
貝부 총16획

信賴 신뢰 굳게 믿고 의지함 (信 믿을 신)
依賴 의뢰 남에게 의지함 (依 의지할 의)
無賴漢 무뢰한 예의와 염치를 모르고 불량한 짓을 하며 돌아다니는 사람 (無 없을 무, 漢 한수 한)

240 | 료
了 마칠 료
亅부 총2획

了解 요해 깨달아 알아냄 (解 풀 해)
滿了 만료 정해진 기한이 끝남 (滿 찰 만)
修了 수료 일정한 학과를 다 배워 끝냄 (修 닦을 수)
完了 완료 완전히 끝마침 (完 완전할 완)
未了 미료 終了 종료 修了式 수료식

· · · 이 한 자 기 억 해 요 ?   정답 233

1 掠( ) 2 略( ) 3 梁( ) 4 糧( ) 5 諒( ) 6 麗( ) 7 勵( ) 8 慮( ) 9 曆( ) 10 戀( )

3급한자 900 | 241~260

241 | 료 僚
동료 료
- 閣僚각료: 한 나라의 내각을 구성하는 각 장관(閣 집 각)
- 官僚관료: 직업적인 관리(官 벼슬 관)
- 同僚동료: 같은 직장이나 같은 부문에서 함께 일하는 사람(同 한가지 동)
- 臣僚신료: 모든 신하(臣 신하 신)

亻=人부 총14획
僚堂요당 幕僚막료

242 | 룡 龍
용 룡
- 龍宮용궁: 전설에서 바다 속에 있다고 하는 용왕의 궁전(宮 집 궁)
- 龍床용상: 임금이 정무를 볼 때 앉던 평상(床 상 상)
- 龍王용왕: 용궁의 임금(王 임금 왕)

龍부 총16획
龍顔용안 龍虎용호 恐龍공룡
臥龍와룡 土龍토룡 登龍門등용문

243 | 루 淚
눈물 루
- 別淚별루: 이별할 때 슬퍼서 흘리는 눈물(別 다를 별)
- 血淚혈루: 몹시 슬프고 분하여 나는 눈물(血 피 혈)

氵=水부 총11획
感淚감루 落淚낙루 聲淚성루
暗淚암루 含淚함루 催淚彈최루탄

244 | 루 漏
샐 루
- 漏落누락: 기입되어야 할 것이 기록에서 빠짐, 또는 그렇게 되게 함(落 떨어질 락)
- 漏電누전: 시설이 손상되어 전기가 전깃줄 밖으로 새어 흐름, 또는 그 전류(電 번개 전)

氵=水부 총14획
漏水누수 漏失누실 漏屋누옥
漏出누출 脫漏탈루 自擊漏자격루

245 | 루 樓
다락 루
- 望樓망루: 적이나 주위의 동정을 살피기 위하여 높이 지은 다락집(望 바랄 망)
- 紅樓홍루: 창기를 두고 영업하는 집(紅 붉을 홍)

木부 총15획
樓閣누각 樓臺누대 門樓문루
城樓성루 水樓수루 玉樓옥루

246 | 루 屢
여러 루
- 屢屢누누: 말 따위를 여러 번 반복함
- 屢代누대: 여러 대(代 대신할 대)
- 屢世누세: 여러 세대(世 인간 세)
- 屢次누차: 여러 차례(次 버금 차)

尸부 총14획
屢年누년 屢報누보 屢朔누삭
屢代奉祀누대봉사

247 | 루 累
여러, 자주 루
- 累計누계: 소계를 계속하여 덧붙여 합산함(計 셀 계)
- 累積누적: 포개어 여러 번 쌓음, 또는 포개져 여러 번 쌓임(積 쌓을 적)
- 累進누진: 수량이나 가격이 많아짐에 따라 그에 대한 비율도 높아지는 일(進 나아갈 진)

糸부 총11획
累代누대 連累연루 累進稅누진세
累卵之勢누란지세

248 | 류 類
무리 류
- 類例유례: 같거나 비슷한 예(例 법식 례)
- 類似유사: 서로가 비슷함(似 닮을 사)
- 穀類곡류: 쌀, 보리, 밀 따위의 곡식을 통틀어 이르는 말(穀 곡식 곡)
- 部類부류: 어떤 공통적인 성격 등에 따라 나눈 갈래(部 떼 부)

頁부 총19획
類推유추 分類분류 衣類의류
人類인류 種類종류 類類相從유유상종

249 | 륜 輪
바퀴 륜
- 輪番윤번: 차례대로 돌아가는 번, 또는 그런 순서(番 차례 번)
- 輪轉윤전: 둥글게 돎(轉 구를 전)
- 競輪경륜: 경기용 자전거로 속도를 겨루는 경기(競 다툴 경)

車부 총15획
輪姦윤간 輪作윤작 伴輪반륜
五輪오륜 車輪차륜 輪回說윤회설

250 | 률 栗
밤 률
- 栗谷율곡: 이이의 호(谷 골 곡)
- 栗園율원: 밤나무 동산(園 동산 원)
- 生栗생률: 날밤. 껍데기와 보늬를 벗기고 나부죽하게 친 밤(生 날 생)

木부 총10획
栗木율목 栗房율방 黃栗황률

이 한 자 기 억 해 요 ?   정답 234

1 鍊( ) 2 憐( ) 3 蓮( ) 4 聯( ) 5 劣( ) 6 裂( ) 7 廉( ) 8 獵( ) 9 零( ) 10 靈( )

여기는! 僚료 / 隆륭

251 | 륭

높을 륭
阝=阜부 총12획

- 隆起 융기 : 높게 일어나 들뜸, 또는 그런 부분 (起 일어날 기)
- 隆盛 융성 : 기운차게 일어나거나 대단히 번성함 (盛 성할 성)
- 隆崇 융숭 : 매우 두텁게 여기거나 정성스레 대접함 (崇 높을 숭)
- 隆鼻 융비
- 隆替 융체
- 隆興 융흥
- 隆鼻術 융비술

252 | 릉
陵
언덕 릉
阝=阜부 총11획

- 陵墓 능묘 : 임금이나 왕후의 무덤 (墓 무덤 묘)
- 陵辱 능욕 : 남을 업신여겨 욕보임 (辱 욕될 욕)
- 丘陵 구릉 : 언덕 (丘 언덕 구)
- 陵谷 능곡
- 陵幸 능행
- 山陵 산릉
- 王陵 왕릉
- 武陵桃源 무릉도원

253 | 리

떠날 리
隹부 총19획

- 離間 이간 : 두 사람이나 나라 따위의 사이를 헐뜯어 서로 멀어지게 함 (間 사이 간)
- 離脫 이탈 : 어떤 범위나 대열 따위에서 떨어져 나오거나 떨어져 나감 (脫 벗을 탈)
- 離別 이별
- 離籍 이적
- 離婚 이혼
- 隔離 격리
- 分離 분리
- 離合集散 이합집산

254 | 리

배 리
木부 총11획

- 梨花 이화 : 배꽃. 배나무의 꽃 (花 꽃 화)
- 烏飛梨落 오비이락 : 까마귀 날자 배 떨어진다, 관계 없이 한 일이 공교롭게 때가 같아 의심을 받거나 난처한 위치에 서게 됨 (烏 까마귀 오, 飛 날 비, 落 떨어질 락)
- 梨熟 이숙
- 山梨 산리

255 | 리

관리, 벼슬아치 리
口부 총6획

- 吏讀 이두 : 한자의 음과 뜻을 빌려 우리말을 적은 표기법 (讀 구절 두)
- 官吏 관리 : 관직에 있는 사람 (官 벼슬 관)
- 稅吏 세리 : 세금 징수의 일을 맡아보는 관리 (稅 세금 세)
- 吏房 이방
- 吏屬 이속
- 公吏 공리
- 俗吏 속리
- 獄吏 옥리
- 貪官汚吏 탐관오리

256 | 리

밟을 리
尸부 총15획

- 履歷 이력 : 지금까지 거쳐 온 학업·직업·경험 등의 내력 (歷 지날 력)
- 履修 이수 : 차례를 밟아 학과를 공부하여 마침 (修 닦을 수)
- 履行 이행 : 실제로 행함. 말과 같이 함 (行 다닐 행)
- 履氷 이빙
- 木履 목리
- 草履 초리
- 履歷書 이력서
- 不履行 불이행

257 | 리

속 리
衣부 총13획

- 裏面 이면 : 겉으로 나타나거나 눈에 보이지 않는 부분 (面 낯 면)
- 腦裏 뇌리 : 사람의 의식이나 기억, 생각 따위가 들어 있는 영역 (腦 골 뇌)
- 裏書 이서
- 表裏 표리
- 心裏 심리
- 裏面紙 이면지
- 表裏不同 표리부동

258 | 린

이웃 린
阝=阜부 총15획

- 隣近 인근 : 이웃한 가까운 곳 (近 가까울 근)
- 隣接 인접 : 이웃하여 있음, 또는 옆에 닿아 있음 (接 이을 접)
- 善隣 선린 : 이웃하고 있는 지역 또는 나라와 사이좋게 지냄, 또는 그런 이웃 (善 착할 선)
- 隣邦 인방
- 交隣 교린
- 四隣 사린

259 | 림

임할 림
臣부 총17획

- 臨終 임종 : 죽음을 맞이함 (終 마칠 종)
- 背山臨水 배산임수 : 지세가 뒤로는 산을 등지고 앞으로는 물을 굽어봄 (背 등 배, 山 메 산, 水 물 수)
- 臨迫 임박
- 降臨 강림
- 再臨 재림
- 臨機應變 임기응변
- 臨床實驗 임상실험
- 臨時變通 임시변통

260 | 마

삼 마
麻부 총11획

- 麻衣 마의 : 삼베로 지은 옷 (衣 옷 의)
- 大麻 대마 : 뽕나무과의 한해살이풀 (大 큰 대)
- 黃麻 황마 : 피나뭇과의 여러해살이풀 (黃 누를 황)
- 麻絲 마사
- 麻布 마포
- 白麻 백마
- 天麻 천마
- 麻浦區 마포구

· · · 이 한 자 기 억 해 요 ? · · · 정답 235

1 嶺( ) 2 隸( ) 3 爐( ) 4 鹿( ) 5 祿( ) 6 錄( ) 7 弄( ) 8 雷( ) 9 賴( ) 10 了( )

 3급한자 900 | 261~280

261 | 마

갈 마
石부 총16획

磨滅 마멸 갈려서 닳아 없어짐 (滅 멸할 멸)
研磨 연마 주로 돌이나 쇠붙이, 보석, 유리 따위의 고체를 갈고 닦아서 표면을 반질반질하게 함 (研 갈 연)
磨光 마광   磨耗* 마모   削磨 삭마
鍊磨 연마

262 | 막
漠
넓을 막
氵=水부 총14획

漠漠 막막 너르고 멀어서 아득함
廣漠 광막 넓고 아득함 (廣 넓을 광)
沙漠 사막 강우량이 작고 식물이 거의 자라지 않는 넓은 불모의 땅 (沙 모래 사)
索漠 삭막 황폐하여 쓸쓸함 (索 새끼줄 삭)
漠然 막연   茫漠 망막   荒漠 황막
沙漠化 사막화   沙漠地帶 사막지대

263 | 막
幕
장막 막
巾부 총14획

閉幕 폐막 막을 내림. 연극·음악회나 행사 따위가 끝남, 또는 그것을 끝냄 (閉 닫을 폐)
黑幕 흑막 겉으로 드러나지 아니한 음흉한 내막 (黑 검을 흑)
幕間 막간   幕舍 막사   幕後 막후
煙幕 연막   帳幕 장막   天幕 천막

264 | 만

거만할 만
忄=心부 총14획

慢性 만성 버릇이 되다시피 하여 쉽게 고쳐지지 아니하는 상태나 성질 (性 성품 성)
自慢心 자만심 자신이나 자신과 관련 있는 것을 스스로 자랑하며 뽐내는 마음 (自 스스로 자, 心 마음 심)
傲慢 오만   緩慢 완만   怠慢 태만

265 | 만
漫
흩어질 만
氵=水부 총14획

漫談 만담 재미있고 익살스럽게 세상이나 인정을 비판·풍자하는 이야기를 함, 또는 그 이야기 (談 말씀 담)
漫評 만평 만화를 그려서 인물이나 사회를 풍자적으로 비평함 (評 평할 평)
漫步 만보   漫然 만연   漫筆 만필
漫畵 만화   放漫 방만   散漫 산만

266 | 망
罔
없을 망
网부 총8획

欺罔 기망 남을 속여 넘김 (欺 속일 기)
罔極之恩 망극지은 끝없이 베풀어 주는 혜택이나 고마움 (極 극진할 극, 之 갈 지, 恩 은혜 은)
罔極 망극   罔夜 망야   罔測 망측
罔極之痛 망극지통   怪常罔測 괴상망측

267 | 망

아득할 망
艹=艸부 총10획

茫漠 망막 넓고 멂 (漠 넓을 막)
茫茫 망망 막연하고 아득함
茫茫大海 망망대해 한없이 크고 넓은 바다 (大 큰 대, 海 바다 해)
茫洋 망양   茫然 망연   蒼茫 창망
茫無頭緖 망무두서   茫然自失 망연자실

268 | 망
妄
망령될 망
女부 총6획

妄動 망동 아무 분별없이 망령되이 행동함, 또는 그 행동 (動 움직일 동)
妄發 망발 망령이나 실수로 그릇된 말이나 행동을 함, 또는 그 말이나 행동 (發 필 발)
妄言 망언 망령되게 말함 (言 말씀 언)
妄覺 망각   妄靈 망령   妄想 망상
老妄 노망   虛妄 허망   輕擧妄動 경거망동

269 | 매

매화 매
木부 총11획

梅毒 매독 매독 스피로헤타라는 나선균에 의하여 감염되는 성병 (毒 독 독)
梅實 매실 매화나무의 열매. 맛은 달면서도 새콤함 (實 열매 실)
梅雨 매우   梅香 매향   梅花 매화
靑梅 청매   黃梅 황매   雪中梅 설중매

270 | 매

묻을 매
土부 총10획

埋伏 매복 상대편의 동태를 살피거나 불시에 공격하려고 일정한 곳에 몰래 숨어 있음 (伏 엎드릴 복)
埋設 매설 지뢰, 수도관 따위를 땅속에 파묻어 설치함 (設 베풀 설)
埋立 매립   埋沒 매몰   埋葬 매장
埋藏 매장   生埋葬 생매장   暗埋葬 암매장

· · · 이 한 자 기 억 해 요 ? · · · 정답 236

1 僚( ) 2 龍( ) 3 淚( ) 4 漏( ) 5 樓( ) 6 屢( ) 7 累( ) 8 類( ) 9 輪( ) 10 栗( )

여기는! 磨마 / 媒매

271 | 매

중매 매
女부 총12획

媒染 매염 물감이 섬유에 직접 물들지 아니하는 경우에 매염제를 매개로 하여 색소를 고착시키거나 색을 내는 방법(染 물들 염)
仲媒 중매 혼인을 어울리게 중간에서 소개하는 일, 또는 그 사람 (仲 버금 중)

媒介 매개   媒體 매체   觸媒 촉매
媒介體 매개체   蟲媒花 충매화

272 | 맥

脈

줄기 맥
月=肉부 총10획

亂脈 난맥 이리저리 흩어져서 질서나 체계가 서지 아니하는 일, 또는 그런 상태(亂 어지러울 란)
動脈 동맥 심장에서 피를 신체 각 부분에 보내는 혈관(動 움직일 동)
一脈 일맥 하나로 이어진 것(一 한 일)

脈絡 맥락   鑛脈 광맥   文脈 문맥
人脈 인맥   靜脈 정맥   血脈 혈맥

273 | 맹

盟

맹세 맹
皿부 총13획

盟誓 맹서 맹세. 일정한 약속이나 목표를 꼭 실천하겠다고 다짐함 (誓 맹세할 서)
同盟 동맹 이익이나 목적을 위하여 동일하게 행동하기로 맺는 약속이나 조직체, 또는 그런 관계를 맺음(同 한가지 동)

盟邦 맹방   盟約 맹약   盟主 맹주
加盟 가맹   聯盟 연맹   血盟 혈맹

274 | 맹

盲

소경, 눈멀 맹
目부 총8획

文盲 문맹 글을 쓸 줄도 볼 줄도 모름 (文 글월 문)
色盲 색맹 빛깔을 가려내지 못하는 상태, 또는 그러한 증상이 있는 사람(色 빛 색)

盲目 맹목   盲信 맹신   盲人 맹인
盲腸 맹장   盲點 맹점   盲從 맹종

275 | 맹

맏 맹
子부 총8획

孟浪 맹랑 매우 똑똑하거나 까다로워 허수로이 볼 수 없음 (浪 물결 랑)
孟仲季 맹중계 맏이와 둘째, 셋째를 아울러 이르는 말. 맹월과 중월, 계월을 아울러 이름 (仲 버금 중, 季 계절 계)

孟冬 맹동   孟月 맹월   孟子 맹자
孔孟 공맹 孟母三遷 맹모삼천 虛無孟浪 허무맹랑

276 | 맹

사나울 맹
犭=犬부 총11획

猛獸 맹수 주로 육식을 하는 사나운 짐승. 사자나 범 따위를 이름 (獸 짐승 수)
猛威 맹위 사나운 위세(威 위엄 위)
猛打 맹타 몹시 때리거나 침(打 칠 타)

猛犬 맹견   猛烈 맹렬   猛虎 맹호
勇猛 용맹   猛爆擊 맹폭격   猛活躍 맹활약

277 | 면

綿

솜 면
糸부 총14획

綿密 면밀 자세하고 빈틈이 없음 (密 빽빽할 밀)
石綿 석면 돌솜. 내화재, 보온재 등에 쓰임(石 돌 석)
純綿 순면 순수하게 무명실로만 짠 직물 (純 순수할 순)

綿綿 면면   綿衣 면의   綿布 면포
綿花 면화   連綿 연면   海綿動物 해면동물

278 | 멸

멸할, 꺼질 멸
氵=水부 총13획

滅菌 멸균 세균 따위의 미생물을 죽임 (菌 버섯 균)
滅亡 멸망 망하여 없어짐(亡 망할 망)
不滅 불멸 없어지거나 사라지지 아니함 (不 아닐 불)

滅門 멸문   滅種 멸종   壞滅 괴멸
消滅 소멸   自滅 자멸   破滅 파멸

279 | 명

銘

새길 명
金부 총14획

銘心 명심 마음 속에 새기어 둠 (心 마음 심)
碑銘 비명 비석에 새긴 글(碑 비석 비)
座右銘 좌우명 늘 자리 옆에 갖추어 두고 가르침으로 삼는 말이나 문구(座 자리 좌, 右 오른쪽 우)

刻銘 각명   感銘 감명   刀銘 도명
銘心寶鑑 명심보감 銘心不忘 명심불망

280 | 명

어두울 명
冖부 총10획

冥福 명복 죽은 뒤 저승에서 받는 복 (福 복 복)
冥府 명부 저승의 법정(府 마을 부)
冥想 명상 고요히 눈을 감고 깊이 생각함, 또는 그런 생각(想 생각 상)

冥界 명계   冥冥 명명   冥土 명토
冥府殿 명부전   冥王星 명왕성

· · · 이 한 자 기 억 해 요 ? · · · 정답 237

1 隆( ) 2 陵( ) 3 離( ) 4 梨( ) 5 吏( ) 6 履( ) 7 裏( ) 8 隣( ) 9 臨( ) 10 麻( )

3급한자 900 | 281~300

281 | 모 — 某 — 아무 모 (木부 총9획)
- 某某 모모 아무아무
- 某所 모소 어떤 곳(所 바 소)
- 某人 모인 어떤 사람(人 사람 인)
- 某種 모종 어떠한 종류(種 씨 종)
- 某處 모처 어떠한 곳(處 곳 처)
- 某家 모가
- 某氏 모씨
- 某國 모국
- 某月 모월
- 某年 모년
- 某日 모일

282 | 모 — 謀 — 꾀 모 (言부 총16획)
- 謀免 모면 어떤 일이나 책임을 꾀를 써서 벗어남(免 면할 면)
- 參謀 참모 윗사람을 도와 어떤 일을 꾀하고 꾸미는 데에 참여함, 또는 그런 사람(參 참여할 참)
- 謀略 모략
- 謀議 모의
- 謀陷 모함
- 圖謀 도모
- 無謀 무모
- 陰謀 음모

283 | 모 — 慕 — 그릴 모 (忄=心부 총15획)
- 思慕 사모 애틋하게 생각하고 그리워함 (思 생각 사)
- 愛慕 애모 사랑하며 그리워함(愛 사랑 애)
- 追慕 추모 죽은 사람을 그리며 생각함 (追 쫓을 추)
- 慕情 모정
- 哀慕 애모
- 感慕 감모
- 戀慕 연모
- 敬慕 경모
- 怨慕 원모

284 | 모 — 募 — 모을, 뽑을 모 (力부 총13획)
- 募金 모금 기부금이나 성금 따위를 모음 (金 쇠 금)
- 公募 공모 일반에게 널리 공개하여 모집함. 공개 모집(公 공평할 공)
- 應募 응모 모집에 응하거나 지원함 (應 응할 응)
- 募兵 모병
- 私募 사모
- 募集 모집
- 急募 급모

285 | 모 — 模 — 본뜰 모 (木부 총15획)
- 模倣 모방 본떠서 함(倣 본뜰 방)
- 模寫 모사 사물을 형체 그대로 그림, 또는 그런 그림(寫 베낄 사)
- 模樣 모양 겉으로 나타나는 생김새나 모습(樣 모양 양)
- 模範 모범
- 模唱 모창
- 模作 모작
- 模型 모형
- 模造 모조
- 規模 규모

286 | 모 — 貌 — 모양 모 (豸부 총14획)
- 美貌 미모 아름다운 얼굴 모습 (美 아름다울 미)
- 容貌 용모 사람의 얼굴 생김(容 얼굴 용)
- 外貌 외모 겉으로 드러나 보이는 모습 (外 바깥 외)
- 面貌 면모
- 全貌 전모
- 變貌 변모
- 體貌 체모
- 言貌 언모
- 風貌 풍모

287 | 모 — 冒 — 무릅쓸 모 (冂부 총9획)
- 冒耕 모경 땅 임자의 허락 없이 남의 땅에 농사를 지음(耕 밭 경)
- 冒險 모험 위험을 무릅쓰고 어떠한 일을 함, 또는 그 일(險 험할 험)
- 冒年 모년
- 冒錄 모록
- 冒頭 모두
- 冒名 모명
- 冒廉 모렴
- 冒認 모인

288 | 모 — 侮 — 업신여길 모 (亻=人부 총9획)
- 侮辱 모욕 깔보고 욕되게 함(辱 욕될 욕)
- 陵侮 능모 업신여기어 깔봄(陵 언덕 릉)
- 受侮 수모 모욕을 당함(受 받을 수)
- 侮辱感 모욕감 모욕을 당한 느낌 (辱 욕될 욕, 感 느낄 감)
- 侮慢 모만
- 侮笑 모소
- 輕侮 경모
- 侮辱的 모욕적

289 | 목 — 牧 — 칠 목 (牛부 총8획)
- 牧歌 목가 전원시의 하나. 전원의 한가로운 목자나 농부의 생활을 주제로 한 서정적이고 소박한 시가(歌 노래 가)
- 牧童 목동 풀을 뜯기며 가축을 치는 아이. 양치기(童 아이 동)
- 牧羊 목양
- 牧草 목초
- 牧師 목사
- 放牧 방목
- 牧者 목자
- 遊牧 유목

290 | 목 — 睦 — 화목할 목 (目부 총13획)
- 親睦 친목 서로 친해 화목함 (親 친할 친)
- 和睦 화목 서로 뜻이 맞고 정다움 (和 화할 화)
- 親睦契 친목계 친목을 도모하기 위한 계 (親 친할 친, 契 맺을 계)
- 睦月 목월
- 睦族 목족
- 敦睦 돈목

이 한자 기억해요? 정답 238

1 磨( )　2 漠( )　3 幕( )　4 慢( )　5 漫( )　6 岡( )　7 茫( )　8 妄( )　9 梅( )　10 埋( )

여기는! 某모 / 沒몰

291 | 몰 沒 빠질 몰
氵=水부 총7획

- 沒頭 몰두 — 어떤 일에 온 정신을 다 기울여 열중함(頭 머리 두)
- 沒殺 몰살 — 모조리 다 죽임, 또는 그런 죽음(殺 죽일 살)
- 沒敗 몰패 — 여지없이 짐(敗 패할 패)
- 沒落 몰락 沒收 몰수 沒入 몰입
- 陷沒 함몰 沒常識 몰상식 神出鬼沒 신출귀몰

292 | 몽 夢 꿈 몽
夕부 총14획

- 夢想 몽상 — 꿈 속의 생각. 꿈같이 허황된 생각을 함(想 생각 상)
- 吉夢 길몽 — 좋은 징조의 꿈(吉 길할 길)
- 惡夢 악몽 — 불길하고 무서운 꿈(惡 악할 악)
- 解夢 해몽 — 꿈의 내용을 풀어서 길흉을 판단함(解 풀 해)
- 夢精 몽정 夢家 몽상가
- 夢遊病 몽유병 白日夢 백일몽
- 同床異夢 동상이몽 一場春夢 일장춘몽

293 | 몽 蒙 어두울 몽
艹=艸부 총14획

- 擊蒙 격몽 — 어리석고 사리에 어두운 어린 이들을 일깨움(擊 칠 격)
- 啓蒙 계몽 — 지식 수준이 낮거나 인습에 젖은 사람을 가르쳐서 깨우침(啓 열 계)
- 蒙古 몽고 蒙利 몽리 蒙喪 몽상
- 蒙恩 몽은 訓蒙 훈몽

294 | 묘 墓 무덤 묘
土부 총14획

- 墓地 묘지 — 무덤이 있는 땅(地 따 지)
- 墳墓 분묘 — 무덤(墳 무덤 분)
- 省墓 성묘 — 조상의 산소를 찾아가서 돌봄, 또는 그런 일. 주로 설, 추석, 한식에 함(省 살필 성)
- 墓碑 묘비 墓所 묘소 墓域 묘역
- 墓祭 묘제

295 | 묘 廟 사당 묘
广부 총15획

- 家廟 가묘 — 한 집안의 사당(家 집 가)
- 文廟 문묘 — 공자를 모신 사당(文 글월 문)
- 宗廟 종묘 — 조선 시대에 역대 임금과 왕비의 위패를 모시던 왕실의 사당(宗 마루 종)
- 廟堂 묘당 廟議 묘의 廟號 묘호
- 祖廟 조묘

296 | 묘 苗 모 묘
艹=艸부 총9획

- 苗木 묘목 — 옮겨 심는 어린나무(木 나무 목)
- 苗床 묘상 — 못자리(床 상 상)
- 苗板 묘판 — 못자리. 볍씨를 뿌리어 모를 기르는 곳(板 널 판)
- 養苗 양묘 幼苗 유묘 種苗 종묘

297 | 무 霧 안개 무
雨부 총19획

- 霧散 무산 — 안개가 걷히듯 흩어져 없어짐(散 흩을 산)
- 五里霧中 오리무중 — 오리나 되는 짙은 안개 속에 있음. 일에 대하여 방향이나 갈피를 잡을 수 없음(五 다섯 오, 里 마을 리, 中 가운데 중)
- 濃霧 농무 大霧 대무 夕霧 석무
- 雲霧 운무 曉霧 효무

298 | 무 貿 무역할 무
貝부 총12획

- 貿易 무역 — 나라와 나라 사이에 서로 물품을 사고파는 일(易 바꿀 역)
- 貿易風 무역풍 — 중위도 고압대에서 열대 수렴대로 부는 바람(易 바꿀 역, 風 바람 풍)
- 貿米 무미 貿易商 무역상 密貿易 밀무역

299 | 묵 默 잠잠할 묵
黑부 총16획

- 默契 묵계 — 말 없는 가운데 뜻이 서로 맞음, 또는 그렇게 하여 성립된 약속(契 맺을 계)
- 默念 묵념 — 말 없이 마음속으로 빎. 주로, 죽은 이가 평안히 잠들기를 기원하는 뜻으로 함(念 생각 념)
- 默默 묵묵 默想 묵상 默認 묵인
- 寡默 과묵 暗默 암묵 默示錄 묵시록

300 | 미 眉 눈썹 미
目부 총9획

- 白眉 백미 — 흰 눈썹이라는 뜻으로, 여럿 가운데에서 가장 뛰어난 사람이나 훌륭한 물건(白 흰 백)
- 兩眉間 양미간 — 두 눈썹의 사이(兩 두 량, 間 사이 간)
- 眉間 미간 曲眉 곡미 秀眉 수미
- 展眉 전미

이 한 자 기 억 해 요 ? 　　정답 239

1 媒(　) 2 脈(　) 3 盟(　) 4 盲(　) 5 孟(　) 6 猛(　) 7 綿(　) 8 滅(　) 9 銘(　) 10 冥(　)

3급한자 900 | 301~320

301 | 미 — 微 작을 미
彳부 총13획
- 微妙 미묘 — 야릇해서 잘 알 수 없음 (妙 묘할 묘)
- 微細 미세 — 분간하기 어려울 정도로 아주 작음 (細 가늘 세)
- 微賤 미천 — 신분·지위 등이 미미하고 천함 (賤 천할 천)
- 微力 미력 微笑 미소 微弱 미약
- 微溫 미온 輕微 경미 微生物 미생물

302 | 미 — 迷 미혹할 미
辶=辵부 총10획
- 迷宮 미궁 — 사건, 문제 따위가 얽혀서 쉽게 해결하지 못하게 된 상태 (宮 집 궁)
- 迷妄 미망 — 사리에 어두워 갈피를 잡지 못하고 헤맴, 또는 그런 상태 (妄 망녕될 망)
- 迷路 미로 迷夢 미몽 迷信 미신
- 迷兒 미아 迷惑 미혹 昏迷 혼미

303 | 민 — 敏 민첩할 민
攵=攴부 총11획
- 敏感 민감 — 감각이 예민함 (感 느낄 감)
- 敏活 민활 — 날쌔고 활발함 (活 살 활)
- 機敏 기민 — 날쌔고 재빠름 (機 틀 기)
- 銳敏 예민 — 재치·감각 등이 날카롭고 민첩함 (銳 날카로울 예)
- 敏智 민지 過敏 과민 明敏 명민
- 不敏 불민 聰敏 총민

304 | 민 — 憫 민망할 민
忄=心부 총15획
- 憫笑 민소 — 어리석음을 비웃음 (笑 웃음 소)
- 憫然 민연 — 가엾은 모습 (然 그럴 연)
- 憐憫 연민 — 불쌍하고 가련하게 여김 (憐 불쌍히여길 련)
- 憫憐 민련 憫憫 민민 憫迫 민박

305 | 밀 — 蜜 꿀 밀
虫부 총14획
- 蜜語 밀어 — 남녀 사이의 달콤하고 정다운 이야기 (語 말씀 어)
- 蜜月 밀월 — 꿀같이 달콤한 달이라는 뜻으로, 결혼 직후의 즐겁고 달콤한 시기 (月 달 월)
- 蜜蜂 밀봉 蜜水 밀수 蜜源 밀원
- 蜜酒 밀주 蜜丸 밀환 口蜜腹劍 구밀복검

306 | 박 — 拍 칠 박
扌=手부 총8획
- 拍手 박수 — 기쁨·찬성·환영을 나타내거나 장단을 맞추려고 두 손뼉을 마주 침 (手 손 수)
- 拍車 박차 — 말을 탈 때에 신는 구두의 뒤축에 달려 있는 물건. 쇠로 만들어 말을 차서 빨리 달리게 함 (車 수레 거·차)
- 拍子 박자 三拍子 삼박자 拍掌大笑 박장대소

307 | 박 — 迫 핍박할 박
辶=辵부 총9획
- 迫力 박력 — 힘차게 밀고 나가는 강한 힘 (力 힘 력)
- 急迫 급박 — 사태가 조금도 여유가 없이 매우 급함 (急 급할 급)
- 臨迫 임박 — 어떤 시기가 가까이 닥쳐 옴 (臨 임할 림)
- 迫害 박해 緊迫 긴박 壓迫 압박
- 切迫 절박 促迫 촉박 開封迫頭 개봉박두

308 | 박 — 泊 머무를, 배댈 박
氵=水부 총8획
- 民泊 민박 — 여행할 때에 일반 민가에서 묵음 (民 백성 민)
- 宿泊 숙박 — 여관이나 호텔 따위에서 잠을 자고 머무름 (宿 잘 숙)
- 外泊 외박 — 자기 집이나 정해진 데가 아닌 곳에 나가서 잠 (外 바깥 외)
- 假泊 가박 淡泊 담박 一泊 일박

309 | 박 — 薄 엷을 박
艹=艸부 총17획
- 薄福 박복 — 복이 없음 (福 복 복)
- 刻薄 각박 — 모나고 인정이 없음 (刻 새길 각)
- 輕薄 경박 — 언행이 경솔하고 신중하지 못함 (輕 가벼울 경)
- 薄待 박대 薄氷 박빙 薄情 박정
- 淺薄 천박 稀薄 희박 薄利多賣 박리다매

310 | 박 — 博 넓을 박
十부 총12획
- 博愛 박애 — 모든 사람을 평등하게 사랑함 (愛 사랑 애)
- 博物館 박물관 — 역사적 유물, 예술품 등을 수집·보존·진열·전시하여 학술 연구와 사회 교육에 기여할 목적으로 만든 시설 (物 물건 물, 館 집 관)
- 博士 박사 博識 박식 博學 박학
- 該博 해박 博覽會 박람회 博學多識 박학다식

· · · · 이 한 자 기 억 해 요 ? · · · 정답 240

1 某( ) 2 謀( ) 3 慕( ) 4 募( ) 5 模( ) 6 貌( ) 7 冒( ) 8 侮( ) 9 牧( ) 10 睦( )

여기는! 微미 / 班반

311 | 반

班
나눌 반
王=玉부 총10획

班列 반열 품계나 신분, 등급의 차례
(列 벌릴 렬)
首班 수반 행정부의 우두머리 (首 머리 수)
兩班 양반 고려·조선 시대에 지배층을 이루던 신분 (兩 두 량)
班長 반장   武班 무반   越班 월반
合班 합반   班常會 반상회   班窓會 반창회

312 | 반
伴
짝 반
亻=人부 총7획

伴奏 반주 노래나 기악의 연주를 돕기 위해 옆에서 다른 악기를 연주함, 또는 그렇게 하는 연주
(奏 아뢸 주)
隨伴 수반 어떤 일과 더불어 생김
(隨 따를 수)
伴寢 반침   伴行 반행   道伴 도반
同伴 동반   相伴 상반   伴細胞 반세포

313 | 반

返
돌이킬 반
辶=辵부 총8획

返納 반납 도로 돌려줌 (納 들일 납)
返送 반송 도로 돌려보냄 (送 보낼 송)
返品 반품 사들인 물품 따위를 다시 돌려보냄, 또는 그러한 물품
(品 물건 품)
返還 반환 빌리거나 차지했던 것을 되돌려 줌 (還 돌아올 환)
返戾* 반려   返禮 반례   返信 반신

314 | 반

叛
배반할 반
又부 총9획

叛亂 반란 정부나 지도자 따위에 반대하여 내란을 일으킴
(亂 어지러울 란)
背叛 배반 믿음과 의리를 저버리고 돌아섬 (背 등 배)
叛軍 반군   叛旗 반기   叛徒 반도
叛逆 반역   謀叛 모반   離叛 이반

315 | 반

般
가지, 일반 반
舟부 총10획

萬般 만반 마련할 수 있는 모든 것
(萬 일만 만)
全般 전반 어떤 일이나 부문에 대하여 그것에 관계되는 전체, 또는 통틀어서 모두 (全 온전 전)
各般 각반   一般 일반   諸般 제반
一般的 일반적   般若心經 반야심경

316 | 반

盤
소반 반
皿부 총15획

基盤 기반 기초가 되는 바탕, 또는 사물의 토대 (基 터 기)
巖盤 암반 다른 바위 속으로 돌입하여 불규칙하게 굳어진 큰 바위
(巖 바위 암)
盤石 반석   小盤 소반   原盤 원반
銀盤 은반   音盤 음반   地盤 지반

317 | 발

拔
뽑을 발
扌=手부 총8획

選拔 선발 많은 가운데서 골라 뽑음
(選 가릴 선)
力拔山 역발산 힘이 산을 뽑을 만큼 매우 셈을 이르는 말
(力 힘 력, 山 메 산)
拔群 발군   拔根 발근   拔本 발본
奇拔 기발   海拔 해발

318 | 발

髮
터럭 발
髟부 총15획

假髮 가발 가짜 머리 (假 거짓 가)
金髮 금발 금빛 나는 머리털 (金 쇠 금)
頭髮 두발 머리털 (頭 머리 두)
削髮 삭발 머리털을 깎음, 또는 그 머리
(削 깎을 삭)
毛髮 모발   白髮 백발   散髮 산발
理髮 이발   黑髮 흑발   斷髮令 단발령

319 | 방

妨
방해할 방
女부 총7획

妨電 방전 전파 방해 (電 번개 전)
妨害 방해 남의 일에 헤살을 놓아 해를 끼침 (害 해할 해)
無妨 무방 지장이 없음 (無 없을 무)
相妨 상방   妨害罪 방해죄
妨工害事 방공해사   電波妨害 전파방해

320 | 방
傍
곁 방
亻=人부 총12획

傍觀 방관 어떤 일에 직접 나서서 관여하지 않고 곁에서 보기만 함
(觀 볼 관)
傍點 방점 글 가운데에서 보는 사람의 주의를 끌기 위하여 글자 옆이나 위에 찍는 점 (點 점 점)
傍系 방계   傍白 방백   傍照 방조
傍證 방증   傍聽 방청   近傍 근방

• • 이 한 자 기 억 해 요 ? • • 정답 241

1 沒( ) 2 夢( ) 3 蒙( ) 4 墓( ) 5 廟( ) 6 苗( ) 7 霧( ) 8 貿( ) 9 默( ) 10 眉( )

3급한자 900 | 321~340

321 | 방

꽃다울 방
艹=艸부 총8획

- 芳年 방년 : 이십 세 전후의 한창 젊은 꽃다운 나이 (年 해 년)
- 芳香 방향 : 꽃다운 향내 (香 향수 향)
- 流芳 유방 : 꽃다운 이름이 후세에 길이 전함 (流 흐를 류)
- 芳氣 방기
- 芳草 방초
- 芳春 방춘
- 遺芳 유방
- 芳名錄 방명록
- 流芳百世 유방백세

322 | 방
倣
본뜰 방
亻=人부 총10획

- 倣刻 방각 : 본디의 모양새를 그대로 본떠서 새김 (刻 새길 각)
- 模倣 모방 : 다른 것을 본뜨거나 본받음 (模 본뜰 모)
- 倣似 방사
- 倣效 방효
- 依倣 의방

323 | 방

나라 방
阝=邑부 총7획

- 盟邦 맹방 : 서로 동맹 조약을 체결한 당사국 (盟 맹세 맹)
- 聯邦 연방 : 자치권을 가진 다수의 나라가 공통의 정치 이념 아래에서 연합하여 구성하는 국가 (聯 연이을 련)
- 邦畵 방화
- 萬邦 만방
- 我邦 아방
- 友邦 우방
- 合邦 합방
- 異邦人 이방인

324 | 배
背
등 배
月=肉부 총9획

- 背景 배경 : 사건이나 환경, 인물 따위를 둘러싼 주위의 정경 (景 볕 경)
- 背任 배임 : 공무원 또는 회사원이 자기의 이익을 위하여 국가나 회사에 재산상의 손해를 줌 (任 맡길 임)
- 背敎 배교
- 背反 배반
- 背信 배신
- 背後 배후
- 向背 향배
- 背水陣 배수진

325 | 배
排
밀칠 배
扌=手부 총11획

- 排擊 배격 : 어떤 사상·의견·물건 따위를 물리침 (擊 칠 격)
- 排球 배구 : 네트를 두고 두 팀이 공을 땅에 떨어뜨리지 아니하고 손으로 공을 패스하여 세 번 안에 상대편 코트로 넘겨 보내는 구기 경기 (球 공 구)
- 排氣 배기
- 排設 배설
- 排除 배제
- 排斥 배척
- 排出 배출
- 排他 배타

326 | 배

무리 배
車부 총15획

- 輩出 배출 : 인재가 계속하여 나옴 (出 날 출)
- 先輩 선배 : 같은 분야에서, 지위나 나이·학예 따위가 자기보다 많거나 앞선 사람 (先 먼저 선)
- 輩行 배행
- 年輩 연배
- 後輩 후배
- 同年輩 동년배
- 不良輩 불량배
- 暴力輩 폭력배

327 | 배
倍
곱 배
亻=人부 총10획

- 倍加 배가 : 갑절 또는 몇 배로 늘어남, 또는 그렇게 늘림 (加 더할 가)
- 倍數 배수 : 어떤 수의 갑절이 되는 수 (數 셈 수)
- 倍前 배전 : 전보다 더욱 더함 (前 앞 전)
- 倍率 배율
- 倍達民族 배달민족
- 公倍數 공배수
- 勇氣百倍 용기백배

328 | 배

북돋울 배
土부 총11획

- 培養 배양 : 동식물 조직의 일부나 미생물 따위를 가꾸어 기름. 인격, 역량, 사상 따위가 발전하도록 가르쳐 키움 (養 기를 양)
- 栽培 재배 : 작물을 심어 가꿈 (栽 심을 재)
- 培根 배근
- 培植 배식
- 肥培 비배

329 | 배
配
나눌, 짝 배
酉부 총10획

- 配當 배당 : 주식회사가 이익금의 일부를 현금이나 주식으로 할당하여 주주에게 나누어 주는 일 (當 마땅 당)
- 配慮 배려 : 도와주거나 보살펴 주려고 마음을 씀 (慮 생각할 려)
- 配給 배급
- 配達 배달
- 配置 배치
- 配布 배포
- 配合 배합
- 分配 분배

330 | 백

맏 백
亻=人부 총7획

- 伯爵 백작 : 다섯 등급으로 나눈 귀족의 작위 가운데 셋째 작위. 후작의 아래, 자작의 위임 (爵 벼슬 작)
- 方伯 방백 : 도지사를 예스럽게 이르는 말 (方 모 방)
- 伯母 백모
- 伯父 백부
- 伯叔 백숙
- 伯仲 백중
- 風伯 풍백
- 畵伯 화백

· · 이 한 자 기 억 해 요 ? · · 정답 242

1 微(　) 2 迷(　) 3 敏(　) 4 憫(　) 5 蜜(　) 6 拍(　) 7 迫(　) 8 泊(　) 9 薄(　) 10 博(　)

여기는! 芳방 / 飜번

331 | 번

번역할 번
飛부 총21획

飜案 번안 — 원작의 내용이나 줄거리는 그대로 두고 풍속·인명·지명 따위를 시대나 풍토에 맞게 고침(案 책상 안)
飜譯 번역 — 어떤 언어로 된 글을 다른 언어의 글로 옮김(譯 번역할 역)
飜刻 번각 飜覆 번복
飜本 번본 飜意 번의
飜弄 번롱 飜譯物 번역물

332 | 번
繁
번성할 번
糸부 총17획

繁盛 번성 — 한창 잘 되어 성함(盛 성할 성)
繁榮 번영 — 번성하고 영화롭게 됨(榮 영화 영)
繁昌 번창 — 번화하게 창성함(昌 창성할 창)
繁華 번화 — 번성하고 화려함(華 빛날 화)
頻繁 빈번 繁華街 번화가 農繁期 농번기

333 | 번

번거로울 번
火부 총13획

煩惱 번뇌 — 마음이 시달려서 괴로움(惱 번뇌할 뇌)
煩多 번다 — 번거롭게 많음(多 많을 다)
煩雜 번잡 — 번거롭게 뒤섞여 어수선함(雜 섞일 잡)
煩劇 번극 煩急 번급 煩務 번무
百八煩惱 백팔번뇌

334 | 벌
罰
벌할 벌
罒=网부 총14획

罰則 벌칙 — 법규를 어긴 행위에 대한 처벌을 정하여 놓은 규칙(則 법칙 칙)
刑罰 형벌 — 국가 따위가 범죄자에게 제재를 가함. 또는 그 제재(刑 형벌 형)
罰金 벌금 罰點 벌점 罰酒 벌주
嚴罰 엄벌 重罰 중벌 處罰 처벌

335 | 범

범할 범
犭=犬부 총5획

犯法 범법 — 법을 어김(法 법 법)
共犯 공범 — 범죄 구성 요건에 해당하는 행위를 공동으로 실행한 사람(共 한가지 공)
再犯 재범 — 다시 죄를 저지름. 또는 그 사람(再 두 재)
犯人 범인 犯罪 범죄 犯行 범행
犯則金 범칙금 輕犯罪 경범죄 現行犯 현행범

336 | 범

법 범
竹부 총15획

規範 규범 — 인간이 행동하거나 판단할 때에 마땅히 따르고 지켜야 할 가치 판단의 기준(規 법 규)
模範 모범 — 본받아 배울 만한 대상. 본보기(模 본뜰 모)
範例 범례 範圍 범위 敎範 교범
師範 사범 示範 시범 廣範圍 광범위

337 | 벽

벽 벽
土부 총16획

壁報 벽보 — 벽이나 게시판에 붙여 널리 알리는 글(報 알릴 보)
壁紙 벽지 — 벽에 바르는 종이(紙 종이 지)
絕壁 절벽 — 바위가 깎아 세운 것처럼 아주 높이 솟아 있는 험한 낭떠러지(絕 끊을 절)
壁畵 벽화 防壁 방벽 城壁 성벽
巖壁 암벽 障壁 장벽 金城鐵壁 금성철벽

338 | 벽

푸를 벽
石부 총14획

碧空 벽공 — 푸른 하늘(空 빌 공)
碧眼 벽안 — 눈동자가 파란 눈. 서양 사람을 이르는 말(眼 눈 안)
碧海 벽해 — 짙푸른 바다(海 바다 해)
碧天 벽천 寸碧 촌벽 碧溪水 벽계수
桑田碧海 상전벽해

339 | 변
辯
말씀 변
辛부 총21획

強辯 강변 — 이치에 닿지 아니한 것을 끝까지 굽히지 않고 주장하거나 변명함(強 강할 강)
雄辯 웅변 — 조리가 있고 막힘이 없이 당당하게 말함. 또는 그런 말이나 연설(雄 수컷 웅)
辯論 변론 達辯 달변 答辯 답변
代辯 대변 抗辯 항변 辯護士 변호사

340 | 변
辨
분별할 변
辛부 총16획

辨明 변명 — 어떤 잘못이나 실수에 대하여 구실을 대며 그 까닭을 말함(明 밝을 명)
辨別力 변별력 — 사물의 옳고 그름이나 좋고 나쁨을 가리는 능력(別 다를 별, 力 힘 력)
辨理 변리 辨償 변상 辨濟 변제
分辨 분변 辨理士 변리사 辨證法 변증법

• • • 이 한 자 기 억 해 요 ? • • • 정답 243

1 班( ) 2 伴( ) 3 返( ) 4 叛( ) 5 般( ) 6 盤( ) 7 拔( ) 8 髮( ) 9 妨( ) 10 傍( )

3급한자 900 | 341~360

341 | 변

가 변
辶=辵부　총19획

- 邊境 변경: 나라의 경계가 되는 변두리의 땅 (境 지경 경)
- 邊方 변방: 가장자리가 되는 쪽 (方 모 방)
- 身邊 신변: 몸과 몸의 주위 (身 몸 신)
- 周邊 주변: 어떤 대상의 둘레 (周 두루 주)

江邊 강변　路邊 노변　沿邊 연변
底邊 저변　海邊 해변　一邊倒 일변도

342 | 병

나란히 병
立부　총10획

- 竝列 병렬: 나란히 늘어섬, 또는 나란히 늘어놓음 (列 벌릴 렬)
- 竝立 병립: 나란히 섬 (立 설 립)
- 竝行 병행: 둘 이상의 일을 한꺼번에 행함 (行 다닐 행)

竝力 병력　竝設 병설　竝用 병용
竝進 병진　竝置 병치

343 | 병

병풍 병
尸부　총11획

- 屛風 병풍: 바람을 막거나 무엇을 가리거나 또는 장식용으로 방 안에 치는 물건 (風 바람 풍)
- 曲屛 곡병: 머릿병풍. 머리맡에 치는 병풍. 보통 두 쪽으로 되어 있음 (曲 굽을 곡)

屛去 병거　屛居 병거　屛門 병문
屛帳 병장　素屛 소병　畫屛 화병

344 | 보

기울 보
衤=衣부　총12획

- 補缺 보결: 결원이 생겼을 때에 그 빈자리를 채움 (缺 이지러질 결)
- 補修 보수: 낡은 것을 보충하여 수선함 (修 닦을 수)
- 補完 보완: 모자라거나 부족한 것을 보충하여 완전하게 함 (完 완전할 완)

補強 보강　補給 보급　補償 보상
補習 보습　補藥 보약　補充 보충

345 | 보

넓을 보
日부　총12획

- 普及 보급: 널리 펴서 많은 사람들에게 골고루 미치게 하여 누리게 함 (及 미칠 급)
- 普遍 보편: 모든 것에 공통되거나 들어맞음, 또는 그런 것 (遍 두루 편)

普世 보세　普施 보시　普通 보통
普及率 보급률　普遍妥當 보편타당

346 | 보

족보 보
言부　총19획

- 系譜 계보: 혈연 관계나 학풍, 사조따위가 계승되어 온 연속성 (系 이어맬 계)
- 族譜 족보: 한 가문의 계통과 혈통 관계를 적어 기록한 책 (族 겨레 족)

家譜 가보　世譜 세보　僧譜 승보
樂譜 악보　年譜 연보　畫譜 화보

347 | 보

보배 보
宀부　총20획

- 寶物 보물: 썩 드물고 귀한 가치가 있는 보배로운 물건 (物 물건 물)
- 寶石 보석: 아주 단단하고 빛깔과 광택이 아름다우며 희귀한 광물 (石 돌 석)

寶庫 보고　寶位 보위　寶貨 보화
家寶 가보　國寶 국보　海東通寶 해동통보

348 | 복

점 복
卜부　총2획

- 卜術 복술: 점을 치는 방법이나 기술 (術 재주 술)
- 卜債 복채: 점을 쳐 준 값으로 점쟁이에게 주는 돈 (債 빚 채)
- 占卜 점복: 점치는 일 (占 점칠 점)

卜居 복거　卜吉 복길　卜師 복사
卜定 복정

349 | 복
배 복
月=肉부　총13획

- 腹部 복부: 배 부분 (部 떼 부)
- 腹痛 복통: 복부에 일어나는 통증을 통틀어 이르는 말 (痛 아플 통)
- 空腹 공복: 배 속이 비어 있는 상태, 또는 그런 배 속 (空 빌 공)

腹水 복수　腹案 복안　心腹 심복
割腹 할복　遺腹子 유복자　異腹兄弟 이복형제

350 | 복
다시 복/덮을 부
襾부　총18획

- 覆蓋 복개: 하천에 덮개 구조물을 씌워 겉으로 보이지 않도록 함, 또는 그 덮개 구조물 (蓋 덮을 개)
- 覆面 복면: 얼굴의 전부나 일부를 헝겊 등으로 싸서 가림 (面 낯 면)
- 飜覆 번복: 이리저리 뒤집힘 (飜 번역할 번)

覆檢 복검　覆考 복고　覆沒 복몰
覆船 복선　覆審 복심

・ ・ ・ 이 한 자 기 억 해 요 ? ・ ・ ・　　정답 244

1 芳( )　2 倣( )　3 邦( )　4 背( )　5 排( )　6 輩( )　7 倍( )　8 培( )　9 配( )　10 伯( )

여기는! 邊변 / 複복

351 | 복

겹칠 복
衤=衣부 총14획

複道 복도 건물 안의 방과 방, 또는 건물과 건물 사이에 비나 눈이 맞지 아니하도록 지붕을 씌워 만든 통로(道 길 도)
複寫 복사 그림·사진·서류 따위를 복제함(寫 베낄 사)
複利 복리   複線 복선   複數 복수
複雜 복잡   複製 복제   複合 복합

352 | 봉
封
봉할 봉
寸부 총9획

封建 봉건 천자가 나라의 토지를 나누어 주고 제후를 봉하여 나라를 세우게 하던 일(建 세울 건)
封鎖 봉쇄 굳게 막아 버리거나 잠금(鎖 쇠사슬 쇄)
封印 봉인   封紙 봉지   封合 봉합
開封 개봉   密封 밀봉   册封 책봉

353 | 봉

벌 봉
虫부 총13획

蜂起 봉기 벌떼처럼 떼 지어 세차게 일어남(起 일어날 기)
蜂蜜 봉밀 벌꿀(蜜 꿀 밀)
養蜂 양봉 꿀을 얻기 위하여 벌을 기름. 벌치기(養 기를 양)
蜂腰 봉요   蜂針 봉침   分蜂 분봉
雄蜂 웅봉   土蜂 토봉   女王蜂 여왕봉

354 | 봉
峯
봉우리 봉
山부 총10획

靈峯 영봉 신령스러운 산봉우리(靈 신령 령)
最高峯 최고봉 가장 높은 봉우리, 또는 어떤 분야에서 가장 높은 수준(最 가장 최, 高 높을 고)
峯頭 봉두   孤峯 고봉   秀峯 수봉
雲峯 운봉   絶峯 절봉

355 | 봉
鳳
봉새 봉
鳥부 총14획

鳳鳥 봉조 예로부터 중국의 전설에 나오는 상서로움을 상징하는 상상의 새(鳥 새 조)
鳳仙花 봉선화 봉선화과의 한해살이풀(仙 신선 선, 花 꽃 화)
鳳頭 봉두   鳳毛 봉모   鳳蝶 봉접
鳳枕 봉침   鳳湯 봉탕

356 | 부
付
줄 부
亻=人부 총5획

貸付 대부 주로 은행 따위의 금융 기관에서 이자와 기한을 정하고 돈을 꾸어 줌(貸 빌릴 대)
配付 배부 출판물이나 서류 따위를 나누어 줌(配 나눌 배)
結付 결부   交付 교부   納付 납부
分付 분부   送付 송부   申申當付 신신당부

357 | 부

붙을 부
阝=阜부 총8획

附加 부가 주된 것에 덧붙임(加 더할 가)
附錄 부록 본문 끝에 덧붙이는 기록(錄 기록할 록)
附設 부설 어떤 기관 따위에 부속시켜 설치함(設 베풀 설)
附近 부근   附屬 부속   附與 부여
回附 회부   寄附金 기부금   附和雷同 부화뇌동

358 | 부

부호 부
竹부 총11획

符信 부신 나뭇조각이나 두꺼운 종이에 글자를 기록하여 나중에 서로 맞추어서 증거로 삼던 물건(信 믿을 신)
符號 부호 일정한 뜻을 나타내기 위하여 따로 정하여 쓰는 기호(號 이름 호)
符籍 부적   符合 부합   免罪符 면죄부
終止符 종지부

359 | 부

마을 부
广부 총8획

學府 학부 학문이나 학자가 모인 곳이라는 뜻으로, 대학을 이르는 말(學 배울 학)
司法府 사법부 대법원 및 대법원이 관할하는 모든 기관을 통틀어 이르는 말(司 맡을 사, 法 법 법)
府君 부군   幕府 막부   樂府 악부
政府 정부   立法府 입법부   行政府 행정부

360 | 부

썩을 부
肉부 총14획

腐敗 부패 미생물이 작용하여 유기물이 분해되는 과정, 또는 그런 현상(敗 패할 패)
豆腐 두부 콩으로 만든 식품의 하나(豆 콩 두)
腐植 부식   防腐 방부   陳腐 진부
不正腐敗 부정부패   切齒腐心 절치부심

• • • 이 한 자 기 억 해 요 ? • • •   정답 245

1 翻( ) 2 繁( ) 3 煩( ) 4 罰( ) 5 犯( ) 6 範( ) 7 壁( ) 8 碧( ) 9 辭( ) 10 辨( )

3급한자 900 | 361~380

361 | 부

부세 부
貝부 총15획

賦與 부여 — 나누어 줌 (與 더불 여)
賦役 부역 — 특정한 공익 사업을 위하여 보수 없이 국민에게 의무적으로 책임을 지우는 노역 (役 부릴 역)
賦課 부과   賦金 부금   月賦 월부
天賦 천부   割賦 할부

362 | 부

다다를, 갈 부
走부 총9획

赴任 부임 — 임명이나 발령을 받아 근무할 곳으로 감 (任 맡길 임)
赴召 부소 — 임금의 부름을 받고 그 앞에 나아가거나 나옴 (召 부를 소)
赴擧 부거   赴門 부문

363 | 부

문서 부
竹부 총19획

簿記 부기 — 자산, 자본, 부채의 수지·증감 따위를 밝히는 기장법 (記 기록할 기)
名簿 명부 — 어떤 일에 관련된 사람의 이름, 주소, 직업 따위를 적어 놓은 장부 (名 이름 명)
帳簿 장부   家計簿 가계부   殺生簿 살생부
出勤簿 출근부 出納簿 출납부 出席簿 출석부

364 | 부

버금 부
刂=刀부 총11획

副賞 부상 — 상에 덧붙여 주는 상금이나 상품 (賞 상줄 상)
副食 부식 — 주식에 딸려 먹게 되는 음식물. 반찬 따위 (食 밥 식)
副業 부업 — 본업 외에 여가를 이용하여 갖는 직업 (業 업 업)
副題 부제   副次 부차   副班長 부반장
副産物 부산물 副作用 부작용 副次的 부차적

365 | 부

질 부
貝부 총9획

負傷 부상 — 몸에 상처를 입힘 (傷 다칠 상)
勝負 승부 — 이김과 짐 (勝 이길 승)
自負 자부 — 자기의 재능이나 학문·직업 따위에 자신을 가지고 스스로 자랑으로 생각함 (自 스스로 자)
負擔 부담   負債 부채   負荷 부하
抱負 포부   過負荷 과부하 自負心 자부심

366 | 분

달릴 분
大부 총9획

奔忙 분망 — 매우 부산하여 바쁨 (忙 바쁠 망)
奔放 분방 — 규칙이나 규범 따위에 얽매이지 아니하고 제멋대로임 (放 놓을 방)
奔散 분산 — 달아나 뿔뿔이 흩어짐 (散 흩을 산)
奔走 분주   狂奔 광분   東奔西走 동분서주

367 | 분

분할 분
忄=心부 총15획

憤怒 분노 — 분개하여 몹시 성을 냄, 또는 그렇게 내는 성 (怒 성낼 노)
憤敗 분패 — 경기나 싸움 따위에서 이길 수 있었던 것을 분하게 짐 (敗 패할 패)
憤氣 분기   憤然 분연   憤痛 분통
激憤 격분   公憤 공분   義憤 의분

368 | 분

무덤 분
土부 총15획

古墳 고분 — 고대에 만들어진 무덤 (古 예 고)
封墳 봉분 — 흙을 둥글게 쌓아 올려서 무덤을 만듦, 또는 그 무덤 (封 봉할 봉)
雙墳 쌍분 — 합장하지 않고 나란히 쓴 부부의 두 무덤 (雙 쌍 쌍)
墳墓 분묘   墳山 분산   墳上 분상
墳土 분토

369 | 분

어지러울 분
糸부 총10획

紛糾 분규 — 이해나 주장이 뒤얽혀서 말썽이 많고 시끄러움 (糾 꼴 규)
紛紛 분분 — 뒤숭숭하고 시끄러움
紛亂 분란 — 어수선하고 소란스러움 (亂 어지러울 란)
紛失 분실   紛爭 분쟁   內紛 내분
紛失物 분실물

370 | 분

가루 분
米부 총10획

粉末 분말 — 가루. 딱딱한 물건을 보드라울 정도로 잘게 부수거나 갈아서 만든 것 (末 끝 말)
粉紅 분홍 — 진달래꽃의 빛깔과 같이 엷게 붉은 빛 (紅 붉을 홍)
粉食 분식   粉飾 분식   粉乳 분유
粉筆 분필   白粉 백분   花粉 화분

· · 이 한 자 기 억 해 요 ? · · 정답 246

1 邊(　) 2 竝(　) 3 屛(　) 4 補(　) 5 普(　) 6 譜(　) 7 寶(　) 8 卜(　) 9 腹(　) 10 覆(　)

여기는! 賦부 / 奮분

371 | 분 奮 떨칠 분 (大부, 총16획)
- 奮發 분발: 마음과 힘을 다하여 떨쳐 일어남 (發 필 발)
- 興奮 흥분: 어떤 자극을 받아 감정이 북받쳐 일어남, 또는 그 감정 (興 일 흥)
- 奮擊 분격
- 奮起 분기
- 奮然 분연
- 奮戰 분전
- 孤軍奮鬪 고군분투

372 | 불 拂 떨칠 불 (扌=手부, 총8획)
- 支拂 지불: 돈을 내어 줌, 또는 값을 치름 (支 지탱할 지)
- 滯拂 체불: 마땅히 지급하여야 할 것을 지급하지 못하고 미룸 (滯 막힐 체)
- 拂入 불입
- 假拂 가불
- 先拂 선불
- 完拂 완불
- 還拂 환불
- 後拂 후불

373 | 붕 崩 무너질 붕 (山부, 총11획)
- 崩壞 붕괴: 무너지고 깨어짐 (壞 무너질 괴)
- 崩落 붕락: 무너져서 떨어짐 (落 떨어질 락)
- 崩御 붕어: 임금이 세상을 떠남 (御 거느릴 어)
- 土崩 토붕
- 崩積土 붕적토
- 崩城之痛 붕성지통
- 天崩之痛 천붕지통

374 | 비 祕 숨길 비 (示부, 총10획)
- 祕書 비서: 중요한 직위의 사람에게 직속되어 기밀 문서나 사무를 맡아보는 직위, 또는 그 직위에 있는 사람 (書 글 서)
- 極祕 극비: 절대 알려져서는 안 되는 중요한 일 (極 극진할 극)
- 祕訣 비결
- 祕密 비밀
- 祕方 비방
- 祕法 비법
- 祕話 비화
- 神祕 신비

375 | 비  卑 낮을 비 (十부, 총8획)
- 卑劣 비열: 성품과 행실이 천하고 용렬함 (劣 못할 렬)
- 卑賤 비천: 지위·신분이 낮고 천함 (賤 천할 천)
- 卑下 비하: 자기를 낮춤, 또는 남을 업신여기어 낮춤 (下 아래 하)
- 卑屈 비굴
- 卑俗 비속
- 卑語 비어
- 謙卑 겸비
- 野卑 야비
- 男尊女卑 남존여비

376 | 비  婢 계집종 비 (女부, 총11획)
- 官婢 관비: 지난날, 관가에서 부리던 계집종 (官 벼슬 관)
- 奴婢 노비: 사내종과 계집종을 아울러 이르는 말 (奴 종 노)
- 侍婢 시비: 곁에서 시중을 드는 계집종 (侍 모실 시)
- 婢女 비녀
- 婢子 비자
- 婢妾 비첩
- 館婢 관비
- 下婢 하비
- 私奴婢 사노비

377 | 비  碑 비석 비 (石부, 총13획)
- 口碑 구비: 비석에 새긴 것처럼 오래도록 전해 내려온 말, 예전부터 말로 전하여 내려온 것 (口 입 구)
- 墓碑 묘비: 무덤 앞에 세우는 비석. 죽은 사람의 신분, 성명, 행적, 자손, 출생일, 사망일 따위를 새김 (墓 무덤 묘)
- 碑閣 비각
- 碑銘 비명
- 碑文 비문
- 碑石 비석
- 頌德碑 송덕비
- 斥和碑 척화비

378 | 비  肥 살찔 비 (月=肉부, 총8획)
- 肥料 비료: 경작지에 뿌리는 영양 물질. 토지의 생산력을 높이고 식물의 생장을 촉진하는 물질 (料 헤아릴 료)
- 肥滿 비만: 살이 쪄서 몸이 뚱뚱함 (滿 찰 만)
- 肥大 비대
- 肥鈍 비둔
- 肥沃* 비옥
- 肥育 비육
- 肥土 비토
- 天高馬肥 천고마비

379 | 비  費 쓸 비 (貝부, 총12획)
- 浪費 낭비: 시간이나 재물 따위를 헛되이 헤프게 씀 (浪 물결 랑)
- 消費 소비: 돈이나 물건·시간·노력 따위를 써 없앰 (消 사라질 소)
- 旅費 여비: 여행하는데 드는 비용 (旅 나그네 려)
- 費用 비용
- 經費 경비
- 私費 사비
- 雜費 잡비
- 虛費 허비
- 經常費 경상비

380 | 비  妃 왕비 비 (女부, 총6획)
- 正妃 정비: 정실인 왕비를 후궁에 상대하여 이르는 말 (正 바를 정)
- 廢妃 폐비: 왕비의 자리에서 물러나게 함, 또는 그렇게 된 왕비 (廢 폐할 폐)
- 大妃 대비
- 王妃 왕비
- 皇妃 황비
- 楊貴妃 양귀비
- 大王大妃 대왕대비

· · · 이 한 자 기 억 해 요 ? · · · 정답 247

1 複(　) 2 封(　) 3 蜂(　) 4 峯(　) 5 鳳(　) 6 付(　) 7 附(　) 8 符(　) 9 府(　) 10 腐(　)

3급한자 900 | 381~400

381 | 비 批 비평할 비 (扌=手부, 총7획)
- 批判 비판: 사물의 옳고 그름을 가리어 판단하거나 밝힘 (判 판단할 판)
- 批評 비평: 사물의 옳고 그름, 아름다움과 추함 따위를 분석하여 가치를 논함 (評 평할 평)
- 批點 비점
- 批正 비정
- 批判力 비판력
- 批評家 비평가

382 | 빈 頻 자주 빈 (頁부, 총16획)
- 頻度 빈도: 같은 현상이나 일이 반복되는 도수 (度 법도 도)
- 頻發 빈발: 사건 따위가 자주 일어남 (發 필 발)
- 頻繁 빈번: 도수가 잦아 복잡함 (繁 번성할 번)
- 頻頻 빈빈
- 頻數 빈삭
- 頻出 빈출

383 | 빈 賓 손 빈 (貝부, 총14획)
- 貴賓 귀빈: 귀한 손님 (貴 귀할 귀)
- 來賓 내빈: 모임에 공식적으로 초대를 받고 온 사람 (來 올 래)
- 迎賓 영빈: 귀한 손님을 맞이함 (迎 맞을 영)
- 賓客 빈객
- 外賓 외빈
- 賓主 빈주
- 主賓 주빈
- 國賓 국빈
- 迎賓館 영빈관

384 | 빙 聘 부를 빙 (耳부, 총13획)
- 聘母 빙모: 장모 (母 어미 모)
- 聘父 빙부: 장인 (父 아비 부)
- 聘丈 빙장: 아내의 아버지 (丈 어른 장)
- 招聘 초빙: 예를 갖추어 불러 맞아들임 (招 부를 초)
- 聘禮 빙례
- 聘問 빙문
- 聘聞 빙문
- 聘用 빙용

385 | 사 邪 간사할 사 (阝=邑부, 총7획)
- 邪教 사교: 건전하지 못하고 요사스러운 종교 (教 가르칠 교)
- 邪惡 사악: 간사하고 악함 (惡 악할 악)
- 姦邪 간사: 간교하고 행실이 바르지 못함 (姦 간음할 간)
- 邪念 사념
- 邪術 사술
- 邪臣 사신
- 邪心 사심
- 邪慾 사욕
- 思無邪 사무사

386 | 사 似 닮을 사 (亻=人부, 총7획)
- 相似 상사: 서로 비슷함 (相 서로 상)
- 類似 유사: 서로 비슷함 (類 무리 류)
- 似而非 사이비: 겉으로는 비슷하나 속은 완전히 다름, 또는 그런 것 (而 말이을 이, 非 아닐 비)
- 近似 근사
- 近似値 근사치
- 類似品 유사품
- 非夢似夢 비몽사몽

387 | 사 司 맡을 사 (口부, 총5획)
- 司祭 사제: 주교와 신부를 통틀어 이르는 말 (祭 제사 제)
- 司令官 사령관: 육군의 야전군, 해군의 함대, 공군의 작전 사령부 총책임자로서 기지를 지휘·통솔하는 최고 지휘관 (令 하여금 령, 官 벼슬 관)
- 司牧 사목
- 司會 사회
- 司試 사시
- 上司 상사
- 司正 사정
- 司法府 사법부

388 | 사 詞 말, 글 사 (言부, 총12획)
- 歌詞 가사: 노래 내용이 되는 글 (歌 노래 가)
- 動詞 동사: 사물의 동작이나 작용을 나타내는 품사 (動 움직일 동)
- 品詞 품사: 단어를 기능, 형태, 의미에 따라 나눈 갈래 (品 물건 품)
- 詞林 사림
- 名詞 명사
- 助詞 조사
- 自動詞 자동사
- 他動詞 타동사
- 形容詞 형용사

389 | 사 社 모일 사 (示부, 총8획)
- 社說 사설: 신문이나 잡지에서 글쓴이의 주장이나 의견을 써 내는 논설 (說 말씀 설)
- 社員 사원: 회사에 근무하는 사람 (員 인원 원)
- 社交 사교
- 社規 사규
- 社會 사회
- 公社 공사
- 會社 회사
- 愛社心 애사심

390 | 사 沙 모래 사 (氵=水부, 총7획)
- 沙工 사공: 뱃사공. 배를 부리는 일을 업으로 하는 사람 (工 장인 공)
- 沙果 사과: 사과나무의 열매 (果 실과 과)
- 沙器 사기: 사기그릇. 흙을 원료로 하여 구워 만든 그릇 (器 그릇 기)
- 沙丘 사구
- 沙金 사금
- 沙漠 사막
- 黃沙 황사
- 白沙場 백사장
- 沙上樓閣 사상누각

· · · · 이 한 자 기 억 해 요 ? · · · 정답 248

1 賦( )　2 赴( )　3 簿( )　4 副( )　5 負( )　6 奔( )　7 憤( )　8 墳( )　9 紛( )　10 粉( )

여기는! 批비/辭사

391 | 사

말씀 사
辛부 총19획

辭任 사임 맡아보던 일자리를 스스로 그만두고 물러남(任 맡길 임)
辭表 사표 직책에서 사임하겠다는 뜻을 적어 내는 문서(表 겉 표)
祝辭 축사 축하하는 뜻을 나타내는 말이나 글(祝 빌 축)

辭讓 사양 辭意 사의 辭典 사전
辭職 사직 辭退 사퇴 修辭 수사

392 | 사

긴뱀 사
虫부 총11획

蛇足 사족 뱀을 그리고 나서 발을 덧붙여 그려 넣음. 쓸데없는 군짓을 하여 도리어 잘못되게 함(足 발 족)
白蛇 백사 몸이 흰 뱀(白 흰 백)

毒蛇 독사 長蛇陣 장사진
龍頭蛇尾 용두사미 畵蛇添足 화사첨족

393 | 사

버릴 사
扌=手부 총11획

喜捨 희사 어떤 목적을 위하여 기꺼이 돈이나 물건을 내놓음(喜 기쁠 희)
取捨選擇 취사선택 여럿 가운데서 쓸 것은 쓰고 버릴 것은 버림(取 가질 취, 選 가릴 선, 擇 가릴 택)

捨石 사석 取捨 취사 捨生取義 사생취의

394 | 사

베낄 사
宀부 총15획

寫生 사생 실물이나 경치를 그대로 그림(生 날 생)
寫眞 사진 물체의 형상을 감광막 위에 나타나도록 찍어 오랫동안 보존할 수 있게 만든 영상(眞 참 진)

複寫 복사 透寫 투사 筆寫 필사
試寫會 시사회 靑寫眞 청사진 寫實主義 사실주의

395 | 사
비낄 사
斗부 총11획

斜線 사선 빗금. 비스듬하게 비껴 그은 줄(線 줄 선)
斜陽 사양 저녁 때의 햇빛, 또는 저녁 때의 저무는 해(陽 볕 양)
傾斜 경사 비스듬히 기울어 짐, 또는 그 정도나 상태(傾 기울 경)

斜視 사시 斜日 사일 斜照 사조
斜塔 사탑 傾斜度 경사도 傾斜面 경사면

396 | 사
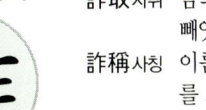
속일 사
言부 총12획

詐取 사취 남의 것을 거짓으로 속여서 빼앗음(取 가질 취)
詐稱 사칭 이름·직업·나이·주소 따위를 거짓으로 속여 이름(稱 일컬을 칭)

詐計 사계 詐欺 사기 詐術 사술

397 | 사

제사 사
示부 총8획

祭祀 제사 신령이나 죽은 사람의 넋에게 음식을 바치어 정성을 나냄, 또는 그런 의식(祭 제사 제)
合祀 합사 둘 이상의 혼령을 한곳에 모아 제사를 지냄(合 합할 합)

告祀 고사 封祀 봉사 上祀 상사
先祀 선사 世祀 세사

398 | 사

조사할 사
木부 총9획

監査 감사 감독하고 검사함(監 볼 감)
踏査 답사 현장에 가서 직접 보고 조사함(踏 밟을 답)
實査 실사 실제로 검사하거나 조사함(實 열매 실)

檢査 검사 搜査 수사 調査 조사
探査 탐사 監査院 감사원 學力考査 학력고사

399 | 사

줄 사
貝부 총15획

賜藥 사약 왕족이나 사대부가 죽을 죄를 범하였을 때, 임금이 독약을 내림, 또는 그 독약(藥 약 약)
恩賜 은사 임금이 은혜로써 신하에게 물건을 내려 주던 일, 또는 그 물건(恩 은혜 은)

賜死 사사 賜宴 사연 賜田 사전
特賜 특사 下賜 하사 厚賜 후사

400 | 사

이 사
斤부 총12획

斯道 사도 이 도리. 유가에서 유학의 도리를 이르는 말(道 길 도)
斯文 사문 유학의 도의나 문화를 이르는 말, 또는 유학자를 높여 이르는 말(文 글월 문)

斯界 사계 斯學 사학 斯文亂賊 사문난적

• • • 이 한 자 기 억 해 요 ?

1 奮( ) 2 拂( ) 3 崩( ) 4 祕( ) 5 卑( ) 6 婢( ) 7 碑( ) 8 肥( ) 9 費( ) 10 妃( )

3급한자 900 | 401~420

401 | 삭
削
깎을 삭
削減 삭감　깎아서 줄임 (減 덜 감)
削奪 삭탈　지난날, 죄를 지은 사람의 벼슬과 품계를 빼앗고, 그 이름을 사판에서 없애던 일 (奪 빼앗을 탈)
添削 첨삭　시문이나 답안 따위의 내용 일부를 보태거나 삭제하여 고침 (添 더할 첨)
刂=刀부　총9획
削髮 삭발　削除 삭제　削奪官職 삭탈관직

402 | 삭
朔
초하루 삭
朔望 삭망　음력 초하룻날과 보름날을 아울러 이르는 말 (望 바랄 망)
朔風 삭풍　겨울철에 북쪽에서 불어오는 찬바람 (風 바람 풍)
滿朔 만삭　아이를 낳을 달이 참 (滿 찰 만)
月부　총10획
朔方 삭방　月朔 월삭　八朔 팔삭

403 | 상
償
갚을 상
辨償 변상　남에게 끼친 손해를 물어 줌 (辨 분별할 변)
補償 보상　국가 또는 단체가 국민이나 주민에게 가한 재산상의 손실을 갚기 위해 제공하는 대상 (補 기울 보)
亻=人부　총17획
償金 상금　償還 상환　無償 무상
報償 보상　有償 유상　求償權 구상권

404 | 상
嘗
맛볼 상
嘗試 상시　시험하여 봄 (試 시험 시)
未嘗不 미상불　아닌게 아니라 과연 (未 아닐 미, 不 아닐 불)
口부　총14획
嘗味 상미　嘗藥 상약

405 | 상
象
코끼리 상
象形 상형　한자 육서의 하나. 물체의 형상을 본떠서 글자를 만드는 방법 (形 모양 형)
具象 구상　사물, 예술 작품 따위가 직접 경험하거나 지각할 수 있게 일정한 형태와 성질을 갖춤 (具 갖출 구)
豕부　총12획
象牙 상아　象徵 상징　抽象 추상
表象 표상　現象 현상　形象 형상

406 | 상
像
모양 상
銅像 동상　구리로 사람이나 동물의 형상을 만들거나 구릿빛을 입혀서 만들어 놓은 기념물 (銅 구리 동)
想像 상상　실제로 경험하지 않은 현상이나 사물에 대하여 마음속으로 그림 (想 생각 상)
亻=人부　총14획
佛像 불상　聖像 성상　映像 영상
坐像 좌상　虛像 허상　胸像 흉상

407 | 상

뽕나무 상
扶桑 부상　중국 전설의 해가 뜨는 동쪽 바다 속에 있다는 상상의 나무, 또는 그 나무가 있는 곳 (扶 도울 부)
桑田碧海 상전벽해　뽕나무 밭이 변하여 푸른 바다가 됨. 세상의 변천이 심함 (田 밭 전, 碧 푸를 벽, 海 바다 해)
木부　총10획
桑門 상문　桑婦 상부　農桑 농상
桑葉 상엽

408 | 상
裳
치마 상
衣裳 의상　배우나 무용하는 사람들이 연기할 때 입는 옷 (衣 옷 의)
綠衣紅裳 녹의홍상　연두저고리에 다홍치마, 젊은 여자의 고운 옷차림 (綠 푸를 록, 衣 옷 의, 紅 붉을 홍)
衣부　총14획
紅裳 홍상　黃裳 황상　同價紅裳 동가홍상

409 | 상

자세할 상
詳細 상세　속속들이 자세함 (細 가늘 세)
詳述 상술　자세하게 설명하여 말함 (述 펼 술)
未詳 미상　알려지지 않음 (未 아닐 미)
昭詳 소상　밝고 자세함 (昭 밝을 소)
言부　총13획
詳論 상론　詳說 상설

410 | 상

상서로울 상
吉祥 길상　운수가 좋을 조짐 (吉 길할 길)
發祥 발상　어떤 일이 처음으로 일어남 (發 필 발)
小祥 소상　사람이 죽은 지 한 돌 만에 지내는 제사 (小 작을 소)
示부　총11획
祥夢 상몽　大祥 대상　發祥地 발상지
不祥事 불상사

• 이 한 자 기 억 해 요 ?　　　정답 250

1 批(　) 2 頻(　) 3 賓(　) 4 聘(　) 5 邪(　) 6 似(　) 7 司(　) 8 詞(　) 9 社(　) 10 沙(　)

여기는! 削삭/床상

411 | 상 床 상 상
广부 총7획

臨床 임상 환자를 진료하거나 의학을 연구하기 위하여 병상에 임하는 일(臨 임할 림)
册床 책상 앉아서 책을 읽거나 글을 쓰거나 사무를 보거나 할 때에 앞에 놓고 쓰는 상(册 책 책)
兼床 겸상　起床 기상　獨床 독상
病床 병상　溫床 온상　平床 평상

412 | 상 狀 형상 상/문서 장
犬부 총8획

狀況 상황 일이 되어 가는 과정이나 형편(況 상황 황)
答狀 답장 회답하여 보내는 편지(答 대답 답)
賞狀 상장 상을 주는 뜻을 표하여 주는 증서(賞 상줄 상)
狀態 상태　實狀 실상　症狀 증상
現狀 현상　令狀 영장　告發狀 고발장

413 | 색 塞 막힐 색/변방 새
土부 총13획

窮塞 궁색 아주 가난함(窮 다할 궁)
要塞 요새 군사적으로 중요한 곳에 튼튼하게 만들어 놓은 방어 시설, 또는 그런 시설을 한 곳(要 요긴할 요)
充塞 충색　閉塞 폐색
塞翁之馬 새옹지마　拔本塞源 발본색원

414 | 색 索 찾을 색/새끼줄 삭
糸부 총10획

索引 색인 어떤 것을 뒤져서 찾아내거나 필요한 정보를 밝힘(引 끌 인)
探索 탐색 드러나지 않은 사물이나 현상 따위를 찾아내거나 밝히기 위하여 살피어 찾음(探 찾을 탐)
索莫 삭막　索出 색출　檢索 검색
思索 사색　搜索 수색

415 | 서 敍 펼 서
攴부 총11획

敍情 서정 주로 예술 작품에서 자기의 감정이나 정서를 그려 냄(情 뜻 정)
敍事詩 서사시 역사적 사실이나 신화, 전설, 영웅의 사적 따위를 서사적 형태로 쓴 시(事 일 사, 詩 시 시)
敍景 서경　敍說 서설　敍述 서술
敍任 서임　敍情的 서정적　自敍傳 자서전

416 | 서 徐 천천히 서
彳부 총10획

徐步 서보 천천히 걷는 걸음(步 걸음 보)
徐行 서행 사람이나 차가 천천히 감(行 다닐 행)
徐羅伐 서라벌 신라를 이전에 이르던 말(羅 벌릴 라, 伐 칠 벌)
徐徐 서서　徐緩 서완

417 | 서 逝 갈 서
辶=辵부 총11획

逝去 서거 '사거'의 높임말. 죽어서 세상을 떠났다는 말(去 갈 거)
逝世 서세 '별세'의 높임말. 윗사람이 세상을 떠났다는 말(世 인간 세)
急逝 급서 갑자기 세상을 떠남(急 급할 급)
逝者 서자　永逝 영서　長逝 장서

418 | 서 誓 맹세할 서
言부 총14획

誓約 서약 맹세하고 약속함(約 맺을 약)
誓願 서원 신불이나 자기 마음속에 맹세하여 소원을 세움, 또는 그 소원(願 원할 원)
宣誓 선서 여러 사람 앞에서 공개하여 맹세하는 일(宣 베풀 선)
誓文 서문　誓言 서언　盟誓 맹서

419 | 서 庶 여러 서
广부 총11획

庶女 서녀 첩의 몸에서 태어난 딸(女 계집 녀)
庶子 서자 본부인이 아닌 딴 여자에게서 태어난 아들(子 아들 자)
庶出 서출 첩이 낳은 자식(出 날 출)
庶幾 서기　庶務 서무　庶民 서민
庶人 서인　民庶 민서

420 | 서 恕 용서할 서
心부 총10획

容恕 용서 지은 죄나 잘못한 일에 대하여 꾸짖거나 벌하지 아니하고 덮어 줌(容 얼굴 용)
忠恕 충서 충직하고 동정심이 많음(忠 충성 충)
恕免 서면　寬恕 관서　仁恕 인서

・・・이 한 자 기 억 해 요?・・・ 정답 251

1 辭( )　2 蛇( )　3 捨( )　4 寫( )　5 斜( )　6 詐( )　7 祀( )　8 査( )　9 賜( )　10 斯( )

 3급한자 900 | 421~440

421 | 서

마을, 관청 서
罒=网부　총14획

- 署理 서리: 조직에서 결원이 생겼을 때, 그 직무를 대리함, 또는 그런 사람(理 다스릴 리)
- 連署 연서: 한 문서에 여러 사람이 잇따라 서명함(連 이을 련)
- 署名 서명　署長 서장　官署 관서
- 代署 대서　本署 본서　部署 부서

422 | 서
緖
실마리 서
糸부　총15획

- 端緒 단서: 어떤 문제를 해결하는 방향으로 이끌어 가는 일의 첫 부분(端 끝 단)
- 遺緖 유서: 선대부터 이어온 사업(遺 남길 유)
- 緖論 서론　緖言 서언　頭緖 두서
- 心緖 심서　由緖 유서　情緖 정서

423 | 석

쪼갤 석
木부　총8획

- 分析 분석: 얽혀 있거나 복잡한 것을 풀어서 개별적인 요소나 성질로 나눔(分 나눌 분)
- 透析 투석: 반투막을 써서 콜로이드나 고분자 용액을 정제하는 일(透 사무칠 투)
- 析出 석출　開析 개석　辨析 변석
- 解析 해석

424 | 석

풀 석
釆부　총20획

- 注釋 주석: 말이나 문장의 뜻을 쉽게 풀이함, 또는 그런 글(注 부을 주)
- 解釋 해석: 문장이나 사물 따위로 표현된 내용을 이해하고 설명함, 또는 그 내용(解 풀 해)
- 釋放 석방　釋然 석연　釋尊 석존
- 保釋 보석　稀釋 희석　假釋放 가석방

425 | 선
旋
돌 선
方부　총11획

- 旋風 선풍: 회오리바람. 돌발적으로 일어나 세상을 뒤흔드는 사건을 이르는 말(風 바람 풍)
- 周旋 주선: 일이 잘되도록 여러 가지 방법으로 힘씀(周 두루 주)
- 旋盤 선반　旋律 선율　旋轉 선전
- 旋環 선환　旋回 선회　回旋 회선

426 | 선

베풀 선
宀부　총9획

- 宣告 선고: 공판정에서 재판장이 판결을 알리는 일(告 고할 고)
- 宣戰 선전: 다른 나라에 대하여 전쟁 개시를 선언함(戰 싸움 전)
- 宣布 선포: 세상에 널리 알림(布 베풀 포)
- 宣敎 선교　宣誓 선서　宣揚 선양
- 宣言 선언　宣傳 선전　宣戰布告 선전포고

427 | 선

선 선
示부　총17획

- 坐禪 좌선: 고요히 앉아서 참선함(坐 앉을 좌)
- 參禪 참선: 선사에게 나아가 선도를 배워 닦거나 스스로 선법을 닦아 구함(參 참여할 참)
- 禪房 선방　禪師 선사　禪讓 선양
- 禪僧 선승　禪宗 선종　入禪 입선

428 | 섭

건널 섭
氵=水부　총10획

- 涉外 섭외: 외부와 연락·교섭하는 일(外 바깥 외)
- 干涉 간섭: 남의 일에 참견함(干 방패 간)
- 交涉 교섭: 어떤 일을 이루기 위하여 서로 의논하고 절충함(交 사귈 교)
- 涉歷 섭력　涉獵 섭렵　涉世 섭세
- 幕後交涉 막후교섭

429 | 섭

다스릴, 잡을 섭
扌=手부　총21획

- 攝理 섭리: 자연계를 지배하고 있는 원리와 법칙(理 다스릴 리)
- 攝政 섭정: 군주가 직접 통치할 수 없을 때에 군주를 대신하여 나라를 다스림, 또는 그런 사람(政 정사 정)
- 攝生 섭생　攝氏 섭씨　攝取 섭취
- 包攝 포섭

430 | 소

떠들 소
馬부　총20획

- 騷動 소동: 사람들이 놀라거나 흥분하여 시끄럽게 법석거리고 떠들어 대는 일(動 움직일 동)
- 騷亂 소란: 시끄럽고 어수선함(亂 어지러울 란)
- 騷說 소설　騷音 소음　離騷 이소
- 騷人墨客 소인묵객

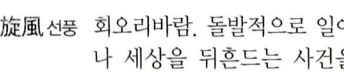

1 削(　) 2 朔(　) 3 償(　) 4 嘗(　) 5 象(　) 6 像(　) 7 桑(　) 8 裳(　) 9 詳(　) 10 祥(　)

여기는! 署서 / 召소

431 | 소

부를 소
口부 총5획

- 召集 소집 : 단체나 조직체의 구성원을 불러서 모음 (集 모을 집)
- 召還 소환 : 본국에서 외국에 파견한 외교 사절을 불러들이는 일, 또는 공직에 있는 사람을 임기가 끝나기 전에 파면하는 일이나 그런 제도 (還 돌아올 환)
- 召命 소명
- 赴召 부소
- 應召 응소
- 召集令 소집령

432 | 소
昭
밝을 소
日부 총9획

- 昭明 소명 : 사물에 밝음. 밝고 영리함 (明 밝을 명)
- 昭詳 소상 : 밝고 자세함 (詳 자세할 상)
- 昭然 소연 : 일이나 이치가 밝고 뚜렷함 (然 그럴 연)
- 昭雪 소설
- 昭昭 소소
- 昭應 소응
- 昭儀 소의
- 昭著 소저

433 | 소

불사를 소
火부 총16획

- 燒却 소각 : 불에 태워 없앰 (却 물리칠 각)
- 燒失 소실 : 불에 타서 사라짐, 또는 그렇게 잃음 (失 잃을 실)
- 燒酒 소주 : 알코올에 물과 향료를 섞어서 얻는 희석식 술 (酒 술 주)
- 燒滅 소멸
- 燒身 소신
- 燒盡 소진
- 燒火 소화
- 燃燒 연소
- 全燒 전소

434 | 소
掃
쓸 소
扌=手부 총11획

- 掃滅 소멸 : 싹 쓸어서 없앰 (滅 멸할 멸)
- 掃除 소제 : 더럽거나 어지러운 것을 쓸고 닦아서 깨끗하게 함 (除 덜 제)
- 一掃 일소 : 남김없이 모조리 쓸어버림 (一 한 일)
- 淸掃 청소 : 깨끗이 쓸고 닦음 (淸 맑을 청)
- 掃地 소지
- 掃海 소해
- 大淸掃 대청소
- 淸掃夫 청소부
- 淸掃車 청소차

435 | 소

호소할 소
言부 총12획

- 訴訟 소송 : 재판에 의하여 원고와 피고 사이의 권리나 의무 따위의 법률 관계를 확정하여 줄 것을 법원에 요구함, 또는 그런 절차 (訟 송사할 송)
- 勝訴 승소 : 소송에서 이기는 일 (勝 이길 승)
- 訴狀 소장
- 告訴 고소
- 起訴 기소
- 上訴 상소
- 抗訴 항소
- 呼訴 호소

436 | 소
蘇
되살아날 소
艹=艸부 총20획

- 蘇生 소생 : 거의 죽어 가다가 다시 살아 남 (生 날 생)
- 蘇鐵 소철 : 소철과의 열대산 상록 교목 (鐵 쇠 철)
- 蘇息 소식
- 蘇葉 소엽

437 | 소

소통할 소
疋부 총12획

- 疏外 소외 : 어떤 무리에서 싫어하여 따돌리거나 멀리함 (外 바깥 외)
- 疏遠 소원 : 지내는 사이가 두텁지 아니하고 거리가 있어서 서먹서먹함 (遠 멀 원)
- 疏略 소략
- 疏薄 소박
- 疏脫 소탈
- 疏通 소통
- 疏忽 소홀
- 上疏 상소

438 | 소

나물 소
艹=艸부 총15획

- 蔬飯 소반 : 변변하지 아니한 음식 (飯 밥 반)
- 菜蔬 채소 : 남새. 밭에서 기르는 농작물. 주로 그 잎이나 줄기, 열매 따위는 식용함 (菜 나물 채)
- 蔬果 소과
- 蔬菜 소채
- 香蔬 향소

439 | 속

묶을 속
木부 총7획

- 結束 결속 : 뜻이 같은 사람끼리 서로 단결함 (結 맺을 결)
- 團束 단속 : 규칙이나 법령, 명령 따위를 지키도록 통제함 (團 둥글 단)
- 約束 약속 : 어떤 일에 대하여 어떻게 하기로 미리 정해놓고 서로 어기지 않을 것을 다짐함 (約 맺을 약)
- 檢束 검속
- 拘束 구속
- 束手無策 속수무책

440 | 속

붙일 속
尸부 총21획

- 屬性 속성 : 사물의 특징·성질 (性 성품 성)
- 所屬 소속 : 어떤 기관이나 단체에 딸림 (所 바 소)
- 從屬 종속 : 주되는 것에 딸려 붙음 (從 좇을 종)
- 屬國 속국
- 歸屬 귀속
- 金屬 금속
- 附屬 부속
- 隸屬 예속
- 全屬 전속

• • • 이 한 자 기 억 해 요 ? • • •   정답 253

1 床( ) 2 狀( ) 3 塞( ) 4 索( ) 5 敍( ) 6 徐( ) 7 逝( ) 8 誓( ) 9 庶( ) 10 恕( )

3급한자 900 | 441~460

441 | 속

조 속
米부　총12획

- 粟米 속미　좁쌀(米 쌀 미)
- 米粟 미속　쌀과 벼를 아울러 이르는 말 (米 쌀 미)
- 倉粟 창속　곳집 안에 저장되어 있는 곡물(倉 곳집 창)
- 粟奴 속노
- 粟飯 속반

442 | 손
損
덜 손
扌=手부　총13획

- 損益 손익　손해와 이익을 아울러 이르는 말(益 더할 익)
- 缺損 결손　어느 부분이 없거나 잘못되어서 불완전함. 모자람 (缺 이지러질 결)
- 損費 손비　損傷 손상　損失 손실
- 損害 손해　差損 차손　破損 파손

443 | 솔
率
거느릴 솔/비율 률
玄부　총11획

- 率直 솔직　거짓이나 꾸밈이 없이 바르고 곧음(直 곧을 직)
- 比率 비율　다른 수나 양에 대한 어떤 수나 양의 비(比 견줄 비)
- 引率 인솔　손아랫사람이나 무리를 이끌고 감(引 끌 인)
- 率先 솔선　眞率 진솔　統率 통솔
- 能率 능률　確率 확률　百分率 백분율

444 | 송

욀 송
言부　총14획

- 誦詠 송영　시가를 외어 읊조림 (詠 읊을 영)
- 暗誦 암송　글을 보지 아니하고 입으로 욈(暗 어두울 암)
- 愛誦 애송　시나 노래 따위를 즐겨 읊거나 외거나 노래 부름(愛 사랑 애)
- 記誦 기송　朗誦 낭송　讀誦 독송
- 背誦 배송　愛誦詩 애송시

445 | 송
訟
송사할 송
言부　총11획

- 訟事 송사　재판에 의하여 권리나 의무 따위를 확정해 줄 것을 법원에 요구함, 또는 그런 절차 (事 일 사)
- 爭訟 쟁송　서로 다투어 송사함(爭 다툴 쟁)
- 健訟 건송　訴訟 소송　聽訟 청송
- 訴訟法 소송법　訴訟狀 소송장

446 | 송
頌
칭송할, 기릴 송
頁부　총13획

- 頌歌 송가　공덕을 기리는 노래 (歌 노래 가)
- 頌祝 송축　경사스러운 일을 기리어 축하함(祝 빌 축)
- 頌德碑 송덕비　공덕을 기리기 위하여 세운 비(德 큰 덕, 碑 비석 비)
- 頌辭 송사　頌聲 송성　讚頌 찬송
- 稱頌 칭송　讚頌歌 찬송가

447 | 쇄

인쇄할 쇄
刂=刀부　총8획

- 刷新 쇄신　나쁜 폐단이나 묵은 것을 버리고 새롭게 함(新 새 신)
- 印刷 인쇄　잉크를 사용하여 판면에 그려져 있는 글이나 그림 따위를 종이, 천 따위에 박아 냄 (印 도장 인)
- 刷掃 쇄소　推刷 추쇄　縮刷 축쇄
- 校正刷 교정쇄　印刷物 인쇄물　印刷所 인쇄소

448 | 쇄

쇠사슬 쇄
金부　총18획

- 鎖骨 쇄골　가슴 위쪽 좌우에 있는 한 쌍의 뼈(骨 뼈 골)
- 鎖國 쇄국　외국과의 통상·교역을 금함 (國 나라 국)
- 閉鎖 폐쇄　문 따위를 닫아걸거나 막아 버림(閉 닫을 폐)
- 鎖門 쇄문　封鎖 봉쇄　連鎖 연쇄
- 足鎖 족쇄　鐵鎖 철쇄　鎖國政策 쇄국정책

449 | 쇠

쇠할 쇠
衣부　총10획

- 衰弱 쇠약　힘이 쇠하고 약함(弱 약할 약)
- 衰殘 쇠잔　쇠하여 힘이나 세력이 점점 약해짐(殘 남을 잔)
- 衰退 쇠퇴　기세나 상태가 쇠하여 전보다 못하여 감(退 물러날 퇴)
- 衰落 쇠락　衰亡 쇠망　衰盡 쇠진
- 老衰 노쇠　興亡盛衰 흥망성쇠　榮枯盛衰 영고성쇠

450 | 수

가둘 수
口부　총5획

- 囚衣 수의　죄수가 입는 옷(衣 옷 의)
- 囚人 수인　옥에 갇힌 사람(人 사람 인)
- 脫獄囚 탈옥수　감옥에서 몰래 빠져나와 달아난 죄수 (脫 벗을 탈, 獄 옥 옥)
- 罪囚 죄수　旣決囚 기결수　模範囚 모범수
- 未決囚 미결수　死刑囚 사형수

· · · 이 한 자 기 억 해 요 ?　　　　정답 254

1 署(　) 2 緒(　) 3 析(　) 4 釋(　) 5 旋(　) 6 宣(　) 7 禪(　) 8 涉(　) 9 攝(　) 10 騷(　)

여기는! 粟속/需수

451 | 수
需
쓰일, 쓸 수
雨부 총14획

- 需要 수요 어떤 재화나 용역을 일정한 가격으로 사려고 하는 욕구 (要 요긴할 요)
- 特需 특수 특별한 상황에서 발생하는 수요 (特 특별할 특)
- 需給 수급　需用 수용　必需 필수
- 婚需 혼수　軍需品 군수품　盛需期 성수기

452 | 수
獸
짐승 수
犬부 총19획

- 野獸 야수 사람에게 길이 들지 않은 야생의 사나운 짐승 (野 들 야)
- 人面獸心 인면수심 사람의 얼굴을 하고 있으나 마음은 짐승과 같음, 마음이나 행동이 몹시 흉악함 (人 사람 인, 面 낯 면, 心 마음 심)
- 獸性 수성　怪獸 괴수　禽獸 금수
- 猛獸 맹수　鳥獸 조수　獸醫師 수의사

453 | 수
隨
따를 수
阝=阜부 총16획

- 隨時 수시 일정하게 정하여 놓은 때 없이 그때그때 상황에 따름 (時 때 시)
- 隨筆 수필 일정한 형식이 없이 인생, 자연 또는 생활의 느낌이나 체험을 생각나는 대로 쓴 산문 (筆 붓 필)
- 隨伴 수반　隨行 수행　附隨的 부수적
- 半身不隨 반신불수　夫唱婦隨 부창부수

454 | 수
殊
다를 수
歹부 총10획

- 殊常 수상 보통과 달라 이상함 (常 떳떳할 상)
- 特殊 특수 특별히 다름 (特 특별할 특)
- 殊功 수공　殊怪 수괴　殊遇 수우
- 殊域 수역　特殊性 특수성

455 | 수

보낼 수
車부 총16획

- 輸送 수송 기차나 자동차, 배, 항공기 따위로 사람이나 물건을 실어 옮김 (送 보낼 송)
- 運輸 운수 운송이나 운반보다 큰 규모로 사람을 태워 나르거나 물건을 실어 나름 (運 옮길 운)
- 輸入 수입　輸出 수출　輸血 수혈
- 空輸 공수　禁輸 금수　密輸 밀수

456 | 수

드디어 수
辶=辵부 총13획

- 遂行 수행 생각하거나 계획한대로 일을 해냄 (行 다닐 행)
- 未遂 미수 범죄를 실행하려다가 그 목적을 달성하지 못한 일 (未 아닐 미)
- 完遂 완수 모두 이루거나 다함 (完 완전할 완)
- 遂事 수사　遂成 수성　旣遂 기수

457 | 수
垂
드리울 수
土부 총8획

- 垂面 수면 어떠한 평면이나 직선과 수직을 이루는 면 (面 낯 면)
- 垂線 수선 일정한 직선이나 평면과 직각을 이루는 직선 (線 줄 선)
- 垂直 수직 반듯하게 드리움 (直 곧을 직)
- 垂心 수심　垂楊 수양　垂訓 수훈
- 垂直線 수직선　懸垂幕 현수막　率先垂範 솔선수범

458 | 수

졸음 수
目부 총13획

- 睡蓮 수련 수련과의 여러해살이 수초 (蓮 연꽃 련)
- 睡眠 수면 잠을 자는 일 (眠 잘 면)
- 昏睡 혼수 정신없이 잠이 듦. 의식을 잃고 인사불성이 되는 일 (昏 어두울 혼)
- 午睡 오수　坐睡 좌수　寢睡 침수
- 昏睡狀態 혼수상태

459 | 수
帥
장수 수
巾부 총9획

- 元帥 원수 장성 계급의 하나. 대장의 위로 가장 높은 계급임 (元 으뜸 원)
- 將帥 장수 군사를 거느리는 우두머리 (將 장수 장)
- 統帥 통수 일체를 통할하여 거느림, 또는 그런 사람 (統 거느릴 통)
- 總帥 총수　大元帥 대원수　都元帥 도원수
- 統帥權 통수권

460 | 수

찾을 수
扌=手부 총13획

- 搜査 수사 범죄의 혐의를 명백히 하기 위해 범인을 발견·확보하고 증거를 수집·보전하는 일 (査 조사할 사)
- 搜索 수색 물건, 사람을 발견할 목적으로 하는 강제 처분 (索 찾을 색)
- 檢搜 검수　搜探 수탐　搜査班 수사반
- 搜索隊 수색대　搜査機關 수사기관

· · · 이 한 자 기 억 해 요 ? · · · 정답 255

1 김( ) 2 昭( ) 3 燒( ) 4 掃( ) 5 訴( ) 6 蘇( ) 7 疏( ) 8 蔬( ) 9 束( ) 10 屬( )

 3급한자 900 | 461~480

461 | 숙
孰
누구 숙
子부 총11획

孰是孰非 숙시숙비
누가 옳고 누가 그른지 가리기 어려움. 시비가 분명하지 아니함(是 옳을 시, 非 아닐 비)

462 | 숙
熟
익을 숙
灬=火부 총15획

熟語 숙어 두 개 이상의 단어로 이루어져 그 단어들의 의미만으로는 의미를 알 수 없는 특수한 의미를 나타내는 어구(語 말씀 어)
熟知 숙지 익숙하게 또는 충분히 앎 (知 알 지)
熟達 숙달 熟讀 숙독 熟眠 숙면
熟成 숙성 半熟 반숙 親熟 친숙

463 | 숙
肅
엄숙할 숙
聿부 총13획

肅淸 숙청 정치 단체나 비밀 결사의 내부 또는 독재 국가 등에서 정책이나 조직의 일체성을 확보하기 위하여 반대파를 처단하거나 제거함(淸 맑을 청)
靜肅 정숙 조용하고 엄숙함(靜 고요할 정)
肅然 숙연 嚴肅 엄숙 自肅 자숙

464 | 순
瞬
눈깜짝일 순
目부 총17획

瞬間 순간 어떤 일이 일어난 바로 그 때(間 사이 간)
瞬息間 순식간 눈을 한 번 깜짝하거나 숨을 한 번 쉴 만한 아주 짧은 동안(息 쉴 식, 間 사이 간)
瞬時 순시 瞬發力 순발력 一瞬間 일순간

465 | 순
巡
돌, 순행할 순
巛부 총7획

巡禮 순례 종교의 발생지, 성인의 무덤이나 거주지 등 종교적인 의미가 있는 곳을 찾아 방문하여 참배함(禮 예도 례)
巡察 순찰 여러 곳을 돌아다니며 사정을 살핌(察 살필 찰)
巡警 순경 巡訪 순방 巡査 순사
巡視 순시 巡航 순항 巡行 순행

466 | 순
脣
입술 순
月=肉부 총11획

丹脣 단순 여자의 붉고 고운 입술, 또는 연지를 바른 입술(丹 붉을 단)
脣亡齒寒 순망치한
입술이 없으면 이가 시림. 서로 이해 관계가 밀접한 사이에 한쪽이 망하면 다른 한쪽도 그 영향을 받아 온전하기 어려움
(亡 망할 망, 齒 이 치, 寒 찰 한)
脣舌 순설 脣音 순음 脣齒音 순치음

467 | 순
旬
열흘 순
日부 총6획

旬望 순망 음력 초열흘과 보름(望 바랄 망)
初旬 초순 한 달 가운데 초하루부터 초열흘까지의 사이(初 처음 초)
下旬 하순 한 달 가운데 스무하룻날부터 그믐날까지의 동안(下 아래 하)
旬報 순보 旬葬 순장 上旬 상순
中旬 중순 七旬 칠순 八旬 팔순

468 | 순
殉
따라죽을 순
歹부 총10획

殉教 순교 자기가 믿는 신앙을 지키기 위하여 목숨을 바치는 일. 넓은 뜻으로는 주의나 사상을 위하여 죽는 경우에도 씀
(敎 가르칠 교)
殉國 순국 나라를 위하여 목숨을 바침 (國 나라 국)
殉死 순사 殉葬 순장 殉職 순직

469 | 순
循
돌 순
彳부 총12획

循例 순례 관례를 따름(例 법식 례)
循守 순수 전례나 규칙, 명령 따위를 그대로 좇아서 지킴(守 지킬 수)
循次 순차 차례를 좇음(次 버금 차)
循環 순환 쉬지 않고 자꾸 돎(環 고리 환)
循吏 순리 肺循環 폐순환 循環期 순환기
循環線 순환선 惡循環 악순환

470 | 술
術
재주 술
行부 총11획

技術 기술 과학 이론을 적용하여 자연의 사물을 인간 생활에 유용하도록 가공하는 수단(技 재주 기)
學術 학술 학문과 기술을 아울러 이르는 말(學 배울 학)
術數 술수 美術 미술 手術 수술
施術 시술 藝術 예술 話術 화술

· · · · 이 한 자 기 억 해 요 ? · · · · 정답 256

1 粟( ) 2 損( ) 3 率( ) 4 誦( ) 5 訟( ) 6 頌( ) 7 刷( ) 8 鎖( ) 9 衰( ) 10 囚( )

여기는! 孰숙 / 述술

471 | 술
펼 술
辶=辵부　총9획

- 敍述 서술 : 사건이나 생각 따위를 차례대로 말하거나 적음(敍 펼 서)
- 陳述 진술 : 일이나 상황에 대하여 자세하게 이야기함, 또는 그런 이야기(陳 베풀 진)
- 述語 술어　述懷 술회　口述 구술
- 記述 기술　略述 약술　著述 저술

472 | 습
엄습할 습
衣부　총22획

- 襲擊 습격 : 갑자기 상대편을 덮쳐 침(擊 칠 격)
- 攻襲 공습 : 갑자기 공격하여 침(攻 칠 공)
- 踏襲 답습 : 예로부터 해 오던 방식이나 수법을 좇아 그대로 행함(踏 밟을 답)
- 空襲 공습　急襲 급습　奇襲 기습
- 世襲 세습　夜襲 야습　逆襲 역습

473 | 습
젖을 습
氵=水부　총17획

- 濕氣 습기 : 축축한 기운(氣 기운 기)
- 濕度 습도 : 공기 가운데 수증기가 들어 있는 정도(度 법도 도)
- 濕地 습지 : 습기가 많은 축축한 땅(地 따 지)
- 多濕 다습 : 습도가 높음(多 많을 다)
- 濕潤 습윤　濕布 습포　乾濕 건습
- 高濕 고습　高溫多濕 고온다습

474 | 승
오를 승
日부　총8획

- 昇進 승진 : 직위의 등급이나 계급이 오름(進 나아갈 진)
- 昇降機 승강기 : 동력을 사용하여 사람이나 화물을 아래위로 나르는 장치(降 내릴 강, 機 틀 기)
- 昇格 승격　昇級 승급　昇天 승천
- 昇華 승화　上昇 상승　急上昇 급상승

475 | 승
중 승
亻=人부　총14획

- 僧家 승가 : '절'을 달리 이르는 말. 중들이 모여 살고 있는 또는 중이나 그들이 사는 사회(家 집 가)
- 僧舞 승무 : 고깔과 장삼을 걸치고 북채를 쥐고 추는 춤(舞 춤출 무)
- 高僧 고승 : 덕이 높은 중(高 높을 고)
- 僧科 승과　僧軍 승군　僧兵 승병
- 僧服 승복　女僧 여승　破戒僧 파계승

476 | 시
모실 시
亻=人부　총8획

- 侍女 시녀 : 지난날 지체 높은 사람의 가까이에 있으면서 시중을 들던 여자(女 계집 녀)
- 內侍 내시 : 조선 때 내시부에 속한 궁중의 남자 내관(內 안 내)
- 侍立 시립　侍生 시생　侍飮 시음
- 侍從 시종

477 | 시
화살 시
矢부　총5획

- 矢石 시석 : 예전에 전쟁에 쓰던 화살과 돌(石 돌 석)
- 矢言 시언 : 맹세하여 언약하는 말(言 말씀 언)
- 弓矢 궁시 : 활과 화살을 아울러 이르는 말(弓 활 궁)
- 毒矢 독시　飛矢 비시　流矢 유시

478 | 식
꾸밀 식
飠=食부　총14획

- 假飾 가식 : 속마음과는 달리 겉으로만 꾸밈(假 거짓 가)
- 服飾 복식 : 옷의 꾸밈새. 옷과 장신구를 아울러 이르는 말(服 옷 복)
- 修飾 수식 : 문장의 표현을 화려하게 하거나 기교 있게 꾸밈(修 닦을 수)
- 粉飾 분식　裝飾 장식　假飾的 가식적
- 虛禮虛飾 허례허식

479 | 식
쉴 식
心부　총10획

- 消息 소식 : 안부나 어떤 형세 따위를 알리거나 통지함(消 사라질 소)
- 安息 안식 : 편안하게 쉼(安 편안 안)
- 休息 휴식 : 하던 일을 멈추고 잠깐 쉼(休 쉴 휴)
- 女息 여식　子息 자식　歎息 탄식
- 瞬息間 순식간　安息日 안식일　安息處 안식처

480 | 신
삼갈 신
忄=心부　총13획

- 愼獨 신독 : 홀로 있을 때에도 도리에 어그러짐이 없도록 몸가짐을 바로 하고 언행을 삼감(獨 홀로 독)
- 愼重 신중 : 매우 조심스러움(重 무거울 중)
- 謹愼 근신 : 말이나 행동을 삼가고 조심함(謹 삼갈 근)
- 愼慮 신려　愼思 신사　愼言 신언
- 愼終 신종

• • • 이 한 자 기 억 해 요 ? • • •

1 需(　)　2 獸(　)　3 隨(　)　4 殊(　)　5 輸(　)　6 遂(　)　7 垂(　)　8 睡(　)　9 帥(　)　10 搜(　)

3급한자 900 | 481~500

481 | 신 — 晨 (새벽 신)
- 晨光 신광: 새벽에 동이 틀 무렵의 빛 (光 빛 광)
- 晨明 신명: 새벽녘 (明 밝을 명)
- 晨星 신성: 샛별. 금성을 일상적으로 이르는 말 (星 별 성)
- 晨夕 신석 · 晨夜 신야 · 晨昏 신혼
- 昏定晨省 혼정신성
- 日부 총11획

482 | 신 — 伸 (펼 신)
- 伸張 신장: 세력이나 권리 따위가 늘어남, 또는 늘어나게 함 (張 베풀 장)
- 伸縮 신축: 늘고 줆, 또는 늘이고 줄임 (縮 줄일 축)
- 伸雪 신설 · 伸長 신장 · 屈伸 굴신
- 追伸 추신 · 伸張勢 신장세 · 女權伸張 여권신장
- 亻=人부 총7획

483 | 심 — 審 (살필 심)
- 審理 심리: 소송 사건에 있어 법관이 판결에 필요한 모든 일을 심사함 (理 다스릴 리)
- 審議 심의: 심사하고 토의함 (議 의논할 의)
- 審判 심판: 문제가 되는 안건을 심의하여 판결을 내리는 일 (判 판단할 판)
- 審問 심문 · 審査 심사 · 結審 결심
- 豫審 예심 · 審美眼 심미안 · 不審檢問 불심검문
- 宀부 총15획

484 | 심 — 尋 (찾을 심)
- 尋思 심사: 마음을 가라앉혀 깊이 생각함 (思 생각 사)
- 推尋 추심: 은행이 소지인의 의뢰를 받아 수표나 어음을 지급인에게 제시하여 지급하게 하는 일 (推 밀 추)
- 尋訪 심방 · 尋常 심상 · 尋人 심인
- 千尋 천심
- 寸부 총12획

485 | 쌍 — 雙 (쌍 쌍)
- 雙方 쌍방: 양방 (方 모 방)
- 雙手 쌍수: 오른쪽과 왼쪽의 두 손 (手 손 수)
- 無雙 무쌍: 서로 견줄만한 짝이 없음 (無 없을 무)
- 雙龍 쌍룡 · 雙生 쌍생 · 雙雙 쌍쌍
- 雙曲線 쌍곡선 · 雙生兒 쌍생아 · 雙眼鏡 쌍안경
- 隹부 총18획

486 | 아 — 亞 (버금 아)
- 亞流 아류: 문학, 예술, 학문에서 독창성이 없이 모방하는 일이나 그렇게 한 것, 또는 그런 사람 (流 흐를 류)
- 亞熱帶 아열대: 열대와 온대의 중간 지대 (熱 더울 열, 帶 띠 대)
- 亞麻 아마 · 亞門 아문 · 亞聖 아성
- 亞鉛 아연 · 亞細亞 아세아 · 東南亞 동남아
- 二부 총8획

487 | 아 — 牙 (어금니 아)
- 牙城 아성: 예전에 주장이 거처하던 성. 아주 중요한 근거지 (城 재 성)
- 齒牙 치아: '이'를 점잖게 이르는 말 (齒 이 치)
- 牙器 아기 · 象牙 상아 · 象牙塔 상아탑
- 西班牙 서반아
- 牙부 총4획

488 | 아 — 芽 (싹 아)

- 發芽 발아: 초목의 눈이 틈 (發 필 발)
- 新芽 신아: 새싹. 새로 돋아나는 싹, 또는 사물의 근원이 될 수 있는 새로운 시초 (新 새 신)
- 出芽 출아: 싹이 터나옴, 또는 그 싹 (出 날 출)
- 芽生 아생 · 麥芽 맥아 · 摘芽 적아
- 麥芽糖 맥아당 · 發芽期 발아기
- ⺿=艸부 총8획

489 | 아 — 雅 (맑을 아)
- 雅淡 아담: 고아하고 담박함 (淡 맑을 담)
- 雅量 아량: 너그럽고 속이 깊은 마음씨 (量 헤아릴 량)
- 雅樂 아악: 지난날 궁중에서 연주되던 전통 음악 (樂 노래 악)
- 端雅 단아: 단정하고 아담함 (端 끝 단)
- 雅趣 아취 · 雅致 아치 · 高雅 고아
- 優雅 우아 · 淸雅 청아 · 雅樂器 아악기
- 隹부 총12획

490 | 아 — 餓 (주릴 아)

- 餓鬼 아귀: 팔부의 하나. 계율을 어기거나 탐욕을 부려 아귀도에 떨어진 귀신 (鬼 귀신 귀)
- 飢餓 기아: 굶주림. 먹을 것이 없어 배를 곯음 (飢 주릴 기)
- 餓死 아사 · 餓殺 아살 · 餓鬼道 아귀도
- 餓死者 아사자 · 餓死之境 아사지경
- 飠=食부 총16획

이 한자 기억해요? 정답 258

1 孰( ) 2 熟( ) 3 肅( ) 4 瞬( ) 5 巡( ) 6 脣( ) 7 旬( ) 8 殉( ) 9 循( ) 10 術( )

여기는! 晨신 / 岳악

491 | 악

큰산 악
山부 총8획

- 山岳 산악 높고 험준하게 솟은 산들 (山 메 산)
- 五岳 오악 우리 나라의 이름난 다섯 산. 금강산, 묘향산, 지리산, 백두산, 삼각산 (五 다섯 오)

岳母 악모　岳父 악부　山岳人 산악인
山岳會 산악회　冠岳山 관악산

492 | 안

기러기 안
隹부 총12획

- 雁書 안서 먼 곳에서 소식을 전하는 편지 (書 글 서)
- 旅雁 여안 먼 곳으로 날아가는 기러기 (旅 나그네 려)

雁陣 안진　雁行 안항　歸雁 귀안
候雁 후안

493 | 안

언덕 안
山부 총8획

- 彼岸 피안 이승의 번뇌를 해탈하여 열반의 세계에 이름, 또는 그런 경지 (彼 저 피)
- 海岸 해안 바다와 육지가 맞닿은 부분 (海 바다 해)

岸壁 안벽　江岸 강안　沿岸 연안
河岸 하안　東海岸 동해안　海岸線 해안선

494 | 알
謁
볼 알
言부 총16획

- 謁廟 알묘 종묘나 사당에 배알함 (廟 사당 묘)
- 謁見 알현 지체가 높고 귀한 사람을 찾아가 뵘 (見 뵈올 현)
- 拜謁 배알 지체높은 분을 만나뵘 (拜 절 배)

謁聖 알성　伏謁 복알　謁聖科 알성과

495 | 압

누를 압
土부 총17획

- 壓倒 압도 더 뛰어난 힘이나 재주로 남을 눌러 꼼짝 못하게 함, 또는 눌러서 넘어뜨림 (倒 넘어질 도)
- 鎭壓 진압 강압적인 힘으로 억눌러 진정시킴 (鎭 진압할 진)

壓迫 압박　壓縮 압축　氣壓 기압
抑壓 억압　彈壓 탄압　血壓 혈압

496 | 압
押
누를 압
扌=手부 총8획

- 押送 압송 피고인 또는 죄인을 어느 한 곳에서 다른 곳으로 호송하는 일 (送 보낼 송)
- 差押 차압 집행 기관에 의하여 채무자의 특정 재산에 대한 처분이 제한되는 강제 집행 (差 다를 차)

押留 압류　押收 압수　押韻 압운
假押留 가압류

497 | 앙

가운데 앙
大부 총5획

- 中央 중앙 한가운데 (中 가운데 중)
- 震央 진앙 지진이 일어난 진원의 바로 위에 해당하는 지표의 지점 (震 우레 진)
- 未央宮 미앙궁 중국 한나라 때에 승상 소하가 장안의 용수산에 지은 궁전 (未 아닐 미, 宮 집 궁)

年央 연앙　中央線 중앙선　中央政府 중앙정부

498 | 앙

재앙 앙
歹부 총9획

- 餘殃 여앙 남에게 해로운 일을 많이 한 값으로 받는 재앙 (餘 남을 여)
- 災殃 재앙 뜻하지 아니하게 생긴 불행한 변고, 또는 천재지변으로 인한 불행한 사고 (災 재앙 재)

殃慶 앙경　殃禍 앙화　百殃 백앙
天殃 천앙　殃及池魚 앙급지어

499 | 애
涯
물가 애
氵=水부 총11획

- 生涯 생애 살아 있는 한평생의 기간 (生 날 생)
- 天涯 천애 하늘의 끝. 까마득하게 멀리 떨어져 있는 곳을 이르는 말 (天 하늘 천)

涯岸 애안　涯際 애제　無涯 무애

500 | 액

액 액
厂부 총4획

- 厄運 액운 액을 당할 운수 (運 옮길 운)
- 災厄 재액 재앙으로 이한 불운 (災 재앙 재)
- 橫厄 횡액 뜻밖에 닥쳐오는 불행 (橫 가로 횡)

厄年 액년　厄禍 액화　困厄 곤액
兵厄 병액　數厄 수액

· · · 이 한 자 기 억 해 요 ? · · · 정답 259

1 述(　) **2** 襲(　) **3** 濕(　) **4** 昇(　) **5** 僧(　) **6** 侍(　) **7** 矢(　) **8** 飾(　) **9** 息(　) **10** 愼(　)

3급한자 900 | 501~520

501 | 액
額
이마 액
頁부　총18획

- 額面 액면　채권·증권·화폐 등의 겉면 (面 낯 면)
- 額數 액수　돈의 머릿수 (數 셈 수)
- 巨額 거액　많은 액수의 돈 (巨 클 거)
- 高額 고액　많음 금액 (高 높을 고)
- 總額 총액　전체의 액수 (總 다 총)
- 額子 액자　金額 금액　稅額 세액
- 全額 전액　差額 차액　額面價 액면가

502 | 야
耶
어조사 야
耳부　총9획

- 耶蘇 야소　'예수'의 음역어 (蘇 되살아날 소)
- 耶蘇教 야소교　'예수교'의 음역. 예수교는 종교 개혁으로 가톨릭에서 갈려 나온 개신교를 이르는 말 (蘇 되살아날 소, 敎 가르칠 교)
- 耶蘇會 야소회　有耶無耶 유야무야

503 | 약
躍
뛸 약
足부　총21획

- 躍動 약동　생기있고 활발하게 움직임 (動 움직일 동)
- 躍進 약진　힘차게 앞으로 뛰어 나아감 (進 나아갈 진)
- 猛活躍 맹활약　눈부실 정도로 뛰어난 활동 (猛 사나울 맹, 活 살 활)
- 跳躍 도약　飛躍 비약　一躍 일약
- 活躍 활약　躍動感 약동감

504 | 양
壤
흙덩이 양
土부　총20획

- 擊壤 격양　예전에, 중국에서 행하던 민간 놀이의 하나 (擊 칠 격)
- 天壤 천양　하늘과 땅을 아울러 이르는 말 (天 하늘 천)
- 土壤 토양　흙 (土 흙 토)
- 壤土 양토　　　　平壤 평양
- 天壤之差 천양지차　鼓腹擊壤 고복격양

505 | 양
楊
버들 양
木부　총13획

- 楊柳 양류　버드나무 (柳 버들 류)
- 水楊 수양　갯버들 (水 물 수)
- 垂楊 수양　수양버들의 준말. 버드나무과의 낙엽 교목 (垂 드리울 수)
- 楊貴妃 양귀비　양귀비과의 한해살이 풀 (貴 귀할 귀, 妃 왕비 비)
- 楊枝 양지　白楊 백양　赤楊 적양

506 | 양
樣
모양 양
木부　총15획

- 樣式 양식　오랜 시간이 지나면서 자연히 정하여진 방식 (式 법 식)
- 多樣 다양　여러 가지 모양 (多 많을 다)
- 模樣 모양　겉으로 나타나는 생김새나 모습 (模 본뜰 모)
- 樣相 양상　樣態 양태　文樣 문양
- 外樣 외양　多樣性 다양성　各樣各色 각양각색

507 | 어
御
거느릴 어
彳부　총11획

- 御命 어명　임금의 명령을 이르던 말 (命 목숨 명)
- 御用 어용　권력에 아첨하고 자주성이 없는 사람이나 단체 등을 경멸하여 이르는 말 (用 쓸 용)
- 制御 제어　상대편을 억눌러서 제 마음대로 다룸 (制 절제할 제)
- 御史 어사　御前 어전　御眞 어진
- 御筆 어필　統御 통어　暗行御史 암행어사

508 | 억
抑
누를 억
扌=手부　총7획

- 抑留 억류　억지로 머무르게 함 (留 머무를 류)
- 抑何心情 억하심정　도대체 무슨 심정이냐는 뜻, 무슨 생각으로 그러는지 마음을 알 수 없음 (何 어찌 하, 心 마음 심, 情 뜻 정)
- 抑買 억매　抑壓 억압　抑揚 억양
- 抑制 억제　抑止 억지

509 | 언
焉
어찌 언
灬=火부　총11획

- 終焉 종언　없어지거나 죽어서 존재가 사라짐, 또는 계속하던 일이 끝장이 남 (終 마칠 종)
- 於焉間 어언간　어느덧. 어느새 (於 어조사 어, 間 사이 간)
- 焉敢 언감　　　　於焉 어언
- 焉敢生心 언감생심

510 | 여
輿
수레 여
車부　총17획

- 輿論 여론　사회 대중의 공통된 의견 (論 논할 론)
- 輿望 여망　여러 사람의 기대 (望 바랄 망)
- 喪輿 상여　사람의 시체를 실어서 묘지까지 나르는 도구 (喪 잃을 상)
- 施輿物 시여물　　輿地圖 여지도
- 輿論調査 여론조사

· · · 이 한 자 기 억 해 요 ? · · · 정답 260

1 晨( )　2 伸( )　3 審( )　4 尋( )　5 雙( )　6 亞( )　7 牙( )　8 芽( )　9 雅( )　10 餓( )

여기는! 額액 / 予여

511 | 여

나 여
亅부 총4획

- 分予 분여 각각의 몫에 따라 나누어 줌 (分 나눌 분)
- 施予 시여 남에게 물건을 거저 줌 (施 베풀 시)

512 | 역
지경 역
土부 총11획

- 區域 구역 갈라놓은 지역 (區 구분할 구)
- 聖域 성역 함부로 침범할 수 없는 구역이나 문제 삼지 않기로 한 사항·인물·단체를 이름 (聖 성인 성)
- 廣域 광역   聲域 성역   領域 영역
- 流域 유역   全域 전역   地域 지역

513 | 역

전염병 역
疒부 총9획

- 疫疾 역질 천연두를 한방에서 이르는 말 (疾 병 질)
- 防疫 방역 전염병이 발생하거나 유행하는 것을 미리 막는 일 (防 막을 방)
- 疫病 역병   疫神 역신   檢疫 검역
- 免疫 면역   紅疫 홍역   檢疫所 검역소

514 | 역
부릴 역
彳부 총7획

- 役割 역할 맡아서 해야 할 일 (割 벨 할)
- 兵役 병역 국민의 의무로서 일정한 기간 군에 복무하는 일 (兵 병사 병)
- 主役 주역 주되는 구실, 또는 주되는 구실을 하는 사람 (主 주인 주)
- 役軍 역군   服役 복역   使役 사역
- 懲役 징역   荷役 하역   現役 현역

515 | 역

번역할 역
言부 총20획

- 誤譯 오역 잘못 번역함, 또는 잘못된 번역 (誤 그르칠 오)
- 通譯 통역 뜻이 통하도록 말을 옮겨 줌, 또는 그런 일을 하는 사람 (通 통할 통)
- 譯書 역서   譯者 역자   飜譯 번역
- 完譯 완역   意譯 의역   直譯 직역

516 | 역

역 역
馬부 총23획

- 驛程 역정 거쳐 지나가는 길이나 과정 (程 길 정)
- 終着驛 종착역 기차나 전차 따위가 마지막으로 도착하는 역 (終 마칠 종, 着 붙을 착)
- 驛舍 역사   驛長 역장   驛前 역전
- 驛馬車 역마차   驛務員 역무원   簡易驛 간이역

517 | 연

연할 연
車부 총11획

- 軟骨 연골 물렁뼈. 뼈와 함께 몸을 지탱하는 무른 뼈 (骨 뼈 골)
- 軟性 연성 부드럽고 무르며 연한 성질 (性 성품 성)
- 軟弱 연약 부드럽고 약함 (弱 약할 약)
- 軟禁 연금   軟水 연수   軟食 연식
- 柔軟 유연   軟粉紅 연분홍   軟性憲法 연성헌법

518 | 연

인연 연
糸부 총15획

- 緣故 연고 혈통, 정분, 법률 따위로 맺어진 관계 (故 연고 고)
- 緣由 연유 까닭. 일의 까닭 (由 말미암을 유)
- 學緣 학연 졸업한 학교를 근거로 하는 연고 관계 (學 배울 학)
- 緣邊 연변   緣分 연분   內緣 내연
- 因緣 인연   地緣 지연   血緣 혈연

519 | 연

늘일 연
廴부 총7획

- 延期 연기 정해진 기한을 뒤로 물려서 늘림 (期 기약할 기)
- 遲延 지연 무슨 일을 더디게 끌어 시간을 늦춤, 또는 시간이 늦추어짐 (遲 더딜 지)
- 延命 연명   延發 연발   延長 연장
- 延着 연착   連延 연연   延長線 연장선

520 | 연

잔치 연
宀부 총10획

- 宴席 연석 연회를 베푸는 자리 (席 자리 석)
- 宴會 연회 축하, 위로, 환영, 석별 따위를 위하여 여러 사람이 모여 베푸는 잔치 (會 모일 회)
- 酒宴 주연 술잔치 (酒 술 주)
- 宴樂 연락   祝宴 축연   曲水宴 곡수연
- 送別宴 송별연   回甲宴 회갑연

· · · 이 한 자 기 억 해 요 ? · · · 정답 261

1 岳( ) 2 雁( ) 3 岸( ) 4 謁( ) 5 壓( ) 6 押( ) 7 央( ) 8 殃( ) 9 涯( ) 10 厄( )

3급한자 900 | 521~540

521 | 연 沿 (물따라갈 연) ㅣ水부 총8획
- 沿岸 연안: 강이나 호수, 바다를 따라 잇닿아 있는 육지 (岸 언덕 안)
- 沿海 연해: 육지에 가까이 있는 바다. 곧 대륙붕을 덮고 있는 바다 (海 바다 해)
- 沿路 연로
- 沿邊 연변
- 沿線 연선
- 沿革 연혁
- 沿岸國 연안국
- 沿岸海 연안해

522 | 연 鉛 (납 연) 金부 총13획
- 鉛筆 연필: 필기구의 하나. 흑연과 점토의 혼합물로 만든 심을 속에 넣고 나무로 둘러싸서 만듦 (筆 붓 필)
- 亞鉛 아연: 질이 무르고 광택이 나는 청색을 띤 흰색의 금속 원소 (亞 버금 아)
- 鉛毒 연독
- 鉛粉 연분
- 鉛版 연판
- 黑鉛 흑연
- 色鉛筆 색연필

523 | 연 燕 (제비 연) 灬(火)부 총16획
- 燕烏 연오: 갈까마귀. 까마귓과의 새 (烏 까마귀 오)
- 燕尾服 연미복: 서양식 남자 예복. 저고리의 뒷자락이 제비 꼬리 같은 옷 (尾 꼬리 미, 服 옷 복)
- 燕麥 연맥
- 燕商 연상
- 燕行 연행

524 | 연 燃 (불탈 연) 火부 총16획
- 燃料 연료: 연소하여 열, 빛, 동력의 에너지를 얻을 수 있는 물질 (料 헤아릴 료)
- 燃燒 연소: 물질이 산소와 화합할 때에 많은 빛과 열을 냄, 또는 그런 현상 (燒 불사를 소)
- 燃燈 연등
- 可燃 가연
- 內燃 내연
- 不燃 불연
- 再燃 재연
- 燃燈會 연등회

525 | 연 演 (펼 연) ㅣ水부 총14획
- 演劇 연극: 배우가 무대 위에서 각본에 따라서 연기하여 관객에게 보이는 종합 예술 (劇 심할 극)
- 演藝 연예: 대중 앞에서 음악·무용·마술·쇼 따위를 공연함, 또는 그런 재주 (藝 재주 예)
- 演技 연기
- 演說 연설
- 演出 연출
- 競演 경연
- 公演 공연
- 上演 상연

526 | 열 閱 (볼 열) 門부 총15획
- 閱覽 열람: 책이나 문서 따위를 죽 훑어보거나 조사하면서 봄 (覽 볼 람)
- 閱兵 열병: 군대를 정렬한 다음 병사들의 사기와 훈련 상태 따위를 검열함, 또는 그런 일 (兵 병사 병)
- 閱讀 열독
- 閱歷 열력
- 檢閱 검열
- 校閱 교열
- 査閱 사열
- 閱兵式 열병식

527 | 염 染 (물들 염) 木부 총9획
- 染料 염료: 옷감 따위에 빛깔을 들이는 물질 (料 헤아릴 료)
- 感染 감염: 미생물이 동물이나 식물의 몸 안에 들어가 붙는 일 (感 느낄 감)
- 傳染 전염: 병이 남에게 옮음 (傳 전할 전)
- 染色 염색
- 拔染 발염
- 汚染 오염
- 染色體 염색체
- 傳染病 전염병

528 | 염 鹽 (소금 염) 鹵부 총24획
- 鹽素 염소: 할로겐 원소의 하나. 표백제, 산화제, 소독제 등에 쓰임 (素 본디 소)
- 食鹽水 식염수: 체액과 같은 농도로 만든 소금물 (食 밥 식, 水 물 수)
- 鹽氣 염기
- 鹽分 염분
- 鹽田 염전
- 鹽害 염해
- 食鹽 식염
- 天日鹽 천일염

529 | 영 營 (경영할 영) 火부 총17획
- 營利 영리: 재산상의 이익을 꾀함, 또는 그 이익 (利 이로울 리)
- 營業 영업: 영리를 목적으로 행하는 사업 (業 업 업)
- 經營 경영: 기업이나 사업을 관리하고 운영함 (經 지날 경)
- 營農 영농
- 營養 영양
- 營爲 영위
- 兵營 병영
- 野營 야영
- 國營企業 국영기업

530 | 영 影 (그림자 영) 彡부 총15획
- 陰影 음영: 그림자 (陰 그늘 음)
- 影印本 영인본: 원본을 사진이나 기타의 과학적 방법으로 복제한 인쇄물 (印 도장 인, 本 근본 본)
- 影堂 영당
- 影像 영상
- 影響 영향
- 投影 투영
- 幻影 환영
- 無影塔 무영탑

• • • 이 한 자 기 억 해 요 ? • • • 정답 262

1 額( ) 2 耶( ) 3 躍( ) 4 壞( ) 5 楊( ) 6 樣( ) 7 御( ) 8 抑( ) 9 焉( ) 10 興( )

여기는! 沿연 / 泳영

531 | 영

泳
헤엄칠 영
氵=水부 총8획

繼泳 계영 수영에서 네 명이 한 조가 되어 동일한 거리를 왕복하면서 빠르기를 겨룸, 또는 그런 종목(繼 이을 계)

背泳 배영 위를 향하여 누워 양팔로 물을 밀치면서 두 발로 물장구를 치는 수영법(背 등 배)

競泳 경영   水泳 수영   蝶泳 접영
平泳 평영   混泳 혼영   水泳場 수영장

532 | 영
詠
읊을 영
言부 총12획

詠歌 영가 곡조에 맞추어 노래를 부름(歌 노래 가)
詠歎 영탄 목소리를 길게 뽑아 깊은 정회를 읊음(歎 탄식할 탄)
誦詠 송영 시가를 외워 읊조림(誦 욀 송)

詠物 영물   吟詠 음영

533 | 영

映
비칠 영
日부 총9획

映像 영상 빛으로 비추어져 나타나는 물체의 모양(像 모양 상)
映畵 영화 촬영된 필름을 연속으로 스크린에 비추어 실제처럼 보이게 하는 것(畵 그림 화)

映寫 영사   反映 반영   放映 방영
上映 상영   終映 종영   透映 투영

534 | 예

譽
기릴, 명예 예
言부 총21획

名譽 명예 세상에서 훌륭하다고 인정되는 이름이나 자랑, 또는 그런 존엄이나 품위(名 이름 명)
榮譽 영예 영광스러운 명예(榮 영화 영)

盛譽 성예   名譽教授 명예교수
名譽毁損 명예훼손

535 | 예

豫
미리 예
豕부 총16획

豫算 예산 국가나 단체에서 한 회계 연도의 수입과 지출을 미리 셈하여 정한 계획(算 셈 산)
豫審 예심 본심사에 앞서서 미리 예비적으로 하는 심사(審 살필 심)

豫感 예감   豫見 예견   豫買 예매
豫防 예방   豫習 예습   豫定 예정

536 | 예

銳
날카로울 예
金부 총15획

銳敏 예민 감각, 재주 등이 날카롭고 민첩함(敏 민첩할 민)
新銳 신예 그 분야에 새로 나타나서 만만찮은 실력이나 기세를 보이는 일, 또는 그런 존재(新 새 신)
精銳 정예 썩 날래고 용맹스러움, 또는 그런 군사(精 정할 정)

銳角 예각   銳氣 예기   銳利 예리
銳智 예지   新銳機 신예기   少數精銳 소수정예

537 | 오

傲
거만할 오
亻=人부 총13획

傲氣 오기 능력은 부족하면서도 남에게 지기 싫어하는 마음(氣 기운 기)
傲慢 오만 태도나 행동이 건방지거나 거만함, 또는 그 태도나 행동(慢 거만할 만)

傲色 오색   怠傲 태오   傲霜孤節 오상고절

538 | 오

汚
더러울 오
氵=水부 총6획

汚吏 오리 청렴하지 못한 관리(吏 관리 리)
汚物 오물 지저분하고 더러운 물건. 쓰레기나 배설물 따위(物 물건 물)
汚染 오염 더럽게 물듦(染 물들 염)

汚泥 오니   汚名 오명   汚辱 오욕
汚點 오점   汚濁 오탁   貪官汚吏 탐관오리

539 | 오

娛
즐길 오
女부 총10획

娛樂 오락 게임·노래·춤 등 여러 가지 방법으로 기분을 즐겁게 하는 일(樂 즐길 락)
歡娛 환오 아주 즐거워함, 또는 아주 즐거운 것(歡 기쁠 환)

娛遊 오유   娛樂物 오락물   娛樂室 오락실

540 | 오
嗚
슬플 오
口부 총13획

嗚呼 오호 슬플 때나 탄식할 때 내는 소리(呼 부를 호)
嗚呼痛哉 오호통재 '아, 비통하다'라는 뜻으로, 슬플 때나 탄식할 때 하는 말(呼 부를 호, 痛 아플 통, 哉 어조사 재)

嗚呼哀哉 오호애재

• • • • 이 한 자 기 억 해 요 ? • • • • 정답 263

1 予( ) 2 域( ) 3 疫( ) 4 役( ) 5 譯( ) 6 驛( ) 7 軟( ) 8 緣( ) 9 延( ) 10 宴( )

3급한자 900 | 541~560

541 | 옥

옥 옥
犭=犬부 총14획

獄死 옥사 감옥에서 죽음(死 죽을 사)
獄事 옥사 반란, 살인 따위의 크고 중대한 범죄를 다스림, 또는 그 사건(事 일 사)
監獄 감옥 죄인을 가두어 두는 곳(監 볼 감)

獄苦 옥고 獄舍 옥사 地獄 지옥
出獄 출옥 脫獄 탈옥 投獄 투옥

542 | 옹

낄 옹
扌=手부 총16획

擁護 옹호 두둔하고 편들어 지킴(護 도울 호)
抱擁 포옹 사람을 또는 사람끼리 품에 껴안음, 또는 남을 아량으로 너그럽게 품어 줌(抱 안을 포)

擁立 옹립 擁壁 옹벽 擁衛 옹위

543 | 옹
翁
늙은이 옹
羽부 총10획

翁主 옹주 조선 시대에 임금의 후궁에게서 난 딸을 이르던 말(主 주인 주)
信天翁 신천옹 신천옹과의 바닷새(信 믿을 신, 天 하늘 천)

老翁 노옹 野翁 야옹 漁翁 어옹
村翁 촌옹 塞翁之馬 새옹지마

544 | 완
緩
느릴 완
糸부 총15획

緩急 완급 일의 급함과 급하지 않음(急 급할 급)
緩行 완행 느리게 감(行 다닐 행)
緩和 완화 긴장된 상태나 급박한 것을 느슨하게 함(和 화할 화)

緩慢 완만 緩步 완보 緩衝 완충
緩衝地帶 완충지대 緩行列車 완행열차

545 | 외

두려워할 외
田부 총9획

畏忌 외기 두려워하여 꺼림(忌 꺼릴 기)
敬畏 경외 공경하면서 두려워함(敬 공경 경)
後生可畏 후생가외
 후배들은 선배들 보다 나아질 가능성이 많기 때문에 나중에 두려운 존재가 될 수 있음(後 뒤 후, 生 날 생, 可 옳을 가)

畏服 외복 畏寒 외한 畏首畏尾 외수외미

546 | 요
腰
허리 요
月=肉부 총13획

腰帶 요대 허리띠. 바지 따위가 흘러내리지 않게 옷의 허리 부분에 둘러매는 띠(帶 띠 대)
腰痛 요통 허리앓이. 허리와 엉덩이 부위가 아픈 증상(痛 아플 통)

腰刀 요도 腰下 요하 細腰 세요
折腰 절요 腰折腹痛 요절복통

547 | 요
遙
멀 요
辶=辵부 총14획

遙望 요망 멀리 바라보거나 멀리서 바라봄(望 바랄 망)
遙遙 요요 멀고 아득함
遙遠 요원 아득히 멂(遠 멀 원)

遙拜 요배 遙天 요천 遙度 요탁

548 | 요
謠
노래 요
言부 총17획

童謠 동요 어린이들의 생활 감정이나 심리를 표현한 시, 또는 거기에 곡을 붙여 부르는 노래(童 아이 동)
民謠 민요 예로부터 민중 사이에 불려 오던 전통적인 노래(民 백성 민)

歌謠 가요 俗謠 속요 風謠 풍요

549 | 요

흔들 요
扌=手부 총13획

搖動 요동 흔들리어 움직임, 또는 흔들어 움직임(動 움직일 동)
動搖 동요 생각이나 처지가 확고하지 못해 흔들림, 또는 어떤 체제나 상황 따위가 혼란스러움(動 움직일 동)

搖亂 요란 搖之不動 요지부동

550 | 욕

욕될 욕
辰부 총10획

侮辱 모욕 깔보고 욕되게 함(侮 업신여길 모)
榮辱 영욕 영예와 치욕을 아울러 이르는 말(榮 영화 영)
忍辱 인욕 욕되는 것을 참음(忍 참을 인)

辱說 욕설 苦辱 고욕 困辱 곤욕
屈辱 굴욕 雪辱 설욕 恥辱 치욕

· · · 이 한 자 기 억 해 요 ? · · · 정답 264

1 沿(　) 2 鉛(　) 3 燕(　) 4 燃(　) 5 演(　) 6 閱(　) 7 染(　) 8 鹽(　) 9 營(　) 10 影(　)

여기는! 獄옥 / 慾욕

551 | 욕
慾

욕심 욕
心부　총15획

- 慾心 욕심 — 분수에 넘치게 무엇을 탐내거나 누리고자 하는 마음 (心 마음 심)
- 過慾 과욕 — 욕심이 지나침, 또는 그 욕심 (過 지날 과)
- 慾求 욕구　物慾 물욕　性慾 성욕
- 食慾 식욕　意慾 의욕　貪慾 탐욕

552 | 용
庸

떳떳할 용
广부　총11획

- 庸劣 용렬 — 범용하고 열등함 (劣 못할 렬)
- 中庸 중용 — 지나치거나 모자라지도 않고 한쪽으로 치우치지도 아니한 떳떳하며 변함이 없는 상태나 정도 (中 가운데 중)
- 庸工 용공　庸君 용군　庸夫 용부
- 庸拙 용졸　登庸 등용

553 | 우
羽

깃 우
羽부　총6획

- 毛羽 모우 — 길짐승의 털과 날짐승의 깃을 아울러 이르는 말 (毛 터럭 모)
- 羽化登仙 우화등선 — 몸에 날개가 돋아 하늘로 올라가 신선이 됨 (化 될 화, 登 오를 등, 仙 신선 선)
- 羽毛 우모　羽衣 우의　羽翼 우익
- 羽族 우족

554 | 우
優

넉넉할 뛰어날 우
亻=人부　총17획

- 優勢 우세 — 상대편보다 힘이나 세력이 강함 (勢 형세 세)
- 優勝 우승 — 경기, 경주 따위에서 이겨 첫째를 차지함 (勝 이길 승)
- 優雅 우아 — 아름다운 품위와 아취가 있음 (雅 맑을 아)
- 優待 우대　優良 우량　優先 우선
- 優性 우성　優秀 우수　優越 우월

555 | 우
愚

어리석을 우
心부　총13획

- 愚鈍 우둔 — 어리석고 둔함 (鈍 둔할 둔)
- 愚弄 우롱 — 사람을 어리석게 보고 함부로 대하거나 웃음거리로 만듦 (弄 희롱할 롱)
- 愚民 우민 — 어리석은 백성 (民 백성 민)
- 愚物 우물　愚惡 우악　愚者 우자
- 愚直 우직　愚者一得 우자일득

556 | 우
偶

짝 우
亻=人부　총11획

- 偶發 우발 — 우연히 일어남, 또는 그런 일 (發 필 발)
- 偶像 우상 — 나무, 돌, 쇠, 흙 따위로 만든 신이나 사람의 형상, 또는 숭배의 대상이 되는 물건이나 사람 (像 모양 상)
- 偶然 우연　木偶 목우　土偶 토우
- 偶像化 우상화　配偶者 배우자

557 | 우
郵

우편 우
阝=邑부　총11획

- 郵送 우송 — 우편으로 보냄 (送 보낼 송)
- 郵便 우편 — 정보 통신부의 관할 아래 서신이나 물품을 국내나 전 세계에 보내는 업무 (便 편할 편)
- 郵票 우표 — 우편 요금을 낸 표시로 우편물에 붙이는 증표 (票 표 표)
- 郵政 우정　郵遞局 우체국　郵遞夫 우체부
- 郵便物 우편물　郵便番號 우편번호

558 | 운
韻

운 운
音부　총19획

- 韻律 운율 — 시문의 음성적 형식 (律 비율 률)
- 韻致 운치 — 고상하고 우아한 멋 (致 이를 치)
- 音韻 음운 — 말의 뜻을 구별하여 주는 소리의 가장 작은 단위 (音 소리 음)
- 韻文 운문　韻字 운자　四韻 사운
- 押韻 압운　餘韻 여운

559 | 원
員

인원 원
口부　총10획

- 敎員 교원 — 각급 학교에서 학생을 가르치는 사람을 통틀어 이르는 말 (敎 가르칠 교)
- 任員 임원 — 어떤 단체에 소속하여 그 단체의 중요한 일을 맡아보는 사람 (任 맡길 임)
- 缺員 결원　滿員 만원　社員 사원
- 議員 의원　人員 인원　公務員 공무원

560 | 원
源

근원 원
氵=水부　총13획

- 源泉 원천 — 물이 나오는 근원 (泉 샘 천)
- 資源 자원 — 물건을 만드는 바탕이 되는 모든 물자 (資 재물 자)
- 財源 재원 — 재화나 자금이 나올 원천 (財 재물 재)
- 根源 근원　起源 기원　發源 발원
- 語源 어원　電源 전원　汚染源 오염원

· · · 이 한 자 기 억 해 요 ? · · ·　정답 265

1 泳(　)　2 詠(　)　3 映(　)　4 譽(　)　5 豫(　)　6 銳(　)　7 傲(　)　8 汚(　)　9 娛(　)　10 嗚(　)

3급한자 900 | 561~580

561 | 원

집 원
阝=阜부 총10획

- 病院 병원: 환자를 진찰, 치료하는 데에 필요한 설비를 갖추어 놓은 곳(病 병 병)
- 醫院 의원: 진료 시설을 갖추고 의사가 의료 행위를 하는 곳. 병원보다는 시설이 작음(醫 의원 의)
- 法院 법원　通院 통원　退院 퇴원
- 學院 학원　大學院 대학원　養老院 양로원

562 | 원
도울 원
扌=手부 총12획

- 援助 원조: 물품이나 돈 따위로 도와 줌(助 도울 조)
- 援護 원호: 돕고 보살펴 줌(護 도울 호)
- 救援 구원: 어려움이나 위험에 빠진 이를 구하여 줌(救 구원할 구)
- 援軍 원군　聲援 성원　應援 응원
- 支援 지원　請援 청원　後援 후원

563 | 월

넘을 월
走부 총12획

- 越境 월경: 국경이나 경계선을 넘는 일(境 지경 경)
- 越冬 월동: 겨울을 넘김(冬 겨울 동)
- 越等 월등: 수준이나 실력이 훨씬 뛰어남(等 무리 등)
- 越權 월권　越南 월남　越北 월북
- 越尺 월척　優越 우월　超越 초월

564 | 위
거짓 위
亻=人부 총14획

- 僞善 위선: 겉으로만 착한 체함, 또는 그런 짓이나 일(善 착할 선)
- 僞作 위작: 다른 사람의 작품을 흉내 내어 비슷하게 만드는 일(作 지을 작)
- 僞計 위계　僞造 위조　僞裝 위장
- 僞證 위증　眞僞 진위　虛僞 허위

565 | 위

위로할 위
心부 총15획

- 慰勞 위로: 따뜻한 말이나 행동으로 괴로움을 덜어 주거나 슬픔을 달래 줌(勞 일할 로)
- 慰問 위문: 위로하기 위하여 문안하거나 방문함(問 물을 문)
- 慰靈 위령　慰安 위안　安慰 안위
- 自慰 자위　弔慰 조위　慰勞金 위로금

566 | 위

맡길 위
女부 총8획

- 委員 위원: 선거나 임명에 의하여 지명되어 단체의 특정 사항을 처리할 것을 위임받은 사람(員 인원 원)
- 委任 위임: 맡김(任 맡길 임)
- 委曲 위곡　委付 위부　委讓 위양
- 委員長 위원장　委員會 위원회　委任狀 위임장

567 | 위
지킬 위
行부 총15획

- 衛星 위성: 행성의 인력에 의하여 그 둘레를 도는 천체(星 별 성)
- 守衛 수위: 관청·학교·공장·회사 따위의 경비를 맡아봄, 또는 그런 일을 맡은 사람(守 지킬 수)
- 衛兵 위병　衛生 위생　防衛 방위
- 護衛 호위　自衛隊 자위대　前衛隊 전위대

568 | 위

씨줄 위
糸부 총15획

- 緯度 위도: 지구 위의 위치를 나타내는 좌표축 중 가로로 된 것(度 법도 도)
- 經緯 경위: 직물의 날과 씨를 아울러 이르는 말. 일이 전개되어 온 과정(經 지날 경)
- 緯絲 위사　緯線 위선　北緯 북위
- 南緯 남위

569 | 위

어긋날 위
辶=辵부 총13획

- 違反 위반: 어김(反 돌이킬 반)
- 違約 위약: 약속을 어김(約 맺을 약)
- 非違 비위: 법에 어긋나는 일(非 아닐 비)
- 違和感 위화감: 조화되지 않은 어설픈 느낌(和 화할 화, 感 느낄 감)
- 違背 위배　違犯 위범　違法 위법
- 違憲 위헌

570 | 위

에워쌀 위
口부 총12획

- 範圍 범위: 테두리가 정하여진 구역. 어떤 것이 미치는 한계(範 법 범)
- 四圍 사위: 사방의 둘레(四 넉 사)
- 周圍 주위: 둘레. 사방(周 두루 주)
- 胸圍 흉위: 가슴둘레(胸 가슴 흉)
- 圍立 위립　重圍 중위　包圍 포위
- 廣範圍 광범위

· · · 이 한 자 기 억 해 요 ? · · · 정답 266

1 獄(　) 2 擁(　) 3 翁(　) 4 緩(　) 5 畏(　) 6 腰(　) 7 遙(　) 8 謠(　) 9 搖(　) 10 辱(　)

여기는! 院원 / 胃위

571 | 위

胃 밥통, 위장 위
月=肉부 총9획

- 胃弱 위약 — 소화력이 약하여지는 여러 가지 위장병(弱 약할 약)
- 胃炎 위염 — 위 점막에 생기는 염증성 질환을 통틀어 이르는 말 (炎 불꽃 염)
- 胃壁 위벽   胃散 위산   胃腸 위장
- 胃痛 위통

572 | 위
謂 이를 위
言부 총16획

- 可謂 가위 — 한마디의 말로 이르자면, 또는 그런 뜻에서 참으로 (可 옳을 가)
- 所謂 소위 — 이른바. 세상에서 말하는 바 (所 바 소)
- 稱謂 칭위 — 선의를 표시하는 명목, 또는 어떠한 뜻으로 일컫는 이름 (稱 일컬을 칭)

573 | 유

幽 그윽할 유
幺부 총9획

- 幽谷 유곡 — 깊은 산골짜기(谷 골 곡)
- 幽明 유명 — 어둠과 밝음. 저승과 이승 (明 밝을 명)
- 幽閉 유폐 — 아주 깊숙이 가두어 둠 (閉 닫을 폐)
- 幽客 유객   幽靈 유령   幽冥 유명
- 幽深 유심

574 | 유

誘 꾈 유
言부 총14획

- 誘導 유도 — 사람이나 물건을 목적한 장소나 방향으로 이끎(導 인도할 도)
- 誘致 유치 — 꾀어서 데려옴, 또는 행사나 사업 따위를 이끌어 들임 (致 이를 치)
- 誘發 유발   誘說 유세   誘引 유인
- 誘惑 유혹   勸誘 권유   招誘 초유

575 | 유

愈 나을 유
心부 총13획

- 愈愚 유우 — 어리석은 마음을 고침 (愚 어리석을 우)
- 愈出愈奇 유출유기 — 점점 더 기이함 (出 날 출, 奇 기특할 기)

576 | 유

裕 넉넉할 유
衤=衣부 총12획

- 裕福 유복 — 살림이 넉넉함(福 복 복)
- 富裕 부유 — 재물이 많아 생활이 넉넉함 (富 부자 부)
- 餘裕 여유 — 물질적·공간적·시간적으로 넉넉하여 남음이 있는 상태 (餘 남을 여)
- 寬裕 관유   閑裕 한유   富裕層 부유층

577 | 유

悠 멀 유
心부 총11획

- 悠久 유구 — 길고 오램(久 오랠 구)
- 悠悠自適 유유자적 — 속세를 떠나 아무 속박 없이 조용하고 편안하게 삶 (自 스스로 자, 適 맞을 적)
- 悠然 유연   悠遠 유원   悠長 유장

578 | 유

儒 선비 유
亻=人부 총16획

- 儒家 유가 — 공자의 학설과 학풍 따위를 신봉하고 연구하는 학자나 학파(家 집 가)
- 儒林 유림 — 유학의 도를 닦는 학자들 (林 수풀 림)
- 儒生 유생 — 유학을 공부하는 선비(生 날 생)
- 儒教 유교   儒道 유도   儒學 유학
- 巨儒 거유   大儒 대유   儒佛仙 유불선

579 | 유

維 벼리 유
糸부 총14획

- 維新 유신 — 낡은 제도를 고쳐 새롭게 함 (新 새 신)
- 維持 유지 — 어떤 상태나 상황을 그대로 보존하거나 변함없이 계속하여 지탱함(持 가질 지)
- 維管束 유관속   進退維谷 진퇴유곡

580 | 유

惟 생각할 유
忄=心부 총11획

- 惟獨 유독 — 많은 것 가운데 홀로 두드러지게(獨 홀로 독)
- 思惟 사유 — 개념·구성·판단·추리 따위를 행하는 인간의 이성 작용 (思 생각 사)
- 伏惟 복유 — 삼가 생각하건대(伏 엎드릴 복)

・・・ 이 한 자 기 억 해 요 ? ・・・ 정답 267

1 慾( ) 2 庸( ) 3 羽( ) 4 優( ) 5 愚( ) 6 偶( ) 7 郵( ) 8 韻( ) 9 員( ) 10 源( )

3급한자 900 | 581~600

581 | 유 乳 (젖 유) — 乙부 총8획
- 乳母 유모: 남의 아이에게 그 어머니 대신 젖을 먹여 주는 여자 (母 어미 모)
- 粉乳 분유: 가루 우유 (粉 가루 분)
- 授乳 수유: 젖먹이에게 젖을 물림 (授 줄 수)
- 乳頭 유두
- 乳房 유방
- 乳兒 유아
- 豆乳 두유
- 母乳 모유
- 鐘乳石 종유석

582 | 윤 閏 (윤달 윤) — 門부 총12획
- 閏年 윤년: 윤달이나 윤일이 든 해 (年 해 년)
- 閏月 윤월: 윤달. 윤년에 드는 달 (月 달 월)
- 閏位 윤위: 정통이 아닌 임금의 자리 (位 자리 위)
- 閏日 윤일: 윤날. 태양력에서 윤년에 드는 날. 2월 29일 (日 날 일)
- 閏朔 윤삭
- 正閏 정윤

583 | 윤 潤 (윤택할 윤) — 氵=水부 총15획
- 潤氣 윤기: 반들거리는 기운 (氣 기운 기)
- 潤澤 윤택: 윤기 있는 광택, 또는 살림이 풍부함 (澤 못 택)
- 利潤 이윤: 장사 따위를 하여 남은 돈 (利 이로울 리)
- 潤文 윤문
- 潤色 윤색
- 濕潤 습윤

584 | 은 隱 (숨을 은) — 阝=阜부 총17획
- 隱居 은거: 세상을 피하여 숨어 삶 (居 살 거)
- 隱語 은어: 어떤 계층이나 부류의 사람들이 자기네 구성원들끼리만 사용하는 말 (語 말씀 어)
- 隱德 은덕
- 隱密 은밀
- 隱身 은신
- 隱退 은퇴
- 隱蔽 은폐
- 隱然中 은연중

585 | 음 淫 (음란할 음) — 氵=水부 총11획
- 淫女 음녀: 음탕한 여자 (女 계집 녀)
- 淫亂 음란: 음탕하고 난잡함 (亂 어지러울 란)
- 淫行 음행: 음란한 행실 (行 다닐 행)
- 姦淫 간음: 부부가 아닌 남녀가 성 관계를 맺음 (姦 간음할 간)
- 淫婦 음부
- 淫書 음서
- 淫蕩* 음탕
- 賣淫 매음
- 姦淫罪 간음죄
- 淫談悖*說 음담패설

586 | 응 凝 (엉길 응) — 冫부 총16획
- 凝固 응고: 액체 따위가 엉겨서 뭉쳐 딱딱하게 굳어짐 (固 굳을 고)
- 凝視 응시: 눈길을 모아 한 곳을 똑바로 바라봄 (視 볼 시)
- 凝集 응집: 한데 엉김 (集 모을 집)
- 凝結 응결
- 凝縮 응축
- 凝血 응혈
- 凝集力 응집력
- 凝縮機 응축기

587 | 의 儀 (거동 의) — 亻=人부 총15획
- 儀禮 의례: 행사를 치르는 일정한 법식 (禮 예도 례)
- 儀式 의식: 일정한 격식을 갖추어 치르는 행사나 의식 (式 법 식)
- 地球儀 지구의: 지구를 본떠 만든 모형 (地 따 지, 球 공 구)
- 儀典 의전
- 威儀 위의
- 祝儀金 축의금
- 禮儀凡節 예의범절

588 | 의 宜 (마땅 의) — 宀부 총8획
- 宜當 의당: 사물의 이치에 따라 마땅히 (當 마땅 당)
- 時宜 시의: 그때그때의 사정에 알맞음 (時 때 시)
- 便宜 편의: 형편이나 조건 따위가 편하고 좋음 (便 편할 편)
- 機宜 기의
- 時宜適切 시의적절

589 | 의 疑 (의심할 의) — 疋부 총14획
- 疑問 의문: 의심스럽게 생각함 (問 물을 문)
- 質疑 질의: 의심나거나 모르는 점을 물음 (質 바탕 질)
- 嫌疑 혐의: 범죄를 저지른 사실이 있을 가능성 (嫌 싫어할 혐)
- 疑懼 의구
- 疑心 의심
- 疑惑 의혹
- 懷疑的 회의적
- 半信半疑 반신반의

590 | 이 夷 (오랑캐 이) — 大부 총6획
- 東夷 동이: 동쪽 오랑캐. 예전 중국이 동쪽에 사는 한국·일본·만주 등의 민족을 이르던 말 (東 동녘 동)
- 洋夷 양이: 서양 오랑캐. 서양 사람을 낮잡아 이르는 말 (洋 큰바다 양)
- 九夷 구이
- 以夷制夷 이이제이
- 華夷思想 화이사상

· · · 이 한 자 기 억 해 요 ? · · ·

1 院( ) 2 援( ) 3 越( ) 4 僞( ) 5 慰( ) 6 委( ) 7 衛( ) 8 緯( ) 9 違( ) 10 圍( )

여기는! 乳유 / 翼익

591 | 익

날개 익
羽부 총17획

- 左翼 좌익 : 급진적이거나 사회주의적·공산주의적인 경향, 또는 그런 단체(左 왼 좌)
- 鶴翼陣 학익진 : 학이 날개를 편 듯이 치는 진(鶴 학 학, 陣 진칠 진)
- 翼室 익실
- 一翼 일익
- 雙翼 쌍익
- 右翼 우익

592 | 인

혼인 인
女부 총9획

- 姻戚 인척 : 혼인에 의하여 맺어진 친척(戚 친척 척)
- 婚姻 혼인 : 남자와 여자가 부부가 되는 일(婚 혼인할 혼)
- 婚姻申告 혼인신고 : 결혼한 사실 등을 관할 관청에 신고하는 일(婚 혼인할 혼, 申 납 신, 告 고할 고)
- 姻親 인친
- 親姻戚 친인척

593 | 일

편안할 일
辶=辵부 총12획

- 逸脫 일탈 : 사회적인 규범으로부터 벗어나는 일(脫 벗을 탈)
- 逸品 일품 : 아주 뛰어난 물건(品 물건 품)
- 逸話 일화 : 세상에 널리 알려지지 아니한 흥미 있는 이야기(話 말씀 화)
- 放逸 방일
- 散逸 산일
- 秀逸 수일
- 安逸 안일
- 隱逸 은일

594 | 임
任
맡길 임
亻=人부 총6획

- 任期 임기 : 임무를 맡아보는 일정한 기간(期 기약할 기)
- 任務 임무 : 맡겨진 일(務 힘쓸 무)
- 兼任 겸임 : 두 가지 이상의 직무를 아울러 맡아봄(兼 겸할 겸)
- 任命 임명
- 任意 임의
- 所任 소임
- 專任 전임
- 責任 책임
- 解任 해임

595 | 임

품삯 임
貝부 총13획

- 賃金 임금 : 근로자가 노동의 대가로 사용자에게 받는 보수(金 쇠 금)
- 賃貸 임대 : 돈을 받고 자기의 물건을 남에게 빌려 줌(貸 빌릴 대)
- 賃借 임차 : 돈을 주고 빌리는 일(借 빌 차)
- 無賃 무임
- 船賃 선임
- 運賃 운임
- 車賃 차임
- 賃貸料 임대료
- 低賃金 저임금

596 | 자
茲
이 자
玄부 총10획

- 今玆 금자 : 올해. 지금 지나가고 있는 이 해(今 이제 금)
- 來玆 내자 : 올해의 바로 다음 해(來 올 래)

597 | 자
姿
모양 자
女부 총9획

- 姿色 자색 : 여성의 고운 얼굴이나 모습(色 빛 색)
- 姿勢 자세 : 몸을 움직이거나 가누는 모양(勢 형세 세)
- 姿態 자태 : 여성의 고운 맵시나 태도(態 모습 태)
- 姿貌 자모
- 姿容 자용
- 姿體 자체

598 | 자

방자할, 마음대로 자
心부 총10획

- 恣意 자의 : 제멋대로 하는 생각(意 뜻 의)
- 恣行 자행 : 삼가는 태도가 없이 제멋대로 행동함(行 다닐 행)
- 放恣 방자 : 거리끼거나 삼가는 태도가 없이 교만스러움(放 놓을 방)
- 恣樂 자락
- 自恣 자자
- 恣意的 자의적

599 | 자

재물 자
貝부 총13획

- 資格 자격 : 신분이나 지위를 가지거나 일정한 일을 하는 데 필요한 조건이나 능력(格 격식 격)
- 投資 투자 : 이익을 얻기 위하여 어떤 일이나 사업에 자본을 대거나 시간이나 정성을 쏟음(投 던질 투)
- 資金 자금
- 資料 자료
- 資本 자본
- 資源 자원
- 資質 자질
- 物資 물자

600 | 자

자줏빛 자
糸부 총11획

- 紫雲 자운 : 자줏빛 구름이라는 뜻으로 상서로운 구름(雲 구름 운)
- 紫外線 자외선 : 파장이 엑스선보다 길고, 가시광선보다 짧은 전자기파(外 바깥 외, 線 줄 선)
- 紫泥 자니
- 紫蘭 자란
- 紫朱色 자주색

• • 이 한 자 기 억 해 요 ? • • 정답 269

1 胃( ) 2 謂( ) 3 幽( ) 4 誘( ) 5 愈( ) 6 裕( ) 7 悠( ) 8 儒( ) 9 維( ) 10 惟( )

3급한자 900 | 601~620

601 | 자

찌를 자(척)/수라 라
刂=刀부 총8획

- 刺客 자객 — 사람을 몰래 암살하는 일을 전문으로 하는 사람(客 손 객)
- 刺傷 자상 — 칼 따위의 날카로운 것에 찔려서 입은 상처(傷 다칠 상)
- 刺殺 척살 — 칼 따위로 사람을 찔러 죽임 (殺 죽일 살)
- 刺文 자문
- 刺字 자자
- 擊刺 격자
- 亂刺 난자
- 水刺床 수라상

602 | 작
酉
술부을, 잔질할 작
酉부 총10획

- 酌婦 작부 — 술집에서 손님을 접대하고 술 시중을 드는 여자(婦 지어미 부)
- 酌定 작정 — 일을 짐작하여 결정함 (定 정할 정)
- 對酌 대작 — 마주 대하고 술을 마심 (對 대할 대)
- 獨酌 독작
- 自酌 자작
- 參酌 참작
- 添酌 첨작
- 無酌定 무작정

603 | 작
爵
벼슬 작
爫부 총18획

- 爵位 작위 — 벼슬과 지위를 통틀어 이르는 말, 또는 작의 계급(位 자리 위)
- 爵號 작호 — 관작의 칭호(號 이름 호)
- 封爵 봉작 — 제후로 봉하고 관작을 줌 (封 봉할 봉)
- 公爵 공작
- 男爵 남작
- 伯爵 백작
- 子爵 자작
- 品爵 품작
- 侯爵 후작

604 | 잔

남을 잔
歹부 총12획

- 殘飯 잔반 — 먹다가 그릇에 남긴 밥 (飯 밥 반)
- 殘額 잔액 — 나머지 액수(額 이마 액)
- 殘餘 잔여 — 남아 있음, 또는 그런 나머지 (餘 남을 여)
- 殘高 잔고
- 殘留 잔류
- 殘惡 잔악
- 殘業 잔업
- 殘忍 잔인
- 殘在 잔재

605 | 잠

잠길 잠
氵=水부 총15획

- 潛伏 잠복 — 드러나지 않게 숨음 (伏 엎드릴 복)
- 潛跡 잠적 — 종적을 아주 숨김(跡 발자취 적)
- 沈潛 침잠 — 겉으로 드러나지 아니하게 물 속 깊숙이 가라앉거나 숨음 (沈 잠길 침)
- 潛龍 잠룡
- 潛水 잠수
- 潛入 잠입
- 潛在 잠재
- 潛行 잠행

606 | 잠

잠깐 잠
日부 총15획

- 暫留 잠류 — 잠시 머묾(留 머무를 류)
- 暫時 잠시 — 짧은 시간 (時 때 시)
- 暫定 잠정 — 임시로 정함(定 정할 정)
- 暫定的 잠정적
- 暫定豫算 잠정예산
- 暫定條約 잠정조약

607 | 잡
雜
섞일 잡
隹부 총18획

- 雜草 잡초 — 저절로 나서 자라는 여러 가지 풀(草 풀 초)
- 亂雜 난잡 — 뒤섞여 너저분함(亂 어지러울 란)
- 複雜 복잡 — 일이나 감정 따위가 갈피를 잡기 어려울 만큼 여러 가지가 얽혀 있음(複 겹칠 복)
- 雜念 잡념
- 雜談 잡담
- 雜音 잡음
- 雜種 잡종
- 雜誌 잡지
- 煩雜 번잡

608 | 장
獎
장려할 장
大부 총14획

- 獎勵 장려 — 좋은 일에 힘쓰도록 북돋아 줌(勵 힘쓸 려)
- 獎學 장학 — 공부나 학문을 장려함 (學 배울 학)
- 勸獎 권장 — 권하여 장려함(勸 권할 권)
- 推獎 추장
- 獎勵賞 장려상
- 獎學金 장학금
- 獎學士 장학사
- 獎學生 장학생
- 獎學官 장학관

609 | 장

장사지낼 장
艹=艸부 총13획

- 葬禮 장례 — 장사 지내는 예절(禮 예도 례)
- 葬事 장사 — 죽은 사람을 땅에 묻거나 화장하는 일(事 일 사)
- 水葬 수장 — 물 속에서 잃어버리거나 물 속에 가라앉힘(水 물 수)
- 葬地 장지
- 埋葬 매장
- 殉葬 순장
- 安葬 안장
- 火葬 화장
- 葬送曲 장송곡

610 | 장

어른 장
一부 총3획

- 丈母 장모 — 아내의 어머니(母 어미 모)
- 丈人 장인 — 아내의 아버지(人 사람 인)
- 聘丈 빙장 — 아내의 아버지(聘 부를 빙)
- 大丈夫 대장부 — 건장하고 씩씩한 사내 (大 큰 대, 夫 지아비 부)
- 丈夫 장부
- 方丈 방장
- 岳丈 악장
- 老人丈 노인장
- 女丈夫 여장부
- 拙丈夫 졸장부

・ ・ ・ ・ 이 한 자 기 억 해 요 ? 정답 270

1 乳( ) 2 閏( ) 3 潤( ) 4 隱( ) 5 淫( ) 6 凝( ) 7 儀( ) 8 宜( ) 9 疑( ) 10 夷( )

여기는! 刺자 / 粧장

611 | 장

단장할 장
米부　총12획

粧飾 장식　겉을 매만져 꾸밈(飾 꾸밀 식)
盛粧 성장　얼굴과 몸을 화려하게 꾸밈(盛 성할 성)
化粧 화장　화장품을 바르거나 문질러 얼굴을 곱게 꾸밈(化 될 화)

丹粧 단장　美粧 미장　新粧 신장
治粧 치장

612 | 장
墻
담 장
土부　총16획

墻內 장내　담의 안(內 안 내)
墻屋 장옥　담(屋 집 옥)
越墻 월장　담을 넘음(越 넘을 월)

宮墻 궁장　築墻 축장　土墻 토장

613 | 장

막을 장
阝=阜부　총14획

障壁 장벽　둘 사이의 관계를 순조롭지 못하게 가로막는 장애물(壁 벽 벽)
故障 고장　기구나 기계가 제대로 움직이지 못하게 되는 기능상의 장애(故 연고 고)

障害 장해　保障 보장　支障 지장
綠內障 녹내장　白內障 백내장

614 | 장

손바닥 장
手부　총12획

掌篇 장편　손바닥만 한 크기의 작품이라는 뜻으로, 매우 짧은 산문을 이르는 말(篇 책 편)
分掌 분장　일이나 임무를 나누어 맡아 처리함(分 나눌 분)

兼掌 겸장　管掌 관장　合掌 합장
仙人掌 선인장　孤掌難鳴 고장난명　拍掌大笑 박장대소

615 | 장

감출 장
艹=艸부　총18획

貯藏 저장　물건이나 재화 따위를 모아서 간수함(貯 쌓을 저)
包藏 포장　물건을 싸서 간직함, 또는 어떤 생각을 마음속에 지니어 간직함(包 쌀 포)

藏書 장서　內藏 내장　秘藏 비장
所藏 소장　守藏 수장　無盡藏 무진장

616 | 장
臟
오장 장
月=肉부　총22획

臟器 장기　내장의 여러 기관(器 그릇 기)
肝臟 간장　가로막 바로 밑의 오른쪽에 있는 기관(肝 간 간)
五臟 오장　간장, 심장, 비장, 폐장, 신장의 다섯 가지 내장(五 다섯 오)

內臟 내장　心臟 심장　肺臟 폐장
臟器移植 장기이식

617 | 장

씩씩할 장
艹=艸부　총11획

莊嚴 장엄　씩씩하고 웅장하며 위엄 있고 엄숙함(嚴 엄할 엄)
別莊 별장　살림을 하는 집 외에 경치 좋은 곳에 따로 지어 놓고 때때로 묵으면서 쉬는 집(別 다를 별)

莊園 장원　莊重 장중　老莊 노장
山莊 산장

618 | 장

꾸밀 장
衣부　총13획

裝置 장치　어떤 목적에 따라 기능하도록 기계, 도구 따위를 장소에 장착함, 또는 그 기계(置 둘 치)
變裝 변장　본래 모습을 알아볼 수 없게 옷차림이나 얼굴, 머리 모양 따위를 다르게 바꿈(變 변할 변)

裝備 장비　裝飾 장식　裝着 장착
男裝 남장　武裝 무장　裝甲車 장갑차

619 | 장

베풀 장
弓부　총11획

主張 주장　자기의 의견이나 주의를 굳게 내세움(主 주인 주)
張本人 장본인　어떤 일을 꾀하여 일으킨 바로 그 사람(本 근본 본, 人 사람 인)

張力 장력　張皇 장황　誇張 과장
緊張 긴장　出張 출장　擴張 확장

620 | 장
帳
장막 장
巾부　총11획

帳簿 장부　물건의 출납이나 돈의 수지 계산을 적어 두는 책(簿 문서 부)
通帳 통장　금융 기관에서 예금한 사람에게 출납의 상태를 적어 주는 장부(通 통할 통)

帳幕 장막　記帳 기장　臺帳 대장
揮帳 휘장　日記帳 일기장　布帳馬車 포장마차

· · · · 이 한 자 기 억 해 요 ? · · · 정답 271

1 翼( )　2 姻( )　3 逸( )　4 任( )　5 賃( )　6 玆( )　7 姿( )　8 恣( )　9 資( )　10 紫( )

 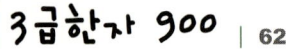 | 621~640

621 | 장

腸

창자 장
月=肉부 총13획

斷腸 단장 몹시 슬퍼서 창자가 끊어지는 듯함(斷 끊을 단)
換腸 환장 어떤 것에 지나치게 몰두하여 정신을 못 차리는 지경이 됨을 속되게 이르는 말(換 바꿀 환)
腸炎 장염   大腸 대장   小腸 소장
心腸 심장   直腸 직장   脫腸 탈장

622 | 재

옷마를 재
衣부 총12획

裁可 재가 안건을 결재하여 허가함 (可 옳을 가)
裁判 재판 사건을 해결하기 위하여 법원 또는 법관이 공권적 판단을 내리는 일, 또는 그 판단 (判 판단할 판)
裁斷 재단   裁量 재량   決裁 결재
獨裁 독재   制裁 제재   仲裁 중재

623 | 재

載

실을 재
車부 총13획

記載 기재 문서 따위에 기록하여 올림 (記 기록할 기)
登載 등재 일정한 사항을 장부나 대장에 올림 (登 오를 등)
連載 연재 신문이나 잡지 따위에 소설이나 기사 따위를 연속해서 싣는 일 (連 이을 련)
載積 재적   滿載 만재   積載 적재
轉載 전재   連載物 연재물   千載一遇 천재일우

624 | 재

재상 재
宀부 총10획

宰相 재상 임금을 돕고 관원을 지휘, 감독하는 일을 하던 이품 이상의 벼슬, 또는 그 벼슬아치 (相 서로 상)
太宰 태재 중국 은나라·주나라 때에 천자를 보좌하던 벼슬. 옛 중국의 으뜸 벼슬 (太 클 태)
宰臣 재신   宰列 재열   主宰 주재

625 | 재

災

재앙 재
火부 총7획

災難 재난 뜻밖의 불행한 일 (難 어려울 난)
災殃 재앙 자연의 이변으로 생기는 불행한 사고 (殃 재앙 앙)
産災 산재 산업 재해의 준말. 노동 과정에서 일어나는 근로자의 신체적 장애 (産 낳을 산)
災害 재해   災禍 재화   三災 삼재
水災 수재   火災 화재   天災地變 천재지변

626 | 저

底

밑 저
广부 총8획

基底 기저 사물의 뿌리나 밑바탕이 되는 기초 (基 터 기)
心底 심저 마음의 깊은 속 (心 마음 심)
徹底 철저 속속들이 꿰뚫어 미치어 빈틈이나 부족함이 없이 밑바닥까지 투철함 (徹 통할 철)
底力 저력   底邊 저변   底意 저의
底層 저층   到底 도저   海底 해저

627 | 저

막을 저
扌=手부 총8획

抵當 저당 부동산이나 동산을 채무의 담보로 잡거나 담보로 잡힘 (當 마땅 당)
抵抗 저항 어떤 힘이나 조건에 굽히지 아니하고 거역하거나 버팀 (抗 대항할 항)
抵觸 저촉   大抵 대저   根抵當 근저당

628 | 적

고요할 적
宀부 총11획

寂滅 적멸 번뇌의 경계를 떠남 (滅 멸할 멸)
寂寂 적적 외롭고 쓸쓸함
入寂 입적 중이 죽음 (入 들 입)
閑寂 한적 한가하고 고요함 (閑 한가할 한)
寂寞* 적막   孤寂 고적   歸寂 귀적
靜寂 정적

629 | 적

賊

도둑 적
貝부 총13획

山賊 산적 산속에 근거지를 두고 드나드는 도둑 (山 메 산)
亂臣賊子 난신적자 나라를 어지럽히는 불충한 무리 (亂 어지러울 란, 臣 신하 신, 子 아들 자)
逆賊 역적   義賊 의적   海賊 해적

630 | 적

문서 적
竹부 총20획

移籍 이적 호적을 옮김. 운동 선수가 소속 팀으로부터 다른 팀으로 적을 옮기는 일 (移 옮길 이)
戶籍 호적 호주를 중심으로 하여 그 집에 속하는 사람들의 신분에 관한 사항을 기록한 공문서 (戶 집 호)
國籍 국적   本籍 본적   書籍 서적
在籍 재적   除籍 제적   學籍 학적

· · · 이 한 자 기 억 해 요 ? · · · 정답 272

1 刺( )　2 酌( )　3 爵( )　4 殘( )　5 潛( )　6 暫( )　7 雜( )　8 奬( )　9 葬( )　10 丈( )

여기는! 腸장 / 摘적

631 | 적

딸 적
扌=手부 총14획

- 摘發 적발 숨겨져 있는 일이나 드러나지 아니한 것을 들추어 냄(發 필 발)
- 摘載 적재 요긴한 것만을 따서 기록하여 실음(載 실을 재)
- 指摘 지적 어떤 사물을 꼭 집어서 가리킴(指 가리킬 지)
- 摘示 적시   摘要 적요   摘出 적출

632 | 적

물방울 적
氵=水부 총14획

- 滴露 적로 방울지어 떨어지는 이슬 (露 이슬 로)
- 滴水 적수 떨어지는 물방울(水 물 수)
- 殘滴 잔적 남은 물방울, 또는 남은 술 (殘 남을 잔)
- 水滴 수적   餘滴 여적   雨滴 우적
- 滴板 적판

633 | 적

쌓을 적
禾부 총16획

- 積極 적극 대상에 대하여 긍정적이고 능동적으로 활동함(極 극진할 극)
- 積善 적선 착한 일을 많이 함(善 착할 선)
- 積雪 적설 쌓여 있는 눈(雪 눈 설)
- 積載 적재 쌓아 실음(載 실을 재)
- 積金 적금   積立 적립   見積 견적
- 累積 누적   面積 면적   容積 용적

634 | 적

길쌈 적
糸부 총17획

- 功績 공적 노력과 수고의 실적(功 공 공)
- 成績 성적 학생들이 배운 지식, 기능, 태도 따위를 평가한 결과 (成 이룰 성)
- 實績 실적 실제로 이룬 업적이나 공적 (實 열매 실)
- 事績 사적   業績 업적   治績 치적
- 表績 표적   行績 행적   績麻 적마

635 | 적

발자취 적
足부 총13획

- 軌跡 궤적 선인의 행적. 사람이나 어떠한 일을 더듬어 온 흔적 (軌 바퀴자국 궤)
- 史跡 사적 역사적으로 중요한 사건이나 시설의 자취(史 사기 사)
- 筆跡 필적 글씨의 생김새나 솜씨(筆 붓 필)
- 人跡 인적   潛跡 잠적   足跡 족적
- 追跡 추적   行跡 행적   名勝古跡 명승고적

636 | 전

전각 전
殳부 총13획

- 殿堂 전당 학문, 예술, 과학, 기술, 교육 따위의 분야에서 가장 권위 있는 연구 기관을 비유 (堂 집 당)
- 神殿 신전 신령을 모신 큰집(神 귀신 신)
- 殿閣 전각   殿下 전하   宮殿 궁전
- 內殿 내전   聖殿 성전   便殿 편전

637 | 전

오로지 전
寸부 총11획

- 專決 전결 결정권자 마음대로 결정하고 처리함(決 결단할 결)
- 專賣 전매 국가가 국고 수입을 위하여 어떤 재화의 판매를 독점하는 일(賣 팔 매)
- 專攻 전공   專念 전념   專力 전력
- 專門 전문   專業 전업   專用 전용

638 | 전

구를 전
車부 총18획

- 轉勤 전근 근무하는 곳을 옮김 (勤 부지런할 근)
- 轉機 전기 전환점이 되는 기회나 시기 (機 틀 기)
- 轉換 전환 이리저리 바꿈(換 바꿀 환)
- 轉落 전락   轉業 전업   轉用 전용
- 轉向 전향   運轉 운전   回轉 회전

639 | 절

꺾을 절
扌=手부 총7획

- 折半 절반 하나를 반으로 나눔(半 반 반)
- 骨折 골절 뼈가 부러짐(骨 뼈 골)
- 屈折 굴절 생각이나 말 따위가 어떤 것에 영향을 받아 본래의 모습과 달라짐(屈 굽힐 굴)
- 折死 절사   價折 가절   短折 단절
- 折衝 절충   曲折 곡절   斷折 단절

640 | 절

끊을 절/온통 체
刀부 총4획

- 切開 절개 째어서 엶(開 열 개)
- 切斷 절단 끊어낼 잘라 냄(斷 끊을 단)
- 切實 절실 아주 긴요함(實 열매 실)
- 懇切 간절 지성스럽고 절실함 (懇 간절할 간)
- 切感 절감   切除 절제   切下 절하
- 適切 적절   親切 친절   品切 품절

• • • 이 한 자 기 억 해 요 ? • • • 정답 273

1 粧( ) 2 墻( ) 3 障( ) 4 掌( ) 5 藏( ) 6 臟( ) 7 莊( ) 8 裝( ) 9 張( ) 10 帳( )

3급한자 900 | 641~660

641 | 절
竊 훔칠 절
穴부 총22획

- 竊盜 절도: 남의 물건을 몰래 훔침, 또는 그런 사람(盜 도둑 도)
- 竊取 절취: 훔치어 가짐(取 가질 취)
- 草竊 초절: 남의 농작물을 훔쳐 가는 도둑(草 풀 초)
- 竊聽 절청
- 竊盜犯 절도범
- 竊盜罪 절도죄

642 | 점
漸 점점 점
氵=水부 총14획

- 漸進 점진: 조금씩 앞으로 나아감, 또는 점점 발전함(進 나아갈 진)
- 漸降法 점강법: 크고 높고 강한 것에서부터 작고 낮고 약한 것으로 표현하여 강조하는 수사법(降 내릴 강, 法 법 법)
- 漸染 점염
- 漸次 점차
- 漸漸 점점
- 東漸 동점
- 漸增 점증
- 漸層法 점층법

643 | 점
占 점령할,점칠 점
卜부 총5획

- 占據 점거: 어떤 장소를 차지하여 자리를 잡음(據 근거 거)
- 占領 점령: 교전국의 군대가 적국의 영토에 들어가 그 지역을 군사적 지배하에 둠(領 거느릴 령)
- 占術 점술
- 占有 점유
- 獨占 독점
- 卜占 복점
- 先占 선점
- 買占賣惜 매점매석

644 | 점
點 점 점
黑부 총17획

- 點數 점수: 성적을 나타내는 숫자(數 셈 수)
- 缺點 결점: 잘못되거나 부족하여 완전하지 못한 점(缺 이지러질 결)
- 得點 득점: 시험이나 경기에서 점수를 얻음(得 얻을 득)
- 點檢 점검
- 氷點 빙점
- 點火 점화
- 要點 요점
- 起點 기점
- 終點 종점

645 | 접
蝶 나비 접
虫부 총15획

- 蝶泳 접영: 두 손을 앞으로 뻗쳐 물을 아래로 끌어내리고 양다리를 모아 상하로 움직이며 물을 치면서 나가는 수영법(泳 헤엄칠 영)
- 胡蝶夢 호접몽: 나비에 관한 꿈이라는 뜻, 인생의 덧없음을 이름(胡 오랑캐 호, 夢 꿈 몽)
- 胡蝶 호접
- 蝶形骨 접형골
- 蝶形花冠 접형화관

646 | 정

程 한도, 길 정
禾부 총12획

- 程度 정도: 얼마의 분량(度 법도 도)
- 過程 과정: 일이 되어 가는 경로(過 지날 과)
- 規程 규정: 관공서 따위에서 내부 총조직이나 사무 취급 등에 대하여 정해 놓은 규칙(規 법 규)
- 工程 공정
- 旅程 여정
- 路程 노정
- 日程 일정
- 道程 도정
- 方程式 방정식

647 | 정

征 칠 정
彳부 총8획

- 征服 정복: 다른 나라나 민족을 정벌하여 복종시킴(服 옷 복)
- 征伐 정벌: 적 또는 죄 있는 무리를 군사를 보내어 침(伐 칠 벌)
- 遠征 원정: 먼 곳으로 싸우러 나감(遠 멀 원)
- 長征 장정
- 出征 출정
- 親征 친정

648 | 정

整 가지런할 정
攵=攴부 총16획

- 整理 정리: 흐트러지거나 혼란스러운 것을 모으거나 치워서 질서 있는 상태가 되게 함. 문제가 되거나 불필요한 것을 말끔하게 바로잡음(理 다스릴 리)
- 整肅 정숙: 의용이 정제하고 엄숙함(肅 엄숙할 숙)
- 整列 정렬
- 整然 정연
- 整備 정비
- 調整 조정
- 整數 정수
- 整形外科 정형외과

649 | 정

廷 조정 정
廴부 총7획

- 法廷 법정: 법원이 소송 절차에 따라 송사를 심리하고 판결하는 곳(法 법 법)
- 朝廷 조정: 임금이 나라의 정치를 신하들과 의논하거나 집행하는 곳, 또는 그런 기구(朝 아침 조)
- 廷論 정론
- 廷臣 정신
- 廷爭 정쟁
- 開廷 개정
- 休廷 휴정
- 裁判廷 재판정

650 | 정

亭 정자 정
亠부 총9획

- 亭子 정자: 경치가 좋은 곳에 놀거나 쉬기 위하여 지은 집으로 벽이 없이 기둥과 지붕만 있음(子 아들 자)
- 園亭 원정: 집 안 뜰에 있는 정자(園 동산 원)
- 亭閣 정각
- 山亭 산정
- 料亭 요정

· · · · 이 한 자 기 억 해 요 ? · · · · 정답 274

1 腸( ) 2 裁( ) 3 載( ) 4 率( ) 5 災( ) 6 底( ) 7 抵( ) 8 寂( ) 9 賊( ) 10 籍( )

여기는! 竊절/訂정

651 | 정 訂 바로잡을 정
言부 총9획

- 訂正 정정 : 글자나 글 따위의 잘못을 고쳐서 바로잡음 (正 바를 정)
- 校訂 교정 : 남의 문장 또는 출판물의 잘못된 글자나 글귀 따위를 바르게 고침 (校 학교 교)
- 改訂 개정
- 修訂 수정
- 再訂 재정
- 增訂 증정

652 | 제  制 절제할 제
刂=刀부 총8획

- 制裁 제재 : 법이나 규정을 어겼을 때 국가가 처벌이나 금지 따위를 행함 (裁 옷마를 재)
- 專制 전제 : 국가의 권력을 개인이 장악하고 그 개인의 의사에 따라 모든 일을 처리함 (專 오로지 전)
- 制度 제도
- 制約 제약
- 制定 제정
- 制止 제지
- 制限 제한
- 統制 통제

653 | 제 齊 가지런할 제
齊부 총14획

- 齊家 제가 : 집안을 잘 다스려 바로잡음 (家 집 가)
- 齊唱 제창 : 여러 사람이 다 같이 소리를 질러 부름 (唱 부를 창)
- 均齊 균제 : 고르고 가지런함 (均 고를 균)
- 一齊 일제 : 여럿이 한꺼번에 함 (一 한 일)
- 齊整 제정
- 整齊 정제
- 修身齊家 수신제가

654 | 제  濟 건널 제
氵=水부 총17획

- 救濟 구제 : 자연적인 재해나 사회적인 피해를 당하여 어려운 처지에 있는 사람을 도와줌 (救 구원할 구)
- 未濟 미제 : 일이 아직 끝나지 아니함 (未 아닐 미)
- 濟度 제도
- 濟民 제민
- 濟衆 제중
- 決濟 결제
- 經濟 경제
- 辨濟 변제

655 | 제  提 끌 제
扌=手부 총12획

- 提供 제공 : 바치어 이바지함 (供 이바지할 공)
- 提起 제기 : 의견이나 문제를 내어 놓음 (起 일어날 기)
- 提案 제안 : 어떤 생각이나 문제를 내 놓음, 또는 그 의안 (案 책상 안)
- 提高 제고
- 提示 제시
- 提請 제청
- 提出 제출
- 提携 제휴
- 前提 전제

656 | 제 堤 둑 제
土부 총12획

- 防潮堤 방조제 : 높이 밀려드는 조수의 피해를 막기 위하여 바닷가에 쌓은 둑 (防 막을 방, 潮 조수 조)
- 防波堤 방파제 : 파도를 막기 위하여 항만에 쌓은 둑. 바다의 물결을 막아 항구를 보호함 (防 막을 방, 波 물결 파)
- 堤防 제방
- 築堤 축제
- 河堤 하제

657 | 제  際 즈음, 가 제
阝=阜부 총14획

- 交際 교제 : 사람과 사람이 서로 사귐 (交 사귈 교)
- 國際 국제 : 나라 사이에 관계됨 (國 나라 국)
- 實際 실제 : 사실의 경우나 형편 (實 열매 실)
- 此際 차제 : 이 즈음. 이 기회 (此 이 차)
- 際限 제한
- 天際 천제
- 交際費 교제비
- 國際法 국제법
- 國際競技 국제경기

658 | 조  條 가지 조
木부 총11획

- 條件 조건 : 어떤 일을 이루게 하거나 이루지 못하게 하기 위하여 갖추어야 할 상태나 요소 (件 물건 건)
- 條例 조례 : 지방 자치 단체가 법령의 범위 안에서 지방 의회의 의결을 거쳐 그 지방의 사무에 관하여 제정하는 법 (例 법식 례)
- 條理 조리
- 條目 조목
- 條約 조약
- 條項 조항
- 信條 신조
- 金科玉條 금과옥조

659 | 조  租 조세 조
禾부 총10획

- 租稅 조세 : 국가, 지방 자치 단체가 경비로 사용하기 위하여 국민이나 주민에게 강제로 거두어들이는 돈 (稅 세금 세)
- 租借 조차 : 합의에 따라 다른 나라 영토의 일부를 빌려 일정한 기간 동안 통치하는 일 (借 빌 차)
- 租界 조계
- 田租 전조
- 地租 지조
- 租稅法 조세법
- 租稅案 조세안

660 | 조  組 짤 조
糸부 총11획

- 組成 조성 : 여러 개의 요소나 성분으로 엮거나 짜서 만듦 (成 이룰 성)
- 組合 조합 : 여러 가지 공동 목적을 수행하기 위하여 일정한 자격이 있는 사람으로 조직한 단체 (合 합할 합)
- 組立 조립
- 組員 조원
- 組長 조장
- 組織 조직
- 組版 조판
- 改組 개조

• • • 이 한 자 기 억 해 요 ? • • • 정답 275

1 摘( ) 2 滴( ) 3 積( ) 4 績( ) 5 跡( ) 6 殿( ) 7 專( ) 8 轉( ) 9 折( ) 10 切( )

3급한자 900 | 661~680

661 | 조
마를 조
火부 총17획

燥渴 조갈 입술이나 입 안, 목 따위가 타는 듯이 몹시 마름(渴 목마를 갈)
乾燥 건조 물기나 습기가 말라서 없어짐, 또는 물기나 습기를 말려서 없앰(乾 마를 건)
燥强 조강   燥熱 조열   高燥 고조
燥渴症 조갈증   無味乾燥 무미건조

662 | 조
잡을 조
扌=手부 총16획

操弄 조롱 마음대로 다루면서 데리고 놂(弄 희롱할 롱)
操心 조심 실수가 없도록 마음을 삼가서 경계함(心 마음 심)
貞操 정조 이성 관계에서 순결을 지니는 일(貞 곧을 정)
操身 조신   操作 조작   操業 조업
操縱 조종   志操 지조

663 | 조
비칠 조
灬=火부 총13획

照明 조명 빛을 비추어 밝게 함(明 밝을 명)
照會 조회 어떤 사람의 인적 사항을 관계되는 기관에 알아보는 일(會 모일 회)
落照 낙조 저녁에 지는 햇빛(落 떨어질 락)
照度 조도   照應 조응   照準 조준
對照 대조   參照 참조   照明燈 조명등

664 | 조
조상할 조
弓부 총4획

弔問 조문 남의 죽음에 대하여 슬퍼하는 뜻을 드러내어 상주를 위문함, 또는 그 위문(問 물을 문)
慶弔 경조 경축하는 것과 조문하는 일(慶 경사 경)
弔客 조객   弔旗 조기   弔意 조의
弔銃 조총   弔花 조화   謹弔 근조

665 | 조
밀물, 조수 조
氵=水부 총15획

潮流 조류 바닷물의 흐름. 시대 흐름의 경향이나 동향(流 흐를 류)
干潮 간조 바다에서 조수가 빠져나가 해수면이 가장 낮아진 상태(干 방패 간)
潮水 조수   高潮 고조   滿潮 만조
退潮 퇴조   風潮 풍조   紅潮 홍조

666 | 졸
옹졸할 졸
扌=手부 총8획

拙劣 졸렬 옹졸하고 천하여 서투름(劣 못할 렬)
拙作 졸작 자기의 작품을 겸손하게 이르는 말(作 지을 작)
拙著 졸저 자기의 저술을 겸손하게 이르는 말(著 나타날 저)
拙稿 졸고   拙速 졸속   拙筆 졸필
壅*拙 옹졸

667 | 종
세로 종
糸부 총17획

縱斷 종단 세로로 끊거나 길이로 자름. 남북의 방향으로 건너가나 건너옴(斷 끊을 단)
縱隊 종대 세로로 줄을 지어 늘어선 대형(隊 무리 대)
縱列 종렬   縱走 종주   縱橫 종횡
放縱 방종   操縱 조종   縱橫無盡 종횡무진

668 | 좌
도울 좌
亻=人부 총7획

佐平 좌평 백제 때 십 육품 관등의 첫째 등급(平 평평할 평)
補佐 보좌 상관을 도와 일을 처리함(補 기울 보)
保佐 보좌 보호하여 도움(保 지킬 보)
佐郎 좌랑   上佐 상좌   王佐 왕좌

669 | 좌
자리 좌
广부 총10획

座談 좌담 여러 사람이 한자리에 모여 앉아서 어떤 문제에 대하여 의견이나 견문을 나누는 일(談 말씀 담)
座席 좌석 앉을 수 있게 마련된 자리(席 자리 석)
座中 좌중   座標 좌표   講座 강좌
王座 왕좌   座右銘 좌우명   銀行計座 은행계좌

670 | 주
두루 주
口부 총8획

周到 주도 주의가 두루 미쳐서 빈틈없이 찬찬함(到 이를 도)
周易 주역 삼경의 하나(易 바꿀 역)
周遊 주유 두루 돌아다니면서 구경하며 놂(遊 놀 유)
周邊 주변   周旋 주선   周圍 주위
周知 주지   圓周 원주   一周 일주

• • • 이 한 자 기 억 해 요 ? • • • 정답 276

1 竊( ) 2 漸( ) 3 占( ) 4 點( ) 5 蝶( ) 6 程( ) 7 征( ) 8 整( ) 9 廷( ) 10 亭( )

여기는! 燥조 / 珠주

671 | 주 珠 구슬 주
玉부 총10획
- 珠板 주판 : 셈을 놓는 데 쓰는 기구의 하나. 수판(板 널 판)
- 念珠 염주 : 염불할 때에, 손으로 돌려 개수를 세거나 손목 또는 목에 거는 법구(念 생각 념)
- 珠算 주산 珠玉 주옥 明珠 명주
- 珍珠 진주 夜光珠 야광주 如意珠 여의주

672 | 주 株 그루 주
木부 총10획
- 株式 주식 : 주식회사의 자본을 구성하는 단위(式 법 식)
- 株主 주주 : 주식을 가지고 직접 또는 간접으로 회사 경영에 참여하고 있는 개인이나 법인(主 주인 주)
- 株價 주가 株券 주권 舊株 구주
- 新株 신주 優良株 우량주 有望株 유망주

673 | 주 州 고을 주
川=巛부 총6획
- 州都 주도 : 주를 행정 단위로 하는 국가에서 주의 정치, 문화 따위의 중심 도시(都 도읍 도)
- 州牧 주목 : 주를 다스리던 목사(牧 칠 목)
- 州司 주사 : 주의 관사, 또는 주의 벼슬아치(司 맡을 사)
- 州郡 주군 公州 공주 光州 광주
- 原州 원주 全州 전주 濟州 제주

674 | 주 洲 물가 주
氵=水부 총9획
- 三角洲 삼각주 : 강이 바다로 들어가는 어귀에 모래나 흙이 쌓여 이루어진 편평한 지형(三 석 삼, 角 뿔 각)
- 六大洲 육대주 : 지구 위의 여섯 대륙. 아시아, 아프리카, 유럽, 오세아니아, 남아메리카, 북아메리카(六 여섯 륙, 大 큰 대)
- 滿洲 만주 美洲 미주 沙洲 사주
- 大洋洲 대양주

675 | 주 舟 배 주
舟부 총6획

- 舟遊 주유 : 뱃놀이(遊 놀 유)
- 方舟 방주 : 네모진 모양의 배(方 모 방)
- 一葉片舟 일엽편주 : 한 척의 조그마한 배(一 한 일, 葉 잎 엽, 片 조각 편)
- 輕舟 경주 虛舟 허주 刻舟求劍 각주구검

676 | 주 鑄 쇠불릴 주
金부 총22획
- 鑄物 주물 : 쇠붙이를 녹여서 일정한 틀 속에 부어 만든 물건(物 물건 물)
- 鑄造 주조 : 녹인 쇠붙이를 틀 속에 부어 물건을 만듦(造 지을 조)
- 鑄貨 주화 : 쇠붙이를 녹여 화폐를 만듦, 또는 그 화폐(貨 재물 화)
- 鑄工 주공 鑄金 주금 鑄鐵 주철
- 私鑄錢 사주전

677 | 주 柱 기둥 주
木부 총9획
- 電柱 전주 : 전선이나 통신선을 늘여 매기 위하여 세운 기둥(電 번개 전)
- 支柱 지주 : 정신적·사상적으로 의지할 수 있는 근거나 힘을 비유적으로 이르는 말(支 지탱할 지)
- 四柱 사주 石柱 석주 柱聯 주련
- 柱石 주석 四柱單子 사주단자 四柱八字 사주팔자

678 | 주 奏 아뢸 주
大부 총9획

- 奏樂 주악 : 음악을 연주함, 또는 그 음악(樂 노래 악)
- 獨奏 독주 : 한 사람이 악기를 연주하는 것(獨 홀로 독)
- 合奏 합주 : 두 가지 이상의 악기로 동시에 연주함(合 합할 합)
- 奏請 주청 伴奏 반주 演奏 연주
- 協奏 협주

679 | 준 遵 좇을 준
辶=辵부 총16획

- 遵據 준거 : 전례나 명령 따위에 의거하여 따름(據 근거 거)
- 遵法 준법 : 법을 지킴(法 법 법)
- 遵行 준행 : 전례나 명령 따위를 그대로 좇아서 행함(行 다닐 행)
- 遵範 준범 遵守 준수 遵用 준용

680 | 준 俊 준걸 준
亻=人부 총9획

- 俊傑 준걸 : 재주와 슬기가 뛰어남(傑 뛰어날 걸)
- 俊才 준재 : 아주 뛰어난 재주, 또는 재주가 뛰어난 사람(才 재주 재)
- 英俊 영준 : 영민하고 준수함, 또는 그런 사람(英 꽃부리 영)
- 俊骨 준골 俊秀 준수 俊逸 준일

• • • 이 한 자 기 억 해 요 ? • • • 정답 277

1 訂( ) 2 制( ) 3 齊( ) 4 濟( ) 5 提( ) 6 堤( ) 7 際( ) 8 條( ) 9 租( ) 10 組( )

3급한자 900 | 681~700

681 | 준

準

준할 준
氵=水부 총13획

- 準據 준거 : 표준에 따라 의거함 (據 근거 거)
- 準備 준비 : 미리 마련하여 갖춤 (備 갖출 비)
- 標準 표준 : 사물의 정도나 성격 따위를 알기 위한 근거나 기준 (標 표할 표)
- 準則 준칙
- 水準 수준
- 規準 규준
- 照準 조준
- 基準 기준
- 平準 평준

682 | 중

仲

버금 중
亻=人부 총6획

- 仲介 중개 : 제삼자로서 두 당사자 사이에 서서 일을 주선함 (介 낄 개)
- 仲秋節 중추절 : 명절의 하나. 음력 팔월 십오일로 한가위를 이름 (秋 가을 추, 節 마디 절)
- 仲媒 중매
- 仲夏 중하
- 仲父 중부
- 仲兄 중형
- 仲裁 중재
- 伯仲 백중

683 | 증

蒸

찔 증
艹=艸부 총14획

- 蒸氣 증기 : 기체 상태로 되어 있는 물. 수증기 (氣 기운 기)
- 蒸發 증발 : 어떤 물질이 액체 상태에서 기체 상태로 변함, 또는 그런 현상 (發 필 발)
- 蒸濕 증습
- 蒸熱 증열
- 水蒸氣 수증기
- 汗蒸湯 한증탕

684 | 증

症

증세 증
疒부 총10획

- 症狀 증상 : 병을 앓을 때 나타나는 여러 가지 상태나 모양 (狀 형상 상)
- 虛症 허증 : 정기가 부족하여 몸의 저항력과 생리적 기능이 약하여진 증상 (虛 빌 허)
- 症勢 증세
- 痛症 통증
- 炎症 염증
- 症候群 증후군
- 重症 중증
- 後遺症 후유증

685 | 증

憎

미울 증
忄=心부 총15획

- 憎惡 증오 : 아주 사무치게 미워함 (惡 미워할 오)
- 可憎 가증 : 괘씸하고 얄미움 (可 옳을 가)
- 愛憎 애증 : 사랑과 미움을 아울러 이르는 말 (愛 사랑 애)
- 憎怨 증원
- 憎惡感 증오감
- 憎惡心 증오심

686 | 증

줄 증
貝부 총19획

- 贈與 증여 : 자기의 재산을 무상으로 상대편에게 줄 의사를 표시하고 상대편이 이를 승낙하는 일 (與 더불 여)
- 寄贈 기증 : 선물이나 기념으로 남에게 물품을 거저 줌 (寄 부칠 기)
- 贈別 증별
- 贈遺 증유
- 追贈 추증
- 贈與稅 증여세

687 | 지

遲

더딜, 늦을 지
辶=辵부 총16획

- 遲刻 지각 : 정한 시각보다 늦게 도착함 (刻 새길 각)
- 遲遲不進 지지부진 : 매우 더디어서 일 따위가 잘 진척되지 아니함 (不 아닐 부, 進 나아갈 진)
- 遲延 지연
- 遲滯 지체

688 | 지

池

못 지
氵=水부 총6획

- 天池 천지 : 백두산 꼭대기에 있는 못 (天 하늘 천)
- 貯水池 저수지 : 물을 모아 두기 위하여 하천이나 골짜기를 막아 만든 큰못 (貯 쌓을 저, 水 물 수)
- 城池 성지
- 遊水池 유수지
- 電池 전지
- 蓄電池 축전지
- 乾電池 건전지
- 金城湯池 금성탕지

689 | 지

슬기, 지혜 지
日부 총12획

- 智略 지략 : 명철하게 포착하고 분석·평가하며 해결 대책을 능숙하게 세우는 뛰어난 슬기와 계략 (略 간략할 략)
- 智勇 지용 : 지혜와 용기 (勇 날랠 용)
- 智謀 지모
- 智慧 지혜
- 機智 기지
- 衆智 중지
- 智德體 지덕체
- 理智的 이지적

690 | 지

기록할 지
言부 총14획

- 誌面 지면 : 잡지에서 글이나 사진이 실리는 종이의 면 (面 낯 면)
- 雜誌 잡지 : 일정한 이름을 가지고 호를 거듭하며 정기적으로 간행하는 출판물 (雜 섞일 잡)
- 校誌 교지
- 日誌 일지
- 會誌 회지
- 機關誌 기관지
- 學術誌 학술지
- 週刊誌 주간지

• • 이 한 자 기 억 해 요 ? • • 정답 278

1 燥( )　2 操( )　3 照( )　4 弔( )　5 潮( )　6 拙( )　7 縱( )　8 佐( )　9 座( )　10 周( )

여기는! 準준 / 職직

691 | 직

직분 직
耳부 총18획

職業 직업 — 생계 유지를 위해 자신의 적성과 능력에 따라 일정한 기간 동안 종사하는 일(業 업 업)
職場 직장 — 사람들이 일정한 직업을 가지고 일하는 곳(場 마당 장)
職分 직분   職員 직원   職種 직종
職責 직책   兼職 겸직   辭職 사직

692 | 직
織
짤 직
糸부 총18획

織女 직녀 — 피륙을 짜는 여자(女 계집 녀)
織物 직물 — 씨줄과 날줄을 직기에 걸어 짠 천(物 물건 물)
組織 조직 — 정한 목적을 달성하기 위하여 여러 개체나 요소를 모아서 체계 있는 집단(組 짤 조)
織機 직기   織造 직조   機織 기직
手織 수직   絹織物 견직물   毛織物 모직물

693 | 진

진칠 진
阝=阜부 총10획

陣營 진영 — 군대가 진을 치고 있는 곳(營 경영할 영)
陣容 진용 — 한 단체가 집단을 이루고 있는 구성원의 짜임새(容 얼굴 용)
布陣 포진 — 전쟁이나 경기 따위를 하기 위하여 진을 침(布 펼 포)
陣地 진지   陣痛 진통   退陣 퇴진
筆陣 필진   背水陣 배수진   陣頭指揮 진두지휘

694 | 진

베풀, 묵을 진
阝=阜부 총11획

陳腐 진부 — 케케묵고 낡음(腐 썩을 부)
陳述 진술 — 자세하게 말함(述 펼 술)
開陳 개진 — 주장이나 사실 따위를 밝히기 위해 의견이나 내용을 드러내어 말하거나 글로 씀(開 열 개)
陳說 진설   陳列 진열   陳情 진정
意見開陳 의견개진

695 | 진

진압할 진
金부 총18획

鎭魂 진혼 — 죽은 사람의 넋을 달래어 고이 잠들게 함(魂 넋 혼)
重鎭 중진 — 어떤 집단이나 분야에서 지도적인 영향력을 가진 중요한 인물(重 무거울 중)
鎭壓 진압   鎭重 진중   鎭定 진정
鎭靜 진정   鎭火 진화   鎭痛劑 진통제

696 | 진
珍
보배 진
王=玉부 총9획

珍貴 진귀 — 보배롭고 귀중함(貴 귀할 귀)
珍奇 진기 — 보배롭고 기이함(奇 기특할 기)
珍味 진미 — 음식의 아주 좋은 맛, 또는 그런 맛이 나는 음식물(味 맛 미)
珍書 진서 — 진귀한 책(書 글 서)
珍本 진본   珍珠 진주   珍品 진품

697 | 진

떨칠 진
扌=手부 총10획

振動 진동 — 흔들려 움직임. 냄새 따위가 아주 심하게 나는 상태(動 움직일 동)
振作 진작 — 떨쳐 일으킴(作 지을 작)
振子 진자   振幅 진폭   振興 진흥
不振 부진

698 | 진

우레 진
雨부 총15획

震怒 진노 — 존엄한 존재가 크게 노함(怒 성낼 노)
餘震 여진 — 큰 지진이 일어난 다음에 얼마 동안 잇따라 일어나는 작은 지진(餘 남을 여)
震度 진도   震動 진동   強震 강진
耐震 내진   地震 지진   震幅 진폭

699 | 질
疾
병 질
疒부 총10획

疾病 질병 — 몸의 온갖 병(病 병 병)
疾走 질주 — 빨리 달림(走 달릴 주)
疾風 질풍 — 몹시 빠르고 거세게 부는 바람(風 바람 풍)
疾患 질환 — 몸의 병(患 근심 환)
疾苦 질고   疾視 질시   怪疾 괴질
眼疾 안질   疫疾 역질

700 | 질
姪
조카 질
女부 총9획

姪女 질녀 — 조카딸(女 계집 녀)
姪婦 질부 — 조카며느리(婦 지어미 부)
長姪 장질 — 맏조카. 장조카(長 긴 장)
堂姪 당질   叔姪 숙질   從姪 종질

• • • 이 한 자 기 억 해 요 ? • • • 정답 279

1 珠(　) 2 株(　) 3 州(　) 4 洲(　) 5 舟(　) 6 鑄(　) 7 柱(　) 8 奏(　) 9 遵(　) 10 俊(　)

3급한자 900 | 701~720

701 | 질

차례 질
禾부　총10획

秩高 질고　관직이 높음(高 높을 고)
秩序 질서　혼란 없이 순조롭게 이루어지게 하는 사물의 순서나 차례 (序 차례 서)

九秩 구질　　上秩 상질　　下秩 하질
無秩序 무질서

702 | 징
徵
부를 징
彳부　총15획

徵收 징수　행정 기관이 법에 따라서 조세, 수수료, 벌금 따위를 국민에게서 거두어들이는 일 (收 거둘 수)
特徵 특징　다른 것에 비하여 특별히 눈에 뜨이는 점(特 특별할 특)

徵兵 징병　　徵稅 징세　　徵兆 징조
過徵 과징　　象徵 상징　　追徵 추징

703 | 징

징계할 징
心부　총19획

懲戒 징계　부정이나 부당한 행위에 대하여 제재를 가함(戒 경계할 계)
懲罰 징벌　옳지 아니한 일을 하거나 죄를 지은 데 대하여 벌을 줌, 또는 그 벌(罰 벌할 벌)

懲役 징역　　懲止 징지　　嚴懲 엄징
勸善懲惡 권선징악

704 | 차

다를 차
工부　총10획

差減 차감　비교하여 덜어 냄, 또는 비교하여 줄어든 차이(減 덜 감)
差別 차별　둘 이상의 대상을 각각 등급이나 수준 따위의 차이를 두어서 구별함(別 다를 별)

差度 차도　　差等 차등　　差押 차압
差異 차이　　誤差 오차　　偏差 편차

705 | 착

어긋날 착
金부　총16획

錯亂 착란　어지럽고 수수선함 (亂 어지러울 란)
錯誤 착오　잘못(誤 그르칠 오)
倒錯 도착　본능이나 감정 또는 덕성의 이상으로 사회나 도덕에 어그러진 행동을 나타냄(倒 넘어질 도)

錯覺 착각　　錯視 착시　　錯雜 착잡
交錯 교착　　倒錯症 도착증

706 | 착

잡을 착
扌=手부　총10획

捉來 착래　사람을 붙잡아 옴(來 올 래)
捕捉 포착　꼭 붙잡음(捕 잡을 포)
捉送 착송　사람을 붙잡아서 보냄 (送 보낼 송)

捉去 착거　　捉囚 착수　　推捉 추착

707 | 찬

도울 찬
貝부　총19획

贊反 찬반　찬성과 반대를 아울러 이르는 말(反 돌이킬 반)
贊助 찬조　뜻을 같이하여 도움 (助 도울 조)
協贊 협찬　협력하여 도움(協 화합할 협)

贊決 찬결　　贊同 찬동　　贊成 찬성
贊助金 찬조금

708 | 찬

기릴 찬
言부　총26획

讚歌 찬가　찬양, 찬미의 뜻을 나타내는 노래(歌 노래 가)
讚美 찬미　아름답고 훌륭한 것이나 위대한 것 따위를 기리어 칭송함 (美 아름다울 미)

讚辭 찬사　　讚揚 찬양　　禮讚 예찬
絕讚 절찬　　稱讚 칭찬　　自畫自讚 자화자찬

709 | 참
慙
부끄러울 참
心부　총15획

慙慨 참개　몹시 부끄러워서 개탄함 (慨 슬퍼할 개)
慙愧 참괴　매우 부끄러워함 (愧 부끄러울 괴)
慙憤 참분　부끄러워하며 분하게 여김 (憤 분할 분)

慙德 참덕　　慙色 참색　　慙悔 참회

710 | 참
慘
참혹할 참
忄=心부　총14획

慘狀 참상　비참하고 끔찍한 상태나 상황 (狀 형상 상)
慘敗 참패　싸움이나 경기 따위에서 참혹할 만큼 크게 패배하거나 실패함, 또는 그런 패배나 실패 (敗 패할 패)

慘變 참변　　慘死 참사　　慘事 참사
慘刑 참형　　無慘 무참　　悲慘 비참

・・・・・이 한 자 기 억 해 요 ?・・・・・　　정답 280

1 準( )　2 仲( )　3 蒸( )　4 症( )　5 憎( )　6 贈( )　7 遲( )　8 池( )　9 智( )　10 誌( )

여기는! 秩질/倉창

| 711 \| 창  곳집 창 人부 총10획 | 倉庫 창고 — 물건이나 자재를 저장하거나 보관하는 건물(庫 곳집 고)
穀倉 곡창 — 곡식을 쌓아 두는 창고. 곡식이 많이 생산되는 지방을 이르는 말(穀 곡식 곡)
倉穀 창곡 倉卒 창졸 社倉 사창
船倉 선창 義倉 의창 常平倉 상평창 | 712 \| 창  비롯할 창 刂=刀부 총12획 | 創設 창설 — 기관이나 단체 따위를 처음으로 베풂(設 베풀 설)
創作 창작 — 예술 작품을 독창적으로 지어 냄(作 지을 작)
創造 창조 — 전에 없던 것을 처음으로 만듦(造 지을 조)
創建 창건 創立 창립 創案 창안
創業 창업 創意 창의 創製 창제 |

| 713 \| 창 蒼 푸를 창 ++=艸부 총14획 | 蒼空 창공 — 맑고 푸른 하늘(空 빌 공)
蒼白 창백 — 얼굴빛 따위가 해쓱함(白 흰 백)
蒼生 창생 — 세상의 모든 사람(生 날 생)
蒼天 창천 — 맑게 갠 푸른 하늘(天 하늘 천)
蒼海 창해 — 넓고 푸른 바다(海 바다 해)
蒼茫 창망 蒼然 창연 蒼蒼 창창 | 714 \| 창 暢 화창할 창 日부 총14획 | 暢達 창달 — 거침없이 쑥쑥 뻗어 나감, 또는 그렇게 되게 함(達 통달할 달)
流暢 유창 — 말이 줄줄 나와 거침이 없음. 발음 등이 매끄러워 막힘이 없음(流 흐를 류)
暢茂 창무 暢敍 창서 暢快 창쾌
和暢 화창 |

| 715 \| 채  채색 채 彡부 총11획 | 彩色 채색 — 그림 따위에 색을 칠함 (色 빛 색)
光彩 광채 — 정기 있는 밝은 빛(光 빛 광)
色彩 색채 — 빛깔(色 빛 색)
異彩 이채 — 이상한 빛. 남다름(異 다를 이)
彩度 채도 文彩 문채 彩色畫 채색화
水彩畫 수채화 | 716 \| 채  빚 채 亻=人부 총13획 | 債券 채권 — 국가, 지방 자치 단체, 은행, 회사 따위가 자금을 차입하기 위하여 발행하는 유가 증권 (券 문서 권)
負債 부채 — 남에게 빚을 짐, 또는 그 빚 (負 질 부)
債權 채권 債務 채무 公債 공채
國債 국채 卜債 복채 私債 사채 |

| 717 \| 책 策 꾀 책 竹부 총12획 | 策略 책략 — 어떤 일을 꾸미고 이루어 나가는 꾀와 방법(略 간략할 략)
策士 책사 — 꾀를 써서 일이 잘 이루어지게 하는 사람(士 선비 사)
對策 대책 — 어떤 일에 대처할 계획이나 수단(對 대할 대)
策定 책정 妙策 묘책 秘策 비책
上策 상책 失策 실책 政策 정책 | 718 \| 척 斥 물리칠 척 斤부 총5획 | 斥和 척화 — 화의를 배척함(和 화할 화)
斥候 척후 — 적의 형편이나 지형 따위를 정찰하고 탐색함(候 기후 후)
排斥 배척 — 따돌리거나 거부하여 밀어 내침(排 밀칠 배)
斥拒 척거 斥言 척언 斥和碑 척화비
斥候兵 척후병 |

| 719 \| 척  친척 척 戈부 총11획 | 外戚 외척 — 어머니 쪽의 친척(外 바깥 외)
姻戚 인척 — 혼인에 의하여 맺어진 친척 (姻 혼인 인)
親戚 친척 — 친족과 외척을 아울러 이르는 말(親 친할 친)
戚分 척분 戚屬 척속 戚臣 척신
婚戚 혼척 | 720 \| 척  넓힐 척/박을 탁 扌=手부 총8획 | 拓本 탁본 — 비석, 기와, 기물 따위에 새겨진 글씨나 무늬를 종이에 그대로 떠냄(本 근본 본)
干拓 간척 — 육지에 면한 바다나 호수의 일부를 둑으로 막고, 물을 빼내어 육지로 만드는 일(干 방패 간)
拓植 척식 拓地 척지 開拓 개척
手拓 수탁 干拓地 간척지 開拓者 개척자 |

· · · 이 한 자 기 억 해 요 ? · · · 정답 281

1 職( ) 2 織( ) 3 陣( ) 4 陳( ) 5 鎭( ) 6 珍( ) 7 振( ) 8 震( ) 9 疾( ) 10 姪( )

3급한자 900 | 721~740

721 | 천

천거할 천
艹=艸부 총17획

薦擧 천거 어떤 일을 맡아 할 수 있는 사람을 그 자리에 쓰도록 소개하거나 추천함(擧 들 거)
公薦 공천 공인된 정당에서 선거에 출마할 당원을 공식적으로 추천하는 일(公 공평할 공)
薦引 천인   落薦 낙천   自薦 자천
推薦 추천   他薦 타천

722 | 천
遷
옮길 천
辶=辵부 총16획

遷都 천도 서울을 옮김(都 도읍 도)
變遷 변천 바뀌고 변함(變 변할 변)
左遷 좌천 지금보다 낮은 지위나 직위로 옮김(左 왼 좌)
播遷 파천 임금이 도성을 떠나 딴 곳으로 피난함(播 뿌릴 파)
改過遷善 개과천선   三遷之敎 삼천지교

723 | 천

밟을 천
足부 총15획

踐極 천극 임금의 자리를 이름(極 극진할 극)
實踐 실천 생각한 바를 실제로 행함(實 열매 실)
踐履 천리   踐約 천약   踐言 천언

724 | 천
賤
천할 천
貝부 총15획

賤待 천대 업신여겨 푸대접함(待 기다릴 대)
賤視 천시 천하게 여김(視 볼 시)
貴賤 귀천 신분이나 일 따위의 귀함과 천함(貴 귀할 귀)
賤民 천민   賤職 천직   賤出 천출
微賤 미천   卑賤 비천

725 | 철
哲
밝을 철
口부 총10획

哲人 철인 어질고 사리에 밝은 사람. 철학가(人 사람 인)
哲學 철학 인간과 세계에 대한 근본 원리와 삶의 본질 따위를 연구하는 학문(學 배울 학)
哲理 철리   古哲 고철   明哲 명철
先哲 선철   聖哲 성철   賢哲 현철

726 | 철
徹
통할 철
彳부 총15획

徹夜 철야 밤새움. 잠을 자지 않고 밤을 보냄(夜 밤 야)
徹天 철천 하늘에 사무침(天 하늘 천)
貫徹 관철 어려움을 뚫고 나아가 목적을 기어이 이룸(貫 꿸 관)
徹底 철저   冷徹 냉철   洞徹 통철
透徹 투철   徹頭徹尾 철두철미

727 | 첨

더할 첨
氵=水부 총11획

添加 첨가 이미 있는 것에 덧붙이거나 보탬(加 더할 가)
添附 첨부 안건이나 문서 따위를 덧붙임(附 붙을 부)
添削 첨삭 시문, 답안 등을 보충하거나 삭제하여 고침(削 깎을 삭)
添補 첨보   別添 별첨

728 | 첨

뾰족할 첨
小부 총6획

尖端 첨단 끄트머리(端 끝 단)
尖兵 첨병 행군 본대의 앞에서 적의 움직임을 살피고 경계하는 부대 또는 그 부대의 군사(兵 병사 병)
尖銳 첨예 날카롭고 뾰족함(銳 날카로울 예)
尖塔 첨탑 뾰족한 탑(塔 탑 탑)
尖尾 첨미   指尖 지첨   最尖端 최첨단

729 | 첩

첩 첩
女부 총8획

妾室 첩실 '첩'을 점잖게 이르는 말(室 집 실)
愛妾 애첩 사랑하여 아끼는 첩(愛 사랑 애)
妻妾 처첩 아내와 첩을 아울러 이르는 말(妻 아내 처)
小妾 소첩   臣妾 신첩   賤妾 천첩
蓄妾 축첩

730 | 청

관청 청
广부 총25획

廳舍 청사 관청의 사무실로 쓰는 건물(舍 집 사)
官廳 관청 국가의 사무를 집행하는 국가 기관, 또는 그런 곳(官 벼슬 관)
大廳 대청 집채의 방과 방 사이에 있는 큰 마루(大 큰 대)
廳長 청장   區廳 구청   郡廳 군청
道廳 도청   本廳 본청   市廳 시청

· · · 이 한 자 기 억 해 요 ? 정답 282

1 秩( ) 2 徵( ) 3 懲( ) 4 差( ) 5 錯( ) 6 捉( ) 7 贊( ) 8 讚( ) 9 慙( ) 10 慘( )

여기는! 薦천 / 遞체

731 | 체

갈릴 체
辶=辵부 총14획

遞任 체임 벼슬을 갈아 냄(任 맡길 임)
郵遞夫 우체부 우편물을 우체통으로부터 모으고 또 각 집에 배달하는 직원
(郵 우편 우, 夫 지아비 부)
遞減 체감   遞信 체신   遞傳 체전
遞增 체증

732 | 체

막힐 체
氵=水부 총14획

滯納 체납 세금 따위를 기한까지 내지 못하여 밀림(納 들일 납)
滯留 체류 객지에 가서 머무르 있음
(留 머무를 류)
滯拂 체불 지급이 늦어짐. 지급을 늦춤
(拂 떨칠 불)
滯症 체증   延滯 연체   停滯 정체
遲滯 지체   沈滯 침체

733 | 체

바꿀 체
日부 총12획

交替 교체 사람이나 사물을 다른 사람이나 사물로 대신하여 바꿈
(交 사귈 교)
代替 대체 다른 것으로 대신함
(代 대신할 대)
移替 이체 서로 갈리고 바뀜. 서로 바뀜
(移 옮길 이)
替當 체당   替番 체번   對替 대체

734 | 체

잡을 체
辶=辵부 총12획

逮捕 체포 사람의 신체에 대하여 직접적이고 현실적인 구속을 가하여 행동의 자유를 빼앗음
(捕 잡을 포)
被逮 피체 남에게 잡힘(被 입을 피)
逮繫 체계   逮捕令狀 체포영장

735 | 초

분초 초
禾부 총9획

秒速 초속 1초를 단위로 하여 잰 속도. 1초 동안의 진행 거리로 나타냄(速 빠를 속)
秒針 초침 시계에서 초를 가리키는 바늘
(針 바늘 침)
每秒 매초   分秒 분초   閏秒 윤초
寸秒 촌초   一分一秒 일분일초

736 | 초

뽑을 초
扌=手부 총7획

抄錄 초록 필요한 대목만을 가려 뽑아 적음 또는 그 기록(錄 기록할 록)
抄本 초본 원본에서 필요한 부분만 뽑아서 베낀 책이나 문서(本 근본 본)
抄譯 초역 원문에서 필요한 부분만을 뽑아서 번역함(譯 번역할 역)
抄略 초략   抄出 초출

737 | 초

뛰어넘을 초
走부 총12획

超過 초과 일정한 수나 한도 따위를 넘음(過 지날 과)
超克 초극 어려움 따위를 넘어 이겨냄
(克 이길 극)
超然 초연 남과 관계 않는 모양(然 그럴 연)
超越 초월   超人 초인   超絶 초절
超脫 초탈

738 | 초

닮을, 같을 초
月=肉부 총7획

肖像 초상 사진, 그림 따위에 나타낸 사람의 얼굴이나 모습
(像 모양 상)
不肖子 불초자 아들이 부모를 상대하여 자기를 낮추어 이르는 일인칭 대명사
(不 아닐 불, 子 아들 자)
肖似 초사   不肖 불초   肖像權 초상권
肖像畫 초상화   不肖女 불초녀

739 | 초
礎
주춧돌 초
石부 총18획

礎石 초석 주춧돌. 기둥 밑에 기초로 받쳐 놓은 돌(石 돌 석)
基礎 기초 사물의 기본이 되는 토대
(基 터 기)
定礎 정초 주춧돌을 놓음, 또는 그 돌. 머릿돌(定 정할 정)
礎稿 초고   礎材 초재

740 | 촉
促
재촉할 촉
亻=人부 총9획

促求 촉구 재촉하여 요구함(求 구할 구)
促迫 촉박 기한이 바싹 닥쳐와서 가까움
(迫 핍박할 박)
督促 독촉 일이나 행동을 빨리 하도록 재촉함(督 감독할 독)
促進 촉진   販促 판촉

• • • 이 한 자 기 억 해 요 ? • • • 정답 283

1 倉( ) 2 創( ) 3 蒼( ) 4 暢( ) 5 彩( ) 6 債( ) 7 策( ) 8 斥( ) 9 戚( ) 10 拓( )

3급한자 900 | 741~760

741 | 촉

觸

닿을 촉
角부 총20획

- 觸角 촉각 : 더듬이. 절지동물의 머리 부분에 있는 감각 기관(角 뿔 각)
- 觸媒 촉매 : 자신은 변화하지 아니하면서 다른 물질의 화학 반응을 매개하여 반응 속도를 빠르게 하거나 늦추는 일. 또는 그런 물질(媒 중매 매)
- 觸覺 촉각 觸發 촉발 觸手 촉수
- 感觸 감촉 抵觸 저촉 接觸 접촉

742 | 촉

燭

촛불 촉
火부 총17획

- 燭臺 촉대 : 촛대. 초를 꽂아 놓는 기구 (臺 대 대)
- 燈燭 등촉 : 등불과 촛불을 아울러 이르는 말 (燈 등 등)
- 華燭 화촉 : 혼례를 달리 이르는 말 (華 빛날 화)
- 燭光 촉광 燭淚 촉루 燭數 촉수
- 洞燭 통촉

743 | 총

總

다 총
糸부 총17획

- 總角 총각 : 결혼하지 않은 성년 남자 (角 뿔 각)
- 總力 총력 : 모든 힘. 전체의 힘 (力 힘 력)
- 總體 총체 : 있는 것들을 모두 하나로 합친 전부. 전체 (體 몸 체)
- 總計 총계 總理 총리 總務 총무
- 總額 총액 總稱 총칭 總販 총판

744 | 총

聰

귀밝을 총
耳부 총17획

- 聰氣 총기 : 총명한 기운 (氣 기운 기)
- 聰明 총명 : 보거나 들은 것을 오래 기억하는 힘이 있음. 또는 썩 영리하고 재주가 있음 (明 밝을 명)
- 聰敏 총민 : 총명하고 민첩함 (敏 민첩할 민)
- 聰俊 총준 聰察 총찰 聖聰 성총

745 | 총

銃

총 총
金부 총14획

- 銃擊 총격 : 총을 쏘아 공격함 (擊 칠 격)
- 銃聲 총성 : 총소리. 총을 쏠 때 나는 소리 (聲 소리 성)
- 拳銃 권총 : 한 손으로 다룰 수 있는 짧고 작은 총 (拳 주먹 권)
- 銃器 총기 銃殺 총살 銃傷 총상
- 獵銃 엽총 長銃 장총 機關銃 기관총

746 | 최

催

재촉할 최
亻=人부 총13획

- 開催 개최 : 모임이나 회의 따위를 주최하여 엶 (開 열 개)
- 催眠術 최면술 : 암시에 의하여 인위적으로 잠에 가까운 상태로 이끌어 내는 술법 (眠 잘 면, 術 재주 술)
- 催告 최고 催促 촉촉 主催 주최
- 催淚彈 최루탄

747 | 추

抽

뽑을 추
扌=手부 총8획

- 抽象 추상 : 사물이나 개념에서 공통되는 특성이나 속성 따위를 추출하여 파악하는 작용 (象 코끼리 상)
- 抽稅 추세 : 세액을 계산하여 냄 (稅 세금 세)
- 抽出 추출 : 전체 속에서 어떤 물건, 생각, 요소 따위를 뽑아냄 (出 날 출)
- 抽利 추리 抽身 추신 抽象化 추상화

748 | 추

醜

추할 추
酉부 총17획

- 醜聞 추문 : 추잡하고 좋지 못한 소문 (聞 들을 문)
- 醜惡 추악 : 더럽고 좋지 않음 (惡 악할 악)
- 醜行 추행 : 강간이나 그와 비슷한 짓 (行 다닐 행)
- 醜男 추남 醜女 추녀 醜雜 추잡
- 醜態 추태 美醜 미추 姓醜行 성추행

749 | 축

築

쌓을 축
竹부 총16획

- 建築 건축 : 집, 다리 등을 목적에 따라 설계하여 세우거나 쌓아 만드는 일 (建 세울 건)
- 構築 구축 : 어떤 시설물을 쌓아 올려 만듦. 체제, 체계 따위의 기초를 닦아 세움 (構 얽을 구)
- 築臺 축대 築城 축성 築造 축조
- 改築 개축 新築 신축 增築 증축

750 | 축

縮

줄일 축
糸부 총17획

- 減縮 감축 : 덜어서 줄임 (減 덜 감)
- 緊縮 긴축 : 재정의 기초를 다지기 위하여 지출을 줄임 (緊 긴할 긴)
- 伸縮性 신축성 : 물체가 늘어나고 줄어드는 성질 (伸 펼 신, 性 성품 성)
- 縮圖 축도 縮小 축소 縮約 축약
- 短縮 단축 收縮 수축 壓縮 압축

· · · 이 한 자 기 억 해 요 ? · · · 정답 284

1 薦( ) 2 遷( ) 3 踐( ) 4 賤( ) 5 哲( ) 6 徹( ) 7 添( ) 8 尖( ) 9 妾( ) 10 廳( )

여기는! 觸촉 / 畜축

751 | 축
畜 **짐승 축**
田부 총10획
- 畜舍 축사: 가축을 기르는 건물(舍 집 사)
- 畜産 축산: 가축을 길러 생활에 유용한 물질을 생산하는 일(産 낳을 산)
- 牧畜 목축: 소·말·양·돼지 따위의 가축을 많이 기르는 일(牧 칠 목)
- 畜生 축생 畜牛 축우 家畜 가축
- 養畜 양축 雜畜 잡축

752 | 축
蓄 **모을 축**
艹=艸부 총14획
- 貯蓄 저축: 절약하여 모아 둠(貯 쌓을 저)
- 蓄音機 축음기: 레코드판에서 녹음한 음을 재생하는 장치(音 소리 음, 機 틀 기)
- 蓄積 축적 蓄妾 축첩 備蓄 비축
- 電蓄 전축 含蓄 함축 不正蓄財 부정축재

753 | 축
逐 **쫓을 축**
辶=辵부 총11획
- 逐出 축출: 쫓아내거나 몰아냄(出 날 출)
- 角逐 각축: 서로 이기려고 맞서서 다툼(角 뿔 각)
- 驅逐 구축: 어떤 세력 따위를 몰아서 쫓아냄(驅 몰 구)
- 逐客 축객 逐鬼 축귀 逐臣 축신
- 放逐 방축 追逐 추축

754 | 충
衝 **찌를 충**
行부 총15획
- 衝擊 충격: 슬픈 일이나 뜻밖의 사건 따위로 마음에 받은 심한 자극이나 영향(擊 칠 격)
- 衝突 충돌: 서로 맞부딪치거나 맞섬(突 갑자기 돌)
- 衝動 충동 衝天 충천 折衝 절충
- 要衝地 요충지 緩衝地帶 완충지대

755 | 취
臭 **냄새 취**
自부 총10획
- 口臭 구취: 입 냄새(口 입 구)
- 惡臭 악취: 불쾌한 냄새(惡 악할 악)
- 口尙乳臭 구상유취: 말이나 행동이 어린애 같음(口 입 구, 尙 오히려 상, 乳 젖 유)
- 臭氣 취기 無臭 무취 除臭 제취
- 體臭 체취 脫臭 탈취 香臭 향취

756 | 취
趣 **뜻 취**
走부 총15획
- 趣味 취미: 전문적으로 하는 것이 아니라 즐기기 위하여 하는 일(味 맛 미)
- 趣向 취향: 하고 싶은 마음이 쏠리는 방향(向 향할 향)
- 情趣 정취: 깊은 정서를 자아내는 흥취(情 뜻 정)
- 趣旨* 취지 雅趣 아취 風趣 풍취
- 興趣 흥취

757 | 취
醉 **취할 취**
酉부 총15획
- 醉客 취객: 술에 취한 사람(客 손 객)
- 陶醉 도취: 어떠한 것에 마음이 쏠려 취하다시피 됨(陶 질그릇 도)
- 宿醉 숙취: 이튿날까지 깨지 아니하는 취기(宿 잘 숙)
- 醉氣 취기 醉談 취담 醉中 취중
- 滿醉 만취 心醉 심취 醉生蒙死 취생몽사

758 | 측
側 **곁 측**
亻=人부 총11획
- 側面 측면: 옆 면(面 낯 면)
- 側近 측근: 곁의 가까운 곳(近 가까울 근)
- 反側 반측: 생각에 잠기거나 누운 자리가 편안하지 못하여 몸을 뒤척거림(反 돌이킬 반)
- 側門 측문 側室 측실 北側 북측
- 兩側 양측 右側 우측 左側 좌측

759 | 측
測 **헤아릴 측**
氵=水부 총12획
- 測定 측정: 일정한 양을 기준으로 하여 같은 종류의 다른 양의 크기를 잼(定 정할 정)
- 觀測 관측: 자연 현상의 상태·추이·변화 따위를 관찰하여 측정하는 일(觀 볼 관)
- 測量 측량 計測 계측 罔測 망측
- 豫測 예측 推測 추측 測雨器 측우기

760 | 층
層 **층 층**
尸부 총15획
- 斷層 단층: 지각 변동으로 지층이 갈라져 어긋나는 현상(斷 끊을 단)
- 地層 지층: 알갱이의 크기·색·성분 따위가 서로 달라서 위아래의 퇴적암과 구분되는 퇴적암체(地 따 지)
- 層階 층계 階層 계층 單層 단층
- 深層 심층 高位層 고위층 層層侍下 층층시하

--- 이 한 자 기 억 해 요? --- 정답 285

1 遞( ) 2 滯( ) 3 替( ) 4 逮( ) 5 秒( ) 6 抄( ) 7 超( ) 8 肖( ) 9 礎( ) 10 促( )

 3급한자 900 | 761~780

761 | 치 置 둘 치
- 置重 치중: 어떠한 것에 특히 중점을 둠 (重 무거울 중)
- 備置 비치: 마련하여 갖추어 둠 (備 갖출 비)
- 裝置 장치: 어떤 목적에 따라 기계, 도구 따위를 장소에 장착함, 또는 그 기계, 도구, 설비 (裝 꾸밀 장)
- 置換 치환 放置 방치 配置 배치
- 設置 설치 位置 위치 置簿冊 치부책
- 罒=网부 총13획

762 | 치 値 값 치
- 價値 가치: 사물이 지니고 있는 쓸모 (價 값 가)
- 數値 수치: 계산하여 얻은 값 (數 셈 수)
- 近似値 근사치: 근사 계산에 의해 얻어진 참값에 가까운 값 (近 가까울 근, 似 닮을 사)
- 亻=人부 총10획
- 等値 등치 加重値 가중치 絶對値 절대치

763 | 치 恥 부끄러울 치
- 恥部 치부: 남에게 드러내고 싶지 않은 부끄러운 곳 (部 떼 부)
- 恥事 치사: 격에 떨어져 남 부끄러운 일 (事 일 사)
- 恥辱 치욕: 수치와 모욕을 아울러 이르는 말 (辱 욕될 욕)
- 心부 총10획
- 恥骨 치골 國恥 국치 廉恥 염치
- 破廉恥 파렴치 厚顔無恥 후안무치

764 | 칠 漆 옻 칠
- 漆板 칠판: 검정이나 초록색 따위의 칠을 하여 분필로 글씨를 쓰거나 그림을 그리게 만든 널조각 (板 널 판)
- 漆黑 칠흑: 옻칠처럼 검고 광택이 있음, 또는 그런 빛깔 (黑 검을 흑)
- 氵=水부 총14획
- 漆工 칠공 漆器 칠기 漆夜 칠야

765 | 침 枕 베개 침
- 枕木 침목: 선로 아래에 까는 나무나 콘크리트로 된 토막 (木 나무 목)
- 高枕安眠 고침안면: 베개를 높이 해 편히 잠. 근심 없이 편안히 지냄 (高 높을 고, 安 편안 안, 眠 잘 면)
- 木부 총8획
- 枕邊 침변 枕上 침상 枕席 침석

766 | 침 沈 잠길 침/성 심
- 沈默 침묵: 아무 말도 없이 잠잠히 있음, 또는 그런 상태 (默 잠잠할 묵)
- 沈痛 침통: 슬픔이나 걱정 따위로 몹시 마음이 괴롭거나 슬픔 (痛 아플 통)
- 氵=水부 총7획
- 沈降 침강 沈沒 침몰 沈潛 침잠
- 沈藏 침장 沈沈 침침 陰沈 음침

767 | 침 浸 잠길 침
- 浸水 침수: 물에 잠김 (水 물 수)
- 浸透 침투: 어떤 사상이나 현상, 정책 따위가 깊이 스며들어 퍼짐 (透 사무칠 투)
- 氵=水부 총10획
- 浸禮 침례 浸染 침염 浸潤 침윤
- 浸禮敎 침례교

768 | 침 侵 침노할 침
- 侵攻 침공: 다른 나라를 침범하여 공격함 (攻 칠 공)
- 侵掠 침략: 남의 나라를 불법으로 쳐들어가서 약탈함 (掠 노략질할 략)
- 侵略 침략: 남의 나라를 침범하여 영토를 빼앗음 (略 간략할 략)
- 亻=人부 총9획
- 侵犯 침범 侵入 침입 侵奪 침탈
- 侵害 침해 南侵 남침 來侵 내침

769 | 침 寢 잘 침
- 寢具 침구: 잠을 자는 데 쓰는 이부자리, 베개 따위 (具 갖출 구)
- 寢臺 침대: 사람이 누워서 자게 된 가구 (臺 대 대)
- 寢殿 침전: 임금의 침방이 있는 전각 (殿 전각 전)
- 宀부 총14획
- 寢床 침상 寢室 침실 起寢 기침
- 同寢 동침 就寢 취침

770 | 칭 稱 일컬을 칭
- 稱號 칭호: 어떠한 뜻으로 일컫는 이름 (號 이름 호)
- 名稱 명칭: 사람이나 사물 따위를 부르는 이름 (名 이름 명)
- 詐稱 사칭: 이름, 직업 따위를 거짓으로 속여 말함 (詐 속일 사)
- 禾부 총14획
- 稱讚 칭찬 愛稱 애칭 略稱 약칭
- 自稱 자칭 尊稱 존칭 呼稱 호칭

  이 한 자 기 억 해 요 ? 정답 286

1 觸( ) 2 燭( ) 3 總( ) 4 聰( ) 5 銃( ) 6 催( ) 7 抽( ) 8 醜( ) 9 築( ) 10 縮( )

여기는! 置치 / 墮타

771 | 타
墮
떨어질 타
土부 총15획

墮落 타락 올바른 길에서 벗어나 잘못된 길로 빠지는 일 (落 떨어질 락)
墮淚 타루 눈물을 흘림, 또는 그 눈물 (淚 눈물 루)
墮獄 타옥　墮罪 타죄

772 | 타
妥
온당할 타
女부 총7획

妥結 타결 의견이 대립된 양편에서 서로 양보하여 일을 마무름 (結 맺을 결)
妥協 타협 어떤 일을 서로 양보하여 의논함 (協 화합할 협)
妥當 타당　妥當性 타당성　妥協案 타협안
妥協的 타협적　妥協點 타협점

773 | 탁
卓
높을 탁
十부 총8획

卓見 탁견 두드러진 의견이나 견해 (見 볼 견)
卓上 탁상 책상, 식탁, 탁자 따위의 위 (上 윗 상)
卓越 탁월 월등하게 뛰어남 (越 넘을 월)
卓球 탁구　卓效 탁효　卓子 탁자
食卓 식탁　圓卓 원탁　卓上空論 탁상공론

774 | 탁
托
맡길 탁
扌=手부 총6획

受托 수탁 부탁이나 청탁을 받음 (受 받을 수)
依托 의탁 어떤 것에 몸이나 마음을 의지하여 맡김 (依 의지할 의)
托盤 탁반　托生 탁생　茶托 차탁
無依無托 무의무탁

775 | 탁

씻을 탁
氵=水부 총17획

濯足 탁족 발을 씻음 (足 발 족)
洗濯 세탁 빨래. 더러운 옷이나 피륙 따위를 물에 빠는 일 (洗 씻을 세)
濯足會 탁족회　濯枝雨 탁지우　洗濯機 세탁기
洗濯物 세탁물　洗濯所 세탁소

776 | 탁

흐릴 탁
氵=水부 총16획

濁流 탁류 흘러가는 흐린 물 (流 흐를 류)
濁水 탁수 흐린 물 (水 물 수)
混濁 혼탁 정치, 도덕 따위의 사회적 현상이 어지럽고 깨끗하지 못함 (混 섞을 혼)
濁音 탁음　濁酒 탁주　鈍濁 둔탁
淸濁 청탁

777 | 탄

낳을, 거짓 탄
言부 총14획

誕生 탄생 조직, 제도, 사업체 따위가 새로 생김 (生 날 생)
誕辰 탄신 임금이나 성인이 태어난 날 (辰 때 신)
聖誕 성탄 임금의 탄생. 성인의 탄생 (聖 성인 성)
誕妄 탄망　虛誕 허탄　聖誕節 성탄절

778 | 탄

숯 탄
火부 총9획

炭鑛 탄광 석탄을 캐내는 광산 (鑛 쇳돌 광)
炭素 탄소 주기율표 제4족에 속하는 비금속 원소의 하나 (素 본디 소)
塗炭 도탄 진구렁에 빠지고 숯불에 탐. 몹시 곤궁하여 고통스러운 지경 (塗 칠할 도)
炭山 탄산　炭田 탄전　木炭 목탄
石炭 석탄　黑炭 흑탄　炭水化物 탄수화물

779 | 탄
歎
탄식할 탄
欠부 총15획

歎服 탄복 매우 감탄하여 마음으로 따름 (服 옷 복)
歎息 탄식 한탄하여 한숨을 쉼 또는 그 한숨 (息 쉴 식)
歎願 탄원 사정을 하소연하여 도와주기를 간절히 바람 (願 원할 원)
歎聲 탄성　感歎 감탄　驚歎 경탄
悲歎 비탄　痛歎 통탄　恨歎 한탄

780 | 탄
彈
탄알 탄
弓부 총15획

彈力 탄력 용수철처럼 튀거나 팽팽하게 버티는 힘 (力 힘 력)
彈壓 탄압 권력이나 무력 따위로 억지로 눌러 꼼짝 못하게 함 (壓 누를 압)
砲彈 포탄 대포의 탄환 (砲 대포 포)
彈性 탄성　彈藥 탄약　糾彈 규탄
流彈 유탄　銃彈 총탄　爆彈 폭탄

· · · 이 한 자 기 억 해 요 ? · · · 정답 287

1 畜(　) 2 蓄(　) 3 逐(　) 4 衝(　) 5 臭(　) 6 趣(　) 7 醉(　) 8 側(　) 9 測(　) 10 層(　)

 3급한자 900 | 781~800

781 | 탈

빼앗을 탈
大부 총14획

奪取 탈취 빼앗아 가짐(取 가질 취)
强奪 강탈 남의 물건이나 권리를 강제로 빼앗음(强 강할 강)
與奪 여탈 주는 일과 빼앗는 일(與 줄 여)
爭奪 쟁탈 서로 다투어 빼앗음(爭 다툴 쟁)

奪還 탈환　收奪 수탈　掠奪 약탈
侵奪 침탈　削奪官職 삭탈관직

782 | 탐
貪
탐낼 탐
貝부 총11획

貪官 탐관 백성의 재물을 탐내어 빼앗는 관리(官 벼슬 관)
貪食 탐식 음식을 탐함(食 밥 식)
貪心 탐심 탐내는 마음(心 마음 심)
貪慾 탐욕 지나치게 탐하는 욕심(慾 욕심 욕)

色貪 색탐　食貪 식탐　貪官汚吏 탐관오리

783 | 탑

탑 탑
土부 총13획

佛塔 불탑 절에 세운 탑(佛 부처 불)
石塔 석탑 석재를 이용하여 쌓은 탑(石 돌 석)
層塔 층탑 지붕이 여러 겹으로 층이 진 탑(層 층 층)

寺塔 사탑　斜塔 사탑　鐵塔 철탑
尖塔 첨탑　五層塔 오층탑　多寶塔 다보탑

784 | 탕
湯
끓을 탕
氵=水부 총12획

湯器 탕기 국이나 찌개 따위를 떠 놓는 자그마한 그릇. 모양이 주발과 비슷함(器 그릇 기)
湯藥 탕약 달여서 마시는 한약(藥 약 약)
重湯 중탕 끓는 물 속에 음식 담은 그릇을 넣어, 그 음식을 익히거나 데움(重 무거울 중)

冷湯 냉탕　藥湯 약탕　熱湯 열탕
溫湯 온탕　浴湯 욕탕　再湯 재탕

785 | 태

게으를 태
心부 총9획

怠慢 태만 열심히 하려는 마음이 없고 게으름(慢 거만할 만)
怠業 태업 노동 쟁의 행위의 하나. 의도적으로 일을 게을리하여 사용자에게 손해를 주는 방법(業 업 업)

怠納 태납　勤怠 근태　懶*怠 나태
過怠料 과태료

786 | 태

거의 태
歹부 총9획

殆半 태반 거의 절반(半 반 반)
危殆 위태 형세가 매우 어려움(危 위태할 위)
殆無 태무 거의 없음(無 없을 무)

百戰不殆 백전불태

787 | 태

모습 태
心부 총14획

態度 태도 몸의 동작이나 몸을 거두는 모양새(度 법도 도)
態勢 태세 상황에 대처하는 태도나 자세(勢 형세 세)
舊態 구태 뒤떨어진 예전 그대로의 모습(舊 예 구)

動態 동태　變態 변태　狀態 상태
世態 세태　重態 중태　形態 형태

788 | 택
擇
가릴 택
扌=手부 총16획

擇日 택일 어떤 일을 치르거나 길을 떠나거나 할 때 운수가 좋은 날을 가려서 고름(日 날 일)
選擇 선택 여럿 가운데 필요한 것을 골라 뽑음(選 가릴 선)

擇交 택교　擇言 택언　擇一 택일
擇地 택지　擇婚 택혼　採擇 채택

789 | 택

못 택
氵=水부 총16획

德澤 덕택 베풀어 준 은혜나 도움(德 큰 덕)
潤澤 윤택 윤기 있는 광택, 또는 살림이 풍부함(潤 윤택할 윤)
恩澤 은택 은혜와 덕택을 아울러 이르는 말(恩 은혜 은)

光澤 광택　山澤 산택　惠澤 혜택

790 | 토

칠 토
言부 총10획

討論 토론 어떤 문제에 대하여 여러 사람이 각각 의견을 말하며 논의함(論 논할 론)
檢討 검토 어떤 사실이나 내용을 분석하여 따짐(檢 검사할 검)

討伐 토벌　討議 토의　聲討 성토

• • • 이 한 자 기 억 해 요 ? • • •　정답 288

1 置(　) 2 値(　) 3 恥(　) 4 漆(　) 5 枕(　) 6 沈(　) 7 浸(　) 8 侵(　) 9 寢(　) 10 稱(　)

여기는! 奪탈 / 吐토

791 | 토 吐 (토할 토)
口부 총6획

- 吐露 토로 : 마음에 있는 것을 죄다 드러내어서 말함(露 이슬 로)
- 吐說 토설 : 숨겼던 사실을 비로소 밝혀 말함(說 말씀 설)
- 實吐 실토 : 숨겼던 사실을 비로소 밝히어 말함(實 열매 실)

吐氣 토기   吐情 토정   吐血 토혈

792 | 통 痛 (아플 통)
疒부 총12획

- 痛症 통증 : 아픈 증세(症 증세 증)
- 痛快 통쾌 : 아주 즐겁고 시원하여 유쾌함(快 쾌할 쾌)
- 腹痛 복통 : 복부에 일어나는 통증(腹 배 복)
- 齒痛 치통 : 이의 아픔(齒 이 치)

痛感 통감   痛哭 통곡   痛切 통절
痛歎 통탄   苦痛 고통   頭痛 두통

793 | 투 鬪 (싸움 투)
鬥부 총20획

- 鬪士 투사 : 사회 운동 따위에서 앞장서서 투쟁하는 사람(士 선비 사)
- 鬪爭 투쟁 : 무엇인가를 쟁취하고자 견해가 다른 사람이나 집단 간에 싸우는 일(爭 다툴 쟁)

鬪病 투병   鬪志 투지   決鬪 결투
拳鬪 권투   奮鬪 분투   戰鬪 전투

794 | 투 透 (사무칠 투)
辶=辵부 총11획

- 透過 투과 : 장애물에 빛이 비치거나 액체가 스미면서 통과함(過 지날 과)
- 透明 투명 : 흐리지 않고 속까지 환히 트여 맑음(明 밝을 명)
- 透視 투시 : 막힌 물체를 환히 꿰뚫어 봄(視 볼 시)

透寫 투사   透徹 투철   浸透 침투

795 | 파 派 (갈래 파)

氵=水부 총9획

- 派生 파생 : 사물이 어떤 근원으로부터 갈려 나와 생김(生 날 생)
- 分派 분파 : 학설이나 정당 따위의 주류에서 갈라져 나와 한 파를 이룸(分 나눌 분)

派遣 파견   派兵 파병   黨派 당파
宗派 종파   學派 학파   特派員 특파원

796 | 파 罷 (마칠 파)
罒=网부 총15획

- 罷免 파면 : 잘못을 저지른 사람에게 직무나 직업을 그만두게 함(免 면할 면)
- 罷業 파업 : 어떤 목적을 달성하고자 노동자들이 집단적으로 한꺼번에 작업을 중지하는 일(業 업 업)

罷養 파양   罷議 파의   罷場 파장
罷職 파직   革罷 혁파

797 | 파 播 (뿌릴 파)

扌=手부 총15획

- 播多 파다 : 소문 등이 널리 퍼짐(多 많을 다)
- 播種 파종 : 논밭에 곡식의 씨앗을 뿌리는 일(種 씨 종)
- 傳播 전파 : 전하여 널리 퍼뜨림(傳 전할 전)
- 春播 춘파 : 봄에 씨를 뿌림, 또는 그 일(春 봄 춘)

播說 파설   播植 파식   播遷 파천
晚播 만파   直播 직파   秋播 추파

798 | 파 把 (잡을 파)

扌=手부 총7획

- 把手 파수 : 그릇 따위의 손잡이(手 손 수)
- 把守 파수 : 경계하여 지킴(守 지킬 수)
- 把持 파지 : 꽉 움키어 쥐고 있음(持 가질 지)

把捉 파착   把握* 파악   把守兵 파수병

799 | 파 頗 (자못 파)

頁부 총14획

- 頗多 파다 : 수두룩함(多 많을 다)
- 偏頗 편파 : 공정하지 못하고 어느 한쪽으로 치우쳐 있음(偏 치우칠 편)

偏頗性 편파성   偏頗的 편파적

800 | 판 板 (널 판)

木부 총8획

- 看板 간판 : 기관·상점·영업소 따위의 이름이나 판매 상품, 업종 따위를 눈에 잘 띄게 걸거나 붙이는 표지(看 볼 간)
- 鐵板 철판 : 쇠로 된 넓은 조각(鐵 쇠 철)

板本 판본   板書 판서   板子 판자
鋼板 강판   氷板 빙판   漆板 칠판

· · · · 이 한 자 기 억 해 요 ? · · · 정답 289

1 墮(　) 2 妥(　) 3 卓(　) 4 托(　) 5 濯(　) 6 濁(　) 7 誕(　) 8 炭(　) 9 歎(　) 10 彈(　)

3급한자 900 | 801~820

801 | 판
판목 판
片부 총8획

版權 판권 : 도서 출판에 관한 이익을 독점하는 권리(權 권세 권)
再版 재판 : 이미 간행된 책을 다시 출판함, 또는 그런 출판물(再 두 재)
出版 출판 : 저작물을 책으로 꾸며 세상에 내놓음(出 날 출)
版圖 판도   版畫 판화   銅版 동판
絕版 절판   組版 조판   初版 초판

802 | 판
팔 판
貝부 총11획

販路 판로 : 상품이 팔리는 방면이나 길 (路 길 로)
販賣 판매 : 상품 따위를 팖(賣 팔 매)
販促 판촉 : 방법을 써서 수요를 불러일으키고 자극하여 판매가 늘도록 유도하는 일(促 재촉할 촉)
街販 가판   市販 시판   直販 직판
總販 총판   販促物 판촉물   自販機 자판기

803 | 편
두루 편
辶=辵부 총13획

遍歷 편력 : 이곳 저곳을 널리 돌아다님 (歷 지날 력)
遍在 편재 : 널리 퍼져 있음(在 있을 재)
普遍 보편 : 모든 것에 공통되거나 들어맞음, 또는 그런 것(普 넓을 보)
遍滿 편만   遍散 편산   普遍性 보편성
普遍的 보편적

804 | 편
엮을 편
糸부 총15획

編隊 편대 : 비행기 부대 구성 단위의 하나. 2~4대의 비행기로 이루어짐(隊 무리 대)
編成 편성 : 예산·조직·대오 따위를 짜서 이룸(成 이룰 성)
編曲 편곡   編物 편물   編入 편입
編著 편저   改編 개편   編年體 편년체

805 | 편
치우칠 편
亻=人부 총11획

偏見 편견 : 공정하지 못하고 한쪽으로 치우친 생각(見 볼 견)
偏愛 편애 : 어느 한 사람이나 한쪽만을 치우치게 사랑함(愛 사랑 애)
偏在 편재 : 한 곳에만 치우쳐 있음 (在 있을 재)
偏母 편모   偏食 편식   偏重 편중
偏頗 편파   偏頭痛 편두통   偏執症 편집증

806 | 평
평할 평
言부 총12획

評價 평가 : 값어치를 따져 밝힘. 수준·능력 따위를 측정함 (價 값 가)
下馬評 하마평 : 관직의 인사 이동이나 관직에 임명될 후보자에 관하여 세상에 떠도는 풍설 (下 아래 하, 馬 말 마)
評傳 평전   評判 평판   論評 논평
批評 비평   品評 품평   好評 호평

807 | 폐
덮을 폐
艹=艸부 총16획

擁蔽 옹폐 : 보이지 않도록 숨김 (擁 낄 옹)
隱蔽 은폐 : 덮어 감추거나 가리어 숨김(隱 숨을 은)
蔽一言 폐일언 : 이러니저러니 할 것 없이 한 마디로 휩싸서 말함 (一 한 일, 言 말씀 언)
蔽空 폐공   建蔽率 건폐율

808 | 폐
화폐 폐
巾부 총15획

幣物 폐물 : 선사하는 물건(物 물건 물)
貨幣 화폐 : 상품 교환 가치의 척도가 되며 그것의 교환을 매개하는 일반화된 수단. 주화, 지폐, 은행권 따위가 있음(貨 재물 화)
納幣 납폐   僞幣 위폐   造幣 조폐
紙幣 지폐

809 | 폐
해질, 폐단 폐
廾부 총15획

弊害 폐해 : 폐단으로 생기는 해(害 해할 해)
病弊 병폐 : 병통과 폐단을 아울러 이르는 말(病 병 병)
語弊 어폐 : 적절하지 아니하게 사용하여 일어나는 말의 폐단이나 결점 (語 말씀 어)
弊端 폐단   弊習 폐습   民弊 민폐
惡弊 악폐   疲弊 피폐   荒弊 황폐

810 | 폐
폐할, 버릴 폐
广부 총15획

廢刊 폐간 : 신문, 잡지 따위의 간행을 폐지함(刊 새길 간)
改廢 개폐 : 고치거나 없애 버림(改 고칠 개)
存廢 존폐 : 존속과 폐지를 아울러 이르는 말(存 있을 존)
廢家 폐가   廢棄 폐기   廢業 폐업
廢人 폐인   廢止 폐지   食飮全廢 식음전폐

── 이 한 자 기 억 해 요 ? ── 정답 290

1 奪( ) 2 貪( ) 3 塔( ) 4 湯( ) 5 怠( ) 6 殆( ) 7 態( ) 8 擇( ) 9 澤( ) 10 討( )

여기는! 版판 / 肺폐

811 | 폐 肺
허파 폐 / 月=肉부 / 총8획

- 肺肝 폐간 : 폐장과 간장(肝 간 간)
- 肺病 폐병 : 폐결핵을 일상적으로 이르는 말(病 병 병)
- 肺炎 폐염 : 폐렴. 폐에 생기는 염증 (炎 불꽃 염)

肺熱 폐열 肺腸 폐장 心肺 심폐
肺結核 폐결핵 肺呼吸 폐호흡 肺活量 폐활량

812 | 포 包
쌀 포 / 勹부 / 총5획

- 包容 포용 : 남을 너그럽게 감싸 주거나 받아들임(容 얼굴 용)
- 包含 포함 : 어떤 사물이나 현상 가운데 함께 들어 있거나 함께 넣음 (含 머금을 함)

包攝 포섭 包圍 포위 包裝 포장
內包 내포 小包 소포

813 | 포 胞
세포 포 / 月=肉부 / 총9획

- 細胞 세포 : 생물체를 이루는 기본 단위(細 가늘 세)
- 單細胞 단세포 : 한 생물체 안에 단 하나의 세포가 있는 것 (單 홑 단, 細 가늘 세)

胞衣 포의 胞子 포자 同胞 동포
食胞 식포 多細胞 다세포

814 | 포 飽
배부를 포 / 飠=食부 / 총14획

- 飽滿 포만 : 넘치도록 가득함(滿 찰 만)
- 飽食 포식 : 배부르게 먹음(食 밥 식)
- 飽和 포화 : 최대 한도까지 무엇에 의해 가득 차 있는 상태(和 화할 화)

飽食暖衣 포식난의 飽和狀態 포화상태

815 | 포 捕
잡을 포 / 扌=手부 / 총10획

- 捕獲 포획 : 짐승이나 물고기를 잡음 (獲 얻을 획)
- 逮捕 체포 : 신체에 대하여 직접적이고 현실적인 구속을 가하여 행동의 자유를 빼앗는 일(逮 쫓을 체)
- 討捕 토포 : 무력으로 쳐서 잡음(討 칠 토)

捕盜 포도 捕手 포수 捕卒 포졸
捕捉 포착 生捕 생포 捕盜大將 포도대장

816 | 포 浦
물가 포 / 氵=水부 / 총10획

- 浦口 포구 : 배가 드나드는 개의 어귀 (口 입 구)
- 浦村 포촌 : 갯마을. 갯가에 자리 잡고 있는 마을(村 마을 촌)
- 出浦 출포 : 곡식 따위를 포구로 실어냄 (出 날 출)

浦邊 포변 浦田 포전 浦港 포항
三浦 삼포

817 | 폭 幅
폭 폭 / 巾부 / 총12획

- 增幅 증폭 : 사물의 범위가 늘어나 커짐. 사물의 범위를 넓혀 크게 함 (增 더할 증)
- 振幅 진폭 : 진동하고 있는 물체가 정지 또는 평형 위치에서 최대 변위까지 이동하는 거리 (振 떨칠 진)

落幅 낙폭 大幅 대폭 步幅 보폭
小幅 소폭 全幅 전폭 畫幅 화폭

818 | 폭 爆
불터질 폭 / 火부 / 총19획

- 爆擊 폭격 : 비행기에서 폭탄을 떨어뜨려 적을 공격하는 일(擊 칠 격)
- 爆發 폭발 : 급속한 화학 변화로 부피가 커져 폭발음이나 파괴 작용이 따름. 또는 그런 현상(發 필 발)

爆藥 폭약 爆竹 폭죽 爆破 폭파
爆風 폭풍 原爆 원폭 自爆 자폭

819 | 표 票
표 표 / 示부 / 총11획

- 票決 표결 : 투표를 하여 결정함 (決 결단할 결)
- 投票 투표 : 선거를 하거나 가부를 결정할 때에 투표 용지에 의사를 표시하여 일정한 곳에 내는 일 (投 던질 투)

開票 개표 買票 매표 手票 수표
暗票 암표 郵票 우표 受驗票 수험표

820 | 표 漂
떠다닐 표 / 氵=水부 / 총14획

- 漂流 표류 : 물 위에 떠서 정처 없이 흘러감(流 흐를 류)
- 漂白 표백 : 종이나 피륙 따위를 바래거나 화학 약품으로 탈색하여 희게 함(白 흰 백)

漂浪 표랑 漂船 표선 漂着 표착
漂風 표풍 浮漂 부표

이 한자 기억해요? 정답 291

1 吐( ) 2 痛( ) 3 鬪( ) 4 透( ) 5 派( ) 6 罷( ) 7 播( ) 8 把( ) 9 頗( ) 10 板( )

3급한자 900 | 821~840

821 | 표 標 표할 표
木부 총15획

- 標高표고 바다의 면이나 어떤 지점을 정하여 수직으로 잰 일정한 지대의 높이(高 높을 고)
- 標本표본 본보기가 되는 물건 (本 근본 본)
- 標的표적 목표로 삼는 물건(的 과녁 적)
- 標示표시 標語표어 標識표지
- 目標목표 商標상표 標準語표준어

822 | 피 避 피할 피
辶=辵부 총17획

- 避難피난 재난을 피하여 멀리 옮겨 감 (難 어려울 난)
- 避暑피서 시원한 곳으로 옮겨 더위를 피함(暑 더울 서)
- 回避회피 꾀를 부려 마땅히 져야 할 책임을 지지 아니함(回 돌아올 회)
- 避身피신 忌避기피 待避대피
- 逃避도피 避雷針피뢰침 不可避불가피

823 | 피 被 입을 피
衤=衣부 총10획

- 被服피복 옷을 문어적으로 이르는 말(服 옷 복)
- 被告人피고인 검사에 의하여 형사 책임을 져야 할 공소 제기를 받은 사람 (告 고할 고, 人 사람 인)
- 被動피동 被殺피살 被選피선
- 被訴피소 被襲피습 被害피해

824 | 피 疲 피곤할 피
疒부 총10획

- 疲困피곤 몸이나 마음이 지치어 고달픔 (困 곤할 곤)
- 疲勞피로 과로로 정신이나 몸이 지친 상태(勞 일할 로)
- 疲弊피폐 지치고 쇠약해짐(弊 해질 폐)
- 疲軟피연 疲勞感피로감 疲弊相피폐상

825 | 필 畢 마칠 필
田부 총11획

- 畢竟필경 끝장에 가서는. 마침내 (竟 마침내 경)
- 畢生필생 살아 있는 동안(生 날 생)
- 畢役필역 역사를 마침(役 부릴 역)
- 未畢미필 아직 끝내지 못함(未 아닐 미)
- 畢納필납 畢文필문 畢業필업
- 檢査畢검사필

826 | 하 荷 멜 하
艹=艸부 총11획

- 過負荷과부하 기기나 장치가 다룰 수 있는 정상치를 넘은 부하 (過 지날 과, 負 질 부)
- 手荷物수하물 기차 편에 손쉽게 부칠 수 있는 작고 가벼운 짐 (手 손 수, 物 물건 물)
- 荷物하물 荷重하중 負荷부하
- 電荷전하 集荷집하 出荷출하

827 | 학 鶴 학 학
鳥부 총21획

- 白鶴백학 두루미(白 흰 백)
- 群鷄一鶴군계일학 닭의 무리 가운데에서 한 마리의 학. 많은 사람 가운데서 뛰어난 인물 (群 무리 군, 鷄 닭 계, 一 한 일)
- 鶴舞학무 玄鶴현학 鶴首苦待학수고대

828 | 한 旱 가물 한
日부 총7획

- 旱災한재 가뭄으로 인하여 생기는 재앙 (災 재앙 재)
- 旱天한천 몹시 가문 여름 하늘(天 하늘 천)
- 旱害한해 가뭄으로 인하여 입은 재해 (害 해할 해)
- 旱路한로 旱熱한열 大旱대한
- 炎旱염한

829 | 한 汗 땀 한
氵=水부 총6획

- 發汗발한 병을 다스리려고 몸에 땀을 내는 일(發 필 발)
- 汗血馬한혈마 피땀을 흘릴 정도로 매우 빨리 달리는 말 (血 피 혈, 馬 말 마)
- 冷汗냉한 虛汗허한 血汗혈한
- 汗蒸幕한증막

830 | 할 割 벨 할
刂=刀부 총12획

- 割據할거 땅을 나누어 차지하고 굳게 지킴(據 근거 거)
- 割當할당 몫을 갈라 나눔. 또는 그 나눈 몫(當 마땅 당)
- 割賦할부 돈을 여러 번에 나누어 냄 (賦 부세 부)
- 割腹할복 割愛할애 割引할인
- 割增할증 分割분할 役割역할

• • 이 한 자 기 억 해 요 ? • •

1 版( ) 2 販( ) 3 遍( ) 4 編( ) 5 偏( ) 6 評( ) 7 蔽( ) 8 幣( ) 9 弊( ) 10 廢( )

여기는! 標표 / 咸함

831 | 함 — 咸 (다 함)
口부 총9획

- 咸告 함고: 빠짐없이 모두 일러바침 (告 고할 고)
- 咸池 함지: 옛사람들이 있다고 믿었던, 해가 지는 서쪽의 큰 못 (池 못 지)
- 咸氏 함씨
- 咸興差使 함흥차사

832 | 함 — 含 (머금을 함)
口부 총7획

- 含量 함량: 물질이 어떤 성분을 포함하고 있는 분량 (量 헤아릴 량)
- 含有 함유: 어떤 물질이 어떤 성분을 포함하고 있음 (有 있을 유)
- 含蓄 함축: 말이나 글이 많은 뜻을 담고 있음 (蓄 모을 축)
- 含怨 함원
- 含忍 함인
- 包含 포함

833 | 함 — 陷 (빠질 함)
阝=阜부 총11획

- 陷落 함락: 땅이 무너져 내려앉음 (落 떨어질 락)
- 缺陷 결함: 부족하거나 완전하지 못하여 흠이 되는 부분 (缺 이지러질 결)
- 謀陷 모함: 나쁜 꾀로 남을 어려운 처지에 빠지게 함 (謀 꾀 모)
- 陷沒 함몰
- 陷穽* 함정
- 構陷 구함

834 | 항 — 項 (항목 항)
頁부 총12획

- 項目 항목: 일의 가닥 (目 눈 목)
- 問項 문항: 문제의 항목 (問 물을 문)
- 事項 사항: 일의 항목이나 내용 (事 일 사)
- 條項 조항: 법률이나 규정 따위의 조목이나 항목 (條 가지 조)
- 各項 각항
- 末項 말항
- 別項 별항
- 浦項市 포항시
- 同類項 동류항

835 | 항 — 抗 (겨룰 항)
扌=手부 총7획

- 抗辯 항변: 항거하여 변론함 (辯 말씀 변)
- 抗戰 항전: 적에 대항하여 싸움 (戰 싸움 전)
- 對抗 대항: 굽히거나 지지 않으려고 맞서서 버티거나 싸움 (對 대할 대)
- 抗告 항고
- 抗議 항의
- 抗爭 항쟁
- 抗體 항체
- 反抗 반항
- 抵抗 저항

836 | 항 — 航 (배 항)
舟부 총10획

- 密航 밀항: 법적인 정식 절차를 밟지 않거나 운임을 내지 않고 배나 비행기로 몰래 외국에 나감 (密 빽빽할 밀)
- 巡航 순항: 배를 타고 여러 곳을 돌아다님 (巡 돌 순)
- 航路 항로
- 航海 항해
- 缺航 결항
- 難航 난항
- 就航 취항
- 航空機 항공기

837 | 항 — 巷 (거리 항)
己부 총9획

- 巷間 항간: 일반 사람들 사이 (間 사이 간)
- 巷談 항담: 항간에 떠도는 말 (談 말씀 담)
- 巷說 항설: 여러 사람의 입에서 입으로 옮겨지는 말 (說 말씀 설)
- 委巷 위항: 좁고 지저분한 거리 (委 맡길 위)
- 巷歌 항가
- 巷語 항어
- 街巷 가항
- 街談巷說 가담항설

838 | 항 — 港 (항구 항)
氵=水부 총12획

- 空港 공항: 항공 수송을 위하여 사용하는 공공용 비행장 (空 빌 공)
- 寄港 기항: 배가 항해 중에 목적지가 아닌 항구에 잠시 들름 (寄 부칠 기)
- 港口 항구
- 港都 항도
- 軍港 군항
- 歸港 귀항
- 出港 출항
- 貿易港 무역항

839 | 해 — 該 (갖출, 마땅 해)
言부 총13획

- 該當 해당: 무엇에 관계되는 바로 그것 (當 마땅 당)
- 該博 해박: 학문이 넓음. 사물에 관하여 널리 앎 (博 넓을 박)
- 該氏 해씨: 그 분 (氏 성씨 씨)
- 該備 해비
- 該切 해절
- 該地 해지

840 | 해 — 奚 (어찌 해)
大부 총10획

- 奚琴 해금: 깡깡이. 민속 악기에 속하는 현악기의 하나 (琴 거문고 금)
- 奚童 해동: 아이 종 (童 아이 동)
- 奚必 해필: 하필 (必 반드시 필)
- 奚暇 해가
- 奚特 해특

· · · 이 한 자 기 억 해 요 ? · · · 정답 293

1 肺( ) 2 包( ) 3 胞( ) 4 飽( ) 5 捕( ) 6 浦( ) 7 幅( ) 8 爆( ) 9 票( ) 10 漂( )

3급한자 900 | 841~860

841 | 핵

씨 핵 / 木부 총10획

- 核心 핵심 : 사물의 가장 중심이 되는 부분 (心 마음 심)
- 核實驗 핵실험 : 핵분열이나 핵융합에 관한 실험. 주로 원자 폭탄이나 수소 폭탄 따위의 성능을 확인하는 실험 (實 열매 실, 驗 시험 험)
- 核果 핵과　結核 결핵　核武器 핵무기
- 核分裂 핵분열　細胞核 세포핵　肺結核 폐결핵

842 | 향
누릴 향 / 亠부 총8획

- 享年 향년 : 죽을 때의 나이 (年 해 년)
- 享樂 향락 : 즐거움을 누림 (樂 즐길 락)
- 享壽 향수 : 오래 사는 복을 누림 (壽 목숨 수)
- 享有 향유 : 누리어 가짐 (有 있을 유)
- 享受 향수　配享 배향　祭享 제향
- 享春客 향춘객

843 | 향

울릴 향 / 音부 총22획

- 反響 반향 : 어떤 사건이나 발표 따위가 세상에 영향을 미치어 일어나는 반응 (反 돌이킬 반)
- 影響 영향 : 어떤 사물의 효과나 작용이 다른 것에 미치는 일 (影 그림자 영)
- 響應 향응　餘響 여향　韻響 운향
- 音響 음향　交響曲 교향곡

844 | 헌

드릴 헌 / 犬부 총20획

- 獻納 헌납 : 금품을 바침 (納 들일 납)
- 獻身 헌신 : 몸과 마음을 바쳐 있는 힘을 다함 (身 몸 신)
- 貢獻 공헌 : 힘을 써 이바지함 (貢 바칠 공)
- 奉獻 봉헌 : 물건을 받들어 바침 (奉 받들 봉)
- 獻金 헌금　獻血 헌혈　獻花 헌화
- 文獻 문헌　進獻 진헌

845 | 헌

법 헌 / 心부 총16획

- 憲兵 헌병 : 군사 경찰의 구실을 하는 병과 (兵 병사 병)
- 憲章 헌장 : 어떠한 사실에 대하여 약속을 이행하기 위하여 정한 규범 (章 글 장)
- 憲法 헌법　憲政 헌정　改憲 개헌
- 違憲 위헌　立憲 입헌　制憲節 제헌절

846 | 헌

집 헌 / 車부 총10획

- 軒擧 헌거 : 풍채·의기가 당당하고 너그러워 인색하지 않음 (擧 들 거)
- 軒然 헌연 : 의기가 높은 모양 (然 그럴 연)
- 軒軒丈夫 헌헌장부 : 외모가 준수하고 풍채가 당당한 남자 (丈 어른 장, 夫 지아비 부)
- 軒架 헌가　軒燈 헌등　軒號 헌호

847 | 험

시험 험 / 馬부 총23획

- 受驗 수험 : 시험을 치름 (受 받을 수)
- 試驗 시험 : 재능이나 실력 따위를 일정한 절차에 따라 검사하고 평가하는 일 (試 시험 시)
- 體驗 체험 : 자기가 몸소 겪음 (體 몸 체)
- 經驗 경험　實驗 실험　應驗 응험
- 效驗 효험　受驗生 수험생

848 | 험

험할 험 / 阝=阜부 총16획

- 險難 험난 : 위험하고 어려움 (難 어려울 난)
- 保險 보험 : 재해나 사고 따위가 일어날 일에 대비해, 돈을 함께 적립했다가 사고를 당한 사람에게 손해를 보상하는 제도 (保 지킬 보)
- 險談 험담　險相 험상　險惡 험악
- 冒險 모험　危險 위험　探險 탐험

849 | 현

고을 현 / 糸부 총16획

- 縣官 현관 : 현의 우두머리인 현령과 현감을 통틀어 이르던 말 (官 벼슬 관)
- 縣令 현령 : 신라 때부터 조선 시대까지 둔, 큰 현의 으뜸 벼슬 (令 하여금 령)
- 縣主 현주　屬縣 속현　郡縣制度 군현제도

850 | 현

매달 현 / 心부 총20획

- 懸隔 현격 : 사이가 많이 벌어져 있음. 차이가 매우 심함 (隔 사이뜰 격)
- 懸賞 현상 : 무엇을 모집하거나 구하거나 사람을 찾는 일 따위에 현금이나 물품 따위를 내걺 (賞 상줄 상)
- 懸案 현안　懸絶 현절　懸板 현판

· · · · 이 한 자 기 억 해 요 ? · · · · 정답 294

1 標(　) 2 避(　) 3 被(　) 4 疲(　) 5 畢(　) 6 荷(　) 7 鶴(　) 8 旱(　) 9 汗(　) 10 割(　)

여기는! 核핵 / 玄현

851 | 현 玄 검을 현
玄부 총5획

- 玄妙 현묘 이치나 기예의 경지가 헤아릴 수 없이 미묘함 (妙 묘할 묘)
- 玄學 현학 노장의 도덕에 관한 학문 (學 배울 학)
- 深玄 심현 사물의 이치 따위가 매우 깊고 현묘함 (深 깊을 심)
- 玄關 현관 玄琴 현금 玄談 현담
- 玄米 현미 幽玄 유현

852 | 현 絃 줄 현
糸부 총11획

- 絃樂 현악 바이올린, 첼로, 비올라 따위의 현악기로 연주하는 음악 (樂 노래 악)
- 絕絃 절현 진정으로 자기를 알아주는 사람과 사별함 (絕 끊을 절)
- 斷絃 단현 續絃 속현 絃樂器 현악기
- 管絃樂 관현악

853 | 현 顯 나타날 현
頁부 총23획

- 顯達 현달 벼슬·명성·덕망이 높아서 이름이 세상에 드러남 (達 통달할 달)
- 顯微鏡 현미경 눈으로는 볼 수 없을 만큼 작은 물체나 물질을 확대해서 보는 기구 (微 작을 미, 鏡 거울 경)
- 顯考 현고 顯著 현저 顯現 현현
- 顯忠日 현충일

854 | 혈 穴 구멍 혈
穴부 총5획

- 穴居 혈거 동굴 속에서 삶, 또는 그런 동굴 (居 살 거)
- 巖穴 암혈 바위에 뚫린 굴 (巖 바위 암)
- 虎穴 호혈 호랑이 굴 (虎 범 호)
- 經穴 경혈 洞穴 동혈 風穴 풍혈
- 穴居野處 혈거야처

855 | 혐 嫌 싫어할 혐
女부 총13획

- 嫌惡 혐오 싫어하고 미워함 (惡 미워할 오)
- 嫌疑 혐의 범죄를 저지른 사실이 있을 가능성 (疑 의심할 의)
- 嫌疑者 혐의자 혐의를 받는 사람 (疑 의심할 의, 者 놈 자)
- 嫌家 혐가 嫌棄 혐기 嫌怨 혐원
- 忌嫌 기혐

856 | 협  脅 위협할 협
月=肉부 총10획

- 脅迫 협박 상대에게 공포심을 일으키기 위하여 해를 가할 것을 통고하는 일 (迫 핍박할 박)
- 威脅 위협 힘으로 으르고 협박함 (威 위엄 위)
- 脅制 협제 脅從 협종 脅奪 협탈
- 脅迫狀 협박장 威脅的 위협적

857 | 형 亨 형통할 형
亠부 총7획

- 亨通 형통 모든 일이 뜻과 같이 잘되어 감 (通 통할 통)
- 吉亨 길형 길하여 사물이 잘 형통함 (吉 길할 길)
- 萬事亨通 만사형통 元亨利貞 원형이정

858 | 형 螢 반딧불 형
虫부 총16획

- 螢光 형광 어떤 종류의 물체가 엑스선이나 전자 빔 따위를 받았을 때에 내는 고유한 빛 (光 빛 광)
- 螢雪 형설 어려운 가운데 열심히 공부함을 이르는 말 (雪 눈 설)
- 螢案 형안 螢窓 형창 螢火 형화
- 螢光燈 형광등 螢雪之功 형설지공

859 | 형 衡 저울대 형
行부 총16획

- 衡平 형평 균형이 맞음, 또는 그런 상태 (平 평평할 평)
- 均衡 균형 어느 한쪽으로 기울거나 치우치지 아니하고 고른 상태 (均 고를 균)
- 衡器 형기 平衡 평형 抗衡 항형
- 度量衡 도량형 不均衡 불균형

860 | 혜 慧 슬기로울 혜
心부 총15획

- 慧眼 혜안 사물을 꿰뚫어 보는 안목과 식견 (眼 눈 안)
- 智慧 지혜 사물의 이치를 빨리 깨닫고 사물을 정확하게 처리하는 정신적 능력 (智 지혜 지)
- 慧劍 혜검 慧敏 혜민 慧性 혜성
- 聰慧 총혜

· · · · · 이 한 자 기 억 해 요 ? · · · · · 정답 295

1 咸( ) 2 含( ) 3 陷( ) 4 項( ) 5 抗( ) 6 航( ) 7 巷( ) 8 港( ) 9 該( ) 10 奚( )

3급한자 900 | 861~880

861 | 혜
어조사 혜
八부 총4획

道品兮停 도품혜정 신라 행정 구역의 하나
(道 길 도, 品 물건 품, 停 머무를 정)
實兮歌 실혜가 신라 가요의 하나
(實 열매 실, 歌 노래 가)

862 | 호
넓을 호
氵=水부 총10획

浩氣 호기 호연한 기운 (氣 기운 기)
浩然之氣 호연지기 하늘과 땅 사이에 가득 찬 넓고 큰 원기 (然 그럴 연, 之 갈 지, 氣 기운 기)
浩大 호대   浩然 호연   浩歎 호탄
浩蕩 호탕

863 | 호
도울 호
言부 총21획

護國 호국 나라를 보호하고 지킴 (國 나라 국)
護送 호송 보호하여 운반함 (送 보낼 송)
愛護 애호 사랑하고 소중히 보호함 (愛 사랑 애)
護身 호신   護衛 호위   看護 간호
救護 구호   保護 보호   守護 수호

864 | 호
互選 호선 어떤 조직의 구성원들이 서로 투표하여 그 조직 구성원 가운데에서 어떠한 사람을 뽑음 (選 가릴 선)
互惠 호혜 서로 특별한 혜택을 주고받는 일 (惠 은혜 혜)
서로 호
二부 총4획
互角 호각   互用 호용   互稱 호칭
互換 호환   相互 상호

865 | 호
터럭(털) 호
毛부 총11획

毫末 호말 털끝. 아주 작은 일이나 적은 양을 이르는 말 (末 끝 말)
秋毫 추호 가을에 짐승의 털이 아주 가늘다는 뜻. 아주 적거나 조금인 것을 이르는 말 (秋 가을 추)
健毫 건호   一毫 일호   揮毫 휘호

866 | 호
胡琴 호금 비파를 달리 이르는 말 (琴 거문고 금)
胡亂 호란 호인들이 일으킨 난리 (亂 어지러울 란)
胡人 호인 만주 사람 (人 사람 인)
오랑캐 호
月=肉부 총9획
胡歌 호가   胡桃 호도   胡地 호지
丙子胡亂 병자호란

867 | 호
호걸 호
豕부 총14획

豪傑 호걸 지혜와 용기가 뛰어나고 기개와 풍모가 있는 사람 (傑 뛰어날 걸)
豪雨 호우 줄기차게 내리는 크고 많은 비 (雨 비 우)
文豪 문호 뛰어난 문학 작품을 많이 써서 알려진 사람 (文 글월 문)
豪放 호방   豪族 호족   豪華 호화
强豪 강호   富豪 부호   英雄豪傑 영웅호걸

868 | 혹
미혹할 혹
心부 총12획

誘惑 유혹 꾀어서 정신을 혼미하게 하거나 좋지 아니한 길로 이끎 (誘 꾈 유)
疑惑 의혹 의심하여 수상히 여김, 또는 그런 마음 (疑 의심할 의)
惑星 혹성   困惑 곤혹   當惑 당혹
迷惑 미혹   不惑 불혹

869 | 혼
넋 혼
鬼부 총14획

魂神 혼신 정신과 넋을 아울러 이르는 말 (神 귀신 신)
商魂 상혼 더 많은 이익을 얻으려 하는 상인의 정신 (商 장사 상)
鎭魂 진혼 망혼을 진정시킴 (鎭 진압할 진)
魂靈 혼령   孤魂 고혼   亡魂 망혼
靈魂 영혼   招魂 초혼   鎭魂曲 진혼곡

870 | 혼
어두울 혼
日부 총8획

昏迷 혼미 정세 따위가 분명하지 않고 불안정함, 또는 그런 상태 (迷 미혹할 미)
昏絶 혼절 정신이 아찔하여 까무러침 (絶 끊을 절)
昏困 혼곤   黃昏 황혼   昏睡狀態 혼수상태

• 이 한 자 기 억 해 요 ? • 정답 296

1 核( ) 2 享( ) 3 響( ) 4 獻( ) 5 憲( ) 6 軒( ) 7 驗( ) 8 險( ) 9 縣( ) 10 懸( )

여기는! 兮혜 / 忽홀

871 | 홀 忽
 갑자기 홀
 心부 총8획

- 忽待 홀대 소홀히 대접함(待 대할 대)
- 忽視 홀시 눈여겨보지 아니하고 슬쩍 보아 넘김(視 볼 시)
- 忽然 홀연 뜻하지 아니하게 갑자기 (然 그럴 연)

忽地 홀지 輕忽 경홀 疏忽 소홀
忽顯忽沒 홀현홀몰

872 | 홍 鴻
 기러기 홍
 鳥부 총17획

- 鴻德 홍덕 큰 덕(德 큰 덕)
- 鴻毛 홍모 기러기의 털. 매우 가벼운 사물을 이르는 말(毛 터럭 모)
- 鴻雁 홍안 큰 기러기와 작은 기러기 (雁 기러기 안)

鴻圖 홍도 鴻恩 홍은 鴻志 홍지

873 | 홍 洪
 넓을 홍
 氵=水부 총9획

- 洪福 홍복 큰 행복(福 복 복)
- 洪水 홍수 큰물. 비가 많이 와서 강이나 개천에 갑자기 크게 불은 물 (水 물 수)
- 洪業 홍업 나라를 세우는 대업(業 업 업)

洪範 홍범 洪魚 홍어 洪吉童傳 홍길동전

874 | 홍 弘
 클 홍
 弓부 총5획

- 弘報 홍보 일반에게 널리 알림, 또는 그 보도나 소식(報 알릴 보)
- 弘布 홍포 널리 알림(布 펼 포)
- 寬弘 관홍 마음이 너그럽고 큼 (寬 너그러울 관)

弘大 홍대 弘益 홍익 弘文館 홍문관
弘益人間 홍익인간

875 | 화 禾
 벼 화
 禾부 총5획

- 禾穀 화곡 벼에 딸린 곡식을 통틀어 이르는 말(穀 곡식 곡)
- 禾苗 화묘 볏모. 옮겨심기 위하여 기른 벼의 싹(苗 모 묘)

禾利 화리 禾尺 화척 大禾 대화

876 | 화 禍
 재앙 화
 示부 총14획

- 禍根 화근 재앙의 근원(根 뿌리 근)
- 轉禍爲福 전화위복 재앙과 화난이 바뀌어 오히려 복이 됨 (轉 구를 전, 爲 할 위, 福 복 복)

禍變 화변 禍色 화색 女禍 여화
災禍 재화 慘禍 참화 筆禍 필화

877 | 확  擴
 넓힐 확
 扌=手부 총18획

- 擴散 확산 흩어져 널리 퍼짐(散 흩을 산)
- 擴張 확장 범위·규모·세력 따위를 늘려서 넓힘(張 베풀 장)
- 擴充 확충 넓혀서 충실하게 함 (充 채울 충)

擴大 확대 擴大鏡 확대경 擴大率 확대율
擴聲器 확성기 擴張子 확장자 核擴散 핵확산

878 | 확 確
 굳을 확
 石부 총15획

- 確固 확고 확실하고 견고함(固 굳을 고)
- 確答 확답 확실하게 대답함(答 대답 답)
- 確認 확인 틀림없이 그러한가를 알아보거나 인정함(認 알 인)
- 明確 명확 분명하고 확실함(明 밝을 명)

確率 확률 確信 확신 確實 확실
確言 확언 確證 확증 確固不動 확고부동

879 | 확 穫
 거둘 확
 禾부 총19획

- 收穫 수확 익은 농작물을 거두어들임 (收 거둘 수)
- 一樹百穫 일수백확 나무 한 그루를 심어서 백 가지의 이익을 봄. 유능한 인재 하나를 길러 여러 효과를 얻음 (一 한 일, 樹 나무 수, 百 일백 백)

秋穫 추확 多收穫 다수확

880 | 환 換
 바꿀 환
 扌=手부 총12획

- 換錢 환전 서로 종류가 다른 화폐와 화폐, 또는 화폐와 지금을 교환함(錢 돈 전)
- 變換 변환 성질·상태 등을 바꿈 (變 변할 변)

換氣 환기 換算 환산 換率 환율
交換 교환 轉換 전환 換節期 환절기

• • • 이 한 자 기 억 해 요? • • • 정답 297

1 玄( ) 2 絃( ) 3 顯( ) 4 穴( ) 5 嫌( ) 6 脅( ) 7 亨( ) 8 螢( ) 9 衡( ) 10 慧( )

3급한자 900 | 881~900

881 | 환
還 돌아올 환
辶=辵부 총17획

還甲 환갑 육십갑자의 '갑'으로 되돌아옴. 예순한 살(甲 갑옷 갑)
還給 환급 도로 돌려줌(給 줄 급)
還拂 환불 요금 따위를 돌려줌(拂 떨칠 불)

還國 환국 還元 환원 歸還 귀환
返還 반환 償還 상환 奪還 탈환

882 | 환
環 고리 환
王=玉부 총17획

環境 환경 생물에게 직접·간접으로 영향을 주는 자연적 조건이나 사회적 상황(境 지경 경)
花環 화환 생화나 조화를 모아 고리같이 둥글게 만든 물건(花 꽃 화)

環狀 환상 金環 금환 旋環 선환
循環 순환 循環器 순환기 循環線 순환선

883 | 환
丸 둥글 환
丶부 총3획

丸藥 환약 알약. 약재를 가루로 만들어 반죽하여 작고 둥글게 빚은 약(藥 약 약)
彈丸 탄환 탄알. 총이나 포에 재어서 목표물을 향해 쏘아 보내는 물건(彈 탄알 탄)

飛丸 비환 銃丸 총환 砲丸 포환
淸心丸 청심환

884 | 황
荒 거칠 황
艹=艸부 총10획

荒野 황야 버려 두어 거친 들판(野 들 야)
荒廢 황폐 집, 토지, 삼림 따위가 거칠고 못 쓸 상태에 있음, 또는 거칠고 못 쓰게 됨(廢 폐할 폐)

荒唐 황당 荒凉 황량 荒漠 황막
虛荒 허황

885 | 황
況 상황 황
氵=水부 총8획

況且 황차 하물며. 더군다나. 앞의 사실과 비교하여 뒤의 사실에 더 강한 긍정을 나타냄(且 또 차)
狀況 상황 일이 되어 가는 과정이나 형편(狀 형상 상)

景況 경황 近況 근황 盛況 성황
實況 실황 情況 정황 現況 현황

886 | 회
悔 뉘우칠 회
忄=心부 총10획

悔改 회개 잘못을 뉘우치고 고침(改 고칠 개)
慙悔 참회 부끄러워하여 뉘우침(慙 부끄러울 참)
後悔 후회 이전의 잘못을 뉘우침(後 뒤 후)

悔心 회심 悔恨 회한 痛悔 통회

887 | 회
懷 품을 회
忄=心부 총19획

懷疑 회의 의심을 품음, 또는 마음속에 품고 있는 의심(疑 의심할 의)
懷抱 회포 마음 속에 품은 생각이나 뜻(抱 안을 포)
所懷 소회 마음에 품고 있는 회포(所 바 소)

懷古 회고 懷柔 회유 感懷 감회
素懷 소회 述懷 술회 心懷 심회

888 | 획
獲 얻을 획
犭=犬부 총17획

獲得 획득 얻어 내거나 얻어 가짐(得 얻을 득)
濫獲 남획 짐승·물고기 따위를 마구 잡음(濫 넘칠 람)
漁獲 어획 수산물을 잡거나 채취함(漁 고기잡을 어)

獲利 획리 殺獲 살획 捕獲 포획
漁獲量 어획량

889 | 획
劃 그을 획
刂=刀부 총14획

區劃 구획 토지 따위를 경계를 지어 가름, 또는 그런 구역(區 구분할 구)
企劃 기획 일을 꾸미어 꾀함(企 꾀할 기)
潛劃 잠획 남모르게 은밀하게 계획함, 또는 그런 계획(潛 잠길 잠)

劃一 획일 劃策 획책 計劃 계획
劃期的 획기적

890 | 횡
橫 가로 횡
木부 총16획

橫斷 횡단 도로나 강 따위를 가로지름(斷 끊을 단)
橫財 횡재 뜻밖에 재물을 얻음, 또는 그렇게 얻은 재물(財 재물 재)
橫暴 횡포 제멋대로 굴며 몹시 난폭함(暴 모질 포)

橫隊 횡대 橫領 횡령 橫的 횡적
橫行 횡행 專橫 전횡 縱橫無盡 종횡무진

• • • 이 한 자 기 억 해 요 ? • • • 정답 298

1 兮( ) 2 浩( ) 3 護( ) 4 互( ) 5 毫( ) 6 胡( ) 7 豪( ) 8 惑( ) 9 魂( ) 10 昏( )

여기는! 還환 / 曉효

891 | 효 曉
새벽 효
日부 총16획

- 曉得 효득 : 깨달아 앎 (得 얻을 득)
- 曉星 효성 : 샛별. 금성을 일상적으로 이르는 말 (星 별 성)
- 曉示 효시 : 깨달아 알아듣도록 타이름 (示 보일 시)

曉色 효색 曉習 효습 通曉 통효

892 | 후 候
기후 후
亻=人부 총10획

- 氣候 기후 : 일정한 지역에서 여러 해에 걸쳐 나타난 기온·비·눈·바람 따위의 평균 상태 (氣 기운 기)
- 症候 증후 : 병을 앓을 때 나타나는 여러 가지 상태나 모양 (症 증세 증)

候補 후보 節候 절후 徵候 징후
測候 측후 氣體候 기체후

893 | 후
侯
제후 후
亻=人부 총9획

- 侯爵 후작 : 다섯 등급으로 나눈 귀족의 작위 가운데 둘째 작위 (爵 벼슬 작)
- 諸侯 제후 : 봉건 시대에 일정한 영토를 가지고 그 영내의 백성을 지배하는 권력을 가지던 사람 (諸 모두 제)

君侯 군후 封侯 봉후 王侯將相 왕후장상

894 | 훼 毀
헐 훼
殳부 총13획

- 毀事 훼사 : 남의 일을 훼방하는 일 (事 일 사)
- 毀傷 훼상 : 헐어 상하게 함 (傷 다칠 상)
- 毀損 훼손 : 헐거나 깨뜨려 못 쓰게 만듦 (損 덜 손)

毀棄 훼기 毀滅 훼멸 毀節 훼절
毀破 훼파

895 | 휘
輝
빛날 휘
車부 총15획

- 輝石 휘석 : 철·마그네슘·칼슘 따위로 이루어진 규산염 광물 (石 돌 석)
- 光輝 광휘 : 환하고 아름답게 빛남, 또는 그 빛 (光 빛 광)

輝度 휘도 輝線 휘선 輝巖 휘암

896 | 휘
揮
휘두를 휘
扌=手부 총12획

- 揮帳 휘장 : 피륙을 여러 폭으로 이어서 빙 둘러치는 장막 (帳 장막 장)
- 揮毫 휘호 : 붓을 휘둘러 글씨를 쓰거나 그림을 그림 (毫 터럭 호)
- 發揮 발휘 : 재능, 능력 따위를 떨치어 나타냄 (發 필 발)

指揮 지휘 揮發性 휘발성 揮發油 휘발유
指揮官 지휘관 指揮權 지휘권 指揮者 지휘자

897 | 휴
携
이끌 휴
扌=手부 총13획

- 携帶 휴대 : 손에 들거나 몸에 지니고 다님 (帶 띠 대)
- 提携 제휴 : 행동을 함께하기 위하여 서로 붙들어 도와줌 (提 끌 제)
- 携帶品 휴대품 : 손에 들거나 몸에 지니고 다니는 물건 (帶 띠 대, 品 물건 품)

携酒 휴주 携持 휴지 必携 필휴
技術提携 기술제휴

898 | 흡
吸
마실 흡
口부 총7획

- 吸收 흡수 : 빨아들임 (收 거둘 수)
- 吸煙 흡연 : 담배를 피움 (煙 연기 연)
- 吸着 흡착 : 어떤 물질이 달라붙음 (着 붙을 착)
- 呼吸 호흡 : 숨을 쉼, 또는 그 숨 (呼 부를 호)

吸入 흡입 吸血 흡혈 吸引力 흡인력
吸着力 흡착력 吸血鬼 흡혈귀 呼吸器 호흡기

899 | 희 戲
놀이 희
戈부 총17획

- 戲曲 희곡 : 등장 인물들의 행동이나 대화를 기본 수단으로 하여 표현하는 예술 작품 (曲 굽을 곡)
- 戲弄 희롱 : 말이나 행동으로 실없이 놀림 (弄 희롱할 롱)

戲劇 희극 戲畫 희화 遊戲 유희

900 | 희 稀
드물 희
禾부 총12획

- 稀代 희대 : 세상에 드묾 (代 대신할 대)
- 稀微 희미 : 분명하지 못하고 어렴풋함 (微 작을 미)
- 稀釋 희석 : 용액에 물이나 다른 용매를 더하여 농도를 묽게 함 (釋 풀 석)

稀貴 희귀 稀薄 희박 稀少 희소
稀壽 희수 古稀 고희

이 한 자 기 억 해 요 ?   정답 299

1 忽( ) 2 鴻( ) 3 洪( ) 4 弘( ) 5 禾( ) 6 禍( ) 7 擴( ) 8 確( ) 9 穫( ) 10 換( )

CHAPTER 05

기타 출제 유형별 정리

앞에서 익힌 한자들을 이용하여

출제 유형에 맞게

반의어, 동음이의어, 사자성어로

나누어 정리하였다.

앞에서와는 다른 각도로 한자들을 들여다보며

반복 학습해보자.

- 반대자 · 유의자 304
- 반의어 · 상대어 307
- 동음이의어 311
- 일자다음자 327
- 사자성어 329

반대자 · 유의자

반대 · 유의 한자도 출제 유형에 포함된다. 그리고 비중이 큰 반의어 · 상대어를 익히는데도 도움이 되므로 잘 익혀두자.

佳(아름다울 가) 美(아름다울 미)	↔	醜(더러울 추)
假(거짓 가)	↔	眞(참 진)
加(더할 가) 益(더할 익) 增(더할 증) 添(더할 첨)	↔	減(덜 감) 省(덜 생) 損(덜 손) 除(덜 제)
可(옳을 가)	↔	否(아닐 부)
干(방패 간)	↔	滿(찰 만)
甘(달 감) 樂(즐길 락)	↔	苦(쓸 고)
剛(굳셀 강)	↔	柔(부드러울 유)
江(강 강)	↔	山(메 산)
降(내릴 강)	↔	登(오를 등) 昇(오를 승)
康(편안 강) 寧(편안 녕) 安(편안 안)	↔	危(위태할 위)
强(강할 강)	↔	弱(약할 약)
開(열 개)	↔	閉(닫을 폐)
皆(다 개)	↔	個(낱 개)
客(손 객)	↔	主(주인 주)
巨(클 거) 大(큰 대) 偉(클 위) 泰(클 태) 太(클 태) 弘(클 홍)	↔	微(작을 미) 小(작을 소)

乾(하늘 건) 天(하늘 천)	↔	坤(땅 곤) 地(땅 지)
乾(마를 건) 枯(마를 고) 燥(마를 조)	↔	濕(젖을 습) 潤(윤택할 윤)
軟(연할 연)	↔	堅(굳을 견) 硬(굳을 경) 固(굳을 고) 確(굳을 확)
遣(보낼 견) 送(보낼 송)	↔	迎(맞을 영)
結(맺을 결)	↔	釋(풀 석) 解(풀 해)
潔(깨끗할 결)	↔	汚(더러울 오)
京(서울 경)	↔	鄕(시골 향)
輕(가벼울 경)	↔	重(무거울 중)
慶(경사 경)	↔	弔(조상할 조)
經(지날 경)	↔	緯(씨줄 위)
競(다툴 경)	↔	和(화할 화) 協(화합할 협)
古(예 고) 舊(예 구) 昔(옛 석)	↔	今(이제 금) 新(새 신)
姑(시어미 고)	↔	婦(며느리 부)
高(높을 고) 隆(높을 륭) 崇(높을 숭) 尊(높을 존) 卓(높을 탁)	↔	卑(낮을 비) 低(낮을 저)

曲(굽을 곡) 屈(굽힐 굴)	↔	貞(곧을 정) 直(곧을 직)
骨(뼈 골)	↔	肉(고기 육)
空(빌 공) 虛(빌 허)	↔	滿(찰 만)
公(공평할 공)	↔	私(사사 사)
寡(적을 과) 少(적을 소)	↔	多(많을 다)
敎(가르칠 교)	↔	學(배울 학)
拘(잡을 구) 操(잡을 조) 執(잡을 집) 捉(잡을 착) 捕(잡을 포)	↔	放(놓을 방)
群(무리 군) 黨(무리 당) 隊(무리 대) 徒(무리 도) 等(무리 등) 類(무리 류) 輩(무리 배) 衆(무리 중)	↔	孤(외로울 고) 獨(홀로 독)
君(임금 군)	↔	臣(신하 신)
困(곤할 곤) 窮(궁할 궁) 貧(가난할 빈)	↔	富(부자 부) 裕(넉넉할 유)
克(이길 극) 勝(이길 승)	↔	負(질 부) 敗(패할 패)

近(가까울 근) ◀▶	遠(멀 원) / 悠(멀 유)	
飢(주릴 기) / 餓(주릴 아) ◀▶	飽(배부를 포)	
給(줄 급) / 賜(줄 사) / 授(줄 수) / 與(줄 여) / 贈(줄 증) ◀▶	受(받을 수)	
急(급할 급) / 速(빠를 속) ◀▶	徐(천천히 서) / 緩(느릴 완) / 遲(더딜 지)	
起(일어날 기) ◀▶	伏(엎드릴 복)	
吉(길할 길) ◀▶	凶(흉할 흉)	
暖(따뜻할 난) / 溫(따뜻할 온) ◀▶	冷(찰 랭) / 寒(찰 한)	
難(어려울 난) ◀▶	易(쉬울 이)	
男(사내 남) ◀▶	娘(여자 낭) / 女(계집 녀)	
內(안 내) ◀▶	外(바깥 외)	
奴(종 노) ◀▶	婢(계집종 비)	
旦(아침 단) / 朝(아침 조) ◀▶	夕(저녁 석)	
單(홑 단) ◀▶	複(겹칠 복)	
短(짧을 단) ◀▶	長(긴 장)	
斷(끊을 단) / 切(끊을 절) / 絕(끊을 절) ◀▶	繼(이을 계) / 絡(이을 락) / 聯(연이을 련) / 連(이을 련) / 續(이을 속) / 承(이을 승) / 接(이을 접)	
畓(논 답) ◀▶	田(밭 전)	
淡(맑을 담) / 淑(맑을 숙) / 雅(맑을 아) / 淸(맑을 청) ◀▶	濁(흐릴 탁)	
答(대답 답) ◀▶	問(물을 문)	
貸(빌릴 대) ◀▶	借(빌 차)	
冬(겨울 동) ◀▶	夏(여름 하)	
同(한가지 동) ◀▶	異(다를 이)	
東(동녘 동) ◀▶	西(서녘 서)	
明(밝을 명) / 洞(밝을 통) ◀▶	冥(어두울 명) / 暗(어두울 암) / 昏(어두울 혼)	
動(움직일 동) ◀▶	靜(고요할 정)	
頭(머리 두) / 首(머리 수) ◀▶	尾(꼬리 미)	
鈍(둔할 둔) ◀▶	敏(민첩할 민) / 銳(날카로울 예)	
得(얻을 득) / 獲(얻을 획) ◀▶	失(잃을 실)	
去(갈 거) / 赴(다다를 부) / 往(갈 왕) ◀▶	來(올 래)	
略(간략할 략) ◀▶	詳(자세할 상)	
劣(못할 렬) ◀▶	秀(빼어날 수) / 優(뛰어날 우)	
老(늙을 로) ◀▶	少(적을 소)	
勞(일할 로) ◀▶	使(하여금 사)	
了(마칠 료) / 末(끝 말) / 卒(마칠 졸) / 終(마칠 종) / 罷(마칠 파) ◀▶	始(비로소 시) / 初(처음 초)	
陸(뭍 륙) ◀▶	海(바다 해)	
利(이로울 리) ◀▶	害(해할 해)	
離(떠날 리) ◀▶	合(합할 합)	
莫(없을 막) ◀▶	在(있을 재) / 存(있을 존)	
默(잠잠할 묵) ◀▶	騷(떠들 소)	
民(백성 민) ◀▶	官(벼슬 관)	
無(없을 무) ◀▶	有(있을 유)	
散(흩을 산) ◀▶	社(모일 사) / 集(모을 집) / 會(모일 회)	
忙(바쁠 망) ◀▶	閑(한가할 한)	
亡(없을 망) / 滅(멸할 멸) ◀▶	盛(성할 성) / 興(일 흥)	
賣(팔 매) / 販(팔 판) ◀▶	買(살 매)	
免(면할 면) ◀▶	司(맡을 사) / 委(맡길 위) / 任(맡길 임) / 托(맡길 탁)	
消(사라질 소) / 隱(숨을 은) ◀▶	著(나타날 저) / 現(나타날 현) / 顯(나타날 현)	
冥(어두울 명) ◀▶	昭(밝을 소) / 哲(밝을 철)	
哭(울 곡) / 鳴(울 명) / 泣(울 읍) ◀▶	笑(웃음 소)	
母(어미 모) ◀▶	父(아비 부)	
茂(무성할 무) / 繁(번성할 번) / 盛(성할 성) ◀▶	衰(쇠할 쇠)	

305

密(빽빽할 밀)	◀▶	疎(성길 소) / 稀(드물 희)
擊(칠 격) / 攻(칠 공) / 拍(칠 박) / 伐(칠 벌) / 征(칠 정) / 打(칠 타) / 討(칠 토)	◀▶	防(막을 방) / 保(지킬 보) / 守(지킬 수) / 衛(지킬 위)
薄(엷을 박)	◀▶	厚(두터울 후)
班(나눌 반) / 分(나눌 분) / 析(쪼갤 석)	◀▶	合(합할 합)
背(등 배)	◀▶	腹(배 복)
白(흰 백) / 素(흴 소)	◀▶	玄(검을 현) / 黑(검을 흑)
罰(벌할 벌)	◀▶	賞(상줄 상)
別(다를 별) / 殊(다를 수) / 異(다를 이) / 差(다를 차)	◀▶	若(같을 약) / 如(같을 여) / 肖(같을 초)
兵(병사 병) / 卒(군사 졸)	◀▶	帥(장수 수) / 將(장수 장)
殃(재앙 앙) / 災(재앙 재) / 禍(재앙 화)	◀▶	福(복 복)
夫(지아비 부)	◀▶	婦(지어미 부) / 妻(아내 처)
浮(뜰 부)	◀▶	潛(잠길 잠) / 沈(잠길 침) / 浸(잠길 침)
北(북녘 북)	◀▶	南(남녘 남)
崩(무너질 붕)	◀▶	建(세울 건)
妃(왕비 비)	◀▶	王(임금 왕) / 皇(황제 황)
慨(슬퍼할 개) / 悲(슬플 비) / 哀(슬플 애) / 嗚(슬플 오)	◀▶	悅(기쁠 열) / 歡(기쁠 환) / 喜(기쁠 희)
卑(낮을 비) / 賤(천할 천)	◀▶	貴(귀할 귀) / 尊(높을 존)
客(손 객) / 賓(손 빈)	◀▶	主(주인 주)
死(죽을 사) / 殺(죽일 살)	◀▶	生(날 생) / 活(살 활)
捨(버릴 사)	◀▶	拾(주울 습)
傾(기울 경) / 斜(비낄 사)	◀▶	平(평평할 평)
上(윗 상)	◀▶	下(아래 하)
暑(더울 서) / 熱(더울 열)	◀▶	冷(찰 랭) / 凉(서늘할 량) / 寒(찰 한)
先(먼저 선)	◀▶	後(뒤 후)
善(착할 선)	◀▶	惡(악할 악)
成(이룰 성)	◀▶	敗(패할 패)
水(물 수)	◀▶	火(불 화)
手(손 수)	◀▶	足(발 족)
順(순할 순)	◀▶	逆(거스를 역)
身(몸 신) / 體(몸 체)	◀▶	心(마음 심)
伸(펼 신)	◀▶	縮(줄일 축)
深(깊을 심)	◀▶	淺(얕을 천)
我(나 아) / 予(나 여) / 余(나 여) / 吾(나 오)	◀▶	汝(너 여)
童(아이 동) / 兒(아이 아)	◀▶	丈(어른 장)
惡(미워할 오) / 憎(미워할 증)	◀▶	愛(사랑 애) / 慈(사랑 자) / 好(좋을 호)
壓(누를 압) / 抑(누를 억)	◀▶	釋(풀 석) / 解(풀 해)
午(낮 오) / 晝(낮 주)	◀▶	夜(밤 야)
翁(늙은이 옹)	◀▶	幼(어릴 유)
雨(비 우)	◀▶	晴(갤 청)
陰(그늘 음)	◀▶	陽(볕 양)
引(끌 인)	◀▶	推(밀 추)
因(인할 인)	◀▶	果(열매 과)
入(들 입)	◀▶	出(날 출)
自(스스로 자)	◀▶	他(다를 타)
前(앞 전)	◀▶	後(뒤 후)
左(왼 좌)	◀▶	右(오른쪽 우)
朝(아침 조)	◀▶	夕(저녁 석)
進(나아갈 진)	◀▶	退(물러날 퇴)
投(던질 투)	◀▶	打(칠 타)
兄(형 형)	◀▶	弟(아우 제)

반의어·상대어 反義語·相對語

반의어·상대어는 출제 비중이 높은 부분이다. 일상에 많이 사용되는 한자어들로 정리하였으므로 집중적으로 공부해야 한다.

ㄱ

可決(가결) ◀▶ 否決(부결)	開會(개회) ◀▶ 閉會(폐회)	故意(고의) ◀▶ 過失(과실)
架空(가공) ◀▶ 實在(실재)	客觀(객관) ◀▶ 主觀(주관)	固定(고정) ◀▶ 流動(유동)
假名(가명) ◀▶ 實名(실명)	客體(객체) ◀▶ 主體(주체)	高調(고조) ◀▶ 低調(저조)
假象(가상) ◀▶ 現實(현실)	巨大(거대) ◀▶ 微小(미소) / 群小(군소)	苦痛(고통) ◀▶ 平安(평안)
加熱(가열) ◀▶ 冷却(냉각)	巨富(거부) ◀▶ 極貧(극빈)	故鄕(고향) ◀▶ 他鄕(타향)
加入(가입) ◀▶ 脫退(탈퇴)	拒否(거부) ◀▶ 承認(승인)	困難(곤란) / 難解(난해) ◀▶ 容易(용이)
加重(가중) ◀▶ 輕減(경감)	拒絶(거절) ◀▶ 承諾(승낙)	供給(공급) ◀▶ 需要(수요)
却下(각하) ◀▶ 受理(수리)	建設(건설) ◀▶ 破壞(파괴)	空想(공상) ◀▶ 現實(현실)
簡單(간단) / 簡便(간편) ◀▶ 複雜(복잡)	乾燥(건조) ◀▶ 濕潤(습윤)	共用(공용) ◀▶ 專用(전용)
	傑作(걸작) ◀▶ 拙作(졸작)	共有(공유) ◀▶ 專有(전유)
干涉(간섭) ◀▶ 放任(방임)	儉約(검약) ◀▶ 浪費(낭비)	過去(과거) ◀▶ 未來(미래)
干潮(간조) ◀▶ 滿潮(만조)	缺勤(결근) ◀▶ 出勤(출근)	光明(광명) ◀▶ 暗黑(암흑)
減産(감산) ◀▶ 增産(증산)	結論(결론) ◀▶ 序論(서론)	拘禁(구금) ◀▶ 釋放(석방)
減少(감소) ◀▶ 增加(증가)	結婚(결혼) ◀▶ 離婚(이혼)	拘束(구속) ◀▶ 解放(해방)
減額(감액) ◀▶ 增額(증액)	經度(경도) ◀▶ 緯度(위도)	求心(구심) ◀▶ 遠心(원심)
感情(감정) ◀▶ 理性(이성)	輕薄(경박) ◀▶ 重厚(중후)	口傳(구전) ◀▶ 記錄(기록)
剛健(강건) ◀▶ 柔弱(유약)	輕率(경솔) ◀▶ 愼重(신중)	具體(구체) ◀▶ 抽象(추상)
强硬(강경) / 硬直(경직) ◀▶ 柔軟(유연)	輕視(경시) ◀▶ 重視(중시)	君子(군자) ◀▶ 小人(소인)
	繼續(계속) ◀▶ 中斷(중단)	君主(군주) ◀▶ 臣下(신하)
强大(강대) ◀▶ 弱小(약소)	繼承(계승) ◀▶ 斷絶(단절)	屈服(굴복) ◀▶ 抵抗(저항)
强勢(강세) ◀▶ 弱勢(약세)	高價(고가) ◀▶ 低價(저가)	屈折(굴절) ◀▶ 直進(직진)
强制(강제) ◀▶ 任意(임의)	高空(고공) ◀▶ 低空(저공)	卷頭(권두) ◀▶ 卷末(권말)
開放(개방) ◀▶ 閉鎖(폐쇄)	高利(고리) ◀▶ 低利(저리)	權利(권리) ◀▶ 義務(의무)
强點(강점) ◀▶ 弱點(약점)	高速(고속) ◀▶ 低速(저속)	均等(균등) ◀▶ 差等(차등)
個別(개별) ◀▶ 全體(전체)	高壓(고압) ◀▶ 低壓(저압)	僅少(근소) ◀▶ 過多(과다)

307

近視(근시) ↔ 遠視(원시)

禁止(금지) ↔ 解禁(해금) / 許可(허가)

急性(급성) ↔ 慢性(만성)

急增(급증) ↔ 急減(급감)

急行(급행) ↔ 緩行(완행)

肯定(긍정) ↔ 不定(부정)

旣決(기결) ↔ 未決(미결)

奇拔(기발) ↔ 平凡(평범)

飢餓(기아) ↔ 飽食(포식)

緊密(긴밀) ↔ 疏遠(소원)

緊縮(긴축) ↔ 緩和(완화)

吉兆(길조) ↔ 凶兆(흉조)

加害者(가해자) ↔ 被害者(피해자)

具體的(구체적) ↔ 皮相的(피상적)

ㄴ

樂觀(낙관) ↔ 悲觀(비관)

樂園(낙원) ↔ 地獄(지옥)

落第(낙제) ↔ 及第(급제)

暖流(난류) ↔ 寒流(한류)

亂世(난세) ↔ 治世(치세)

浪費(낭비) / 濫用(남용) ↔ 節約(절약)

朗讀(낭독) ↔ 默讀(묵독)

內容(내용) ↔ 形式(형식)

內包(내포) ↔ 外延(외연)

老鍊(노련) ↔ 未熟(미숙)

能動(능동) ↔ 被動(피동)

ㄷ

多元(다원) ↔ 一元(일원)

單純(단순) ↔ 複雜(복잡)

單式(단식) ↔ 複式(복식)

短縮(단축) ↔ 延長(연장)

短篇(단편) ↔ 長篇(장편)

對話(대화) ↔ 獨白(독백)

都心(도심) ↔ 郊外(교외)

獨創(독창) ↔ 模倣(모방)

動機(동기) ↔ 結果(결과)

動搖(동요) ↔ 安定(안정)

鈍感(둔감) ↔ 敏感(민감)

鈍濁(둔탁) ↔ 銳利(예리)

得勢(득세) ↔ 失勢(실세)

得意(득의) ↔ 失意(실의)

得點(득점) ↔ 失點(실점)

登場(등장) ↔ 退場(퇴장)

大丈夫(대장부) ↔ 拙丈夫(졸장부)

ㅁ

漠然(막연) ↔ 確然(확연)

忘却(망각) ↔ 記憶(기억)

滅亡(멸망) ↔ 繁盛(번성) / 隆盛(융성)

名目(명목) ↔ 實質(실질)

名譽(명예) ↔ 恥辱(치욕)

無能(무능) ↔ 有能(유능)

文明(문명) ↔ 原始(원시)

文語(문어) ↔ 口語(구어)

物質(물질) ↔ 精神(정신)

敏感(민감) ↔ 鈍感(둔감)

密集(밀집) ↔ 散在(산재)

門外漢(문외한) ↔ 專門家(전문가)

ㅂ

反目(반목) ↔ 和睦(화목)

反抗(반항) ↔ 服從(복종)

放心(방심) ↔ 操心(조심)

背恩(배은) ↔ 報恩(보은)

凡人(범인) ↔ 超人(초인)

別居(별거) ↔ 同居(동거)

保守(보수) ↔ 革新(혁신) / 進步(진보)

普遍(보편) ↔ 特殊(특수)

本業(본업) ↔ 副業(부업)

富裕(부유) ↔ 貧困(빈곤)

否認(부인) ↔ 是認(시인)

分離(분리) ↔ 結合(결합)

分散(분산) ↔ 集中(집중)

分析(분석) ↔ 綜合(종합)

紛爭(분쟁) ↔ 和解(화해)

不運(불운) ↔ 幸運(행운)

非番(비번) ↔ 當番(당번)

非凡(비범) ↔ 平凡(평범)

悲哀(비애) ↔ 歡喜(환희)

不文律(불문율) ↔ 成文律(성문율)

不法化(불법화) ↔ 合法化(합법화)

ㅅ

私的(사적) ↔ 公的(공적)

死後(사후) ↔ 生前(생전)

削減(삭감) ↔ 添加(첨가)

上昇(상승) ◀▶	下落(하락)	
喪失(상실) ◀▶	獲得(획득)	
詳述(상술) ◀▶	略述(약술)	
先天(선천) ◀▶	後天(후천)	
省略(생략) ◀▶	追加(추가)	
生食(생식) ◀▶	火食(화식)	
善用(선용) ◀▶	惡用(악용)	
成功(성공) ◀▶	失敗(실패)	
成熟(성숙) ◀▶	未熟(미숙)	
消極(소극) ◀▶	積極(적극)	
消費(소비) ◀▶	生産(생산) / 貯蓄(저축)	
疏遠(소원) ◀▶	親近(친근)	
收入(수입) ◀▶	支出(지출)	
順行(순행) ◀▶	逆行(역행)	
勝利(승리) ◀▶	敗北(패배)	
相對的(상대적) ◀▶	絕對的(절대적)	

ㅇ

暗示(암시) ◀▶	明示(명시)	
連敗(연패) ◀▶	連勝(연승)	
靈魂(영혼) ◀▶	肉體(육체)	
豫習(예습) ◀▶	復習(복습)	
溫暖(온난) ◀▶	寒冷(한랭)	
完納(완납) ◀▶	未納(미납)	
緩慢(완만) ◀▶	急激(급격)	
完備(완비) ◀▶	未備(미비) / 不備(불비)	
往復(왕복) ◀▶	片道(편도)	
優良(우량) ◀▶	劣惡(열악)	
偶然(우연) ◀▶	蓋然(개연) / 必然(필연)	
遠隔(원격) ◀▶	近接(근접)	
遠洋(원양) ◀▶	近海(근해)	
原因(원인) ◀▶	結果(결과)	
危險(위험) ◀▶	安全(안전)	
留保(유보) ◀▶	決定(결정)	
類似(유사) ◀▶	相異(상이)	
遺失(유실) ◀▶	拾得(습득)	
隆起(융기) ◀▶	陷沒(함몰) / 沈降(침강)	
隱蔽(은폐) ◀▶	公開(공개)	
恩惠(은혜) ◀▶	怨恨(원한)	
陰地(음지) ◀▶	陽地(양지)	
理性(이성) ◀▶	感性(감성) / 感情(감정)	
依支(의지) ◀▶	自立(자립)	
異端(이단) ◀▶	正統(정통)	
利益(이득) ◀▶	損失(손실)	
異例(이례) ◀▶	通例(통례)	
理論(이론) ◀▶	實際(실제)	
離別(이별) ◀▶	相逢(상봉)	
異性(이성) ◀▶	同性(동성)	
異議(이의) ◀▶	同議(동의)	
利益(이익) ◀▶	損害(손해)	
引上(인상) ◀▶	引下(인하)	
引受(인수) ◀▶	引繼(인계)	
人爲(인위) ◀▶	自然(자연)	
人造(인조) ◀▶	天然(천연)	
一般(일반) ◀▶	特殊(특수)	
立體(입체) ◀▶	平面(평면)	
唯物論(유물론) ◀▶	唯心論(유심론)	

ㅈ

自動(자동) ◀▶	手動(수동) / 他動(타동)	
自律(자율) ◀▶	他律(타율)	
自意(자의) ◀▶	他意(타의)	
子正(자정) ◀▶	正午(정오)	
長點(장점) ◀▶	短點(단점)	
低俗(저속) ◀▶	高尙(고상)	
敵軍(적군) ◀▶	我軍(아군)	
敵對(적대) ◀▶	友好(우호)	
轉入(전입) ◀▶	轉出(전출)	
絕對(절대) ◀▶	相對(상대)	
絕望(절망) ◀▶	希望(희망)	
點燈(점등) ◀▶	消燈(소등)	
漸進(점진) ◀▶	急進(급진)	
點火(점화) ◀▶	消火(소화)	
定說(정설) ◀▶	異說(이설)	
靜肅(정숙) ◀▶	騷亂(소란)	
定着(정착) ◀▶	流浪(유랑) / 漂流(표류)	
弔客(조객) ◀▶	賀客(하객)	
造花(조화) ◀▶	生花(생화)	
存續(존속) ◀▶	廢地(폐지)	
主演(주연) ◀▶	助演(조연)	
中止(중지) ◀▶	續行(속행)	
增進(증진) ◀▶	減退(감퇴)	
直系(직계) ◀▶	傍系(방계)	
進步(진보) ◀▶	退步(퇴보)	
眞實(진실) ◀▶	虛僞(허위)	
進化(진화) ◀▶	退化(퇴화)	
質疑(질의) ◀▶	答辯(답변)	

| 質問(질문) ◀▶ 對答(대답) |
| 集合(집합) ◀▶ 解散(해산) |

ㅊ

| 差別(차별) ◀▶ 平等(평등) |
| 着陸(착륙) ◀▶ 離陸(이륙) |
| 創造(창조) ◀▶ 模倣(모방) |
| 促進(촉진) ◀▶ 抑制(억제) |
| 總角(총각) ◀▶ 處女(처녀) |
| 最低(최저) ◀▶ 最高(최고) |
| 縮小(축소) ◀▶ 擴大(확대) |
| 出勤(출근) ◀▶ 退勤(퇴근) / 缺勤(결근) |
| 出席(출석) ◀▶ 缺席(결석) |
| 就任(취임) ◀▶ 離任(이임) / 辭任(사임) |
| 就寢(취침) ◀▶ 起床(기상) |
| 稱讚(칭찬) ◀▶ 非難(비난) |

ㅋ

| 快樂(쾌락) ◀▶ 苦痛(고통) |

ㅌ

| 妥當(타당) ◀▶ 不當(부당) |
| 統一(통일) ◀▶ 分裂(분열) |
| 投降(투항) ◀▶ 抵抗(저항) |

ㅍ

| 偏頗(편파) ◀▶ 公平(공평) |
| 平和(평화) ◀▶ 戰爭(전쟁) |
| 豊年(풍년) ◀▶ 凶年(흉년) |
| 豊作(풍작) ◀▶ 凶作(흉작) |
| 豊足(풍족) ◀▶ 不足(부족) |

ㅎ

| 合法(합법) ◀▶ 不法(불법) / 違法(위법) |
| 合成(합성) ◀▶ 分解(분해) |
| 合體(합체) ◀▶ 分離(분리) |
| 向上(향상) ◀▶ 低下(저하) |
| 虛勢(허세) ◀▶ 實勢(실세) |
| 現象(현상) ◀▶ 本質(본질) |
| 現職(현직) ◀▶ 前職(전직) |
| 好感(호감) ◀▶ 反感(반감) |
| 好材(호재) ◀▶ 惡材(악재) |
| 好轉(호전) ◀▶ 逆轉(역전) |
| 好評(호평) ◀▶ 惡評(악평) |
| 好況(호황) ◀▶ 不況(불황) |
| 歡待(환대) ◀▶ 冷待(냉대) |
| 歡迎(환영) ◀▶ 歡送(환송) |
| 活用(활용) ◀▶ 死藏(사장) |
| 獲得(획득) ◀▶ 喪失(상실) |
| 橫斷(횡단) ◀▶ 縱斷(종단) |
| 吸煙(흡연) ◀▶ 禁煙(금연) |
| 興奮(흥분) ◀▶ 鎭靜(진정) |
| 喜劇(희극) ◀▶ 悲劇(비극) |

동음이의어 音이 같은 漢字語

한자어의 음은 같으나 뜻이 다른 한자어들이다. 이 부분도 비중이 아주 높다. 앞에서 배운 한자를 복습하며 공부해 보자.

ㄱ

| 가계 ▶ | 家系 대대로 이어온 한 집안의 전통
家計 집안 살림을 꾸려나가는 방도나 형편 |

| 가격 ▶ | 加擊 때려 침.
價格 돈으로 나타낸 상품의 값 |

| 가공 ▶ | 可恐 두려워할 만함.
加功 천연물이나 덜된 물건에 인공을 더함.
架空 공중에 건너질러 설치함. |

| 가구 ▶ | 家具 집안 살림에 쓰이는 물건
家口 집안 식구 |

| 가산 ▶ | 加算 보탬. 더하기
家産 한 집안의 재산 |

| 가설 ▶ | 架設 줄 따위를 공중에 건너질러 설치함.
假說 어떤 사실을 설명하거나 이론체계를 세우기 위하여 설정한 가정 |

| 가세 ▶ | 加勢 힘을 보탬.
家勢 집안 살림 살이의 형세 |

| 가옥 ▶ | 假屋 임시로 지은 허술한 집
家屋 사람이 사는 집 |

| 가장 ▶ | 家長 집안의 어른
假裝 거짓으로 꾸밈. |

| 가정 ▶ | 家庭 한 가족이 살림하고 있는 집 안
假定 임시로 정함. |

| 각색 ▶ | 各色 갖가지 빛깔. 여러 가지
脚色 소설·시 등을 각본으로 만듦. |

| 간지 ▶ | 干支 천간과 지지
間紙 장정이 접어서 된 책의 종이가 얇아 힘이 없을 때, 접은 각 장 속에 넣어 받치는 종이 |

| 감사 ▶ | 感謝 고마움.
監査 감독하고 검사함.
監事 단체의 서무에 관한 일을 맡아보는 사람 |

| 감상 ▶ | 感想 마음 속에 느끼어 일어나는 생각
感傷 하찮은 사물에도 쉽게 슬픔을 느끼는 마음
感賞 예술 작품을 음미하여 이해하고 즐김. |

| 감수 ▶ | 監修 책의 저술 편찬을 지도·감독하는 일, 또는 그 사람
甘受 질책, 고통, 모욕 따위를 달게 받음. |

| 강도 ▶ | 剛度 금속성 물질이 끊어지지 않으려고 저항하는 힘의 정도
强度 강렬한 정도
强盜 폭행, 협박 등의 수단으로 남의 재물을 빼앗는 도둑 |

| 강하 ▶ | 降下 위에서 아래로 내림, 내려감. 높은 데서 낮은 데로 내려감, 내려옴.
江河 강과 큰 내 |

| 강화 ▶ | 講和 전쟁 상태에 있던 나라가 전투를 중지하고, 평화로운 상태로 돌아가는 일
强化 모자라는 점을 보완하여 보다 더 튼튼하게 함, 또는 튼튼하여짐. |

| 개량 ▶ | 改良 고치어 좋게 함.
改量 토지를 다시 측량함. |

| 개명 ▶ | 改名 이름을 고침, 또는 그 고친 이름
開明 사람의 지혜가 열리고 문화가 발달함. |

| 개정 ▶ | 改正 바르게 고침.
改定 다시 고치어 정함.
改訂 책의 잘못된 내용을 바로 잡음. |

| 거부 ▶ | 巨富 거대한 부
拒否 승낙하지 않고 물리침. |

| 건조 ▶ | 乾燥 습기나 물기가 없는 마른 상태
建造 건물이나 배 따위를 세우거나 만듦. |

| 걸인 ▶ | 乞人 거지
傑人 걸출한 사람 |

| 결사 ▶ | 結社 공통의 목적을 이루기 위하여 계속적인 결합체를 조직하는 일
決死 죽기를 각오하여 결심하는 것 |

결의	決意	뜻을 정하여 굳게 가짐, 또는 그 뜻
	結義	남남끼리 의리로써 형제·자매와 같은 관계를 맺음.

경계	警戒	잘못된 일이 일어나지 않도록 미리 조심하게 함.
	境界	지역이 갈라지는 한계

경기	京畿	서울을 중심으로 한 가까운 주위의 땅
	景氣	매매나 거래 따위에 나타난 경제 활동의 상황
	競技	기술의 낫고 못함을 서로 겨루는 일

경로	敬老	노인을 공경함.
	經路	지나는 길

경비	警備	만일에 대비하여 경계하고 지킴.
	經費	어떤 일을 하는데 드는 비용

경시	輕視	대상을 얕잡아 봄.
	競試	경쟁 시험의 줄임말

경주	慶州	신라의 수도
	競走	일정한 거리를 정하고 달려 빠름을 다툼.

경향	傾向	마음이나 형세 따위가 어떤 방향으로 기울어 쏠림, 또는 그런 방향
	京鄕	서울과 시골

고가	高架	높이 건너질러 가설하는 것
	古家	지은 지 퍽 오래된 집
	高價	값이 비쌈. 비싼 값

고대	古代	먼 옛날
	苦待	몹시 기다림.

고려	考慮	생각하고 헤아려 봄.
	顧慮	다시 돌이켜 생각함.

고문	古文	옛 글
	顧問	지식과 경험을 토대로 자문에 의견을 제시하고 조언을 하는 직책

고사	苦辭	애써서 사양함.
	故事	옛날부터 전해오는 유서 깊은 일

고소	告訴	피해자가 범죄 사실을 수사기관에 신고하여 법적 처리를 구하는 행위
	高所	높은 곳
	苦笑	쓴 웃음

고수	鼓手	북이나 장구를 치는 사람
	固守	굳게 지킴.
	高手	수가 높음, 또는 그 사람

고지	高地	평지보다 높은 땅
	告知	알림.

공과	公課	국가나 지방자치단체에서 국민에게 부과하는 세금
	工科	공학에 관한 학과

공동	共同	두 사람 이상이 일을 같이 함.
	空洞	텅빈 굴. 동굴

공론	公論	여럿이 의논함.
	空論	헛된 논의를 함.

공명	公明	사사로움이나 편벽됨이 없이 공정하고 명백함.
	功名	공을 세워 널리 알려진 이름
	共鳴	남의 사상이나 의견 따위에 동감함.

공모	公募	일반에게 널리 공개하여 모집함.
	共謀	두 사람 이상이 공동으로 어떤 일을 모의함.

공사	公使	외교관의 하나
	公私	공적인 일과 사사로운 일
	工事	토목이나 건축 등에 관한 일
	公社	정부가 설립한 공공 기업체로서 경제상 독립되어 있는 공법상의 법인

공수	空輸	항공 수송의 준말
	攻守	공격과 수비

공약	公約	어떤 일에 대해 국민에게 하는 약속
	空約	헛된 약속

공용	公用	공공의 목적으로 사용함.
	共用	공동으로 씀.

공인	公人	국가, 사회에 영향을 끼치는 사람
	公認	국가나 사회 또는 공공 단체가 어떤 행위나 물건에 대해 인정함.
	公印	관공서나 어떤 단체에서 공적인 일에 쓰는 도장

공중	公衆	사회의 여러 사람
	空中	하늘과 땅 사이의 빈 곳

공포	公布	널리 알림.
	空砲	실탄을 재지 않고 소리만 나게 하는 총질

공해	空海	하늘처럼 끝없는 바다
	公海	어느 나라의 주권에도 속하지 않아 모든 나라가 공통으로 사용할 수 있는 바다
	公害	산업이나 교통의 발달에 따라 사람이나 생물이 입게 되는 여러 가지 피해

과거 ▶	科擧	벼슬아치를 뽑기 위하여 보이던 시험		구상 ▶	具象	사물이 뚜렷한 형체를 갖추고 있는 일
	過去	지나간 때			構想	일의 내용이나 실현 방법 등을 어떻게 정할 것인지 생각함, 또는 그 생각.
과실 ▶	果實	열매, 과일				
	過失	잘못이나 허물		구전 ▶	口傳	말로 전함, 혹은 말로 전해져 옴.
	誇張	사실보다 지나치게 부풀림.			口錢	흥정을 붙여주고 보수로 받는 돈
과장 ▶	課長	관청, 회사 등의 한 과의 장		구조 ▶	救助	재난으로 인한 위기의 사태나 사람을 구해줌.
	科場	옛날 과거 시험을 치르던 곳			構造	사물의 부분들이 서로 결합하여 전체를 이루고 있는 짜임새
	過政	과도정부의 줄임말				
과정 ▶	過程	일이 되어 나가는 경로		구축 ▶	構築	어떤 구조물이나 진지 등을 쌓아 올림.
	課程	과업의 정도 또는 일정 기간 동안 교육, 학습하여야 할 과목의 내용과 분량			驅逐	몰아서 쫓아 냄.
관례 ▶	冠禮	아이가 성인이 되는 예식		구호 ▶	口號	주장이나 의지를 나타내는 간결한 말
	慣例	관습이 된 전례			救護	재난으로 인한 어려운 상태나 어려운 사람을 보호함.
관리 ▶	官吏	관직에 있는 사람				
	管理	어떤 일을 맡아서 처리함.		국사 ▶	國事	나라의 중대한 일. 나라 전체에 관련되는 일
	官用	관청에서 사용하기 위한 것			國史	나라의 역사
관용 ▶	慣用	습관이 되어서 늘 사용함.		군민 ▶	郡民	행정 구역의 하나인 군 안에 사는 사람
	寬容	너그럽게 용서하고 받아들임.			軍民	군인과 민간인
관장 ▶	管掌	일을 맡아서 주관함.		군수 ▶	軍需	군사상의 수요, 곧 군사상으로 필요한 물자
	館長	도서관, 박물관, 전시관 등의 장			郡守	군의 행정 사무를 맡아보는 책임자
교감 ▶	交感	서로 접촉하여 감응함.		군신 ▶	君臣	임금과 신하
	校監	학교장을 보좌하여 교무를 감독하는 직책			軍神	군인의 무운을 지켜준다는 신
교단 ▶	敎團	같은 종교를 믿는 사람들끼리 모여서 든 종교 단체		귀중 ▶	貴中	편지나 물품을 받을 단체의 이름 다음에 쓰는 경어
	敎壇	교실에서 선생님이 강의 때 올라서는 단상			貴重	매우 소중함.
	校庭	학교의 마당, 또는 운동장		극단 ▶	極端	중용을 벗어나 한쪽으로 치우침.
	校正	글자의 잘못된 것을 대조하여 바로 잡음.			劇團	연극 상연을 목적으로 조직된 단체
교정 ▶	校訂	책의 잘못된 글자나 글귀를 바르게 고치는 일		근간 ▶	近刊	최근에 출판된 간행물
	矯正	틀어지거나 굽은 것을 바로 잡음.			根幹	뿌리와 줄기. 사물의 바탕이나 중심
교훈 ▶	敎訓	사람으로서 나아갈 길을 그르치지 않도록 가르치고 깨우침, 또는 그 가르침		금수 ▶	禁輸	수입이나 수출을 금함.
					禽獸	날짐승과 땅짐승 즉, 모든 짐승을 일컬음.
	校訓	그 학교의 교육 이념을 간명하게 표현한 말		급수 ▶	級數	우열에 따라 매기는 등급
	求道	종교적 깨달음이나 진리를 추구함.			給水	물을 공급함, 또는 그 물
구도 ▶	構圖	그림 등에서 모양, 색, 위치 등을 조화되게 배치하는 것			氣管	숨쉴 때 공기가 통하는 관
	舊都	옛 도읍		기관 ▶	器官	일정한 모양과 생리 기능을 갖는 생물체의 일부분
구명 ▶	救命	사람의 목숨을 구함.				
	究明	사리나 원인 따위를 깊이 연구하여 밝힘.			機關	어떠한 역할과 목적을 위하여 설치한 조직

기구	氣球	공기가 통하지 않는 큰 주머니에 수소나 헬륨을 넣어 공중 높이 올리는 물건
	器具	세간, 그릇, 연장 등의 총칭
	機構	어떤 목적을 이루기 위해 구성한 조직이나 기관
	機具	기계와 기구
기상	起床	잠자리에서 일어남.
	氣象	날씨와 관련 비, 눈 등 대기 중에서 일어나는 물리적인 현상
	氣像	사람의 타고난 기개나 마음씨
기수	旗手	단체의 행렬에서 맨 앞에서 기를 드는 사람
	機首	비행기의 앞머리
	騎手	말을 타는 사람
기술	旣述	이미 서술함.
	技術	어떤 일을 정확하고 능률적으로 해내는 솜씨
	記述	문장으로 적음.
기원	起源	사물이 생긴 근원
	紀元	연대를 계산할 때 기초가 되는 해
	祈願	바라는 것이 이루어지기를 빎.
기인	奇人	기이한 사람
	起因	무슨 일을 일으키는 원인이 됨, 또는 그 원인
기지	機智	상황에 맞추어서 재치있게 대응하는 슬기
	基地	어떠한 활동의 근거지
기행	奇行	기이하고 이상한 행동
	紀行	여행하면서 보고 듣고 느낀 것을 적음.

ㄴ

노비	奴婢	사내 종과 계집 종
	路費	여행에 드는 돈
노숙	老熟	오랫동안 경험이 쌓여 익숙함.
	露宿	밖에서 잠을 잠.
녹음	綠陰	푸른 나무 잎이 우거진 그늘
	錄音	테이프 등과 같은 저장장치에 소리를 저장함.
녹화	綠化	나무를 심어 강산을 푸르게 함.
	錄畵	저장장치에 화면을 기록하여 저장함.

누적	累積	포개져서 쌓임.
	漏籍	호적이나 병적, 학적 등의 기록에서 빠짐.

ㄷ

단가	短歌	짧은 노래. 짧은 형식의 시가
	單價	각 단위마다의 값
	團歌	어떤 단체가 제정하여 부르는 노래
단기	短期	단기간
	檀紀	단군 기원의 줄임말
단서	但書	본문에 덧붙여 본문의 내용에 대한 조건이나 예외 등을 밝히는 글
	端緒	어떤 일의 실마리
단신	單身	혼자의 몸
	短信	짤막한 보도
단장	丹粧	화장
	團長	단체의 우두머리
	斷腸	너무 슬퍼 창자가 끊어지는 듯함.
단정	端正	얌전하고 바름.
	端整	깔끔하고 가지런함.
	斷定	분명한 태도로 결정함.
답사	答辭	식장에서 축사나 환송사 등에 답하는 말
	踏査	실제로 현장에 가서 보고 조사함.
대가	大家	학문이나 기예 등 전문 분야에 조예가 깊은 사람
	代價	물건을 산 값으로 치르는 돈
대기	大氣	지구를 둘러싸고 있는 기체층
	大器	큰 그릇. 됨됨이나 도량이 큰 사람
	大機	때나 기회를 기다림.
대비	對比	서로 맞대어 비교함.
	對備	무엇에 대응하기 위하여 미리 준비하는 것
	大悲	부처의 큰 자비
대사	大事	큰 일
	大師	덕이 높은 선사에게 내려주는 이름
	大使	다른 나라에 파견되어 외교를 맡아보는 최고 직급 또는 그런 일을 하는 사람
	臺詞	배우가 연극이나 영화 등에서 하는 말
대상	大商	큰 상인
	大賞	가장 큰 상
	對象	어떤 일의 상대 또는 목표나 목적이 되는 것

| 대서 | 大書 드러나게 크게 쓰는 것
大暑 몹시 심한 더위 |

| 대신 | 代身 대리자
大臣 군주 국가에서 장관을 이르는 말 |

| 대장 | 大將 한 무리의 우두머리
大腸 소장의 끝에서 항문에 이르는 소화 기관
隊長 한 부대의 우두머리
臺帳 어떤 근거가 되도록 일정한 양식으로 기록한 장부 |

| 대풍 | 大豊 곡식이 썩 잘된 풍작, 또는 그러한 일
大風 큰 바람 |

| 독자 | 獨子 외아들
獨自 저 혼자
讀者 책, 신문 등 출판물을 읽는 사람 |

| 독주 | 毒酒 독한 술 혹은 나쁜 술
獨走 혼자 뛰는 것
獨奏 한 사람이 주체가 되어 악기를 연주하는 것 |

| 동기 | 同氣 형제, 자매의 총칭
同期 같은 시기
冬期 겨울철
動機 의사결정이나 어떤 행위의 직접적인 원인 |

| 동문 | 同門 동창
東門 동쪽에 있는 문 |

| 동산 | 動産 모양이나 성질을 변하지 않게 하여 옮길 수 있는 재물
東山 동쪽에 있는 산 |

| 동요 | 動搖 흔들려 움직임.
童謠 아이들이 부르는 노래, 혹은 부를 수 있게 만든 노래 |

| 동정 | 童貞 이성과 성적 관계를 가진 일이 없는 사람
動靜 행동, 상황 등이 변화되어 가는 상태
同情 남의 불행, 슬픔 따위를 가슴 아파하고 위로함. |

| 동지 | 冬至 24절기의 하나. 연중 밤이 가장 긴 날
同志 뜻을 같이 하는 일, 또는 그런 사람 |

| 동향 | 同鄕 같은 고향
東向 동쪽을 향함.
動向 정세, 행동 등이 움직이는 방향 |

| 동화 | 同化 서로 다른 것이 닮아서 같게 됨.
同和 같이 화합함.
童話 어린이를 상대로 하고 동심을 바탕으로 지은 이야기 |

ㅁ

| 매장 | 埋葬 죽은 사람을 땅에 묻음.
埋藏 묻어서 감춤. 광물 따위가 묻혀 있음.
賣場 물건을 판매하는 곳 |

| 매표 | 買票 표를 삼.
賣票 표를 팖. |

| 면직 | 免職 일정한 직무에서 물러나게 함.
綿織 면직물 |

| 명명 | 明明 매우 밝음. 분명하여 의심할 여지가 없음.
命名 이름을 지어 붙임. |

| 모사 | 毛紗 털실
謀士 계책을 세우는 사람
模寫 무엇을 흉내내어 그대로 나타냄. |

| 무기 | 無期 정한 기한이 없는 것
武器 전쟁에 쓰이는 온갖 기구 |

| 무사 | 武士 지난날 무도를 닦아서 전쟁이나 군대 등에 종사하던 사람
無事 아무 일이 없음.
無死 야구에서 아직 아웃된 사람이 한 사람도 없는 상황 |

| 무성 | 無性 암수 구별이 없음.
無聲 소리가 없음.
茂盛 초목이 많이 나서 우거짐. |

| 무용 | 武勇 무예와 용맹
無用 소용이 없음. 쓸모 없음. |

| 문호 | 文豪 크게 뛰어난 문학가
門戶 문, 출입구가 되는 요긴한 곳 |

| 미명 | 微明 희미하게 밝음.
美名 그럴듯하게 내세운 이름
未明 날이 채 밝기 전 |

| 미수 | 未遂 계획한 일의 목적을 이루지 못함.
米壽 여든 여덟살을 이르는 말 |

미식 ▶	美食	맛있는 음식을 먹음.
	美式	미국의 형식
	米食	쌀밥을 주식으로 함.

ㅂ

반감 ▶	反感	반발하는 마음
	半減	절반으로 덜거나 줄어드는 것
반도 ▶	叛徒	반란을 꾀하거나, 반란을 함께 일으킨 무리
	半島	대륙에서 바다 쪽으로 길게 뻗어 나와 3면이 바다인 육지
발전 ▶	發電	전기를 일으킴.
	發展	세력 따위가 성하게 뻗어나감.
방면 ▶	放免	육체적·정신적으로 얽매인 상태에 있던 것을 풀어 줌.
	方面	어떤 장소나 지역이 있는 방향
방문 ▶	訪問	남을 찾아봄.
	房門	방으로 드나드는 문
방위 ▶	防衛	적으로부터의 공격을 막고 지키는 것
	方位	동, 서, 남, 북 네 방향을 기본으로 하여 나타내는 위치
방한 ▶	防寒	추위를 막음.
	訪韓	한국을 방문함.
백미 ▶	白眉	여러 사람 중에서 가장 뛰어난 사람. 많은 것 중에서 가장 뛰어난 것
	白米	흰 쌀
변경 ▶	邊境	나라와 나라의 경계가 되는 변두리 지역
	變更	바꾸어 고침.
병가 ▶	病暇	병으로 말미암은 휴가
	兵家	병법에 밝은 사람
병력 ▶	兵力	병사·병기 등의 총체로서의 군대의 힘
	病歷	이제까지 걸렸던 병의 경력
병사 ▶	病死	병에 걸려 죽음.
	兵士	군사
보강 ▶	補強	보태고 채워서 더 튼튼하게 함.
	補講	보충하여 하는 강의
보고 ▶	寶庫	보물처럼 귀중한 것이 갈무리되어 있는 곳
	報告	주어진 임무에 대하여 그 결과나 내용을 말이나 글로 알림.

보급 ▶	普及	세상에 널리 퍼지게 함.
	補給	물품을 계속해서 대어 줌.
보도 ▶	步道	사람이 다니는 길
	報道	새로운 소식을 널리 알림.
	寶刀	보배로운 칼
보수 ▶	補修	상하거나 부서진 부분을 손질하여 고침.
	保守	오랜 습관·제도 등을 소중히 여겨 그대로 지킴.
보안 ▶	保安	안전을 유지함.
	保眼	눈을 보호함.
본성 ▶	本姓	본디의 성
	本性	본디의 성질. 타고난 성질
부도 ▶	附圖	어떤 책에 딸리는 지도나 도표
	不渡	어음이나 수표를 돈으로 지불받지 못함.
부상 ▶	負傷	몸에 상처를 입음.
	負商	등짐 장수
	浮上	물 위로 떠오름.
	副賞	정식의 상 외에 덧붙여서 주는 상
부양 ▶	扶養	생활 능력이 없는 사람의 생활을 돌봄.
	浮揚	가라앉은 것이 떠오름.
부역 ▶	附逆	국가를 배반하는데 가담하는 것
	賦役	국가가 의무적으로 지우는 일
부인 ▶	否認	옳다고 인정하지 않음.
	夫人	남의 아내의 높임말
	婦人	결혼한 여자
부자 ▶	富者	살림이 넉넉한 사람
	父子	아버지와 아들
부정 ▶	不正	바르지 않음.
	不定	일정하지 않음.
	不貞	정조를 지키지 않음.
	不淨	깨끗하지 못함.
	父情	자식에 대한 아버지로서의 정
	否定	그렇지 않다고 함.
비명 ▶	非命	재해나 사고 따위로 죽는 일
	悲鳴	몹시 놀라거나 다급할 때 지르는 소리
	碑銘	비석의 표면에 새긴 글
비보 ▶	飛報	급한 통지. 급보
	悲報	슬픈 소식
비조 ▶	飛鳥	하늘을 나는 새
	鼻祖	한 겨레의 맨 처음되는 조상

비행 ▶	非行	도리나 도덕 또는 법규에 어긋나는 행위
	飛行	항공기 따위가 하늘을 날아다님.

ㅅ

사감 ▶	私感	사사로운 감정
	舍監	기숙사에서 기숙생들의 생활을 감독하는 사람
사경 ▶	四經	시경, 서경, 역경, 춘추의 네 경서
	死境	죽음에 이른 경지
사고 ▶	史庫	조선시대에 실록 등 국가적으로 중요한 문헌을 보관하던 창고
	事故	뜻밖에 일어난 사건이나 탈
	思考	생각하고 궁리함.
사기 ▶	士氣	의욕이나 자신감 등으로 가득차서 굽힐 줄 모르는 의기
	史記	역사적 사실을 적은 책
	沙器	사기 그릇
	詐欺	못된 꾀로 남을 속임.
사료 ▶	史料	역사 기술의 소재가 되는 문헌이나 유물 따위 자료
	思料	생각하여 헤아림.
사명 ▶	使命	맡겨진 임무
	社名	회사의 이름
사변 ▶	事變	천재나 그 밖의 큰 변고
	思辨	생각하여 변별함.
사상 ▶	史上	역사상
	死傷	죽거나 다침.
	沙上	모래 위
	思想	사고 작용의 결과로 얻은 체계적 의식 내용
사설 ▶	私設	개인이나 민간에서 설립함.
	社說	신문이나 잡지 등에서 그 회사의 주장으로 게재하는 논설
	辭說	잔소리로 늘어놓는 말
사수 ▶	射手	총포나 활 따위를 쏘는 사람
	死守	목숨을 걸고 지킴.
사신 ▶	四神	천지의 사방을 다스린다는 신
	使臣	임금이나 국가의 명령으로 외국에 심부름을 가는 신하
사원 ▶	寺院	절
	社員	회사에 근무하는 사람
사유 ▶	私有	개인의 소유
	事由	일의 까닭
	思惟	논리적으로 생각함.
사은 ▶	師恩	스승의 은혜
	謝恩	은혜를 감사히 여겨 사례함.
사인 ▶	死人	죽은 사람
	死因	사망의 원인
	私人	사적 자격으로서의 개인
사전 ▶	辭典	낱말을 모아 일정한 순서로 배열하여 발음, 뜻, 용법, 어원 등을 해설한 책
	事典	여러 가지 사항을 모아 일정한 순서로 배열하여 설명 해설한 책
사절 ▶	使節	나라의 대표로 사명을 띠고 남의 나라에 가는 사람
	謝絕	요구나 제의를 받아들이지 않고 사양하여 물리침.
	辭絕	사양하여 받아들이지 않음.
사정 ▶	司正	그릇된 일을 다시 바로 잡음.
	邪正	그릇됨과 올바름.
	私情	개인의 사사로운 정
	事情	일의 형편이나 까닭
	查正	조사하여 바로 잡음.
	查定	조사하거나 심사하여 결정함.
사제 ▶	司祭	주교와 신부의 총칭
	私製	개인이 만듦.
	師弟	스승과 제자
사지 ▶	死地	죽을 지경의 매우 위험한 곳
	私地	개인 소유의 땅
	四肢	두 팔과 두 다리를 통틀어 이르는 말
사후 ▶	事後	일이 끝난 뒤
	死後	죽은 뒤
산발 ▶	散發	때때로 일어남.
	散髮	머리를 풀어헤침.
산수 ▶	山水	경치
	算數	수를 계산함. 기초적인 셈법
산적 ▶	山賊	산 속에 근거지를 두고 활동하는 도둑
	山積	물건이나 일이 산더미같이 쌓임.

산출 ▶	算出	계산해 냄.		세수 ▶	稅收	조세로 얻는 수입
	産出	물건이 생산되어 나오거나 물건을 생산해 냄.			洗手	얼굴을 씻음.
				세입 ▶	歲入	한 회계연도 안의 총수입
상가 ▶	喪家	초상난 집			稅入	조세의 수입
	商街	상점이 많이 늘어서 있는 거리		소동 ▶	小童	열 살 안짝의 작은 아이
상도 ▶	常度	정상적인 법도			騷動	여럿이 법석을 떪.
	常道	항상 지켜야 할 도리		소식 ▶	小食	음식을 적게 먹음.
	商道	상도덕			消息	안부나 어떤 형세 따위를 알리거나 통지함.
상술 ▶	上述	위 또는 앞부분에 말함.			素食	고기나 생선 따위의 반찬이 없는 밥
	商術	장사하는 솜씨나 꾀		소원 ▶	所願	바라고 원함.
	詳述	자세히 진술함.			訴願	호소하여 청원함.
상호 ▶	相互	피차가 서로			疏遠	지내는 사이가 두텁지 않고 거리가 있어 서먹함.
	商號	상인이 영업상 자기를 나타내는데 쓰는 칭호		소음 ▶	騷音	시끄러운 소리
선도 ▶	先導	앞에 서서 인도함.			消音	소리를 없앰.
	善導	올바른 길로 인도함.		소재 ▶	素材	어떤 것을 만드는데 바탕이 되는 자료
	鮮度	야채, 어육 등의 신선한 정도			所在	어떤 곳에 있음.
선두 ▶	先頭	첫머리		소화 ▶	消火	붙은 불을 끔.
	船頭	배의 앞머리			消化	먹은 음식물을 소화시킴.
선임 ▶	船賃	배를 탈 때 내는 돈		속성 ▶	屬性	사물의 본질을 이루는 고유한 특징이나 성질
	選任	사람을 뽑아서 직무를 맡김.			速成	빨리 이루어짐, 또는 빨리 이룸.
선전 ▶	宣戰	한 나라가 다른 나라에 대해 싸움의 시작을 알림.		속행 ▶	速行	빨리 감.
	宣傳	말하여 전함. 널리 전함.			續行	계속하여 행함.
	善戰	실력 이상으로 잘 싸움.		송사 ▶	訟事	백성끼리의 분쟁을 관부에 호소하여 그 판결을 구하던 일.
성대 ▶	盛大	아주 성하고 큼.			頌辭	공덕을 기리는 말
	聲帶	소리를 내는 기관. 목청		수도 ▶	修道	도를 닦음.
성명 ▶	姓名	성과 이름			水道	상수도의 준말. 상수도와 하수도를 두루 일컫는 말
	聲明	일정한 사항에 관한 견해나 태도를 여러 사람에게 공개하여 발표하는 일			首都	한 나라의 중앙 정부가 있는 도시
성원 ▶	成員	단체를 구성하는 사람		수리 ▶	數理	수학의 이론이나 이치
	聲援	소리쳐서 사기를 북돋우어 줌.			修理	고장나거나 허름한 데를 손보아 고침.
성인 ▶	成人	자라서 어른이 됨.			受理	서류를 받아서 처리함.
	聖人	지혜와 덕이 뛰어나 우러러 본받을 만한 사람		수면 ▶	水面	물의 표면
성전 ▶	聖典	성대한 의식			睡眠	잠을 자는 일
	聖殿	신성한 전당			獸面	짐승의 얼굴
	聖戰	신성한 전쟁				
세계 ▶	世系	한 집안이나 왕실의 대대의 계통				
	世界	지구 위의 모든 지역				

수상	隨想	그때그때 떠오르는 생각이나 느낌
	授賞	상을 줌.
	首相	내각의 우두머리
	水上	물 위
	受賞	상을 받음.

수색	搜索	구석구석 더듬어 찾음.
	愁色	근심스런 기색

수석	首席	맨 윗자리
	壽石	실내 등에 두고 감상하는 아름다운 자연석
	水石	물과 돌. 물과 돌로 이루어진 경치

수세	守勢	적을 맞아 지키는 태세, 또는 힘이 부쳐서 밀리는 형세
	水洗	물로 씻음.

수습	收拾	흩어진 물건을 주워 거둠.
	修習	학업이나 실무 따위를 배워 익힘.

수식	數式	수나 양을 나타내는 숫자나 문자를 계산 신호로 연결하여 수학적으로 뜻을 가지게 한 것
	修飾	겉모양을 꾸밈.

수신	水神	물을 다스리는 신
	受信	우편, 전보 등의 통신을 받음.
	修身	마음과 행실을 닦아 수양함.
	守身	자기의 본분을 지켜 불의에 빠지지 않도록 함.

수양	收養	남의 자식을 맡아 기름.
	垂楊	수양 버들
	修養	몸과 마음을 단련하여 품성, 지혜, 도덕을 닦음.

수업	修業	학업이나 기예를 닦음.
	授業	학교 같은 데서 학업이나 기술을 가르쳐 줌.
	受業	학업이나 기술의 가르침을 받음.

수입	收入	금품 등을 거두어 들임.
	輸入	외국의 물품을 사들임.

수학	數學	수량 및 도형의 성질이나 관계를 연구하는 학문
	修學	학업을 닦음.

수행	修行	행실을 바르게 닦음.
	遂行	계획한 대로 해냄.
	隨行	일정한 임무를 띠고 가는 사람을 따라감.

수호	守護	지키어 보호함.
	修好	나라와 나라가 사이좋게 지냄.

숙원	宿怨	오래 묵은 원한
	宿願	오랫동안 품어온 바램이나 소원

순종	順從	순순히 복종함.
	純種	딴 계통과 섞이지 않은 순수한 종

습득	拾得	주워서 얻음.
	習得	배워서 자기 것으로 함.

시가	市價	상품이 시장에서 팔리는 값
	詩歌	시
	市街	도시의 큰 거리, 또는 번화한 거리
	時價	가격이 바뀌는 상품을 거래할 때의 가격

시각	時刻	시간의 어떤 순간에서의 시점
	視角	사물을 관찰하고 파악하는 기본적인 자세
	視覺	물체의 모양이나 빛깔 등을 보는 눈의 감각

시계	時計	시간을 재거나 시각을 나타내는 장치나 기계
	視界	시야

시공	施工	공사를 시행함.
	時空	시간과 공간

시급	時急	시간적으로 매우 급함.
	時給	시간급의 준말. 일의 양에 따르지 않고 임금을 시간당 얼마씩으로 정하여 일한 시간에 따라 계산해 주는 일

시사	時事	그 당시에 생긴 여러 가지 일
	試寫	영화를 개봉하기 전에 시험적으로 특정인에게 상영해 보여줌.

시상	施賞	상장이나 상품, 상금 따위를 줌.
	詩想	시의 구상

시인	是認	옳다고, 또는 그러하다고 인정함
	詩人	시를 짓는 사람

시장	市場	여러 가지 상품을 사고파는 장소
	市長	시를 대표하고 시의 행정을 관장하는 직, 또는 그 직에 있는 사람

시청	市廳	시의 행정 사무를 맡아보는 곳
	視聽	눈으로 보고 귀로 들음.

식수	植樹	나무를 심음.
	食水	식용으로 쓰는 물

신고	新古 새것과 헌것
	申告 국민이 행정 관청에 일정한 사실을 진술, 보고하는 일
	辛苦 어려운 일을 당하여 몹시 애씀.

| 신선 | 神仙 선도를 닦아 신통력을 얻은 사람 |
| | 新鮮 새롭고 산뜻함. 채소나 생선 따위가 싱싱함. |

| 신임 | 信任 믿고 일을 맡김. |
| | 新任 새로 임명함, 또는 그 사람 |

신장	身長 사람의 키
	伸張 넓게 펴거나 뻗침.
	伸長 길게 늘임.
	神將 갑옷을 입고 투구를 쓴 귀신을 이르는 말
	新粧 새로 꾸밈.

| 신축 | 新築 새로 건축함. |
| | 伸縮 늘이고 줄임. |

| 실례 | 失禮 언행이 예의에 어긋남. |
| | 實例 실제의 예 |

| 실명 | 失明 눈이 어두워짐. 시력을 잃음. |
| | 實名 실제의 이름 |

실수	失手 부주의로 잘못을 저지름.
	實需 실수요의 준말
	實數 실제의 수효. 유리수와 무리수의 총칭

| 실정 | 失政 정치를 잘못함. |
| | 實情 실제의 사정 |

| 심려 | 心慮 마음 속의 근심 |
| | 深慮 깊이 생각함. |

| 심산 | 心算 속셈 |
| | 深山 깊은 산 |

ㅇ

| 약소 | 弱小 약하고 작음. |
| | 略少 적고 변변하지 못함. |

| 약자 | 弱者 세력이 약한 사람 |
| | 略字 글자의 획수를 줄여 간단하게 쓴 글 |

양식	洋式 서양식
	洋食 서양 요리
	糧食 살아가는데 필요한 먹을 거리
	樣式 일정한 형식
	良識 건전한 식견

| 양자 | 養子 입양으로 아들이 된 사람 |
| | 兩者 두 사람, 또는 두 사물 |

| 양호 | 良好 매우 좋음. |
| | 養護 기르고 보호함. 학교에서 학생들의 보건을 돌보아 줌. |

역사	役事 토목, 건축 등의 공사
	驛舍 역으로 쓰는 건물
	力士 뛰어나게 힘이 센 사람
	歷史 인간 사회가 거쳐온 변천의 모습, 또는 그 기록

| 역설 | 力說 힘써 말함. |
| | 逆說 일반적으로 진리라고 인정되는 것에 반하는 설 |

역전	力戰 힘을 다하여 싸움.
	逆戰 역습하여 나아가 싸움.
	逆轉 형세가 뒤집혀짐. 거꾸로 회전함.
	驛前 정거장 앞

연기	延期 정해진 기한을 뒤로 물림.
	煙氣 물건이 탈 때 생기는 흐릿한 기체
	演技 연극, 영화 등에서 배우가 맡은 배역의 행동이나 성격을 창조하는 일
	緣起 불교에서 모든 현상이 일어나거나 소멸하는 법칙

연대	年代 지나온 시대
	連帶 2인 이상이 공동으로 책임을 지는 일
	聯隊 군대의 부대 편성 단위의 하나

| 연소 | 年少 나이가 어림. |
| | 燃燒 불이 붙어 탐. |

| 연장 | 年長 자기보다 나이가 많음. |
| | 延長 길이 또는 기간을 늘임. |

| 영주 | 領主 영지나 장원의 주인 |
| | 永住 한 곳에 오래 삶. |

| 오기 | 傲氣 남에게 지기 싫어하는 마음 |
| | 誤記 잘못 적음. |

용기	勇氣 씩씩하고 굳센 기운
	用器 기구를 사용하는 것. 사용하는 기구
	容器 물건을 담는 그릇

| 용의 | 用意 마음을 먹음. |
| | 容疑 범죄의 혐의 |

우수	憂愁 근심과 걱정 優秀 뛰어나고 빼어남. 雨水 빗물. 24절기의 하나		의식	衣食 의복과 음식 意識 각성하여 정신이 든 상태에서 사물을 깨닫는 일체의 작용 儀式 일정한 격식을 갖추어 치르는 행사나 예식
원로	元老 관직이나 나이 덕망 따위가 높고 나라에 공로가 많은 사람 遠路 먼 길		이성	異性 남성과 여성 異姓 다른 성 (김, 이, 박...) 理性 사물의 이치를 생각하는 능력
원망	怨望 남이 한 일을 억울하게 여겨 탓함. 願望 원하고 바람.		이전	以前 이제보다 전 移轉 장소, 주소 등을 다른데로 옮김.
원수	元首 국가 원수 元帥 군인의 가장 높은 계급		이해	利害 이익과 손해 理解 사리를 분별하여 앎. 말이나 글의 뜻을 깨쳐 앎.
원조	援助 도와주는 것 元祖 어떠한 일을 처음 시작한 사람		인도	引渡 물건이나 권리 따위를 남에게 넘겨줌. 印度 인디아의 한자 표기 人道 인간으로서 마땅히 지켜야 할 도리 引導 가르쳐 일깨움. 길을 안내함.
위장	胃腸 위와 장 胃臟 위 僞裝 태도나 모양을 거짓으로 꾸밈.		인상	人相 사람의 얼굴 생김새 引上 끌어 올림. 값을 올림. 印象 깊이 느껴 잊혀지지 않는 일
유명	遺命 임금이나 부모 등이 임종할 때 내리는 분부 有名 이름이 있음. 이름이 알려져 있음.		인정	仁政 어진 정치 人情 사람이 본디 지니고 있는 온갖 감정 認定 옳다고 믿고 정함.
유언	流言 근거없이 떠도는 말 遺言 죽음에 이르러 남기는 말		인지	印紙 세입금 징수의 한 수단으로서 정부가 발행하는 증표 認知 어떤 사실을 분명히 인정함. 人智 사람의 슬기나 지식
유전	油田 석유가 나는 곳 遺傳 물려받아 내려옴. 또는 그렇게 정함.		일일	一日 하루 日日 매일
유지	有志 마을이나 지역에서 명망있고 영향력을 가진 사람 維持 지탱해 나감. 油脂 기름 종이 遺志 죽은 사람의 생전의 뜻		일정	一定 어떤 모양이나 범위가 하나로 정해져 있음. 日程 그 날에 해야 할 일
유형	流刑 죄인을 멀리 외딴 변경이나 섬에 보내는 형벌 有形 형체가 있는 것		입신	入神 신의 경지에 이른다는 뜻으로 지혜나 기술이 신묘한 지경에 이름. 立身 사회직으로 인징을 받고 높이 됨. 사회적으로 기반을 닦고 출세함.
육성	肉聲 사람의 입에서 직접 나오는 소리 育成 길러 냄.			
의구	疑懼 의심하고 두려워함. 依舊 옛날 그대로 변함이 없음.			
의사	醫師 의술과 약으로 병을 고치는 직업에 종사하는 사람 義士 의리와 지조를 굳게 지키는 사람. 나라와 민족을 위해 의로운 행동으로 목숨을 바친 사람 意思 무엇을 하려고 하는 생각이나 마음			

ㅈ

자비	慈悲	사랑하고 불쌍히 여기는 것
	自費	자신이 부담하는 비용
자신	自信	자기의 값어치나 능력을 믿음, 또는 그런 마음
	自身	제 몸
자원	自願	어떤 일을 자기 스스로 원함.
	資源	기술의 발전에 따라 생산에 이용되는 여러가지 물자
자제	自制	욕망, 감정 따위를 스스로 억제함.
	子弟	남의 아들의 존칭
장관	壯觀	훌륭한 광경
	長官	국무를 맡아보는 행정 각부의 장
장부	丈夫	다 자란 건장한 남자
	帳簿	금품의 수입과 지출을 기록하는 일, 또는 그 책
재고	再考	한번 정한 일을 다시 한번 생각함.
	在庫	창고에 있음.
재배	再拜	두 번 절함.
	栽培	식물을 심어서 가꿈.
재임	再任	같은 관직에 다시 임명되는 것
	在任	임무를 수행하고 있거나 임지에 있는 것
재화	財貨	재물
	災禍	재앙과 화난
저속	低俗	성질, 취미 등이 낮고 속됨.
	低速	느린 속도
적수	赤手	맨손
	敵手	서로 엇비슷한 상태
전경	全景	전체의 경치
	前景	눈 앞에 보이는 경치
	戰警	전투 경찰
전공	前功	전에 세운 공로나 공적
	專攻	한 가지 부문을 전문적으로 연구함.
	電工	전기 공업. 전기공
	戰功	전투에서 세운 공로
전기	前期	한 기간을 몇 개로 나눈 첫 시기
	傳奇	기이한 일을 내용으로 한 이야기
	傳記	어떤 인물의 생애와 활동을 적은 기록
	電氣	전자의 이동으로 생기는 에너지의 한 형태
	轉機	전환점을 이루는 기회나 고비
전력	全力	가지고 있는 모든 힘
	專力	오로지 한 가지 일에만 힘을 쏟음.
	電力	전기의 힘
	前歷	과거의 경력
	戰力	전투나 경기 따위를 할 수 있는 능력
전례	典例	전거가 되는 선례
	前例	이전부터 있었던 사례
전문	電文	전보문의 줄임말
	前文	앞 부분에 해당하는 글
	專門	어떤 한 가지 일을 오로지 연구하거나, 한 가지 일에 마음을 쏟아 함.
	全文	글의 전체
전반	前半	앞의 절반
	全般	통틀어 모두
전사	戰死	전쟁터에서 싸우다가 죽음.
	戰士	싸우는 사람
	戰史	전쟁의 사적을 기록한 역사
전승	全勝	한 번도 지지 않고 모조리 이김.
	傳承	계통을 전하여 계승함.
	戰勝	싸움에 이김.
전시	展示	물품을 늘어놓아 보임.
	戰時	전쟁이 벌어진 때
전업	前業	이전에 하던 사업이나 직업
	專業	전문으로 하는 직업이나 사업
	轉業	직업을 바꿈.
전원	田園	논밭과 동산, 시골이나 교외
	電源	전력을 공급하는 원천
	全員	전체의 인원
전직	前職	이전에 가졌던 직업이나 지위
	轉職	직업을 바꾸어 옮김.
전파	電波	전자기파 중 적외선 이상의 파장을 갖는 것
	傳播	전하여 널리 퍼짐.
전화	戰火	전쟁으로 말미암아 일어나는 화재나 재해
	電話	전화기로 말을 주고 받음.
	轉化	바뀌어 달리됨.

절감	切感	절실하게 느낌.
	節減	절약하고 줄임.

절개	切開	치료를 위해 칼이나 가위 따위로 몸의 일부를 째어서 엶.
	節槪	신념, 신의 따위를 굽히지 않는 성실한 태도

절도	竊盜	남의 재물을 몰래 훔침, 또는 그런 사람.
	節度	행동을 똑똑 끊어 매듭있게 함.

절세	絕世	세상에 비길 데가 없을 만큼 뛰어남.
	節稅	적법하게 세금을 되도록 덜 내는 일

점등	漸騰	시세가 점점 오르는 것
	點燈	등불을 켬.

접수	接收	돈이나 물건 따위를 받음.
	接受	관청, 회사 등에서 서류를 받아들이는 일

정교	正敎	사교가 아닌 바른 종교
	政敎	정치와 종교
	精巧	정밀하고 교묘함.

정당	政黨	정치 권력의 참여를 목적으로 하는 단체
	正當	바르고 마땅함.

정도	程度	알맞은 한도
	精度	정밀도의 줄임말
	正道	올바른 길. 바른 도리
	定都	도읍을 새로 정함.

정부	情夫	내연 관계에 있는 남자
	政府	국가의 통치권을 행사하는 기관
	情婦	내연 관계에 있는 여자

정사	正史	정확한 사실을 바탕으로 한 역사
	正邪	바른 일과 사악한 일
	政事	정치에 관한 일
	情史	남녀의 애정에 관한 기록. 연애를 다룬 소설
	情事	남녀 간의 사랑에 관한 일

정세	政勢	정치상의 형세
	情勢	일이 되어가는 사정과 형세

정식	定式	일정한 방식
	正式	규정대로의 바른 방식
	定食	식당이나 음식점 따위에서 일정한 식단에 따라 차리는 음식

정원	定員	일정한 인원
	庭園	집안의 뜰

정적	政敵	정치적으로 맞서는 상대
	靜寂	고요하여 괴괴함.

정전	停電	송전이 한 때 중단됨.
	停戰	전쟁 중인 두 편이 한 때 전투 행위를 중지함.
	正殿	왕이 나와서 조회를 하던 궁전

제기	祭器	제사 때 쓰는 그릇
	提起	의견을 붙여 의논할 것을 내놓음.

제약	制約	사물의 성립에 필요한 조건이나 규정
	製藥	약을 제조함.

제재	制裁	법이나 규율을 위반하는 행위에 대하여 가하는 처벌
	製材	벌채한 나무로 재목을 만듦.
	題材	예술 작품이나 학술 연구의 주제가 되는 재료

조리	條理	일의 앞뒤가 들어맞음.
	調理	음식을 만듦.

조선	造船	선박을 건조함.
	朝鮮	우리나라의 옛 이름

조수	助手	일의 보조를 하는 사람
	鳥獸	새와 짐승
	潮水	아침에 밀려들었다가 나가는 바닷물

조어	助語	문장에 어구를 보태어 넣는 것
	造語	새로 말을 만드는 것

조정	朝廷	임금이 나라의 정치를 집행하던 곳
	調停	분쟁을 중간에서 화해시킴.
	調整	골라서 알맞게 정돈함.

조화	造花	인공으로 만든 꽃
	造化	천지자연의 이치
	弔花	조상하는 뜻으로 바치는 꽃
	調和	서로 고르게 잘 어울림.

존속	存續	계속 존재함.
	尊屬	부모나 그 항렬 이상의 친족

주간	晝間	낮 동안
	週刊	한 주일에 한 번씩 발행함 또는 그 간행물
	週間	한 주일 동안

주관	主管	책임지고 맡아봄. 주장하여 관리함.
	主觀	여러 현상을 의식하며 사물을 생각하는 마음의 움직임.

주식 ▶	主食	식생활에서 주로 먹는 음식
	株式	주식회사의 자본을 구성하는 단위

주유 ▶	周遊	여러 곳을 두루 다니며 구경함.
	注油	자동차 등에 휘발유를 넣음.

주의 ▶	主義	사상, 학설 또는 사물의 처리 방법 따위에서 변하지 않는 일정한 이론이나 태도, 또는 방침이나 주장
	注意	마음에 새겨 조심함.

주장 ▶	主張	자기 의견을 굳이 내세움.
	主將	한 군대의 으뜸 장수

준수 ▶	遵守	규칙, 명령 등을 그대로 좇아서 지킴.
	俊秀	재주와 슬기, 풍채가 아주 빼어남.

중세 ▶	重稅	부담이 큰 조세
	中世	고대와 근대의 중간 시대

중지 ▶	中止	중도에서 그만 둠.
	中指	가운데 손가락
	衆智	뭇 사람의 지혜
	衆志	많은 사람의 생각이나 의지

지구 ▶	地球	우리 인류가 살고 있는 천체
	地區	땅의 한 구획
	持久	오래도록 버티어 감.

지대 ▶	至大	더없이 큼.
	地帶	한정된 일정한 구역
	地代	남의 토지를 이용하는 사람이 지주에게 무는 세

지도 ▶	地圖	지구를 평면상에 나타낸 그림
	指導	일정한 목적이나 방향으로 가르쳐 이끔.

지사 ▶	志士	크고 높은 뜻을 가진 사람
	支社	회사, 단체 등에서 지방이나 외국에 설치한 사업소
	指事	사물을 가리켜 보임.
	知事	도지사의 줄임말

지성 ▶	知性	사물을 알고 생각하고 판단하는 능력
	至誠	정성이 지극함.

지연 ▶	地緣	지역을 근거로 하는 연고
	遲延	더디게 끌거나 끌리어 나감.

지원 ▶	志願	뜻하여 바람.
	支援	뒷받침하거나 편들어서 도움.

지주 ▶	支柱	버티어 물건이 쓰러지지 않도록 하는 기둥
	地主	토지의 소유자

직선 ▶	直線	곧은 줄
	直選	직접 선거

직장 ▶	直腸	곧은 창자
	職場	맡은 일을 하는 일터

진정 ▶	眞正	참되고 바름.
	眞情	참되고 진실한 정이나 마음
	鎭靜	가라앉아 조용해짐.
	陳情	사정을 진술함.

ㅊ

차도 ▶	差度	병이 조금씩 나아가는 일
	車道	차가 주로 다니게 마련한 길

천재 ▶	天才	선천적으로 타고난 뛰어난 재주
	天災	자연 현상으로 일어난 재난

청사 ▶	靑史	역사, 기록
	廳舍	관청의 건물

청산 ▶	靑山	풀, 나무가 무성한 푸른 산
	淸算	상호간에 채권, 채무 관계를 셈하여 깨끗이 정리함.

초대 ▶	招待	손님을 불러서 대접함.
	初代	어떤 계통의 첫 번째 사람

초상 ▶	初喪	사람이 죽어서 장사 지낼 때까지의 동안
	初霜	첫 서리
	肖像	그림이나 사진에 나타난 어떤 사람의 얼굴이나 모습

초연 ▶	初演	연극이나 음악 등의 최초의 상연
	超然	현실속에서 벗어나 얽매이지 않는 모양

총기 ▶	聰氣	총명한 기운
	銃器	소총, 권총 따위의 무기

최고 ▶	最古	가장 오래됨.
	最高	가장 높음.
	催告	상대방에게 일정한 행위를 청구하는 일

추상 ▶	抽象	사물의 현상에서 일반적으로 공통된 속성을 뽑아내어 파악함.
	秋霜	가을의 찬 서리
	推想	앞으로 올 일을 미루어 생각함.

축전	祝電	축하의 전보
	祝典	축하하는 의식이나 행사
치부	致富	재물을 모아 부자가 됨.
	恥部	남에게 숨기고 싶은 부끄러운 부분
	置簿	금전이나 물품의 출납을 기록함.

ㅌ

타도	他道	행정 구역상의 다른 도
	打倒	때리거나 쳐서 부수어 버림.
타력	打力	때리는 힘.
	他力	다른 힘. 남의 힘.
타자	打字	타자기로 종이 위에 글자를 찍음.
	他者	야구에서 상대편 투수의 공을 치는 공격진의 선수
탄성	歎聲	탄식하는 소리
	彈性	물체에 힘을 가하면 변형되고, 힘을 없애면 원래대로 되돌아가는 성질
탈취	脫臭	냄새를 빼어 없앰.
	奪取	남의 것을 빼앗아 가짐.
통화	通貨	한 나라에서 통용되는 화폐의 총칭
	通話	말을 서로 주고받음.
투사	透寫	그림, 글씨 따위를 얇은 종이 밑에 받쳐놓고 그대로 베끼는 것
	鬪士	싸움터나 경기장에서 싸우려고 나선 사람
투석	投石	돌을 던짐, 또는 그 돌
	透析	반투막을 사용하여 콜로이드 고분자 용액을 정제하는 일, 또는 그 방법
특수	特殊	특별히 다름.
	特需	특별한 수요

ㅍ

파다	頗多	아주 많음.
	播多	소문 등이 널리 퍼짐.
파문	波紋	수면에 이는 물결의 무늬
	破門	사제의 의리를 끊고 문하에서 쫓아냄.
포장	布帳	베, 무명 등으로 만든 포장
	包藏	물건을 싸서 간직함.

폭주	暴走	함부로 난폭하게 달림.
	暴酒	한꺼번에 많이 마시는 술
표결	表決	의안에 대하여 가부의 의사를 표시하여 결정함.
	票決	투표로서 결정함.
표지	表紙	책의 겉장
	標識	다른 것과 구별하기 위한 표시나 특징
풍속	風俗	예로부터 그 사회에 전해오는 생활에 관한 습관
	風速	바람이 부는 속도
필적	匹敵	재주나 힘 따위가 엇비슷하여 서로 견줄 만함.
	筆跡	손수 쓴 글씨나 그림의 흔적

ㅎ

항구	恒久	변함없이 오래가는 것
	港口	바닷가에 배를 대게 설비한 곳
해금	奚琴	향악기의 하나
	解禁	금지하던 것을 풂.
해독	解讀	풀어서 읽음.
	解毒	독기를 풀어 없앰.
해산	解産	아이를 낳음.
	解散	모인 사람이 흩어짐.
향수	香水	향이 나는 액체 화장품
	鄕愁	고향을 그리워하는 마음이나 시름
향유	香油	향기로운 냄새가 나는 화장용 물기름
	享有	누녀어 가심.
현상	現象	눈으로 관찰할 수 있는 사물의 현상
	現狀	현재의 상태
	懸賞	어떤 목적으로 상품이나 돈을 거는 일
호기	好機	좋은 기회
	好奇	신기한 것을 좋아함.
	浩氣	호연한 기운. 호연지기
혼수	昏睡	의식이 없어짐.
	婚需	혼인에 드는 비용이나 물품
화단	花壇	화초를 심기 위하여 만든 꽃밭
	畵壇	화가들의 사회

| 환불 ▶ | **換拂** 환산하여 지불함.
還拂 요금 따위를 되돌려 줌.

| 회기 ▶ | **回期** 돌아올 시기
會期 집회나 회의가 열리는 시기

| 회유 ▶ | **回遊** 두루 돌아다니면서 유람함.
懷柔 어루만져서 잘 달램.

| 회의 ▶ | **懷疑** 의심을 품음.
會議 여럿이 모여 의논함, 또는 그 모임
會意 한자 육서의 하나. 둘 이상의 한자를 뜻으로 결합시켜 새 글자를 만든 방법

| 효성 ▶ | **孝誠** 마음을 다해 부모를 섬기는 정성
曉星 샛별

| 후대 ▶ | **後代** 이 뒤의 세대
厚待 후하게 대접함.

| 흡수 ▶ | **吸水** 물을 빨아들임.
吸收 빨아 들임.

| 희극 ▶ | **喜劇** 사람을 웃길 만한 일이나 사건
戱劇 진실하지 않은 행동

 **일자다음자** 여러 개의 音을 가진 漢字

한 글자의 음이 두 가지 이상으로 발음되는 경우이다. 비중이 낮고 3급에만 해당되는 문제이므로 시간이 없다면 3급 한자에 해당되는 일자다음자만 공부하자.

한자	훈음	예
降	내릴 강 항복할 항	降雨量 강우량, 降雪 강설 降伏 항복, 投降 투항
更	다시 갱 고칠 경	更新 갱신, 更生 갱생 變更 변경, 更新 경신
車	수레 거 수레 차	自轉車 자전거, 人力車 인력거 乘用車 승용차, 電車 전차
見	볼 견 뵈올 현	見聞 견문, 見學 견학 謁見 알현
龜	거북 귀 터질 균	龜鑑 귀감, 龜甲 귀갑 龜手 균수, 龜裂 균열
金	쇠 금 성(姓) 김	金銀 금은, 金屬 금속 金氏 김씨
奈	어찌 내 어찌 나	奈何 내하 奈落 나락
茶	차 다 차 차	茶道 다도, 茶園 다원 綠茶 녹차, 紅茶 홍차
糖	엿 당 사탕 탕	製糖 제당 雪糖 설탕
宅	집 댁 집 택	宅內 댁내, 貴宅 귀댁 家宅 가택, 自宅 자택
度	법도 도 헤아릴 탁	角度 각도, 溫度 온도 度支部 탁지부, 度地 탁지
讀	읽을 독 구절 두	讀書 독서, 讀者 독자 句讀點 구두점, 吏讀 이두
洞	골 동 밝을 통	洞口 동구, 洞里 동리 洞察 통찰, 洞燭 통촉
樂	즐길 락 노래 악 좋아할 요	快樂 쾌락, 歡樂 환락 音樂 음악, 樂譜 악보 樂山樂水 요산요수
率	비율 률 거느릴 솔	比率 비율 統率 통솔, 率直 솔직
復	회복할 복 다시 부	光復 광복, 回復 회복 復興 부흥, 復活 부활
不	아닐 부 아닐 불	不定 부정, 不正 부정 不潔 불결, 不吉 불길
北	북녘 북 달아날 배	北韓 북한, 南北 남북 敗北 패배
殺	죽일 살 감할 쇄	殺人 살인, 殺生 살생 相殺 상쇄, 殺到 쇄도
狀	형상 상 문서 장	形狀 형상, 狀態 상태 賞狀 상장, 答狀 답장
塞	변방 새 막을 색	要塞 요새, 塞翁之馬 새옹지마 拔本塞源 발본색원
索	찾을 색 새끼줄 삭	索引 색인, 索出 색출 索莫 삭막
說	말씀 설 달랠 세	說明 설명, 解說 해설 遊說 유세
省	살필 성 덜 생	反省 반성, 自省 자성 省略 생략
宿	잘 숙 별자리 수	宿題 숙제, 宿食 숙식 星宿 성수
拾	주울 습 열 십	拾得 습득, 收拾 수습 參拾 삼십
識	알 식 기록할 지	認識 인식, 智識 지식 標識 표지
惡	악할 악 미워할 오	善惡 선악, 惡毒 악독 憎惡 증오

於 ▶	어조사 어 감탄사 오	於中間 어중간, 於此彼 어차피 於乎 오호
若 ▶	같을 약 반야 야	若干 약간, 萬若 만약 般若 반야
易 ▶	바꿀 역 쉬울 이	貿易 무역, 交易 교역 平易 평이, 難易度 난이도
刺 ▶	찌를 자 찌를 척 수라 라	刺客 자객 刺殺 척살 水刺 수라
切 ▶	끊을 절 온통 체	一切 일절, 切實 절실 一切 일체
辰 ▶	별 진 때 신	辰宿 진수 生辰 생신
徵 ▶	부를 징 가락 치	徵戒 징계, 徵收 징수 宮商角徵羽 궁상각치우

參 ▶	참가할 참 석 삼	參席 참석, 參加 참가 參拾 삼십
則 ▶	법칙 칙 곧 즉	法則 법칙, 規則 규칙 然則 연즉
沈 ▶	잠길 침 성(姓) 심	沈默 침묵, 沈水 침수 沈淸傳 심청전
布 ▶	펼 포 보시 보	布告 포고, 布敎 포교 布施 보시
暴 ▶	사나울 폭 모질 포	暴擧 폭거, 暴動 폭동 暴惡 포악
便 ▶	편할 편 똥오줌 변	便安 편안, 便利 편리 便所 변소
行 ▶	다닐 행 항렬 항	行動 행동, 言行 언행 行列 항렬

사자성어

사자성어가 이 시험에서 가장 어렵지만 비중이 높은 부분이다. 이제 마지막 부분이므로 조금만 참고 끝까지 최선을 다하자.

街談巷說 가담항설
거리나 항간에 떠도는 소문

佳人薄命 가인박명
아름다운 여자는 수명이 짧음.

刻骨難忘 각골난망
은혜가 뼈에 새겨져 잊혀지지 않음.

刻骨銘心 각골명심
어떤 일을 뼈에 새길 정도로 마음속 깊이 새겨 두고 잊지 아니함.

刻骨痛恨 각골통한
뼈에 사무칠 만큼 원통하고 한스러움, 또는 그런 일

各人各色 각인각색
사람마다 각기 다름.

角者無齒 각자무치
뿔이 있는 짐승은 이가 없다. 한 사람이 여러 가지 재주나 복을 다 가질 수 없다는 말

刻舟求劍 각주구검
배에 금을 긋고 칼을 찾음. 낡은 생각만 고집하며 이를 고치지 않는 어리석고 미련한 모습

看雲步月 간운보월
낮에는 구름을 바라보고 밤에는 달빛 아래 거닌다는 뜻. 고향을 그리워하는 마음

感慨無量 감개무량
마음속에서 느끼는 감동이나 느낌이 끝이 없음, 또는 그 감동이나 느낌

甘言利說 감언이설
비위를 맞추는 달콤한 말

感之德之 감지덕지
분에 넘치는 듯 싶어 매우 고맙게 여기는 모양

甲男乙女 갑남을녀
갑이란 남자를 뜻하고 을이란 여자를 뜻하므로, 평범한 사람들을 이르는 말

江湖煙波 강호연파
강이나 호수 위에 안개처럼 뽀얗게 이는 기운, 또는 그 수면의 잔물결

改過遷善 개과천선
지난날의 잘못이나 허물을 고쳐 올바르고 착하게 됨.

居安思危 거안사위
편안하게 있을 때 위태로움을 생각하라. 근심 걱정이 없을 때 미리 준비하고 대비하라는 뜻

擧案齊眉 거안제미
밥상을 눈썹과 가지런하도록 공손히 들어 남편 앞에 가지고 간다. 남편을 깍듯이 공경함.

格物致知 격물치지
사물의 이치를 확실히 앎. 사물의 본질이나 이치를 끝까지 연구하여 지식에 도달함.

隔世之感 격세지감
오래지 않은 동안에 몰라보게 변하여 아주 다른 세상이 된 것 같은 느낌

擊壤老人 격양노인
태평한 생활을 즐거워하여 노인이 땅을 치며 노래함.

牽强附會 견강부회
말을 억지로 끌어 붙임.

見利忘義 견리망의
이익을 보면 의리를 잊음.

見利思義 견리사의
이익을 보면 의를 먼저 생각함.

犬馬之勞 견마지로
신하가 임금 앞에 자신의 노력을 낮춤.

사자성어	독음	뜻
見物生心	견물생심	어떠한 실물을 보게 되면 그것을 가지고 싶은 욕심이 생김.
見危致命	견위치명	나라의 위태로움을 보고 목숨을 버림.
堅忍不拔	견인불발	굳게 참고 견디어 마음이 흔들리지 않음.
決死反對	결사반대	죽기를 각오하고 있는 힘을 다하여 반대함.
結者解之	결자해지	맺은 사람이 풀어야 한다. 처음에 일을 벌여 놓은 사람이 끝을 맺어야 한다는 말
結草報恩	결초보은	죽어 혼령이 되어서도 은혜를 잊지 않고 갚음.
兼人之勇	겸인지용	몇 사람을 당할 정도로 용맹함.
輕擧妄動	경거망동	경솔하여 생각 없이 망령되게 행동함, 또는 그런 행동
傾國之色	경국지색	임금이 혹하여 국정을 게을리함으로써 나라를 위기에 빠뜨리게 할 미인
傾城之美	경성지미	한 성(城)을 기울어뜨릴만한 미색(美色)
敬而遠之	경이원지	겉으로는 존경하는 체하면서 속으로는 멀리함.
驚天動地	경천동지	하늘을 놀라게 하고 땅을 뒤흔든다는 뜻으로, 세상을 몹시 놀라게 함.
敬天愛人	경천애인	하늘을 숭배하고 인간을 사랑함.
鷄卵有骨	계란유골	달걀에도 뼈가 있다. 운수가 나쁜 사람은 좋은 기회를 만나도 일이 잘 안됨을 이르는 말
鷄鳴狗盜	계명구도	비굴하게 남을 속이는 하찮은 재주, 또는 그런 재주를 가진 사람을 이르는 말
桂玉之歎	계옥지탄	식량 구하기가 계수나무 구하듯이 어렵고, 땔감을 구하기가 옥을 구하기만큼 어려움.
孤軍奮鬪	고군분투	외로이 떨어져 있는 군사가 많은 수의 적군과 용감하게 잘 싸움. 남의 도움을 받지 아니하고 힘에 벅찬 일을 잘해 나감.
高臺廣室	고대광실	매우 크고 좋은 집
孤立無援	고립무원	주변에 아무도 없는 외톨이
鼓腹擊壤	고복격양	배를 두드리며 흙덩이를 침. 곧 의식(衣食)이 풍족한 상황
姑息之計	고식지계	당장 편한 것만을 택하는 꾀나 방법. 한때의 안정을 얻기 위하여 임시로 둘러맞추어 처리하는 계책
苦肉之策	고육지책	적을 속이기 위하여 자신의 괴로움을 무릅쓰고 꾸미는 계책
孤掌難鳴	고장난명	외손뼉은 울릴 수 없다. 혼자서는 일하기 어려움.
苦盡甘來	고진감래	쓴 것이 다하면 단 것이 온다는 뜻으로, 고생 끝에 즐거움이 옴을 이르는 말
骨肉相爭	골육상쟁	가까운 혈족끼리 서로 싸움.
公明正大	공명정대	하는 일이나 태도가 사사로움이나 그릇됨이 없이 아주 정당하고 떳떳함.
空前絶後	공전절후	전에도 없었고 앞으로도 없음.
空卽是色	공즉시색	세상의 모든 사물은 실체가 아님.

사자성어	독음	뜻
公平無私	공평무사	공평하여 사사로움이 없음.
誇大妄想	과대망상	자신의 현재를 실제보다 크게 과장하여 사실인 것처럼 믿는 일, 또는 그런 생각
過大評價	과대평가	실제보다 지나치게 높이 평가함, 또는 그런 평가
過小評價	과소평가	사실보다 작거나 약하게 평가함.
過失相規	과실상규	향약의 네 가지 덕목 가운데 하나. 나쁜 행실을 하지 못하도록 서로 규제함.
過猶不及	과유불급	정도를 지나침은 미치지 못함과 같다는 뜻. 중용(中庸)이 중요함.
矯角殺牛	교각살우	뿔 바로 잡으려다 초가삼간 태운다. 곧 조그마한 일을 하려다 큰 일을 그르친다는 뜻
巧言令色	교언영색	교묘한 말로 남을 속임. 남의 환심을 사려고 아첨하는 교묘한 말과 보기좋게 꾸미는 얼굴빛
敎外別傳	교외별전	석가의 설교 외에 석가가 마음으로써 따로 깊은 뜻을 전함.
交友以信	교우이신	친구를 믿음으로써 사귐.
敎學相長	교학상장	가르치는 사람과 배우는 사람이 서로의 학업을 증진시킴.
九曲肝腸	구곡간장	굽이굽이 서린 창자라는 뜻으로, 깊은 마음 속 또는 시름이 쌓인 마음속을 비유
口蜜腹劍	구밀복검	입으로는 꿀을 담고 뱃속으로는 칼을 지님. 입으로는 친절하나 속으로는 해칠 생각을 품음.
九死一生	구사일생	아홉 번 죽을 뻔하다 한 번 살아난다. 죽을 고비를 여러 차례 넘기고 겨우 살아남.
口尙乳臭	구상유취	하는 언동이 아직 어림.
九牛一毛	구우일모	많은 양 중에서 극히 적은 양
九折羊腸	구절양장	꼬불꼬불하게 서린 양의 창자라는 뜻으로, 길이 몹시 험하게 꼬불꼬불함.
國泰民安	국태민안	나라가 태평하고 백성이 편안함.
群鷄一鶴	군계일학	닭의 무리 가운데서 한 마리의 학이란 뜻. 여럿 가운데서 가장 뛰어난 사람
君臣有義	군신유의	임금과 신하 사이의 도리는 의리에 있음.
群雄割據	군웅할거	여러 영웅이 각기 한 지방씩 차지하고 위세를 부림.
君爲臣綱	군위신강	신하는 임금을 섬기는 것이 근본임.
窮餘之策	궁여지책	궁한 나머지 생각다 못하여 짜낸 계책
權謀術數	권모술수	목적 달성을 위하여 수단과 방법을 가리지 아니하는 온갖 모략이나 술책
權不十年	권불십년	권세는 십 년을 가지 못한다는 뜻으로, 아무리 높은 권세라도 오래가지 못함.
勸上搖木	권상요목	나무 위에 오르라고 권하고는 오르자마자 아래서 흔들어 댐.
勸善懲惡	권선징악	착한 일을 권장하고 악한 일을 징계함.
克己復禮	극기복례	자기의 욕심을 누르고 예의 범절을 따름.

사자성어	독음	뜻
極惡無道	극악무도	더할 나위 없이 악하고 도리에 완전히 어긋나 있음.
近墨者黑	근묵자흑	먹을 가까이 하면 검게 된다. 좋지 못한 사람과 가까이 하면 악에 물들게 됨.
金科玉條	금과옥조	금이나 옥처럼 귀중히 여겨 꼭 지켜야 할 법칙이나 규정
金蘭之契	금란지계	금이나 난초와 같이 귀하고 향기로움을 풍기는 친구 사이의 사귐.
金蘭之交	금란지교	쇠를 자를 수 있을 만큼 단단하고 난초처럼 향기나는 친구 사이
錦上添花	금상첨화	비단 위에 꽃을 놓는다는 뜻으로, 좋은 일이 겹침을 비유
今昔之感	금석지감	예와 지금의 차이가 심함.
金石之交	금석지교	쇠와 돌처럼 굳은 사귐.
金城湯池	금성탕지	쇠로 만든 성과, 그 둘레에 파놓은 뜨거운 물로 가득찬 못이라는 뜻으로, 방어 시설이 잘되어 있는 성
今時初聞	금시초문	바로 지금 처음으로 들음.
錦衣夜行	금의야행	비단옷을 입고 밤길을 다닌다는 뜻으로, 아무 보람이 없는 일을 함을 이르는 말
錦衣玉食	금의옥식	비단옷과 흰 쌀밥이라는 뜻으로, 호화스럽고 사치스러운 생활을 이르는 말
錦衣還鄕	금의환향	비단옷을 입고 고향에 돌아온다는 뜻으로, 출세를 하여 고향에 돌아옴을 비유
金枝玉葉	금지옥엽	불면 꺼질까 쥐면 터질까 아주 귀한 집안의 소중한 자식
氣高萬丈	기고만장	펄펄 뛸 만큼 대단히 성이 남. 일이 뜻대로 잘될 때, 우쭐하여 뽐내는 기세가 대단함.
起死回生	기사회생	거의 죽을 뻔하다가 도로 살아남.
奇想天外	기상천외	착상이나 생각 따위가 쉽게 짐작할 수 없을 정도로 기발하고 엉뚱함.
旣往之事	기왕지사	이미 지나간 일
騎虎之勢	기호지세	호랑이를 타고 달리는 형세, 이미 시작한 일을 중도에서 그만둘 수 없는 경우
吉凶禍福	길흉화복	길흉과 화복을 아울러 이르는 말
落落長松	낙락장송	가지가 길게 축축 늘어진 키가 큰 소나무
落木寒天	낙목한천	나뭇잎이 다 떨어진 겨울의 춥고 쓸쓸한 풍경, 또는 그런 계절
落花流水	낙화유수	떨어지는 꽃과 흐르는 물이라는 뜻으로, 가는 봄의 경치를 이르는 말
難攻不落	난공불락	공격하기가 어려워 쉽사리 함락되지 아니함.
亂臣賊子	난신적자	나라를 어지럽히는 불충한 무리
難兄難弟	난형난제	서로 엇비슷함. 막상막하
南男北女	남남북녀	우리 나라에서 남자는 남쪽 지방이 잘나고 여자는 북쪽 지방이 고움을 이르는 말
男女老少	남녀노소	남자와 여자, 늙은이와 젊은이란 뜻. 모든 사람을 이르는 말

사자성어	독음	뜻
男女有別	남녀유별	유교에서 남자와 여자 사이에 분별이 있어야 함을 이르는 말
內憂外患	내우외환	나라 안팎의 여러 가지 어려움
內柔外剛	내유외강	겉으로 보기에는 강하게 보이나 속은 부드러움.
怒氣衝天	노기충천	성이 하늘을 찌를듯이 머리끝까지 치받쳐 있음.
怒發大發	노발대발	몹시 노하여 펄펄 뛰며 성을 냄.
綠楊芳草	녹양방초	푸른 버드나무와 향기로운 풀
綠衣紅裳	녹의홍상	연두 저고리와 다홍 치마. 젊은 여인의 옷차림
論功行賞	논공행상	공적의 크고 작음 따위를 논의하여 그에 알맞은 상을 줌.
弄瓦之慶	농와지경	딸을 낳은 기쁨을 이르는 말
弄璋之慶	농장지경	아들을 낳은 기쁨, 또는 아들을 낳은 일을 이르는 말
累卵之勢	누란지세	새알을 쌓아 놓은 듯한 위태로운 형세
累卵之危	누란지위	새알을 쌓아 놓은 것 같이 몹시 위태로움.
能小能大	능소능대	모든 일에 두루 능함.
多多益善	다다익선	많을수록 더욱 좋음.
多事多難	다사다난	여러 가지 일도 많고 어려움이나 탈도 많음.
多才多能	다재다능	재주와 능력이 여러 가지로 많음.
多情多感	다정다감	정이 많고 감정이 풍부함.
斷金之交	단금지교	매우 정의가 두터운 사이의 교제
斷機之敎	단기지교	학업을 중도에 폐함은 짜던 베를 끊는 것과 같아 아무 이득이 없음.
單刀直入	단도직입	혼자서 칼 한 자루를 들고 적진으로 곧장 쳐들어간다. 여러 말을 늘어놓지 않고 바로 요점이나 본문제를 말함.
黨同伐異	당동벌이	일의 옳고 그름은 따지지 않고 뜻이 같은 무리끼리는 서로 돕고 그렇지 않은 무리는 배척함.
大驚失色	대경실색	몹시 놀라 얼굴빛이 하얗게 질림.
大器晚成	대기만성	큰 그릇을 만드는 데는 시간이 오래 걸린다. 크게 될 사람은 늦게 이루어짐.
代代孫孫	대대손손	오래도록 내려오는 여러 대
大同團結	대동단결	여러 집단이나 사람이 어떤 목적을 이루려고 크게 한 덩어리로 뭉침.
大同小異	대동소이	큰 차이 없이 거의 같음.
大明天地	대명천지	아주 환하게 밝은 세상
大聲痛哭	대성통곡	큰 소리로 몹시 슬프게 곡을 함.

사자성어	독음	뜻
大言壯語	대언장어	주제에 맞지 않게 큰 소리침.
大義滅親	대의멸친	대의를 위해서 사사로움을 버림.
桃園結義	도원결의	의형제를 맺음을 이르는 말
道聽途說	도청도설	길거리에 떠돌아다니는 뜬 소문
塗炭之苦	도탄지고	몹시 고생스러움. 진구렁에 빠지고 숯불에 타는 고생
獨不將軍	독불장군	무슨 일이든 자기 생각대로 혼자서 처리하는 사람
讀書三到	독서삼도	독서하는 데는 눈으로 보고, 입으로 읽고, 마음으로 깨우쳐야 함.
獨也靑靑	독야청청	남들이 모두 절개를 꺾는 상황 속에서도 홀로 절개를 굳세게 지키고 있음.
同價紅裳	동가홍상	같은 값이면 다홍치마(좋은 것)를 택함.
同苦同樂	동고동락	괴로움도 즐거움도 함께 함.
東問西答	동문서답	물음과는 전혀 상관없는 엉뚱한 대답
同病相憐	동병상련	같은 병의 환자끼리 서로 가엾게 여김. 같은 처지의 사람끼리 서로 비슷한 아픔을 느낌.
東奔西走	동분서주	동쪽으로 뛰고 서쪽으로 뛴다. 사방으로 이리저리 몹시 바쁘게 돌아다님.
同床異夢	동상이몽	같은 자리에 자면서 다른 꿈을 꾼다. 겉으로는 같이 행동하면서도 속으로는 각각 딴 생각을 하고 있음.
東西古今	동서고금	동양과 서양, 옛날과 지금을 통틀어 이르는 말
東西南北	동서남북	동쪽, 서쪽, 남쪽, 북쪽이라는 뜻으로, 모든 방향을 이르는 말
同姓同本	동성동본	성(姓)과 본관이 모두 같음.
同時多發	동시다발	같은 때나 시기에 많이 발생함.
冬溫夏淸	동온하청	부모에게 효도함. 겨울은 따뜻하게 여름은 시원하게 해드림.
同族相殘	동족상잔	동족끼리 서로 헐뜯고 싸움.
登高自卑	등고자비	천리길도 한 걸음부터. 높은 곳에 오르려면 낮은 곳에서부터 올라가듯이 무슨 일이든 순서가 있음.
燈下不明	등하불명	등잔 밑이 어둡다는 뜻으로, 가까이에 있는 물건이나 사람을 잘 찾지 못함.
燈火可親	등화가친	가을이 되어 독서하기에 좋음.
馬耳東風	마이동풍	남의 말을 대충 들음.
莫逆之友	막역지우	아주 허물 없는 벗. 서로 거역하지 아니하는 친구. 아주 허물없는 사이
萬古不變	만고불변	아주 오랜 세월 동안 변하지 아니함.
萬古常靑	만고상청	오랜 세월을 두고 변함없이 늘 푸름.
萬里長天	만리장천	아득히 높고 먼 하늘

萬事休矣	만사휴의	모든 것이 헛수고로 돌아감을 이르는 말
晚時之歎	만시지탄	시기에 늦어 기회를 놓쳤음을 안타까워하는 탄식
罔極之恩	망극지은	끝없이 베풀어 주는 혜택이나 고마움
亡羊之歎	망양지탄	달아난 양을 쫓는데 갈림길이 많아서 잃어버리고 탄식한다. 학문의 길이 다방면이어서 진리를 깨닫기가 어려움을 한탄함.
茫然自失	망연자실	멍하니 정신을 잃음.
望雲之情	망운지정	객지에서 부모를 생각하는 마음
麥秀之歎	맥수지탄	고국의 멸망을 한탄함.
孟母斷機	맹모단기	맹자의 어머니가 아들이 학업을 중단하고 돌아왔을 때, 짜던 베를 칼로 자름. 어머니의 엄격한 자녀 교육을 이름.
孟母三遷	맹모삼천	맹자의 어머니가 맹자를 가르치기 위하여 세 번 이사함.
面從腹背	면종복배	면전에서는 따르나 뱃속으로는 배반함.
滅私奉公	멸사봉공	사를 버리고 공을 위해 희생함.
明鏡止水	명경지수	맑은 거울과 고요한 물. 잡념과 가식과 헛된 욕심 없이 맑고 깨끗한 마음
名山大川	명산대천	이름난 산과 큰 내
名實相符	명실상부	이름과 실상이 서로 꼭 맞음.
明若觀火	명약관화	불을 보듯 뻔함.
目不識丁	목불식정	낫 놓고 'ㄱ'자도 모름. 아주 무식함.
目不忍見	목불인견	눈앞에 벌어진 상황 따위를 눈뜨고는 차마 볼 수 없음.
武陵桃源	무릉도원	신선이 살았다는 전설적인 곳
無不通知	무불통지	무슨 일이든지 환히 통하여 모르는 것이 없음.
無所不爲	무소불위	하지 못하는 일이 없음.
無用之物	무용지물	쓸모없는 물건이나 사람
無爲徒食	무위도식	하는 일 없이 놀고 먹음.
無腸公子	무장공자	담력이나 기개가 없는 자
聞一知十	문일지십	하나를 듣고 열을 앎.
門前成市	문전성시	찾아오는 사람이 많아 문 앞이 시장을 이루다시피 함.
物外閑人	물외한인	세상에 욕심이 없고 한가하게 지내는 사람
美辭麗句	미사여구	아름다운 말로 듣기 좋게 꾸민 글귀
博覽强記	박람강기	여러 가지의 책을 널리 많이 읽고 기억을 잘함.

博而不精	박이부정	여러 방면으로 널리 아나 정통하지는 못함.
拍掌大笑	박장대소	손뼉을 치며 크게 웃음.
博學多識	박학다식	학식이 넓고 아는 것이 많음.
拔本塞源	발본색원	나쁜 것의 뿌리를 뽑음.
發憤忘食	발분망식	분발하여 끼니를 잊고 노력함.
傍若無人	방약무인	곁에 사람이 없는 것 같다. 거리낌 없이 함부로 행동함.
背水之陣	배수지진	적과 싸울 때 강이나 바다를 등지고 진을 침. 목숨을 걸고 어떤 일에 대처하는 경우
背恩忘德	배은망덕	은덕을 저버림.
百家爭鳴	백가쟁명	많은 학자나 문인 등이 자기의 학설이나 주장을 자유롭게 발표하여, 논쟁하고 토론하는 일
白骨難忘	백골난망	죽어서 백골이 되어도 잊을 수 없다는 뜻. 남에게 큰 은덕을 입었을 때 고마움의 뜻으로 이르는 말
百年佳約	백년가약	남녀가 부부가 되어 평생을 함께 하겠다는 아름다운 언약
百年大計	백년대계	먼 앞날까지 미리 내다보고 세우는 크고 중요한 계획
百年河淸	백년하청	시간이 가도 해결의 기미가 없음.
百萬長者	백만장자	재산이 매우 많은 사람, 또는 아주 큰 부자
白面書生	백면서생	오직 글만 읽고 세상사에 경험이 없는 사람
百發百中	백발백중	백번 쏘아 백번을 맞힌다. 총이나 활 따위를 쏠 때마다 겨눈 공에 다 맞음.
伯牙絶鉉	백아절현	친한 친구의 죽음을 슬퍼함.
白雲孤飛	백운고비	멀리 떠나는 자식이 어버이를 그리워함.
白衣民族	백의민족	흰옷을 입은 민족이라는 뜻으로, '한민족'을 이르는 말
百戰老將	백전노장	많은 전투를 치른 노련한 병사. 세상 일을 많이 치러서 모든 일에 노련한 사람
百戰百勝	백전백승	싸울 때마다 다 이김.
百折不屈	백절불굴	여러 번 꺾여져도 굽히지 않음.
伯仲之間	백중지간	서로 우열을 가리기 힘든 사이
伯仲之勢	백중지세	서로 어금버금한 형세. 누가 못하고 누가 낫다고 할 수 없을 정도로 서로 비슷함.
百八煩惱	백팔번뇌	사람이 지닌 108가지의 번뇌
百害無益	백해무익	해롭기만 하고 하나도 이로운 바가 없음.
別有天地	별유천지	우리가 살고 있는 이 세상 밖의 다른 세상. 특별히 경치가 좋거나 분위기가 좋은 곳
兵家常事	병가상사	전쟁에서 이기고 지는 일은 흔히 있는 일임. 실패하는 일은 흔히 있으므로 낙심할 것이 없다는 말

사자성어	독음	뜻
夫婦有別	부부유별	남편과 아내 사이의 도리는 서로 침범하지 않음을 이름.
父爲子綱	부위자강	아버지와 자식 사이에 지킬 떳떳한 도리
父子有親	부자유친	아버지와 아들 사이에는 친애해야 함을 이르는 말
父傳子傳	부전자전	아버지가 아들에게 대대로 전함.
不知其數	부지기수	헤아릴 수가 없을 만큼 많음, 또는 그렇게 많은 수효
夫唱婦隨	부창부수	부부의 화합을 뜻하는 말로 예로부터 남편이 부르면 부인이 따른다는 말
附和雷同	부화뇌동	줏대가 없이 남의 말에 쉽게 따름.
北窓三友	북창삼우	거문고, 술, 시(詩)를 아울러 이르는 말
不可思議	불가사의	사람의 생각으로는 미루어 헤아릴 수 없이 이상하고 야릇함.
不勞所得	불로소득	직접 일을 하지 아니하고 얻는 수익
不老長生	불로장생	늙지 아니하고 오래 삶.
不立文字	불립문자	문자나 말로써 도를 전하지 아니함. 불가의 뜻이 마음에서 마음으로 전해짐.
不問可知	불문가지	묻지 아니하여도 알 수 있음.
不問曲直	불문곡직	잘잘못을 묻지 않고 함부로 행함.
不遠千里	불원천리	천리길도 멀다고 여기지 않음.
不恥下問	불치하문	자기보다 아래 사람에게 배우는 것을 부끄럽게 여기지 않음.
不偏不黨	불편부당	아주 공평하여 어느 한쪽으로 치우치지 아니함.
朋友有信	붕우유신	벗 사이에는 믿음이 있어야 함을 이름.
非一非再	비일비재	같은 현상이나 일이 한두 번이나 한둘이 아니고 많음.
貧者一燈	빈자일등	가난한 사람이 바치는 하나의 등(燈). 물질의 많고 적음보다 정성이 중요함을 비유
氷炭之間	빙탄지간	얼음과 숯불의 사이. 서로 화합할 수 없는 사이
四顧無親	사고무친	의지할 만한 사람이 아무도 없음.
士農工商	사농공상	예전에, 백성을 나누던 네 가지 계급으로 선비, 농부, 공장(工匠), 상인
四面春風	사면춘풍	누구에게나 좋게 대하는 일, 또는 그런 사람을 비유적으로 이르는 말
四方八方	사방팔방	여기저기 모든 방향이나 방면
四分五裂	사분오열	여러 갈래로 갈기갈기 찢어짐. 질서 없이 어시럽게 흩어지거나 헤어짐.
沙上樓閣	사상누각	모래 위에 세운 누각. 기초가 튼튼하지 못하여 오래 견디지 못할 일이나 물건
事親以孝	사친이효	어버이를 섬김에 효도로써 함.

四通八達	사통팔달 도로나 교통망, 통신망 따위가 이리저리 사방으로 통함.	三寒四溫	삼한사온 아시아의 동부, 북부에서 나타나는 겨울 기온의 변화. 7일을 주기로 사흘 동안 춥고 나흘 동안 따뜻함.
事必歸正	사필귀정 모든 일은 반드시 바른 길로 돌아감.	相思不忘	상사불망 서로 그리워하여 잊지 못함.
四海兄弟	사해형제 온 세상 사람이 모두 형제와 같다는 뜻으로, 친밀함을 이르는 말	桑田碧海	상전벽해 뽕나무밭이 변하여 푸른 바다가 됨. 세상 일이 덧없이 변함.
山紫水明	산자수명 산은 자줏빛으로 선명하고 물은 맑다. 경치가 아름다움.	塞翁之馬	새옹지마 인생에 있어서의 길흉 화복은 항상 바뀌어 미리 헤아릴 수 없음.
山戰水戰	산전수전 산에서도 싸우고 물에서도 싸웠다. 세상의 온갖 고생과 어려움	生老病死	생로병사 사람이 나고 늙고 병들고 죽는 네 가지 고통
山川草木	산천초목 산과 내와 풀과 나무라는 뜻으로, 자연을 이르는 말	生面不知	생면부지 서로 한 번도 만난 적이 없어서 전혀 알지 못하는 사람, 또는 그런 관계
殺身成仁	살신성인 자기의 몸을 희생하여 인(仁)을 이룸.	生死苦樂	생사고락 삶과 죽음, 괴로움과 즐거움을 통틀어 이르는 말
三三五五	삼삼오오 서너 사람 또는 대여섯 사람이 떼를 지어 다니거나 무슨 일을 함, 또는 그런 모양	先見之明	선견지명 어떤 일이 일어나기 전에 미리 앞을 내다보고 아는 지혜
三旬九食	삼순구식 서른 날에 아홉 끼니밖에 못 먹음. 가난하여 끼니를 많이 거름.	先公後私	선공후사 공적인 것을 앞세우고 사적인 것은 뒤로 함.
三餘之功	삼여지공 독서하기에 가장 좋은 '겨울밤'을 일컬음.	善男善女	선남선녀 착하고 어진 사람들
三人成虎	삼인성호 세 사람이 짜면 거리에 범이 나왔다는 거짓말도 꾸밀 수 있다. 근거 없는 말이라도 여러 사람이 말하면 곧이듣게 됨.	雪上加霜	설상가상 눈 위에 서리가 덮인 격으로, 불행한 일이 연거푸 일어남.
三從之道	삼종지도 예전에, 여자가 따라야 할 세 가지 도리. 어려서는 아버지를, 결혼해서는 남편을, 남편이 죽은 후에는 자식을 따라야 함.	說往說來	설왕설래 서로 변론을 주고받으며 옥신각신함, 또는 말이 오고 감.
三尺童子	삼척동자 키가 석 자 정도밖에 되지 않는 어린 아이 철없는 어린 아이를 이름.	世上萬事	세상만사 세상에서 일어나는 온갖 일
三遷之敎	삼천지교 맹자의 교육을 위하여 어머니가 세 번이나 집을 옮긴 일. 교육에는 환경이 중요함을 이름.	小貪大失	소탐대실 작은 것을 탐하다가 큰 것을 잃음.

束手無策	속수무책 — 손을 묶은 것처럼 어찌할 도리가 없어 꼼짝 못함.
率先垂範	솔선수범 — 남보다 앞장서 행동하여 몸소 다른 사람의 본보기가 됨.
送舊迎新	송구영신 — 묵은 해를 보내고 새해를 맞음.
壽福康寧	수복강녕 — 오래 살고 복을 누리며 건강하고 평안함.
手不釋卷	수불석권 — 손에서 책을 놓을 사이 없이 열심히 공부함.
修身齊家	수신제가 — 몸과 마음을 닦아 수양하고 집안을 다스림.
水魚之交	수어지교 — 고기와 물과의 관계처럼 떨어질 수 없는 특별한 친분
脣亡齒寒	순망치한 — 옆사람이 망하면 이웃이 함께 위험함.
乘勝長驅	승승장구 — 싸움에 이긴 형세를 타고 계속 몰아침.
是是非非	시시비비 — 여러 가지의 잘잘못을 옳고 그름을 따지며 다툼.
始終如一	시종여일 — 처음부터 끝까지 변함없이 한결같음.
始終一貫	시종일관 — 일 따위를 처음부터 끝까지 한결같이 함.
識字憂患	식자우환 — 학식이 있는 것이 오히려 근심을 사게 됨.
信賞必罰	신상필벌 — 공이 있는 자에게는 상을 주고, 죄가 있는 사람에게는 벌을 준다. 상과 벌을 공정하고 엄중하게 하는 일
身言書判	신언서판 — 사람됨을 판단하는 네 가지 기준, 즉 몸, 말, 글, 판단력
神出鬼沒	신출귀몰 — 귀신같이 나타났다가 사라진다. 움직임을 알 수 없을 만큼 자유자재로 나타나고 사라짐.
實事求是	실사구시 — 사실에 토대를 두어 진리를 탐구하는 일
深思熟考	심사숙고 — 깊이 잘 생각함.
深山幽谷	심산유곡 — 깊은 산속의 으슥한 골짜기
心心相印	심심상인 — 마음과 마음에 서로를 새김.
十伐之木	십벌지목 — 열 번 찍어 안 넘어가는 나무 없음.
十中八九	십중팔구 — 열 가운데 여덟이나 아홉 정도로 거의 대부분이거나 틀림없음.
我田引水	아전인수 — 제 논에 물대기. 자기에게만 이롭게 함.
惡戰苦鬪	악전고투 — 매우 어려운 조건을 무릅쓰고 힘을 다하여 고생스럽게 싸움.
安分知足	안분지족 — 편안한 마음으로 제 분수를 지키며 만족할 줄을 앎.
安貧樂道	안빈낙도 — 가난한 생활을 하면서도 편안한 마음으로 도를 즐겨 지킴.
眼下無人	안하무인 — 방자하고 교만하여 사람을 모두 얕잡아 봄.
愛國愛族	애국애족 — 자기 나라와 겨레를 사랑함.

사자성어	독음	뜻
哀而不悲	애이불비	속으로는 슬프지만 겉으로는 슬픔을 나타내지 아니함.
哀而不傷	애이불상	슬퍼하되 도를 넘지 아니함.
愛之重之	애지중지	매우 사랑하고 소중히 여기는 모양
藥房甘草	약방감초	무슨 일이나 빠짐없이 낌. 반드시 끼어야 할 사물
弱肉強食	약육강식	약한 자가 강한 자에게 먹힌다. 강한 자가 약한 자를 희생시켜서 번영하거나, 약한 자가 강한 자에게 끝내는 멸망됨.
羊頭狗肉	양두구육	양의 고기를 내놓고 사실은 개고기를 판다. 겉으로는 그럴 듯하게 내세우나 속엔 음흉한 딴 생각이 있음.
梁上君子	양상군자	들보 위의 사람, 즉 도둑
良藥苦口	양약고구	좋은 약은 입에 쓰나 병에 이롭다. 충언(忠言)은 귀에 거슬리나 자신에게 이로움.
兩者擇一	양자택일	둘 중에서 하나를 고름.
魚東肉西	어동육서	제사상을 차릴 때, 생선 반찬은 동쪽에 놓고 고기 반찬은 서쪽에 놓는 일
魚頭肉尾	어두육미	물고기는 머리 쪽이 맛이 있고, 짐승 고기는 꼬리 쪽이 맛이 있음.
漁父之利	어부지리	조개와 도요새가 서로 버티는 통에 어부가 둘을 다잡아 이득을 봄.
語不成說	어불성설	말이 조금도 사리에 맞지 아니함.
億兆蒼生	억조창생	수많은 백성
焉敢生心	언감생심	감히 생각도 못함.
言語道斷	언어도단	너무 어처구니가 없어 할 말이 없음.
言中有骨	언중유골	말 속에 뼈가 있다는 뜻으로, 예사로운 말 속에 단단한 속뜻이 들어 있음.
言行一致	언행일치	말과 행동이 서로 같음, 또는 말한 대로 실행함.
嚴妻侍下	엄처시하	아내에게 쥐여사는 남편의 처지를 놀림조로 이르는 말
如履薄氷	여리박빙	얇은 얼음을 밟는 것 같다. 몹시 위험하여 조심함을 이르는 말
女必從夫	여필종부	아내는 반드시 남편을 따라야 한다는 말
易地思之	역지사지	처지를 바꾸어서 생각하여 봄.
戀慕之情	연모지정	사랑하여 그리워하는 정
緣木求魚	연목구어	나무에 올라 물고기를 구하듯 불가능한 일을 하려고 함.
連戰連勝	연전연승	싸울 때마다 계속하여 이김.
榮枯盛衰	영고성쇠	인생이나 사물의 번성함과 쇠락함이 서로 바뀜.
五穀百果	오곡백과	온갖 곡식과 과실
五里霧中	오리무중	짙은 안개 속에 있어 방향을 알 수 없음과 같이 무슨 일에 대해서 알 길이 없음.

사자성어	독음	뜻
吾鼻三尺	오비삼척	내 코가 석자. 자기 사정이 급하여 남을 돌볼 겨를이 없음.
烏飛梨落	오비이락	까마귀 날자 배 떨어진다. 아무 관계도 없는 일인데 때가 같아서 관계가 있는 것처럼 의심을 받게 됨.
傲霜孤節	오상고절	서릿발이 심한 속에서도 굴하지 아니하고 외로이 지키는 절개. 국화(菊花)를 이르는 말
烏合之卒	오합지졸	까마귀가 모인 것처럼 질서가 없이 모인 병졸. 임시로 모여들어서 규율이 없고 무질서한 병졸 또는 군중
玉骨仙風	옥골선풍	살빛이 희고 고결하여 신선과 같은 풍채
屋上架屋	옥상가옥	지붕 위에 또 지붕을 만든다. 흔히 물건이나 일을 부질없이 거듭함.
溫故知新	온고지신	옛것을 익혀서 그것으로 미루어 새 것을 깨달음.
曰可曰否	왈가왈부	어떤 일에 대하여 옳거니 옳지 아니하거니 하고 말함.
王侯將相	왕후장상	제왕, 제후, 장수, 재상을 아울러 이르는 말
樂山樂水	요산요수	산수(山水)의 자연을 즐기고 좋아함.
搖之不動	요지부동	흔들어도 꼼짝하지 아니함.
勇氣百倍	용기백배	격려나 응원 따위에 자극을 받아 힘이나 용기를 더 냄.
龍頭蛇尾	용두사미	용의 머리 뱀의 꼬리. 출발은 좋으나 대충 끝남.
龍尾鳳湯	용미봉탕	맛이 매우 좋은 음식을 비유적으로 이르는 말
愚公移山	우공이산	어리석은 사람이 산을 옮김. 마음만 단단히 먹으면 큰 일도 이룸.
右往左往	우왕좌왕	이리저리 왔다갔다 하며 일이나 나아가는 방향을 종잡지 못함.
優柔不斷	우유부단	어물어물 망설이기만 하고 결단성이 없음.
牛耳讀經	우이독경	쇠귀에 경 읽기. 아무리 가르치고 일러 주어도 알아듣지 못함.
遠禍召福	원화소복	화를 멀리 하고 복을 부름.
月下老人	월하노인	부부의 인연을 맺어 준다는 전설상의 늙은이
危機一髮	위기일발	위급함이 매우 절박한 순간
有口無言	유구무언	입이 있어도 할 말이 없음. 변명을 못함.
有名無實	유명무실	이름만 그럴듯하고 실속은 없음.
流芳百世	유방백세	꽃다운 이름이 후세에 널리 전해짐.
有備無患	유비무환	미리 준비가 되어 있으면 걱정할 것이 없음.
唯我獨尊	유아독존	세상에서 자기 혼자 잘났다고 뽐내는 태도
類類相從	유유상종	가재는 게 편. 같은 무리끼리 서로 사귐.
悠悠自適	유유자적	속세를 떠나 아무 속박 없이 조용하고 편안하게 삶.

有終之美	유종지미 한번 시작한 일을 끝까지 잘하여 끝맺음이 좋음.	**因果應報**	인과응보 과거 또는 전생의 선악의 인연에 따라 뒷날의 길흉화복을 받음.
隱忍自重	은인자중 마음속에 감추어 참고 견디면서 몸가짐을 신중하게 행동함.	**人面獸心**	인면수심 사람의 얼굴을 하고 있으나 마음은 짐승과 같다. 마음이나 행동이 몹시 흉악함.
吟風弄月	음풍농월 맑은 바람과 밝은 달을 대상으로 시를 짓고 흥취를 자아내어 즐겁게 놂.	**人命在天**	인명재천 사람의 목숨은 하늘에 달려 있다. 목숨의 길고 짧음은 사람의 힘으로 어쩔 수 없음.
疑心暗鬼	의심암귀 마음속에 의심이 생기면 갖가지 무서운 망상이 잇달아 일어나 불안해짐.	**人事不省**	인사불성 제 몸에 벌어지는 일을 모를 만큼 정신을 잃은 상태
異口同聲	이구동성 입은 다르나 목소리는 같다. 여러 사람의 말이 한결같음.	**人死留名**	인사유명 사람은 죽어서 이름을 남긴다. 사람의 삶이 헛되지 아니하면 그 이름이 길이 남음.
以卵投石	이란투석 계란으로 바위 치기. 아주 약한 것으로 강한 것에 대항하려는 어리석음	**人山人海**	인산인해 사람이 산을 이루고 바다를 이루었다. 사람이 수없이 많이 모인 상태
耳目口鼻	이목구비 귀·눈·입·코를 아울러 이르는 말. 귀·눈·입·코를 중심으로 한 얼굴의 생김새	**人海戰術**	인해전술 우수한 화기보다 다수의 병력을 투입하여 적을 압도하는 전술
以心傳心	이심전심 말이나 글로 전하지 않고 마음에서 마음으로 전함.	**一刻千金**	일각천금 아무리 짧은 시간이라도 천금과 같이 귀중함.
以熱治熱	이열치열 열은 열로써 다스림. 힘은 힘으로 물리침.	**一擧兩得**	일거양득 한 가지 일로 두 가지 이득을 취함.
利用厚生	이용후생 기구를 편리하게 쓰고 먹을 것과 입을 것을 넉넉하게 하여, 국민의 생활을 나아지게 함.	**一口二言**	일구이언 한 입으로 두 말을 한다. 한 가지 일에 대하여 말을 이랬다저랬다 함.
二律背反	이율배반 꼭 같은 근거를 가지고 정당하다고 주장되는 서로 모순되는 두 명제 관계	**一刀兩斷**	일도양단 칼로 무엇을 대번에 쳐서 두 도막을 냄. 어떤 일을 머뭇거리지 아니하고 선뜻 결정함.
泥田鬪狗	이전투구 진흙탕에서 싸우는 개. 자기의 이익을 위하여 비열하게 다툼.	**一望無際**	일망무제 한눈에 바라볼 수 없을 정도로 아득하게 멀고 넓어서 끝이 없음.
二八靑春	이팔청춘 16세 무렵의 꽃다운 청춘, 또는 혈기 왕성한 젊은 시절	**一脈相通**	일맥상통 사고방식, 상태, 성질 따위가 서로 통하거나 비슷해짐.
離合集散	이합집산 헤어졌다가 모였다가 하는 일	**日暮途遠**	일모도원 해는 졌고 길은 멂, 즉 뜻하는 바는 큰 데 너무 늦어 달성이 어려움.

사자성어	독음	뜻
一問一答	일문일답	한 번 물음에 대하여 한 번 대답함.
一罰百戒	일벌백계	한 사람을 벌주어 백 사람을 경계한다. 경각심을 불러 일으키기 위하여 본보기로 한 사람에게 엄한 처벌을 함.
一絲不亂	일사불란	한 오리 실도 엉키지 아니함. 질서가 정연하여 조금도 흐트러지지 아니함.
一石二鳥	일석이조	돌 한 개를 던져 새 두 마리를 잡는다는 뜻으로, 동시에 두 가지 이득을 봄.
一心同體	일심동체	한마음 한 몸이라는 뜻으로, 서로 굳게 결합함을 이르는 말
一魚濁水	일어탁수	한 마리의 물고기가 물을 흐린다. 한 사람의 잘못으로 여러 사람이 피해를 입게 됨.
一言半句	일언반구	한 마디 말과 반 구절이라는 뜻으로, 아주 짧은 말을 이르는 말
一以貫之	일이관지	하나의 방법이나 태도로써 처음부터 끝까지 한결같음. 모든 것을 하나의 원리로 꿰뚫어 이야기함.
一日三省	일일삼성	매일 세 번 자신을 반성함.
一日三秋	일일삼추	하루가 삼 년 같다는 뜻으로, 몹시 애태우며 기다림을 이르는 말
一字無識	일자무식	글자를 한 자도 모를 정도로 무식함, 또는 그런 사람
一長一短	일장일단	일면의 장점과 다른 일면의 단점을 통틀어 이르는 말
一場春夢	일장춘몽	봄날의 한바탕 꿈처럼 헛된 영화
一朝一夕	일조일석	하루 아침과 하루 저녁이란 뜻으로, 짧은 시일을 이르는 말
一進一退	일진일퇴	한 번 앞으로 나아갔다 한 번 뒤로 물러섰다함.
一觸卽發	일촉즉발	조금만 닿아도 곧 폭발할 것 같은 모양. 막 일이 일어날 듯하여 위험한 지경
日就月將	일취월장	날로 달로 나아감. 학문이 날로 달로 나아감.
一波萬波	일파만파	금새 사방으로 번져 나감.
一片丹心	일편단심	한 조각의 붉은 마음이라는 뜻으로, 진심에서 우러나오는 변치 않는 마음
一筆揮之	일필휘지	단숨에 그리거나 씀.
一喜一悲	일희일비	한편으로는 기뻐하고 한편으로는 슬퍼함. 또는 기쁨과 슬픔이 번갈아 일어남.
臨機應變	임기응변	그때그때 처한 사태에 맞추어 즉각 그 자리에서 결정하거나 처리함.
立身揚名	입신양명	출세하여 이름을 세상에 떨침.
自强不息	자강불식	스스로 힘써 행하여 쉬지 않음.
自激之心	자격지심	자기가 한 일에 대하여 스스로 미흡하게 여기는 마음
自給自足	자급자족	필요한 물자를 스스로 생산하여 충당함.
自問自答	자문자답	스스로 묻고 스스로 대답함.
子孫萬代	자손만대	오래도록 내려오는 여러 대

사자성어	독음	뜻
自手成家	자수성가	물려받은 재산이 없이 자기 혼자의 힘으로 집안을 일으키고 재산을 모음.
自業自得	자업자득	자기가 저지른 일의 결과를 자기가 받음.
自由自在	자유자재	거침없이 자기 마음대로 할 수 있음.
自中之亂	자중지란	같은 편끼리 하는 싸움
自初至終	자초지종	처음부터 끝까지의 과정
自暴自棄	자포자기	절망에 빠져 자신을 스스로 포기하고 돌아보지 아니함.
自畫自讚	자화자찬	자기가 그린 그림을 스스로 칭찬한다는 뜻으로, 자기가 한 일을 스스로 자랑함.
作心三日	작심삼일	단단히 먹은 마음이 사흘을 가지 못한다는 뜻으로, 결심이 굳지 못함을 이름.
張三李四	장삼이사	장씨 세 사람과 이씨 네 사람. 이름이나 신분이 특별하지 아니한 평범한 사람들
長幼有序	장유유서	어른과 어린이 사이에는 엄격한 차례가 있고 복종해야 할 질서가 있음.
赤手空拳	적수공권	맨손과 맨주먹이라는 뜻으로, 아무것도 가진 것이 없음을 이르는 말
適材適所	적재적소	알맞은 인재를 알맞은 자리에 씀.
電光石火	전광석화	번갯불이나 부싯돌의 불이 번쩍거리는 것과 같이 짧은 시간이나 재빠른 움직임
前代未聞	전대미문	이제까지 들어본 적이 없는 일
前途有望	전도유망	앞으로 잘 될 희망이 있음. 장래가 유망함.
前無後無	전무후무	전에도 없었고 앞으로도 없음.
全心全力	전심전력	온 마음과 온 힘
前人未踏	전인미답	이제까지 아무도 발을 들여놓거나 도달한 사람이 없음.
前程萬里	전정만리	앞길이 구만 리 같음.
轉禍爲福	전화위복	화가 바뀌어 복이 됨.
切齒腐心	절치부심	몹시 분하여 이를 갈면서 속을 썩임.
漸入佳境	점입가경	갈수록 재미있음.
朝令暮改	조령모개	아침에 명령을 내리고 저녁에 다시 고침.
朝變夕改	조변석개	아침 저녁으로 뜯어 고침.
鳥足之血	조족지혈	새 발의 피라는 뜻으로, 매우 적은 분량을 비유적으로 이르는 말
足脫不及	족탈불급	맨발로 뛰어도 따라가지 못한다. 능력, 역량, 재질 따위가 두드러져 도저히 다른 사람이 따라가지 못할 정도
存亡之秋	존망지추	존속과 멸망, 또는 생존과 사망이 결정되는 아주 절박한 경우나 시기
縱橫無盡	종횡무진	자유자재로 행동하여 거침이 없는 상태

사자성어	독음 / 뜻
坐不安席	좌불안석 — 앉아도 자리가 편안하지 않다. 마음이 불안하거나 걱정스러워서 한 군데에 가만히 앉아 있지 못하고 안절부절 못하는 모양
坐井觀天	좌정관천 — 우물에 앉아서 하늘을 본다. 견문이 좁음을 뜻함.
左之右之	좌지우지 — 이리저리 제 마음대로 휘두르거나 다룸.
左衝右突	좌충우돌 — 마구 찌르고 부딪침. 아무에게나 또는 아무 일에나 함부로 맞닥뜨림.
主客一體	주객일체 — 주체와 객체가 하나가 됨.
晝耕夜讀	주경야독 — 낮에는 밭을 갈고 밤에는 책을 읽음.
走馬看山	주마간산 — 수박 겉 핥기. 말을 타고 달리면서 산수를 본다. 바쁘게 대충 보며 지나감을 일컫는 말
柱石之臣	주석지신 — 주춧돌(주석)이 될 만한 신하
晝夜長川	주야장천 — 밤낮으로 쉬지 아니하고 연달음.
酒池肉林	주지육림 — 호화로운 술잔치
竹馬故友	죽마고우 — 어릴 때, 대나무말을 타고 놀며 같이 자란 친구
衆寡不敵	중과부적 — 적은 수로 많은 사람을 당하기 어려움.
衆口難防	중구난방 — 여러 사람의 말을 막기가 어려움.
指鹿爲馬	지록위마 — 사슴을 가리켜 말이라고 함. 윗사람을 속여 마음대로 함.
支離滅裂	지리멸렬 — 이리저리 흩어지고 찢기어 갈피를 잡을 수 없음.
地上天國	지상천국 — 천국은 하늘에서 찾을 것이 아니라 이 현실 사회에서 세워야 한다는 완전한 이상 세계
至誠感天	지성감천 — 정성이 지극하면 하늘도 감동함. 어떤 일을 정성껏 하면 좋은 결과를 맺음.
指呼之間	지호지간 — 손짓하여 부를 만한 가까운 거리
盡忠報國	진충보국 — 충성을 다하여 나라의 은혜를 갚음.
進退兩難	진퇴양난 — 앞으로 나아가기도 어렵고 뒤로 물러나기도 어려움.
進退維谷	진퇴유곡 — 앞으로 나아가도 뒤로 물러나도 골짜기만 있음. 어쩔 수 없는 궁지에 빠진 상태
此日彼日	차일피일 — 이날저날 미룸.
天高馬肥	천고마비 — 하늘이 높고 말이 살찐다는 뜻으로, 풍성한 가을을 이르는 말
千慮一得	천려일득 — 천 번을 생각하여 하나를 얻는다. 어리석은 사람이라도 많은 생각을 하면 그 과정에서 한 가지쯤은 좋은 것이 나올 수 있음.
千慮一失	천려일실 — 천 번 생각에 한 번 실수. 슬기로운 사람이라도 여러 가지 생각 가운데에는 잘못되는 것이 있을 수 있음.
千萬多幸	천만다행 — 아주 다행함.
天生緣分	천생연분 — 하늘이 정하여 준 연분
千辛萬苦	천신만고 — 천 가지 매운 것과 만 가지 쓴 것. 온갖 어려운 고비를 다 겪으며 심하게 고생함.

한자성어	독음 / 뜻	한자성어	독음 / 뜻
天壤之差	천양지차 하늘과 땅 사이와 같이 엄청난 차이	出告反面	출곡반면 밖에 나갈 때 가는 곳을 반드시 아뢰고, 되돌아와서는 반드시 얼굴을 보여 드림.
天人共怒	천인공노 하늘과 땅이 함께 분노한다는 뜻으로, 같은 무리의 불행을 슬퍼함.	取捨選擇	취사선택 여럿 가운데서 쓸 것은 쓰고 버릴 것은 버림.
千載一遇	천재일우 절호의 기회	醉生夢死	취생몽사 술에 취하여 자는 동안에 꾸는 꿈 속에 살고 죽는다. 한평생을 아무 하는 일 없이 흐리멍텅하게 살아감.
千差萬別	천차만별 여러 가지 사물이 모두 차이가 있고 구별이 있음.	七去之惡	칠거지악 예전에, 아내를 내쫓을 수 있는 이유가 되었던 일곱 가지 허물
千篇一律	천편일률 시문의 격조(格調)가 모두 비슷하여 특성이 없음. 여럿이 개별적 특성이 없이 모두 엇비슷함.	他山之石	타산지석 다른 산에서 나는 작은 돌도 자신의 구슬을 갈 수 있다. 남의 하찮은 언행일지라도 자신의 품성을 높이는 데 교훈으로 삼을 수 있음.
天下第一	천하제일 세상에 견줄 만한 것이 없이 최고임.	卓上空論	탁상공론 현실성이 없는 허황한 이론이나 논의
徹頭徹尾	철두철미 처음부터 끝까지 철저함.	貪官汚吏	탐관오리 백성의 재물을 탐내어 빼앗는, 행실이 깨끗하지 못한 관리
靑山流水	청산유수 산에 맑은 물이라는 뜻으로, 막힘없이 썩 잘하는 말을 비유적으로 이르는 말	泰山北斗	태산북두 존경받는 인물
靑天白日	청천백일 하늘이 맑게 갠 대낮. 맑은 하늘에 뜬 해	太平聖代	태평성대 태평스런 시절
淸風明月	청풍명월 맑은 바람과 밝은 달	破廉恥漢	파렴치한 염치를 모르는 뻔뻔한 사람
草綠同色	초록동색 풀빛과 녹색은 같다. 이름은 달라도 성질이나 내용은 같음.	破顔大笑	파안대소 매우 즐거운 표정으로 활짝 웃음.
初志一貫	초지일관 처음에 세운 뜻을 끝까지 밀고 나감.	破竹之勢	파죽지세 대를 쪼개는 기세라는 뜻으로, 적을 거침없이 물리치고 쳐들어가는 기세
寸鐵殺人	촌철살인 간단한 말로 핵심을 찔러 감동시킴.	八道江山	팔도강산 팔도의 강산이라는 뜻으로, 우리 나라 전체의 강산을 이르는 말
秋風落葉	추풍낙엽 가을 바람에 떨어지는 나뭇잎. 어떤 형세나 세력이 갑자기 기울어지거나 헤어져 흩어지는 모양	八方美人	팔방미인 어느 모로 보나 아름다운 사람. 여러 방면에 능통한 사람을 비유적으로 이르는 말

敗家亡身	패가망신	집안의 재산을 다 써 없애고 몸을 망침.
平地突出	평지돌출	변변치 못한 집에서 인물이 나옴.
抱腹絶倒	포복절도	배를 끌어안고 넘어질 정도로 몹시 웃음.
表裏不同	표리부동	겉과 속이 다름.
風樹之嘆	풍수지탄	효도를 다하지 못하고 어버이를 여읜 자식의 슬픔을 비유한 말
風前燈火	풍전등화	바람 앞에 놓인 등불. 사물이 매우 위태로운 처지에 놓여 있음을 비유하는 말
皮骨相接	피골상접	살가죽과 뼈가 맞붙을 정도로 몹시 마름.
彼此一般	피차일반	두 편이 서로 같음.
匹夫之勇	필부지용	깊은 생각 없이 혈기만 믿고 함부로 부리는 소인의 용기
匹夫匹婦	필부필부	한 쌍의 지아비와 지어미
下石上臺	하석상대	아랫돌 빼서 윗돌 괴기. 임시 변통으로 이리저리 둘러맞춤을 이르는 말
鶴首苦待	학수고대	학의 목처럼 길게 늘여 고대함.
含憤蓄怨	함분축원	분하고 원통한 마음을 품음.
咸興差使	함흥차사	일을 보러 밖에 나간 사람이 오래도록 돌아오지 않을 때 하는 말
恒茶飯事	항다반사	항상 있어서 이상하거나 신통할 것이 없는 일
行方不明	행방불명	곳이나 방향을 모름.
虛禮虛飾	허례허식	예절, 법식 등을 겉으로만 번드레하게 하는 일
虛送歲月	허송세월	하는 일 없이 세월만 헛되이 보냄.
虛張聲勢	허장성세	실속이 없으면서 허세만 떠벌림.
軒軒丈夫	헌헌장부	외모가 준수하고 풍채가 당당한 남자
賢母良妻	현모양처	어진 어머니이면서 착한 아내
螢雪之功	형설지공	갖은 고생을 하며 부지런히 학문을 닦아서 성공함.
螢窓雪案	형창설안	반딧불이 비치는 창과 눈(雪)이 비치는 책상. 어려운 가운데서도 학문에 힘씀.
形形色色	형형색색	형상과 빛깔 따위가 서로 다른 여러 가지
浩然之氣	호연지기	하늘과 땅 사이에 가득찬 넓고 큰 원기. 거침 없이 넓고 큰 기개
好衣好食	호의호식	좋은 옷을 입고 좋은 음식을 먹음.
胡蝶之夢	호접지몽	나비가 된 꿈. 물아(物我)의 구별을 잊음을 비유하는 말
昏定晨省	혼정신성	저녁에는 부모님의 잠자리를 정하고 아침에는 부모님께서 안녕히 주무셨는지를 살핌.

弘益人間	홍익인간 널리 인간을 이롭게 함. 단군의 건국 이념
花蛇添足	화사첨족 불필요함. 사족
花容月態	화용월태 꽃같은 용모에 달같은 몸매
花朝月夕	화조월석 경치 좋은 시절, 즉 봄과 가을
回賓作主	회빈작주 주장하는 사람의 의견을 무시하고 자기 마음대로 함.
會者定離	회자정리 만난 자는 반드시 헤어짐. 모든 것이 무상함을 나타내는 말
後生可畏	후생가외 후배들이 선배들보다 훌륭하게 될 수 있는 가능성이 있어 두려운 존재가 될 수 있음.
厚顔無恥	후안무치 뻔뻔스러워 부끄러워할 줄 모름.
後悔莫及	후회막급 후회해도 도리 없음.
凶惡無道	흉악무도 성질이 거칠고 사나우며 도의심이 없음.
興亡盛衰	흥망성쇠 흥하고 망함과 성하고 쇠함.
興盡悲來	흥진비래 즐거운 일이 다하면 슬픈 일이 닥쳐온다. 세상 일은 순환되는 것임을 이르는 말
喜怒哀樂	희로애락 기쁨과 노여움과 슬픔과 즐거움

다음은 한자 공부를 시작하기 전, 25페이지에서 보았던 기사이다. 여기까지 중급한자 1,800자의 학습을 마친 이 시점에서 똑같은 기사를 다시 한번 읽어보고 여러분의 한자 실력이 얼마나 향상했는지 실감해 보자. (해답 384페이지)

그의 想像(   )이 곧 未來(   )다, 來日(   )을 사는 男子(   ) 슈워츠 그가 말하는 人類(   )의 5가지 시나리오
아우슈비츠에서 世上(   )을 본 그가 시나리오로 未來(   )를 본다.
9 · 11과 소련 崩壞(   )를 미리 봤던 사나이.
그는 人類(   )의 未來(   )를 어떻게 보고 있을까.
그가 말하는 韓國(   ), 北韓(   ), 그리고 미디어의 來日(   )은 어떤 모습일까?

그의 人生(   ) 역시 한 편의 시나리오다. 유대계 헝가리인이었던 그의 父母(   )는 2次(   ) 世界大戰(   ) 當時(   ) 獨逸(   ) 나치의 아우슈비츠 收容所(   )로 끌려갔다. 임산부였던 그의 어머니는 1945年(   ) 그 곳에서 슈워츠를 낳았다. 하루에도 數百名(   )이 죽어 나가는 모진 곳에서 그의 父母(   )는 살아남아, 6年後(   )인 1951年(   ) 어린 아들과 함께 美國行(   ) 배에 몸을 실었다.
'機會(   )의 땅' 에서 少年(   )은 數學(   )과 科學(   )에 남다른 才能(   )을 보였고, 줄곧 宇宙(   ) 飛行士(   )가 되겠다는 꿈을 꿨다. 結局(   ) 렌셀러폴리테크닉 大學(   )에서 宇宙航行學(   )을 專攻(   ), 아폴로 計劃(   )에 로켓 엔지니어로 參與(   )한다. 少年時節(   )의 꿈을 이룬 그의 눈은 宇宙(   )를 벗어나 먼 未來(   )로 향한다. SRI인터내셔널과 쉘(Shell)을 거치며 시나리오 플래닝 分野(   )에서 이름을 알리기 시작한 그는 1988年(   ), 하버드大(   ) 마이클 포터 敎授(   ) 등과 함께 글로벌비즈니스네트워크(GBN)를 設立(   )한다.
그는 오늘도 많은 企業(   )과 國家(   )들을 위해, 끊임없이 未來(   )를 對備(   )하는 시나리오를 쓰고 있다. 未來(   )를 향한 그만의 最高(   )의 武器(   )는 뭘까. 그에게 묻자 "肯定(   )의 힘"이라는 意外(   )로 '單純(   )한' 對答(   )이 돌아왔다. "肯定(   )의 힘을 믿었습니다. 손에 아무것도 쥐지 않은 채 유대인 收容所(   )에서 태어난 나는 오늘 벤츠 乘用車(   )를 몰고, 몇 百萬(   ) 달러짜리 집에서 삽니다. 結局(   ) 可能性(   )을 믿는 사람은 어디서든, 어떻게든 살아남아요. 그리고 成功(   )합니다."

世界的(   )인 未來學者(   ) 피터 슈워츠가 提示(   )하는 人類(   )의 未來(   ) 시나리오 몇 편을 들어봤다. 果然(   ) 이 중 어떤 시나리오가 '的中(   )' 하게 될까?
■ 시나리오1. 可能性(   )에 挑戰(   )하는 企業(   )이 살아남는다
■ 시나리오2. 最惡(   )의 狀況(   )은 戰爭(   ) · 保護貿易(   ) · 氣象異變(   )
■ 시나리오3. '늙어가는 大陸(   )' 유럽이 걱정된다
■ 시나리오4. '隱退(   )'라는 槪念(   )에 革命的(   )인 變化(   )가 분다
■ 시나리오5. 油槽船(   )이 사라진다

*출처:조선일보

CHAPTER 06

5지선다변형 기출문제

제1회 기출문제

제2회 기출문제

제3회 기출문제

제4회 기출문제

기출문제 4회를 수록하였다.

지금까지 배운 한자를 총복습하고,

시험의 패턴을 익히는 목적으로 차분히 풀어보자.

1회 기출문제

지금까지 배운 내용을 문제로 풀어보아요

제1영역　漢　字

01-02 다음 한자(漢字)의 부수(部首)는 무엇입니까?

01 日 : ① 三　② 口　③ 日　④ 一　⑤ 二

02 難 : ① 堇　② 艹　③ 大　④ 口　⑤ 隹

03-04 다음 한자(漢字)의 획수(劃數)는 모두 몇 획입니까?

03 弓 : ① 1　② 2　③ 3　④ 4　⑤ 5

04 造 : ① 9　② 10　③ 11　④ 12　⑤ 13

05-06 다음 필순(筆順)에 대한 설명에 가장 알맞은 한자(漢字)는 어느 것입니까?

05 글자를 꿰뚫는 획은 나중에 긋는다.
　　① 射　② 處　③ 罪　④ 事　⑤ 湖

06 삐침과 파임이 교차할 때 삐침을 먼저 쓴다.
　　① 文　② 存　③ 氏　④ 氷　⑤ 兄

07-08 다음 한자(漢字)와 그 조자(造字)의 방식이 같은 한자는 어느 것입니까?

〈보기〉 日 : ① 山　② 休　③ 下　④ 江
〈보기〉에 제시된 한자 '日(해의 모습을 본떠서 만들었음)'처럼 구체적인 사물의 모습을 본떠서 만든 상형자(象形字)는 '山(산의 모습을 본떠서 만들었음)'이다. 따라서 정답 ①을 골라 답란에 표기하면 된다.

07 上 : ① 斗　② 良　③ 夜　④ 研　⑤ 本

08 犬 : ① 耳　② 防　③ 夜　④ 研　⑤ 故

09-14 다음 한자(漢字)의 음(音)은 무엇입니까?

09 勤 : ① 검　② 권　③ 건　④ 륵　⑤ 근

10 權 : ① 가　② 간　③ 권　④ 근　⑤ 각

11 氷 : ① 천　② 영　③ 수　④ 일　⑤ 빙

12 勝 : ① 손　② 수　③ 승　④ 추　⑤ 순

13 遺 : ① 귀　② 견　③ 수　④ 유　⑤ 추

14 着 : ① 준　② 절　③ 착　④ 발　⑤ 차

15-19 다음의 음(音)을 가진 한자는 어느 것입니까?

15 가 : ① 連　② 街　③ 廣　④ 等　⑤ 久

16 변 : ① 變　② 判　③ 復　④ 藝　⑤ 郡

17 주 : ① 支　② 禁　③ 浴　④ 走　⑤ 難

18 기 : ① 到　② 洞　③ 兆　④ 的　⑤ 基

19 료 : ① 讀　② 料　③ 打　④ 比　⑤ 早

20-24 다음 한자(漢字)와 음(音)이 같은 한자는 어느 것입니까?

20 個 : ① 改　② 犬　③ 季　④ 烏　⑤ 素

21 丹 : ① 根　② 街　③ 寺　④ 雪　⑤ 短

22 射 : ① 殺　② 使　③ 識　④ 視　⑤ 奉

23 守 : ① 收　② 兵　③ 律　④ 圖　⑤ 世

24 夏：① 應　② 若　③ 算　④ 河　⑤ 備

25-30 다음 한자(漢字)의 뜻은 무엇입니까?

25 勞：① 어렵다　② 일하다　③ 성내다
　　　④ 뜨겁다　⑤ 사귀다

26 短：① 콩　　② 팥　　③ 짧다
　　　④ 길다　⑤ 굽다

27 量：① 잡다　　② 무겁다　③ 멀다
　　　④ 가깝다　⑤ 헤아리다

28 施：① 막다　　② 아쉽다　③ 떠밀다
　　　④ 베풀다　⑤ 갖추다

29 助：① 먹다　② 돕다　③ 주다
　　　④ 버티다　⑤ 빌리다

30 地：① 집　② 땅　③ 별
　　　④ 달　⑤ 하늘

31-35 다음의 뜻을 가진 한자(漢字)는 어느 것입니까?

31 춤추다　：① 射　② 舞　③ 製　④ 畫　⑤ 唱

32 뿌리　　：① 堂　② 質　③ 近　④ 根　⑤ 充

33 군사　　：① 走　② 卒　③ 街　④ 兆　⑤ 追

34 다스리다：① 容　② 鮮　③ 勤　④ 民　⑤ 治

35 머리　　：① 革　② 凶　③ 不　④ 末　⑤ 頭

36-40 다음 한자(漢字)와 뜻이 비슷한 한자는 어느 것입니까?

36 加：① 星　② 益　③ 恩　④ 育　⑤ 業

37 往：① 元　② 以　③ 去　④ 烏　⑤ 位

38 體：① 仙　② 身　③ 易　④ 藥　⑤ 花

39 畫：① 調　② 平　③ 片　④ 血　⑤ 午

40 殺：① 商　② 次　③ 幸　④ 死　⑤ 貝

제 2영역　　　　　　**語 彙**

41-45 다음 한자어(漢字語)와 발음(發音)이 같은 한자어는 어느 것입니까?

41 人情：① 協定　② 定婚　③ 仁政　④ 合唱　⑤ 非行

42 空氣：① 觀光　② 內面　③ 工期　④ 同樂　⑤ 線路

43 事故：① 例文　② 思考　③ 每日　④ 言語　⑤ 所重

44 不可：① 穀價　② 佛家　③ 虛假　④ 妻家　⑤ 適當

45 公布：① 空胞　② 恐動　③ 帳簿　④ 幹部　⑤ 努力

46-47 다음 한자어(漢字語)들 중 괄호 안의 한자(漢字)의 발음(發音)이 다른 한자어는 어느 것입니까?

46 ①(見)責　②(謁(見)　③(見)解　④所(見)　⑤發(見)

47 ①檢(索)　②(索)引　③(索)出　④(索)莫　⑤思(索)

48-57 다음 단어들의 '□'에 공통으로 들어갈 알맞은 한자(漢字)는 어느 것입니까?

1회 기출문제
지금까지 배운 내용을 문제로 풀어보아요

48 □入, □國, 進□:
① 席 ② 母 ③ 出 ④ 治 ⑤ 然

49 孝□, □愛, 兩□:
① 行 ② 河 ③ 滿 ④ 者 ⑤ 親

50 命□, □心, □間:
① 美 ② 表 ③ 忠 ④ 中 ⑤ 位

51 來□, □齒, 後□:
① 感 ② 老 ③ 年 ④ 大 ⑤ 移

52 有□, 原□, □過:
① 水 ② 賣 ③ 變 ④ 罪 ⑤ 晝

53 希□, 願□, □月:
① 求 ② 望 ③ 將 ④ 退 ⑤ 敗

54 □事, □決, □明:
① 判 ② 到 ③ 病 ④ 度 ⑤ 獨

55 □體, □武, □理:
① 問 ② 文 ③ 聞 ④ 門 ⑤ 間

56 □遇, 期□, 冷□:
① 困 ② 約 ③ 待 ④ 乘 ⑤ 暑

57 □端, □銳, □塔:
① 牙 ② 妾 ③ 損 ④ 績 ⑤ 尖

58-65 다음 한자어(漢字語)와 뜻이 반대(反對)이거나 상대(相對)되는 한자어는 어느 것입니까?

58 前方: ① 後進 ② 前進 ③ 前後 ④ 後方 ⑤ 四方

59 公衆: ① 小數 ② 個人 ③ 大衆 ④ 記入 ⑤ 每事

60 失敗: ① 原告 ② 原罪 ③ 結果 ④ 成功 ⑤ 初步

61 進步: ① 下落 ② 同感 ③ 退步 ④ 增加 ⑤ 算出

62 禁止: ① 證人 ② 凡人 ③ 故人 ④ 許可 ⑤ 密集

63 平凡: ① 平行 ② 平常 ③ 非凡 ④ 特惠 ⑤ 認識

64 上昇: ① 下降 ② 下流 ③ 沒世 ④ 落石 ⑤ 單純

65 質疑: ① 鮮明 ② 應答 ③ 貯蓄 ④ 鈍濁 ⑤ 複雜

66-70 다음 성어(成語)에서 '□'에 들어갈 알맞은 한자(漢字)는 어느 것입니까?

66 君子三□: ① 入 ② 樂 ③ 行 ④ 得 ⑤ 訓

67 見□思義: ① 利 ② 金 ③ 大 ④ 千 ⑤ 應

68 □故知新: ① 樹 ② 訓 ③ 恩 ④ 只 ⑤ 溫

69 □口無言: ① 牛 ② 有 ③ 末 ④ 亡 ⑤ 快

70 生□不知: ① 千 ② 天 ③ 面 ④ 宅 ⑤ 效

71-75 다음 성어(成語)의 뜻풀이로 적절한 것은 어느 것입니까?

71 多多益善

① 너무 싼 물건은 좋지 않다.

② 많으면 많을수록 더욱 좋다.

③ 착한 일을 많이 하면 복을 받는다.

④ 재산이 많으면 착한 일 하기 어렵다.

⑤ 자기의 욕심을 누르고 예의범절을 따름

72 白面書生

① 나태한 사람

② 학식이 높은 사람

③ 추운 지역에 사는 사람

④ 몹시 놀라 얼굴빛이 하얗게 질림

⑤ 세상일에 조금도 경험이 없는 사람

73 一擧兩得

① 등잔 밑이 어둡다.

② 지나침은 모자람과 같다.

③ 어버이에게 효도하는 사람

④ 한 가지 일로 두 가지 이득을 취함

⑤ 눈앞에 벌어진 상황 따위를 눈 뜨고는 차마 볼 수 없음

74 作心三日

① 뇌물을 함부로 받다.

② 공적인 일에 사적인 감정을 드러내다.

③ 모든 일에 대해 정성을 다하여 임하다.

④ 결심이 얼마 되지 않아 흐지부지되다.

⑤ 자기가 한 일에 대하여 스스로 미흡하게 여기는 마음

75 前代未聞

① 이날 저날 미룸

② 하늘이 정하여 준 연분

③ 호화로운 술잔치

④ 주체와 객체가 하나가 됨

⑤ 이제까지 들어본 적이 없는 일

76-80 다음의 뜻을 가장 잘 나타낸 성어(成語)는 어느 것입니까?

76 날마다 여러 가지 면에서 자신에 대해 반성하다.

① 多才多能 ② 一日三省 ③ 三日天下
④ 殺身成仁 ⑤ 靑山流水

77 어릴 때부터 가까이 지내며 자란 친구

① 益者三友 ② 言中有骨 ③ 東問西答
④ 竹馬故友 ⑤ 是是非非

78 불을 보듯 뻔함

① 明若觀火 ② 難兄難弟 ③ 一長一短
④ 以心傳心 ⑤ 自手成家

79 아주 다행함

① 有名無實 ② 四通八達 ③ 人命在天
④ 樂山樂水 ⑤ 千萬多幸

80 이익을 보면 의를 먼저 생각함

① 一言半句 ② 一長一短 ③ 見利思義
④ 一石二鳥 ⑤ 自業自得

제 3영역 　　　　　　　　**讀 解**

81-86 다음 문장에서 밑줄 친 한자어(漢字語)의 음(音)은 무엇입니까?

81 저 가수는 <u>歌唱</u>력이 뛰어나다.

① 창조 ② 모창 ③ 집중 ④ 친화 ⑤ 가창

1회 기출문제 | 지금까지 배운 내용을 문제로 풀어보아요

82 저 상점의 물건들은 품질이 <u>良好</u>하다.
① 우수 ② 적당 ③ 상당 ④ 양호 ⑤ 불량

83 이러한 사고의 재발 <u>防止</u>을(를) 약속해 주십시오.
① 방지 ② 금지 ③ 저지 ④ 방법 ⑤ 처방

84 이 연극의 등장 인물로는 <u>神仙</u>, 나뭇꾼, 선녀 등이 있다.
① 임금 ② 신하 ③ 귀신 ④ 신선 ⑤ 신령

85 <u>勇氣</u> 있는 사람만이 사랑을 쟁취할 수 있다.
① 의기 ② 신용 ③ 용기 ④ 신념 ⑤ 의거

86 냉장고에 더 이상 남은 <u>飮食</u>이 없다.
① 음식 ② 반찬 ③ 식량 ④ 부식 ⑤ 주식

87-92 다음 문장에서 밑줄 친 한자어(漢字語)의 뜻풀이로 적절한 것은 어느 것입니까?

87 여러분 개인의 <u>權益</u>을 보호하기 위해 최선을 다하겠습니다.
① 재산을 증대 시킴
② 놓치지 않고 꽉 잡음
③ 권리와 그에 따르는 이익
④ 돈이나 물건 따위를 받음
⑤ 사회적으로 주어지는 의무

88 우리 국민의 평균 <u>勞動</u>시간이 점차 줄어들고 있다고 합니다.
① 노력을 지나치게 기울임
② 재료를 써서 물건을 만듦
③ 양이나 수치가 급격하게 줄어듦
④ 유용한 곳에 쓰기 위해 자신의 몸 속에 에너지를 충분히 모아 둠
⑤ 생활에 필요한 물자를 얻기 위해 육체적·정신적 노력을 들이는 행위

89 정해진 계좌에 <u>送金</u>하신 뒤에 다시 연락해 주세요.
① 금을 판매함　② 돈을 모아 둠
③ 살아갈 방도　④ 돈이 갑자기 생김
⑤ 돈을 부쳐보냄

90 학교까지 <u>往復</u> 한 시간이 걸립니다.
① 갔다가 돌아옴
② 법을 지키지 않는 행위
③ 남에게 덧붙어서 사는 일
④ 남을 지배하고 억누르려는 마음
⑤ 어떤 이익을 주장할 수 있는 법률상의 조건

91 올해 수출 실적은 2,000년 이후 사상 <u>最高</u>를 기록했다.
① 가장 높음
② 비밀이 새어 나감
③ 정보를 서로 주고받음
④ 부드럽고 무르며 연한 성질
⑤ 여러 사람이 협력하여 일을 함

92 언제쯤이면 <u>宇宙</u>여행이 가능해지겠습니까?
① 눈여겨 봄

② 일을 마침

③ 살고 있는 곳

④ 어떤 일에 주장이 되어 행동함

⑤ 무한한 시간과 만물을 포함하고 있는 끝없는 공간의 총체

93-95 다음 문장에서 빈칸에 들어갈 가장 적절한 한자어(漢字語)는 어느 것입니까?

93 시위대가 □□(으)로 진출하는 것을 막아 주십시오.

① 角度 ② 病室 ③ 家口 ④ 街頭 ⑤ 記入

94 소화제를 □□ 섭취하는 것은 좋지 않습니다.

① 多量 ② 定量 ③ 多數 ④ 定數 ⑤ 否定

95 철수는 오늘부터 우리 부서에서 □□하게 되었다.

① 訪問 ② 勤務 ③ 休學 ④ 課業 ⑤ 取得

96-98 다음 문장에서 밑줄 친 한자어(漢字語)의 한자 표기(漢字表記)가 바르지 않은 것은 어느 것입니까?

96 ①先生의 ②死後에 ③國加에서 그의 ④夫人과 ⑤家族을 돌봐주었다.

97 ①金年부터 ②卒業式은 ③學校 ④運動장에서 ⑤擧行하기로 하였습니다.

98 선생님의 ①說明을 잘 듣고 ②課題와 ③復習을 ④自臣이 알아서 ⑤每日하도록 하세요.

99-101 다음 문장에서 밑줄 친 단어(單語)를 한자(漢字)로 바르게 쓴 것은 어느 것입니까?

99 여러분들이 자율적으로 주변을 정리해 주십시오.

① 者性 ② 自律 ③ 者律 ④ 自性 ⑤ 自動

100 저 사람은 뛰어난 실력을 가졌다.

① 失歷 ② 實力 ③ 失力 ④ 實歷 ⑤ 室力

101 일의 형세를 잘 보고 판단하시기 바랍니다.

① 現勢 ② 現世 ③ 形勢 ④ 形世 ⑤ 兄勢

102-104 다음 문장에서 밑줄 친 단어(單語)나 어구(語句)의 뜻을 가장 잘 나타낸 한자(漢字) 또는 한자어(漢字語)는 어느 것입니까?

102 어제의 회의에서는 세 가지 안건을 모두 그 자리에서 처리하지 않고 나중으로 미루어 두었다.

① 在席 ② 後日 ③ 處理 ④ 保留 ⑤ 飛行

103 그 연극은 무대 장치와 등장 인물들이 서로 잘 어울린다.

① 調和 ② 相好 ③ 朝會 ④ 神用 ⑤ 合同

1회 기출문제 | 지금까지 배운 내용을 문제로 풀어보아요

104 이 분야에는 새로이 등장한 세력들이 적극적으로 참여합니다.

① 市長 ② 節電 ③ 新進 ④ 皇帝 ⑤ 改善

105-110 다음 글을 읽고 물음에 답하시오.

박선생님은 유독 ㉠분교 근무를 선택한다. "저도 강원도 산골 출신이지요. 그런 까닭인지 ㉡시골 학교에 대한 애착이 남다른 것 같아요." 그래서인지 13년 교직 생활 중 절반을 분교에서만 아이들을 가르쳤다.
10년 전 처음 농촌 학교에 부임하면서 선생님이 정성을 기울인 것은 정보화 교육이었다. 한 기업의 후원을 받아 ㉢주간에는 아이들을 위한 무료 컴퓨터 ⓐ교육을 실시했고, ㉣야간에는 지역 주민들을 위한 컴퓨터 ⓑ교실을 열었다. ㉤最近에는 이 학교 ㉥동창생들이 모여서 컴퓨터 봉사 모임을 만들기까지 했다고 한다.

105 ㉠'분교'의 한자 표기가 바른 것은?

① 合校 ② 合交 ③ 分校 ④ 分交 ⑤ 分敎

106 ㉡'시골'의 뜻을 가진 것은?

① 形 ② 鄕 ③ 向 ④ 香 ⑤ 番

107 ㉢'주'와 ㉣'야'의 한자 표기를 바르게 짝지은 것은?

① 走 - 弱 ② 晝 - 夜 ③ 晝 - 弱
④ 走 - 夜 ⑤ 走 - 野

108 ⓐ'교육'과 ⓑ'교실'에 공통으로 쓰이는 '교'의 한자 표기가 바른 것은?

① 究 ② 校 ③ 考 ④ 敎 ⑤ 交

109 ㉤'最近'의 독음이 바른 것은?

① 원근 ② 최신 ③ 최근 ④ 부근 ⑤ 최초

110 ㉥'동창생'의 한자 표기가 바른 것은?

① 東窓生 ② 東唱生 ③ 同窓生
④ 同唱生 ⑤ 同昌生

111-115 다음 글을 읽고 물음에 답하시오.

마을 뒷산의 생김새가 봉황이 ㉠엎드린 꼴을 닮아 봉곡마을로 불리던 이 아담한 농촌마을에는 42가구 70여 주민이 농사를 지으며 산다. 봄에는 파릇파릇한 ⓐ보리와 노란 배추꽃이 ㉡茂盛하다. 여름 저녁이면 아름다운 노을에 붉게 물드는 6만여 평의 방죽, 가을에는 황금물결을 이룬 뚝방길을 따라 ㉢서늘한 바람을 맞으며 자전거 하이킹을 즐길 수 있는 영산나루터. 비가 ㉣갠 뒤에는 맑은 하늘 아래 싱그러운 ⓑ채소밭과 강변을 따라 한없이 이어지는 갈대밭이 어우러져 색다른 겨울풍경을 자아낸다.

111 ㉠'엎드린'의 뜻을 가진 것은?

① 伏 ② 服 ③ 復 ④ 均 ⑤ 代

112 ⓐ'보리'와 ⓑ'채소'의 뜻을 가진 한자를 바르게 짝지은 것은?

① 來 - 菜 ② 麥 - 草 ③ 穀 - 菜
④ 穀 - 草 ⑤ 麥 - 菜

113 ⓛ'茂盛'의 독음이 바른 것은?

① 풍성 ② 무성 ③ 번성 ④ 융성 ⑤ 확성

114 ⓒ'서늘한'의 뜻을 가진 것은?

① 凉 ② 深 ③ 尤 ④ 陰 ⑤ 炎

115 ⓔ'갠'의 뜻을 가진 것은?

① 晴 ② 靑 ③ 淸 ④ 情 ⑤ 精

116-120 다음 글을 읽고 물음에 답하시오.

> 세계최초의 어린이㉠박물관은 1899년 문을 연 미국 뉴욕시 브루클린 어린이박물관이다. 매년 25만 명 이상의 어린이와 가족들이 이곳을 찾는다. 이 박물관은 2만 7000여 점의 영구 소장품은 물론 다양한 체험전시로 ㉡全世界 어린이박물관의 ㉢모범이 되고 있다.
> 이 박물관의 캐럴 엔세키 관장은 "어린이 박물관은 가족들이 함께 배우는 곳"이라면서 "단지 성인 박물관의 축소판으로 설계되어서는 안 된다."고 말했다. 특히 유년기와 청년기의 핵심은 '활동'이기 때문에 탐색하고, 기어오르고, 만지고 조사하며 활동의 주체가 될 수 있는 ㉣공간이어야 하며 어린이들과 ㉤격리된 공간이어서는 안 된다고 설명하고 있다.

116 ㉠'박물관'의 한자 표기가 바른 것은?

① 博勿館 ② 薄物館 ③ 薄勿館
④ 博物館 ⑤ 拍勿館

117 ㉡'全世界'의 '全'과 독음이 <u>다른</u> 것은?

① 專 ② 殿 ③ 團 ④ 錢 ⑤ 轉

118 ㉢'모범'의 한자 표기가 바른 것은?

① 模範 ② 莫範 ③ 莫犯 ④ 模犯 ⑤ 慕犯

119 ㉣'공간'의 '공'과 같은 한자를 사용한 것은?

① 公法 ② 提供 ③ 貢獻 ④ 空白 ⑤ 毛孔

120 ㉤'격리'의 한자 표기가 바른 것은?

① 隔離 ② 格離 ③ 隔移 ④ 格移 ⑤ 激移

 **2회 기출문제** | 지금까지 배운 내용을 문제로 풀어보아요

제 1영역 漢 字

01-02 다음 한자(漢字)의 부수(部首)는 무엇입니까?

01 校 : ① 人 ② 交 ③ 六 ④ 八 ⑤ 木

02 動 : ① 重 ② 千 ③ 里 ④ 力 ⑤ 十

03-04 다음 한자(漢字)의 획수(劃數)는 모두 몇 획입니까?

03 四 : ① 4 ② 5 ③ 6 ④ 7 ⑤ 8

04 可 : ① 3 ② 4 ③ 5 ④ 6 ⑤ 7

05-06 다음 필순(筆順)에 대한 설명에 가장 알맞은 한자(漢字)는 어느 것입니까?

05 왼쪽에서 오른쪽으로 쓴다.
  ① 力 ② 言 ③ 完 ④ 川 ⑤ 犬

06 좌우의 모양이 같을 때에는 가운데를 먼저 쓴다.
  ① 水 ② 木 ③ 大 ④ 女 ⑤ 己

07-08 다음 한자(漢字)와 그 조자(造字)의 방식이 같은 한자는 어느 것입니까?

> **예** 한자 '日'은 그 조자(造字)의 방식이 구체적인 사물의 모습을 본떠서 만든 상형자(象形字)이다. 이와 비슷한 한자로는 '山'이 있다.

07 車 : ① 夕 ② 大 ③ 耳 ④ 獨 ⑤ 敬

08 上 : ① 角 ② 客 ③ 目 ④ 公 ⑤ 本

09-14 다음 한자(漢字)의 음(音)은 무엇입니까?

09 京 : ① 취 ② 경 ③ 흠 ④ 각 ⑤ 고

10 備 : ① 비 ② 간 ③ 양 ④ 고 ⑤ 배

11 始 : ① 백 ② 수 ③ 혈 ④ 시 ⑤ 소

12 充 : ① 충 ② 윤 ③ 류 ④ 실 ⑤ 주

13 訓 : ① 지 ② 천 ③ 식 ④ 소 ⑤ 훈

14 黃 : ① 토 ② 황 ③ 상 ④ 구 ⑤ 앙

15-19 다음의 음(音)을 가진 한자는 어느 것입니까?

15 한 : ① 太 ② 漢 ③ 湖 ④ 研 ⑤ 單

16 억 : ① 業 ② 邑 ③ 漁 ④ 億 ⑤ 良

17 암 : ① 暗 ② 音 ③ 案 ④ 仁 ⑤ 消

18 주 : ① 由 ② 安 ③ 宙 ④ 油 ⑤ 位

19 관 : ① 列 ② 取 ③ 淸 ④ 官 ⑤ 課

exercise

20~24. 다음 한자(漢字)와 음(音)이 같은 한자는 어느 것입니까?

20 仕 : ①示 ②浴 ③榮 ④是 ⑤寺
21 會 : ①回 ②增 ③展 ④的 ⑤集
22 早 : ①市 ②祖 ③限 ④次 ⑤爭
23 引 : ①逆 ②黑 ③雪 ④認 ⑤藝
24 新 : ①飮 ②元 ③如 ④臣 ⑤夜

25~30. 다음 한자(漢字)의 뜻은 무엇입니까?

25 慶 : ① 일하다 ② 즐기다 ③ 농사 ④ 슬프다 ⑤ 경사
26 最 : ① 취하다 ② 말하다 ③ 젊다 ④ 가장 ⑤ 늦다
27 屋 : ① 집 ② 이르다 ③ 빠르다 ④ 화살 ⑤ 다다르다
28 考 : ① 치다 ② 막다 ③ 생각하다 ④ 아끼다 ⑤ 섞이다
29 陽 : ① 볕 ② 바꾸다 ③ 그늘 ④ 응하다 ⑤ 마당
30 靑 : ① 푸르다 ② 채소 ③ 살다 ④ 개나 ⑤ 맑나

31~35. 다음의 뜻을 가진 한자(漢字)는 어느 것입니까?

31 이 : ①致 ②表 ③治 ④元 ⑤齒
32 어제 : ①夕 ②古 ③送 ④昨 ⑤歲
33 낮 : ①午 ②南 ③景 ④光 ⑤計
34 부르다 : ①唱 ②必 ③移 ④頭 ⑤番
35 벗 : ①季 ②談 ③用 ④友 ⑤丹

36~40. 다음 한자(漢字)와 뜻이 비슷한 한자는 어느 것입니까?

36 卒 : ①現 ②作 ③終 ④技 ⑤念
37 加 : ①問 ②來 ③文 ④尋 ⑤益
38 衆 : ①等 ②然 ③長 ④助 ⑤造
39 巨 : ①橋 ②順 ③太 ④初 ⑤河
40 給 : ①章 ②眞 ③義 ④授 ⑤習

제 2영역 語 彙

41~45. 다음 한자어(漢字語)와 발음(發音)이 같은 한자어는 어느 것입니까?

41 冬至 : ①藥指 ②間紙 ③米質 ④理由 ⑤同志
42 力士 : ①力作 ②歷史 ③恩師 ④進士 ⑤根本
43 病死 : ①道士 ②自殺 ③兵事 ④無事 ⑤別世
44 妻兄 : ①處刑 ②舊形 ③求刑 ④姉兄 ⑤危急
45 監司 : ①劍士 ②感謝 ③弔辭 ④照射 ⑤銳敏

46~47. 다음 한자어(漢字語)들 중 괄호 안의 한자(漢字)의 발음(發音)이 다른 한자어는 어느 것입니까?

361

2회 기출문제
지금까지 배운 내용을 문제로 풀어보아요

46　①(更)生　②變(更)　③(更)正
　　④(更)張　⑤初(更)

47　①開(拓)　②干(拓)　③(拓)本
　　④(拓)植　⑤(拓)地

48-57 다음 단어들의 '□'에 공통으로 들어갈 알맞은 한자(漢字)는 어느 것입니까?

48　男□, □利, □安：
　　①女　②有　③便　④平　⑤貴

49　同□, □情, 好□：
　　①席　②族　③列　④落　⑤感

50　再□, □造, □物：
　　①木　②建　③魚　④修　⑤冷

51　□助, □出, □命：
　　①兩　②相　③運　④家　⑤救

52　尊□, 品□, □重：
　　①對　②性　③質　④貴　⑤都

53　才□, □力, 萬□：
　　①天　②英　③能　④一　⑤君

54　回□, □禮, 正□：
　　①答　②信　③敬　④視　⑤星

55　□用, □打, 年□：
　　①登　②使　③代　④次　⑤稅

56　哀□, □待, □聲：
　　①願　②歡　③期　④肉　⑤讓

57　□入, 仲□, □意：
　　①加　②媒　③好　④介　⑤謁

58-65 다음 한자어(漢字語)와 뜻이 반대(反對)이거나 상대(相對)되는 한자어는 어느 것입니까?

58　內容：①內面 ②形式 ③美容 ④形體 ⑤兩分

59　可決：①對決 ②解決 ③終決 ④先決 ⑤否決

60　希望：①責望 ②絕望 ③志望 ④野望 ⑤所望

61　保守：①留保 ②固守 ③退步 ④進步 ⑤死守

62　寒流：①海流 ②氣流 ③暖流 ④急流 ⑤物流

63　當番：①非番 ②順番 ③每番 ④宿直 ⑤充當

64　濕性：①油性 ②彈性 ③硬性 ④耐性 ⑤乾性

65　滿潮：①退潮 ②干潮 ③高潮 ④順潮 ⑤風潮

66-70 다음 성어(成語)에서 '□'에 들어갈 알맞은 한자(漢字)는 어느 것입니까?

66　先公後□：①正 ②事 ③政 ④私 ⑤立

67　□故知新：①用 ②往 ③容 ④論 ⑤溫

68　□明正大：①公 ②母 ③丹 ④食 ⑤失

69　各人各□：①成 ②亡 ③色 ④仕 ⑤止

70　大明□地：①吉 ②天 ③達 ④例 ⑤夫

2회 기출문제

지금까지 배운 내용을 문제로 풀어보아요

71-75 다음 성어(成語)의 뜻풀이로 적절한 것은 어느 것입니까?

71 聞一知十
① 아는 것이 많다.
② 들은 것이 많다.
③ 매우 총명하다.
④ 태도가 바르다.
⑤ 주의력이 산만하다.

72 門前成市
① 찾아오는 사람이 많다.
② 집 앞에 시장이 있다.
③ 집 근처에서 장사를 하다.
④ 찾아오는 사람을 거절하다.
⑤ 집 근처에 편의 시설이 있다.

73 九死一生
① 엎친 데 덮치다.
② 엎치락뒤치락하다.
③ 부질없이 거듭하다.
④ 같은 값이면 다홍치마이다.
⑤ 죽을 고비를 여러 번 넘기고 살아나다.

74 起死回生
① 화를 이기지 못하다.
② 의욕이 사라지다.
③ 놀이에 푹 빠지다.
④ 죽을 뻔하다 도로 살아나다.
⑤ 열심히 공부하다.

75 靑山流水
① 거침없이 넓고 큰 기개

② 겉과 속이 다름
③ 막힘없이 말을 잘하다.
④ 두 편이 서로 같음
⑤ 분하고 원통한 마음을 품다.

76-80 다음의 뜻을 가장 잘 나타낸 성어(成語)는 어느 것입니까?

76 온갖 일을 다 겪다.
① 山戰水戰 ② 富貴在天 ③ 坐不安席
④ 多多益善 ⑤ 好衣好食

77 동작이 재빠르다.
① 九牛一毛 ② 難兄難弟 ③ 電光石火
④ 一擧兩得 ⑤ 形形色色

78 여러 가지 일도 많고 어려움이나 탈도 많음
① 右往左往 ② 多事多難 ③ 多才多能
④ 三人成虎 ⑤ 男女有別

79 남의 말을 대충 들음
① 無所不爲 ② 非一非再 ③ 四面春風
④ 馬耳東風 ⑤ 論功行賞

80 거침없이 자기 마음대로 할 수 있음
① 人山人海 ② 月下老人 ③ 一口二言
④ 十中八九 ⑤ 自由自在

2회 기출문제
| 지금까지 배운 내용을 문제로 풀어보아요

제 3영역 讀 解

81-86 다음 문장에서 밑줄 친 한자어(漢字語)의 음(音)은 무엇입니까?

81 서구화된 음식 습관과 운동 부족 등으로 초등학생 비만율이 10년만에 4배 가까이 增加한 것으로 나타났다.
① 배가 ② 증가 ③ 누가 ④ 첨가 ⑤ 경과

82 농구는 공격과 수비의 전환이 빠르게 진행되는 競技이다.
① 운동 ② 구기 ③ 기술 ④ 경기 ⑤ 종목

83 한복에서 두드러지는 것은 부드럽고 우아한 曲線의 미이다.
① 직선 ② 전아 ③ 축적 ④ 유종 ⑤ 곡선

84 망망대해에서 15일 동안이나 표류하다 드디어 저 멀리 陸地의 한 자락을 보게 되었다.
① 토지 ② 능지 ③ 육지 ④ 국지 ⑤ 행지

85 勤勉과 성실이 우리 집의 가훈이다.
① 은근 ② 근면 ③ 노력 ④ 근검 ⑤ 성실

86 나의 꿈은 국제적인 園藝 사업가가 되는 것이다.
① 원예 ② 연예 ③ 도예 ④ 곡예 ⑤ 수예

87-92 다음 문장에서 밑줄 친 한자어(漢字語)의 뜻풀이로 적절한 것은 어느 것입니까?

87 내일은 바람이 多少 강하게 불겠습니다.
① 매우 ② 조금 ③ 다시 ④ 아직 ⑤ 많이

88 그는 木石같아서 내가 아무리 애원해도 거들떠보지도 않았다.
① 마음이 약함
② 마음이 단단함
③ 의지가 굳음
④ 뻔뻔스러움
⑤ 감정이 없음

89 그는 靑雲의 꿈을 안고 유학을 떠났다.
① 헛됨 ② 소망 ③ 출세 ④ 알참 ⑤ 원망

90 결혼은 남자와 여자의 結合이다.
① 막연함   ② 소원함   ③ 도와줌
④ 잘 통함   ⑤ 합쳐짐

91 다음 주에 冬季 올림픽이 열린다.
① 봄철   ② 겨울철   ③ 가을철
④ 여름철   ⑤ 아주 작음

92 기차가 線路를 이탈했다.
① 궤도   ② 지름길   ③ 곧은 선
④ 굽은 선   ⑤ 다니는 길

93-95 다음 문장에서 빈칸에 들어갈 가장 적절한 한자어(漢字語)는 어느 것입니까?

93 체육 시간에 학생들이 운동장에 □□하였다.
① 收集 ② 合力 ③ 同居 ④ 集合 ⑤ 先頭

94 가진 것을 나눌수록 즐겁고 □□해집니다.
① 平和 ② 幸福 ③ 快樂 ④ 希望 ⑤ 安樂

95 민주 □□에서는 국가의 중요 정책을 결정할 때에 항상 국민의 요구와 의견을 존중한다.

① 道德 ② 家庭 ③ 政治 ④ 法庭 ⑤ 事業

96-98 다음 문장에서 밑줄 친 한자어(漢字語)의 한자 표기(漢字表記)가 바르지 않은 것은 어느 것입니까?

96 민요는 ①<u>民族</u>의 노래요, ②<u>大衆</u>의 노래이며, 우리의 ③<u>所重</u>한 ④<u>傳統</u> ⑤<u>文花</u> 유산이다.

97 기름진 ①<u>音食</u>과 당분이 많은 ②<u>食品</u>은 ③<u>熱量</u>이 높고 ④<u>過食</u>하기 쉽기 때문에 이런 음식은 ⑤<u>可能</u>한 줄여야 한다.

98 그는 ①<u>物利學</u> ②<u>分野</u>에서 ③<u>世界的</u>으로 ④<u>有名</u>한 ⑤<u>人物</u>이다.

99-101 다음 문장에서 밑줄 친 단어(單語)를 한자(漢字)로 바르게 쓴 것은 어느 것입니까?

99 나는 <u>숙제</u>를 거의 다 하였습니다.

① 課題 ② 話題 ③ 題材 ④ 宿題 ⑤ 主題

100 사람들의 입에서 입으로 <u>소문</u>이 널리 퍼졌습니다.

① 所聞 ② 小聞 ③ 所問 ④ 小問 ⑤ 所間

101 <u>동화</u>가 퍽 재미있었습니다.

① 動話 ② 童話 ③ 動和 ④ 童和 ⑤ 冬話

102-104 다음 문장에서 밑줄 친 단어(單語)나 어구(語句)의 뜻을 가장 잘 나타낸 한자(漢字) 또는 한자어(漢字語)는 어느 것입니까?

102 황희는 1363년 지금의 황해도 개성에서 <u>태어났습니다</u>.

① 生長 ② 生成 ③ 出生 ④ 出産 ⑤ 出身

103 토끼는 함정이 있는 곳에 <u>이르렀습니다</u>.

① 來訪 ② 下達 ③ 到來 ④ 以來 ⑤ 到達

104 용돈을 <u>아껴 쓰면</u> 급한 일로 돈이 필요할 때 요긴하게 잘 쓸 수 있습니다.

① 愛用 ② 節約 ③ 要約 ④ 有用 ⑤ 利用

105-110 다음 글을 읽고 물음에 답하시오.

> 우리 나라는 ㉠사계절이 ㉡뚜렷합니다. 봄에는 새싹이 파릇파릇 돋아납니다. ㉢여름에는 푸른 잎이 시원한 그늘을 만들어 줍니다. 가을에는 울긋불긋한 단풍이 ㉣산을 뒤덮습니다. 그리고 ㉤겨울에는 ㉥하얀 눈이 앙상한 가지를 포근히 덮어 줍니다.

105 ㉠의 한자 표기가 바른 것은?

① 四季絕 ② 仕季節 ③ 四界絕
④ 四界節 ⑤ 四季節

106 ㉡의 뜻을 가장 잘 나타낸 것은?

① 分明 ② 分化 ③ 淸明 ④ 生動 ⑤ 光明

2회 기출문제 | 지금까지 배운 내용을 문제로 풀어보아요

107 ㉢의 뜻을 가진 것은?
① 冬 ② 秋 ③ 夏 ④ 春 ⑤ 年

108 ㉣의 한자 표기가 바른 것은?
① 天 ② 地 ③ 川 ④ 山 ⑤ 寺

109 ㉤의 뜻을 가진 것은?
① 冬 ② 氷 ③ 方 ④ 永 ⑤ 春

110 ㉥의 뜻을 가장 잘 나타낸 것은?
① 白眼 ② 白雲 ③ 白雪 ④ 白雨 ⑤ 白月

113 ㉢~㊅ 중 한자 표기가 바르지 않은 것은?
① ㉢主觀 ② ㉣變形 ③ ㉤人物
④ ㉥細部 ⑤ ㊅表精

114 ㉧의 뜻을 가장 잘 나타낸 것은?
① 投 ② 他 ③ 探 ④ 布 ⑤ 且

115 ㉨의 '개' 자의 한자 표기가 바른 것은?
① 開 ② 改 ③ 個 ④ 皆 ⑤ 假

111-115 다음 글을 읽고 물음에 답하시오.

> 인물화는 인물을 대상으로 하여 그 인물이 지닌 표정이나 자세, 분위기 등을 나타낸 그림이다.
> 인물을 대할 때 먼저 눈에 띄는 것은 눈, ㉠코, 입 등의 생김새로, 얼굴의 ㉡比例와(과) 기울기를 어떻게 잡아 표현하느냐에 따라 그 느낌이 달라진다.
> 인물을 표현할 때에는 사실적으로 표현하기도 하지만, 자신의 ㉢主觀에 따라 단순화하거나 ㉣變形시켜 표현하기도 한다. ㉤人物의 ㉥細部 묘사보다는 자세와 ㊅表精의 특징을 ㉧찾아내어 자기가 받은 느낌을 ㉨개성적으로 나타내는 것이 좋다.

111 ㉠의 뜻을 가진 것은?
① 眼 ② 鼻 ③ 尺 ④ 官 ⑤ 甲

112 ㉡의 독음이 바른 것은?
① 비례 ② 비열 ③ 차례 ④ 차열 ⑤ 비루

116-120 다음 글을 읽고 물음에 답하시오.

> 아프리카, 동남 아시아, 오스트레일리아의 ㉠열대림에는 베짜기개미가 서식한다. 베짜기개미들은 여럿이 힘을 합해 한 나뭇가지에 달려 있는 여러 ㉡잎들을 끌어당긴 뒤, ㉢애벌레들이 분비하는 명주실을 사용하여 바느질하듯 잎들을 엮어 집을 만든다. 이처럼 未成年者들까지 ㉣동원한 ㉤조직적인 협동 社會를 ㉥유지하는 데 絕對的으로 必要한 것이 바로 高度로 發達한 ㊅화학 ㉧언어이다. 개미들은 터의 ㉨경계, 먹이 장소, 浸入者의 位置 等을 不過 몇 가지의 간단한 화학 낱말들을 가지고 傳達한다. 그리고 그것들을 適切히 조합하여 더 複雜한 내용의 문구를 만들기도 한다. 페로몬을 사용하는 이와 같은 개미의 意思疏通도 우리 인간의 專有物로만 생각했던 언어의 기본적인 구조를 갖춘 하나의 엄연한 意思疏通 手段이다.

116 ㉠의 한자 표기가 바른 것은?
① 烈帶林 ② 熱帶林 ③ 烈對林

366

④ 熱對林　　⑤ 熱待林

117 ⓒ의 뜻을 가진 것은?

① 葉　② 枝　③ 芳　④ 材　⑤ 頃

118 ⓒ의 뜻을 가장 잘 나타낸 것은?

① 寸蟲　② 幼蟲　③ 成蟲　④ 羽蟲　⑤ 害蟲

119 ②~◎의 한자 표기가 바른 것은?

① ②動院　　② ⑩組織　　③ ⑪維持

④ ⓐ和學　　⑤ ⓞ言御

120 ⓩ의 '경'자와 같은 한자를 사용하는 것은?

① <u>景</u>槪　② <u>經</u>過　③ <u>傾</u>度　④ <u>境</u>遇　⑤ 畢<u>竟</u>

3회 기출문제 | 지금까지 배운 내용을 문제로 풀어보아요

제 1영역 漢 字

01-02 다음 한자(漢字)의 부수(部首)는 무엇입니까?

01 情 : ① 靑 ② 心 ③ 火 ④ 丹 ⑤ 三

02 病 : ① 疒 ② 丙 ③ 广 ④ 厂 ⑤ 二

03-04 다음 한자(漢字)의 획수(劃數)는 모두 몇 획입니까?

03 對 : ① 12 ② 13 ③ 14 ④ 15 ⑤ 16

04 量 : ① 9 ② 10 ③ 11 ④ 12 ⑤ 13

05-06 다음 필순(筆順)에 대한 설명에 가장 알맞은 한자(漢字)는 어느 것입니까?

05 위에서부터 아래로 써내려 간다.
① 加 ② 人 ③ 由 ④ 注 ⑤ 言

06 왼쪽을 먼저 쓰고 오른쪽을 나중에 쓴다.
① 女 ② 方 ③ 化 ④ 文 ⑤ 月

07-08 다음 한자(漢字)와 그 조자(造字)의 방식이 같은 한자는 어느 것입니까?

예 한자 '日'은 그 조자(造字)의 방식이 구체적인 사물의 모습을 본떠서 만든 상형자(象形字)이다. 이와 비슷한 한자로는 '山'이 있다.

07 休 : ① 山 ② 城 ③ 武 ④ 馬 ⑤ 日

08 目 : ① 本 ② 果 ③ 信 ④ 客 ⑤ 魚

09-14 다음 한자(漢字)의 음(音)은 무엇입니까?

09 限 : ① 안 ② 간 ③ 한 ④ 흔 ⑤ 음

10 統 : ① 탕 ② 총 ③ 충 ④ 퉁 ⑤ 통

11 致 : ① 지 ② 치 ③ 고 ④ 모 ⑤ 도

12 低 : ① 씨 ② 지 ③ 자 ④ 저 ⑤ 직

13 雄 : ① 자 ② 웅 ③ 영 ④ 천 ⑤ 추

14 師 : ① 수 ② 간 ③ 사 ④ 오 ⑤ 숙

15-19 다음의 음(音)을 가진 한자는 어느 것입니까?

15 비 : ① 街 ② 價 ③ 備 ④ 角 ⑤ 究

16 례 : ① 例 ② 列 ③ 烈 ④ 紙 ⑤ 基

17 난 : ① 强 ② 每 ③ 訪 ④ 張 ⑤ 難

18 사 : ① 連 ② 密 ③ 姓 ④ 師 ⑤ 宇

19 유 : ① 歲 ② 遺 ③ 卵 ④ 顔 ⑤ 勉

20-24 다음 한자(漢字)와 음(音)이 같은 한자는 어느 것입니까?

20 窓 : ① 能 ② 唱 ③ 童 ④ 張 ⑤ 旅

21 痛 : ① 賞 ② 觀 ③ 勞 ④ 統 ⑤ 素

22 害 : ① 號 ② 朝 ③ 洗 ④ 限 ⑤ 解

23 洋 : ① 養 ② 拜 ③ 議 ④ 邑 ⑤ 榮

24 五 : ① 因 ② 午 ③ 庭 ④ 特 ⑤ 患

25~30 다음 한자(漢字)의 뜻은 무엇입니까?

25 短 : ① 길다 ② 이르다 ③ 누르다 ④ 도착하다 ⑤ 짧다

26 良 : ① 돌다 ② 좋다 ③ 슬프다 ④ 구하다 ⑤ 지체하다

27 望 : ① 묶다 ② 치다 ③ 빠르다 ④ 바라다 ⑤ 연결하다

28 防 : ① 막다 ② 찾다 ③ 묻다 ④ 걷다 ⑤ 사다

29 算 : ① 곱하다 ② 셈하다 ③ 나누다 ④ 덮다 ⑤ 어둡다

30 權 : ① 가죽 ② 껍질 ③ 고기 ④ 권세 ⑤ 의무

31~35 다음의 뜻을 가진 한자(漢字)는 어느 것입니까?

31 거리 : ① 化 ② 花 ③ 街 ④ 笑 ⑤ 廣

32 농사 : ① 仙 ② 魚 ③ 林 ④ 工 ⑤ 農

33 대답 : ① 問 ② 曲 ③ 談 ④ 答 ⑤ 奉

34 지아비 : ① 男 ② 夫 ③ 弟 ④ 香 ⑤ 祝

35 가죽 : ① 頭 ② 脚 ③ 革 ④ 顔 ⑤ 本

36~40 다음 한자(漢字)와 뜻이 비슷한 한자는 어느 것입니까?

36 加 : ① 談 ② 守 ③ 增 ④ 爲 ⑤ 由

37 兒 : ① 示 ② 所 ③ 勇 ④ 令 ⑤ 童

38 群 : ① 等 ② 石 ③ 氏 ④ 研 ⑤ 思

39 空 : ① 化 ② 號 ③ 帝 ④ 虛 ⑤ 罪

40 古 : ① 湖 ② 舊 ③ 連 ④ 保 ⑤ 斗

제 2영역 語 彙

41~45 다음 한자어(漢字語)와 발음(發音)이 같은 한자어는 어느 것입니까?

41 安全 : ① 光榮 ② 空論 ③ 眼前 ④ 美路 ⑤ 雪景

42 神仙 : ① 新品 ② 私用 ③ 信用 ④ 新鮮 ⑤ 骨肉

43 史記 : ① 私記 ② 事實 ③ 史實 ④ 使用 ⑤ 勤勉

44 死刑 : ① 秀長 ② 舍兄 ③ 恩惠 ④ 夜氣 ⑤ 驚氣

45 着地 : ① 看地 ② 整地 ③ 錯紙 ④ 簡紙 ⑤ 玄妙

46~47 다음 한자어(漢字語)들 중 괄호 안의 한자(漢字)의 발음(發音)이 다른 한자어는 어느 것입니까?

46 ① (暴)君 ② (暴)騰 ③ (暴)露 ④ (暴)虐 ⑤ (暴)動

47 ① 擊(刺) ② (刺)傷 ③ (刺)文 ④ (刺)殺 ⑤ (刺)客

3회 기출문제

지금까지 배운 내용을 문제로 풀어보아요

48-57 다음 단어들의 '□'에 공통으로 들어갈 알맞은 한자(漢字)는 어느 것입니까?

48 增□, □算, □減 :
① 産 ② 大 ③ 進 ④ 加 ⑤ 致

49 □力, 可□, 有□ :
① 能 ② 活 ③ 知 ④ 風 ⑤ 基

50 會□, □話, 對□ :
① 食 ② 童 ③ 望 ④ 答 ⑤ 談

51 □葉, □成, □下 :
① 秋 ② 養 ③ 大 ④ 落 ⑤ 武

52 運□, □令, 下□ :
① 成 ② 命 ③ 氣 ④ 數 ⑤ 園

53 □個, 告□, □名 :
① 各 ② 有 ③ 別 ④ 知 ⑤ 性

54 首□, 坐□, □次 :
① 席 ② 長 ③ 目 ④ 式 ⑤ 習

55 □生, 在□, □望 :
① 自 ② 京 ③ 産 ④ 屋 ⑤ 野

56 □德, 濃□, □生 :
① 仁 ② 投 ③ 厚 ④ 明 ⑤ 皆

57 □興, □動, □作 :
① 富 ② 嘗 ③ 黨 ④ 振 ⑤ 部

58-65 다음 한자어(漢字語)와 뜻이 반대(反對)이거나 상대(相對)되는 한자어는 어느 것입니까?

58 固定 : ① 固體 ② 不動 ③ 不變 ④ 流動 ⑤ 卒業

59 子正 : ① 正午 ② 午後 ③ 午前 ④ 朝夕 ⑤ 地位

60 成功 : ① 誠實 ② 成長 ③ 野史 ④ 完成 ⑤ 失敗

61 殺生 : ① 殺人 ② 放生 ③ 生死 ④ 生活 ⑤ 萬能

62 雨期 : ① 乾期 ② 大雪 ③ 洪水 ④ 風雨 ⑤ 誤判

63 免稅 : ① 免除 ② 減免 ③ 過歲 ④ 課稅 ⑤ 佛經

64 能動 : ① 活動 ② 能力 ③ 受動 ④ 有能 ⑤ 負債

65 苟且 : ① 素朴 ② 堂堂 ③ 區區 ④ 極盡 ⑤ 變換

66-70 다음 성어(成語)에서 '□'에 들어갈 알맞은 한자(漢字)는 어느 것입니까?

66 □下無人 : ① 角 ② 眼 ③ 觀 ④ 目 ⑤ 米

67 電光□火 : ① 短 ② 觀 ③ 明 ④ 寺 ⑤ 石

68 自□自答 : ① 無 ② 良 ③ 問 ④ 遺 ⑤ 意

69 結□報恩 : ① 草 ② 速 ③ 然 ④ 式 ⑤ 亡

70 □心傳心 : ① 選 ② 以 ③ 賞 ④ 外 ⑤ 念

71-75 다음 성어(成語)의 뜻풀이로 적절한 것은 어느 것입니까?

71 安貧樂道
① 가난을 편하게 여겨 도를 즐기다.
② 가난해야 도를 안다.
③ 편안하고 즐거움은 도에서 멀다.
④ 도를 편안함으로 여겨 탐내다.
⑤ 편안하고 즐겁게 산다.

72 一擧兩得
   ① 한 손으로 두 손을 이기다.
   ② 한 가지로 두 가지의 이득을 보다.
   ③ 한번에 두 가지의 일을 할 수 없다.
   ④ 한번에 모조리 잡다.
   ⑤ 한 번 할 일을 두 번 한다.

73 今始初聞
   ① 남보다 열배의 노력을 하다.
   ② 남을 이기려면 자신부터 이겨야 한다.
   ③ 다른 사람의 속마음을 몰래 엿보다.
   ④ 바로 지금 처음으로 들음
   ⑤ 자신의 입장에서 남의 처지를 생각하다.

74 君臣有義
   ① 장씨 세 명이 이씨 네 명을 이기다.
   ② 임금과 신하 사이의 도리는 의리에 있음
   ③ 누구나 알 수 있는 쉬운 일
   ④ 서로 협력하여 살아가는 공동체
   ⑤ 평범한 사람들을 일컫다.

75 皮骨相接
   ① 하는 일 없이 세월만 헛되이 보냄
   ② 현실성이 없는 허황한 이론이나 논의
   ③ 존경받는 인물
   ④ 처음부터 끝까지 철저함
   ⑤ 살가죽과 뼈가 맞붙을 정도로 몹시 마름

76-80 다음의 뜻을 가장 잘 나타낸 성어(成語)는 어느 것입니까?

76 아주 가까운 사이
   ① 百年河淸 ② 一面之交 ③ 水魚之交
   ④ 白面書生 ⑤ 一問一答

77 좋은 약은 입에 쓰다.
   ① 良藥苦口 ② 言中有骨 ③ 我田引水
   ④ 殺身成仁 ⑤ 非一非再

78 자기의 태어난 근본을 잊지 않고 은혜를 갚음
   ① 單刀直入 ② 追遠報本 ③ 多才多能
   ④ 花朝月夕 ⑤ 藥房甘草

79 가는 봄의 경치를 이름
   ① 敎學相長 ② 落花流水 ③ 交友以信
   ④ 南男北女 ⑤ 多事多難

80 물음과는 전혀 상관없는 엉뚱한 대답
   ① 東西古今 ② 同時多發 ③ 無不通知
   ④ 名山大川 ⑤ 東問西答

제 3영역　　　　讀　解

81-86 다음 문장에서 밑줄 친 한자어(漢字語)의 음(音)은 무엇입니까?

81 머릿결이 칠흑같이 검은 黑雪공주가 태어났다.
   ① 흑운 ② 흑설 ③ 백설 ④ 백운 ⑤ 청설

82 남편의 제안은 전혀 은근하지 않고 事務的이었다.

  **3회 기출문제** | 지금까지 배운 내용을 문제로 풀어보아요

① 사실적   ② 일시적   ③ 사무적
④ 사고적   ⑤ 사색적

83 살핏한 해는 어쩌자고 아직도 지칠 줄 모르고 <u>熱氣</u>있었다.
① 열기 ② 온기 ③ 한기 ④ 연기 ⑤ 열정

84 <u>立秋</u>, 처서 다 지났다고는 믿기 어려운 더위였다.
① 입춘 ② 입하 ③ 입석 ④ 입동 ⑤ 입추

85 그녀도 핸드백 바깥 주머니 속에 들어 있는 봉투를 <u>意識</u> 안 한 건 아니었다.
① 의지 ② 의식 ③ 인식 ④ 인지 ⑤ 감지

86 비교는 어떤 것이 다른 것과 어떻게 같은가, 혹은 어떻게 다른가를 보여줌으로써 그 어떤 것을 설명하는 <u>方式</u>이다.
① 방법 ② 방식 ③ 방안 ④ 방면 ⑤ 방편

87-92 다음 문장에서 밑줄 친 한자어(漢字語)의 뜻풀이로 적절한 것은 어느 것입니까?

87 일본 제국주의는 한국어 말살 정책으로 일본식 성명을 <u>强要</u>하였다.
① 강령이 되는 요점
② 억지로 떠맡김
③ 무리하게 요구함
④ 매우 요긴함
⑤ 강하게 당김

88 사귐을 가벼이 하고 <u>絶交</u>를 쉽게 함은 군자가 부끄러워하는 바이다.

① 너그럽게 받아들이거나 용서함
② 서로 도와 협력함
③ 습관적으로 늘 씀
④ 여럿이 모여 의논함
⑤ 교제를 끊음

89 사이버 <u>空間</u>은 단지 소통뿐만 아니라 디지털 정보 수단을 매개로 하는 사회적 · 인지적 활동의 총체를 포함하고 있다.
① 책을 내어 세상에 널리 폄
② 아무것도 없는 빈 곳
③ 일반에게 개방함
④ 여러 사람이 함께 사용하는 장소
⑤ 어떻게 하겠다고 결정함

90 왈라스의 <u>表現</u>을 빌리자면 "인류는 토지를 영구히 소유하지만, 현세대는 다만 토지의 사용자일 따름이다."
① 어떤 것과 다른 것을 드러내 보이는 두드러진 점
② 사물의 정도를 정하는 기준이나 목표
③ 마음속 감정이나 정서 따위가 얼굴에 나타난 상태
④ 의견이나 감정 따위를 드러내어 나타냄
⑤ 실제로 일을 해 낼 수 있는 능력

91 예는 <u>節度</u>를 넘어서지 아니하고 남을 업신여기지 아니하며, 사람에게 버릇없이 굴지 않는 것이다.
① 희망이 없음
② 소멸하여 사라짐
③ 기체나 액체 따위의 밀도가 묽거나 엷음
④ 색채 따위가 짙고 섬세함

⑤ 말이나 행동 따위의 적당한 정도

92 근심은 욕심이 많은 데서 생겨나고, 화는 탐욕이 많은 데서 發生한다.

① 인도하여 일러줌
② 그 지방의 특유한 풍속
③ 어떤 것이 생겨남
④ 착하고 어진 행실
⑤ 머릿속으로 계산함

93-95 다음 문장에서 빈칸에 들어갈 가장 적절한 한자어(漢字語)는 어느 것입니까?

93 훌륭한 교사란 학생의 숨은 □□을/를 알아채고 그것을 격려하는 사람이다.

① 過失 ② 才能 ③ 生活 ④ 角度 ⑤ 無禮

94 영어 공용론이란 영어와 한국어를 공식적인 언어로 □□하자는 주장으로 이해된다.

① 對話 ② 高貴 ③ 美學 ④ 使用 ⑤ 一時

95 화와 복은 문이 따로 없다. 오직 사람이 스스로 불러들일 뿐이다. 선악의 응보는 그림지기 □□을/를 따르는 것과 같다.

① 形體 ② 行動 ③ 命令 ④ 視覺 ⑤ 始動

96-98 다음 문장에서 밑줄 친 한자어(漢字語)의 한자 표기(漢字表記)가 바르지 않은 것은 어느 것입니까?

96 ①人間 ②本性에 대한 생물학적 ③主將은 ④知識 ⑤社會에서 몰인정하고 사악한 것으로 여겨져 왔다.

97 ①過去 ②解放 ③以後 ④南北이 ⑤分單된 뒤로 우리는 순탄한 민주주의의 과정을 경험하지 못했다.

98 원인과 ①結果를 ②中心으로 한 글쓰기는 어떤 일 혹은 ③現想이 왜 일어났으며 그 영향은 어떠한가를 분석, ④說明하는 ⑤作業이다.

99-101 다음 문장에서 밑줄 친 단어(單語)를 한자(漢字)로 바르게 쓴 것은 어느 것입니까?

99 주민들의 소원을 무조건 다 들어줄 수는 없는 것입니다.

① 所願 ② 素元 ③ 小園 ④ 素原 ⑤ 小遠

100 지구 온난화는 대기 중에 날로 쌓여만 가는 가스에서 비롯된다.

① 對期 ② 對其 ③ 大氣 ④ 大其 ⑤ 大禁

101 같은 말이라도 그것을 타는 기수가 어떠하냐에 따라 승부의 차이가 생겨나는 것이 경마이다.

① 敬馬 ② 競馬 ③ 京馬 ④ 慶馬 ⑤ 景馬

102-104 다음 문장에서 밑줄 친 단어(單語)나 어구(語句)의 뜻을 가장 잘 나타낸 한자(漢字) 또는 한자어(漢字語)는 어느 것입니까?

102 어진 사람을 보면 그와 같이 될 것을 생각하고, 어질지 못한 사람을 보면 마음속으로 자신을 살펴볼 것이다.

① 聞　② 師　③ 事　④ 思　⑤ 久

3회 기출문제
지금까지 배운 내용을 문제로 풀어보아요

103 마음이 딴 데 가 있으면, 보아도 보이지 않고, 들어도 들리지 않으며, 먹어도 맛을 알지 못한다.
① 目 ② 耳 ③ 識 ④ 知 ⑤ 視

104 사람은 반드시 스스로를 업신여긴 뒤에야 다른 사람이 그를 업신여기는 법이다.
① 自 ② 拜 ③ 望 ④ 植 ⑤ 尙

105-110 다음 글을 읽고 물음에 답하시오.

> 우리가 용돈을 마련하는 ㉠方法에는 부모님이나 ㉡가족, 친지로부터 받아서 마련하는 방법이 있고, 심부름이나 부모님을 도와드린 대가로 마련하거나, 폐품을 모아 ㉢팔아서 마련하는 방법도 있습니다.
> 계획을 세워 용돈을 ㉣사용하면 꼭 ㉤필요한 용도에 계획한 액수만큼 사용하게 되므로, 쓸데없는 낭비를 막을 수 있습니다. 그러므로 계획적이며 ㉥합리적인 용돈 관리를 하기 위해서는 용돈 기입장을 사용하는 것이 좋습니다. 용돈 기입장에 사용한 돈의 ㉦내용을 적어 관리하면, 언제, 무엇을, 어떻게 사용했는지 알 수 있어 소비 ㉧생활을 ㉨반성할 수 있고, 다음 계획을 세울 때에도 ㉩도움이 됩니다.

105 ㉠의 '方'과 같은 한자를 사용하는 것은?
① 예방 ② 방식 ③ 방문 ④ 방학 ⑤ 방범

106 ㉡에 관계된 용어로 한자의 표기가 바르지 않은 것은?
① 父母 ② 祖相 ③ 兄弟 ④ 四寸 ⑤ 三寸

107 ㉢을 뜻하는 것은?
① 財 ② 算 ③ 賣 ④ 每 ⑤ 舞

108 ㉣~㉧ 가운데 한자 표기가 바르지 않은 것은?
① ㉣使用 ② ㉤必要 ③ ㉥合理 ④ ㉦內用 ⑤ ㉧生活

109 ㉨의 한자 표기가 바른 것은?
① 反省 ② 半成 ③ 反性 ④ 半省 ⑤ 反成

110 ㉩의 뜻을 가진 것은?
① 豆 ② 婦 ③ 助 ④ 夜 ⑤ 俗

111-115 다음 글을 읽고 물음에 답하시오.

> 백유가 ㉠잘못을 저질러 어머니가 회초리로 때리니, 눈물을 흘렸다. 어머니가 물었다.
> "㉡전에는 때려도 한 번도 운 적이 없더니, 지금은 어찌하여 우느냐?"
> 백유가 ㉢ㅁㅁ하였다.
> "제가 죄를 지어 때리실 때면 ㉣항상 아팠는데, 오늘은 어머님의 근력이 쇠하시어 때리셔도 아프지가 않습니다. 그래서 ㉤웁니다."

111 ㉠을 뜻하는 것은?
① 成果 ② 善行 ③ 失敗 ④ 過失 ⑤ 成功

112 ㉡과 상대되는 뜻을 가진 것은?
① 先 ② 後 ③ 前 ④ 古 ⑤ 左

113 문맥상 ㉢에 들어갈 적절한 것은?
① 質問 ② 質疑 ③ 對答 ④ 議論 ⑤ 問答

3회 기출문제 | 지금까지 배운 내용을 문제로 풀어보아요

114 ㉣의 한자표기가 바른 것은?

① 恒常 ② 恒尙 ③ 降狀 ④ 正常 ⑤ 異常

115 ㉤의 뜻을 가진 것은?

① 笑 ② 欲 ③ 云 ④ 昔 ⑤ 泣

116~120. 다음 글을 읽고 물음에 답하시오.

> 형제는 부모가 주신 몸을 함께 ㉠받았으니, 나와는 한 몸과 같다. 형제 보기를 ㉡마땅히 ㉢저와 나의 간격이 없게 하여, 음식과 옷이 있고 없음을 모두 함께해야 한다. 만일 형이 ㉣굶주리는데 아우는 ㉤배부르며, 아우가 추위에 떠는데 형은 따뜻하게 지낸다면, 이는 한 몸에서 사지의 어느 쪽은 병들고, 어느 쪽은 ㉥健康함과 같다. 어찌 심신이 한쪽만 ㉦편안할 수 있겠는가? 지금 형제들이 서로 사랑하지 않는 것은 모두 부모를 사랑하지 않기 때문이다. 만약 부모를 사랑하는 마음이 있다면, 어찌 그 부모의 자식을 사랑하지 않을 수 있겠는가. 만일 형이나 동생에게 선하지 않은 행실이 있다면, 마땅히 정성을 다해 충심으로 간하여 차근차근히 이치로 깨우쳐 주어 스스로 느껴 깨닫게 되기를 바랄 것이오, 사나운 낯빛과 거스르는 말을 함부로 하여 형제간의 화목을 잃어서는 안 된다.

116 ㉠과 ㉡의 뜻을 가진 것을 바르게 짝지은 것은?

① 授 – 然 ② 與 – 須 ③ 受 – 當
④ 收 – 當 ⑤ 仰 – 瓦

117 ㉢과 가장 거리가 먼 것은?

① 同門 ② 彼我 ③ 自他 ④ 彼此 ⑤ 彼己

118 ㉣과 ㉤의 뜻을 가진 것을 바르게 짝지은 것은?

① 飾 – 餓 ② 飢 – 飽 ③ 渴 – 滿
④ 貪 – 飽 ⑤ 忙 – 伏

119 ㉥의 독음이 바른 것은?

① 건전 ② 건실 ③ 건장 ④ 건강 ⑤ 견강

120 ㉦의 한자 표기가 바른 것은?

① 偏安 ② 便安 ③ 遍案 ④ 片晏 ⑤ 匹安

4회 기출문제
지금까지 배운 내용을 문제로 풀어보아요

제1영역 漢字

01-02 다음 한자(漢字)의 부수(部首)는 무엇입니까?

01 虎 : ① 虍 ② 七 ③ 厂 ④ 虎 ⑤ 儿

02 歷 : ① 厂 ② 止 ③ 禾 ④ 歷 ⑤ 一

03-04 다음 한자(漢字)의 획수(劃數)는 모두 몇 획입니까?

03 讀 : ① 20 ② 21 ③ 22 ④ 23 ⑤ 24

04 務 : ① 7 ② 8 ③ 9 ④ 10 ⑤ 11

05-06 다음 필순(筆順)에 대한 설명에 가장 알맞은 한자(漢字)는 어느 것입니까?

05 가로획과 세로획이 교차할 때는 가로획을 먼저 쓴다.

① 去 ② 回 ③ 谷 ④ 念 ⑤ 永

06 받침은 나중에 쓴다.

① 勝 ② 賣 ③ 起 ④ 送 ⑤ 飛

07-08 다음 한자(漢字)와 그 조자(造字)의 방식이 같은 한자는 어느 것입니까?

〈보기〉 日 : ① 山 ② 休 ③ 下 ④ 江 ⑤ 回
〈보기〉에 제시된 한자 '日(해의 모습을 본떠서 만들었음)'처럼 구체적인 사물의 모습을 본떠서 만든 상형자(象形字)는 '山(산의 모습을 본떠서 만들었음)'이다. 따라서 정답 ①을 골라 답란에 표기하면 된다.

07 利 : ① 鳥 ② 上 ③ 武 ④ 村 ⑤ 田

08 卵 : ① 林 ② 末 ③ 河 ④ 犬 ⑤ 雲

09-14 다음 한자(漢字)의 음(音)은 무엇입니까?

09 勢 : ① 열 ② 집 ③ 역 ④ 숙 ⑤ 세

10 增 : ① 증 ② 승 ③ 토 ④ 회 ⑤ 성

11 支 : ① 기 ② 지 ③ 상 ④ 절 ⑤ 시

12 務 : ① 궁 ② 부 ③ 무 ④ 력 ⑤ 순

13 藝 : ① 세 ② 운 ③ 극 ④ 교 ⑤ 예

14 施 : ① 타 ② 방 ③ 야 ④ 시 ⑤ 치

15-19 다음의 음(音)을 가진 한자는 어느 것입니까?

15 난 : ① 難 ② 歌 ③ 變 ④ 若 ⑤ 獨

16 근 : ① 個 ② 觀 ③ 親 ④ 勤 ⑤ 接

17 저 : ① 射 ② 貯 ③ 逆 ④ 廣 ⑤ 拜

18 혁 : ① 蟲 ② 湖 ③ 革 ④ 追 ⑤ 勞

19 욕 : ① 競 ② 害 ③ 浴 ④ 選 ⑤ 禁

20-24 다음 한자(漢字)와 음(音)이 같은 한자는 어느 것입니까?

20 製 : ① 醫 ② 密 ③ 判 ④ 題 ⑤ 患

21 皇 : ① 省 ② 量 ③ 章 ④ 最 ⑤ 黃

22 責 : ① 冊 ② 宙 ③ 賞 ④ 敗 ⑤ 貨

23 限：① 根 ② 干 ③ 韓 ④ 退 ⑤ 都

24 兆：① 刀 ② 造 ③ 斗 ④ 消 ⑤ 紙

25-30 다음 한자(漢字)의 뜻은 무엇입니까?

25 皮：① 얼굴 ② 가죽 ③ 신발
④ 종이 ⑤ 나무

26 授：① 주다 ② 뺏다 ③ 돌다
④ 집다 ⑤ 치다

27 春：① 봄 ② 여름 ③ 가을
④ 겨울 ⑤ 아침

28 禁：① 싸우다 ② 놀라다 ③ 금하다
④ 쪼개다 ⑤ 훔치다

29 店：① 학교 ② 서당 ③ 창고
④ 가게 ⑤ 점집

30 舞：① 다투다 ② 느끼다 ③ 말하다
④ 어질다 ⑤ 춤추다

31-35 다음의 뜻을 가진 한자(漢字)는 어느 것입니까?

31 혼인하다：① 新 ② 姓 ③ 婦 ④ 好 ⑤ 婚

32 굳세다 ：① 改 ② 讀 ③ 强 ④ 賣 ⑤ 溫

33 수컷 ：① 屋 ② 雄 ③ 權 ④ 硏 ⑤ 將

34 쌀 ：① 米 ② 氷 ③ 味 ④ 卵 ⑤ 貝

35 차다 ：① 波 ② 河 ③ 洞 ④ 冷 ⑤ 洗

36-40 다음 한자(漢字)와 뜻이 비슷한 한자는 어느 것입니까?

36 望：① 連 ② 貴 ③ 願 ④ 短 ⑤ 列

37 路：① 罪 ② 道 ③ 丹 ④ 救 ⑤ 卒

38 起：① 助 ② 易 ③ 然 ④ 最 ⑤ 興

39 協：① 和 ② 識 ③ 號 ④ 祝 ⑤ 唱

40 察：① 飮 ② 榮 ③ 防 ④ 省 ⑤ 爲

제 2영역　語　彙

41-45 다음 한자어(漢字語)와 발음(發音)이 같은 한자어는 어느 것입니까?

41 詩歌：① 是非 ② 短期 ③ 念頭 ④ 市街 ⑤ 變數

42 防禁：① 方今 ② 運送 ③ 意識 ④ 宇宙 ⑤ 敗走

43 新鮮：① 獨善 ② 神仙 ③ 姓氏 ④ 期間 ⑤ 勞使

44 驚異：① 耕地 ② 急速 ③ 堅持 ④ 暴露 ⑤ 輕易

45 霧散：① 戊辰 ② 墓域 ③ 茂山 ④ 韻致 ⑤ 睡眠

46-47 다음 한자어(漢字語)들 중 괄호 안의 한자(漢字)의 발음(發音)이 다른 한자어는 어느 것입니까?

46 ① (殺)傷 ② 暗(殺) ③ 射(殺)
④ (殺)到 ⑤ (殺)伐

47 ① (哀)顔 ② 盛(哀) ③ 齊(哀)
④ (哀)微 ⑤ (哀)殘

4회 기출문제

지금까지 배운 내용을 문제로 풀어보아요

48-57 다음 단어들의 '□'에 공통으로 들어갈 알맞은 한자(漢字)는 어느 것입니까?

48 前□, □半, 晝□ :
① 權 ② 骨 ③ 夜 ④ 爲 ⑤ 進

49 □官, 女□, 歷□ :
① 變 ② 人 ③ 經 ④ 可 ⑤ 史

50 □中, □實, 目□ :
① 的 ② 命 ③ 得 ④ 豆 ⑤ 市

51 □歲, □業, 兵□ :
① 士 ② 卒 ③ 句 ④ 夜 ⑤ 丹

52 水□, □蟲, 殺□ :
① 虎 ② 路 ③ 軍 ④ 害 ⑤ 春

53 □理, 反□, □語 :
① 表 ② 論 ③ 處 ④ 目 ⑤ 英

54 文□, □骨, 强□ :
① 官 ② 若 ③ 弱 ④ 科 ⑤ 郡

55 長□, □期, □身 :
① 訪 ② 研 ③ 增 ④ 窓 ⑤ 短

56 □雨, □氣, 百□ :
① 降 ② 獸 ③ 穀 ④ 熱 ⑤ 麥

57 勇□, □禽, □將 :
① 敢 ② 家 ③ 敗 ④ 猛 ⑤ 斷

58-65 다음 한자어(漢字語)와 뜻이 반대(反對)이거나 상대(相對)되는 한자어는 어느 것입니까?

58 改良 : ① 在來 ② 江河 ③ 存亡 ④ 善意 ⑤ 不幸

59 發達 : ① 成長 ② 來歷 ③ 協助 ④ 退步 ⑤ 列强

60 獨白 : ① 漁夫 ② 對話 ③ 美食 ④ 罪目 ⑤ 告白

61 容易 : ① 視覺 ② 逆順 ③ 難解 ④ 間接 ⑤ 勝戰

62 溫暖 : ① 講席 ② 鷄鳴 ③ 迎新 ④ 伐採 ⑤ 寒冷

63 實存 : ① 訓練 ② 熟眠 ③ 立證 ④ 假想 ⑤ 招待

64 靜寂 : ① 騷亂 ② 緊縮 ③ 警戒 ④ 回顧 ⑤ 戲劇

65 多辯 : ① 恐懼 ② 沈默 ③ 憐憫 ④ 屢次 ⑤ 倒置

66-70 다음 성어(成語)에서 '□'에 들어갈 알맞은 한자(漢字)는 어느 것입니까?

66 見利思□ : ① 義 ② 功 ③ 仁 ④ 信 ⑤ 位

67 古□今來 : ① 前 ② 往 ③ 寺 ④ 久 ⑤ 着

68 九牛一□ : ① 犬 ② 蟲 ③ 羊 ④ 角 ⑤ 毛

69 多多益□ : ① 書 ② 線 ③ 善 ④ 設 ⑤ 最

70 □人成虎 : ① 三 ② 四 ③ 五 ④ 六 ⑤ 七

71-75 다음 성어(成語)의 뜻풀이로 적절한 것은 어느 것입니까?

71 見物生心
① 싼 값에 물건을 삼
② 물건을 싫어하는 마음
③ 사물과 사람의 마음은 다름
④ 물건을 여러 사람들이 사려고 함
⑤ 물건을 보면 가지고 싶은 욕심이 생김

72 敬天勤民
① 하늘은 스스로 돕는 자를 도움
② 하늘이 두려워 백성들에게 잘 대해 줌
③ 하늘을 공경하고 백성을 위해 부지런히 일함
④ 한 하늘 아래 함께 살아갈 수 없는 원수 사이
⑤ 자신의 할 일을 다 해 놓고 하늘의 명을 기다림

73 難兄難弟
① 우열을 가리기 어려움
② 형제끼리 몹시 싸움
③ 형이 동생을 이김
④ 동생이 형을 이김
⑤ 가까운 동족끼리 서로 싸움

74 不立文字
① 글자를 모름
② 글자가 발명되지 않은 시대
③ 마음과 마음으로 서로 통함
④ 말을 가지고 서로 의사소통을 함
⑤ 윗사람이 아랫사람에게 글을 써서 명령함

75 安分知足
① 근심이 많음
② 가난하게 살아감
③ 공평하게 나누어 가짐
④ 자신의 분수를 지키며 만족할 줄을 앎
⑤ 눈은 높으나 재주가 그것에 미치지 못함

76-80 다음의 뜻을 가장 잘 나타낸 성어(成語)는 어느 것입니까?

76 막기 어려울 정도로 여러 사람들이 마구 지껄임
① 永久不變 ② 富貴在天 ③ 月下氷人
④ 身土不二 ⑤ 衆口難防

77 묻지 않아도 알 수 있음
① 一擧兩得 ② 一片丹心 ③ 說往說來
④ 不問可知 ⑤ 自業自得

78 어떤 분야의 일에 대해서 전혀 모름
① 門外漢 ② 無所不知 ③ 進退兩難
④ 一日三省 ⑤ 門前成市

79 아무리 가르쳐 주어도 알아듣지 못함
① 骨肉相爭 ② 樂山樂水 ③ 牛耳讀經
④ 實事求是 ⑤ 敎外別傳

80 은혜를 잊지 않고 반드시 갚음
① 平地風波 ② 結草報恩 ③ 靑天白日
④ 山戰水戰 ⑤ 行雲流水

제 3영역 讀 解

81-86 다음 문장에서 밑줄 친 한자어(漢字語)의 음(音)은 무엇입니까?

81 그는 전란이 발생하자 호국의 干城이 되어 나라를 구했다.
① 간성 ② 주인 ③ 장성 ④ 인물 ⑤ 장군

82 그는 權貴한 집안의 자손답지 않게 겸손하다.

4회 기출문제 | 지금까지 배운 내용을 문제로 풀어보아요

① 존귀 ② 건실 ③ 부귀 ④ 부유 ⑤ 권귀

83 정월 초하룻날, 부모님은 할아버지께 <u>歲拜</u>(을)를 올렸다.
① 인사 ② 현찰 ③ 세배 ④ 문안 ⑤ 음식

84 헬리콥터는 좁은 면적에도 <u>着陸</u>할 수 있다.
① 비행 ② 착륙 ③ 출발 ④ 이륙 ⑤ 도착

85 아버지의 음악적 자질이 자식에게 <u>遺傳</u>되었다.
① 계승 ② 교육 ③ 전수 ④ 유전 ⑤ 전파

86 그의 진심이 무엇인지 <u>判別</u>할 수 없다.
① 구별 ② 판별 ③ 짐작 ④ 판단 ⑤ 추정

87-92 다음 문장에서 밑줄 친 한자어(漢字語)의 뜻풀이로 적절한 것은 어느 것입니까?

87 사치 풍조를 <u>根絶</u>하자.
① 완전히 없애 버림
② 적극적으로 도와 줌
③ 일정기간 동안만 없애 버림
④ 여러 사람들이 힘을 합쳐 막음
⑤ 양자가 합의하여 공평하게 나누어 가짐

88 오랜만에 <u>同窓</u>을 만났다.
① 같은 학교에서 공부한 사람
② 같은 과목을 좋아했던 사람
③ 같은 마을에서 살았던 사람
④ 같은 집에서 하숙했던 사람
⑤ 같은 회사에서 근무했던 사람

89 그는 올림픽에 처음 출전하여 우승하는 <u>快擧</u>를 이루었다.
① 빨리 이룬 행위
② 통쾌하고 장한 행위
③ 운이 좋아 이룬 행위
④ 노력의 대가로 이룬 행위
⑤ 생각지도 않았는데 얻은 행위

90 개인은 각자의 이익을 <u>追求</u>하기 마련이다.
① 기원함
② 남몰래 구함
③ 많이 축적해 둠
④ 남과 힘을 합쳐 구함
⑤ 목적을 이룰 때까지 뒤쫓아 가서 구함

91 그는 현지의 기후 상황을 본사로 <u>打電</u>했다.
① 번개가 내리침
② 사람을 보내 연락함
③ 편지로 연락함
④ 무선이나 전보를 침
⑤ 번개처럼 재빨리 연락함

380

92 김형사는 사건을 <u>早期</u>에 수습하였다.
① 아침 시간에
② 저녁 시간에
③ 늦은 시기에
④ 이른 시기에
⑤ 적절한 시기에

93-95 다음 문장에서 빈칸에 들어갈 가장 적절한 한자어(漢字語)는 어느 것입니까?

93 철수는 여러 번의 □□ 끝에 마침내 성공을 거두었다.
① 運動 ② 例示 ③ 失敗 ④ 公衆 ⑤ 湖水

94 그 회사는 신문에 일할 사람을 찾는 구인 □□를 냈다.
① 廣告 ② 開放 ③ 商品 ④ 飛行 ⑤ 勝利

95 발사 명령에 □□(은)는 방아쇠를 당겼다.
① 家屋 ② 最近 ③ 送舊 ④ 射手 ⑤ 視線

96-98 다음 문장에서 밑줄 친 한자어(漢字語)의 한자 표기(漢字表記)가 바르지 않은 것은 어느 것입니까?

96 ①<u>科去</u>나 지금이나 ②<u>自然</u>은 ③<u>生活</u>의 ④<u>空間</u>이면서 ⑤<u>同時</u>에 아름다움의 대상이다.

97 광해군 ①<u>末年</u>에 ②<u>東大門</u>문루가 북서쪽으로 기울어졌다. 사람들은 ③<u>變考</u>의 징조라며 쑥덕거렸는데, ④<u>果然</u>얼마 후 인조 ⑤<u>反正</u>이 일어났다.

98 ①<u>國軍</u>은 국가의 ②<u>安全</u>을 위해 ③<u>存才</u>하며 ④<u>政治的</u>으로는 ⑤<u>中立性</u>을 유지해야 한다.

99-101 다음 문장에서 밑줄 친 단어(單語)를 한자(漢字)로 바르게 쓴 것은 어느 것입니까?

99 남북 양측 대표들은 <u>구면</u>인 덕분에 비교적 자연스러운 분위기에서 회담을 시작하였다.
① 口面 ② 舊勉 ③ 久面 ④ 舊面 ⑤ 句面

100 건설회사는 아파트 분양가를 <u>산정</u>하였다.
① 算庭 ② 産定 ③ 算正 ④ 産正 ⑤ 算定

101 우리집을 <u>방문</u>한 사람은 뜻밖의 인물이었다.
① 放門 ② 訪問 ③ 放問 ④ 訪門 ⑤ 放文

102-104 다음 문장에서 밑줄 친 단어(單語)나 어구(語句)의 뜻을 가장 잘 나타낸 한자(漢字) 또는 한자어(漢字語)는 어느 것입니까?

102 목이 쉰 그는 <u>높은 가락</u>의 노래를 부를 수 없었다.
① 高調 ② 最高 ③ 古祖 ④ 樂曲 ⑤ 協助

4회 기출문제

지금까지 배운 내용을 문제로 풀어보아요

103 그녀는 가벼운 <u>눈인사</u>를 남기고 나를 지나갔다.
① 視力 ② 人事 ③ 目禮 ④ 注目 ⑤ 反目

104 경기장은 관중들의 열기로 <u>가득 차</u> 있다.
① 對備 ② 滿期 ③ 善處 ④ 論理 ⑤ 充滿

105-107 다음 글을 읽고 물음에 답하시오.

> 조선시대 ㉠호구 통계의 기초자료가 되는 호적은 국가 ㉡차원에서 신분제의 동요를 막고 양반층에 의한 지배체계를 확고히 하고자 하는 ㉢의도를 지닌 자료이다. 그러므로 호적에는 ㉣개개인의 직역이 등재되어 있었다. 따로 ㉤신분을 기록하지 않더라도 호적에 등재된 직역을 통해 그 사람의 신분을 확인할 수 있게 하였다. 예컨대, ㉥평민인 경우에는 군역을 기록하였는데, ㉦보병, 기병, 포보 등의 ㉧예가 그것이다.

105 ㉠'호구'의 '구'와 같은 한자를 사용한 한자어는?
① 重九 ② 究理 ③ 救命 ④ 句文 ⑤ 口味

106 ㉡'차원'과 ㉢'의도'의 한자 표기를 바르게 짝지은 것은?
① 次元 – 意圖   ② 次遠 – 議圖
③ 車元 – 醫圖   ④ 車原 – 意度
⑤ 次願 – 意道

107 ㉣~㉧ 중에서 한자 표기가 바르지 않은 것은?
① ㉣個個人 ② ㉤身分 ③ ㉥平民
④ ㉦保兵   ⑤ ㉧例

108-110 다음 글을 읽고 물음에 답하시오.

> ㉠백성을 사랑하는 ㉡근본은 씀씀이를 ㉢절약함에 있고, 씀씀이를 절약하는 근본은 ㉣검소함에 달려 있다. 검소한 뒤에야 청렴할 수 있고 청렴한 뒤에야 인자할 수 있으니 검소함은 백성을 다스림에 있어 가장 먼저 힘써야 할 바이다.

108 ㉠'백성'과 ㉡'근본'의 한자 표기를 바르게 짝지은 것은?
① 白姓 – 近本   ② 百姓 – 根本
③ 百誠 – 觀本   ④ 白成 – 結本
⑤ 白省 – 現本

109 ㉢'절약'의 '약'과 같은 한자를 사용한 것은?
① 藥師 ② 弱孫 ③ 密約 ④ 自若 ⑤ 反逆

110 ㉣'검소'의 '소'와 같은 한자를 사용한 것은?
① 取消 ② 所望 ③ 平素 ④ 老少 ⑤ 小子

111-115 다음 글을 읽고 물음에 답하시오.

> 의사 박인국 ㉠박사는 일본 ㉡제국 대학을 우수한 성적으로 졸업한 ㉢수재이다. 그는 ㉣개업을 하여 일본 사람처럼 ㉤행세하는 한편, ㉥환자를 받는 데도 선별한다. 형무소에서 병보석으로 나온 환자들, 일본인들이 마땅치 않게 여길 환자나 치료비 부담 능력 등이 없어 보이는 환자는 무슨 ㉦구실을 붙이든 받지 않는다. 대신에 일본인들의 치료에는 발 벗고 나선다. 그 결과 그는 황국신민이란 칭찬을 받은 친일파로 득세한다.
>
> 고향인 ㉧이북에서 해방을 맞자 민족 반역자로 몰려 감옥에 갇힌다. 마침 감옥에 이질이 만연되자 그는 형무 소장의 명령으로 응급치료실에서 일하게 되는데, 감옥에서 러시아어를 열심히 공부한 덕으로 스텐코프라는 ㉨軍醫官을 사귀게 된다.

111 ㉠ '박사' 의 '사' 와 같은 한자를 사용한 한자어는?

① 史料 ② 講師 ③ 烈士 ④ 事案 ⑤ 奉仕

112 ㉡~㉥ 중에서 한자 표기가 바르지 않은 것은?

① 諸國 ② 秀才 ③ 開業 ④ 行世 ⑤ 患者

113 ㉦ '구실' 의 한자 표기로 바른 것은?

① 舊實 ② 口實 ③ 口失 ④ 舊室 ⑤ 口室

114 ㉧ '이북' 의 한자 표기로 바른 것은?

① 移北 ② 而北 ③ 二北 ④ 以北 ⑤ 已北

115 ㉨ '軍醫官' 에서 '醫' 의 부수로 바른 것은?

① 冂 ② 殳 ③ 醫 ④ 矢 ⑤ 酉

116-120 다음 글을 읽고 물음에 답하시오.

> 연속되는 시간 속에 선택하는 새로운 행동은 또한 끊임없이 새로운 ㉠狀況을 부른다. ㉡結局 ㉢특정한 시간에 ㉣대응되는 특정한 행동의 ㉤조합은 하나의 狀況을 ㉥구성하는 것이다.
>
> 그러므로 서로 다른 시간에 처한 동일한 사람과 狀況은 ㉦매순간 다를 수밖에 없다. 우리는 때로 이처럼 변화된 狀況또는 狀況의 ㉧추이를 다른 사람에게 알려야 할 필요를 느낀다. 狀況의 추이를 ㉨소상하게 아는 사람이 그렇지 못한 사람에게 그 전말을 말이나 글로 표현하는 것을 ㉩□□ 라고 부른다.
>
> 이를테면 내가 집에서 학교로 이동한 과정, 낙담한 친구가 이윽고 희망을 가지고 살아가게 된 과정, 전혀 모르던 남녀가 결혼을 하게 된 과정, 강성하던 나라가 멸망해 간 과정 등은 모두 ㉪□□ 의 좋은 재료가 될 것이다.
>
> 고려대 사고와 표현 편찬위원회, [글쓰기의 기초]

116 ㉠ '狀況' 의 '狀' 과 음(音)이 다른 것은?

① 症狀 ② 狀貌 ③ 罪狀 ④ 辭狀 ⑤ 窮狀

117 ㉡~㉥ 중에서 한자 표기가 바르지 않은 것은?

① 結局 ② 特定 ③ 對應 ④ 組合 ⑤ 俱成

118 ㉦ '매순간' 의 '순' 과 같은 한자를 사용한 한자어는?

① 初旬 ② 一瞬 ③ 巡査 ④ 脣齒 ⑤ 順航

119 ㉧ '추이' 와 ㉨ '소상' 의 한자 표기를 바르게 짝지은 것은?

① 推移 – 昭詳 ② 抽移 – 召詳
③ 推夷 – 昭祥 ④ 推以 – 疏詳
⑤ 抽移 – 掃祥

120 ㉩과 ㉪의 빈칸에 공통으로 들어갈 가장 적절한 한자어는?

① 演劇 ② 說得 ③ 敍事 ④ 誘導 ⑤ 飜譯

다음은 25, 349페이지에서 보았던 기사이다.
자, 이제 정답을 통해 여러분의 한자실력이 어느 정도인지 확인해 보자.

그의 想像(상상)이 곧 未來(미래)다, 來日(내일)을 사는 男子(남자) 슈워츠 그가 말하는 人類(인류)의 5가지 시나리오
아우슈비츠에서 世上(세상)을 본 그가 시나리오로 未來(미래)를 본다.
9·11과 소련 崩壞(붕괴)를 미리 봤던 사나이.
그는 人類(인류)의 未來(미래)를 어떻게 보고 있을까.
그가 말하는 韓國(한국), 北韓(북한), 그리고 미디어의 來日(미래)은 어떤 모습일까?

그의 人生(인생) 역시 한 편의 시나리오다. 유대계 헝가리인이었던 그의 父母(부모)는 2次(차) 世界大戰(세계대전) 當時(당시) 獨逸(독일) 나치의 아우슈비츠 收容所(수용소)로 끌려갔다. 임산부였던 그의 어머니는 1945年(년) 그 곳에서 슈워츠를 낳았다. 하루에도 數百名(수백명)이 죽어 나가는 모진 곳에서 그의 父母(부모)는 살아남아, 6年後(년후)인 1951年(년) 어린 아들과 함께 美國行(미국행) 배에 몸을 실었다.

'機會(기회)의 땅'에서 少年(소년)은 數學(수학)과 科學(과학)에 남다른 才能(재능)을 보였고, 줄곧 宇宙(우주) 飛行士(비행사)가 되겠다는 꿈을 꿨다. 結局(결국) 렌셀러폴리테크닉 大學(대학)에서 宇宙航行學(우주항행학)을 專攻(전공), 아폴로 計劃(계획)에 로켓 엔지니어로 參與(참여)한다. 少年時節(소년시절)의 꿈을 이룬 그의 눈은 宇宙(우주)를 벗어나 먼 未來(미래)로 향한다. SRI인터내셔널과 쉘(Shell)을 거치며 시나리오 플래닝 分野(분야)에서 이름을 알리기 시작한 그는 1988年(년), 하버드大(대) 마이클 포터 敎授(교수) 등과 함께 글로벌비즈니스네트워크(GBN)를 設立(설립)한다.

그는 오늘도 많은 企業(기업)과 國家(국가)들을 위해, 끊임없이 未來(미래)를 對備(대비)하는 시나리오를 쓰고 있다. 未來(미래)를 향한 그만의 最高(최고)의 武器(무기)는 뭘까. 그에게 묻자 "肯定(긍정)의 힘"이라는 意外(의외)로 '單純(단순)한' 對答(대답)이 돌아왔다. "肯定(긍정)의 힘을 믿었습니다. 손에 아무것도 쥐지 않은 채 유대인 收容所(수용소)에서 태어난 나는 오늘 벤츠 乘用車(승용차)를 몰고, 몇 百萬(백만) 달러짜리 집에서 삽니다. 結局(결국) 可能性(가능성)을 믿는 사람은 어디서든, 어떻게든 살아남아요. 그리고 成功(성공)합니다."

世界的(세계적)인 未來學者(미래학자) 피터 슈워츠가 提示(제시)하는 人類(인류)의 未來(미래) 시나리오 몇 편을 들어봤다. 果然(과연) 이 중 어떤 시나리오가 '的中(적중)'하게 될까?
■ 시나리오1. 可能性(가능성)에 挑戰(도전)하는 企業(기업)이 살아남는다
■ 시나리오2. 最惡(최악)의 狀況(상황)은 戰爭(전쟁)·保護貿易(보호무역)·氣象異變(기상이변)
■ 시나리오3. '늙어가는 大陸(대륙)' 유럽이 걱정된다
■ 시나리오4. '隱退(은퇴)'라는 槪念(개념)에 革命的(혁명적)인 變化(변화)가 분다
■ 시나리오5. 油槽船(유조선)이 사라진다

*출처:조선일보

CHAPTER 07

색인 및 정답

색인은 3급~9급으로 나누어 정리했다.
찾고자 하는 한자의 해당 급수를 확인하고
급수별로 바로 찾아가자.

● 색인 386   ● 정답 404

색인

ㄱ

가	暇	틈, 겨를 가	3급
가	架	시렁 가	3급
가	假	거짓 가	4급
가	佳	아름다울 가	4급
가	價	값 가	6급
가	街	거리 가	5급
가	歌	노래 가	5급
가	加	더할 가	7급
가	可	옳을 가	6급
가	家	집 가	8급
각	覺	깨달을 각	3급
각	却	물리칠 각	3급
각	刻	새길 각	3급
각	閣	집 각	3급
각	脚	다리 각	4급
각	各	각각 각	5급
각	角	뿔 각	8급
간	肝	간 간	3급
간	簡	간략할, 대쪽 간	3급
간	姦	간음할 간	3급
간	懇	간절할 간	3급
간	刊	새길 간	3급
간	幹	줄기 간	3급
간	干	방패 간	5급
간	看	볼 간	4급
간	間	사이 간	7급
갈	渴	목마를 갈	4급
감	鑑	거울 감	3급
감	監	볼 감	3급
감	敢	감히 감	4급
감	甘	달 감	4급
감	感	느낄 감	6급
감	減	덜 감	4급
갑	甲	갑옷 갑	4급
강	鋼	강철 강	3급
강	剛	굳셀 강	3급
강	綱	벼리 강	3급
강	康	편안 강	3급
강	降	내릴 강/항복할 항	4급
강	講	욀 강	4급
강	江	강 강	7급
강	強	강할 강	5급
개	介	낄 개	3급
개	概	대개 개	3급
개	蓋	덮을 개	3급
개	慨	슬퍼할 개	3급
개	皆	다 개	4급
개	改	고칠 개	5급
개	個	낱 개	5급
개	開	열 개	6급
객	客	손 객	6급
갱	更	다시 갱/고칠 경	4급
거	據	근거 거	3급
거	拒	막을 거	3급
거	距	떨어질 거	3급
거	居	살 거	4급
거	去	갈 거	7급
거	擧	들 거	5급
거	車	수레 거·차	9급
거	巨	클 거	4급
건	健	굳셀 건	3급
건	件	물건 건	3급
건	乾	하늘, 마를 건	4급
건	建	세울 건	8급
걸	傑	뛰어날 걸	3급
걸	乞	빌 걸	3급
검	檢	검사할 검	3급
검	儉	검소할 검	3급
검	劍	칼 검	3급
격	隔	사이뜰 격	3급
격	格	격식 격	3급
격	激	격할 격	3급
격	擊	칠 격	3급
견	遣	보낼 견	3급
견	絹	비단 견	3급
견	肩	어깨 견	3급
견	牽	이끌, 끌 견	3급
견	犬	개 견	5급
견	堅	굳을 견	4급
견	見	볼 견/뵈올 현	8급
결	缺	이지러질 결	3급
결	潔	깨끗할 결	4급
결	決	결단할 결	7급
결	結	맺을 결	6급
겸	謙	겸손할 겸	3급
겸	兼	겸할 겸	3급
경	鏡	거울 경	3급
경	硬	굳을 경	3급
경	傾	기울 경	3급
경	警	깨우칠 경	3급
경	竟	마침내 경	3급

경	卿	벼슬 경	3급	고	稿	원고, 볏짚 고	3급	관	管	대롱, 주관할 관	3급
경	頃	이랑, 잠깐 경	3급	고	告	고할 고	7급	관	慣	익숙할 관	3급
경	境	지경 경	3급	고	固	굳을 고	6급	관	館	집 관	3급
경	徑	지름길, 길 경	3급	고	高	높을 고	9급	관	關	관계할 관	4급
경	驚	놀랄 경	4급	고	考	생각할 고	7급	관	官	벼슬 관	6급
경	耕	밭갈 경	4급	고	苦	쓸 고	4급	관	觀	볼 관	6급
경	庚	별, 천간 경	4급	고	故	연고 고	8급	광	鑛	쇳돌 광	3급
경	輕	가벼울 경	4급	고	古	예 고	8급	광	狂	미칠 광	3급
경	慶	경사 경	7급	곡	哭	울 곡	3급	광	廣	넓을 광	6급
경	敬	공경 경	6급	곡	穀	곡식 곡	4급	광	光	빛 광	8급
경	競	다툴 경	7급	곡	谷	골 곡	5급	괘	掛	걸 괘	3급
경	景	볕 경	7급	곡	曲	굽을 곡	8급	괴	怪	괴이할 괴	3급
경	京	서울 경	7급	곤	困	곤할 곤	4급	괴	壞	무너질 괴	3급
경	經	지날, 글 경	7급	곤	坤	따(땅) 곤	4급	괴	愧	부끄러울 괴	3급
계	戒	경계할 계	3급	골	骨	뼈 골	5급	괴	塊	흙덩이 괴	3급
계	桂	계수나무 계	3급	공	恭	공손할 공	3급	교	巧	공교할 교	3급
계	械	기계 계	3급	공	孔	구멍 공	3급	교	郊	들 교	3급
계	係	맬 계	3급	공	恐	두려울 공	3급	교	矯	바로잡을 교	3급
계	契	맺을 계	3급	공	貢	바칠 공	3급	교	較	비교할, 견줄 교	3급
계	階	섬돌 계	3급	공	供	이바지할 공	3급	교	敎	가르칠 교	6급
계	啓	열 계	3급	공	攻	칠 공	3급	교	橋	다리 교	4급
계	系	이어맬 계	3급	공	功	공 공	6급	교	交	사귈 교	9급
계	繼	이을 계	3급	공	公	공평할 공	7급	교	校	학교 교	7급
계	繫	맬 계	3급	공	空	빌 공	6급	구	具	갖출 구	3급
계	鷄	닭 계	4급	공	工	장인 공	9급	구	狗	개 구	3급
계	癸	북방, 천간 계	4급	공	共	한가지 공	7급	구	球	공, 옥경 구	3급
계	溪	시내 계	4급	과	誇	자랑할 과	3급	구	區	구분할, 지경 구	3급
계	計	셀 계	7급	과	寡	적을 과	3급	구	苟	구차할, 진실로 구	3급
계	季	계절 계	8급	과	課	공부할, 과정 과	6급	구	懼	두려워할 구	3급
계	界	지경 계	7급	과	科	과목 과	8급	구	驅	몰 구	3급
고	庫	곳집 고	3급	과	果	실과 과	9급	구	丘	언덕 구	3급
고	顧	돌아볼 고	3급	과	過	지날 과	7급	구	構	얽을 구	3급
고	枯	마를 고	3급	곽	郭	둘레, 외성 곽	3급	구	拘	잡을 구	3급
고	鼓	북 고	3급	관	冠	갓 관	3급	구	俱	함께 구	3급
고	姑	시어미 고	3급	관	貫	꿸 관	3급	구	舊	예 구	4급
고	孤	외로울 고	3급	관	寬	너그러울 관	3급	구	久	오랠 구	5급

구	救	구원할 구	5급
구	求	구할 구	7급
구	句	글귀 구	5급
구	九	아홉 구	8급
구	究	연구할 구	7급
구	口	입 구	9급
국	菊	국화 국	3급
국	局	판 국	3급
국	國	나라 국	7급
군	群	무리 군	3급
군	郡	고을 군	6급
군	軍	군사 군	8급
군	君	임금 군	7급
굴	屈	굽힐 굴	3급
궁	窮	다할, 궁할 궁	3급
궁	宮	집 궁	3급
궁	弓	활 궁	5급
권	券	문서 권	3급
권	拳	주먹 권	3급
권	權	권세 권	5급
권	勸	권할 권	4급
권	卷	책 권	4급
궐	厥	그 궐	3급
궤	軌	바퀴자국 궤	3급
귀	龜	거북 귀(구)·균	3급
귀	鬼	귀신 귀	3급
귀	歸	돌아갈 귀	4급
귀	貴	귀할 귀	5급
규	規	법 규	3급
규	叫	부르짖을 규	3급
규	糾	얽힐 규	3급
균	菌	버섯 균	3급
균	均	고를 균	4급
극	劇	심할 극	3급
극	克	이길 극	3급
극	極	극진할, 다할 극	4급

근	僅	겨우 근	3급
근	斤	근 근	3급
근	謹	삼갈 근	3급
근	近	가까울 근	6급
근	勤	부지런할 근	5급
근	根	뿌리 근	5급
금	琴	거문고 금	3급
금	錦	비단 금	3급
금	禽	새 금	3급
금	禁	금할 금	5급
금	今	이제 금	8급
금	金	쇠 금, 성 김	8급
급	級	등급 급	3급
급	及	미칠 급	4급
급	急	급할 급	4급
급	給	줄 급	4급
긍	肯	즐길 긍	3급
기	畿	경기 기	3급
기	器	그릇 기	3급
기	旗	기 기	3급
기	奇	기특할 기	3급
기	忌	꺼릴 기	3급
기	企	꾀할 기	3급
기	騎	말탈 기	3급
기	棄	버릴 기	3급
기	紀	벼리 기	3급
기	寄	부칠 기	3급
기	祈	빌 기	3급
기	欺	속일 기	3급
기	豈	어찌 기	3급
기	飢	주릴 기	3급
기	機	틀 기	3급
기	其	그 기	5급
기	幾	몇 기	4급
기	旣	이미 기	4급
기	記	기록할 기	7급

기	期	기약할 기	6급
기	氣	기운 기	7급
기	己	몸 기	8급
기	起	일어날 기	5급
기	技	재주 기	7급
기	基	터 기	7급
긴	緊	긴할 긴	3급
길	吉	길할 길	6급

ㄴ

나	那	어찌 나	3급
낙	諾	허락할 낙	3급
난	暖	따뜻할 난	4급
난	難	어려울 난	5급
남	南	남녘 남	8급
남	男	사내 남	8급
납	納	들일 납	3급
낭	娘	계집 낭	3급
내	耐	견딜 내	3급
내	奈	어찌 내(나)	3급
내	乃	이에 내	4급
내	內	안 내	8급
녀	女	계집 녀	9급
년	年	해 년	8급
념	念	생각 념	6급
녕	寧	편안할 녕	3급
노	奴	종 노	3급
노	努	힘쓸 노	3급
노	怒	성낼 노	4급
농	農	농사 농	7급
뇌	腦	골, 뇌수 뇌	3급
뇌	惱	번뇌할 뇌	3급
능	能	능할 능	8급
니	泥	진흙 니	3급

ㄷ

다	茶	차 다(차)	3급
다	多	많을 다	7급
단	斷	끊을 단	3급
단	壇	단 단	3급
단	團	둥글 단	3급
단	檀	박달나무 단	3급
단	旦	아침 단	3급
단	段	층계 단	3급
단	端	끝 단	4급
단	但	다만 단	4급
단	丹	붉을 단	5급
단	短	짧을 단	5급
단	單	홑 단	8급
달	達	통달할 달	6급
담	淡	맑을 담	3급
담	擔	멜 담	3급
담	談	말씀 담	6급
답	畓	논 답	3급
답	踏	밟을 답	3급
답	答	대답 답	7급
당	唐	당나라, 당황할당	3급
당	黨	무리 당	3급
당	糖	엿 당(탕)	3급
당	當	마땅 당	4급
당	堂	집, 당당할 당	5급
대	臺	대 대	3급
대	帶	띠 대	3급
대	隊	무리 대	3급
대	貸	빌릴 대	3급
대	待	기다릴 대	4급
대	代	대신할 대	5급
대	對	대할 대	6급
대	大	큰 대	9급
덕	德	큰 덕	6급
도	渡	건널 도	3급
도	途	길 도	3급
도	倒	넘어질 도	3급
도	盜	도둑 도	3급
도	逃	도망할 도	3급
도	挑	돋울 도	3급
도	跳	뛸 도	3급
도	稻	벼 도	3급
도	桃	복숭아 도	3급
도	導	인도할 도	3급
도	陶	질그릇 도	3급
도	塗	칠할 도	3급
도	徒	무리 도	4급
도	刀	칼 도	5급
도	圖	그림 도	7급
도	道	길 도	7급
도	都	도읍 도	7급
도	度	법도도/헤아릴탁	7급
도	島	섬 도	7급
도	到	이를 도	6급
독	督	감독할 독	3급
독	篤	도타울 독	3급
독	毒	독 독	3급
독	讀	읽을 독/구절 두	5급
독	獨	홀로 독	5급
돈	敦	도타울 돈	3급
돈	豚	돼지 돈	3급
돌	突	갑자기 돌	3급
동	銅	구리 동	3급
동	凍	얼 동	3급
동	冬	겨울 동	7급
동	洞	골 동/밝을 통	6급
동	東	동녘 동	8급
동	童	아이 동	7급
동	動	움직일 동	6급
동	同	한가지 동	8급
두	斗	말 두	5급
두	豆	콩 두	5급
두	頭	머리 두	5급
둔	鈍	둔할 둔	3급
둔	屯	진칠 둔	3급
득	得	얻을 득	5급
등	騰	오를 등	3급
등	燈	등 등	4급
등	等	무리, 같을 등	7급
등	登	오를 등	6급

ㄹ

라	羅	벌릴 라	3급
락	絡	이을, 얽을 락	3급
락	落	떨어질 락	6급
락	樂	즐길 락/노래 악	8급
란	欄	난간 란	3급
란	蘭	난초 란	3급
란	亂	어지러울 란	3급
란	卵	알 란	5급
람	濫	넘칠 람	3급
람	覽	볼 람	3급
랑	廊	사랑채, 행랑 랑	3급
랑	浪	물결 랑	4급
랑	郎	사내 랑	4급
래	來	올 래	8급
랭	冷	찰 랭	5급
략	略	간략할 략	3급
략	掠	노략질할 략	3급
량	梁	들보 량	3급
량	諒	살펴알, 믿을 량	3급
량	糧	양식 량	3급
량	凉	서늘할 량	4급
량	兩	두 량	7급

389

량	良	어질 량	5급
량	量	헤아릴 량	5급
려	麗	고울 려	3급
려	慮	생각할 려	3급
려	勵	힘쓸 려	3급
려	旅	나그네 려	6급
력	曆	책력 력	3급
력	歷	지날 력	5급
력	力	힘 력	9급
련	戀	그리워할 련	3급
련	憐	불쌍히여길 련	3급
련	鍊	쇠불릴,단련할 련	3급
련	蓮	연꽃 련	3급
련	聯	연이을 련	3급
련	連	이을 련	5급
련	練	익힐 련	4급
렬	劣	못할 렬	3급
렬	裂	찢을 렬	3급
렬	烈	매울 렬	4급
렬	列	벌릴 렬	5급
렴	廉	청렴할 렴	3급
렵	獵	사냥 렵	3급
령	嶺	고개 령	3급
령	零	떨어질 령	3급
령	靈	신령 령	3급
령	領	거느릴 령	4급
령	令	하여금 령	8급
례	隸	종 례	3급
례	例	법식 례	7급
례	禮	예도 례	6급
로	爐	화로 로	3급
로	露	이슬 로	4급
로	路	길 로	6급
로	老	늙을 로	9급
로	勞	일할 로	5급
록	錄	기록할 록	3급
록	祿	녹 록(녹)	3급
록	鹿	사슴 록	3급
록	綠	푸를 록	4급
론	論	논할 론	6급
롱	弄	희롱할 롱	3급
뢰	雷	우레 뢰	3급
뢰	賴	의뢰할 뢰	3급
료	了	마칠 료	3급
료	僚	동료 료	3급
료	料	헤아릴 료	7급
룡	龍	용 룡	3급
루	淚	눈물 루	3급
루	樓	다락 루	3급
루	漏	샐 루	3급
루	屢	여러 루	3급
루	累	여러, 자주 루	3급
류	類	무리 류	3급
류	柳	버들 류	4급
류	留	머무를 류	5급
류	流	흐를 류	6급
륙	陸	뭍 륙	5급
륙	六	여섯 륙	8급
륜	輪	바퀴 륜	3급
륜	倫	인륜 륜	4급
률	栗	밤 률	3급
률	律	법칙 률	6급
륭	隆	높을 륭	3급
릉	陵	언덕 릉	3급
리	吏	관리 리	3급
리	離	떠날 리	3급
리	履	밟을 리	3급
리	梨	배 리	3급
리	裏	속 리	3급
리	李	오얏, 성 리	4급
리	理	다스릴 리	6급
리	里	마을 리	7급
리	利	이로울 리	8급
린	隣	이웃 린	3급
림	臨	임할 림	3급
림	林	수풀 림	7급
립	立	설 립	9급

ㅁ

마	磨	갈 마	3급
마	麻	삼 마	3급
마	馬	말 마	9급
막	漠	넓을 막	3급
막	幕	장막 막	3급
막	莫	없을 막	4급
만	慢	거만할 만	3급
만	漫	흩어질 만	3급
만	晚	늦을 만	4급
만	萬	일만 만	9급
만	滿	찰 만	5급
말	末	끝 말	6급
망	妄	망령될 망	3급
망	茫	아득할 망	3급
망	罔	없을 망	3급
망	忙	바쁠 망	4급
망	忘	잊을 망	4급
망	亡	망할 망	6급
망	望	바랄 망	5급
매	梅	매화 매	3급
매	埋	묻을 매	3급
매	媒	중매 매	3급
매	妹	누이 매	3급
매	每	매양 매	7급
매	買	살 매	4급
매	賣	팔 매	5급
맥	脈	줄기 맥	3급

맥	麥	보리 맥	4급
맹	孟	맏 맹	3급
맹	盟	맹세 맹	3급
맹	猛	사나울 맹	3급
맹	盲	소경, 눈멀 맹	3급
면	綿	솜 면	3급
면	免	면할 면	4급
면	眠	잘 면	4급
면	面	낯 면	9급
면	勉	힘쓸 면	5급
멸	滅	멸할, 꺼질 멸	3급
명	銘	새길 명	3급
명	冥	어두울 명	3급
명	鳴	울 명	4급
명	命	목숨 명	7급
명	明	밝을 명	7급
명	名	이름 명	8급
모	慕	그릴 모	3급
모	謀	꾀 모	3급
모	貌	모양 모	3급
모	募	모을, 뽑을 모	3급
모	模	본뜰 모	3급
모	某	아무 모	3급
모	冒	무릅쓸 모	3급
모	侮	업신여길 모	3급
모	暮	저물 모	4급
모	母	어미 모	9급
모	毛	터럭(털) 모	8급
목	牧	칠 목	3급
목	睦	화목할 목	3급
목	木	나무 목	9급
목	目	눈 목	9급
몰	沒	빠질 몰	3급
몽	夢	꿈 몽	3급
몽	蒙	어두울 몽	3급
묘	苗	모 묘	3급

묘	墓	무덤 묘	3급
묘	廟	사당 묘	3급
묘	妙	묘할 묘	4급
묘	卯	토끼 묘	4급
무	貿	무역할 무	3급
무	霧	안개 무	3급
무	茂	무성할 무	4급
무	戊	천간 무	4급
무	舞	춤출 무	5급
무	無	없을 무	8급
무	武	호반, 무인 무	7급
무	務	힘쓸 무	5급
묵	默	잠잠할 묵	3급
묵	墨	먹 묵	4급
문	文	글월 문	9급
문	聞	들을 문	7급
문	門	문 문	9급
문	問	물을 문	6급
물	勿	말 물	4급
물	物	물건 물	7급
미	眉	눈썹 미	3급
미	迷	미혹할 미	3급
미	微	작을 미	3급
미	尾	꼬리 미	4급
미	味	맛 미	5급
미	未	아닐 미	6급
미	米	쌀 미	5급
미	美	아름다울 미	7급
민	憫	민망할 민	3급
민	敏	민첩할 민	3급
민	民	백성 민	8급
밀	蜜	꿀 밀	3급
밀	密	빽빽할 밀	5급

ㅂ

박	博	넓을 박	3급
박	泊	머무를 박	3급
박	薄	엷을 박	3급
박	拍	칠 박	3급
박	迫	핍박할 박	3급
박	朴	성 박	4급
반	般	가지, 일반 반	3급
반	班	나눌 반	3급
반	返	돌이킬 반	3급
반	叛	배반할 반	3급
반	盤	소반 반	3급
반	伴	짝 반	3급
반	飯	밥 반	4급
반	反	돌이킬 반	7급
반	半	반 반	7급
발	拔	뽑을 발	3급
발	髮	터럭 발	3급
발	發	필, 쏠 발	6급
방	傍	곁 방	3급
방	芳	꽃다울 방	3급
방	邦	나라 방	3급
방	妨	방해할 방	3급
방	倣	본뜰 방	3급
방	房	방 방	4급
방	放	놓을 방	7급
방	防	막을 방	5급
방	方	모 방	8급
방	訪	찾을 방	5급
배	倍	곱 배	3급
배	配	나눌, 짝 배	3급
배	背	등 배	3급
배	輩	무리 배	3급
배	排	밀칠 배	3급
배	培	북돋울 배	3급

배	杯	잔 배	4급
배	拜	절 배	5급
백	伯	맏 백	3급
백	百	일백 백	8급
백	白	흰 백	8급
번	煩	번거로울 번	3급
번	繁	번성할 번	3급
번	飜	번역할 번	3급
번	番	차례 번	7급
벌	罰	벌할 벌	3급
벌	伐	칠 벌	4급
범	犯	범할 범	3급
범	範	법 범	3급
범	凡	무릇 범	4급
법	法	법 법	8급
벽	壁	벽 벽	3급
벽	碧	푸를 벽	3급
변	邊	가 변	3급
변	辯	말씀 변	3급
변	辨	분별할 변	3급
변	變	변할 변	5급
별	別	다를, 나눌 별	6급
병	竝	나란히 병	3급
병	屛	병풍 병	3급
병	丙	남녘, 천간 병	4급
병	病	병 병	7급
병	兵	병사 병	8급
보	補	기울 보	3급
보	普	넓을 보	3급
보	寶	보배 보	3급
보	譜	족보 보	3급
보	報	갚을, 알릴 보	6급
보	步	걸음 보	7급
보	保	지킬 보	7급
복	複	겹칠 복	3급
복	腹	배 복	3급

복	卜	점 복	3급
복	覆	다시 복/덮을 부	3급
복	伏	엎드릴 복	4급
복	福	복 복	6급
복	服	옷, 복종할 복	7급
복	復	회복할 복/다시 부	6급
본	本	근본 본	8급
봉	蜂	벌 봉	3급
봉	峯	봉우리 봉	3급
봉	封	봉할 봉	3급
봉	鳳	봉새 봉	3급
봉	逢	만날 봉	4급
봉	奉	받들 봉	7급
부	赴	다다를, 갈 부	3급
부	府	마을, 관청 부	3급
부	簿	문서 부	3급
부	副	버금 부	3급
부	賦	부세 부	3급
부	付	줄 부	3급
부	符	부호 부	3급
부	附	붙을 부	3급
부	腐	썩을 부	3급
부	負	질 부	3급
부	扶	도울 부	4급
부	浮	뜰 부	4급
부	否	아닐 부	4급
부	部	떼 부	4급
부	婦	며느리, 지어미 부	6급
부	富	부자 부	6급
부	父	아비 부	9급
부	夫	지아비 부	9급
북	北	북녘 북/달아날 배	8급
분	粉	가루 분	3급
분	奔	달릴 분	3급
분	奮	떨칠 분	3급
분	墳	무덤 분	3급

분	憤	분할 분	3급
분	紛	어지러울 분	3급
분	分	나눌 분	8급
불	拂	떨칠 불	3급
불	佛	부처 불	4급
불	不	아닐 불(부)	8급
붕	崩	무너질 붕	3급
붕	朋	벗 붕	4급
비	婢	계집종 비	3급
비	卑	낮을 비	3급
비	碑	비석 비	3급
비	批	비평할 비	3급
비	肥	살찔 비	3급
비	祕	숨길 비	3급
비	費	쓸 비	3급
비	妃	왕비 비	3급
비	備	갖출 비	6급
비	比	견줄 비	7급
비	飛	날 비	5급
비	悲	슬플 비	4급
비	非	아닐 비	7급
비	鼻	코 비	4급
빈	賓	손 빈	3급
빈	頻	자주 빈	3급
빈	貧	가난할 빈	4급
빙	聘	부를 빙	3급
빙	氷	얼음 빙	5급

ㅅ

사	邪	간사할 사	3급
사	蛇	긴뱀 사	3급
사	似	닮을 사	3급
사	詞	말, 글 사	3급
사	辭	말씀 사	3급

사	司	맡을 사	3급		상	嘗	맛볼 상	3급		석	釋	풀 석	3급
사	沙	모래 사	3급		상	像	모양 상	3급		석	惜	아낄 석	4급
사	社	모일 사	3급		상	桑	뽕나무 상	3급		석	昔	예 석	4급
사	捨	버릴 사	3급		상	床	상 상	3급		석	石	돌 석	9급
사	寫	베낄 사	3급		상	祥	상서로울 상	3급		석	席	자리 석	6급
사	斜	비낄 사	3급		상	詳	자세할 상	3급		석	夕	저녁 석	9급
사	詐	속일 사	3급		상	裳	치마 상	3급		선	旋	돌 선	3급
사	斯	이 사	3급		상	象	코끼리 상	3급		선	宣	베풀 선	3급
사	祀	제사 사	3급		상	狀	형상 상/문서 장	3급		선	禪	선 선	3급
사	査	조사할 사	3급		상	傷	다칠 상	4급		선	選	가릴 선	6급
사	賜	줄 사	3급		상	霜	서리 상	4급		선	鮮	고울 선	6급
사	巳	뱀 사	4급		상	尙	오히려 상	5급		선	先	먼저 선	7급
사	謝	사례할 사	4급		상	喪	잃을 상	4급		선	船	배 선	6급
사	絲	실 사	4급		상	常	떳떳할 상	4급		선	仙	신선 선	5급
사	射	쏠 사	5급		상	賞	상줄 상	6급		선	線	줄 선	7급
사	舍	집 사	4급		상	想	생각 상	6급		선	善	착할 선	5급
사	四	넉 사	8급		상	相	서로 상	6급		설	舌	혀 설	4급
사	史	사기, 역사 사	8급		상	上	윗 상	8급		설	雪	눈 설	6급
사	私	사사 사	4급		상	商	장사 상	8급		설	說	말씀 설/달랠 세	6급
사	思	생각 사	6급		색	塞	막힐 색/변방 새	3급		설	設	베풀 설	6급
사	士	선비 사	8급		색	索	찾을 색/새끼줄 삭	3급		섭	涉	건널 섭	3급
사	仕	섬길 사	6급		색	色	빛 색	8급		섭	攝	다스릴, 당길 섭	3급
사	師	스승 사	7급		생	生	날 생	8급		성	盛	성할 성	4급
사	事	일 사	8급		서	署	마을, 관청 서	3급		성	星	별 성	6급
사	寺	절 사	5급		서	緒	실마리 서	3급		성	省	살필 성/덜 생	6급
사	死	죽을 사	7급		서	庶	여러 서	3급		성	姓	성 성	6급
사	使	하여금 사	5급		서	恕	용서할 서	3급		성	聖	성인 성	4급
삭	削	깎을 삭	3급		서	徐	천천히 서	3급		성	性	성품 성	7급
삭	朔	초하루 삭	3급		서	敍	펼 서	3급		성	聲	소리 성	5급
산	散	흩을 산	4급		서	誓	맹세할 서	3급		성	成	이룰 성	8급
산	産	낳을 산	6급		서	逝	갈 서	3급		성	城	재 성	7급
산	山	메 산	9급		서	暑	더울 서	4급		성	誠	정성 성	6급
산	算	셈 산	6급		서	書	글 서	8급		세	細	가늘 세	4급
살	殺	죽일 살/감할 쇄	5급		서	西	서녘 서	8급		세	稅	세금 세	4급
삼	三	석 삼	8급		서	序	차례 서	7급		세	洗	씻을 세	6급
상	償	갚을 상	3급		석	析	쪼갤 석	3급		세	世	인간 세	8급

세	歲	해 세	6급
세	勢	형세 세	5급
소	蔬	나물 소	3급
소	蘇	되살아날 소	3급
소	疎	소통할 소	3급
소	騷	떠들 소	3급
소	昭	밝을 소	3급
소	召	부를 소	3급
소	燒	불사를 소	3급
소	掃	쓸 소	3급
소	訴	호소할 소	3급
소	所	바 소	7급
소	素	본디, 흴 소	7급
소	消	사라질 소	7급
소	笑	웃음 소	4급
소	小	작을 소	8급
소	少	적을 소	8급
속	束	묶을 속	3급
속	屬	붙일 속	3급
속	粟	조 속	3급
속	續	이을 속	4급
속	速	빠를 속	5급
속	俗	풍속 속	7급
손	損	덜 손	3급
손	孫	손자 손	6급
솔	率	거느릴 솔/비율 률	3급
송	訟	송사할 송	3급
송	誦	욀 송	3급
송	頌	칭송할 송	3급
송	松	소나무 송	4급
송	送	보낼 송	5급
쇄	鎖	쇠사슬 쇄	3급
쇄	刷	인쇄할 쇄	3급
쇠	衰	쇠할 쇠	3급
수	囚	가둘 수	3급
수	殊	다를 수	3급
수	遂	드디어 수	3급
수	隨	따를 수	3급
수	輸	보낼 수	3급
수	需	쓰일, 쓸 수	3급
수	帥	장수 수	3급
수	睡	졸음 수	3급
수	獸	짐승 수	3급
수	垂	드리울 수	3급
수	搜	찾을 수	3급
수	愁	근심 수	4급
수	誰	누구 수	4급
수	須	모름지기 수	4급
수	壽	목숨 수	4급
수	雖	비록 수	4급
수	秀	빼어날 수	4급
수	收	거둘 수	6급
수	樹	나무 수	4급
수	修	닦을 수	4급
수	首	머리 수	6급
수	水	물 수	9급
수	受	받을 수	6급
수	數	셈 수	6급
수	手	손 수	9급
수	授	줄 수	5급
수	守	지킬 수	6급
숙	孰	누구 숙	3급
숙	肅	엄숙할 숙	3급
숙	熟	익을 숙	3급
숙	淑	맑을 숙	4급
숙	叔	아재비 숙	4급
숙	宿	잘 숙/별자리 수	4급
순	瞬	눈깜짝일 순	3급
순	循	돌 순	3급
순	巡	돌, 순행할 순	3급
순	殉	따라죽을 순	3급
순	旬	열흘 순	3급
순	脣	입술 순	3급
순	純	순수할 순	4급
순	順	순할 순	6급
술	術	재주 술	3급
술	述	펼 술	3급
술	戌	개 술	4급
숭	崇	높을 숭	4급
습	襲	엄습할 습	3급
습	濕	젖을 습	3급
습	拾	주울 습/열 십	4급
습	習	익힐 습	7급
승	昇	오를 승	3급
승	僧	중 승	3급
승	承	이을 승	4급
승	乘	탈 승	4급
승	勝	이길 승	5급
시	侍	모실 시	3급
시	矢	화살 시	3급
시	施	베풀 시	5급
시	時	때 시	7급
시	示	보일 시	8급
시	視	볼 시	5급
시	始	비로소 시	7급
시	詩	시 시	7급
시	試	시험 시	4급
시	是	옳을 시	6급
시	市	저자, 시장 시	8급
식	飾	꾸밀 식	3급
식	息	쉴 식	3급
식	食	밥, 먹을 식	8급
식	式	법 식	6급
식	植	심을 식	6급
식	識	알 식/기록할 지	5급
신	晨	새벽 신	3급
신	伸	펼 신	3급
신	愼	삼갈 신	3급

신	辛	매울 신	4급	안	安	편안 안	7급	어	語	말씀 어	6급
신	申	펼 신	4급	알	謁	뵐 알	3급	억	抑	누를 억	3급
신	神	귀신 신	7급	암	巖	바위 암	4급	억	憶	생각할 억	4급
신	身	몸 신	9급	암	暗	어두울 암	4급	억	億	억 억	4급
신	信	믿을, 소식 신	7급	압	壓	누를 압	3급	언	焉	어찌 언	3급
신	新	새 신	5급	압	押	누를 압	3급	언	言	말씀 언	8급
신	臣	신하 신	8급	앙	央	가운데 앙	3급	엄	嚴	엄할 엄	4급
실	實	열매 실	7급	앙	殃	재앙 앙	3급	업	業	업 업	8급
실	失	잃을 실	8급	앙	仰	우러를 앙	4급	여	予	나 여	3급
실	室	집 실	7급	애	涯	물가 애	3급	여	輿	수레 여	3급
심	審	살필 심	3급	애	哀	슬플 애	4급	여	余	나 여	4급
심	尋	찾을 심	3급	애	愛	사랑 애	5급	여	餘	남을 여	4급
심	甚	심할 심	4급	액	厄	액 액	3급	여	汝	너 여	4급
심	深	깊을 심	4급	액	額	이마 액	3급	여	與	더불, 줄 여	4급
심	心	마음 심	9급	야	耶	어조사 야	3급	여	如	같을 여	4급
십	十	열 십	8급	야	也	이끼, 어조사 야	4급	역	譯	번역할 역	3급
쌍	雙	쌍 쌍	3급	야	野	들 야	7급	역	役	부릴 역	3급
씨	氏	각시, 성씨 씨	5급	야	夜	밤 야	5급	역	驛	역 역	3급
				약	躍	뛸 약	3급	역	疫	전염병 역	3급

ㅇ

				약	若	같을 약/반야 야	5급	역	域	지경 역	3급
				약	約	맺을 약	7급	역	亦	또 역	4급
아	雅	맑을 아	3급	약	藥	약 약	7급	역	易	바꿀 역/쉬울 이	5급
아	亞	버금 아	3급	약	弱	약할 약	5급	역	逆	거스릴 역	5급
아	芽	싹 아	3급	양	樣	모양 양	3급	연	鉛	납 연	3급
아	牙	어금니 아	3급	양	楊	버들 양	3급	연	延	늘일 연	3급
아	餓	주릴 아	3급	양	壤	흙덩이 양	3급	연	沿	물따라갈 연	3급
아	我	나 아	4급	양	揚	날릴 양	4급	연	軟	연할 연	3급
아	兒	아이 아	9급	양	讓	사양할 양	4급	연	緣	인연 연	3급
악	岳	큰산 악	3급	양	養	기를 양	7급	연	宴	잔치 연	3급
악	惡	악할 악/미워할 오	4급	양	陽	볕 양	6급	연	燕	제비 연	3급
안	雁	기러기 안	3급	양	羊	양 양	9급	연	燃	불탈 연	3급
안	岸	언덕 안	3급	양	洋	큰바다 양	7급	연	演	펼 연	3급
안	顔	낯 안	4급	어	御	거느릴 어	3급	연	煙	연기 연	4급
안	眼	눈 안	4급	어	於	어조사 어	4급	연	硏	갈 연	5급
안	案	책상 안	7급	어	魚	고기 어	9급	연	然	그럴 연	5급
				어	漁	고기잡을 어	5급	열	閱	볼 열	3급

열	悅	기쁠 열	4급	와	臥	누울 와	4급	운	韻	운 운	3급
열	熱	더울 열	7급	완	緩	느릴 완	3급	운	云	이를 운	4급
염	染	물들 염	3급	완	完	완전할 완	6급	운	雲	구름 운	7급
염	鹽	소금 염	3급	왈	曰	가로 왈	4급	운	運	옮길 운	6급
염	炎	불꽃 염	4급	왕	往	갈 왕	5급	웅	雄	수컷 웅	5급
엽	葉	잎 엽	4급	왕	王	임금 왕	9급	원	源	근원 원	3급
영	營	경영할 영	3급	외	畏	두려워할 외	3급	원	援	도울 원	3급
영	影	그림자 영	3급	외	外	바깥 외	8급	원	員	인원 원	3급
영	映	비칠 영	3급	요	謠	노래 요	3급	원	院	집 원	5급
영	詠	읊을 영	3급	요	遙	멀 요	3급	원	圓	둥글 원	4급
영	泳	헤엄칠 영	3급	요	腰	허리 요	3급	원	怨	원망할 원	4급
영	迎	맞을 영	4급	요	搖	흔들 요	3급	원	園	동산 원	6급
영	永	길 영	6급	요	要	요긴할 요	7급	원	遠	멀 원	5급
영	英	꽃부리 영	6급	욕	辱	욕될 욕	3급	원	原	언덕, 근원 원	8급
영	榮	영화 영	5급	욕	慾	욕심 욕	3급	원	願	원할 원	5급
예	譽	기릴, 명예 예	3급	욕	欲	하고자할 욕	4급	원	元	으뜸 원	8급
예	銳	날카로울 예	3급	욕	浴	목욕할 욕	5급	월	越	넘을 월	3급
예	豫	미리 예	3급	용	庸	떳떳할 용	3급	월	月	달 월	9급
예	藝	재주 예	5급	용	勇	날랠 용	5급	위	僞	거짓 위	3급
오	傲	거만할 오	3급	용	用	쓸 용	8급	위	委	맡길 위	3급
오	汚	더러울 오	3급	용	容	얼굴 용	8급	위	胃	밥통, 위장 위	3급
오	嗚	슬플 오	3급	우	羽	깃 우	3급	위	緯	씨줄 위	3급
오	娛	즐길 오	3급	우	優	뛰어날 우	3급	위	違	어긋날 위	3급
오	誤	그르칠 오	4급	우	愚	어리석을 우	3급	위	圍	에워쌀 위	3급
오	烏	까마귀 오	5급	우	郵	우편 우	3급	위	慰	위로할 위	3급
오	悟	깨달을 오	4급	우	偶	짝 우	3급	위	謂	이를 위	3급
오	吾	나 오	4급	우	憂	근심 우	4급	위	衛	지킬 위	3급
오	午	낮 오	8급	우	尤	더욱 우	4급	위	威	위엄 위	4급
오	五	다섯 오	8급	우	又	또 우	4급	위	危	위태할 위	4급
옥	獄	옥 옥	3급	우	遇	만날 우	4급	위	爲	하,할 위	5급
옥	玉	구슬 옥	9급	우	于	어조사 우	4급	위	位	자리 위	8급
옥	屋	집 옥	5급	우	宇	집 우	5급	위	偉	클 위	4급
온	溫	따뜻할 온	5급	우	友	벗 우	7급	유	幽	그윽할 유	3급
옹	翁	늙은이 옹	3급	우	雨	비 우	9급	유	誘	꾈 유	3급
옹	擁	낄 옹	3급	우	牛	소 우	9급	유	愈	나을 유	3급
와	瓦	기와 와	4급	우	右	오른쪽 우	6급	유	裕	넉넉할 유	3급

유	悠	멀 유	3급
유	維	벼리 유	3급
유	惟	생각할 유	3급
유	儒	선비 유	3급
유	乳	젖 유	3급
유	遺	남길 유	5급
유	遊	놀 유	4급
유	酉	닭 유	4급
유	柔	부드러울 유	4급
유	幼	어릴 유	4급
유	唯	오직 유	4급
유	猶	오히려 유	4급
유	油	기름 유	6급
유	由	말미암을 유	8급
유	有	있을 유	8급
육	肉	고기 육	8급
육	育	기를 육	7급
윤	潤	윤택할 윤	3급
윤	閏	윤달 윤	3급
은	隱	숨을 은	3급
은	銀	은 은	7급
은	恩	은혜 은	6급
을	乙	새 을	4급
음	淫	음란할 음	3급
음	吟	읊을 음	4급
음	陰	그늘 음	4급
음	飮	마실 음	5급
음	音	소리 음	8급
읍	泣	울 읍	4급
읍	邑	고을 읍	8급
응	凝	엉길 응	3급
응	應	응할 응	6급
의	儀	거동 의	3급
의	宜	마땅 의	3급
의	疑	의심할 의	3급
의	矣	어조사 의	4급

의	依	의지할 의	4급
의	意	뜻 의	7급
의	義	옳을 의	6급
의	衣	옷 의	9급
의	議	의논할 의	6급
의	醫	의원 의	7급
이	夷	오랑캐 이	3급
이	異	다를 이	4급
이	而	말이을 이	4급
이	已	이미 이	4급
이	耳	귀 이	7급
이	二	두 이	8급
이	以	써 이	5급
이	移	옮길 이	6급
익	翼	날개 익	3급
익	益	더할 익	6급
인	姻	혼인 인	3급
인	印	도장 인	4급
인	忍	참을 인	4급
인	寅	범, 동방 인	4급
인	引	끌 인	6급
인	人	사람 인	9급
인	認	알 인	4급
인	仁	어질 인	5급
인	因	인할 인	8급
일	逸	편안할 일	3급
일	日	날 일	9급
일	一	한 일	8급
임	任	맡길 임	3급
임	賃	품삯 임	3급
임	壬	북방 임	4급
입	入	들 입	8급

ㅈ

자	姿	모양 자	3급
자	恣	방자할 자	3급
자	玆	이 자	3급
자	紫	자줏빛 자	3급
자	資	재물 자	3급
자	刺	찌를 자(척)	3급
자	慈	사랑 자	4급
자	姉	손윗누이 자	4급
자	字	글자 자	7급
자	者	놈 자	8급
자	自	스스로 자	9급
자	子	아들 자	9급
작	爵	벼슬 작	3급
작	酌	술부을, 잔질할 작	3급
작	昨	어제 작	4급
작	作	지을 작	7급
잔	殘	남을 잔	3급
잠	潛	잠길 잠	3급
잠	暫	잠깐 잠	3급
잡	雜	섞일 잡	3급
장	獎	장려할 장	3급
장	藏	감출 장	3급
장	裝	꾸밀 장	3급
장	粧	단장할 장	3급
장	墻	담 장	3급
장	障	막을 장	3급
장	張	베풀 장	3급
장	掌	손바닥 장	3급
장	莊	씩씩할 장	3급
장	丈	어른 장	3급
장	臟	오장 장	3급
장	葬	장사지낼 장	3급
장	腸	창자 장	3급
장	帳	장막 장	3급

장	將	장수, 장차 장	5급
장	壯	장할 장	4급
장	章	글 장	5급
장	長	긴 장	9급
장	場	마당 장	6급
재	載	실을 재	3급
재	裁	옷마를 재	3급
재	災	재앙 재	3급
재	宰	재상 재	3급
재	栽	심을 재	4급
재	哉	어조사 재	4급
재	再	두 재	6급
재	在	있을 재	6급
재	材	재목 재	7급
재	財	재물 재	7급
재	才	재주 재	6급
쟁	爭	다툴 쟁	7급
저	抵	막을 저	3급
저	底	밑 저	3급
저	著	나타날 저	4급
저	低	낮을 저	4급
저	貯	쌓을 저	5급
적	寂	고요할 적	3급
적	績	길쌈 적	3급
적	賊	도둑 적	3급
적	摘	딸 적	3급
적	籍	문서 적	3급
적	滴	물방울 적	3급
적	跡	발자취 적	3급
적	積	쌓을 적	3급
적	適	맞을 적	4급
적	的	과녁 적	6급
적	敵	대적할 적	4급
적	赤	붉을 적	4급
전	轉	구를 전	3급
전	專	오로지 전	3급
전	殿	전각 전	3급
전	錢	돈 전	4급
전	田	밭 전	9급
전	電	번개 전	7급
전	典	법 전	7급
전	戰	싸움 전	7급
전	前	앞 전	7급
전	全	온전할 전	8급
전	傳	전할 전	6급
전	展	펼 전	7급
절	折	꺾을 절	3급
절	切	끊을 절/온통 체	3급
절	竊	훔칠 절	3급
절	絶	끊을 절	6급
절	節	마디 절	6급
점	點	점 점	3급
점	占	점령할, 점칠 점	3급
점	漸	점점 점	3급
점	店	가게 점	5급
접	蝶	나비 접	3급
접	接	이을 접	6급
정	整	가지런할 정	3급
정	程	한도, 길 정	3급
정	訂	바로잡을 정	3급
정	亭	정자 정	3급
정	廷	조정 정	3급
정	征	칠 정	3급
정	靜	고요할 정	4급
정	貞	곧을 정	4급
정	淨	깨끗할 정	4급
정	停	머무를 정	4급
정	井	우물 정	4급
정	丁	장정 정	4급
정	頂	정수리 정	4급
정	庭	뜰 정	7급
정	情	뜻 정	7급
정	正	바를 정	7급
정	政	정사 정	7급
정	定	정할 정	7급
정	精	정할 정	6급
제	齊	가지런할 제	3급
제	濟	건널 제	3급
제	提	끌 제	3급
제	堤	둑 제	3급
제	制	절제할 제	3급
제	際	즈음, 가 제	3급
제	除	덜 제	4급
제	諸	모두 제	4급
제	祭	제사 제	4급
제	帝	임금 제	7급
제	弟	아우 제	8급
제	題	제목 제	6급
제	製	지을 제	5급
제	第	차례 제	5급
조	條	가지 조	3급
조	燥	마를 조	3급
조	照	비칠 조	3급
조	操	잡을 조	3급
조	弔	조상할 조	3급
조	租	조세 조	3급
조	潮	밀물, 조수 조	3급
조	組	짤 조	3급
조	兆	억조 조	5급
조	調	고를 조	6급
조	助	도울 조	5급
조	鳥	새 조	7급
조	朝	아침 조	7급
조	早	이를 조	5급
조	造	지을 조	5급
조	祖	할아비 조	7급
족	族	겨레 족	7급
족	足	발 족	9급

존	尊	높을 존	4급
존	存	있을 존	5급
졸	拙	옹졸할 졸	3급
졸	卒	마칠 졸	5급
종	縱	세로 종	3급
종	鐘	쇠북 종	4급
종	從	좇을 종	4급
종	宗	마루 종	6급
종	終	마칠 종	4급
종	種	씨 종	7급
좌	佐	도울 좌	3급
좌	座	자리 좌	3급
좌	坐	앉을 좌	4급
좌	左	왼 좌	6급
죄	罪	허물 죄	5급
주	州	고을 주	3급
주	株	그루 주	3급
주	柱	기둥 주	3급
주	周	두루 주	3급
주	洲	물가 주	3급
주	舟	배 주	3급
주	奏	아뢸 주	3급
주	珠	구슬 주	3급
주	鑄	쇠불릴 주	3급
주	朱	붉을 주	4급
주	酒	술 주	4급
주	宙	집 주	5급
주	晝	낮 주	5급
주	走	달릴 주	5급
주	注	부을 주	7급
주	住	살 주	7급
주	主	임금, 주인 주	9급
죽	竹	대 죽	7급
준	遵	좇을 준	3급
준	俊	준걸 준	3급
준	準	준할 준	3급

중	仲	버금 중	3급
중	中	가운데 중	8급
중	重	무거울 중	6급
중	衆	무리 중	5급
즉	卽	곧 즉	4급
증	憎	미울 증	3급
증	贈	줄 증	3급
증	症	증세 증	3급
증	蒸	찔 증	3급
증	曾	일찍 증	4급
증	證	증거 증	4급
증	增	더할 증	5급
지	誌	기록할 지	3급
지	遲	더딜, 늦을 지	3급
지	池	못 지	3급
지	智	슬기, 지혜 지	3급
지	枝	가지 지	4급
지	持	가질 지	4급
지	之	갈 지	4급
지	只	다만 지	4급
지	支	지탱할 지	5급
지	指	가리킬 지	7급
지	止	그칠 지	7급
지	地	따(땅) 지	7급
지	志	뜻 지	6급
지	知	알 지	6급
지	至	이를 지	6급
지	紙	종이 지	7급
직	職	직분 직	3급
직	織	짤 직	3급
직	直	곧을 직	7급
진	振	떨칠 진	3급
진	陳	베풀, 묵을 진	3급
진	珍	보배 진	3급
진	鎭	진압할 진	3급
진	陣	진칠 진	3급

진	震	우레 진	3급
진	盡	다할 진	4급
진	辰	별 진, 때 신	4급
진	進	나아갈 진	6급
진	眞	참 진	8급
질	疾	병 질	3급
질	姪	조카 질	3급
질	秩	차례 질	3급
질	質	바탕 질	7급
집	執	잡을 집	4급
집	集	모을 집	7급
징	徵	부를 징	3급
징	懲	징계할 징	3급

ㅊ

차	差	다를 차	3급
차	且	또 차	4급
차	借	빌, 빌릴 차	4급
차	此	이 차	4급
차	次	버금 차	8급
착	錯	어긋날 착	3급
착	捉	잡을 착	3급
착	着	붙을 착	5급
찬	讚	기릴 찬	3급
찬	贊	도울 찬	3급
찰	察	살필 찰	6급
참	慙	부끄러울 참	3급
참	慘	참혹할 참	3급
참	參	참여할 참/석 삼	6급
창	倉	곳집 창	3급
창	創	비롯할 창	3급
창	蒼	푸를 창	3급
창	暢	화창할 창	3급
창	昌	창성할 창	4급

창	唱	부를 창	5급
창	窓	창 창	5급
채	債	빚 채	3급
채	彩	채색 채	3급
채	菜	나물 채	4급
채	採	캘 채	4급
책	策	꾀 책	3급
책	册	책 책	6급
책	責	꾸짖을 책	5급
처	處	곳 처	5급
처	妻	아내 처	4급
척	拓	넓힐 척	3급
척	斥	물리칠 척	3급
척	戚	친척 척	3급
척	尺	자 척	4급
천	踐	밟을 천	3급
천	遷	옮길 천	3급
천	薦	천거할 천	3급
천	賤	천할 천	3급
천	泉	샘 천	4급
천	淺	얕을 천	4급
천	川	내 천	9급
천	千	일천 천	8급
천	天	하늘 천	9급
철	哲	밝을 철	3급
철	徹	통할 철	3급
철	鐵	쇠 철	4급
첨	添	더할 첨	3급
첨	尖	뾰족할 첨	3급
첩	妾	첩 첩	3급
청	廳	관청 청	3급
청	晴	갤 청	4급
청	聽	들을 청	4급
청	淸	맑을 청	6급
청	請	청할 청	4급
청	靑	푸를 청	7급
체	替	바꿀 체	3급
체	滯	막힐 체	3급
체	遞	갈릴 체	3급
체	逮	잡을 체	3급
체	體	몸 체	6급
초	肖	닮을, 같을 초	3급
초	超	뛰어넘을 초	3급
초	抄	뽑을 초	3급
초	礎	주춧돌 초	3급
초	秒	분초 초	3급
초	招	부를 초	4급
초	初	처음 초	8급
초	草	풀 초	7급
촉	觸	닿을 촉	3급
촉	促	재촉할 촉	3급
촉	燭	촛불 촉	3급
촌	寸	마디 촌	6급
촌	村	마을 촌	7급
총	聰	귀밝을 총	3급
총	總	다 총	3급
총	銃	총 총	3급
최	催	재촉할 최	3급
최	最	가장 최	5급
추	抽	뽑을 추	3급
추	醜	추할 추	3급
추	推	밀 추(퇴)	4급
추	追	쫓을, 따를 추	5급
추	秋	가을 추	7급
축	蓄	모을 축	3급
축	築	쌓을 축	3급
축	縮	줄일 축	3급
축	畜	짐승 축	3급
축	逐	쫓을 축	3급
축	丑	소 축	4급
축	祝	빌 축	6급
춘	春	봄 춘	5급
출	出	날 출	7급
충	衝	찌를 충	3급
충	蟲	벌레 충	6급
충	充	채울 충	7급
충	忠	충성 충	6급
취	臭	냄새 취	3급
취	趣	뜻 취	3급
취	醉	취할 취	3급
취	就	나아갈 취	4급
취	吹	불 취	4급
취	取	가질 취	6급
측	側	곁 측	3급
측	測	헤아릴 측	3급
층	層	층 층	3급
치	値	값 치	3급
치	置	둘 치	3급
치	恥	부끄러울 치	3급
치	治	다스릴 치	6급
치	齒	이 치	7급
치	致	이를 치	6급
칙	則	법칙 칙/곧 즉	8급
친	親	친할 친	6급
칠	漆	옻 칠	3급
칠	七	일곱 칠	8급
침	枕	베개 침	3급
침	寢	잘 침	3급
침	浸	잠길 침	3급
침	沈	잠길 침/성 심	3급
침	侵	침노할 침	3급
침	針	바늘 침	4급
칭	稱	일컬을 칭	3급

쾌	快	쾌할 쾌	5급

ㅌ

타	墮	떨어질 타	3급
타	妥	온당할 타	3급
타	他	다를 타	4급
타	打	칠 타	5급
탁	卓	높을 탁	3급
탁	托	맡길 탁	3급
탁	濯	씻을 탁	3급
탁	濁	흐릴 탁	3급
탄	炭	숯 탄	3급
탄	歎	탄식할 탄	3급
탄	彈	탄알 탄	3급
탄	誕	낳을, 거짓 탄	3급
탈	奪	빼앗을 탈	3급
탈	脫	벗을 탈	4급
탐	貪	탐낼 탐	3급
탐	探	찾을 탐	4급
탑	塔	탑 탑	3급
탕	湯	끓을 탕	3급
태	殆	거의 태	3급
태	怠	게으를 태	3급
태	態	모습 태	3급
태	泰	클 태	4급
태	太	클 태	8급
택	擇	가릴 택	3급
택	澤	못 택	3급
택	宅	집 택(댁)	6급
토	討	칠 토	3급
토	吐	토할 토	3급
토	土	흙 토	9급
통	痛	아플 통	3급
통	統	거느릴 통	6급
통	通	통할 통	6급
퇴	退	물러날 퇴	5급
투	透	사무칠 투	3급
투	鬪	싸움 투	3급
투	投	던질 투	4급
특	特	특별할 특	6급

ㅍ

파	派	갈래 파	3급
파	罷	마칠 파	3급
파	播	뿌릴 파	3급
파	頗	자못, 치우칠 파	3급
파	把	잡을 파	3급
파	破	깨뜨릴 파	4급
파	波	물결 파	6급
판	板	널 판	3급
판	版	판목 판	3급
판	販	팔 판	3급
판	判	판단할 판	5급
팔	八	여덟 팔	8급
패	貝	조개 패	5급
패	敗	패할 패	5급
편	遍	두루 편	3급
편	編	엮을 편	3급
편	偏	치우칠 편	3급
편	片	조각 편	6급
편	篇	책 편	4급
편	便	편할 편/똥오줌 변	7급
평	評	평할 평	3급
평	平	평평할 평	7급
폐	蔽	덮을 폐	3급
폐	弊	해질, 폐단 폐	3급
폐	廢	폐할, 버릴 폐	3급
폐	肺	허파 폐	3급
폐	幣	화폐 폐	3급
폐	閉	닫을 폐	4급
포	浦	물가 포	3급
포	飽	배부를 포	3급
포	胞	세포 포	3급
포	包	쌀 포	3급
포	捕	잡을 포	3급
포	布	베, 펼 포/보시 보	4급
포	抱	안을 포	4급
폭	爆	불터질 폭	3급
폭	幅	폭 폭	3급
폭	暴	사나울 폭/모질 포	4급
표	漂	떠다닐 표	3급
표	票	표 표	3급
표	標	표할 표	3급
표	表	겉 표	8급
품	品	물건 품	7급
풍	風	바람 풍	8급
풍	豊	풍년 풍	6급
피	被	입을 피	3급
피	疲	피곤할 피	3급
피	避	피할 피	3급
피	皮	가죽 피	5급
피	彼	저 피	4급
필	畢	마칠 필	3급
필	匹	짝 필	4급
필	必	반드시 필	7급
필	筆	붓 필	6급

ㅎ

하	荷	멜 하	3급
하	何	어찌 하	4급
하	賀	하례할 하	4급
하	河	물 하	5급
하	下	아래 하	8급
하	夏	여름 하	7급
학	鶴	학 학	3급

학	學	배울 학	7급
한	旱	가물 한	3급
한	汗	땀 한	3급
한	恨	한 한	4급
한	閑	한가할 한	4급
한	寒	찰 한	4급
한	韓	한국, 나라 한	6급
한	漢	한수, 한나라 한	6급
한	限	한할 한	5급
할	割	벨 할	3급
함	咸	다 함	3급
함	含	머금을 함	3급
함	陷	빠질 함	3급
합	合	합할 합	8급
항	巷	거리 항	3급
항	抗	겨룰 항	3급
항	航	배 항	3급
항	港	항구 항	3급
항	項	항목 항	3급
항	恒	항상 항	4급
해	該	갖출, 마땅 해	3급
해	奚	어찌 해	3급
해	亥	돼지 해	4급
해	海	바다 해	7급
해	解	풀 해	6급
해	害	해할 해	5급
핵	核	씨 핵	3급
행	行	다닐 행/항렬 항	9급
행	幸	다행 행	8급
향	享	누릴 향	3급
향	響	울릴 향	3급
향	鄕	시골 향	6급
향	香	향기 향	7급
향	向	향할 향	6급
허	虛	빌 허	4급
허	許	허락할 허	4급

헌	獻	드릴 헌	3급
헌	憲	법 헌	3급
헌	軒	집 헌	3급
험	驗	시험 험	3급
험	險	험할 험	3급
혁	革	가죽 혁	5급
현	玄	검을 현	3급
현	縣	고을 현	3급
현	顯	나타날 현	3급
현	懸	매달 현	3급
현	絃	줄 현	3급
현	現	나타날 현	6급
현	賢	어질 현	4급
혈	穴	구멍 혈	3급
혈	血	피 혈	7급
혐	嫌	싫어할 혐	3급
협	脅	위협할 협	3급
협	協	화합할 협	5급
형	螢	반딧불 형	3급
형	亨	형통할 형	3급
형	衡	저울대 형	3급
형	刑	형벌 형	4급
형	兄	형 형	8급
형	形	모양 형	7급
혜	慧	슬기로울 혜	3급
혜	兮	어조사 혜	3급
혜	惠	은혜 혜	6급
호	浩	넓을 호	3급
호	護	도울 호	3급
호	胡	오랑캐 호	3급
호	互	서로 호	3급
호	毫	터럭(털) 호	3급
호	豪	호걸 호	3급
호	虎	범 호	5급
호	呼	부를 호	4급
호	乎	어조사 호	4급

호	戶	집 호	4급
호	號	이름 호	6급
호	好	좋을 호	5급
호	湖	호수 호	5급
혹	惑	미혹할 혹	3급
혹	或	혹 혹	4급
혼	魂	넋 혼	3급
혼	昏	어두울 혼	3급
혼	混	섞을 혼	4급
혼	婚	혼인할 혼	5급
홀	忽	갑자기 홀	3급
홍	鴻	기러기 홍	3급
홍	洪	넓을 홍	3급
홍	弘	클 홍	3급
홍	紅	붉을 홍	4급
화	禾	벼 화	3급
화	禍	재앙 화	3급
화	華	빛날 화	4급
화	畫	그림 화/그을 획	7급
화	花	꽃 화	7급
화	化	될 화	7급
화	話	말씀 화	7급
화	火	불 화	9급
화	貨	재물 화	5급
화	和	화할 화	7급
확	穫	거둘 확	3급
확	確	굳을 확	3급
확	擴	넓힐 확	3급
환	環	고리 환	3급
환	還	돌아올 환	3급
환	丸	둥글 환	3급
환	換	바꿀 환	3급
환	歡	기쁠 환	4급
환	患	근심 환	5급
활	活	살 활	7급
황	況	상황 황	3급

황	荒	거칠 황	3급
황	皇	임금 황	5급
황	黃	누를 황	6급
회	悔	뉘우칠 회	3급
회	懷	품을 회	3급
회	回	돌아올 회	8급
회	會	모일 회	6급
획	劃	그을 획	3급
획	獲	얻을 획	3급
횡	橫	가로 횡	3급
효	曉	새벽 효	3급

효	效	본받을 효	6급
효	孝	효도 효	6급
후	候	기후 후	3급
후	侯	제후 후	3급
후	厚	두터울 후	4급
후	後	뒤 후	7급
훈	訓	가르칠 훈	6급
훼	毀	헐 훼	3급
휘	輝	빛날 휘	3급
휘	揮	휘두를 휘	3급
휴	携	이끌 휴	3급

휴	休	쉴 휴	6급
흉	胸	가슴 흉	4급
흉	凶	흉할 흉	5급
흑	黑	검을 흑	4급
흡	吸	마실 흡	3급
흥	興	일 흥	6급
희	戱	놀이 희	3급
희	稀	드물 희	3급
희	喜	기쁠 희	4급
희	希	바랄 희	6급

정답

p32 연습문제 1

01 ①	02 ③	03 ⑤	04 ⑤	05 ③	06 ③	07 ①	08 ③	09 ①	10 ③
11 ②	12 ④	13 ②	14 ④	15 ①	16 ⑤	17 ②	18 ①	19 ①	20 ④
21 ③	22 ④	23 ③	24 ①	25 ⑤	26 ②	27 ①	28 ①	29 ⑤	30 ③
31 ①	32 ①	33 ④	34 ③	35 ④	36 ①	37 ④	38 ③	39 ②	40 ②
41 ①	42 ⑤	43 ③	44 ④	45 ①	46 ③	47 ⑤	48 ④	49 ③	50 ②

p38 연습문제 2

01 ⑤	02 ③	03 ④	04 ④	05 ③	06 ②	07 ①	08 ⑤	09 ⑤	10 ④
11 ②	12 ④	13 ⑤	14 ①	15 ②	16 ③	17 ④	18 ④	19 ①	20 ③
21 ⑤	22 ①	23 ③	24 ④	25 ①	26 ③	27 ①	28 ④	29 ③	30 ①
31 ③	32 ④	33 ⑤	34 ②	35 ①	36 ②	37 ①	38 ⑤	39 ①	40 ④
41 ④	42 ②	43 ③	44 ⑤	45 ②	46 ④	47 ③	48 ⑤	49 ②	50 ③

p44 연습문제 3

01 ②	02 ⑤	03 ①	04 ③	05 ①	06 ④	07 ④	08 ③	09 ①	10 ⑤
11 ②	12 ①	13 ②	14 ⑤	15 ③	16 ①	17 ⑤	18 ①	19 ⑤	20 ①
21 ②	22 ①	23 ⑤	24 ⑤	25 ②	26 ⑤	27 ④	28 ①	29 ④	30 ②
31 ③	32 ⑤	33 ④	34 ③	35 ⑤	36 ④	37 ②	38 ①	39 ④	40 ⑤
41 ②	42 ④	43 ②	44 ③	45 ⑤	46 ④	47 ②	48 ③	49 ③	50 ②

p50 연습문제 4

01 ③	02 ①	03 ⑤	04 ③	05 ②	06 ②	07 ②	08 ⑤	09 ②	10 ③
11 ⑤	12 ②	13 ⑤	14 ④	15 ②	16 ③	17 ①	18 ⑤	19 ①	20 ②
21 ④	22 ⑤	23 ①	24 ①	25 ③	26 ①	27 ⑤	28 ①	29 ②	30 ⑤
31 ①	32 ⑤	33 ④	34 ②	35 ①	36 ⑤	37 ③	38 ①	39 ⑤	40 ①
41 ⑤	42 ③	43 ②	44 ①	45 ③	46 ⑤	47 ②	48 ①	49 ②	50 ①

p56 연습문제 5

01 ⑤	02 ①	03 ②	04 ②	05 ③	06 ②	07 ②	08 ④	09 ⑤	10 ③
11 ④	12 ⑤	13 ①	14 ②	15 ⑤	16 ③	17 ②	18 ③	19 ③	20 ⑤
21 ①	22 ②	23 ②	24 ⑤	25 ①	26 ④	27 ⑤	28 ④	29 ①	30 ②
31 ⑤	32 ①	33 ③	34 ①	35 ④	36 ①	37 ⑤	38 ②	39 ④	40 ①
41 ③	42 ②	43 ⑤	44 ①	45 ③	46 ②	47 ⑤	48 ①	49 ①	50 ②

p62 연습문제 6

01 ②	02 ③	03 ⑤	04 ②	05 ⑤	06 ②	07 ④	08 ②	09 ④	10 ⑤
11 ②	12 ③	13 ①	14 ⑤	15 ④	16 ③	17 ①	18 ③	19 ⑤	20 ④
21 ②	22 ⑤	23 ④	24 ④	25 ⑤	26 ①	27 ⑤	28 ④	29 ②	30 ③
31 ③	32 ④	33 ③	34 ⑤	35 ④	36 ④	37 ②	38 ①	39 ⑤	40 ①
41 ③	42 ②	43 ①	44 ⑤	45 ④	46 ①	47 ②	48 ⑤	49 ④	50 ③

p68 연습문제 7

01 ②	02 ④	03 ①	04 ①	05 ③	06 ①	07 ②	08 ④	09 ⑤	10 ②
11 ③	12 ①	13 ⑤	14 ③	15 ②	16 ③	17 ①	18 ④	19 ③	20 ②
21 ⑤	22 ②	23 ④	24 ④	25 ②	26 ①	27 ⑤	28 ③	29 ②	30 ④
31 ①	32 ③	33 ⑤	34 ③	35 ⑤	36 ①	37 ④	38 ⑤	39 ①	40 ③
41 ④	42 ⑤	43 ①	44 ③	45 ③	46 ⑤	47 ③	48 ④	49 ②	50 ②

p74 연습문제 8

01 ⑤	02 ①	03 ③	04 ①	05 ①	06 ③	07 ③	08 ①	09 ①	10 ③
11 ⑤	12 ④	13 ③	14 ①	15 ②	16 ⑤	17 ④	18 ⑤	19 ①	20 ⑤
21 ②	22 ⑤	23 ④	24 ①	25 ③	26 ⑤	27 ③	28 ①	29 ③	30 ④
31 ②	32 ⑤	33 ①	34 ④	35 ①	36 ⑤	37 ④	38 ②	39 ⑤	40 ①
41 ②	42 ③	43 ②	44 ①	45 ⑤	46 ③	47 ②	48 ④	49 ④	50 ②

p80 연습문제 9

01 ①	02 ⑤	03 ②	04 ②	05 ③	06 ②	07 ③	08 ①	09 ③	10 ⑤
11 ④	12 ②	13 ③	14 ⑤	15 ②	16 ④	17 ③	18 ①	19 ①	20 ⑤
21 ④	22 ②	23 ④	24 ③	25 ①	26 ④	27 ②	28 ③	29 ②	30 ①
31 ①	32 ③	33 ⑤	34 ②	35 ①	36 ③	37 ⑤	38 ④	39 ②	40 ①
41 ③	42 ④	43 ②	44 ⑤	45 ③	46 ④	47 ①	48 ⑤	49 ④	50 ②

p86 연습문제 10

01 ①	02 ③	03 ⑤	04 ②	05 ④	06 ②	07 ④	08 ②	09 ④	10 ②
11 ③	12 ⑤	13 ①	14 ③	15 ②	16 ④	17 ①	18 ⑤	19 ②	20 ④
21 ⑤	22 ①	23 ①	24 ⑤	25 ①	26 ④	27 ⑤	28 ①	29 ③	30 ③
31 ②	32 ④	33 ③	34 ③	35 ⑤	36 ④	37 ①	38 ④	39 ④	40 ②
41 ①	42 ⑤	43 ②	44 ③	45 ①	46 ⑤	47 ②	48 ③	49 ③	50 ①

p92 연습문제 11

01 ⑤	02 ①	03 ③	04 ②	05 ③	06 ③	07 ③	08 ②	09 ④	10 ⑤
11 ①	12 ⑤	13 ③	14 ⑤	15 ④	16 ①	17 ③	18 ④	19 ④	20 ②
21 ③	22 ⑤	23 ①	24 ⑤	25 ④	26 ①	27 ④	28 ⑤	29 ①	30 ④
31 ③	32 ①	33 ⑤	34 ③	35 ②	36 ⑤	37 ③	38 ①	39 ③	40 ⑤
41 ②	42 ③	43 ④	44 ②	45 ⑤	46 ③	47 ④	48 ①	49 ②	50 ④

p98 연습문제 12

01 ③	02 ⑤	03 ④	04 ②	05 ④	06 ③	07 ④	08 ②	09 ④	10 ③
11 ⑤	12 ①	13 ③	14 ①	15 ④	16 ③	17 ①	18 ⑤	19 ④	20 ③
21 ②	22 ⑤	23 ④	24 ④	25 ②	26 ⑤	27 ①	28 ②	29 ④	30 ①
31 ③	32 ⑤	33 ④	34 ③	35 ①	36 ②	37 ⑤	38 ①	39 ③	40 ②
41 ⑤	42 ③	43 ④	44 ②	45 ⑤	46 ③	47 ④	48 ②	49 ①	50 ③

p104 연습문제 13

01 ④	02 ②	03 ①	04 ③	05 ②	06 ⑤	07 ③	08 ①	09 ②	10 ①
11 ④	12 ③	13 ③	14 ⑤	15 ①	16 ④	17 ③	18 ⑤	19 ②	20 ②
21 ⑤	22 ①	23 ③	24 ④	25 ⑤	26 ③	27 ②	28 ④	29 ⑤	30 ③
31 ⑤	32 ②	33 ①	34 ⑤	35 ④	36 ③	37 ②	38 ⑤	39 ③	40 ④
41 ②	42 ⑤	43 ③	44 ①	45 ②	46 ⑤	47 ④	48 ①	49 ④	50 ①

p110 연습문제 14

01 ④	02 ⑤	03 ④	04 ②	05 ②	06 ③	07 ②	08 ③	09 ②	10 ④
11 ①	12 ②	13 ⑤	14 ①	15 ③	16 ②	17 ⑤	18 ①	19 ⑤	20 ②
21 ④	22 ⑤	23 ②	24 ③	25 ⑤	26 ①	27 ⑤	28 ①	29 ②	30 ①
31 ①	32 ②	33 ②	34 ②	35 ①	36 ⑤	37 ③	38 ①	39 ③	40 ①
41 ⑤	42 ④	43 ③	44 ①	45 ④	46 ②	47 ⑤	48 ①	49 ④	50 ③

p116 연습문제 15

01 ①	02 ⑤	03 ②	04 ③	05 ①	06 ③	07 ③	08 ②	09 ②	10 ③
11 ①	12 ②	13 ③	14 ④	15 ⑤	16 ②	17 ④	18 ③	19 ⑤	20 ①
21 ③	22 ⑤	23 ③	24 ⑤	25 ③	26 ②	27 ④	28 ⑤	29 ②	30 ①
31 ①	32 ②	33 ④	34 ④	35 ①	36 ③	37 ⑤	38 ①	39 ①	40 ②
41 ③	42 ④	43 ⑤	44 ②	45 ③	46 ④	47 ①	48 ②	49 ③	50 ②

p122 연습문제 16

01 ⑤	02 ③	03 ①	04 ②	05 ③	06 ①	07 ④	08 ②	09 ④	10 ⑤
11 ②	12 ①	13 ⑤	14 ②	15 ④	16 ①	17 ①	18 ③	19 ③	20 ④
21 ⑤	22 ②	23 ③	24 ④	25 ⑤	26 ⑤	27 ③	28 ④	29 ④	30 ①
31 ②	32 ④	33 ④	34 ⑤	35 ③	36 ①	37 ②	38 ④	39 ②	40 ①
41 ③	42 ④	43 ②	44 ①	45 ⑤	46 ②	47 ①	48 ④	49 ④	50 ③

p128 연습문제 17

01 ③	02 ①	03 ⑤	04 ③	05 ②	06 ④	07 ③	08 ①	09 ⑤	10 ①
11 ②	12 ①	13 ③	14 ⑤	15 ①	16 ①	17 ④	18 ③	19 ②	20 ③
21 ①	22 ④	23 ⑤	24 ⑤	25 ⑤	26 ②	27 ③	28 ④	29 ①	30 ④
31 ③	32 ④	33 ②	34 ②	35 ④	36 ⑤	37 ③	38 ⑤	39 ④	40 ②
41 ③	42 ⑤	43 ②	44 ④	45 ①	46 ③	47 ⑤	48 ④	49 ①	50 ③

p134 연습문제 18

01 ②	02 ⑤	03 ①	04 ③	05 ③	06 ④	07 ④	08 ②	09 ②	10 ④
11 ⑤	12 ②	13 ③	14 ④	15 ①	16 ⑤	17 ①	18 ③	19 ②	20 ⑤
21 ①	22 ③	23 ②	24 ④	25 ⑤	26 ③	27 ②	28 ②	29 ⑤	30 ③
31 ③	32 ④	33 ③	34 ①	35 ③	36 ④	37 ①	38 ⑤	39 ④	40 ①
41 ②	42 ③	43 ①	44 ⑤	45 ④	46 ②	47 ③	48 ①	49 ④	50 ②

p140 연습문제 19

01 ③	02 ①	03 ②	04 ③	05 ③	06 ②	07 ③	08 ①	09 ②	10 ⑤
11 ①	12 ⑤	13 ①	14 ④	15 ①	16 ③	17 ⑤	18 ①	19 ④	20 ①
21 ②	22 ③	23 ⑤	24 ⑤	25 ④	26 ⑤	27 ③	28 ②	29 ④	30 ⑤
31 ①	32 ②	33 ①	34 ④	35 ⑤	36 ②	37 ④	38 ①	39 ⑤	40 ③
41 ①	42 ④	43 ②	44 ③	45 ①	46 ③	47 ④	48 ⑤	49 ③	50 ②

p146 연습문제 20

01 ②	02 ①	03 ⑤	04 ②	05 ③	06 ②	07 ③	08 ①	09 ③	10 ②
11 ①	12 ④	13 ①	14 ⑤	15 ②	16 ④	17 ③	18 ⑤	19 ②	20 ①
21 ④	22 ③	23 ①	24 ④	25 ①	26 ②	27 ⑤	28 ③	29 ③	30 ③
31 ②	32 ①	33 ①	34 ②	35 ⑤	36 ①	37 ②	38 ③	39 ④	40 ⑤
41 ⑤	42 ②	43 ③	44 ④	45 ②	46 ⑤	47 ③	48 ②	49 ④	50 ①

p152 연습문제 21

01 ③	02 ①	03 ⑤	04 ③	05 ②	06 ③	07 ④	08 ①	09 ②	10 ③
11 ①	12 ⑤	13 ②	14 ①	15 ③	16 ⑤	17 ③	18 ④	19 ②	20 ④
21 ⑤	22 ③	23 ②	24 ⑤	25 ③	26 ①	27 ⑤	28 ⑤	29 ③	30 ③
31 ①	32 ④	33 ③	34 ②	35 ⑤	36 ④	37 ③	38 ⑤	39 ⑤	40 ④
41 ①	42 ②	43 ⑤	44 ①	45 ④	46 ②	47 ⑤	48 ①	49 ④	50 ②

p158 연습문제 22

01 ⑤	02 ③	03 ①	04 ②	05 ②	06 ②	07 ②	08 ③	09 ④	10 ⑤
11 ②	12 ④	13 ⑤	14 ②	15 ④	16 ①	17 ②	18 ⑤	19 ③	20 ①
21 ②	22 ④	23 ③	24 ②	25 ①	26 ⑤	27 ②	28 ④	29 ③	30 ③
31 ②	32 ①	33 ①	34 ③	35 ④	36 ①	37 ⑤	38 ③	39 ②	40 ⑤
41 ①	42 ③	43 ②	44 ④	45 ⑤	46 ②	47 ④	48 ③	49 ②	50 ①

p164 연습문제 23

01 ③	02 ①	03 ⑤	04 ②	05 ②	06 ③	07 ①	08 ③	09 ②	10 ③
11 ⑤	12 ④	13 ③	14 ②	15 ④	16 ①	17 ⑤	18 ②	19 ④	20 ①
21 ②	22 ③	23 ②	24 ①	25 ⑤	26 ②	27 ④	28 ⑤	29 ②	30 ④
31 ①	32 ①	33 ③	34 ⑤	35 ①	36 ②	37 ⑤	38 ③	39 ④	40 ④
41 ⑤	42 ①	43 ②	44 ②	45 ⑤	46 ④	47 ②	48 ①	49 ③	50 ④

p170 연습문제 24

01 ⑤	02 ①	03 ③	04 ④	05 ③	06 ②	07 ③	08 ①	09 ⑤	10 ③
11 ①	12 ③	13 ③	14 ①	15 ⑤	16 ④	17 ①	18 ③	19 ⑤	20 ②
21 ③	22 ①	23 ④	24 ④	25 ③	26 ②	27 ⑤	28 ①	29 ④	30 ③
31 ①	32 ④	33 ②	34 ⑤	35 ①	36 ②	37 ④	38 ③	39 ③	40 ②
41 ①	42 ⑤	43 ④	44 ①	45 ②	46 ④	47 ⑤	48 ④	49 ③	50 ①

p176 연습문제 25

01 ④	02 ①	03 ⑤	04 ②	05 ①	06 ④	07 ①	08 ④	09 ④	10 ②
11 ③	12 ①	13 ④	14 ④	15 ⑤	16 ②	17 ③	18 ⑤	19 ②	20 ①
21 ④	22 ③	23 ②	24 ④	25 ②	26 ①	27 ③	28 ④	29 ②	30 ③
31 ①	32 ④	33 ②	34 ②	35 ④	36 ①	37 ⑤	38 ②	39 ④	40 ②
41 ③	42 ⑤	43 ③	44 ④	45 ①	46 ②	47 ③	48 ④	49 ④	50 ①

p352 기출문제 1

001 ③	002 ⑤	003 ③	004 ③	005 ④	006 ①	007 ⑤	008 ①	009 ⑤	010 ③
011 ⑤	012 ③	013 ④	014 ③	015 ②	016 ①	017 ④	018 ⑤	019 ②	020 ①
021 ⑤	022 ②	023 ①	024 ④	025 ②	026 ③	027 ⑤	028 ④	029 ②	030 ②
031 ②	032 ③	033 ②	034 ⑤	035 ⑤	036 ②	037 ③	038 ②	039 ③	040 ④
041 ③	042 ③	043 ②	044 ②	045 ①	046 ②	047 ④	048 ③	049 ⑤	050 ④
051 ③	052 ④	053 ②	054 ①	055 ②	056 ③	057 ⑤	058 ④	059 ②	060 ④
061 ①	062 ③	063 ③	064 ①	065 ②	066 ②	067 ①	068 ⑤	069 ②	070 ③
071 ②	072 ⑤	073 ④	074 ①	075 ⑤	076 ②	077 ④	078 ①	079 ⑤	080 ③
081 ⑤	082 ④	083 ①	084 ②	085 ③	086 ①	087 ③	088 ⑤	089 ⑤	090 ①
091 ①	092 ③	093 ④	094 ①	095 ②	096 ③	097 ①	098 ④	099 ③	100 ②
101 ③	102 ④	103 ①	104 ⑤	105 ③	106 ②	107 ②	108 ④	109 ③	110 ③
111 ①	112 ⑤	113 ②	114 ①	115 ①	116 ④	117 ③	118 ①	119 ④	120 ①

p360 기출문제 2

001 ⑤	002 ④	003 ②	004 ③	005 ④	006 ①	007 ③	008 ⑤	009 ②	010 ①
011 ④	012 ①	013 ⑤	014 ②	015 ②	016 ④	017 ①	018 ③	019 ④	020 ⑤
021 ①	022 ②	023 ④	024 ②	025 ⑤	026 ④	027 ①	028 ③	029 ①	030 ①
031 ⑤	032 ④	033 ①	034 ①	035 ④	036 ③	037 ⑤	038 ①	039 ③	040 ④
041 ⑤	042 ②	043 ③	044 ①	045 ②	046 ①	047 ②	048 ②	049 ⑤	050 ②
051 ⑤	052 ④	053 ②	054 ①	055 ③	056 ②	057 ④	058 ②	059 ⑤	060 ②
061 ④	062 ③	063 ①	064 ⑤	065 ②	066 ④	067 ⑤	068 ①	069 ③	070 ②
071 ③	072 ①	073 ⑤	074 ④	075 ③	076 ①	077 ②	078 ①	079 ④	080 ⑤
081 ②	082 ④	083 ⑤	084 ③	085 ①	086 ①	087 ②	088 ⑤	089 ③	090 ⑤
091 ②	092 ①	093 ④	094 ②	095 ②	096 ⑤	097 ①	098 ①	099 ④	100 ①
101 ②	102 ③	103 ⑤	104 ②	105 ⑤	106 ①	107 ②	108 ④	109 ①	110 ③
111 ②	112 ①	113 ⑤	114 ③	115 ③	116 ②	117 ①	118 ②	119 ③	120 ④

p368 기출문제 3 Answer

001 ②	002 ①	003 ③	004 ④	005 ⑤	006 ③	007 ③	008 ⑤	009 ③	010 ⑤
011 ②	012 ④	013 ②	014 ③	015 ③	016 ①	017 ⑤	018 ④	019 ②	020 ②
021 ④	022 ⑤	023 ①	024 ②	025 ⑤	026 ②	027 ④	028 ①	029 ②	030 ④
031 ③	032 ⑤	033 ④	034 ②	035 ③	036 ③	037 ⑤	038 ①	039 ④	040 ④
041 ③	042 ④	043 ①	044 ②	045 ④	046 ④	047 ④	048 ④	049 ④	050 ⑤
051 ④	052 ②	053 ③	054 ①	055 ⑤	056 ③	057 ④	058 ④	059 ①	060 ⑤
061 ④	062 ①	063 ④	064 ④	065 ②	066 ②	067 ⑤	068 ④	069 ④	070 ④
071 ①	072 ②	073 ④	074 ②	075 ⑤	076 ④	077 ①	078 ④	079 ④	080 ④
081 ②	082 ③	083 ①	084 ⑤	085 ②	086 ②	087 ③	088 ⑤	089 ②	090 ④
091 ⑤	092 ④	093 ②	094 ④	095 ①	096 ③	097 ⑤	098 ③	099 ④	100 ③
101 ②	102 ④	103 ⑤	104 ①	105 ④	106 ④	107 ④	108 ④	109 ④	110 ⑤
111 ④	112 ②	113 ③	114 ①	115 ⑤	116 ③	117 ①	118 ②	119 ④	120 ②

p376 기출문제 4 Answer

001 ①	002 ②	003 ③	004 ⑤	005 ①	006 ④	007 ③	008 ④	009 ⑤	010 ①
011 ②	012 ③	013 ⑤	014 ④	015 ①	016 ①	017 ⑤	018 ④	019 ③	020 ④
021 ⑤	022 ①	023 ③	024 ②	025 ②	026 ①	027 ①	028 ④	029 ④	030 ⑤
031 ⑤	032 ③	033 ②	034 ①	035 ④	036 ③	037 ②	038 ⑤	039 ①	040 ④
041 ④	042 ①	043 ②	044 ④	045 ④	046 ④	047 ④	048 ④	049 ⑤	050 ①
051 ②	052 ④	053 ②	054 ③	055 ⑤	056 ④	057 ④	058 ①	059 ④	060 ②
061 ③	062 ⑤	063 ④	064 ①	065 ②	066 ①	067 ④	068 ⑤	069 ④	070 ④
071 ⑤	072 ③	073 ①	074 ④	075 ④	076 ⑤	077 ④	078 ④	079 ④	080 ②
081 ①	082 ⑤	083 ③	084 ②	085 ④	086 ②	087 ①	088 ①	089 ②	090 ⑤
091 ④	092 ④	093 ③	094 ①	095 ④	096 ①	097 ③	098 ③	099 ④	100 ⑤
101 ②	102 ①	103 ④	104 ⑤	105 ⑤	106 ④	107 ④	108 ②	109 ③	110 ③
111 ③	112 ①	113 ②	114 ④	115 ⑤	116 ④	117 ⑤	118 ②	119 ①	120 ③

사전이 필요없는 상공회의소 한자시험 실전 모의고사 [개정판]
(중급 3·4·5급 포함)

부록으로 한자의 기초 이론과 성실한 해설을 담은 해설서가 준비되어 있다. 상공회의소 한자 검정시험의 문제 유형을 그대로 적용하여, 실전 연습이 가능하도록 하였으며 수록되어 있는 모든 한자에 훈과 음을 표시하여 일일이 사전을 찾지 않아도 편하게 학습할 수 있도록 구성하였다.

김영훈 지음 | 15,000원

사전이 필요없는 상공회의소 한자시험 6급 기본서(7·8·9급 포함)
"6급 한자 450자로 기초를 다지자!"

이 책은 상공회의소 한자시험 6급에 대비하기 위하여 6급 배정한자 450자를 쓰면서 외울 수 있도록 구성하였으며, 각 한자에 대한 훈·음, 부수, 획수, 필순을 명기하고, 한자의 이해를 돕는 뜻풀이를 정리해 두었다. 그리고 해당 한자를 사용한 한자어를 채우며 완성할 수 있도록 하였으며, 50자마다 연습문제를 삽입하여 앞에서 배운 것을 복습할 수 있도록 하였다. 앞에는 기초 이론 학습과 뒤에는 5지선다변형 기출문제를 실어 이 책 한권으로도 6급 시험에 완벽하게 대비할 수 있도록 하였다.

에듀멘토르교육교재팀 저 | 9,500원

사전이 필요없는 상공회의소 한자노트 5급
"5급 한자 600자를 쓰면서 외운다!"

이 책은 상공회의소 한자시험 5급에 대비하기 위하여 5급 배정한자 600자를 쓰면서 외울 수 있도록 구성하였으며, 각 한자에 대한 훈·음, 부수, 획수, 육서(한자의 짜임), 필순을 명기하고 60자마다 연습문제를 삽입하여 앞에서 배운 것을 복습할 수 있도록 하였다. 그리고 앞에는 기초 이론 학습과 뒤에는 출제 유형별 정리와 5지선다변형 기출문제를 실어, 이 책 한권으로도 5급 시험에 완벽하게 대비할 수 있도록 하였다.

에듀멘토르교육교재팀 저 | 8,500원

사전이 필요없는 상공회의소 한자노트 4급(5급 포함)
"4·5급 한자 900자를 쓰면서 외운다!"

이 책은 상공회의소 한자시험 4급에 대비하기 위하여 4급 배정한자 900자를 쓰면서 외울 수 있도록 구성하였으며, 각 한자에 대한 훈·음, 부수, 획수를 명기하고 90자마다 연습문제를 삽입하여 앞에서 배운 것을 복습할 수 있도록 하였다. 그리고 앞에는 기초 이론 학습과 뒤에는 출제 유형별 정리와 5지선다변형 기출문제를 실어, 이 책 한권으로도 4급 시험에 완벽하게 대비할 수 있도록 하였다.

에듀멘토르교육교재팀 저 | 9,500원